AF412720

Martin Meiser
Die Reaktion des Volkes auf Jesus

Beihefte zur Zeitschrift für die neutestamentliche Wissenschaft

und die Kunde der älteren Kirche

Herausgegeben von
Erich Gräßer

Band 96

Walter de Gruyter · Berlin · New York
1998

Martin Meiser

Die Reaktion des Volkes auf Jesus

Eine redaktionskritische Untersuchung zu den synoptischen Evangelien

Walter de Gruyter · Berlin · New York
1998

♾ Gedruckt auf säurefreiem Papier,
das die US-ANSI-Norm über Haltbarkeit erfüllt.

Die Deutsche Bibliothek — CIP-Einheitsaufnahme

[Zeitschrift für die neutestamentliche Wissenschaft und die Kunde der älteren Kirche / Beihefte]
Beihefte zur Zeitschrift für die neutestamentliche Wissenschaft und
die Kunde der älteren Kirche. – Berlin ; New York : de Gruyter
   Früher Schriftenreihe
   Reihe Beihefte zu: Zeitschrift für die neutestamentliche Wissen-
   schaft und die Kunde der älteren Kirche
   Bd. 96. Meiser, Martin: Die Reaktion des Volkes auf Jesus. –
   1998

Meiser, Martin:
Die Reaktion des Volkes auf Jesus : eine redaktionskritische Untersu-
chung zu den synoptischen Evangelien / Martin Meiser. – Berlin ;
New York : de Gruyter, 1998
   (Beihefte zur Zeitschrift für die neutestamentliche Wissenschaft
   und die Kunde der älteren Kirche ; Bd. 96)
   Zugl.: Erlangen, Nürnberg, Univ., Habil.-Schr., 1996/97
   ISBN 3-11-016364-0

ISSN 0171-6441

Printed in Germany
Druck: Werner Hildebrand, Berlin
Buchbinderische Verarbeitung: Lüderitz & Bauer-GmbH, Berlin

Vorwort

Diese Untersuchung geht der monographisch noch nicht für das Ganze der synoptischen Evangelien behandelten Frage nach, welche theologische Bedeutung die einzelnen Evangelisten der Reaktion des Volkes auf Jesus zumaßen, und versucht von da aus, zur Interpretation der synoptischen Evangelien insgesamt einen Beitrag zu leisten. Die redaktionskritische Fragestellung schließt dabei notwendigerweise Aspekte narrativer und pragmatischer Analyse mit ein, kann aber auch auf formgeschichtliche und traditionsgeschichtliche Überlegungen nicht verzichten.

Das vorliegende Werk ist die überarbeitete Fassung meiner von der Evang.-Theol. Fakultät Erlangen im WS 1996/97 angenommenen Habilitationsschrift. Literatur wurde bis 1996 berücksichtigt.

Vielfältig habe ich Dank zu sagen:

Mein erster Dank gilt meinem verehrten Lehrer, Herrn Professor Dr. Otto Merk. Seiner Freundlichkeit und Geduld und vor allem seiner Großzügigkeit gegenüber seinem Assistenten ist es zu verdanken, daß dieses Werk in mehreren Jahren der Arbeit an seinem Lehrstuhl fertig werden konnte. Dem von ihm verfaßten Erstgutachten habe ich Ermutigung und fördernde Kritik entnehmen dürfen.

Herrn Professor Dr. Roloff danke ich für vielerlei Anstöße und für das hilfreiche Zweitgutachten. Ebenfalls danke ich Frau Professorin Dr. Oda Wischmeyer für eine Reihe weiterführender Gespräche. An dem Werden dieser Arbeit haben beide regen Anteil genommen. Gleichfalls danke ich Herrn Professor Dr. Walter, Naumburg/Jena sowie meinen (ehemaligen) Assistenten-Kollegen Dr. Gebauer, Dr. Heckel, Prof. Dr. Kraus und Dr. Müller für Gespräch und Kritik.

Weiter gilt mein Dank den Herren Professoren Dr. L. Schmidt, Dr. H.-C. Schmitt und Dr. G. Wanke sowie meinem Kollegen, Herrn Dr. Fechter für die Durchsicht des alttestamentlichen Teiles über Admirationen und Akklamationen, ebenso den Herren Professoren Dr. M. Forschner und Dr. A. Mehl für die Durchsicht des philologischen Teiles, die pagane Antike betreffend.

Für vielfältige Unterstützung im Gespräch und im Korrekturlesen danke ich Frau Andrea Diederich, Frau Dagny von der Goltz und Frau Ellen Hunger, ebenfalls Frau Ulrike Mauthe. In diesen Dank schließe ich Frau Monika Braun mit ein.

Dem Herausgeber dieser Reihe, Herrn Professor Dr. Gräßer, danke ich sehr für die Aufnahme meiner Arbeit und für weitere hilfreiche Hinweise. Den Mitarbeiterinnen und Mitarbeitern des Verlages danke ich sehr für alle ihre Mühe mit diesem Manuskript.

Besonderen Anlaß habe ich, meiner Frau zu danken. Sie hat in den vergangenen Jahren die größere familiäre Last getragen. Auch hätte ohne Unterstützung des weiteren Familienkreises die Arbeit nicht in dieser Weise entstehen können. Ich danke vor allem meinen Eltern, meinen Schwiegereltern M. und H. Dehling sowie meiner Patentante, Frau Dr. E. Breidenbach.

Dieses Buch widme ich meinen Eltern in Dankbarkeit. Sie haben mir stets Zuspruch zuteil werden lassen und mir viel gegeben.

Erlangen, den 28.7.1998   Martin Meiser

Inhaltsverzeichnis

1. Ziel und Methodik unserer Untersuchung

In der vorliegenden Studie soll gefragt werden, was die synoptischen Aussagen über die Reaktion des Volkes auf Jesus für die Theologie der drei ersten Evangelien bedeuten. Die Volksmenge ist dabei als Figur innerhalb der Erzählung bzw. der besprechenden Rede verstanden; unter das Stichwort »Reaktion des Volkes« fallen deshalb neben den terminologisch durch die Begriffe ὄχλος, πλῆθος, λαός einschlägigen Perikopen auch Texte, in denen von einem Verhalten einer unspezifiziert bleibenden 3. Ps. Pl. die Rede ist, außerdem Texte, deren Adressatenbezeichnung ein nicht auf Sondergruppen oder Führungsschichten eingrenzbares Kollektiv benennt, des weiteren Texte, in denen ein bestimmtes Verhalten der Volksmenge nicht nur erzählt oder auch nicht nur i.S. eines vaticinium ex eventu angekündigt, sondern als möglich unterstellt wird. Zu unserem Thema gehören also auch die markinische Fassung des Einzuges Jesu in Jerusalem, die das Subjekt des Lobpreises Mk 11,9f. nicht benennt, die Drohworte gegen die unbußfertigen Städte Lk 10,13-15 wie die Warnung vor den Konsequenzen unbedachter Nachfolge Lk 14,25-35. Was in unserer Arbeit nicht geleistet werden kann, ist die historische Rückfrage nach der tatsächlichen Wirkung Jesu[1] auf die soziologisch im einzelnen zu beschreibenden Volksmassen[2] und die traditionsgeschichtliche Rückfrage nach dem Ursprung der Bezeichnung Jesu als eines Propheten.

---

1   Historisch ist ein gewisser Erfolg Jesu bei dem Volk in Galiläa durchaus wahrscheinlich; anders wäre die Opposition der Eliten Israels und ihr Einschreiten gegen ihn kaum erklärbar. Jesus ben Ananias hatte offenbar nicht dieselbe Ausstrahlung; ihn ließ der römische Statthalter als verrückten Einzelgänger laufen (Josephus, BJ 6,300-309; vgl. K. Müller, Kapitalgerichtsbarkeit, 83; E. Stegemann, »Ich habe öffentlich zur Welt gesprochen«, 119). Wie sollte erst nach Jesu Tod von den elf Jüngern eine »explosive expansion of this movement« (P. S. Minear, The Disciples and the Crowds in the Gospel of Matthew, 41) ausgegangen sein?

2   Erkennbar ist die Entstehung der synoptischen Tradition im Milieu ländlich geprägter israelitischer Unterschicht: Die vorwiegend von Nichtjuden besiedelten Städte in Galiläa werden nicht erwähnt (G. Theißen, Lokalkolorit, 14); die Gleichnisse Jesu stammen aus einer agrarischen Welt (G. Theißen, Lokalkolorit, 250). - Daß etwa die Pharisäer sozial gesehen eher zum Volk als zur herrschenden oder besitzenden Schicht gehörten, ist historisch richtig, aber für das Pharisäerbild der Evangelien nicht entscheidend.

Ist die Arbeit als Beitrag zur Erhebung der Theologie der einzelnen Synoptiker gedacht, so wird der folgende Forschungsbericht auch die Notwendigkeit erneuter methodischer Reflexion verdeutlichen.

1.1. Hinführung zur Forschungsgeschichte

War »Die Masse bei Tacitus« schon 1936 Gegenstand einer gleichnamigen Dissertation[3], und ist dem Thema »Der Philosoph und die Menge« die 1980 erschienene, eingehende Arbeit von H.-D. Voigtländer gewidmet[4], so wurde das Thema »Die Reaktion des Volkes auf Jesus«, bezogen auf alle drei synoptischen Evangelien zusammen, bisher kaum für sich gesondert diskutiert, und auch für die einzelnen Evangelisten hat es erst in jüngster Zeit vorwiegend in kürzeren Beiträgen Beachtung gefunden. Doch kann man Ursachen für dieses Desinteresse der älteren Forschung benennen.

Das Fehlverhalten des Volkes in der Passion führte in der Betrachtung der Gesamtevangelien zur Feststellung des bloßen Nebeneinanders von positiver oder negativer Reaktion oder ließ auch die positiven Reaktionen auf Defizite im Verständnis abhorchen[5]; die teilweise im Lichte der Passion gedeutete Parabeltheorie wurde als Theorie der gewollten Verstockung des Volkes verstanden[6]. Die »Chorschlüsse« galten seit R. Bultmann als Bestandteil der schematischen Redaktionsarbeit der Evangelisten, die weder für die historische Rückfrage nach dem Verhältnis Jesu zum Volk noch für die Theologie des Evangelisten etwas austrage.[7] Dibelius' Erwägung, manche der Chorschlüsse seien »im gegenwärtigen Text vielleicht vom Evangelisten bearbeitet«[8], blieb damals unbeachtet. Ein bloßes Staunen oder Außersichgeraten des Volkes wurde aufgrund der Kritik von Mk 6,51f. generell als defizitäres Ver-

---

3   H. G. Seiler, Die Masse bei Tacitus, Diss. phil. Erlangen 1936.

4   H.-D. Voigtländer, Der Philosoph und die Vielen. Die Bedeutung des Gegensatzes der unphilosophischen Menge zu den Philosophen (und das Problem des argumentum e consensu omnium) im philosophischen Denken der Griechen bis auf Aristoteles, Wiesbaden 1980.

5   Ähnlich wurde zu Ex 14,31 im Hinblick auf das spätere Murren des Volkes während der Wüstenzeit von einem wenig tragfähigen Glauben gesprochen (J. Scharbert, Exodus, 62).

6   A. Jülicher, Gleichnisreden I, 147.

7   R. Bultmann, Geschichte der synoptischen Tradition, 2. Aufl. 368.375.

8   M. Dibelius, Formgeschichte des Evangeliums, 54f.

halten beurteilt, ohne formgeschichtliche Funktionsprüfung für die Stellen, die das Staunen des Volkes mit der Vollmacht Jesu *begründen*[9]. Auch wurde das redaktionelle Motiv des Rückzuges Jesu von den Volksmassen der traditionellen Betonung der großen Zahl der Anwesenden kritisch kontrastiert[10]. Daß sich in der Behandlung der Volksreaktionen durch die akademische Wissenschaft auch eine Selbstauslegung der Exegeten in ihrer Abgrenzung von den Unterschichten vollzieht[11], mag man zusätzlich vermuten.[12] Ferner wurde vor allem bei Markus und Matthäus die Ekklesiologie anhand der Jüngerperikopen erörtert, bei Matthäus zusätzlich anhand der Bergpredigt, der Aussendungsrede und der Gemeinderegel; bei Lukas hat G. Lohfink[13] in seiner israelthematisch orientierten Ekklesiologie auch das Volksverhalten bedacht.

Doch findet in jüngster Zeit unser Thema ein wachsendes Interesse, dessen forschungsgeschichtliche Voraussetzungen kurz benannt seien:

1. Auch bei der Frage nach der Funktion eines formgeschichtlichen Motivs wird zwischen der Ebene der Einzelperikope und der Ebene des Gesamtevangeliums unterschieden[14], und Redaktionsarbeit schließt neben der Neubildung durch den Redaktor auch die umgestaltende Arbeit ein. Daß die Reaktion des Volkes nicht nur im Vergleich der Synoptiker, sondern schon im alttestamentlich-jüdischen Bereich als je nach kerygmatischem Zweck variable Größe gilt, erhellt schon aus dem Vergleich zwischen Ex 4,31 und Ex 6,9, des weiteren aus dem Vergleich zwischen den Murrerzählungen der Wüstenwanderungszeit und Num 9,15-23[15]; wie man ein- und dieselbe Geschichte

---

9 »Für Mc ist das Staunen ein Ausdruck des Unglaubens, der zwar das Geschehen des Wunders wahrnimmt, aber nicht versteht, weil er verhärtet ist« (U. Luz, Geheimnismotiv, 222). Kritisch dazu C. Focant, L'incompréhension, 179f.

10 L. Schenke, Wundererzählungen, 399-401.

11 Für die Topik dieser Abgrenzung in der Antike vgl. den 2. Teil unserer Arbeit; für die Neuzeit vgl. J. Ortega y Gasset, Aufstand der Massen, 45; vgl. dagegen die von F. Schiller der Königin Elisabeth in den Mund gelegte (und damit wohl mißbilligte) Äußerung »Die wankelmütge Menge, /Die jeder Wind herumtreibt! Wehe dem, /Der auf dies Rohr sich lehnet!« (F. Schiller, Maria Stuart, 3261-3263; vgl. die Zitate 1404-1409; 3190-3199, in: F. Schiller, Sämtliche Werke, Bd. 2, hg. v. G. Fricke u H. Göpfert, München 1959) sowie die briefliche Äußerung von J. W. v. Goethe am 4.12.1777 an Charlotte von Stein: »Wie sehr ich wieder ... Liebe zu der Klasse von Menschen gekriegt habe, die man die niedere nennt« (J. W. v. Goethe, Gedenkausgabe, Bd 18, hg. v. E. Beutler, Zürich 1949, Brief 323).

12 Vgl. U. Hedinger, Jesus und die Volksmenge, passim.

13 G. Lohfink, Die Sammlung Israels, München 1975.

14 Vgl. schon die Andeutung bei D.-A. Koch, Wundergeschichten, 25 Anm 35.

15 Man vgl. Ferner die unterschiedlichen Beurteilungen der Wüstenzeit in Ez 20,13 einerseits, in Hos 2,17; Jer 2,2 andererseits.

nach Bedarf umformulieren kann, hat A. Graupner in seiner Analyse von Jer 26 gezeigt: In der ursprünglichen Erzählung ohne die Wendung »und das ganze Volk« in V. 8b und ohne V. 24 nimmt das Volk zunächst eine abwartende Haltung gegenüber dem Propheten ein, während die genannten Zusätze das Volk von Anfang an als Gegner des Propheten bezeichnen, um so mit der Schuld des ganzen Volkes von Juda und Jerusalem die Katastrophe von 587 verständlich zu machen.[16] Ein in Gegenwart des R. Chanina ben Dosa geschehenes Wunder, der plötzliche Tod einer Giftschlange, die ihn gebissen hatte, dient »den Leuten« als Hinweis auf seine Autorität, während es für R. Chanina selbst die Wichtigkeit der Konzentration im Gebet bestätigt.[17]

2. Hat man die polemische bzw. seelsorgerliche Entgegensetzung einer mk-redaktionellen Christologie des Kreuzes gegen eine vormk-traditionelle Herrlichkeitschristologie bei Th. Weeden und L. Schenke[18] als einseitige Interpretation erkannt[19], kommt mit dem Wunder auch die Reaktion darauf zu Ehren und kann auf ihre christologische Implikation hin befragt werden.

3. Die kritische Wertung der Volksreaktion hatte zumal in der vorneuzeitlichen Auslegung nicht selten auch israeltheologisch problematische Implikate; erst jüngst wird die positive Reaktion des Volkes etwa im Markus- und im Lukasevangelium auch israeltheologisch fruchtbar gemacht.[20]

4. Hat narrative Exegese an den Hauptpersonen in den Evangelien erhoben, welches Bild der Evangelist von ihnen zeichnet und wie er dadurch seine Leser zur Stellungnahme zu ihnen auffordert, kann es naheliegen, daß sich narrative Exegese auch den Nebenpersonen zuwendet. Für die Evangelisten war die Freiheit der narrativen Gestaltung bei der Erzählfigur der Volksmenge ohnehin am größten: Die Figur der Jünger ließ sich aus ekklesiologischen Gründen nicht i.S. der völligen Ablehnung, die Figur der Hierarchen Israels aus historischen Gründen nicht i.S. der ungeteilten Zustimmung zu Jesus zeichnen.

Trotz dieses wachsenden Interesses steht eine umfassende Erarbeitung des Themas auch im Vergleich der synoptischen Evangelien miteinander noch

---

16   A. Graupner, Jeremia, 44-49.

17   jBerachot 9a.

18   Für ersteres vgl. Th. Weeden, The Heresy That Necessitated Mark's Gospel, passim, für letzteres vgl. L. Schenke, Wundererzählungen (1974), 383-416, vor allem 408-411.

19   Zur Kritik an Th. Weeden (und L. Schenke) vgl. etwa G. Theißen, Wundergeschichten, 220; J. Gnilka, Markus I, 224; maßvoller D. Lührmann, Markus, 95. - L. Schenke, Aufbau, 1986, 58 Anm 3, hat seine Trennung zwischen Tradition und Redaktion von 1974 selbst widerrufen.

20   C. Dahm, Israel, 186; G. Lohfink, Sammlung, passim.

aus, und sie wird im folgenden zu leisten versucht. Blieben formkritische, an der Einzelperikope orientierte, und redaktionskritische, den Makrotext in den Blick nehmende Betrachtung der Volksreaktionen nicht selten voneinander isoliert, so werden wir fragen, ob nicht gerade die formgeschichtlich erhebbare Funktion einer Reaktion des Volkes auch für die Ebene der evangeliaren Redaktion von Bedeutung ist. Zusätzlich wird nach dem traditionsgeschichtlichen Hintergrund der Behandlung der Volksmenge durch die Evangelisten zu fragen sein, was den Einbezug philologischer Beobachtungen zur paganen Antike wie zum frühen Judentum verlangt. So werden philologische, formgeschichtliche und redaktionskritische Aspekte zur Bearbeitung unsres Themas einzubeziehen sein, und diese drei Stichworte geben die Reihenfolge für den folgenden Forschungsbericht ebenso vor wie für die Untersuchung insgesamt.

Es seien kurz einige Definitionen den weiteren Ausführungen vorangestellt: Wundergeschichten sind Geschichten von Handlungen, die ein mit normalen menschlichen Mitteln nicht zu lösendes äußeres Problem bewältigen; das Admirationsmotiv umfaßt gemäß der Definition von G. Theißen »alle erzählerischen Momente, die ein Staunen, Fürchten, Sich-Entsetzen, Verwundern zum Ausdruck bringen«[21], bei der Akklamation liegt im Unterschied zur Admiration[22] »immer sprachlich artikulierte Stellungnahme zum Wunder bzw. zum Wundertäter«[23] vor.

In dieser Arbeit werden wir in einer vielleicht ungewohnten Weise auch die vorneuzeitliche Auslegungstradition mit heranziehen; auch vorkritische Ausleger hatten sich Rechenschaft über den ihnen vorliegenden Text zu geben, und ihre Aussagen können bei allem Abstand[24], richtig gelesen, weiterhin

---

21 G. Theißen, Wundergeschichten, 78. Beispiele: Lk 9,43a.b.

22 Die Unterscheidung hat G. Theißen, Wundergeschichten, 79, eingeführt.

23 G. Theißen, Wundergeschichten, 80. Beispiele: Mk 2,12 fin; Lk 7,16aßb. - Wir verwenden in unserer Arbeit den allgemeinen Akklamationsbegriff G. Theißens, nicht den engeren Begriff bei Th. Klauser, Art. Akklamation, RAC I, 1950, 216, und unterscheiden mit G. Theißen zwischen titularen und nichttitularen Akklamationen, des weiteren zwischen erzählten und besprochenen Admirationen und Akklamationen; für letzteres vgl. etwa Am 9,5: Wenn Askalon das (scil. das Gerichtshandeln Gottes an Tyrus) sehen wird, wird es erschrecken; vgl. ferner Jes 52,15 LXX.

24 Dieser Abstand ist literarkritisch durch unsere Option zugunsten der Zweiquellentheorie bestimmt, formgeschichtlich durch die Einsicht in die Unmöglichkeit naiv-historischer, allegorisierender und einseitig perikopenisolierender Auslegung und theologisch durch die Problematik des (nicht nur vorkritischen!) Antijudaismus kirchlicher Exegese. - Es erübrigt sich aufgrund der Bedeutung vorkritischer Exegese als Traditionshintergrund für unsere kirchliche Wirklichkeit eine Binnendifferenzierung, die jeweils nach dem ältesten Stand der Kommentierung fragen müßte.

anregend wirken. Zusammenhänge, die für die altkirchlichen Ausleger auf der Ebene des Lebens Jesu sichtbar wurden, sind heute auf der Ebene der jeweiligen Evangelienredaktion wieder zu entdecken.

1.2. Philologische Beiträge

Bezugspunkte heutiger philologischer Diskussion sind zumeist die ThWNT-Artikel zu ὄχλος von R. Meyer und P. Katz sowie zu λαός von H. Strathmann, ferner ist für die Frage nach der Wahrnehmung der Volksmenge durch die intellektuelle Elite auf die Arbeit von H.-D. Voigtländer zu verweisen.

R. Meyer notiert für den außerbiblischen Sprachgebrauch von ὄχλος die Bedeutungen »Volksmenge«, »Schar, Truppe«, »Volk, Bevölkerung, Leute«, sowie die Verwendung als Maßbegriff und die Bedeutung »Beunruhigung, Belästigung«. Insgesamt zutreffend kommt er dabei auch auf die abschätzige Haltung der intellektuellen Oberschicht gegenüber dem ὄχλος zu sprechen[25]; unsere eigenen Untersuchungen versuchen hier noch zu präzisieren. Für den Sprachgebrauch in LXX bietet P. Katz die einzelnen, z.T. kritisch emendierten Belege, ohne den Unterschied in der Wertung zwischen der paganen Antike und LXX näher zu beleuchten[26]. Letzteres gilt auch für R. Meyers Ausführungen zu ὄχλος als Fremdwort in der rabbinischen Literatur.[27] In der Behandlung der Synoptiker werden als Motive u.a. das Lehrmotiv, das Bedrängnismotiv, das Rückzugsmotiv und der Gegensatz zwischen der breiten Masse und der Oberschicht genannt, zwischen den Synoptikern wird, damaliger Zeit entsprechend, nicht differenziert.[28]

Den Begriff λαός hat H. Strathmann in Mt 4,23; 26,5; 27,25.64; Lk 3,15.18; 7,1 als »Volksmenge« im vulgären Sinn gedeutet[29], während Lk 2,32; Apg 4,10; 13,24; 26,17.23 etc. dem spezifischen durch die »Gottesvolk«-Thematik bestimmten Gebrauch in LXX zugewiesen wurde. Im lukanischen Doppelwerk werde λαός nur bei israelitischen Volksmengen ge-

---

25 R. Meyer, Art. ὄχλος A. Der außerbiblische Sprachgebrauch, ThWNT 5, 1954, 582f.
26 P. Katz, Art. ὄχλος B. Der at.liche Sprachgebrauch, a.a.O., 583-585.
27 R. Meyer, Art. ὄχλος C. ὄχλος als Fremdwort in der rabbinischen Literatur, a.a.O., 585.
28 R. Meyer, Art. ὄχλος D. Der neutestamentliche Sprachgebrauch, a.a.O., 585-587.
29 H. Strathmann, Art. λαός E. λαός im NT, ThWNT 4, 1942, 49-57.

braucht, und es klinge auch bei dem vulgären Gebrauch von λαός im lk Doppelwerk stets der Gottesvolk-Gedanke mit.[30]

Strathmanns Beschreibung des λαός-Begriffes wurde für Matthäus wie für Lukas in Zweifel gezogen. In Mt 27,24f. vermutet man heute meist einen bewußten terminologischen Wechsel, der andeuten will, daß sich eben Israel als Gottesvolk Jesus verweigert.[31] Zu Lukas hat G. Lohfink auf die israeltheologische Relevanz auch von Stellen wie Lk 3,15.18.21; 19,48; 20,1 etc. aufmerksam gemacht[32]; H. Frankemölle hat gezeigt, daß der Begriff λαός nie da steht, wo die Auseinandersetzung um Jesus mitten in das Volk hineinverlegt wird.[33] Wir werden den lukanischen Begriffsgebrauch von λαός und ὄχλος insgesamt nach Textbereichen differenziert zu erfassen suchen.

Die abschätzige Haltung der intellektuellen Oberschicht gegenüber dem ὄχλος hat H.-D. Voigtländer bis einschließlich Aristoteles einer eingehenden philosophischen Betrachtung unterzogen[34] und unter den Begriff der πολλοί-Antithese gestellt; die Aussagen haben protreptische Funktion. Voigtländer kommt auf Unterschiede vor allem zwischen Sokrates und Platon in der Schärfe dieser Antithese, ihrer Zielrichtung und in ihrem Motivinventar zu sprechen. Zeigt sich in dem Bereich pagan-antiker politischer wie philosophischer Reflexion, daß die von uns im Gefolge der synoptischen Evangelien zumeist undifferenziert gebrauchten Begriffe ὄχλος, πολλοί, πλῆθος durchaus verschieden konnotiert sein können, so werden wir nach Entsprechungen im frühjüdischen und neutestamentlichen Bereich zu fragen haben und aus dem Befund mit aller Vorsicht gewisse Schlüsse für die geistige Verortung der Evangelisten ziehen.

---

30   H. Strathmann, Art. λαός E. λαός im NT, ThWNT 4, 1942, 49-52. N. A. Dahl, A People for His Name, 324, und G. Lohfink, Sammlung, 36 Anm 68, haben diese Einschränkung in der Kritik an Strathmann übersehen (so zu Recht W. Reinhardt, Wachstum, 134 Anm 155). - Nach H. Conzelmann, Mitte der Zeit, 153, ist der lk Sprachgebrauch traditionell und biblisch geprägt.

31   J. Blinzler, Prozeß, 230; G. Strecker, Weg der Gerechtigkeit, 115f.; W. Trilling, Das wahre Israel, 72; G. Baum, Die Juden und das Evangelium, 107f., K.-H. Schelkle, Die »Selbstverfluchung« Israels, 150, R. Walker, Heilsgeschichte, 47f. (S. 55 Anm 45 bezogen auf die eine Generation zur Zeit Jesu); V. Mora, Refus, 38; P. Fiedler, Passion, 311, gegen H. Strathmann, Art. λαός, 50; E. Lohmeyer, Matthäus, 386 Anm 2; R. Hummel, Auseinandersetzung, 145.

32   G. Lohfink, Sammlung, 36.

33   H. Frankemölle, Art. λαός, 844; vgl. schon A. George, Israël dans l'oeuvre de Luc, 482 Anm 4. G. Eichholz, Der Begriff »Volk«, passim, fragt nach der Relevanz oder Irrelevanz der Zugehörigkeit des einzelnen zu einem bestimmten ἔθνος, nicht nach der Volksmenge als solcher.

34   H.-D. Voigtländer, Philosoph, passim.

1.3. Formgeschichtliche Beiträge

Die heutigen divergierenden Deutungen formgeschichtlich zu beschreibender Momente des Volksverhaltens sind größtenteils nicht wirklich neu. So gilt in vorkritischer Exegese die Masse einerseits als turba indocilis[35], die nur auf das Äußere ausgerichtet sei[36], andererseits macht sich das Phänomen der großen Massen der Gläubigen vor allem dann geltend, wenn die Menge entweder selbst Adressat der Speisungswunder ist oder wenn sie um Heilung bei Jesus nachsucht oder formgeschichtlich gesehen als Begleiter ihrer Kranken fungiert[37], deren Krankheiten dann zumeist allegorisch auf Irrtum und Sünde etc. ausgelegt werden. Entsprechend kennt die vorkritische Exegese für das Admirationsmotiv die Deutungen i.S. eines für den Unglauben typischen Verhaltens[38] und i.S. der Epiphaniereaktion[39]; gelegentlich schwanken die Ausleger zwischen beiden Möglichkeiten.[40] Das Opus imperfectum in Matthaeum des Ps.-Johannes Chrysostomus enthält die wichtigsten Interpretationsmöglichkeiten nebeneinander; einerseits ist bloßes admiratives Verhalten kein Glaube, der auf Überzeugung beruht, andererseits ist es Hinweis auf die Größe Christi und sehr wohl positiv von der ablehnenden Reaktion der Gegner Jesu zu unterscheiden: »Placatus rationabiliter hominis intellectus laudem generat, victus autem admirationem. Quicquid enim digne laudare non possumus, admiramur. Admiratio tamen eorum (scil. der Volksmassen) magis ad gloriam Christi pertinebat quam ad fidem ipsorum: si enim crederent in Christum, non mirarentur. Illud enim movet admirationem quod superat facientis aut dicentis personam; et ideo quod a Deo factum aut dictum est, non admiramur, quia omnia minora sunt quam Dei potentia. Turbae autem erant quae mirabantur, id est populus vulgaris, non principes populi, qui non discendi studio audire solebant; populus autem simplex simpliciter audie-

---

35   P. Chrysologus, Sermo 19,1; CChr.SL 24, 111, 6f.

36   Thomas von Aquin, Catena aurea I, hg. v. A. Guarentini, 447, zu Mk 2,12.

37   Rabanus Maurus, Mt, PL 107, 981 D; 982 A.B.

38   Paschasius Radbertus, Mt, CChr.CM 56, 454, 2966-2969, zu Mt 7,28f. erklärt bündig: »Quia discipulis fides potius et dilectio congruebat quam admiratio. Admiratio ergo signum est infidelitatis, quia necdum mens bene de uirtute Dei sentiens, stupet ad ea quae prius necdum crediderat«.

39   Origenes, Matthäuskommentar, 10,16 (SC 162, 214, 45-47).

40   Vgl. etwa Beda Venerabilis, Mt, PL 92, 40 A: »Turbas autem infideles dicit, qui stupebant non credendo; aut omnes generaliter demonstrat, qui in eo tantam sapientiam venerabantur« (ähnlich Rabanus Maurus, Mt, PL 107, 853 A; Glossa ordinaria, Mt, PL 114, 112 B).

bat.«[41] Umgekehrt wird dem Volk Israel bei Melito von Sardes zum Vorwurf gemacht, daß es die Admiration angesichts der Wunder wie des Todes Jesu vermissen ließ[42]; die Koinzidenzwunder beim Tod Jesu sind Ersatz für diese fehlende Reaktion, die allein der göttlichen Selbstbezeugung im Kreuz Jesu angemessen gewesen wäre. Ohne die antijüdische Komponente entspräche das durchaus dem Gedanken von Jer 5,22.

Das Motiv des großen Volkszulaufes kann apologetischen Interessen dienstbar gemacht werden, indem der Neid der führenden Kreise Israels auf Jesu Beliebtheit bei den Massen als Ursache des Kreuzestodes Jesu zu stehen kommt[43], und ist Bestandteil antijüdischer Polemik. Doch kann es auch dazu dienen, als Modell des Glaubens dem zeitgenössischen Christen anempfohlen zu werden[44]; nur diese Vorstellung ist für uns diskutabel.

In der neuzeitlichen formgeschichtlichen Forschung ist unter den Volksreaktionen vor allem der Chorschluß als ein typisches Motiv der Wundergeschichten gewürdigt worden; hier ist auf E. Peterson, M. Dibelius, R. Bultmann, G. Theißen, K. Berger, M. Wolter und T. R. Dwyer zu verweisen.

In der früheren Forschung wird bei der Beschreibung der Reaktion einer Volksmenge zwischen nichtsprachlicher und sprachlicher Reaktion noch

---

41 »Wird der Verstand des Menschen vernünftig überzeugt, so läßt er uns zu einem Lob finden, wird er überwältigt, so bringt er einen Ausdruck der Bewunderung hervor. Was wir nämlich nicht angemessen loben können, bestaunen wir. Die Verwunderung der Volksmassen hat sich eher auf die Herrlichkeit Christi bezogen als auf ihren eigenen Glauben: wenn sie nämlich an Christus glaubten, würden sie sich nicht wundern. Dasjenige erzeugt nämlich Bewunderung, was die Person des Handelnden oder Sprechenden überwältigt, und deshalb wundern wir uns nicht über das, was von Gott getan oder gesprochen ist, denn alles ist geringer als die Macht Gottes. Es waren aber die Volksmassen, die sich wunderten, also das gemeine Volk, nicht die Führenden des Volkes, die nicht mit dem Eifer des Lernens zu hören pflegten; das einfache Volk hörte hingegen einfach« (Ps.-Johannes Chrysostomus, Opus imperfectum in Matthaeum, hom. 20, PG 56, 746f.; zu Einleitungsfragen vgl. J. van Banning, Opus imperfectum in Matthaeum, Praefatio, CChr.SL 87 B, Turnhout 1988).

42 Melito von Sardes, Passa-Homilie, 78.98.99; TMUA 24, 28f.34f.

43 Vgl. Tertullian, Apologeticum, 21,18, CChr.SL 1, 126, 94-98: »Die Lehrer und Vornehmen der Juden waren aber gegen seine Lehre, durch welche sie widerlegt wurden, so erbittert, am meisten deswegen, weil sich eine sehr große Menge von ihnen weg ihm zuwandte, daß sie ihn zuletzt dem Pontius Pilatus ... überlieferten und durch das Ungestüm ihrer Stimmen von ihm erzwangen, daß er ihnen zur Kreuzigung ausgeliefert wurde«. Vgl. ferner Theophylakt von Bulgarien, Mt, PG 123, 217 A, zu Mt 7,28: Nicht die ἄρχοντες gerieten außer sich (diese waren ihm ja neidisch), sondern »τὸ ἄκακον πλῆθος«.

44 Vgl. Beda, Mk, CChr.SL 120, 519, 1183-1185; Theophylakt, Mk, PG 123, 560 B, zu Mk 6,54-56.

nicht terminologisch unterschieden.[45] Den Begriff der Akklamation hatte E. Peterson eingeführt, bestimmend sind für ihn die Beschränkung auf Formeln wie εἷς θεός oder μέγας ὁ θεὸς τῶν...[46], die Herleitung der altkirchlichen aus der jüdisch-hellenistischen Wundererzählung mit der Propagandaformel εἷς θεός, und der ursprüngliche Haftpunkt der Akklamation in der profanen Volksversammlung.[47] Weil die Wundererzählung im Neuen Testament »noch nicht zu einem literarischen Propagandastück im Wettbewerb mit anderen Religionen geworden«[48] sei, fehle zumeist auch die Akklamation.

M. Dibelius übernimmt 1933[49] den Begriff der Akklamation, wendet ihn aber auch auf die neutestamentlichen Chorschlüsse an. Dieser Sprachgebrauch ist in der neutestamentlichen Forschung beherrschend geworden; umgekehrt verlor an Bedeutung, daß Peterson und Klauser auch die negativen Reaktionen der Volksmenge, etwa den Kreuzigungsruf, als Akklamation bezeichnet hatten.[50] Nach M. Dibelius kennzeichnen die in den Paradigmen begegnenden Chorschlüsse »die Erzählung, die sie beenden, als Beispiel für das, was Jesus war und brachte«[51] und weisen »auf die Größe der Tat und die Bedeutung des Täters; und von dieser Bedeutung handelt die Predigt«[52]. Die

---

45 E. Peterson, ΕΙΣ ΘΕΟΣ, 193f., erhebt zunächst das semantische Inventar der Admiration, um dann festzustellen, »daß im Neuen Testament die eigentliche Akklamation innerhalb der Wunder fehlt« (195). Klarer ist die Feststellung, daß der Ausdruck des Staunens »nicht selten in Verbindung mit der akklamatorischen Formel auftritt.« (193).

46 E. Peterson, ΕΙΣ ΘΕΟΣ, 195 Anm 2, weist auf die Differenzen zu dem Begriff »Chorschluß« bei M. Dibelius, Formgeschichte, 1. Aufl., 29, hin.

47 E. Peterson, ΕΙΣ ΘΕΟΣ, 190, mit Hinweis auf Phlegons Mirabilia.

48 E. Peterson, ΕΙΣ ΘΕΟΣ, 195. Der tiefere Grund liege aber, so E. Peterson, a.a.O., 319, in dem Geheimnischarakter Jesu, zu dem die - mit einer Akklamation (Phil 2,11) gefeierte - Himmelfahrt in Kontrast stehe; zur Kritik vgl. R. Bultmann, Geschichte der synoptischen Tradition, 3. Aufl., 241: Die Akklamation fehlt auch in der Apostelgeschichte.

49 Der Begriff fehlt bei M. Dibelius, Formgeschichte, 1. Aufl., 29, wie bei R. Bultmann, Geschichte der synoptischen Tradition, 1. Aufl., 138; noch R. Bultmann, Tradition, 3. Aufl., 241, verwendet ihn nur bei der Darstellung Petersons. Daß E. Norden, Agnostos Theos, 245 Anm 1, den Begriff »Akklamation« ebenfalls beiläufig gebraucht, dürfte nur über die Vermittlung Petersons forschungsgeschichtlich wirksam geworden sein.

50 Th. Klauser, Art. Akklamation, RAC I, 216-233. Neutestamentliche Beispiele sind nach Th. Klauser, a.a.O., 218, Mk 11,9f.; 15,11, nach E. Peterson, a.a.O., 141, Apg 19,28.34; Phil 2,11.

51 M. Dibelius, Formgeschichte des Evangeliums, 42.

52 M. Dibelius, Formgeschichte des Evangeliums, 55. Nach B. Citron, Multitudes, 408, darf man die Bedeutung der Volksmenge für die synoptische Tradition nicht auf diese Funktion reduzieren, weil sonst der Einfluß des Evangeliums auch auf die Massen nicht erklärbar ist.

Chorschlüsse fassen also das Worumwillen des Überlieferungsinteresses einer Perikope zusammen.

Was Dibelius als »Chorschluß« benennt, erfaßt R. Bultmann unter der Formel »Eindruck auf die Zuschauer«[53], dessen Schilderung »die Größe des Wunders«[54] hervorheben, das παράδοξον des Wunders betonen wie das Geschehen beglaubigen soll[55].

Die Bedeutung des für unsere Aufgabenstellung ungemein wichtigen Beitrages von G. Theißen[56] liegt in der engen Verflechtung formgeschichtlicher, traditionsgeschichtlicher und redaktionskritischer Erhebungen zu den urchristlichen Wundergeschichten. Innerhalb der formgeschichtlichen Fragestellung erreicht G. Theißen gegenüber früheren Ansätzen eine weiterführende Präzisierung durch die Einteilung in das Inventar der Personen, Motive und Themen[57], ferner durch die Unterscheidung zwischen nicht sprachlich artikulierter und sprachlich artikulierter Stellungnahme zum Wunder, also zwischen Admiration und Akklamation[58], sowie durch die Unterscheidung der kompositionellen Stellung eines Motives innerhalb der Perikope.[59] Durch diese Präzisierungen ist eine jeweils gesonderte formgeschichtliche, religionsgeschichtliche und redaktionskritische Untersuchung dieser Momente ermöglicht und die Frage nach einer jeweils verschiedenen pragmatischen Funktion freigegeben; wir werden in diesem Sinne präzisierend die alttestamentliche und frühjüdische Formgeschichte der Gliedgattungen Admiration und Akklamation zu beschreiben versuchen, deren Relevanz für die neutestamentlichen Admirationen und Akklamationen schon G. Theißen vermutet hatte.[60] Gegen E. Peterson sieht G. Theißen für die Anwesenheit einer Menge in Wundergeschichten die Analogie in der kultischen Gemeinde, wie die Inschriften am römischen Asklepeion belegen. Akklamationen sind, so Theißen mit Verweis auf P.Oxy 11,1382, zunächst Reaktionen auf den Bericht vom Wundern, nicht auf das Geschehen selbst.

K. Berger faßt in seiner anhand antik-rhetorischer Klassifizierungen erarbeiteten Formgeschichte in einer eigenen Gattung Epideixis alle Texte zusammen, »in denen ein Geschehen so berichtet wird, daß am Ende die (Augen- oder Ohren-) zeugen darauf mit Verwunderung, Staunen oder Fragen

---

53   R. Bultmann, Geschichte der synoptischen Tradition, 1. Aufl. 129.
54   R. Bultmann, Geschichte der synoptischen Tradition, 1. Aufl. 136.
55   R. Bultmann, Geschichte der synoptischen Tradition, 2. Aufl. 241.
56   G. Theißen, Urchristliche Wundergeschichten, 1974.
57   G. Theißen, Wundergeschichten, 53-125.
58   G. Theißen, Wundergeschichten, 79f.
59   G. Theißen, Wundergeschichten, 80.
60   G. Theißen, Wundergeschichten, 163, für die Akklamationen.

reagieren.«[61] Mit den Erzählungen dieser Kategorie wird die Begegnung des Menschen mit Gott gekennzeichnet. »So wird diese Art der Darstellung zu einem besonderen Weg 'theologischer Geschichtsschreibung', in der die Reaktion der Menschen die Art ist, in der sich das Heil seinen Weg bahnt. Die Durchsetzung von Gottes Herrschaft und Reich geschieht über diesen Weg der partikularen Verwunderung und Akklamation der jeweiligen Zeugen. Daß das Staunen eine Art zu glauben ist, belegt auch ThomasEv 2. Wo die Reaktion ausbleibt, ist dieses Zeichen des kommenden Unheils und der Verstokkung der Menschen«[62].

Nach M. Wolter tritt zur pragmatischen die makrotextinterne Funktion der Akklamation hinzu: Sie ist nicht als Bestandteil der Einzelgeschichte von Belang, sondern dient als Bestandteil des Makrotextes der literarischen Vernetzung der Einzelgeschichten, deren christologisches Gesamtverständnis zu erschließen ihre pragmatische Funktion darstellt; sie ist deutende Orientierungshilfe des Autors für den Leser.[63]

T. R. Dwyer behandelt in seiner Arbeit über das Admirationsmotiv bei Markus[64] unter erfreulicher Kenntnis auch nicht-englischsprachiger Literatur das Admirationsmotiv i.S. der Definition von G. Theißen im Markusevangelium und in der paganen Antike wie in der alttestamentlich-jüdischen Tradition; ihm kommt das Verdienst zu, die bisher umfangreiche Sammlung der Belege geleistet und vor allem auch nach der alttestamentlich-jüdischen Geschichte des Motives gefragt zu haben. Seine Arbeit berührt sich eng mit dem von uns unter 3.4.2 und 4. zu verhandelnden Fragen. Unsere Untersuchungen über das Admirationsmotiv in alttestamentlich-frühjüdischer Tradition sind unabhängig von Dwyers Arbeit entstanden, die der allgemeinen Fachwelt erst 1995 zugänglich wurde. Dwyers Studie gliedert sich in drei religionsgeschichtliche und drei redaktionskritische Abschnitte; für uns sind vor allem die religionsgeschichtlichen Teile von Belang.

Für die griechisch-römische Welt fragt Dwyer nach der Bedeutung des Admirationsmotives für das θεῖος-ἀνήρ-Konzept, für die griechich-römische Biographie, für die Darstellung der »esteemed Teachers«, für das antike Drama, für die antike Rhetorik und für die Paradoxa-Literatur.[65] Admirationsbelege begegnen hierin bei weitem nicht in der relativen Häufigkeit wie im Markusevangelium, womit eines der Hauptargumente für die traditionelle

---

61 K. Berger, Formgeschichte, 310. Daß K. Berger nicht zwischen Admiration und Akklamation unterscheidet, ist m. E. mißlich.

62 K. Berger, Formgeschichte, 313.

63 M. Wolter, 173, Inschriftliche Heilungsberichte. Zu der o.a. Funktionsbestimmung als Werbung um die Zustimmung äußert sich Wolter hier nicht.

64 T. R. Dwyer, The Motiv of Wonder in the Gospel of Mark, Diss. Aberdeen 1990.

65 T. R. Dwyer, The Motiv of Wonder, 56-91.

Herkunft von Stellen wie Mk 1,27; 2,12 entfällt[66]; als Admirationsbelege in Wundergeschichten benennt D. nur VitAp 4,20; 8,6; 8,9; Josephus, Ant 2,280 und Lukian, Alex 13.1420.[67] Die Mehrheit der Admirationsbelege findet sich außerhalb der Wundergeschichten und sind Reaktionen auf das Eingreifen eines göttlichen Wesens.

Die Untersuchungen zur alttestamentlich-frühjüdischen Literatur besprechen die Belege in LXX, bei Philo und Josephus, in den Qumrantexten, den Pseudepigraphen und in den Berichten über charismatische Rabbinen i.S. v. G. Vermes. Im frühjüdischen Bereich sind Admirationen typisch als Reaktion auf Gottes Handeln (Ex 15,14-16; 18,9; 19,18; 20,19), sind erwartet für die Endzeit (Hos 3,5; Mi 7,15.17; Sach 14,13), manchmal auf den Messias bezogen (Jes 52,15 LXX diff MT), und Bestandteile propagandistischer Texte wie 2 Makk, JosAs, EpArist.[68] Religionsgeschichtlich gesehen gilt für das Markusevangelium: Daß der Anbruch der Gottesherrschaft die Admirationen auslöst, verbindet Mk mit der alttestamentlichen und frühjüdischen Literatur, daß die Intervention Gottes das Erstaunen auslöst, entspricht pagan-antiker Vorstellung; daß entweder Glaube oder Unglaube folgen kann, verbindet Mk mit der sonstigen frühchristlichen Literatur.[69]

1.4. Redaktionskritische Beiträge

1.4.0. Redaktionskritische Beiträge für alle drei Synoptiker

Nach B. Citron ist das Verständnis des ὄχλος als Chor des griechischen Theaters vor allem für das Markusevangelium zutreffend; bei Markus, aber vor allem bei Matthäus sei das Christentum als eine auch für die Massen offene Religion gezeichnet, während für Lukas auch eine gewisse Abneigung gegen die Massen zu verzeichnen sei.[70] P. S. Minear hat 1973/74 in einer Trilogie für jeden der drei Synoptiker die Rolle der Volksmenge untersucht und kommt für Markus und Matthäus zu dem Schluß, daß sich im Verhältnis zwischen dem ὄχλος und den μαθηταί

---

66   T. R. Dwyer, The Motiv of Wonder, 233-235.
67   T. R. Dwyer, The Motiv of Wonder, 62. S. 63 Anm 43 zitiert er zusätzlich die von G. Theißen, Wundergeschichten, 79, und B. Blackburn, Theios Aner, 226 Anm 215, genannten Belege.
68   T. R. Dwyer, The Motiv of Wonder, 101-146.
69   T. R. Dwyer, The Motiv of Wonder, 355. - Zur Weiterarbeit bleibt die formgeschichtliche narrative Spezifikation der frühjüdischen Belege hinsichtlich des Subjektes der jeweiligen Reaktion.
70   B. Citron, The Multitude in the Synoptic Gospels, SJTh 7, 1954, 408-418.

auch auf redaktioneller Ebene die Differenzierung zwischen gemeindeleiten-
den Personen und Laien widerspiegelt[71], während bei Lukas vor allem der
ὄχλος nur das Reservoir der potentiellen Jünger darstellt und »a neutral, an-
onymous, undifferentiated entity«[72] konstituiert, die bisweilen aber auch direkt als Gegner Jesu auftrete[73] und nicht als ständige Begleitung Jesu während
des Zuges nach Jerusalem anzusehen sei.[74] Von dieser Trilogie wird der Aufsatz zu Lukas dem Gegenstand am ehesten gerecht, während es problematisch
ist, das vormk Verständnis der Speisungsgeschichten auch auf die Ebene der
mk und mt Endredaktion zu übertragen[75]; ferner bekennen nur die Jünger,
nicht aber die Volksmenge, Jesus als Christus (Mk 8,29) und Gottessohn
(Mt 16,16). Die vier Passionsbelege Mk 14,43; 15,8.11.15 bezeichnen wohl
kaum die »puppets of the scribes and rulers«[76] als eine separate Gruppe.

Daß neben Jesus, den Jüngern und den Hierarchen auch die Volksmenge in
der Darstellung der Evangelien »a group character«[77] konstituiert, ist eine
Überzeugung von J. D. Kingsbury, die in der Forschungsrichtung der narrativen Analyse m.W. nicht überall geteilt wird.[78] Für die synoptische Darstellung insgesamt gilt: Das Volk ist zugleich »well disposed toward Jesus« and
»without faith in him«[79], in ersterem kontrastiert es zu den Führern, in zweiter
Hinsicht zu den Jüngern. Doch fragt Kingsbury nicht nach der Ursache und

---

71   P. S. Minear, Audience Criticism and Markan Ecclesiology, 89; ders., The Disciples
     and the Crowds in the Gospel of Matthew, 32.40. Ausgangspunkt sind für die Markus-
     darstellung der Adressatenwechsel in Mk 7, die Verben προσκαλεῖσθαι in Mk 7,14,
     ἔρχεσθαι in Mk 2,13, ἀκολουθεῖν in Mk 2,14.15, und die Perikopen Mk 3,31-35;
     6,34-44, aber auch die Tatsache, daß der ὄχλος als der ständige Begleiter während des
     Zuges Jesu nach Jerusalem genannt ist, für die Matthäusdarstellung ebenfalls die Ver-
     bindung zwischen ἀκολουθεῖν und ὄχλος und die Speisungsgeschichten. In der Berg-
     predigt, der Gemeinderede und der Pharisäerrede sind die in 3. Ps. Genannten die Ge-
     meindeglieder, die in 2. Ps. Angesprochenen die Jünger als die zukünftigen Leiter der
     Gemeinde, die (so Mt 23) vor einem Mißverständnis ihrer leitenden Funktion gewarnt
     werden sollen. Als Prophet wird Jesus von einem »follower« tituliert; »a Jew would
     not call a man a prophet and then repudiate his authority« (a.a.O., 40).
72   P. S. Minear, Jesus' Audiences, According to Luke, 87.
73   Lk 11,14-36; vgl. P. S. Minear, Jesus' Audiences, According to Luke, 93.
74   P. S. Minear, Jesus' Audiences, According to Luke, 89f. Damit habe Lukas die Grenze
     zwischen Jüngern und Volk gegenüber Markus verschärft.
75   Kritisch hierzu auch W. Carter, The Crowds in Matthew's Gospel, 55.
76   P. S. Minear, Audience Criticism and Markan Ecclesiology, 87. - Das Problem wird
     sich bei anderen Autoren zur Deutung der lk Pilatus-Szene wiederholen.
77   J. D. Kingsbury, Conflict in Luke, 28.
78   W. Kelber, Conclusion, 172-176, läßt unter »Characters« das Volk, den ὄχλος, aus,
     ähnlich M. A. Tolbert, How the Gospel of Mark Builds Character; D. Rhoads, Losing
     Life, passim.
79   J. D. Kingsbury, Conflict in Mark, 24; vgl. ders., Conflict in Luke, 31; ders., Matthew
     as Story, 23f.

der Funktion dieser Darstellung. Weil das Volk nicht zu dem von Jesus geforderten und von den Jüngern wenigstens prinzipiell verwirklichten Glauben gelangt, ist admiratives Verhalten Ausdruck des Unverständnisses[80], und selbst für Lk 18,43 gilt: »In itself, their praise does not mean that they share the beggar's faith and insight into Jesus' identity«.[81] Anschließend zieht Kingsbury die direkte Parallele zwischen Lk 18,43 und Lk 4,22-30. M.E. erweist sich narrative Analyse für die Volksreaktionen zwar insofern als fruchtbar, daß die Kontrastierung von Volk und Jüngern einer vorschnellen ekklesiologischen Ausdeutung der ὄχλος-Thematik wehrt, doch ist vor allem bei den Admirationen weniger die narrative Kohärenz als die pragmatische Funktion des Einzeltextes von Belang.[82]

T.-S. Park untersucht in seiner Dissertation über »῎ΟΧΛΟΣ im Neuen Testament« die 175 neutestamentlichen ὄχλος-Belege und schließt kritische Betrachtungen zur Exegese seitens der Minjung-Theologie an.[83]

Wir haben hier vor allem die Ausführungen zu den Synoptikern zu würdigen. Für das Markusevangelium hält T.-S. Park zu Recht fest, daß der ὄχλος-Begriff in der vormk Tradition hauptsächlich im Zusammenhang mit der Wundertradition steht, während er mk-redaktionell oft mit dem Motiv des Lehrens Jesu verknüpft ist. Dabei setzen diese ὄχλος-Belege, wie schon Mk 3,31-35; 6,34-44 nahelegen, »immer die Situation der urchristlichen Gemeinde voraus; somit ist der ὄχλος mit der christlichen Gemeinde identisch«[84]. So steht der ὄχλος in Mk 8,34a für die christliche Gemeinde, die zusammen mit den Jüngern zur Nachfolge aufgefordert wird; aufgrund von Mk 10,1 ist der ὄχλος in den »Haustafeln« 10,2-31 als ständiger Zuhörer Jesu anzusehen, und in Mk 10,46b ist der ὄχλος nicht die unbestimmt bleibende Volksmenge, sondern der Kreis derer, die Jesus nachfolgen.[85] Ferner repräsentiert der ὄχλος in den Summarien, vor allem in der Landschaftsliste Mk 3,7f., »alle Völker aus den Ländern der Heiden und Juden«[86].

Bei Matthäus ist der ὄχλος schärfer von den Jüngern unterschieden; nur die Jünger sind in einer engen Beziehung zu Jesu gedacht; sie erkennen kraft göttlicher Offenbarung, was das Volk nicht erkennt; sie bilden die wahre

---

80   J. D. Kingsbury, Conflict in Mark, 23.

81   J. D. Kingsbury, Conflict in Luke, 57f.

82   Vgl. die hier berechtigte Kritik bei H. Räisänen, Messianic Secret, 19f.

83   Zu einzelnen Varianten der Minjung-Theologie vgl. S.H. Lee-Linke, Jesus und Minjung, passim. Der ὄχλος im Markusevangelium wird vor allem für B.-M. Ahn zum Typus des Minjung (S.-H. Lee-Linke, 20-22).

84   T.-S. Park, ῎ΟΧΛΟΣ im Neuen Testament, 71.

85   T.-S. Park, ῎ΟΧΛΟΣ, 42; 49; 60. - M. E. geschehen diese Deutungen nicht zu Recht.

86   T.-S. Park, a.a.O. Mk 3,7f. beschreibt die Mission Jesu; Galiläa, Judäa, Jerusalem und Idumäa bezeichen jüdische, Tyrus und Sidon heidnische Gebiete (S. 45).

Familie Jesu (Mt 12,46-50). So hat der Begriff ὄχλος seine ekklesiologische Dimension verloren; sein »Standpunkt ... liegt ... in der Vergangenheit«.[87]

Im Lukasevangelium ist im Gegensatz zu Matthäus und Markus keine einheitliche ὄχλος-Konzeption nachweisbar. Der ὄχλος-Begriff ist lk-redaktionell oft in Einleitungsversen gesetzt, die ein ursprünglich situationslos überliefertes Wort rahmen, umgekehrt im Zuge der Straffung mk Erzählungen entfallen. Schwerpunkte der Verwendung bilden weiter das Versammlungsmotiv, das Motiv, daß einer vom ὄχλος eine Frage oder Bitte an Jesus richtet, und das Behinderungsmotiv. Die mk ekklesiologische Bedeutung des ὄχλος-Begriffes geht bei Lukas an den λαός-Begriff über, der die potentielle Kirche repräsentiert[88]; ὄχλος tritt zur Kulisse zurück und stellt die »Popularität Jesu in Israel zu seiner Zeit«[89] dar.

Im Matthäus-Teil hat T.-S. Park den Funktionsverlust des mt ὄχλος-Begriffes zutreffend beschrieben; es müßte freilich nach der Funktion der vergangenheitsbezogenen Darstellung des ὄχλος gefragt werden. Für das Markusevangelium scheint mir problematisch, wenn Park die vormk Ansätze aus Mk 6,34-44; 3,32-35 auch für die mk Endredaktion geltend machen will. Weil das Verhalten des ὄχλος in den von Park angesprochenen Perikopen nicht im einzelnen beleuchtet wird, kommt m.E. die theologische Fragestellung zu kurz.

1.4.1. Beiträge zum Markusevangelium

Die derzeit neueste Forschungsübersicht zum Thema »Volk im Markusevangelium« hat V. Küster geboten[90]. Wir unterscheiden im folgenden zwischen christologisch orientierten und ekklesiologisch orientierten Beiträgen.

1.4.1.1. Christologisch orientierte Beiträge

Christologische Beiträge zum Markusevangelium sind stets mit der Frage nach der Reichweite der von W. Wrede beschriebenen Messiasgeheimnistheorie verbunden[91]. Bekanntlich hatte Wrede in diese Theorie die Parabel-

---

87   T.-S. Park, ῎ΟΧΛΟΣ, 138.
88   T.-S. Park, ῎ΟΧΛΟΣ, 145.147.
89   T.-S. Park, ῎ΟΧΛΟΣ, 168.
90   V. Küster, Jesus und das Volk, 19-34.
91   Literatur: W. Wrede, Das Messiasgeheimnis in den Evangelien, 1901; H. J. Ebeling, Das Messiasgeheimnis und die Botschaft des Markusevangelisten, 1939; E. Schweizer, Zur Frage des Messiasgeheimnisses bei Markus, 1965; die bei R. Pesch (Hg.), Das Markus-Evangelium, WdF 411, 1979, wieder abgedruckten Aufsätze von U. Luz, Das

theorie, die Schweigegebote an die Jünger, an die Dämonen[92] und an die Geheilten sowie die esoterischen Belehrungen und das Jüngerunverständnismotiv einbezogen[93]; der Sinn dieser dem Evangelisten vorgegebenen dogmatischen Theorie sei der Ausgleich zwischen einer Theologie, die Jesu Messianität erst seit der Auferstehung, und einer Theologie, die diese Messianität schon zu Jesu Lebzeiten wirklich sein läßt[94]. Neben Wredes Darstellung der Messiasgeheimnistheorie wurde für die folgende Zeit Jülichers Deutung der Parabeltheorie wichtig, dergemäß »das Resultat der Gleichnisrede Jesu (scil. die Verstockung der Volksmassen) ihrer Absicht entsprach«[95]. Unsere Untersuchung wird vor allem von der Frage berührt, wie sich die Parabeltheorie einerseits, das Motiv der unverhüllten Volksbelehrung und die positiv scheinenden Volksreaktionen andererseits vereinbaren lassen.

Sofern man nicht überhaupt die Bedeutung der Messiasgeheimnistheorie für Markus einschränkte[96], ignorierte[97] oder bestritt[98], konnte das Problem unterschiedlich gelöst werden: Literarkritisch konnte man die Einzelelemente auf Tradition und Redaktion verteilen; redaktionskritisch unterschied man zwischen der Zeit Jesu und der Zeit der Evangelisten; interpretatorisch versuchte man in durchaus unterschiedlicher Weise, eine Konvergenz zwischen den auseinanderstrebenden Elementen zu erreichen.

Der literarkritische Lösungsversuch kennt unterschiedliche Optionen: Nach A. Jülicher war die Parabeltheorie mk-redaktionell, während er das Motiv der

---

Geheimnismotiv und die markinische Christologie; J. Roloff, Das Markusevangelium als Geschichtsdarstellung; H. Räisänen, Das »Messiasgeheimnis« im Markusevangelium, 1976; ders., Messianic Secret, 1990; C. Tuckett (Ed.), The Messianic Secret. Issues in Religion and Theology I, London 1983; R. Weber, Christologie und Messiasgeheimnis, 1983; F. Fendler, Studien zum Markusevangelium, 1991. Forschungsberichte: Für die Zeit bis 1976 vgl. H. Räisänen, Messiasgeheimnis, 14-48, sowie J. L. Blevins, The Messianic Secret in Markan Research, 1901-1976, Washington 1981; J. Ernst, Das sog. Messiasgeheimnis - kein »Hauptschlüssel« (1992; sic!); für die Zeit danach vgl. F. Fendler, Studien, 113-116. Die Darstellung der Forschungsgeschichte zur Messiasgeheimnistheorie insgesamt würde den Rahmen unserer Untersuchung sprengen; wir müssen uns auf die Konsequenzen für die Beurteilung der Volksreaktionen beschränken.

92 Hierfür kennt ältere Auslegung das Nebeneinander von offenbarungsgeschichtlicher und antidämonologischer Deutung: »Nec tempus erat, nec hi praecones« (J. A. Bengel, Gnomon, zu Mk 3,12).

93 W. Wrede, Messiasgeheimnis, 22-65.

94 W. Wrede, a.a.O., 228.

95 A. Jülicher, Gleichnisreden I, 148.

96 H. Räisänen, »Messiasgeheimnis«, 159; ders., Messianic Secret, 242f. Die begrenzte Reichweite der Parabeltheorie begründet H. Räisänen, Messianic Secret, 92-96, mit dem positiven Bild des ὄχλος bei Markus.

97 D. Lührmann, Markus, 15-20.86.

98 J. Ernst, Das sog. Messiasgeheimnis, passim; R. H. Gundry, Mark, 1.

Volksbelehrung für den irdischen Jesus in Anspruch nahm[99]; umgekehrt findet sich für die Parabeltheorie heute nicht selten die Annahme vormk Herkunft[100], mk Funktionswandels[101] oder reduzierter Reichweite[102]. Die Unterscheidung verschiedener Erzählebenen kennt schon W. Wrede, wenn er die Volksreaktionen Mk 1,27; 7,37 wie das Gottessohnbekenntnis Mk 5,7 als Beglaubigung Jesu »in den Augen des Erzählers wie des Lesers«[103] deutet.

Die Spannweite inhaltlicher Neuinterpretation der Messiasgeheimnistheorie reicht von ihrer Deutung anhand der durchbrochenen Schweigegebote über die Bestreitung einer Verstockungsabsicht in der Parabeltheorie bis zum Aufweis des Defizitären auch bei den positiv erscheinenden Volksreaktionen und bis zur These der generell verhüllenden Absicht des Lehrens Jesu nach mk Sicht.

Nach H. J. Ebeling zeigen die durchbrochenen Schweigegeboten Mk 1,45; 7,36, daß die Herrlichkeit Jesu gar nicht verborgen bleiben kann[104]; von daher deutet er die Messiasgeheimnistheorie insgesamt als Hinweis auf die Epiphanie des Gottessohnes. Kritisch hiergegen ist jedoch auf den Unterschied zwischen der Öffentlichkeitswirksamkeit der Wunder und dem bleibenden Geheimnis der Identität Jesu zu verweisen. Ohne Übernahme der Einseitigkeiten Ebelings beschreibt Theißen die Funktion der Wundererzählungen für Markus: »Das ganze MkEv drängt nach Akklamation, nach Erkenntnis der wahren Würde Jesu«[105]. Für G. Theißen ergeben die jeweils auf den Gesamttext des Markusevangeliums hin gestalteten Akklamationen einen aretalogischen Spannungsbogen, der neben den unvollständig ausgeführten mythischen und biographischen Spannungsbögen die Komposition des Evangelium bestimmt. Markus »weitet den allen Wundergeschichten immanenten Spannungsbogen zwischen dem Wunder und der intendierten Stellungnahme des Hörers auf das ganze Evangelium aus«[106]; mit Rücksicht auf Mk 15,39 sind titulare Akklamationen durch den Evangelisten vermieden.[107]

---

99 A. Jülicher, Gleichnisreden I, 126.

100 G. Haufe, Parabeltheorie, 414; E. Schweizer, Messiasgeheimnis, 6; H. Weder, Gleichnisse, 107 Anm 49, mit Hinweis auf die Spannung zu Mk 8,14-21, R. A. Guelich, Mark, 201, zusätzlich mit dem Hinweis auf die Spannung zu den nichtdefizitären Volksreaktionen.

101 F. Fendler, Studien, 117f.: Auf vormk Ebene erklärt die Parabeltheorie den Unglauben Israels, auf mk-redaktioneller Ebene unterstreicht sie das Jüngerunverständnismotiv. Zu letzterem vgl. bereits A. Jülicher, Gleichnisreden I, 126.

102 H. Räisänen, Messiasgeheimnis, 50f.; ders., Messianic Secret, 243.

103 W. Wrede, a.a.O., 128.

104 H. J. Ebeling, Messiasgeheimnis, 131. 145.

105 G. Theißen, Urchristliche Wundergeschichten, 212, Vgl. auch S. 220.

106 G. Theißen, Urchristliche Wundergeschichten, 214.

107 G. Theißen, Urchristliche Wundergeschichten, 168-173; 213.

Im Zuge der Neuinterpretation der Parabeltheorie wird das finale Verständnis der Partikeln ἵνα und μήποτε bestritten[108] und die Gleichsetzung zwischen dem ὄχλος und den οἱ ἔξω aufgegeben; diese Wendung bezeichnet streng theologisch diejenigen, die Jesu Botschaft ablehnen.[109] Ekklesiologisch lät sich diese letztere Erkenntnis fruchtbar machen.

Die Deutung auch der positiv scheinenden Volksreaktionen als defizitärer Reaktionen stützt sich zumeist darauf, daß titulare Akklamationen bis zu Mk 15,39 völlig fehlen, daß dem Volke die wahre Identität Jesu also unbekannt bleibe. Die Anschauung steht zumeist im Dienst einer kreuzestheologischen Deutung der Messiasgeheimnistheorie: Jesu Identität soll erst angesichts von Kreuz und Auferstehung offenbar werden, nicht schon anläßlich siner Wunder[110]. Da, wo die Kreuzestheologie einseitig gegen die Wunder Jesu ausge-

---

108 Durchaus unterschiedlich wurden beide Partikel interpretiert: ἵνα wurde kausal gedeutet (H. Windisch, Verstockungsidee, 208) oder konsekutiv (C. H. Peisker, Konsekutives ἵνα, 127; A. Suhl, Zitate, 150) oder als Motiv der Schrifterfüllung (J. Jeremias, Gleichnisse, 10f.; G. Bornkamm, Art. μυστήριον, 824; W. Marxsen, Parabeltheorie 25; H. Krämer, Art. μυστήριον, EWNT 2, 1981, 1101f.) oder epexegetisch (P. Lampe, Markus 4,10-12, 141; R. A. Guelich, Mark, 212) oder als ἵνα explicativum (R. Pesch, Markus I, 236; C. Breytenbach, Nachfolge, 165; D. Lührmann, Markus, 86). Für μήποτε wird unter Hinweis auf TgJes 6,9f. des öfteren eine deliberative Bedeutung vermutet, z.B. bei J. Jeremias, Gleichnisse, 10f.; W. Marxsen, Parabeltheorie, 269; P. Lampe, Markus 4,10-12, 143; R. Pesch, Markus I, 236; R. A. Guelich, Mark, 212; D. Lührmann, Markus, 87. Doch haben Matthäus und Lukas die Begriffe ἵνα und μήποτε wohl final verstanden und deshalb gegenüber Mk 4,11f. geändert (G. Haufe, Parabeltheorie, 418; C. A. Evans, Function of Isaiah vi,9-10, 130). Ohne unmittelbaren Bezug zu den Volksreaktionen hat G. Minette de Tillesse das Geheimnis der verhüllenden Verkündigung Jesu als »provisoire« deklariert; diese Verhüllung werde in Mk 4,21f. aufgehoben (G. Minette de Tillesse, Secret Messianique, 213; ähnlich J. Lambrecht, Redaction and Theology in MK., IV, 305). - Anders H.-J. Klauck, Allegorie und Allegorese, 251: Nicht die Parabelrede als solche ist rätselhaft, sondern das Verhalten, das sie hervorruft: »daß man das personifizierte Heil sehen kann und dennoch nicht zu Umkehr und Glauben gelangt«.

109 C. Breytenbach, Nachfolge und Zukunftserwartung, 159, und die in Anm 195 genannten Autoren; H.-J. Klauck, Rolle, 9 Anm 15; G. Dautzenberg, Mk 4,1-34, 46; anders G. Bornkamm, Art. μυστήριον κτλ. ThWNT 4, 1942, 823; H. Krämer, Art. μυστήριον, EWNT 2, 1101f.; F. Watson, Function, 58; P. Böttger, König der Juden, 70f. - Die Deutung der οἱ ἔξω auf die in Mk 3,31ff. genannte "draußen" stehende Familie durch J. Coutts, »Those Outside«, 156, überzeugt nicht.

110 U. Luz, Geheimnismotiv, 222.226f., aufgenommen von H. Räisänen, Messianic Secret, 243; F. Fendler, Studien, 128. - Die These von Th. Weeden, Markus bekämpfe Vertreter einer reinen Herrlichkeitschristologie, wurde wiederholt von Ph. Cunningham, Jesus and the Evangelists, 26, in dessen Markusinterpretation der defizitäre Charakter der Volksreaktionen die Überschrift für den gesamten ersten Hauptteil des Evangeliums ergibt: »Jesus' activities produce awe, but no one perceivs their real significance« (Th. Weeden, Heresy, 146, konnte das Volk positiv von den Jüngern abheben!). Cunninghams richtige Einsicht, daß die einzigen Nutznießer der Dämonenbekenntnisse die Le-

spielt werden soll, ist kritisch nach der Funktion dieser immerhin ca. 49 % des Markusevangeliums beherrschenden Stoffmassen zu fragen. Nach anderer Auslegung ist der defizitäre Charakter der Volksreaktionen damit gegeben, daß die Durchbrechung der Schweigegebote in Analogie zum Jüngerunverständnis zu interpretieren ist.[111]

Dem genannten Trend, die Reichweite der Parabeltheorie für Markus einzuschränken, stehen Versuche der Ausweitung entgegen; die Messiasgeheimnistheorie begründet prädestinationstheologisch die Selbstunterscheidung der mk Gemeinde von ihrer Umwelt.[112] Daß Jesus nach Markus generell das Volk nur in verhüllender Absicht belehre, ist jedoch im Hinblick auf das Erbarmensmotiv in Mk 6,34 zu bezweifeln.[113]

1.4.1.2. Ekklesiologische Beiträge

O. Zizemer veranschaulicht in seiner eingehenden Untersuchung zum Thema »Das Verhältnis zwischen Jesus und dem Volk im Markusevangelium« das Verhältnis zwischen Jesus und dem Volk durch das Bild mehrerer konzentrischer Kreise (in der Mitte Jesus, dann die Jünger, das Volk, die Feinde), deren Grenzlinien jedoch in beiden Richtungen offen sind: Die Jünger verstehen und versagen, das Volk fühlt sich von Jesus angezogen und entscheidet sich gegen ihn, einer aus der Gruppe der Feinde sympathisiert doch mit Jesus (Mk 12,28). Das Volk ist nicht mit den οἱ ἔξω von Mk 4,11f. gleichzusetzen; Markus unterscheidet aber auch nicht die galiläischen Festpilger von den Bewohnern zu Jerusalem.[114]

Sämtliche Negativ-Belege, aber auch einige Positiv-Belege sind vormk; die Negativ-Belege sollten also nicht zum Interpretationsschlüssel für das Markusevangelium erhoben werden. Markus übernimmt diese Negativ-Linie, aber nicht deren Motive. Eine lineare Entwicklung des Verhältnisses zu Jesus

---

ser des Evangeliums sind (29), wäre auch für die Interpretation der Volksreaktionen fruchtbar zu machen.

111 F. Fendler, Studien, 128. Dem ist die resumierende Funktion von Mk 7,37 entgegenzuhalten.

112 P. Patten, Form and Function, 255f.; F. Watson, Function, 59.62.

113 E. Baasland, Markus als Volkserzähler, 31, stellt zu Recht heraus, daß Jesu Verkündigungs- und Heilungstätigkeit dem Volke gilt, aber nicht den Jüngern oder den Hierarchen, und daß Weherufe im Stile von Lk 10,13-15 bei Markus völlig fehlen. Baasland hat das Motiv der Zuwendung Jesu zum Volk sowie den Kontrast zwischen Volk und Oberen richtig beschrieben, die negativen Reaktionen des Volkes jedoch (Mk 5,17.40; 6,1-6a etc.) übergangen. Man wird jedoch die S. 15 Anm 1 angekündigte Studie abwarten müssen, um Baaslands Thesen gerecht würdigen zu können.

114 O. Zizemer, Jesus und das Volk, 284f.

ist weder bei den Jüngern noch bei dem Volk zu erkennen. Die christologische Funktion des Chorschlusses hat, hierin Zizemer anders als Theißen, auf der Ebene des Einzeltextes ihre Bedeutung, aber nicht auf der Ebene des Evangelisten. Die spannungsreichen Aussagen über »Jesus und das Volk« sind letztlich nur im Lichte der Messiasgeheimnistheorie zu verstehen.

Es geht Markus um eine christologische und um eine ekklesiologische Aussage. Die christologische Aussage: Dieser Jesus ist der Christus, er findet sich noch im Verborgenen, im Geheimnis, beginnt aber schon offenbar zu werden und von den Menschen als solcher erkannt und anerkannt zu wer- den.[115] Die ekklesiologische Aussage: Das Volk reflektiert spiegelartig das Juden und Heiden umfassende missionarische Umfeld der mk Gemeinde.

Für E. Struthers Malbon ist die erzählerische Rolle der Volksmenge im Markusevangelium ekklesiologisch determiniert. Der mk Einbezug ihres Verhaltens gegenüber Jesus in die Fragen von Jüngerschaft und Nachfolge ergibt ein komplexes Bild von Nachfolge: »discipleship is both open-ended and demanding; followership is neither exclusive nor easy.«[116] Soll die Erzählanalyse klarlegen, welche Identifikationsangebote der Erzähler dem Rezipienten eröffnet, besteht zwischen erzähltheoretischer Analyse und ekklesiologischem Zugang zum Markusevangelium naheliegenderweise eine Wechselwirkung. Doch tritt eine aus Mk 1,27; 7,37 zu erhebende christologische Funktion des Volksverhaltens bei Struthers Malbon nicht in den Blick, und damit fehlt nach markinischer Auffassung der Hinweis auf den sachlichen Grund, der zur Nachfolge motivieren könnte.

Bei C. Dahm führt der zutreffend beobachtete Kontrast in der Reaktion zwischen dem Volk und seinen Anführern zu der historischen These, daß die Infragestellung der markinischen Gemeinde vornehmlich durch die Schriftgelehrten und Pharisäer erfolgt, die Jesu göttliche Vollmacht anzweifeln und an seiner Halacha Kritik üben, und zur theologischen Aussage, daß diese Verwerfung Jesu durch die Hierarchen keine pauschale Verstockung Israels bedeutet, dem Gottesvolk vielmehr nach wie vor die Sendung Jesu und der Gemeinde gilt[117], während auch Jünger und Gemeinde sich wegen ihres Versagens schelten lassen müssen.

H. L. Swartz fragt in einer redaktionskritischen und narrativen Analyse nach den Furcht- und Erstaunensreaktionen im Verhältnis zu Aussagen über Glauben und Unglauben bei den Jüngern, den Massen und den Gegnern. Glaube ist die Anerkennung der Autorität Jesu, die Akzeptanz seiner Gegen-

---

115 Aufgrund dieser Beschreibung des Messiasgeheimnisses haben wir O. Zizemers Arbeit
     unter die ekklesiologischen Beiträge eingereiht.
116 E. S. Malbon, Disciples/Crowds/Whoever, 124.
117 C. Dahm, Israel im Markusevangelium, 245.255f.; zu den Volksreaktionen zuvor
     S. 37-64.

wart[118] und die Bereitschaft zur Kreuzesnachfolge. Die negative Furchtreaktion kann am Glauben hindern[119]; die Reaktion des Erstaunens läßt in Jesus die Präsenz Gottes erkennen, doch wird die Offenheit für Jesus nur dann als Glaube gewertet, »when Jesus is able to confront, on a personal basis, the individual who has shown trust and confidence«[120]. Das Erstaunen ist dann kritikwürdig, wenn eigentlich eine Antwort des Glaubens erwartet wäre, und auch positive Reaktionen »are totally inadequate if not supported by an honest acknowledgment of Jesus' claims to be truly teaching the way of God«[121], wie denn auch das Verhalten des Volkes in Mk 15 seine vorige positive Reaktion als letztlich unangemessen erweist[122].

V. Küster zeichnet in einer der Minjung-Theologie des Koreaners B.-M. Ahn verpflichteten Studie das Markusevangelium als »herrschaftskritische Tendenzschrift«[123]. Für Markus fungiert der ὄχλος nicht textanalytisch als Subjekt des Chorschlusses, sondern ist soziologisch eine Gruppe »sozial Entwurzelter ... die in Jesus ihren Hoffnungsträger gefunden haben«[124]. Das zutreffend in Parallele zu Josephus, Vita 126-144 gezeichnete ὄχλος-Bild von Mk 15,6-15 verweist nicht auf eine enttäuschte Hoffnung des ὄχλος, sondern entspringt dem theologischen Motiv, daß Jesus am Ende von allen, selbst von Gott verlassen scheint[125]. Die Messiasgeheimnistheorie ist politisch zu interpretieren: sie solle Schutz vor den Gegnern Jesu gewähren, ihnen den Schlüssel zu seinem Verständnis vorenthalten.[126]

1.4.2. Beiträge zum Matthäusevangelium

Für die Volksreaktionen im Matthäusevangelium hat W. Carter 1993 in seiner Forschungsübersicht zu Recht die selektive Basis vieler Deutungen kritisiert[127].

---

118   H. L. Swartz, Fear and Amazement Responses, 134.

119   H. L. Swartz, Fear and Amazement Responses, 101.

120   H. L. Swartz, Fear and Amazement Responses, 51f.

121   H. L. Swartz, Fear and Amazement Responses, 225.

122   H. L. Swartz, Fear and Amazement Responses, 246. - M. E. wird hier nach narrativer Kohärenz gefragt, wo pragmatisch nach dem intendierten Bild bei dem Leser zu fragen wäre.

123   V. Küster, Jesus und das Volk, 93.

124   V. Küster, Jesus und das Volk, 64.

125   V. Küster, Jesus und das Volk, 70.

126   V. Küster, a.a.O., 79-84. In Mk 4,10 geht es nicht um die esoterische Belehrung der Jünger, sondern, da ὄχλος und Jünger zusammenstehen, um den Ausschluß der Gegner (82).

127   W. Carter, The Crowds in Matthew's Gospel, 55.

Nach G. Barth hat Matthäus mit der scharfen Unterscheidung zwischen Volk und Jüngern hinsichtlich der Erkenntnis Jesu das Volk generell als verstockt darstellen wollen[128]; schon G. Strecker hielt Belege wie Mt 9,33; 12,23; 15,31; 21,8f. dagegen.[129] Wenn Strecker selbst die Volksmenge als applaudierenden Hintergrund beschreibt[130], werden wir genauer nach der Funktion des Davidssohntitels fragen.

S. van Tilborg hat in seiner Arbeit über die jüdischen Eliten bei Matthäus die positiven Volksreaktionen auf dem Hintergrund aktueller positiver missionarischer Erfahrungen der mt Gemeinde gedeutet.[131] Den Kontrast im Verhalten zwischen Volk und Eliten hat er i. w. richtig beschrieben, während das Verhältnis zwischen Volk und Jüngern sowie zwischen Jesus und dem Volk aufgrund selektiver Textbasis m.E. nicht richtig dargestellt ist.[132]

U. Luz beobachtet, daß das Nachfolgemotiv in Mt 4,22 auf die Jünger, in Mt 4,25 auf die Volksmassen angewandt wird, und sieht aufgrund der mt-edaktionell häufigen Verbindung der Worte ὄχλος/ὄχλοι und ἀκολουθεῖν in den ὄχλοι die potentiellen Jünger repräsentiert.[133] Daß er diese Deutung für Mt 13 zu Recht nicht durchführt, weist auf die fehlende narrrative Kohärenz der Rolle des Volkes.

D. R. Bauer beschreibt im Rahmen einer Untersuchung der Major Characters bei Matthäus die Volksreaktionen zusammen mit den Reaktionen der Gegner unter der Überschrift »Israel«. Die Massen dienen gleichsam als Puffer zwischen Jesus und den ihn feindlichen Führern, und doch ist ihre Reaktion unbefriedigend, wie Mt 13,10-17 erklärt und Mt 27,15-26 erzählt. Sosehr dies richtig ist, so wenig tritt doch die eigentliche Bedeutung der positiven

---

128 G. Barth, Gesetzesverständnis, 101 mit Anm 3.

129 G. Strecker, Weg, 106f.

130 G. Strecker, Weg, 107.

131 S. Van Tilborg, The Jewish Leaders in Matthew, 160. - Wir gehen nur auf seine Behandlung der Volksreaktionen ein.

132 Für das Verhältnis zwischen Volk und Jüngern zieht er nur Mt 5,1; 12,46-50; 13,2.34-36; 14,13-31; 15,32-39; 23,1 heran. Für Mt 5,1; 14,13-21 gilt: »The disciples have an intermediary function: they bring the ὄχλοι into contact with Jesus« (S. 163). Mt 12,49 sagt, daß die Jünger als Modell für die ὄχλοι zu stehen kommen (S. 161); in Mt 13 sei durch die Einfügung von V. 35 die Kluft zwischen Volk und Jüngern gegenüber Mk 4 reduziert (S. 161f.). Mt 11,27; 16,17 bleiben außer Betracht. In der Beschreibung des Verhältnisses zwischen Jesus und dem Volk beschränkt sich S. Van Tilborg (ähnlich wie später K.-C. Wong, Interkulturelle Theologie, 125-136) auf die ὄχλος-Belege, ohne die Stellen mit anderslautenden Subjekten in den Blick zu nehmen, die eine Kontrastierung zwischen Volk und Eliten vermissen (Mt 8,10; 11,16-19.20-24) und den Gegensatz zwischen Volk und Jüngern hervortreten lassen. Die positiven Reaktionen sind in der Tat argumentum secundum hominem (S. 160), spiegeln aber nicht den missionarischen Erfolg, sondern sind Selbstvergewisserung der Gemeinde.

133 U. Luz, Matthäus I, 180 mit Anm 11 unter Hinweis auf Mt 8,1; 12,15; 14,13; 19,2; 20,29.

titularen Reaktionen heraus, die D. R. Bauer unter dem Stichwort »amazement« nur ungenügend erfaßt.[134]

W. Carter deutet in seiner der Fragerichtung des »audience-oriented criticism« verpflichteten Studie »The Crowds in Matthew's Gospel« die richtig erkannte Ambivalenz des Volksverhaltens als »reality check«[135] für die mt Gemeinde, die Ambivalenz der von ihr erlebten Wirklichkeit angemessen wahrzunehmen: In ihrer missionarischen Aktivität stößt sie auf Zurückweisung und Feindseligkeit seitens ihrer Umwelt, doch zeigt gelegentliche positive Resonanz, daß diese missionarische Aktivität nicht völlig vergeblich ist.

1.4.3. Beiträge zum Lukasevangelium

Für das Lukasevangelium ist ähnlich wie für das Matthäusevangelium die Reaktion des Volkes vor allem unter israeltheologischer Fragestellung verhandelt worden[136], entsprechend wird im folgenden eine geraffte, an unserem Thema orientierte Übersicht über die einschlägigen Positionen geboten.

Die Spannbreite der Beschreibungen lukanischer Israeltheologie[137] reicht von dem Antisemitismus-Verdikt[138] bei S. Sandmel und J. T. Sanders[139] bis hin zur Vorstellung von J. Jervell, die heilsgeschichtliche Kontinuität liege

---

134 D. R. Bauer, The Major Characters in Matthew's Story, 364, erfaßt Mt 9,33; 12,23 in dieser Weise, zu Mt 21,8f.14-16 äußert er sich nicht.

135 W. Carter, The Crowds in Matthew's Gospel, 67.

136 R. Ascough, Narrative Technique and Generic Designation, passim, sucht über die ὄχλος-Darstellung der Apostelgeschichte deren Nähe auch zum antiken Roman, nicht nur zur antiken Biographie oder Geschichtsschreibung zu erweisen. Das Volk ist Zuhörerschaft, Anzeichen für Popularität; es kann feindliche Aktionen verhindern, aber auch selbst an Tumulten beteiligt sein; es treibt die Handlung voran. - Diese Polyfunktionalität der Erzählfigur „Volk" gilt jedoch auch für andere antike Literaturgattungen.

137 Vgl. insgesamt dazu E. Haenchen, Judentum und Christentum in der Apostelgeschichte (1963); A. George, Israël dans l'oeuvre de Luc (1968); J. Jervell, Luke and the People of God (1972); W. Eltester, Israel im lukanischen Werk und die Nazaretperikope (1972); G. Lohfink, Die Sammlung Israels (1975); R. Maddox, The Purpose of Luke-Acts (1982); F. Bovon, Israel, die Kirche und die Völker im lukanischen Doppelwerk (1983); J. T. Sanders, The Jews in Luke-Acts (1987); R. L. Brawley, Luke-Acts and the Jews (1987); H. Räisänen, The Redemption of Israel: A Salvation-Historical Problem in Luke-Acts (1991); J. Jervell, Gottes Treue zum untreuen Volk (1991); J. Roloff, Kirche im Neuen Testament (1993), 192-206; D. Marguerat, Juden und Christen im lukanischen Doppelwerk (1994); H. Merkel, Israel im lukanischen Werk (1994).

138 Zur Forschungsgeschichte des Problemes eines schon im 19. Jahrhundert behaupteten lukanischen Antijudaismus vgl. H. Merkel, Israel im lukanischen Werk, 372-382.

139 S. Sandmel, Anti-Semitism, 73; J. T. Sanders, Jews in Luke-Acts, xvii.

nicht nur im Handeln Gottes, sondern auch in dem Gottesvolk[140], an dessen Verheißungen die Heidenchristen partizipierten, und ist in dem Nebeneinander positiver wie negativer Aussagen zum Verhalten Israels begründet. Bei dieser Thematik besteht kein forschungsgeschichtlicher[141] Konsens über die angemessene Zuordnung der Positionen: H. Conzelmanns Position wird nach J. T. Sanders durch J. Jervell, nach H. Merkel durch G. Lohfink, nach D. Marguerat durch J. T. Sanders weitergeführt! Die Ursache dafür ist die unterschiedliche Festsetzung der Kriterien: J. T. Sanders gliedert danach, ob die einzelnen Exegeten alle Juden für unverbesserlich gehalten haben oder nur einen Teil von ihnen; H. Merkel differenziert danach, ob dem Evangelisten Antijudaismus oder eine israelfreundliche Haltung unterstellt wird; Kriterium für D. Marguerats Darstellung ist, ob die Verwerfung des ungläubigen Teiles Israels oder der Einbezug der Heiden in das zuerst Israel geltende und in Israel verwirklichte und von ihm teilweise angenommene Heil den Hauptakzent trägt.[142] Im folgenden unterscheiden wir zwischen heilsgeschichtlichen, israelkritischen und israelfreundlichen Lukasdarstellungen.[143] Wir behandeln hier aber nicht die Aussagen zur Israeltheologie des Lukas insgesamt, sondern nur die Aussagen zu den Volksreaktionen, speziell unter dem Aspekt, wie das Nebeneinander der positiven und der negativen Aussagen über die Reaktion des Volkes auf Jesus gedeutet wird.

Als Vertreter der heilsgeschichtlichen Deutung sollen im folgenden H. Conzelmann, A. George und W. Eltester besprochen werden. Nach H. Conzelmann zeigt die gespaltene Reaktion Israels auf den Täufer und auf Jesus, »daß nicht einfach das Volk, wie es ist, Empfänger der Verheißung ist. Die Zeit Jesu realisiert zugleich die Kontinuität wie den Riß zwischen Juden und Gottesvolk«.[144] Doch ist erst durch die Auferstehung Jesu seine Messianität »so erwiesen, daß man nicht mehr ausweichen kann«[145] und der Unglaube unentschuldbar wird. Die nachösterliche Predigt fordert die Juden auf, »sich

---

140 J. Jervell, Luke and the People of God, 53; W. Eltester, Israel, 115f.; J. Jervell, Gottes Treue zum untreuen Volk, 15; E. Reinmuth, Pseudo-Philo und Lukas, 132.

141 An Forschungsüberblicken zur lk Israelthematik vgl. J. T. Sanders, Jews (1987), 37-47; H. Merkel, Israel im lukanischen Werk (1994), 378-382; D. Marguerat, Juden und Christen im lukanischen Doppelwerk (1994), 242-245.

142 Kritisch müßte man zu H. Merkel, a.a.O., 379, anmerken, daß J. Jervell auf Conzelmanns und Haenchens Lukasdarstellung reagiert (vgl. J. Jervell, The Divided People of God, 42 mit Anm 11 [S. 70]), während D. Marguerat die Position von G. Lohfink nicht berücksichtigt.

143 Die Grenze zwischen der ersten und der zweiten Position liegt in der einseitigen Betonung der israelkritischen Aussagen durch die zweite Position, die Grenze zwischen der zweiten und der dritten Position liegt in der Frage, ob Apg 2-5 als israeltheologisch bedeutsame Erfüllung der Verheißung Am 9,11 verstanden wird.

144 H. Conzelmann, Mitte der Zeit, 173.

145 H. Conzelmann, Mitte der Zeit, 83; vgl. ders., a.a.O., 151.

nunmehr als 'Israel' zu realisieren. Tun sie das nicht, so werden sie - 'die Juden'. Dem einzelnen steht der Weg zum Heil nach wie vor offen«.[146] Doch wird die Zeit der ersten Gemeinde bewußt als eine vergangene Zeit geschildert, deren Grundvoraussetzungen, die Bindung an die Thora und an den Tempel, für die lukanische Gemeinde nicht mehr gegeben sind.[147] A. George beschreibt die Reaktion des Volkes auf Jesus wie auf die Apostel in Jerusalem und in der Diaspora als eine gemäß Lk 2,34 gespaltene Reaktion.[148] Für ihn sind die bekehrten Israeliten aus Apg 2,41 etc. das messianische Volk, die Gemeinde des eschatologischen Exodus an der Seite des neuen Mose, der heilige Rest, die Erben der Verheißung.[149] Der ungläubig bleibende Teil Israels verliert den Namen »Volk Gottes« und wird ein Volk wie alle Völker, doch spricht Lukas, der in der Situation des vollzogenen Bruches zwischen Christentum und Judentum schreibt[150], nirgends von einer Verwerfung Israels, und den einzelnen Juden bleibt immer noch die Möglichkeit der Konversion.[151] Nach W. Eltester bemüht sich Lukas, »an den christgläubigen Juden den Übergang von dem Einst zum Jetzt darzustellen. Es ist eine heilsgeschichtliche Entwicklung. An ihr soll den Heidenchristen deutlich werden, wie es dazu gekommen ist, daß sie die Bibel als ihr heiliges Buch in der Hand haben dürfen und doch von dem Gesetz frei sind, sofern es sich nicht um den Gehorsam gegen Gottes sittliche Gebote handelt«[152]. Die Reaktion des Volkes auf Jesus im Lukasevangelium hinterlasse einen zwiespältigen Eindruck: Daß ein Großteil der Juden, »Myriaden der Volksmenge« (Lk 12,1), Jesus gehört hat, »scheint die Hervorhebung der Schuld des Volkes (es hat gehört, aber nicht gehorcht) in den Reden der Apostelgeschichte vorbereiten zu wollen«[153]. Doch fehlt der positive Nebenklang nicht. Die Missionserfolge in Israel sind nicht nur Anzeichen für Gottes Wohlgefallen[154], sondern sind Verwirklichung der ersten Simeonsprophetie Lk 2,29-32[155]; die hyperbolischen Zahlenangaben über die Massenkonversionen werden überhaupt nur zur Bekehrung von Juden genannt[156]. Die Frage, »ob für den unbußfertigen Teil der

---

146 H. Conzelmann, Mitte der Zeit, 135.
147 H. Conzelmann, Mitte der Zeit, 154.
148 A. George, Israël, 492. 520.
149 A. George, Israël, 501. Auf Am 9,11 und Apg 15,16 kommt er im Unterschied zu J. Jervell hier nicht zu sprechen.
150 A. George, Israël, 525.
151 A. George, Israël, 522.
152 W. Eltester, Israel im lukanischen Werk, 124.
153 W. Eltester, Israel im lukanischen Werk, 111.
154 So E. Haenchen, Apostelgeschichte, 152, zu Apg 2,41. Die Zahlen Apg 2,41 signalisieren aber auch die allgemeine Bedeutsamkeit des Christentums i. S. v. Apg 26,26.
155 W. Eltester, Israel im lukanischen Werk, 115.
156 W. Eltester, Israel im lukanischen Werk, 115 Anm 75.

Juden eine Hoffnung auf Rettung besteht, dürfte von Lukas mit einer an Sicherheit grenzenden Wahrscheinlichkeit verneinend entschieden sein«[157].

Die israelkritische Deutung wurde im 19. Jahrhundert vor allem durch die sog. Tübinger Schule getrieben[158] und heute, bei teilweise sachlich durchaus differierender Wertung, durch Exegeten wie J. B. Tyson, R. Maddox, H. L. Egelkraut, J. T. Sanders weiterverfolgt; sie ist i.w. auf die polemische Darstellung in Apg 7;21-28, die sachliche Parallelität von Apg 13,46-48; 18,6; 28,26f. sowie auf die Korrespondenz zwischen Apg 28,17-31 und Lk 4,16-30 gestützt.[159] J. B. Tyson sieht in dem genannten Nebeneinander der positiven und der negativen Volksreaktionen bei Lukas ein mehrfach angewandtes Schema, »the pattern of initial acceptance and final rejection«[160], das sowohl auf der Ebene des Einzeltextes in Lk 4,22/28f.; Apg 13,42f./45 als auch auf der Ebene des Makrotextes in Lk 4,31ff./23,13; Apg 2-5/6,1-8,3 die lukanische Aussage zu bestimmen scheint. R. Maddox begründet das Nebeneinander der positiven und der negativen Reaktionen des Volkes damit, daß Lukas um die Bekehrung vieler Juden zu Lebzeiten Jesu und zur Zeit der ersten apostolischen Verkündigung wisse, zu seiner Zeit aber dem Judentum als einer »organized community«[161] gegenüberstehe und seine Darstellung wohl schon angesichts der Einfügung der birkat-ha-minim in das Achtzehnbittengebet geschrieben habe.[162] Nach H. L. Egelkraut hat der Reisebericht Lk 9,51-19,48 keinen Bezug zur Gegenwart der lukanischen Gemeinde, sondern stellt die Auseinandersetzung Jesu mit Israel dar, die zu dessen Verwerfung geführt hat[163], denn Israel, seine Oberen wie die Volksmenge, »exhibited nothing but opposition to him«.[164] Der oft angeführten Unterscheidung zwischen Volk und Eliten hält Egelkraut Apg 2,23.40; 3,14; 4,27; 7,51-59 entgegen[165]. Für

---

157 W. Eltester, Israel im lukanischen Werk, 129.

158 Für die Forschung des 19. Jahrhunderts s. H. Merkel, Israel im lukanischen Werk, 372-377. Nach H. Merkel, a.a.O., 377, hat offenbar erstmals für J. H. Scholten, Das paulinische Evangelium, Elberfeld 1881, 151, die Distanz zwischen dem Volk und den Eliten zu einer Differenzierung der auch von ihm rein als antijüdisch gedeuteten Grundhaltung des Lukas geführt: »Lukas, der Heidenevangelist, ist wohl antijüdisch und antijudenchristlich, aber Israel als Volk steht, ebenso wie bei Paulus, hoch bei ihm angeschrieben (1,68.77; 2,32; 7,16)«.

159 R. Maddox, Purpose of Luke-Acts, 5; W. Übelacker, Das Verhältnis von Lk/Apg zum Markus-evangelium, 160.

160 Joseph B. Tyson, The Jewish Public in Luke-Acts, 575.

161 R. Maddox, Purpose, 46.

162 R. Maddox, Purpose, 184.

163 II. L. Egelkraut, Jesus' Mission to Jerusalem, 217f.

164 H. L. Egelkraut, Jesus' Mission to Jerusalem, 222.

165 Daß Apg 5,30 einschränkend die Oberen als die Verfolger der Apostel benennt, »is due to the setting: it is a court scene where the apostles are prosecuted by the leaders« (H. Egelkraut, Jesus' Mission to Jerusalem, 228).

J. T. Sanders ist das Nebeneinander der positiven wie negativen Aussagen lukanische Hinführung vom äußeren Anschein zum wahren Wesen der Juden[166], die Massenkonversionen seien nur der erzählerisch gesehen notwendig harmonische Ausgangspunkt einer Bewegung, an deren Ende die Kirche als getrennt vom Judentum zu stehen kommt.[167]

Als Vertreter eines israelfreundlichen Lukasbildes sollen nunmehr unter unserer Fragestellung J. Jervell, G. Lohfink, R. C. Tannehill, R. Brawley und J. Roloff besprochen werden; diese Deutung stützt sich i.w. auf Lk 2,29-32; 23,35.48; Apg 2,41.47; 4,4; 15,16; 21,20 und läßt auch für Apg 28 nach differenzierenden Nuancen fragen.[168] J. Jervell betont gegen H. Conzelmann und E. Haenchen, daß nicht nur Apg 15,17, sondern auch Apg 15,16 für Lukas selbst Bedeutung hatte: Die Massenbekehrungen vieler Israeliten sind nichts anderes als der »Wiederaufbau der Hütte Davids«, die Erfüllung der in Apg 15,16 zitierten Verheißung aus Am 9,11.[169] Nach G. Lohfink sind die in Lk 12,1 erwähnten Scharen Judäas in der nachösterlichen Gemeinde gesammelt, und so sammelt sich »in der Zeit der ersten apostolischen Predigt ... aus

---

166 »By the end of the Acts the Jews have become what they from the first were; for what Jesus, Stephen, Peter and Paul say about the Jews - about their intransigent opposition to the purposes of God ... - is what Luke understands the Jewish people to be in their essence« (J. T. Sanders, Jews, 81). Für Joh 2,23-25 trifft diese Deutung m.E. eher zu als für Lukas.

167 J. T. Sanders, Jews, 236. - Nicht selten werden bei dieser Auslegungweise die positiven Volksreaktionen übergangen oder umgedeutet. So wird bei J. T. Sanders Lk 7,16 übergangen, Lk 5,26 falsch interpretiert: die Deutung des Stichwortes $\pi\alpha\rho\acute{\alpha}\delta o\xi\alpha$ auf die Unfähigkeit der Pharisäer und Gesetzeslehrer, die Halacha Jesu nachzuvollziehen (J. T. Sanders, Jews, 169f.), übersieht die Anwesenheit der Volksmenge Lk 5,19 ebenso wie den Hinweis auf das Gotteslob aller in Lk 5,26. Bei S. Sandmel, Anti-Semitism, 71-100, ist Lk 5,26; 7,16 nicht bedacht. Bei H. L. Egelkraut wäre trotz seiner thematischen Beschränkung auf den Reisebericht im Schlußteil eine Stellungnahme zu Lk 13,17; 23,35.48; Apg 2,41.47; 4,4; 5,26 erwünscht. Zu dem Verhältnis zwischen Lk 18,43 und Mk 10,52 erklärt er S. 126 nur: »no significant differences are to be recorded«. - Schon E. Haenchen, Judentum und Christentum in der Apostelgeschichte, 162-164, ist - trotz des vorletzten Absatzes S. 162 - dem Inhalt von Apg 3 - 5 im Rahmen seines Themas nicht gerecht geworden, sondern auf das lukanische Apostelbild ausgewichen; auch wird Apg 28,24 von ihm S. 184 nicht beachtet.

168 Daß die Spaltung der römischen Juden andauert, gerade nachdem ihnen Paulus das Verstockungswort vorgehalten hat, betont J. D. G. Dunn, Partings of the Ways, 151. Das Wort $\pi\acute{\alpha}\nu\tau\alpha\varsigma$ in Apg 28,30 sei inkludierend zu verstehen (R. L. Brawley, Luke-Acts and the Jews, 75; D. Marguerat, Juden und Christen, 261; H. Merkel, Israel im lukanischen Werk, 396 mit Anm 89; R. O'Toole, Jews in Luke-Acts, 548); das in bonam partem interpretierte Lk 13,35b sowie Lk 21,24; Apg 3,19-21 führten zu der These, Lukas lehre die endzeitliche Wiederherstellung Israels (R. C. Tannehill, Israel in Luke-Acts, a Tragic Story, 83-85; J. B. Chance, Jerusalem, the Temple and the New Age, 127-138; V. Fusco, Luke-Acts and the Future of Israel, 10-15).

169 J. Jervell, Luke and the People of God, 53.

dem jüdischen Volk das wahre Israel«[170]. Lukas akzentuiere noch stärker als Markus die positive Reaktion der Volksmenge auf Jesus; volkskritische Stellen im Evangelium weist Lohfink der vorlukanischen Tradition zu (S. 45f.), doch haben die Texte auch für die lk Endredaktion ihren Sinn: Zum einen bezeichnen sie die Krisis Israels, zum anderen blieb ein Teil Israels tatsächlich verstockt, aber eben nur ein Teil.[171] R. C. Tannehill exegesiert mit den Mitteln des narrative criticism das Evangelium als fortlaufende Erzählung, in der auch Worte wie Lk 10,13-15 nicht als Vorausblick auf die lukanische Gegenwart, sondern als Rückblick auf die Zeit Jesu fungieren. Entsprechend wird die anscheinend oft so freundliche Reaktion des Volkes auf die Lehre und die Taten Jesu durch das Volksverhalten während der Passion und die scharfen Mahnungen und Warnungen Jesu in das Licht eines zumindest unvollkommenen Verhaltens gerückt: Die Anrede »Otterngezücht« in Lk 3,8 läßt nach der Ernsthaftigkeit der Buße der ὄχλοι fragen; Jesu Worte Lk 6,22.24.47-49; 7,23; 8,4-21 zeigen für Lk 4 - 8 insgesamt, daß »the crowd's favorable attitude means less than it seems«[172]; Lk 10,15 zeigt, daß das Verhalten der Leute von Kapernaum in Lk 4,42 unangemessen war, weil sie nicht Buße getan haben, und in Lk 11 - 13 wird ersichtlich, »that the previous interest of the crowd in Jesus' teaching and miracles was in many cases a superficial, inadequate response«[173]. Durch Lk 19,41-44 werden die Leser davor gewarnt, die in Lk 19,47-21,38 sichtbare Unterstützung Jesu durch das Volk als entscheidend für den Handlungsverlauf zu erachten.[174] Doch ist die Tötung Jesu »a blind tragic error«[175]; dem Volk wird noch einmal die Vergebung angeboten, und viele Israeliten nehmen diese auch an. Am Ende steht nicht die definitive Verwerfung des ungläubigen Teiles Israels - daß sich die Verheißung für Israel nicht erfüllen sollte, ist Lukas nicht zuzutrauen -, vielmehr deutet Lukas in Lk 13,35b; 21,24 fin.; Apg 3,19-21 an, daß er auf eine endliche Errettung Israels hofft.[176]

R. L. Brawley verweist gegen Sanders darauf, daß das Nebeneinander der positiven wie der negativen Reaktionen durch das gesamte lk Doppelwerk erhalten bleibt und es verbietet, die Negativ-Reaktionen als die völlige Ablehnung seitens des Judentums, die Antwort des Paulus als die Verwerfung

---

170 G. Lohfink, Sammlung, 55.
171 G. Lohfink, Sammlung, 62, sowie, ihm folgend, A. Büchele, Tod Jesu, 105-108.
172 R. Tannehill, Unity, 146.
173 R. C. Tannehill, Unity, 152f.
174 R. C. Tannehill, Unity, 162.
175 R. C. Tannehill, Unity, 165. Die Kritik von J. T. Sanders, The Jews in Luke-Acts, 81f. (»'The Jews' are the villains, not the victims«, S. 82), verkennt, daß im antiken Begriff des Tragischen Verhängnis und Verschuldung stets verbunden sind.
176 R. C. Tannehill, Israel in Luke-Acts, 83-85.

ganz Israels aufzufassen[177]. Die Volksmassen würden von den Auslegern meist zu undifferenziert behandelt: die Volksmassen von Apg 7,54-60 sind ja nicht die gleichen wie in Apg 2,41.47 etc., und auch da, wo Lukas an die Identität der Volksmassen denkt, hält er eine Gesinnungsänderung auch zum Guten für möglich, vgl. Lk 23,27.35.48 nach Lk 23,12. Die Hinwendung zu den Heiden werde nicht in der Ablehnung aller Juden begründet, sondern in der Ablehnung seitens einiger Juden.[178] Fragwürdig sei auch die übliche Deutung, die römischen Juden seien Repräsentanten des ganzen noch nicht bekehrten Volkes Israel. Im übrigen stehe Paulus in Apg 21-28 nicht als »cipher« für das unter jüdischer Verfolgung leidende Christentum schlechthin, sondern für sich selbst und für seine spezielle Arbeit unter den Heiden.[179] Auch nach J. Roloff ist die Kirche »das zu seiner heilsgeschichtlichen Bedeutung gekommene Israel«.[180] Das Verhalten des Volkes im Pilatus-Prozeß ist »nicht ein prinzipielles und unwiderrufliches Nein des gesamten Volkes Israel zu Jesus«[181], sondern momentane Verblendung, die durch Umkehr überwunden werden kann und tatsächlich von einem großen Teil Israels überwunden worden ist. J. Roloff deutet die bei Lukas gegenüber seiner markinischen Vorlage vertiefte Kluft zwischen dem Volk und seinen Eliten auf die »grundsätzliche(n) Offenheit Israels auf seine von Gott beabsichtigte Sammlung zur endzeitlichen Heilsgemeinde hin«[182].

1.5. Konsequenzen für unsere Arbeit

Aufgrund der bisherigen Forschungsgeschichte zum Thema hat sich die Notwendigkeit einer vergleichenden Darstellung der synoptischen Evangelien gezeigt, die das Ganze der einschlägigen Belege in den Blick nimmt und deren Divergenz unter Beachtung der jeweiligen kompositionellen und pragmatischen Funktion in die Einheit des jeweiligen Gesamtwerkes zu integrieren vermag. Dabei sind nicht nur die Belege für die eigentlichen Reaktionen des Volkes heranzuziehen, sondern alle Belege für die Interaktion zwischen dem Volk und anderen Erzählfiguren. Ferner gilt es, in gleichem Maße philologische, formgeschichtliche, redaktionskritische und pragmatische Aspekte zu berücksichtigen und vor allem, Formgeschichte und Redaktionskritik aufein-

---

177	R. L. Brawley, Luke-Acts and the Jews, 136-144.
178	R. L. Brawley, Luke-Acts and the Jews, 140.
179	R. L. Brawley, Luke-Acts and the Jews, 139.143.
180	J. Roloff, Kirche im Neuen Testament, 200.
181	J. Roloff, Kirche im Neuen Testament, 197.
182	J. Roloff, Kirche im Neuen Testament, 197.

ander hin zu öffnen mit Hilfe einer die pragmatische Betrachtungsweise einbeziehenden formgeschichtlichen Analyse und einer traditionsgeschichtlich rückfragenden Redaktionskritik. Innerhalb formgeschichtlichen Arbeitens muß mit G. Theißen zwischen Admiration und Akklamation differenziert wie der unterschiedliche kompositionelle Ort ihrer Verwendung bedacht werden; ferner ist der Zusammenhang zwischen Gestalt und pragmatischer Funktion eines Formelementes zu berücksichtigen wie hinsichtlich des Subjektes der Admiration oder Akklamation zu differenzieren. Die Untersuchung der synoptischen Evangelien muß die pragmatische Funktion der divergierenden Einzelaussagen in ein kohärentes Gesamtbild integrieren, das freilich nicht allein aus den in unserer Arbeit zu besprechenden Stellen erhoben werden kann. Dabei wird sich auch eine Antwort auf die Frage ergeben, ob die Volksmenge i.S. der narrativen Exegese als konstante Erzählfigur neben den anderen Erzählfiguren Jesu, der Jünger etc. gelten kann.

Damit ist auch der Aufbau unserer Arbeit festgelegt: Wir beginnen mit einem Abschnitt über die Wahrnehmung des »Volkes« als der gesellschaftlichen und geistigen Unterschicht durch die intellektuelle Elite, fragen sodann formgeschichtlich nach der Geschichte und der Verwendungsbreite der Gliedgattungen Admiration und Akklamation, und erheben dann redaktionskritisch unter Einschluß narrativer und pragmatischer Fragestellung die Zeichnung des Volksverhaltens durch Markus, Matthäus und Lukas. Daß unser Abschnitt zu Matthäus gegenüber den Kapiteln zu Markus und Lukas erheblich kürzer ist, liegt an der günstigeren Quellenlage und an der stärkeren Neigung des Matthäus, zu systematisieren; Sachverhalte der Logienquelle werden erst im Lukas-Teil besprochen. Am Ende steht eine Zusammenfassung der wichtigsten Ergebnisse.

2. Das Subjekt der Volksreaktion: Philologische Aspekte

Wir erörtern in unserer Arbeit auch die philologischen Aspekte unseres Themas, um den möglichen Rezeptionshorizont für die Evangelien zu erheben. Was hat ein Grieche, was ein Jude empfinden können, wenn er Mk 2,13 las: »... und der ganze ὄχλος kam zu ihm, und er lehrte sie« oder Mk 11,18bß: »denn der ganze ὄχλος war erschrocken über seine Lehre«? Haben die Evangelisten auf ein solches (Miß?-)Verständnis hin ihre Aussagen gestaltet? Darum haben wir in einem Durchgang durch die pagane wie durch die jüdisch geprägte Antike[1] danach zu fragen, welche möglichen Assoziationen sich dort mit der im Neuen Testament verwendeten Terminologie verbinden.

Als Subjekt der Volksreaktion stehen im Neuen Testament die Begriffe ὄχλος, (οἱ) πολλοί, πλῆθος, λαός.[2] Für den Bereich der außerneutestamentlichen Literatur interessieren uns die genannten Wörter nur hinsichtlich ihres Gebrauches zur Bezeichnung der Volksmenge.[3] Wir fragen nach den diesbe-

---

1 Um unnötige Wiederholungen zu vermeiden, werden vor allem Josephus und Philo in dem Bereich des klassischen und hellenistischen Griechisch subsumiert, sofern nicht erkennbar alttestamentlich-jüdische Bedingtheiten zur Debatte stehen. Dies gilt vor allem für Philos Ansichten über die Unfähigkeit des ὄχλος zur Philosophie; diese Ansichten stehen Platon sehr nahe.

2 Das im Neuen Testament nur einmal (Apk 18,17) gebrauchte und dort für uns irrelevante ὅμιλος wird, soweit ich flüchtig sehen kann, weitgehend parallel zu πλῆθος verwendet.

3 Der Vollständigkeit halber seien die anderen Bedeutungen erwähnt: ὄχλος ist in einer Genitiv-Verbindung Quantitätsbegriff, bezogen auf Menschen, Tiere, Gegenstände oder Abstraktbegriffe, bedeutet aber auch Kriegsheer oder »Bedrängnis« (Vgl. Thesaurus Linguae Graecae VI, 2477f.). Das Wort leitet sich wohl von einem alt-indogermanischen Verbum für »fahren, führen, tragen, bringen« ab, das auch in lat. vehi erscheint (H. Frisk, Griechisches etymologisches Wörterbuch II, 457), und bezeichnet zunächst als nomen instrumenti den »Hebel«, erst später den »Volkshaufen« (H. Rix, Urindogermanisch *gheslo-, 227 mit Anm 17, sowie M. Meier-Brügger, Zu griechisch ὀχλέω, ὀχλίζω und ὄχλος, Glotta 71, 1993, 28). Für πλῆθος ist der uns interessierende Gebrauch nur ein Bruchteil seiner Verwendungsbreite, die neben der allgemeinen Bezeichnung der Quantität auch die philosophische Fachterminologie umfaßt; dort bezeichnet πλῆθος die Vielheit im Gegenüber zu dem Einen, der das Prädikat »Sein« nach der Meinung des Eleaten Zenon nicht zukommt (H. Diels, W. Kranz, Vorsokratiker, I 252, Z. 20-28; vgl. Plutarch, De E apud Delphos, 393c), während nach pythagoreischer Theorie unter den alles Sein und Geschehen bestimmenden zehn Gegensatzpaaren auch ἕν καὶ πλῆθος zu benennen ist (Aristoteles, Metaphysik A 5, 986a 22-

züglichen Konnotationen der Begriffe auf den Gebieten des Alltagslebens, der politischen und philosophischen Reflexion sowie der politischen und religiösen Geschichtsschreibung. Daß wir den Bereich politischer Reflexion vor dem Bereich der Philosophie verhandeln, ist in den Eigentümlichkeiten des ursprünglichen Begriffsgebrauchs von ὄχλος in der Philosophie begründet; daß sich unsere Untersuchung vor allem auf den Begriff ὄχλος konzentriert, ist gleichermaßen durch sein Profil in der klassischen und hellenistischen Gräzität bedingt wie durch die Häufigkeit seiner Verwendung im Neuen Testament gerechtfertigt.

2.1. Der Bereich der Profangräzität

Der nicht selten funktional gleichartige Gebrauch[4] der o.a. Wörter im Bereich der Profangräzität legt es zur Vermeidung unnötiger Wiederholungen nahe, nicht nach den Vokabeln, sondern nach den eben genannten Sachgebieten zu spezifizieren. Zu achten ist jedoch darauf, inwieweit die unterschiedlichen Nuancierungen dieser Wörter in die Aussage mit einfließen und die Aspekte erkennen lassen, unter denen die Volksmenge gesehen wird.

In der Regel gilt: Die Menge wird mit δῆμος vorwiegend als politischer Faktor, mit δῆμος und πλῆθος/οἱ πολλοί im Gegensatz zu den Wenigen, mit ὄχλος in ihrem hierarchisch niedrigen Rang oder in ihrem pöbelhaften Verhalten bezeichnet; ein die πόλις übergreifendes Staatsvolk als Größe der Geschichtsbetrachtung heißt ἔθνος. Am ehesten ein negatives Profil hat der Begriff ὄχλος; er begegnet, soweit ich sehen kann, nie als Identifikationsbegriff seitens der Unterschicht selbst, sondern ist eine Fremdbezeichnung seitens der auf gute Sitte bedachten, politisch reflektierenden und philosophisch gebildeten Oberschicht, mit dem sie sich von Existenzverständnis und Lebensvollzug der Volksmassen betont abgrenzt[5], während die Oberschicht mit den

---

24). Auch λαός heißt »Volk« als abgrenzbare nationale Entität (Aischylos, Perser 789; Platon, Leges 707e) wie als Volksmenge (Platon, Politeia 5,458d; Plutarch, Romulus 26), aber auch »Heer«, »Truppe« (so wohl bei Aischylos, Perser 593; und (?) Aristoteles, Politik 1304a 22), im Plural auch »Leute« (Xenophanes, Frgm. B 2,15, II. Diels, W. Kranz, Vorsokratiker, I 129,5).

4   Josephus kann zum Zweck der Abwechslung die Begriffe parallel verwenden; in Ant 8,109/11; 10,268 stehen ὄχλος und πλῆθος parallel, in Ant 7,86; 8,215 ὄχλος und λαός; in Ant 7,318 sind alle drei Begriffe vereinigt.

5   Vgl. die Auflistung der Nachbaranwesen eines zum Verkauf anstehenden Hauses in UPZ 180 B I 14 (ed. U. Wilcken, Bd. II, 166gr., 167 dt.): »im Süden das Haus des Harpaesis, im Norden die Bauterrains der ὄχλοι, im Osten das Haus des Pechytes ..., im Westen das Haus des Hasos«. - Theologisch angewandt ist diese Abgrenzung bei

Begriffen δῆμος und πλῆθος zumindest auf dem Gebiet des Politischen über die Rechte der Volksmenge, der Menge der freien Bürger, reflektiert. Der schon angeführte funktional gleichartige Gebrauch der Wörter ist wenigstens für das Gebiet der politischen und philosophischen Reflexion dahingehend zu spezifizieren, daß viel häufiger die Wörter πλῆθος und πολλοί, aber auch δῆμος die Negativ-Konnotationen von ὄχλος annehmen als umgekehrt ὄχλος ohne Negativ-Konnotation den anderen Begriffen ebenbürtig verwendet wird. In unseren folgenden Ausführungen werden wir die Selbstabgrenzung der intellektuellen Oberschicht von der Volksmenge auch unter dem von H. Voigtländer geprägten Begriff der πολλοί-Antithese[6] thematisieren.

2.1.1. Das Gebiet des Alltäglichen

Dieses Gebiet soll nur kurz berührt werden. Generell gilt es, den Kontakt mit der Masse zu vermeiden[7], deren Charakter durch die spectacula in der Arena verdorben wird[8]; mit den Menschen zu verkehren, die einen zu bessern vermögen[9], und seine Qualitäten auf das Innere zu richten[10]; der Masse soll man sich nicht anvertrauen.[11] Man empfindet es als Schmach, wenn geheime Wünsche oder Sorgen vor den ὄχλος kommen[12]. Im speziellen schickt es sich für Jungfrauen nicht, sich vor dem ὄχλος sehen zu lassen[13]. Umgekehrt verweist gerade der Schmeichler gern auf die Ausstrahlung eines Menschen auf die Vielen.[14] Doch kann die Volksmenge auch als Zeuge für eine Aussage benannt werden, worauf hin sich der Aussagende zur Wahrheit bequemt.[15]

Josephus: Wenn das Gottesvolk, der λαός, etwa aus der wahren Gottesverehrung herausfällt, ist es nicht mehr λαός, sondern ὄχλος (Josephus, Ant 8,296; vgl. auch Ant 8,352). Der ὄχλος als der Adressat prophetischer Gerichtsdrohung wird in Ant 10,79.93 aber nicht von dem eigentlich geforderten Sosein als λαός abgehoben; im Gegenteil, vgl. Ant 10,61f. Im übrigen verwendet Josephus diese Begriffe, wie wir schon gesehen haben, an anderer Stelle promiscue.

6   H.-D. Voigtländer, Philosoph, 21.
7   Seneca, Epistulae morales 7,1.
8   Seneca, Epistulae morales 7,2f.
9   Seneca, Epistulae morales 7,8.
10 Seneca, Epistulae morales 7,12: »Introrsus bona tua spectent«.
11 Seneca, Epistulae morales 7,1.
12 Euripides, Hippolyt, 213.
13 Euripides, Orestes 108.
14 Theophrast, Charaktere 2,2 - Das ist das erste, was Theophrast von diesem Menschentyp zu sagen weiß.
15 Sophokles, Trach. 423f.

2.1.2. Das Volksverhalten in der politischen Reflexion

Im Bereich politischer Reflexion kommt das von den Herrschenden unterschiedene Volk neben der bloßen Wahrnehmung als Untertan vor allem als
Element der Instabilität in den Blick, aber auch als (potentielles) Verfas-
sungsorgan. Wir haben auf die Inhalte wie auf die unterschiedliche Schwer-
punktverteilung in der Terminologie zu achten.

Die neutrale Sicht der Volksmenge als Untertanen ist inhaltlich hier nicht
zu diskutieren. Terminologisch werden δῆμος und πλῆθος bevorzugt; vergleichbare Belege für ὄχλος sind wesentlich seltener.[16] Auch für die Volksmenge, der gegenüber der Herrscher auch Pflichten hat, steht ὄχλος nur an
wenigen Stellen.[17]

Für die Menge als instabilen Faktor unterscheiden wir im folgenden zwischen der historischen und politischen Reflexion innerhalb der antiken Geschichtsschreibung[18], der sentenziösen Wiedergabe des Volksverhaltens und
der Reflexion innerhalb der antiken Verfassungsdiskussion.

Für Herodot und Xenophon hat H. Edelmann die leichte Verführbarkeit des
Volkes als zentrales Motiv herausgearbeitet[19], für Thukydides Unberechen-
barkeit, Wankelmut, Egoismus und politische Inkonsequenz.[20] Nach Herodot
konnte durch die Verführbarkeit der Volksmassen in Athen wie in Medien die
Tyrannei eingeführt werden[21]; Aristagoras von Milet kann die vielen Athener
zum Krieg gegen Persien hetzen, was ihm bei dem Alleinherrscher, dem

---

16 Xenophon, Kyropädie 6,1,26; Aristoteles, Politik 1278a 32; 1319a 37; Plutarch, The-
    seus 25; EpArist 271; Josephus, Ant 8,2; 10,72; 13,34. Auch im christlichen Bereich
    begegnet dieser hierarchiebezogene Gebrauch: Dem ὄχλος der Gläubigen steht der Bi-
    schof gegenüber (Cod. Cann eccles. Afric. c. 53; can 98, R. Stephanus, a.a.O., 2478).

17 Gegenüber dem ὄχλος EpArist 271; gegenüber dem πλῆθος SapSal 8,15. Aristoteles
    (?), Staat der Athener 38,4, spricht von der εὔνοια τοῦ δήμου (Gen. Obj.). Entspre-
    chend wird tadelnd vermerkt, wenn ein König bei den Volksmassen verhaßt ist, vgl.
    Athenäus 12,550 b; Josephus, Ant 13,229. Josephus, Ant 15,267 kann sogar von der
    früheren εὐσέβεια τῶν ὄχλων sprechen, die durch Herodes untergraben worden sei

18 Zu Herodot, Thukydides und Xenophon vgl. H. Edelmann, Volksmasse und Einzelper-
    sönlichkeit im Spiegel von Historiographie und Publizistik des 5. und des
    4. Jahrhunderts, Klio 56, 1974, 415-444; zu Polybios vgl. K.-W. Welwei, Demokratie
    und Masse bei Polybios, Historia 15, 1966, 282-301.

19 H. Edelmann, Volksmassen, 417; 423; 435.

20 Thukydides, 2,65,4 (ὅμιλος).

21 Herodot, 1,59,5; 1,60,5 (δῆμος; von der List des Peisistratos erzählt auch Aristoteles
    (?), Staat der Athener 14,1.4); Herodot, 1,96,1 (οἱ Μῆδοι).

König Kleomenes in Sparta nicht gelungen war.[22] Nach Thukydides führt die ungestüme Hartnäckigkeit des Volkes zur Nötigung gegen (äußerlich) unentschlossene Amtsbewerber[23], der Übermut des ὄχλος zu militärischen Fehlentscheidungen[24]. Weil das Volk leicht zu beeinflussen ist, verhandelt der verantwortungsvolle Politiker mit fremden Gesandtschaften im kleineren Kreis[25] und vermeidet Volksversammlungen in kritischer Lage[26], und es gereichte Athen zum Vorteil, daß Perikles darauf verzichtete, πρὸς ἡδονήν (scil. τοῦ πλῆθου) τι λέγειν.[27] Xenophon berichtet von dem tumultuarischen Vorgehen der athenischen Volksmenge[28] gegen sechs angeblich schuldige Feldherren, von dem Todesurteil und von der Reue über dieses Urteil, die die Forderung einschließt, die Verführer des δῆμος zu strafen.[29] Nach Aristoteles hat in Larissa die dem Volk schmeichelnde Wirksamkeit einzelner Oligarchen zum Sturz der Oligarchie insgesamt geführt[30], ähnlich sahen sich nach (Ps.)-Aristoteles die dreißig Tyrannen in Athen[31] angesichts der εὔνοια der Menge zugunsten des Theramenes zu Gegenmaßnahmen gezwungen.[32] Nach Polybios ist die Volksherrschaft in Theben an der Heftigkeit und Bösartigkeit, in Athen an der Gewaltsamkeit und der ungezügelten Leidenschaft des regierenden ὄχλος zugrundegegangen[33] und hat sich das Volk der Achaier durch den Demagogen Kritolaos in die endgültige Katastrophe hineintreiben lassen.[34] Plutarch beschreibt die Zustände in Sparta vor dem Auftreten des Lykurg als Unordnung und Gesetzlosigkeit; die Könige hatten sich bei dem

---

22   Herodot, 5,97,1 (δῆμος als Staatsorgan, πολλοί in der Antithese zu dem einen, der sich nicht täuschen läßt).

23   Thukydides, 4,28,3, mit dem Vermerk οἷον ὄχλος φιλεῖ ποιεῖν.

24   Thukydides, 6,63,2.

25   Thukydides, 5,85 (πλῆθος). Von der Gefahr, daß Gesandte dem Volk nach dem Munde reden, vgl. Thukydides, 7,8,2.

26   Thukydides, 2,22,1 (ἐκκλησία).

27   Thukydides, 2,65,8; ähnlich Plutarch, Perikles 5.

28   Xenophon, Historia Graeca 1,7,1-35, besonders 1,7,12-15. Es stehen dabei δῆμος und βουλή für die Volksversammlung als Organ (1,7,12.34), πλῆθος und ὄχλος für die lärmende Volksmenge (1,7,12f.).

29   Xenophon, 1,7,35.

30   Aristoteles, Politik 1305b 28.30.

31   Über den wahren Charakter ihrer Tyrannis hatte sich das Volk zunächst getäuscht; so Aristoteles (?), Staat der Athener 35,3.4.

32   Aristoteles (?), Staat der Athener 36,1-37,2.

33   Polybios, 6,44,9 nennt ὀξύτης, πικρία, βίας, θυμός.

34   Neben der Aufhetzung durch Kritolaos erwähnt Polybios im besonderen die Mißhandlung einer römische Gesandtschaft durch die ὄχλοι (Polybios, 38,17.2).

δῆμος durch Gewalt verhaßt oder durch Nachgiebigkeit lächerlich gemacht.[35] Die Haltung der Athener zu Alkibiades war aufgrund seines unausgeglichenen Charakters schwankend, doch ließ seine Freigiebigkeit seine Fehler gelassen ertragen[36]; aufgrund seines demagogischen Treibens liebte das Volk seine Tyrannei[37]. Diodorus Siculus kennt die Kriegshetze von Demagogen[38] und die Willfährigkeit der Masse gegenüber unterwürfigen Politikern[39].

Bei Philo haben angesichts der Erregbarkeit der Volksmenge die Kundschafter von Num 13; 14 versucht, Unruhe im πλῆθος zu vermeiden.[40] Daß die Angst vor dem πλῆθος nicht ehrenhaft ist, muß sich zu Philos Lebzeiten Petronius von Caligula vorhalten lassen.[41] Flaccus darf sich eine Zeitlang der εὔνοια des heidnischen πλῆθος erfreuen, muß aber auch ihre Unzuverlässigkeit spüren.[42] Josephus weiß, wie das Volk durch Verführungs- und Verstellungskünste zu Fehlentscheidungen und Fehleinschätzungen kommt[43], und bietet Beispiele dafür, daß die εὔνοια der Massen bei Aufrührern und potentiellen Herrschern Hoffnungen, bei Konkurrenten aber Neid und Gegenmaßnahmen erweckt.[44] Vor allem aber haben seiner Meinung nach - und das war geschichtlich entscheidend - das gegen die Römer wie gegen die eigenen Landsleute gerichtete Treiben der Zeloten und die Verführbarkeit des ὄχλος den Ausbruch des großen jüdischen Krieges und den Untergang Jerusalems nach sich gezogen.[45]

Diese in politischer Erfahrung gewonnene, teilweise aber auch durch die fehlende Selbstreflexion hinsichtlich der Bedingtheit des eigenen gesell-

---

35　Plutarch, Lykurg 2. Lykurgs Rückkehr von seiner Reise war selbst den spartanischen Königen angenehm, weil nur er die ὕβρις τῶν πολλῶν bändigen konnte (a.a.O., 5).

36　Plutarch, Alkibiades 16.

37　ὥστ' ἐρᾶν ἔρωτα θαυμαστὸν ὑπ' ἐκείνου θυράννεσθαι; Plutarch, a.a.O., 34,7.

38　Diodorus Siculus, 18,10,1 (πλῆθος; zu ἀνασείειν vgl. Mk 15,11).

39　Der vom römischen Senat angeklagte Saturninus erreicht durch gezielte Selbstdarstellung vor dem Volk, wiederum zum Tribun ernannt zu werden (Diodorus Siculus, 36,15,2f.; er spricht von der äußerlichen Anpassung an den ὄχλος, 36,15,2).

40　Philo, VitMos 1,232.

41　Philo, Legatio ad Gaium 256.

42　Philo, In Flaccum 172.

43　Für ersteres vgl. Josephus, BJ 2,565 (δῆμος); für letzteres Josephus, BJ 4,575f. (δῆμος); Ant 17,204 (ὄχλος).

44　Für ersteres vgl. Josephus, BJ 12,398 (πλῆθος); Ant 15,167 (ὄχλος); vgl. auch Tacitus, Annalen 1,7,6; für letzteres Josephus, Ant 15,52 (ὄχλος); vgl. allgemein Josephus, Ant 15,367 (ὄχλος).

45　Josephus, BJ Vorrede 4 sowie BJ 5,444f.; von der Aufhetzung des ὄχλος vgl. Josephus, Ant 20,130.

schaftlichen Standortes verfestigte[46] Sicht der Volksmenge kommt nun sentenzenhaft auch als Hintergrund für die später darzustellende antike Verfassungsdiskussion zur Sprache.

Die Menge gilt als politisch unreif[47] und dem momentanen Eindruck ergeben[48] und von daher allzuleicht übermütig[49] und zum gesetzeswidrigen Handeln[50] bereit. Die rasche Wandelbarkeit der Stimmung führt im Falle des Mißerfolges der Feinde zur ὕβρις, im Falle des eigenen Mißerfolges zu trostloser Niedergeschlagenheit[51], im Falle einer Wohltat des Königs zum Vergessen seiner früheren Untaten[52], im Falle ungünstiger Ereignisse zur Schuldzuweisung an den bisher geachteten König unter Vergessen seiner früheren Wohltaten.[53] Weil das Volk leicht zu beeinflussen und Verleumdungen leicht zugänglich[54] ist, ist es bevorzugter Adressat der sich verstellenden Selbstdarstellung[55] und der Demagogie.[56]

---

46   Vgl. die Kritik durch K.-W. Welwei, Demokratie und Masse, 301, an Polybios.

47   Vgl. die Gegenüberstellung des δῆμος mit den verständigen Leuten bei Plutarch, Alkibiades 20,8, ferner Aristoteles (?), Staat der Athener 12,2: Der δῆμος sind die »Menschen, die keine vernünftige Einstellung haben«, des weiteren die Bemerkung über das ἄκριτον πλῆθος bei Josephus, BJ 3,411.

48   Philo, VitMos 1,197 (ὄχλον ... ἀβέβαιον φύσει); Josephus, Ant 17,156 (ὁποῖα ὄχλος φιλεῖ).

49   Vom ὄχλος Thukydides, 6,63,2, vom δῆμος Aristoteles (?), Staat der Athener 12,2.

50   Platon, Apologie 31e; Philo, SpecLeg 4,45 (πλῆθος).

51   H. Edelmann, Volksmassen, 428, verweist auf die ähnlichlautenden Formeln »wie es der ὄχλος/δῆμος zu tun pflegt« bei Thukydides, 6,63,2; 8,1,4.

52   Josephus, Ant 15,316 (ὄχλος).

53   Zum Wankelmut des Volkes vgl. auch Philo, SpecLeg 2,231; Legatio ad Gaium 67; vom πλῆθος Aristoteles (?), Staat der Athener 28,3.

54   Platon, Euthyphron 3b; Kriton 44d.

55   Platon, Sophista 268b (πλῆθος). - Daß das Verhalten, dem Volk nach dem Mund zu reden, dem, was eigentlich das beste wäre, widerstreitet, dafür vgl. Aristoteles (?), Staat der Athener 35,3; Plutarch, An seni respublica gerenda 796e. - EpArist 225 formuliert, wohl auch im Wissen um den zweifelhaften Wert der auch aus schändlichem Verhalten zu gewinnenden εὔνοια der Massen: »Am besten aber ist es, Beliebtheit bei allen Menschen (κεχαριτῦσθαι) als schönes Geschenk von Gott erhalten zu haben« (Übersetzung nach N. Meisner, Aristeasbrief, JSHRZ II/1, 74); vgl. auch EpArist 265.

56   Vgl. Polybios, 6,56,11 (πλῆθος); 38,11,9; 38,12,11; 38,13,6 von den ὄχλοι. In gefahrvoller Situation vor dem Schilfmeer glaubt das Volk Israel (πλῆθος), Mose habe an ihm als Demagoge gehandelt (Philo, VitMos 1,171). Auch Josephus kann urgeschichtliches Geschehen mit Hilfe dieser Topik gegenüber der biblischen Vorlage variiert darstellen: Der Entschluß zum Turmbau von Babel resultiert nicht aus gemeinsamem Wollen (so Gen 11,3), sondern ist Ergebnis des demagogischen Treibens eines einzelnen (Josephus, Ant 1,113).

Für diese Sicht der Volksmenge können neben ὄχλος auch πλῆθος und δῆμος stehen[57], doch hat ὄχλος in dieser Verwendung eindeutig seinen Schwerpunkt, was für die anderen genannten Begriffe nicht zutrifft. Gerade ὄχλος bezeichnet das Tumultuarische[58] und Pöbelhafte[59] an der Volksmenge, ihre Neigung, sich von Demagogen aufhetzen zu lassen[60], ihre Bereitschaft zum Aufruhr[61] wie zur besinnungslosen Gewalt[62]; entsprechend kann die Bändigung des ὄχλος als Verdienst bezeichnet werden.[63]

In der antiken Verfassungsdiskussion führt die Auffassung von der zum gesetzeswidrigen Handeln bereiten Volksmenge leicht zu dem Urteil, mit dem Übergang von der Monarchie zur Demokratie vertausche man nur die ὕβρις des Tyrannen mit der ὕβρις des δῆμος[64]. Daneben ist schon vor Platon

---

57 Für δῆμος vgl. Herodot, 3,82,2; 3,82,4 (synonym steht in 3,82,1 πλῆθος); Aristoteles (?), Staat der Athener 12,4f. (Solon-Zitat), Plutarch, Lykurg, 2; für πλῆθος Thukydides 4,21,3; Polybios, 6,9,8f. Bei Polybios, 38,11,9 steht ὄχλοι von der aufgehetzten Volksmenge, in 38,11,11 steht πλῆθος als Wechselbegriff, in 38,12,4 πολλοί, doch jeweils bei aktiven Handlungen oder Unfähigkeiten.

58 Bei Philo schwingt in den meisten der 60 Belege dieses Moment des Ungeordneten mit. Der Wechsel zwischen ὄχλος und πλῆθος bei Philo, MigrAbr 60f. zeigt, wie ὄχλος an der Menge den Aspekt der Unordnung, πλῆθος den der großen Zahl betonen kann. Den Aspekt des Zusammengewürfelten einer Menschenmenge benutzt Philo, De Josepho 59, zur Definition des ὄχλος als μιγάδων καὶ συγκλύδων πλῆθος ἀνθρώπων. - Bei Herodian, 6,7,1 und Josephus, BJ 3,475 wird eine Kriegsschar mit ὄχλος als ungeordnet einem στρατός gegenübergestellt.

59 Vgl. den Gebrauch von ὄχλος durch den ὀλιγαρχός bei Theophrast, Charaktere 26,3.

60 Polybios, 38,11,9; 38,12,11; 38,13,6.

61 Josephus, Ant 20,97.130.160.167. Er schreibt bekanntlich diesen selbstzerstörerischen Aufständen die Hauptschuld an der Katastrophe von 70 n. Chr. zu; vgl. Josephus, BJ, Vorrede 4.

62 Philo mußte das an den antijüdischen Übergriffen des alexandrinischen ὄχλος selbst erleben, vgl. Philo, In Flaccum 33; 41; 82; 95; 135; Legatio ad Gaium 120; vgl. auch Josephus, Vita 133; 149; 284. Die freundliche Gesinnung des ὄχλος zu ihm berichtet Josephus in Vita 243.

63 Thukydides, 8,86,5; vgl. EpArist 37.

64 Herodot, 3,81,2, zitiert dies als Meinung des Megabyzos, der die Argumente zugunsten der Herrschaft der Wenigen vorträgt. Noch schärfer Dareios: δήμου τε αὖ ἄρχοντος ἀδύνατα μὴ οὐ κακότητα γίνεσθαι (Herodot 3,82,4). Wo nur noch die Volksmenge, aber nicht mehr das Gesetz Herr ist, haben Schmeichler und Demagogen das Sagen, und wenn Abstimmungen an die Stelle von Gesetzen treten, ist das eigentlich keine Verfassung (Aristoteles, Politik, 1292a 4-37). Die ὕβρις und die παρανομία des πλῆθος verwandelt die Demokratie in die Ochlokratie (Polybios, 6,1,10). Solon muß sich übermäßige Orientierung an den Interessen des ὄχλος bei seinem Verfassungsentwurf vorwerfen lassen (Plutarch, De fraterno amore 484b). Bei Polybios 6,56,6-12 erscheint es um der genannten Eigenschaften der Menge (πλῆθος) willen legitim, daß die Alten die Vorstellung von Göttern eingeführt haben (vgl. auch Plutarch, De genio

und Aristoteles der Gedanke bekannt, daß die Herkunft aus niederem Stand die persönliche Tüchtigkeit[65] keineswegs verhindere; auch sei das Abwägen einer Sache mit Argument und Gegenargument besser als dummdreistes Drauflosgehen[66]. Geistesgeschichtlich wirksam aber wurde Platons Darstellung der verschiedenen möglichen Verfassungsformen, in der sich Monarchie und Tyrannei als akzeptable bzw. entartete Formen der Herrschaft eines einzigen und Aristokratie und Oligarchie als Formen der Herrschaft der Wenigen gegenüberstehen, in der aber bei der Volksherrschaft zwischen akzeptabler und entarteter Form bewußt nicht unterschieden wird.[67] Diesem Bild gegenüber muß in der Verfassungsdiskussion *nach* Platon die Mitbeteiligung des Volkes[68] an der Leitung der Staatsgeschäfte eigens gerechtfertigt werden. Nach Demosthenes ist die Kontrolle des Volkes über die Politiker besser als deren unkontrolliertes Agieren[69]. Aristoteles kann die Mitbeteiligung des δῆμος mit dem Gedanken begründen, die Menge, die in sich die Kompetenzen der jeweils auf ihrem Gebiet befähigten Spezialisten vereinige, könne der Urteilskraft eines einzelnen durchaus überlegen sein.[70] Entsprechend differenziert Aristoteles zwischen der zu bejahenden πολιτεία und der entarteten δημοκρατία.[71]

Ist für Polybios der Wechsel von der Oligarchie hin zur Demokratie Teil der φύσεως οἰκονομία des Verfassungskreislaufes[72], muß die Beteiligung der Menge nicht mehr wie bei Aristoteles durch die auch bei ihr aufweisbaren

---

Socratis 580a; weiteres s. bei M. P. Nilsson, Geschichte der griechischen Religion II 191 Anm 2).

65   Thukydides, 2,37,1.
66   Thukydides, 2,40,2.
67   Platon, Politicus 291e-292a. - Anders Th. Ebert, Platon - ein Verächter der Vielen?, passim, aufgrund einer Neuinterpretation von Platon, Politeia 493e-494a im Lichte von Pol. 499d-500a.
68   Gedacht ist hier stets an die Menge der freien Bürger (Aristoteles, Politik 1286a 36), nicht an die Mitwirkungsrechte von Sklaven und Metöken.
69   Demosthenes, 3. Olynthische Rede 30f.
70   Aristoteles, Politik 1281a 39-b21 (πλῆθος); 1286a 24-b22 (ὄχλος und πλῆθος). Hält E. Schütrumpf, 498, dieses Argument bei Aristoteles für singulär, so ergibt sich der Gedanke nach M. Forschner, Dialektik und Ethik, 59-61, organisch aus dem aristotelischen Konzept von Dialektik. Forschner zeigt aber auch, daß diese Summierung der verschiedenen Kompetenzen und Einstellungen innerhalb des δῆμος wiederum der »dialektische(n) Prüfung aller relevanten Überzeugungen« und somit der Mitwirkung der »intellektuell und charakterlich Tüchtigen« (S. 61) nicht entraten kann.
71   Aristoteles, Politik 1279a 37-b10.
72   Polybios, 6,9,10.

Qualitäten gerechtfertigt werden[73]; daß in der Demokratie am Anfang die ἰσηγορία und παρρησία über allem anderen in Ehren gehalten werden, ist durch die Erinnerung ihrer Begründer an die Leiden unter der Tyrannis und der Oligarchie bedingt[74]. Umgekehrt wird der Niedergang der Demokratie im Verfassungskreislauf mit der Empfänglichkeit des Volkes für Bestechung begründet.[75] Die ὀχλοκρατία, die Entartung der Demokratie[76], ist die schlechteste Staatsform schlechthin[77], und wo der ὄχλος herrscht, ist dem Staat auch nur eine kurze Blüte beschieden.[78]

Insgesamt zeigt sich: Verwendet werden in der Verfassungsdiskussion[79] überwiegend πλῆθος[80] und δῆμος; mit ὄχλος wird die Volksmenge nur als Adressat der sophistischen und demagogischen Beeinflussung[81] oder als Subjekt politischen Handelns in der Ochlokratie[82] benannt, aber nicht als

---

73 Doch kann Polybios auch ohne pejorative Wertung die Zuneigung der Menge zu einer Führungsgestalt politisch als Entstehung des Königtums, philosophisch als Beginn der Erkenntnis des Guten und Bösen begreifen - die Führungsgestalt erfährt die Zuneigung aufgrund ihrer Bewährung für die Gemeinschaft, während die Menge gemeinschaftswidriges Verhalten zu verabscheuen lernt (Polybios, 6,6,8f.) -, und in einer gemischten Verfassung ist die notwendige Rücksicht auf die Menge die Garantie dafür, daß sich die Macht der Herrschenden nicht verselbständigen kann, und ist insofern auch in einer guten Verfassung legitim, so Polybios, 6,15,9; 6,16,5. In der Tyrannis täuscht sich der Herrscher nicht selten über die Meinung im Volk, weil das Volk die erkannte Wahrheit nicht aussprechen darf (Sophokles, Antigone 508f.; vgl. Josephus, Ant 16,383).

74 Polybios, 6,9,1-5.

75 Polybios, 6,9,6f. (πλῆθος und πολλοί).

76 Polybios, 6,4,6; 6,4,10.

77 Philo, De agricultura 45, vgl. die ausführliche allegorische Auslegung von Gen 39,7-12 bei Philo, De Josepho 58-66. - Daß die ἀδίδακτοι ὄχλοι Ägyptens durch Moses Einfluß davon abgelassen hätten, Könige ab- und (wieder) einzusetzen, weiß Artapanos zu berichten (Artapanos, Fragment 3,5, FGrH III C, Frgm. 726,3).

78 Polybios, 6,44,9 (der einzige Beleg des nomens ὄχλος in Polybios' Verfassungsdiskussion in Buch 6!); dasselbe (δῆμος) Polybios, 6,57,8.

79 Überprüft wurden: Herodot, 3,80,1-3,83,3; Thukydides, 2,37,1-2,40,2; Platon, Politicus 291d-305e; Politeia 555b-576b; Leges 676a-701c; Aristoteles, Politik, 1279a 22-1286b 40 (Der bei R. Stephanus, Thesaurus Linguae Graecae VI, 2476 angegebenen Beleg aus Aristoteles, Politeia 3,11, ist auf 3,15 zu korrigieren); Aristoteles (?), Staat der Athener, passim; Polybios, 6,1,1-6,10,14; 6,11,1-6,18,8; 6,44,1-6,52,8; 6,56,6-6,57,9.

80 Platon, Politicus 291d-292a; Aristoteles, Politik 3,7-15: In beiden Fällen geht es um den quantitativen Gegensatz zu den ὀλίγοι und zu dem Alleinherrscher. Parallel steht in Aristoteles, Politik III 7 1279a 27f. πολλοί.

81 Platon, Politicus 304d (von dem Einwirkungsversuch der Rhetoren); Politeia 565e (vom Volksvorsteher); Aristoteles, Politik, 1305b 28.30 von der Tätigkeit einzelner Oligarchen. Den sprachlichen Wechsel vom δῆμος als Subjekt politischen Handelns zum ὄχλος als Objekt der Verführung zum Schlechten kennt auch Thukydides 6,89,4f.

82 Polybios, 6,44,9.

potentielles Subjekt politischen Handelns innerhalb einer auktorial bejahten Verfassungsform.[83]

2.1.3. Das Volksverhalten in philosophischer Reflexion

Auf dem Gebiet der philosophischen Betrachtung[84] führt erstmals ausgeprägt bei Heraklit die Erfahrung der Verständnislosigkeit seitens der Vielen zu dem Urteil über die Masse, sie sei unwillig zu Höherem[85] und unfähig zur Philosophie[86], und zu ihrer moralischen Disqualifikation[87]. Bei dem historischen Sokrates findet sich die πολλοί-Antithese in protreptischer Funktion da, wo es um »die Freihaltung des philosophischen Denkens im Dialog von unsachlichen Einflüssen der δόξα im weitesten Sinne«[88] geht; die genannte Antithese ist aber bei Sokrates noch nicht verfestigt, weil er daran glaubt, daß prinzipiell jeder zum Entdecken der für die rechte Lebensgestaltung notwendigen Wahrheit befähigt ist.[89] Im Motivinventar der πολλοί-Antithese fehlt bei ihm auch die Bindung der Vielen an die sinnliche Lust.[90]

Bei Platon haben seine Erfahrungen mit den verschiedenen πολλοί-Gremien in der athenischen Demokratie[91], insbesondere das Schicksal des So-

---

83 Als Ausnahmen sind zu notieren Aristoteles, Politik 1285b 15, wo Aristoteles im Rückblick auf die Entwicklung der Königtümer der Heroenzeit den Vorgang, daß die ὄχλοι den Königen Amtsbefugnisse entreißen, nicht bewertet, in 1286a 30f. steht ὄχλος als Variation des Ausdrucks innerhalb des Gedankenganges, daß die Menge (πλῆθος) vieles besser entscheide als ein einzelner: Wenige sind leichter zu verderben als das πλῆθος, weil eher ein Einzelner sich durch Affekte zu Fehlentscheidungen verleiten lasse, als daß alle zusammen zum Zorn hingerissen würden. Als Variation des Ausdrucks steht ὄχλος vielleicht auch bei Aristoteles, Politik, 1304a 22, wenn hier nicht an die seefahrende Truppe als politische Kraft zur Stärkung der Demokratie gedacht ist.

84 Für die Entwicklung bis einschließlich Aristoteles vgl. H.-D. Voigtländer, Der Philosoph und die Vielen, 1980, dort S. 11-13 (Anm 26) weitere Literatur. - Die Distanzierung vom Geschwätz der unverständigen Menschen ist nach Mark Aurel, Selbstbetrachtungen 9,41, allen Philosophenschulen gemeinsam.

85 Heraklit, Frgm. B 29.

86 Heraklit, Fgrm. B 29; B 2 (Ed. B. Snell).

87 Οἱ πολλοὶ κακοί, ὀλίγοι δὲ ἀγαθοί (Heraklit, Frgm. B 104). Daher die Gegenüberstellung des Weisen mit den Vielen, mit dem πλῆθος, etwa bei Philo, De virtutibus 10.

88 H.-D. Voigtländer, Philosoph, 619f. (auch zu den Ausführungen zu Sokrates).

89 H.-D. Voigtländer, 94 Anm 16; er verweist zusätzlich darauf, daß nach Xenophon der Dialogpartner »öfters nur noch allgemein, als νεανίας etwa oder τις, eingeführt wird« (a.a.O.).

90 H.-D. Voigtländer, Philosoph, 620.

91 H.-D. Voigtländer, Philosoph, 155. Doch wäre es nach H.-D. Voigtländer, a.a.O., 117, verfehlt, Platons Antithese einseitig aus seinem politischen Erleben abzuleiten.

krates, aber auch die Erfolge der sophistischen Überredungskunst auf den
ὄχλος[92], wiederum Heraklits Urteil bekräftigt; allgemein-menschliche wie
politische Erfahrungen wirken für dieses Bild zusammen.[93] Die große Masse
kennt die vernünftige, ruhige Gemütsverfassung, τὸ φρόνιμον καὶ ἡσύχιον
ἦθος nicht[94], ist der Frage und dem Streben nach Tugend[95] abgeneigt und
darum unfähig zur Philosophie[96] und des philosophischen Gespräches nicht
würdig[97]; sie begegnet aber dem Streben nach der Wahrheit mit Spott[98] und
Haß[99]. Die Funktion der πολλοί-Antithese ist auch bei Platon protreptisch,
zielt aber auf den βίος des Lesers, zielt darauf, daß der Leser des platonischen
Dialoges sein eigenes Leben als philosophisches Leben in der Suche nach der
Wahrheit und im Wissen um die Wahrheit, nicht nach den Grundsätzen der
πολλοί, gestalten soll.[100] Die Substantive πλῆθος, οἱ πολλοί und ὄχλος
können im gleichen Sinne pejorativ gebraucht werden, doch ist die inhaltliche
Streuung der speziell i.S. der πολλοί-Antithese gebrauchten Vokabel
ὄχλος[101] bei Platon gegenüber seinen Vorgängern und Nachfolgern eigen-
tümlich: ὄχλος kann bei Platon ähnlich wie bei anderen Autoren das Subjekt
der unvernünftigen Lebensweise, der fehlenden Bildung, des fehlenden
künstlerischen Urteilsvermögens und eines aggressiven Spottens gegenüber
den Philosophen bezeichnen[102]; neben diesen sechs Belegen stehen jedoch
fünf Belege, in denen der ὄχλος als Adressat der Beeinflussung von Volks-

---

92 Gorgias, Frgm. B 11 (H. Diels, W. Kranz, Vorsokratiker, II 292,9). Natürlich spricht
    der Sophist die Menge nicht als ὄχλος an, sondern hebt i. S. der captatio benevolentiae
    seine Zuhörer vom ὄχλος ab; vgl. Gorgias, Frgm. B 11a (II 302,19).

93 Vgl. Platon, Ep. 7, 324b-326b, für die Erfahrungen mit Oligarchie und Demokratie.

94 Platon, Politeia 604e.

95 Platon, Leges 734b, (ὄχλος). - Daß die πολλοί Fälschung und Betrug für erlaubt hal-
    ten, wenn es nur ἐν καιρῷ geschehe, konstatiert Platon, Leges 916 d.

96 Platon, Politeia 494a, (πλῆθος). Die Unfähigkeit der Vielen wird bei Platon, Ep.
    7,343e-344c mit der fehlenden Verwandtschaft ihrer Natur mit der philosophischen Sa-
    che begründet; vgl. H.-D. Voigtländer, Philosoph, 150.

97 Platon, Gorgias 474a, von den πολλοί.

98 Platon, Theaet 174c (ὄχλος).

99 Sokrates weiß, daß er dem Haß der Vielen erliegen wird (Platon, Apologie 28a).

100 H.-D. Voigtländer, Philosoph, 407f.

101 Von den 29 bei F. Ast, Lexicon Platonicum II, 500 gezählten Belegen (ohne Axiochus
    368d; 370d) können wir die Belege für die Verwendung i.S. von »molestia« vernach-
    lässigen, des weiteren Platon, Politeia 607c; Leges 707e; 819b; Phil 62c; Timaios 75e;
    Gorgias 454b; Euthydemos 271a; 290a; Phaidros 229d; Conv 174a. Bei Platon, Poli-
    ticus 291a kann man überlegen, ob der Beleg als unspezifisch gelten soll, oder ob mit
    der Benennung der vielen Sophisten, die sich um die Staatsgeschäfte besorgen, als
    ὄχλος deren Disqualifizierung mitgehört werden soll.

102 Zur Unvernunft vgl. Platon, Leges 734b, zur Unbildung Leges 700c; 722b, zur fehlen-
    den künstlerischen Urteilskraft Leges 670b; Politeia 397d; zum aggressiven Spott vgl.
    Thaet 174c.

führern oder Dichtern zu stehen kommt[103], und sieben Belege speziell aus der antisophistischen Polemik.[104] Sachlich gesehen gehören die zwei letzten Beleg-Gruppen zusammen[105] und setzen die aus der πολλοί-Antithese bekannte Topik des fehlenden Urteilsvermögens[106] und der Bereitschaft zum unvernünftigen Handeln voraus. Daß sich die Sophistik der Wirksamkeit ihrer Überredungskunst auf den nach äußerlichen Eindrücken urteilenden ὄχλος[107] rühmt, ist seit Platon stehender Topos in der Abgrenzung seitens der Philosophie[108]; gerade ihr Erfolg[109] bei dem ὄχλος als der Masse der Unwissenden[110] macht sie verdächtig, zumal er auf der bloßen Überredung beruht, die das ungeprüfte πιστεύειν zum Ziel hat, nicht auf wirklicher Belehrung[111],

---

103   Von den Rhetoren Platon, Politicus 304d; vom Volksvorsteher Platon, Politeia 565e; von den Dichtern Platon, Politeia 568c; Gorgias 502a.c.

104   Platon, Gorgias 455a; 458e-459a; Politicus 304 d; Charm 154a; Laches 183d; Phaidros 277e; Politeia 494a.

105   Der Dichter als Lobredner der Tyrannei ist im platonischen Staat untragbar (Platon, Politeia 68b); er bildet, um den πολλοί zu gefallen, nicht die vernünftige und ruhige Gemütsverfassung (τὸ φρόνιμον καὶ ἡσύχιον ἦθος), sondern die gereizte und wechselhafte Gemütsverfassung (τὸ ἀγανακτήτικον τε καὶ ποικίλον ἦθος) des Volkes nach (Platon, Politeia 604e-605a), die Voraussetzung für den Erfolg der Sophisten ist. Sofern der Dichter nicht danach fragt, wodurch seine Zuhörer besser werden, verfällt er der Kritik (Platon, Gorgias 501e-502a). Das Wort ὄχλος wird bezeichnenderweise nur in der Negativseite der Alternative verwendet. - Aristoteles hat der guten Tragödie eine kathartische Wirkung zuerkannt (Aristoteles, Poetik 1449b 27f.).

106   Der Zusammenhang zwischen dem Erfolg der Sophistik bei dem ὄχλος und dessen unphilosophischer Lebenshaltung ist in Platon, Phaedr 277e formuliert: Nicht Bescheid zu wissen über das Gute und Schlechte wäre das Allerverkehrteste, selbst wenn der ὄχλος eine rhetorisch gut gestaltete Rede lobt; vgl. Platon, Gorgias 459a.

107   Platon, Laches 183d; Charm 154a.

108   Platon, Gorgias 455a; 458e; vgl. Politicus 304d; vom Verhalten der Ankläger des Sokrates gegenüber den Athenern Platon, Apologie 18b; insgesamt ist für ihn die Rhetorik der Sophisten κολακεία (Gorgias 466a; vgl. Euthydemus 290a), für Sextus Empiricus, adv. Mathematicos 2, 50, ὀχλοκοπική. Quintilian, Institutio I, Prooemium 9 hat deshalb formuliert, daß nur ein tugendhafter Mann ein Redner sein kann. Quintilian, a.a.O., 15, hält jedoch seinerseits der zeitgenössischen Philosophie die Diastase zwischen Lehre und Leben bei vielen ihrer Nachahmer vor (vgl. Lukian, Piscator, 31-37.44 u.ö.).

109   Platon, Euthydemos 305c. Wenn die Sophisten nicht bei allen den erhofften Ruhm ernten, liegt das, so Platon, a.a.O., an den Philosophen. - Eine ironische Beratung, wie der Redner zum Erfolg bei dem πλῆθος komme, liegt vor in Lukians »Rhetorum praeceptor« 13-25.

110   Vgl. Platon, Gorgias 459a.

111   Für den hier vorausgesetzten Gegensatz zwischen πείθειν und διδάσκειν vgl. Platon, Gorgias 454c-455a. Noch ganz anders über die Überredungskunst Aischylos, Eumeniden 970.

und ohnehin nur die Meinungen der Vielen, τὰ τῶν πολλῶν δόγματα, als Weisheit preist.[112]

Bei Aristoteles konzentriert sich die Wirkung der πολλοί-Antithese vor allem auf die Verfassungsdiskussion; in der schon genannten Argumentation zugunsten der Mitbeteiligung der Menge an der Politik ist das Problem der sachlichen Inkompetenz des einzelnen Mitgliedes der Menge[113] der unübersehbare Hintergrund, aber auch dessen ἀδικία und ἀφροσύνη[114], sein Streben nach Reichtum, das bis zum Aufruhr führen kann[115], und das Lebensziel, seine Begierden zu erfüllen.[116] Erst die Zusammenführung der einzelnen Kompetenzen[117] ergibt das überlegene Urteil der Vielen, das eine Mitbeteiligung der Menge an der Leitung der Staatsgeschäfte rechtfertigt.

Die einzelnen bei Platon vereinigten Elemente der πολλοί-Antithese wirken nun in den verschiedenen Philosophenschulen weiter und werden dadurch angereichert, daß die Unkenntnis und Unfähigkeit der Vielen jeweils auch auf die Hauptlehren der einzelnen Schulen bezogen wird.

In der Stoa wird die Antithese des Philosophen zu den Vielen formuliert als Gegensatz zwischen dem Weisen und den Toren[118], und diese Antithese hat gerade in der Stoa streng gegolten[119]: Nur der Weise handelt in allem gemäß

---

112 Platon, Politeia 493a; vgl. Lukian, Rhetorum praeceptor 18.

113 Aristoteles, Rhetorik 1395b 26-31, begründet die mangelnde Urteilsfähigkeit des ὄχλος nicht mit seinem Verlangen nach ἡδονή, sondern mit seiner geistigen Fassungskraft. - Daß sich der Philosoph nicht nach der Meinung der Vielen richten soll, dafür vgl. Aristoteles, Protreptikos, bei Jamblich, Protreptikos, p. 40,8f. (ed. Pistelli).

114 Aristoteles, Politik 1281b 27.

115 Aristoteles, Politik 1266b 40, von den πολλοί - Nach Plutarch, Cato maior 18, entspringt das Streben nach Reichtum der ὀχλώδη δόξα.

116 Aristoteles, Politik 1267b 4f., von den πολλοί.

117 Auf die Tüchtigen ist das vereint, was bei der Menge auf einzelne Mitglieder zerstreut ist. Aristoteles, Politik 1281b 10-15. - Aristoteles kann gelegentlich den Gedanken aussprechen, daß der Unbeherrschte noch hinter der Fähigkeit der meisten zurückbleibt, ihre guten Vorsätze auch zu verwirklichen (Aristoteles, Nikomachische Ethik 1152a 25-27; vgl. später Plutarch, Non posse suaviter vivi secundum Epicurum 1104a, s.u.).

118 Ein Blick in die Register bei J. v. Arnim, SVF 4,152f., und A. Long, D. Sedley, Hellenistic Philosophers I, 512, zeigt schnell den breiten Gebrauch des Begriffspaares σοφός/φαῦλος. Für πλῆθος in dieser Verwendung vgl. SVF 1,559 (Kleanthes). - Der Begriff φαῦλοι begegnet aber gelegentlich auch schon bei Platon, etwa in Politeia 431c.

119 Vgl. das »vobis praesertim« bei Cicero, De natura deorum 3,11; des weiteren vgl. SVF I, 216; Diogenes Laertios VII, 117-123. Zur Kritik an der stoischen Anschauung, daß alle Nicht-Weisen als insani zu gelten hätten, vgl. SVF 3,665.668. - Die Frage, ob ein auf dem Weg zur Weisheit begriffener noch auf der negativen oder bereits auf der positiven Seite der πολλοί-Antithese zu stehen kommt, wurde in der frühen Stoa in ersterer, in der mittleren und jüngeren Stoa in letzterer Hinsicht beantwortet (H.-D. Voigtländer, Philosoph, 626 Anm 5).

der Tugend[120] und darum in allem richtig[121], er richtet sich nicht nach der δόξα, der ungeprüften Meinung[122] und hält sich von den πάθη frei[123], während der Tor nicht um sich selbst weiß und daher in ἀφροσύνη handelt[124], und die Menge kein philosophisches Urteilsvermögen besitzt.[125]

Wird in der epikureischen Philosophie die Unkenntnis der Vielen u.a. auf die rechte Vorstellung von den Göttern[126], auf die Einschätzung des Todes[127] und auf die wahre Entstehungsursache von Schmerz und Lust[128] bezogen, so zeigt es sich, wie auch diese Philosophie in der πολλοί-Antithese lebt. Für den Kyniker Diogenes von Sinope bedeutet die Unfähigkeit der Vielen zur Philosophie, daß die große Masse des Volkes nicht eigentlich dessen wert ist, Mensch zu heißen[129].

Nach Philo hat der ὄχλος[130] Gefallen an Ruhm, Reichtum und Lust[131] und liebt die Schlechtigkeit[132], sein Trieb widerstrebt dem Zusammenhang der Natur, der ἀκολουθία φύσεως[133], und er ist dem Streben nach dem Guten[134]

---

120 Stobaeus, 2,99,3-8.

121 SVF 3,560. Für einen Tugendkatalog des Weisen vgl. Kleanthes, SVF 1,557.

122 SVF 2,131.

123 Zu den innerstoischen Differenzen in der Lehre von den πάθη (vgl. A. Long, D. Sedley, 421-423) kann hier nicht Stellung genommen werden.

124 SVF 3,663.

125 Kleanthes, SVF I, 559. Es stehen οἱ πολλοί und πλῆθος im Wechsel.

126 Epikur, 3. Brief (Diogenes Laertios 10,123; H. Usener, S. 60 Z. 5f.); vgl. ferner Diogenes Laertios, 10,134.

127 Diogenes Laertios, 10,125.

128 Epicurus, SV 59 (Long, Sedley 21 G, 1,116/2,120).

129 Diogenes von Sinope soll nach seiner Rückkehr aus Olympia auf die Frage, ob dort viel Volk beisammen gewesen sei, geantwortet haben πολύς μὲν ὁ ὄχλος, ὀλίγοι δ' οἱ ἄνθρωποι (Diogenes Laertios, 6,60; für dieselbe Gegenüberstellung vgl. Diogenes Laertios, 6,40). - Für die Neuzeit vgl. J. Ortega y Gasset, Aufstand der Massen, 45.

130 Was ὄχλος grundsätzlich ist, definiert Philo, De praemiis et poenis 20: ὃ τι ... ἄτακτον, ἄκοσμον, πλημμελές, ὑπαίτιον, τοῦτο ὄχλος ἐστί (was ohne Ordnung, ohne Anstand, sündig und schuldbeladen ist, ist Pöbel). ὄχλος bezeichnet denn auch häufig das Tumultuarische der Sinneswahrnehmungen (Philo, Leg alleg 3,235; De somniis 1,43, Spec Leg 1,298; 4,188) oder das Gewühl der Seele (Leg alleg 2,85).

131 Philo, De congressu eruditionis causa 27; vgl. auch ders., De mutatione nominum 93 (Gefallen am Ruhm).

132 Philo, De Abrahamo 22; dasselbe bei Philo, Leg alleg 1,102; De Sacrificiis Abelis 122; De Confusione linguarum 15, vom πλῆθος. Es liegt dem ὄχλος nichts daran, das Gute in sich auszubilden (Philo, In Flaccum 33). Anders jedoch in der Nacherzählung von Num 25: Zunächst schaut die Menge (πλῆθος) zu, als der Gesetzesübertreter fremden Götzen opfert. Als Pinchas ihn umbringt, kommen jedoch viele Tausende zur Vernunft, die zu gleichem Tun bereit waren (Philo, Spec Leg 1,56f.).

133 Philo, SpecLeg 4,46. Auch das gelegentliche Zugeständnis, die Unfähigkeit des ὄχλος zur Philosophie sei nicht selbst verschuldet (Philo, De ebrietate 198), ändert an diesem Urteil nichts.

134 Philo, In Flaccum 35.

unzugänglich und unfähig zur Philosophie[135]; die Berührung mit dem ὄχλος bringt der Seele Befleckungen bei, von denen sie sich reinigen muß, wenn sie sich dem Gesetz Gottes widmen will. [136] Die Menge ist denen feindlich, die ihre Torheit nicht mitmachen.[137] Aufgrund der πολλοί-Antithese und der Bindung des ὄχλος an die Lust kann in Philos allegorisierender Sprache der ὄχλος als Symbol für den schlechteren Teil im Menschen fungieren.[138]

Indem aber die Unkenntnis und Unfähigkeit der Vielen jeweils auch auf die Hauptlehren der einzelnen Schulen bezogen wird, wird sichtbar, wie sich die πολλοί-Antithese als Erfahrung der Andersartigkeit des philosophischen βίος durch alle Philosophenschulen durchhält.[139] Spott[140] und Ablehnung seitens der Massen[141] gehören zum βίος des Philosophen, und deswegen kann man manche Fragen, z.B. die Frage nach der Existenz von Göttern, vor dem ὄχλος nicht erörtern.[142] Umgekehrt soll man sich nicht nach der Meinung der Vielen richten[143], und macht sich ein Philosoph verdächtig, der die Gunst der Menge sucht[144] statt der Distanz[145]. Nur das Philosophieren οὐκ᾽ πρὸς ὄχλον

---

135 Philo, Spec Leg 4,46.

136 Philo, De decalogo 10.

137 Philo, Vit Mos 2,169 (πλῆθος).

138 Philo Leg alleg 2,77; vgl. auch De ebrietate 113; dafür kann aber auch πλῆθος stehen, Philo, migr Abr 68; vgl. aber bereits Plato, Leges, 689b (mit δῆμος und πλῆθος).

139 So auch A. Long, D. Sedley, Hellenistic Philosophers I, 455f.

140 Epiktet, Diss II,14,29, von den πολλοί. Chrysipp antwortet auf die Frage, warum er nicht wie so viele andere ein Schüler des Ariston wurde: εἰ τοῖς πολλοῖς προσεῖχον, οὐκ᾽ ἐφιλοσόφησα (Diogenes Laertios, 7,182).

141 Bei Pseudo-Hekataios II F 1 (bei Josephus, Ant 1,154-157) erscheint Abraham als typischer Philosoph (in Josephus, Ant 154b-155 begegnet uns die klassische Einteilung der Philosophie), und sein Schicksal ist das typische Philosophenschicksal: Er muß auswandern, weil die Einwohner von Chaldäa seinen Versuch ablehnen, ihnen die wahre Gottesverehrung beizubringen (vgl. dagegen Gen 12,1-3). - An der Feindseligkeit der πολλοί gegen die Philosophie sind allerdings diejenigen schuld, die ungebührlicherweise von außen sich hineingedrängt haben (Platon, Politeia 500b, in einer etwas dunklen Stelle; vgl. später Lukian, piscator, [25].34).

142 Diogenes Laertios, 2,117 (dort dem Megariker Stilpon wie dem Akademiker Bion zugeschrieben). Die entsprechende Ansicht Platons, man solle nicht die Wahrheit über Gott allen Menschen beibringen wollen, wird noch von Josephus und Athenagoras zitiert (Josephus, contra Apionem 2,224; Athenagoras, Bittschrift 23).

143 Platon, Kriton 47c; 48a; Aristoteles, Protreptikos, bei Jamblich, Protreptikos, p. 40,8f. (ed. Pistelli); Kleanthes, SVF I 559; Philo, Spec Leg 4,46. Der Philosoph unterscheidet sich von den πάντες οἱ ἄλλοι, Platon, Phaidon, 68d; vgl. auch Diogenes Laertios, 2,42: Man soll die ἀρετή nicht λαοδικῷ σοφίᾳ richten. Die, die nach den Grundsätzen der Vielen leben, sind nicht die, von denen ein guter Einfluß auf die Jugend gesagt werden kann (Platon, Apologie, 25ab, gegen die Anklage des Meletos, Sokrates allein sei der Verderber der Jugend).

144 Arkesilaos wurde nach Diogenes Laertios 4,41f. von anderen als φίλοχλος und ὀχλοαρέσκης bezeichnet (der Vorwurf des τῷ ὄχλῳ ἀρέσκειν galt nach Plato, Poli-

καὶ θέατρον, ἀλλ' πρὸς τὴν ἀλήθειαν, verheißt den Lohn des von falscher Mühe freien Lebens.[146]

Terminologisch kann die Antithese des Philosophen zu den Nicht-Philosophen als Ganze von verschiedenen Begriffen und Begriffspaaren umgriffen werden: Das Gegensatzpaar σοφός/ φαῦλος war in der Stoa herrschend, der Begriff ὄχλος bei Philo[147], ansonsten dominiert die Erwähnung der πολλοί.

Nun haben gerade die stoische und die kynische Schule eine Breitenwirkung angestrebt und entfaltet, die angesichts des eben dargestellten philosophischen Negativ-Urteils über die Vielen erstaunlich wirkt. Wie kann diese Breitenwirkung der Philosophie begründet, wie als möglich erachtet werden? Die Motivation erwächst aus der Überzeugung, daß die von dem Philosophen nach langem Suchen erkannte Wahrheit nicht nur für ihn selbst, sondern auch für andere Menschen heilvoll sein müsse. Im erziehenden Handeln an den Mitmenschen[148] wird der Philosoph seiner Verpflichtung zum Dienst an der Gemeinschaft gerecht[149]; zugunsten dieser Aufgabe verkehrt er mit dem niedrigen Volk, wie ein Arzt sich den Kranken, nicht den Gesunden zuwendet[150].

---

teia 494a, den Sophisten!); dem Empedokles das Betören der Menge zum Vorwurf gemacht (Diogenes Laertios, 8,67). Das Lob der Menge bringt einen eher vom rechten Weg ab als zur Tugend hin (Mark Aurel, Selbstbetrachtungen 3,6).

145 Heraklit galt als ὀχλολοίδορος (Diogenes Laertios, 9,6). Krates wird dafür gelobt, daß er »nichts weniger als ein Hascher nach Volksgunst« sei (Diogenes Laertios, 4,22); vgl. auch die bei Plutarch, Alkibiades 16 fin., von Timon erzählte Anekdote. - Grober Spott ist allerdings Lukians Bemerkung, auch ein ἰδιώτης könne ein Kyniker sein, wenn er nur gelernt habe, jedem, vom König bis zum gemeinsten Mann, Grobheiten ins Gesicht zu sagen (Lukian, vitarum auctio 11). Freilich entging auch Diogenes von Sinope dem Vorwurf nicht, er habe durch seine Lebensweise das Aufsehen der ἐντυγχάνοντες auf sich ziehen wollen (Lukian, Demonax 5).

146 Ps.-Platon, Axiochus 370d. - Lukian, Hermotimos, 1, zitiert die Aussicht auf das wahre Glück ironisch als Selbstanspruch der Philosophie; vgl. aber die stoische Maxime: Nur der Weise ist frei (Diogenes Laertios, 7,121).

147 Bei Philo haben sich ὄχλος und seine Derivate von dem platonischen Haftpunkt der Sophistenpolemik gelöst und all die Negativmerkmale der zur Philosophie unfähigen Massen auf sich gezogen; πλῆθος steht eher allgemein, wenn von der Schlechtigkeit der Vielen die Rede ist (Leg alleg 1,102; De Sacrificiis Abelis et Caini 122; De congressu eruditionis causa 87). Die Bemerkung Platons, man solle das Wesen der Gottheit nicht allen Menschen mitteilen, wird auch von Josephus und von Athenagoras zitiert. Während Athenagoras, Bittschrift, 23, Platons Terminologie (εἰς πάντας) beibehält, fügt Josephus, contra Apionem 2,224, das Stichwort ὄχλοι hinzu.

148 Krates und Demetrios waren als δημηγοροί tätig (Diogenes Laertios, 4,23; 5,75); vgl. die Wendung »Kynischer Volksredner« κύνικος δημηγορός (Lukian, Demonax 61).

149 Diogenes Laertios, 7,121; Athenodor bei Seneca, De tranquillitate animae, 3,3; vgl. aber schon die Selbsteinschätzung des Sokrates nach Platon, Apologie 30a. So kann die angestrebte Popularisierung motiviert werden. Mark Aurel sagt: Die Menschen sind füreinander da. Also belehre oder ertrage sie (Mark Aurel, Selbstbetrachtungen 8,59).

150 Für dieses Bild vgl. Diogenes bei Stob., Floril. 3 (ed. O. Hense) 462,14; Mk 2,17a.

Darüber hinausgehend ist aber auch eine religiöse Begründung möglich: Der kynische Philosoph gilt als ἄγγελος des Zeus und dazu gesandt, die Menschen über Gut und Böse aufzuklären.[151] Daß die Belehrung nicht zwecklos ist, kann negativ in der Endlichkeit und Fehlbarkeit auch des Philosophen[152], positiv in der allen Menschen gemeinsamen Vernunft[153] begründet werden.

Die Adressaten solcher philosophischen Belehrung werden allgemein als ἄνθρωποι bezeichnet; die Stichworte πλῆθος und ὄχλος habe ich dagegen nicht gefunden. So ist nicht die Menge als solche, sondern der einzelne Mensch in der Menge Adressat der Botschaft des Philosophen; nimmt er diese Botschaft an, gehört er philosophisch gesehen gerade nicht mehr zu den πολλοί. Analogie und Differenz zu dem Wirken des irdischen Jesus und zur Darstellung der Evangelisten werden zu bedenken sein.

Das aus der philosophischen Reflexion bekannte Negativurteil über die Menge wird auch hinsichtlich anderer Bildungsbereiche gefällt: In Fragen historischer Überlieferung ist die Menge leichtfertig bereit, allem Glauben zu schenken[154] - Thukydides setzt sich an zentraler Stelle seiner Vorrede betont davon ab. Ebenso fehlt der Menge jegliches künstlerische Urteilsvermögen[155].

2.1.4. Das religiöse Volksverhalten aus der Sicht der Gebildeten

Die Beurteilung des Volksverhaltens in religiösen Dingen[156] hängt, wie leicht einzusehen ist, unmittelbar ab von der Einstellung eines Autors gegenüber der die Motive und Formen des Volksverhaltens prägenden Theologie der Dichter[157], von seinem Urteil über die intellektuelle und moralische Beschaf-

---

151 Epiktet, Diss III 22,23.

152 Mark Aurel, Selbstbetrachtungen 5,28; 7,70.

153 Πάντας γὰρ ἀνθρώπους ἀφορμὰς ἔχειν ἐκ φύσεωϛ πρὸς ἀρετήν (SVF I 566). Mit der Tatsache, daß schlechtere Menschen zu besseren Menschen werden können, kann in der Stoa die Lehrbarkeit der Tugend begründet werden (Diogenes Laertios, 7,91; vgl. aber auch Lukian, Demonax, 10).

154 Thukydides, 1,20,1f.; vgl. Pausanias, 1,3,2.

155 Platon, Leges 670 e; 700c; dasselbe vom ὄχλος Platon, Leges 670b; Politeia 397d; Aristophanes, Frösche 676; vgl. auch Lukian, Historia quomodo scribenda 10.23. - Von den Dichtern, die τὴν λέξιν ὀχλικὸν καὶ ἀνελεύυερον καὶ κακόζηλον vermeiden wollen, vgl. Plutarch, Coniugalia praecepta 142a.

156 Vgl. insgesamt M. P. Nilsson, Geschichte der griechischen Religion, 2 Bde., C. Schneider, Kulturgeschichte des Hellenismus II, 765-959; R. Muth, Einführung in die griechische und römische Religion, 1988; G. Radke, Zur Entwicklung der Gottesvorstellung und der Götterverehrung in Rom, 1987.

157 Vgl. Varro nach Augustin, De civitate Dei 4,32. Kritisch zu Varros Unterscheidung zwischen dichterischer und politischer Theologie Augustin, a.a.O., 6,9.

fenheit der Menge, und von seiner Stellungnahme zu der Frage, ob die von der Menge praktizierte Religion irgendeine positive Funktion hat für das Aufblühen[158] und Gedeihen des Staatswesens[159]. Mit den Namen Lukian und Plutarch ist dabei nur die äußerste Spannweite der in gebildeten Kreisen möglichen Standpunkte schon angedeutet, während Mittelpositionen aller Art denkbar sind. Der Glaube an die Gültigkeit von Orakeln, Prodigien etc. verbindet Herodot und Sueton über die Zeiten und Sprachen hinweg, die Zurückhaltung demgegenüber nähert Tacitus[160] dem noch distanzierteren Thukydides und dem Polybios[161] an. Strabo nimmt insofern eine Mittelposition ein, als er seine sonstige Abneigung gegenüber Fabeleien in religiösen Dingen nicht das Urteil bestimmen läßt[162]; daß der bildlosen und darin vernünftigen jüdischen Religion nicht wenige verständige Männer (οὐκ' ὀλίγους εὐγνωμόνας ἄνδρας), ja alle (ἄπαντες) aus Moses Umkreis folgten, wird nicht zur Schande der jüdischen Religion vermerkt.[163] Für Lukian ist die Menge auch in religiösen Dingen Adressat von Lügenpropheten und Betrügern[164], und ihre Leichtgläubigkeit ist bevorzugtes Ziel seines Spottes.[165] Plutarch reflektiert das religiöse Verhalten des Volkes eher hinsichtlich der moralischen Qualität der Vielen; er teilt zwar durchaus die Di-

---

158 Vgl. die Aussage des Gaius Cotta bei Cicero, De natura deorum 3,5.

159 Vgl. Platon, Leges 828a. Zu dieser Instrumentalisierung der Religion in der Antike vgl. die entsprechende These bei M. Vielberg, Die religiösen Vorstellungen des Redners Lykurg, RMP (3. Ser.) 134, 1991, 49-68. - Hierher gehört auch die Überzeugung, daß man die Masse an die Ausübung der staatlichen Religion binden, mit abergläubischer Götterfurcht im Zaum halten (Polybios 6,56; vgl. auch Plutarch, De genio Socratis 580a; Artapanos, F 3,4f. [N. Walter, JSHRZ 124], im Bezug auf den ägyptischen Tierkult) oder zu einem friedfertigen Volk bilden muß (Livius, Ab urbe condita 1,19,4; Plutarch, Numa 8), desgleichen das Verbot der Privatkulte bei Platon, Leges 910b, das verhindern soll, daß Gottesfrevler im Geheimen die Götter gnädig zu stimmen versuchen und so ihre Ungerechtigkeit ins Grenzenlose steigern.

160 Für die nicht völlig eindeutige Haltung des Tacitus vgl. Tac. Historien 5,13 einerseits (die Prodigien hätten die Juden zum Eingeständnis ihrer Unterlegenheit veranlassen sollen), Historien 4,26 andererseits (nur der Unerfahrene nimmt den niedrigen Wasserstand des Rheines als Prodigium, der andere sieht es als bloßen Zufall an).

161 Vgl. Polybios 3,47.48.

162 Strabo, Geographica 10,3,23/474. Entsprechend kann er unpolemisch über die religiösen Feste und ihre Ätiologien bei Griechen und Kretern berichten, z.B. 10,3,10.11/468.

163 Strabo, Geographica 16,2,35-36/761. Dagegen werden im Sinne einer Dekadenztheorie die Speisevorschriften und das von Strabo falsch wiedergegebene Beschneidungsgebot als Ausfluß der später erwachsenen δεισιδαιμονία gewertet (a.a.O., 16,2,37/761).

164 Lukian, Alexander 26 et passim. Aber auch von Pythagoras wird das erzählt (Diogenes Laertios 8,41).

165 Vgl. Lukian, De Syria dea 8; De sacrificiis 15; Peregrinos 39 (von den Christen); Philopseudes 40.

stanz des philosophisch orientierten Menschen von dem mit den großen religiösen Festen verbundenen und diese entweihenden Rummel[166] und kann es dem Staatsmann nachsehen, der um des allgemeinen Wohles willen die ungezügelten Volksmasse mit dem Zügel des Aberglaubens lenken muß[167], unterscheidet jedoch an anderer Stelle im Zuge einer Dreiteilung der Menschheit die πολλοί καὶ ἄμαθοι nicht nur von den Verständigen, sondern auch von den Ungerechten und Schlechten.[168] Nur für diese zuletzt genannte Menschenklasse ist der Zügel des Aberglaubens notwendig, um sie von Freveltaten abzuhalten[169], dagegen ist bei der Klasse der Vielen, der Unwissenden, aber noch nicht ganz Verdorbenen[170] neben dem Aberglauben doch auch ein Glaube an die Götter vorhanden, den man nicht zusammen mit dem Aberglauben austreiben sollte[171], eine Hoffnung und Zuversicht, die von den Göttern Glück und Wohlergehen erwartet[172], und die darum nicht zu tadeln ist,

---

166 Plutarch, De tranquillitate animi 476d.e.
167 Plutarch, De genio Socratis 580a. Für die Philosophie ziemt sich der Rekurs auf die Götter freilich nicht, wenn sie zuvor die Begründung des Handelns in der Vernunft versprochen hat, und es war das Verdienst des Sokrates, gegen das von Pythagoras und Empedokles herrührende Erbe die Philosophie von Fabeln und Aberglauben gereinigt zu haben (580c).
168 Τρία γένη ... τὸ τῶν ἀδικῶν καὶ πονηρῶν, δεύτερον δὲ τῶν πολλῶν καὶ ἰδιωτῶν, τρίτον δὲ τὸ τῶν ἐπιεικῶν καὶ νοῦν ἐχόντων (Plutarch, Non posse suaviter vivi secundum Epicurum 1104a); vgl. übrigens schon Aristoteles, Nikomachische Ethik, 1152a25-27: Unbeherrschtheit und Beherrschtheit bedeuten eine Überschreitung des Maßes der Vielen: Der eine hält mehr, der andere weniger an seinem Vorsatz fest, als es den meisten gegeben ist.
169 Plutarch, Non posse suaviter vivi secundum Epicurum 1104a.b. Weitaus schärfer urteilt Plutarch über den Aberglauben in der Schrift Περὶ δεισιδαιμονίας. Der als φόβος und δέος beschriebene Aberglaube gilt als Leidenschaft, die aus einem falschen Grundsatz entspringt (πάθος ἐκ λόγου ψευδοῦς ἐγγεγενημένον, 165c); er fürchtet die Götter als schadenstiftend, grausam und tyrannisch, wo er ihnen Güte, Großmut, Barmherzigkeit und Fürsorge zuschreiben sollte (167f). Entsprechend trägt der Aberglaube masochistische Züge, indem der Mensch jedweden schweren Schicksalsschlag auf „Schläge der Gottheit oder Tücken eines bösen Geistes" zurückführt, sich selbst als den Göttern verhaßt und von ihnen zu Recht gestraft betrachtet (168c). Der abergläubische Mensch findet nicht aus der Schizophrenie heraus, daß er sich vor den Göttern fürchtet und doch zu ihnen flieht (167e); er wäre lieber Atheist, ist aber zu schwach dazu, diese Meinung auch wirklich anzunehmen („ὁ .... δεισιδαίμων τῇ προαιρέσει ἄθεος ὢν ἀσθενέστερός ἐστιν ἢ ὥστε δοξάζειν περὶ θεῶν ὃ βούλεται", 170f).
170 Τῶν πολλῶν καὶ ἀμάθῶν καὶ οὐ πάνυ μοχθηρῶν (Plutarch, Non posse ... 1101d).
171 Plutarch, Non posse suaviter vivi secundum Epicurum 1101c.
172 Daß in Plutarch, Non posse ... 1101d, τὸ εὐελπὶ καὶ περιχαρές nicht in allgemeiner Betrachtung der διάθεσις der Vielen gegenübergestellt wird (so offenbar M. P.-Nilsson, Geschichte der griechischen Religion II 406), sondern als Teil der selben zu begreifen ist, entnehme ich der Wendung τούτου (scil. σφυγμοῦ καὶ φόβου) δὲ μυ-

eine Hoffnung auf Unsterblichkeit und eine Liebe zum Dasein, die den Zügel des Aberglaubens unnötig macht.[173]

Auch die philosophische Kritik an Motiven und Formen der Religionsausübung der Masse[174] ist eingespannt in den Rahmen der Selbstunterscheidung der philosophischen Theologie von der Theologie der Dichter, doch ist das Verhältnis der einzelnen philosophischen Schulen zu dieser Theologie unterschiedlich bestimmt. Am ehesten konnte bei aller Distanz von abergläubischer Praxis[175] die Stoa vor allem durch ihre allegorische Mytheninterpretation[176] und durch die etymologische Erklärung der Götternamen[177] diese Theologie integrieren; auch das Motivinventar für die Gottesbeweise umfaßt neben dem philosophischen argumentum e consenso omnium[178] Elemente der Volksfrömmigkeit[179], und zwar so sehr, daß sich die Stoa von der akademischen Skepsis eine unziemliche Nähe zur Theologie der Dichter nachsagen lassen mußte.[180] Das eigentliche philosophisch-theologische Anliegen der Stoa ist jedoch die Einsicht in und das Vertrauen auf die πρόνοια des allbe-

---

ριάκις πλέον ἐστὶ καὶ μεῖζον αὐτῇ, vor allem dem αὐτῇ als Dativus possessivus, der sich auf διάθεσις zurückbezieht.

173 Plutarch, Non posse suaviter vivi secundum Epicurum 1104b.c.

174 Für Diogenes von Sinope vgl. die von M. P. Nilsson, Geschichte der griechischen Religion II, 193 Anm 2, beigebrachten Beispiele aus Diogenes Laertios, 6,24.37.39.48. 59.63; für die Haltung des stoischen Weisen vgl. Diogenes Laertios, 7,123.124; sowie Diodorus Siculus 14,74.

175 Vgl. Diogenes Laertios, 7,123. Die δεισιδαιμονία ist nach Andronicos (SVF 3,409), eine Unterart des φόβος, eines der vier πάθη.

176 Diogenes Laertios, 7,147. Diese stoische Allegorese trug zur Blüte des Mysterienwesens bei (M. P. Nilsson, Geschichte der griechischen Religion, II 371). Der Stoiker T. Coponius Maximus wird als eleusinischer Kultbeamter erwähnt (M. P. Nilsson, a.a.O., 347 mit Anm 9), der Akademiker Gaius Cotta wirkt als Oberpriester in Rom (Cicero, De natura deorum 2,2).

177 Diogenes Laertios, 7,147. - Nach akademischer Kritik wird dadurch aber nur die Verkehrtheit des volkstümlichen Götterglaubens aufgewiesen: eos enim qui di appellantur, rerum naturas esse, non figuras deorum (Cicero, De natura deorum 3,63; vgl. später Minucius Felix, 20,1).

178 Vgl. Cicero, De natura deorum 2,5.12; zur akademischen Kritik daran vgl. Cicero, a.a.O., 3,11: hier würde eine opinio stultorum zum Maß des Urteilens erhoben; zur Kritik seitens der pyrrhonischen Skepsis vgl. Diogenes Laertios, 9,84.

179 Anerkannt wurden beispielsweise der Gottesbeweis aus der Korrespondenz zwischen Prodigium oder Seherspruch und tatsächlich eintretendem Ereignis und aus den Negativfolgen der Nichtbeachtung des Prodigiums (Cicero, De natura Deorum 2,7.8.162.163; Diogenes Laertios, 7,149, der aber auch die abweichende Haltung des Panaitios vermerkt; zur Kritik der akademischen Skepsis vgl. Cicero, a.a.O., 3,11.12).

180 Cicero, De natura deorum 3,91. - Vgl. die Kritik an Pythagoras und Empedokles bei Plutarch, De genio Socratis 580c.

seelenden Gottes, ein Gedanke, dem etwa Kleanthes in seinem berühmten Zeus-Hymnus einen würdigen Ausdruck zu verleihen weiß.[181]

Der Peripatetiker Theophrast formuliert als Motive der Götterverehrung das Bestreben, daß Übel abgewendet und Gutes gewährt wird, den Dank für Wohltaten und die bloße Verehrung ihrer guten Gesinnung.[182] Er kann wie selbstverständlich über das Opfer sprechen, lehnt allerdings Tieropfer ab und fordert das rechte ἦθος der Opfernden, auf das die Götter mehr Wert legen als auf die Menge dessen, was geopfert wird.[183]

Der Neuakademiker Gaius Aurelius Cotta sieht sich durch die Gottesbeweise des Stoikers Quintus Lucilius Balbus nicht überzeugt, kann jedoch sein Amt des Oberpriesters unter Berufung auf das Handeln der maiores ausüben. Für verfehlt hält er eine einseitig funktional orientierte Zweckbestimmung der Religion, dergemäß diese im Interesse des Staates erfunden worden sei, um die, bei denen die Vernunft nicht die nötige Überzeugungskraft besitzt[184], zur Pflichterfüllung hinzuführen. Die Epikureer verstanden als ihre Hauptaufgabe, den Menschen von aller falschen Götterfurcht zu befreien, und leugneten deshalb auch die Einwirkung der göttlichen Pronoia auf das menschliche Geschick[185].

2.1.5. Ertragssicherung

Was ist nun die Quintessenz für den pagan-hellenistischen Bereich?

Ein Intellektueller vom Schlage eines Platon oder Philo hätte Jesus im besten Fall als hoffnungslos illusionären Verkenner der Eigenart des ὄχλος, im schlimmsten Fall als Volksverführer und Demagogen betrachtet; der große Zulauf und die nicht selten positive Reaktion des Volkes auf Jesus hätte dessen Lehre diskreditiert. Die nächste Analogie zum Wirken Jesu ist zweifellos in dem Wirken der stoisch-kynischen Wanderprediger zu sehen, doch sind neben den Analogien des äußeren Auftretens und der Breitenwir-

---

181 Der die Theodizeefrage berührenden philosophischen Kritik an dieser Gottesvorstellung kann hier nicht näher nachgegangen werden; vgl. nur Cicero, De natura deorum 3,69.79-85.

182 Theophrast, Περὶ εὐσεβείας, Frgm. 12.

183 Theophrast, Περὶ εὐσεβείας, Frgm. 7; vgl. aber schon Platon, Leges, 717a.

184 Cicero, De natura deorum 1,118. Für die von Cotta getadelte Auffassung vgl. Polybios, 6,56; vgl. aber schon Kritias in seinem Drama Sisyphos, ed. Nauck, F 1. Nach Augustin, De civitate Dei 4,27 ist solche Auffassung für ungerechte Herrscher typisch.

185 Vgl. Diogenes Laertios, 10,81.123.124.

kung[186] auch die Differenzen nicht zu übersehen: Spricht der Philosoph die Menschen aus der Menge nicht als ὄχλος, sondern als ἄνθρωποι an, so tritt der Mensch, der sich zur Übernahme des philosophischen βίος entschließt, aus der Menge gerade heraus. Jesus wollte dagegen sein gesamtes Volk Israel auf die Heilszeit der Gottesherrschaft vorbereiten, das Gottesvolk, dessen theologischer Status durch das erwählende und verpflichtende Handeln Gottes definiert war. Wie bei Jesus, so wird auch in der hellenistischen Popularphilosophie der durch die πολλοί-Antithese gezogene Kreis bewußt überschritten; eine Analogie zu dem Gedanken der Verpflichtung des gesamten Volkes ist mir aber für die fragliche Zeit auf hellenistischer Seite nicht bekannt geworden, auch eine Wiederbelebung des die verschiedenen Schichten der Freien umgreifenden πόλις-Gedankens zu diesem Zweck scheint zu fehlen. Vor allem aber resultiert die Freiheit des Philosophen aus der Freiheit in der eigenen Urteilsbildung, die Freiheit der Hörer Jesu aus der von Menschen nicht herbeizuführenden Gottesherrschaft.[187]

Die politische πολλοί-Antithese ist möglicherweise als Stilmittel in der Darstellung der Barabbas-Szene geltend zu machen. Sichert dort die Frage des Pilatus »Was hat er denn Übles getan« den apologetischen Charakter und die Ungeschichtlichkeit der jetzigen Darstellung, so ergänzt die politische πολλοί-Antithese zur Apologetik die Polemik: Reagiert die Volksmenge so wie der ὄχλος eben reagiert, soll diese Darstellung den Leser für Jesus gegen seine Gegner einnehmen, die Schuld des Volkes unterstreichen. Die Schuld der Hohenpriester besteht in ihrem demagogischen Wirken[188], das Versagen des Pilatus besteht darin, daß er dem Drängen des ὄχλος nachgibt; diese traditionellen christlichen Predigtmotive werden durch den Blick auf die politische πολλοί-Antithese als durch die Evangelisten gewollt bestätigt, fordern aber aus bekanntem Grunde zur Sachkritik heraus.

Die religiöse πολλοί-Antithese benützt Lukas in der Apostelgeschichte mehrfach dazu, das Geschehen von Wundern »im Namen Jesu« gegen jüdisches wie heidnisches Mißverständnis abzusichern.

---

186 Vgl. J. D. Crossan, Open Healing, 9 (S. 15 betont er aber auch den soziologischen Gegensatz zwischen den städtisch geprägten unorganisierten Kynikern und der ländlich geprägten, gemeinschaftlichen und organisierten Jesusbewegung); F. G. Downing, Christ and the Cynics: Jesus and other Radical preachers in First-Century Tradition, JSOT Manual 4, Sheffield 1988.

187 Auch im einzelnen sind gerade die älteren Schichten der synoptischen Tradition nicht auf Verständlichkeit für griechische Zuhörer hin formuliert, vgl. Mt 6,25.

188 Für ἀνασείειν vom demagogischen Aufhetzen Dionysios Halicarnasensis, 8,81; Diodorus Siculus, 13,91,4; 17,62,5; 18,10,1.

2.2. Der Bereich alttestamentlicher und frühjüdischer Literatur

Auch hier haben wir nach den oben beschriebenen Sachbereichen zu unterscheiden; dabei bedarf die Wirklichkeit der verpflichtenden Kraft der Religion Israels für das Volksganze einer eigenen Würdigung. Terminologisch kommen vornehmlich עם, גוי und קהל in Betracht; deren griechische Äquivalente sind zumeist λαός, ἔθνος und ἐκκλησία, während ὄχλος zumeist in der hier nicht weiterzuverfolgenden Bedeutung »Heer; Truppe« und nur selten i.S. von »Bevölkerung« begegnet.[189]

Als Faustregel kann man formulieren[190]: »Volk« unter dem Gesichtspunkt der (Bluts-)Verwandtschaft heißt עם/λαός; »Volk« als Nation heißt גוי/ἔθνος; Volk als Kultgemeinde vornehmlich in der chronistischen Literatur heißt קהל/ἐκκλησία; im einzelnen sind die Übergänge fließend, und Ausnahmen, etwa von der theologischen Verwendung von עם/λαός, sind durchaus gegeben.[191] Auffallenderweise wird aber die Wendung »Volk JHWHs« nie mit גוי/ἔθνος, sondern stets mit עם/λαός formuliert[192], obwohl Israel sein Werden als Nation, als גוי, durchaus an theologisch hervorgehobener Stelle als Ergebnis des erwählenden und verpflichtenden Handelns JHWHs begreift.[193]

---

189 So als Übersetzung von המון (1 Kön 20 (21),13; 2 Chr 20,15; Dan 1,11 LXX; Dan 11,10.11 (bis).12.13 Theod.), von חיל (Jes 43,17; Dan 11,10.13.25 (bis), von עם in Num 20,20. Theologisch unergiebig ist der Vergleich Dan 10,6 Θ.

190 Zum Folgenden vgl. G. J. Botterweck, R. E. Clements, Art. גוי, ThWAT 1, 1973, 965-973; E. Lipínski, Art. עם, ThWAT 6, 1989, 177-194; H.-J. Fabry, F.-L. Hossfeld, E.-M. Kindl, Art. קהל, ThWAT 6, 1204-1222; J. P. Healey, Art. Am Ha'Arez, Anchor Bible Dictionary I, 1992, 168f.

191 λαός steht Gen 41,55; 47,21 LXX für das Volk der Ägypter, Sir 16,17 (עם) für »Volksmenge«. - In Jer 31 (38),8 LXX steht ὄχλος für das Volk Israel, das Gott wieder zu einem großen Volk machen will. Negative Nebentöne aus der paganen Antike sind hier nicht übernommen, der quantitative Aspekt von ὄχλος dürfte ausschlaggebend sein für den Begriffsgebrauch. Dagegen ist die antike πολλοί-Antithese da wirksam, wenn Philo, De migratione Abrahami 163, den Umstand, daß in der Bibel das Wort ὄχλος auf das aus Ägypten ausziehende Volk Israel nicht angewandt wird, folgendermaßen allegorisch ausdeutet: Dem tugendliebenden Beobachter ist alles, was nicht Tugend oder Tugendwerk ist, vermischt und vermengt; das Erdhafte kann aber dem Weisen nicht als achtunggebietende Vielheit gelten.

192 Vgl. N. Lohfink, Beobachtungen zur Geschichte des Ausdruck עם יהוה, 1971.

193 Gen 12,2; Ex 19,6; Dtn 26,5. Nach G. J. Botterweck, R. E. Clements, Art. גוי, 971, erschwerte für die vorexilische Zeit die Reichsteilung, für die nachexilische Zeit der Verlust der staatlichen Selbständigkeit die Anwendung des Begriffes גוי auf Israel.

2.2.1. Das »Volk« in politischer Reflexion und Geschichtsschreibung

Die Bevölkerung einer Stadt kann in einigen wenigen Belegen mit עם[194], die Volksmenge im Unterschied zu ihren Führungsgestalten kann mit »Kinder Israel« בני bezeichnet sein, selten ebenfalls mit עם[195]. Für den Begriff עם הארץ ist umstritten, ob er ursprünglich nur ein Segment der von Königshof und Priesterschaft unterschiedenen Bevölkerung bezeichnet, etwa die Schicht der grundbesitzenden und wehrfähigen Vollbürger des Landes Juda[196], oder speziell die Unterschicht aus der Perspektive der führenden Kreise[197] oder allgemein die Bevölkerung Judas und Jerusalems[198]. Der spätere zumeist pejorative rabbinische Sprachgebrauch ist möglicherweise durch die Prägung als Oppositionsbegriff zu בני הגולה in Esra 9,1.2 u.ö. Neh 10,28-31 mitbedingt.[199]

Die »alttestamentliche Verfassungsdiskussion« ist für unsere Frage nach der Sicht der »Volksmenge« durch die einzelnen Autoren nur bedingt von Bedeutung. In der Frühzeit des israelitischen Königtums sind die Volksmenge oder deren Vertreter das Subjekt der Erhebung eines durch herausragende militärische Fähigkeiten qualifizierten Mannes zum König[200]. Doch haben wir bereits in den Anfängen des Königtums Tendenzen zur Erbmonarchie zu beobachten[201]. Umstritten ist, ob hinter der Erwähnung von Schebas Aufstand in 2 Sam 20 eine in die Zeit des frühen Königtums fallende antikö-

---

194 Ruth 4,4.9. E. Lipínski, Art. עם, 182f., verweist auf Parallelen in anderen westsemitischen Sprachen; als aramäische Belege vgl. KAI 222 A 28.30; B 5.11; KAI 223 B 3 C 16.

195 Dtn 18,3: die Laien i.G. zu den Priestern, Ex 1,22: die Untertanen eines Königs; dazu vgl. im Aramäischen KAI 224,5.10.13.21. - Im Reichsaramäischen, Jüdisch-Aramäischen, Nabatäischen, Syrischen und Mandäischen begegnet es in der Bedeutung »Volk« oder »Leute«, gelegentlich mit den Nuancen »Menge«, »Kongregation«, »Sekte«, »Pöbel«.

196 So E. Würthwein, Der 'am ha'arez, 16f.; J. A. Soggin, 'Am-Ha'ares und Königtum, 190; Ihromi, Königinmutter, 425.

197 E. Klamroth, Die jüdischen Exulanten in Babylonien, 99-101; weitere Vertreter s. E. Würthwein, a.a.O., 3f.

198 So C. Levin, Atalja, 66-69; T. R. Hobbs, 2 Kings, 142.310.

199 Mit A. H. J. Gunneweg, Semantic Revolution, 439f. Zur umstrittenen Deutung dieser Stellen vgl. aber schon A. Oppenheimer, The 'Am ha-aretz, 11.83f. (Anm 50).

200 1 Sam 11,15 (כל־העם /πᾶς ὁ λαός); 2 Sam 2,4 (אנשי /ἄνδρες); 5,3 (כל־זקני־ישראל / πάντες οἱ πρεσβύτεροι); 2 Sam 16,18 (כל־איש ישראל והעם הזה /κύριος καὶ ὁ λαὸς οὗτος καὶ πᾶς ἀνήρ Ισραηλ); 19,11 (כל־העם), der Absalom zum König gesalbt hatte πᾶς ὁ λαός); vgl. dazu L. Schmidt, Menschlicher Erfolg, 180-183; R. Smend, Ort des Staates, 249. Die Akklamation durch das Volk war bei Saul wohl neu gegenüber den Vorgängen der Richterzeit (H. J. Boecker u.a., Arbeitsbuch, 43).

201 Vgl. 2 Sam 2,8f. und dazu L. Schmidt, Art. Königtum II, 328.

nigliche Bewegung sichtbar wird, deren Ideale sich an den Verhältnissen der vorstaatlichen Zeit orientierten[202], ferner, ob die Vorstellungen eines charismatischen Königtums später im Nordreich weitergewirkt hat.[203] Auf die ungeklärte Frage, wer das mit עם הארץ bezeichnete Subjekt ist, das bei diversen Thronwirren des Südreiches eingegriffen hat, wurde schon hingewiesen. In den Texten, in denen die Institution der Monarchie als Segnung des Gottes Israels begriffen wird und der König als Adressat göttlicher Erwählungs- und Beistandszusagen zu stehen kommt[204], ist naturgemäß die Frage nach einer politischen Mitwirkung der Volksmenge an der Leitung der Staatsgeschäfte nicht gestellt. Die Kritik an der Institution der Monarchie kann politisch mit der Versklavung des Volkes[205], theologisch mit der Leugnung der besonderen Geschichte Gottes mit Israel[206] und seines Herrschaftsanspruches[207] begründet werden, aber auch in diesen Texten wird über die intellektuelle Fähigkeit der Menge zur Mitbeteiligung an der Leitung der Staatsgeschäfte nicht reflektiert.[208] Auch für den geistlichen Bereich ist nicht gesichert, daß etwa in Num 16,3 das Priestertum durch die Laienschaft infragegestellt würde.[209]

Zu einem späteren Zeitpunkt wird in der frühjüdischen Verfassungsdiskussion über die politische Mitwirkung des Volkes nachgedacht: Was in Dtn 17,20aα als moralische Weisung erscheint, wird in 11QT 57,11-15 umgesetzt in eine verfassungsrechtliche Bestimmung: Das Handeln des Königs ist eingebunden in einen Kronrat, der paritätisch je zu einem Drittel aus Prie-

---

202 In ersterem Sinne F. Crüsemann, Widerstand, 122f.; im letzteren Sinne L. Schmidt, Art. Königtum II, 329; skeptisch auch R. Smend, a.a.O., 252.

203 So A. Alt, Das Königtum in den beiden Reichen Israel und Juda, 121f., mit Hinweis u.a. auf 1 Kön 11,29ff.; 12,20; L. Schmidt, Art. Charisma II, TRE 7, 1981, 683f.; H. Donner, Geschichte Israels II, 258; kritisch dazu H.-C. Schmitt, Elisa, 143-149; F. Crüsemann, Widerstand, 123.

204 Ps 110; 2 Sam 7.

205 1 Sam 8,11-17; vgl. auch Ez 45,8; 46,18.

206 Israel will sich bewußt den Heiden gleichstellen; Dtn 17,14; 1 Sam 8,5.20; vgl. dazu A. H. J. Gunneweg, Herrschaft, 57.

207 Ri 8,23; 1 Sam 8,7; 10,19; 12,12; vgl. Hos 8,4.

208 Dasselbe gilt für Texte, in denen der Königstitel auffällig gemieden wird (Mi 5,1f.; Ez 40-48) und der Fürst zwar als vornehmstes Glied der Gemeinde, aber eben als Glied der Gemeinde erscheint (W. Zimmerli, Planungen, 181, zu Ez 46,10).

209 Verneinend A. H. J. Gunneweg, Leviten und Priester, 175f., der Num 16 nicht als Auseinandersetzung zwischen Priestern und Laien um die Sonderstellung des Priestertums deutet (so heute wieder L. Schmidt, Priesterschrift, 163), sondern als Auseinandersetzung zwischen zwei verschiedenen Heiligkeitsbegriffen ausgetragen sieht, einem deuteronomistischen angenäherten und dem priesterschriftlichen. Auf die Literarkritik von Num 16 kann hier nicht eingegangen werden.

stern, Leviten und Laien gebildet wird, und an dessen Entschlüsse der König gebunden ist.

Für die alttestamentliche und frühjüdische Geschichtsschreibung bedingt die Idee von der das Volksganze verpflichtenden Kraft der israelitischen Religion den entscheidenden Unterschied zur pagan-antiken πολλοί-Antithese. Darum wird zur Begründung nationaler Katastrophen unbeschadet der speziellen Verschuldung der Könige auf die Verschuldung des Volksganzen verwiesen[210], wie umgekehrt auch eine Korrektur hin zur rechten Gottesverehrung vom König ausgehen oder wenigstens nachhaltig unterstützt werden kann.[211] Kennt bereits DtrG die Stichworte der Verführung[212] und des Veranlassens zum Sündigen[213], so tritt bei ChrG[214] die Bezeichnung der gottgemäßen Einflußnahme des Königs als »Bekehren«[215] dazu.

Wird von der Volksmenge auch bei anderen biblischen Schriftstellern mitunter eine akzeptable Reaktion erzählt, etwa die Reaktion des Dankes für die angekündigte oder geschehene Errettung durch Gott[216], so ist in ChrG neben dem Gehorsam des thora-treuen Königs auch ein akzeptables Volksverhalten Teil jenes Programmes, Israel als geheiligte, an der Thora orientierte, von Priestern und Leviten geleitete Gemeinde darzustellen, die in Situationen der Gefahr wie der stattgehabten Verfehlung[217] ähnlich wie aus erfreulichen Anlässen[218] einmütig im Gottesdienst zu Gott betet und auch die äußeren Vor-

---

210 Vgl. 1 Kön 22,53; 2 Kön 17,7-20.21-23 (Verschulden des Volkes insgesamt/Verschulden Jerobeams, unter dessen Einfluß das Volk sich versündigt; zur Literarkritik vgl. E. Würthwein, 1 Kön 17 - 2 Kön 25, 395); Neh 9,26 (vgl. O. H. Steck, Israel, 60-65).

211 2 Kön 23,1-27.

212 אנדא/ἐξωθεῖν (2 Kön 17,21); התע /πλανᾶν 2 Kön 21,9; 2 Chr 33,9.

213 חטא Hi/ἐξαμαρτεῖν (1 Kön 22,53: 2 Kön 17,21).

214 Auf die Diskussion um die ursprüngliche Zusammengehörigkeit der Bücher 1/2 Chr Esr Neh kann hier nicht eingegangen werden; vgl A.H.J. Gunneweg, Nehemia, 24-28, einerseits, I. Kalimi, Geschichtsschreibung, 7-9, andererseits.

215 2 Chr 19,4 ἐπιστρέφειν. - Die Frömmigkeit eines Königs wird belohnt: Eine Menge aus Israel fällt Asa zu, weil er sich an Gott hält (2 Chr 15,9: πολλοί τοῦ Ισραηλ).

216 Ex 4,31; 12,27; 14,31 sowie die anderen unter 3.2. darzustellenden Admirationen und Akklamationen; vom Gehorsam des Volkes gegenüber den Weisungen zur Rast und zum Aufbruch vgl. Ex 40,34-38; Num 9,15-23, gegenüber anderen Anordnungen vgl. Ex 12,28; 35,20-29; Lev 24,23; Num 1,54; 8,20. - Zur umstrittenen Bewertung der Zeit der Wüstenwanderung in der Prophetie vgl. Hos 2,15 mit Ez 20,10-26. Die Murr-Erzählungen Ex 16ff. haben auf die synoptische Tradition nicht eingewirkt, vgl. aber 1 Kor 10,1-13 sowie die schwachen terminologischen Anklänge (γογγυσμός) in Apg 6,1 und Joh 6,41.43 (γογγύζειν, nach dem Hinweis auf die Wüstenspeisung Joh 6,31).

217 Vgl. 2 Chr 20,1-19 (ἐκκλησία) bzw. 1 Esr 8,88 (ὄχλος, πλῆθος).

218 2 Chr 29; 30 (ἐκκλησία, λαός, πλῆθος); 2 Esr 3,12; 1 Esr 5,62 (ὄχλος); vgl. auch 1 Esr 9,10.47 (πλῆθος).

aussetzungen dieser Frömmigkeit mitzutragen bereit ist.[219] Als Vermittlungsinstanzen dieser Frömmigkeit gegenüber dem Volk, als Verantwortliche, die das Volk, τὸ πλῆθος, lehren, werden in 1 Esdr 9,49 die Leviten genannt. Mit dieser Frömmigkeit soll sich der Leser identifizieren; er soll auf Gottes Hilfe vertrauen wie damals Josaphat und das Volk; er soll in gleicher Weise auf Gottes Hilfe vertrauen und Buße tun, für die Wiedererrichtung des Tempels danken und für den Tempelbau opfern, und sich so von dem in Neh 9,26 benannten Verhalten »der Väter« distanzieren.

Auch in anderen Geschichtswerken ist zu prüfen, welche Konnotationen die Begriffe ὄχλος und πλῆθος in ihrer Verwendung für die Bevölkerung Jerusalems oder Israels begleiten. Nicht kommentiert ist 1 Makk 9,35. Daß sich nach 2 Makk 4,40 die Massen gegen Lysimachus erregen, wird vom Verfasser nicht getadelt. Das Gebet um Hilfe seitens der ὄχλοι in 2 Makk 11,6; 3 Makk 1,28 zeigt die äußerste Not der Lage.[220] Die Wirklichkeit der das Volksganze verpflichtenden Kraft der Religion Israels zeigt sich im zweiten Makkabäerbuch da, wo Israel als Ganzes ermahnt wird, aus einem strafenden Tat-Folge-Zusammenhang die Konsequenzen zu ziehen (2 Makk 12,42; πλῆθος), und im vierten Makkabäerbuch da, wo auch die Volksmenge die Erlasse zur Preisgabe der jüdischen Religion mißachtet und deshalb von der Verfolgung betroffen ist (4 Makk 4,26). Mehr äußerlicher Natur sind einige die Volksmenge erwähnende Argumente in hellenistisch stilisierter Literatur: Beliebtheit bei den ὄχλοι kann auch dazu dienen, die Größe des Helden zu feiern.[221] Der Einbezug des πλῆθος nach EpArist 42.45 und Josephus, Ant 12,55.108 stellt das geplante Übersetzungsunternehmen der Septuaginta als Staatsangelegenheit ersten Ranges heraus und vergewissert somit den jüdischen Leser der Bedeutsamkeit der Thora. Die Größe der Volksmenge, die die Sinaitheophanie miterlebt hat, ist eines der unterstützenden Argumente dafür, daß das Besagte wirklich geschehen sei.[222]

In Pseudo-Philos Antiquitates Biblicae, geschrieben nach der Tempelzerstörung, ist nicht der Tempel, sondern die Thora die entscheidende Heilsgabe Gottes an Israel, mit der Israel alles gegeben ist; der Ungehorsam gegenüber der Thora zieht in Geschichte und Gegenwart die Katastrophen des jüdischen

---

219 2 Chr 24,10 (λαός); 2 Chr 31,3-7 (υἱοὶ ᾽Ισραηλ V. 5).
220 Ähnlich erwähnt Xenophon, Historia Graeca 2,2,21 den ὄχλος, um die Bedeutsamkeit des im Folgenden Berichteten hervorzuheben.
221 Artapanos, Frgm. 3,6, FGrH III C 726, von Mose.
222 Aristobul, bei Eusebios, Praeparatio Evangelica VIII, 10,14, spricht von einem πλῆθος μυριάδων οὐκ᾽ ἔλαττον ἑκατόν.

Volkes nach sich, doch läßt der Gehorsam gegenüber der Thora die Hoffnung auf ein Eingreifen der unverbrüchlichen Treue Gottes zu seinem Volk erwachsen.[223] Im Interesse dieser theologischen Konzeption wird die Richterzeit in den Bahnen des dtr Schemas Abfall - Strafe - Bekehrung ausführlich nacherzählt, und in den Dienst dieser Konzeption wird auch die Zeichnung des Volksverhaltens gestellt.

Daß gemäß LAB 32,1 abweichend von Ri 5,1 auch das Volk das Debora-Lied mitsingt, verweist darauf, daß das Volk insgesamt als Adressat des rettenden Handelns Gottes zu gelten hat. Vor allem aber wird der Gedanke der Bußfertigkeit des Volkes öfters eigenständig[224] gestaltet: Das »Weinen« als Bußgestus wird in die Nacherzählung von Jos 24 in LAB 24,2 ebenso neu eingeführt wie - neben dem Fastenmotiv - in die Nacherzählung der Geschichte vom Altar im Jordan (Jos 22) in LAB 22,7[225]; in dem neuerzählten Kenas-Zyklus LAB 25-29 ist das Volk damit einverstanden, als per Losverfahren die Sünder[226] aus den einzelnen Stämmen ermittelt (LAB 25,3) und die ermittelten Sünder getötet werden (LAB 26,5); ebenso sind diejenigen, die anfangs gegen Kenas gemurrt hatten (LAB 27,2), nach seinem Sieg mit ihrer Hinrichtung einverstanden und werden denn auch hingerichtet (LAB 27,15). Auch das Bekenntnis des Volkes zu der Verheißungstreue Gottes in LAB 21,9[227] fungiert in der Zeit Pseudo-Philos theologisch als Gerichtsdoxologie. So ist die Einsicht des Volkes in die Gerechtigkeit der Gerichte Gottes die angemessene Reaktion auf die Katastrophe von 70. n. Chr., und mit dieser Einsicht soll sich der Leser identifizieren.

Auch Josephus ist insgesamt von der biblischen Sicht der das Volksganze Israels verpflichtenden Religion bestimmt; innerhalb dessen ist freilich die pagane πολλοί-Antithese für die Zeichnung der versagenden Volksmenge von Bedeutung.

Durch DtrG und vor allem durch ChrG ist die Vorstellung des guten Einvernehmens zwischen dem Volk und einem als gut zu beurteilenden Herr-

---

223 So Chr. Dietzfelbinger, Pseudo-Philo, JSHRZ II,2, 91.

224 In LAB 39,7 wird das Bußgebet des Volkes aus Ri 10,11.15f. repetiert.

225 Der Altar bleibt auch nicht wie in Jos 22,28 als Zeuge zwischen den zweieinhalb und den neuneinhalb Stämmen stehen, sondern wird auf Anordnung Josuas zerstört.

226 Verführung zum Götzendienst (LAB 34,1-5; 38,1; 44,5.7) schließt die Eigenverantwortlichkeit des verführten Subjektes nicht aus: Nach LAB 47,7 wäre der Eifer des Pinchas gegen die Verführer zum Götzendienst angebracht gewesen, wie das Gleichnis LAB 47,4-6 zeigt.

227 Der Passus ist Zusatz gegenüber Jos 8,30-35.

scher[228] geprägt, aber auch die Vorstellung von dem Einfluß des Königs auf das Volk[229], im Schlechten als Verführung[230] und als Zwang zum Götzendienst[231] oder zum anderweitigen Bruch der Thora[232] sowie als Untergrabung der εὐσέβεια[233], im Guten als Erziehung.[234] Dabei hebt die Verführung durch den König die Schuld des gesamten Volkes nicht auf; beide zusammen sind etwa für die Katastrophe von 722 v. Chr. verantwortlich.[235]

---

228 Daß in der Wiedergabe der Berufung von Richtern und Amtleuten Ex 18 die charakterliche Einschätzung durch das Volk die Amtsträger qualifiziert, ist bei Josephus, Ant 3,71 gegenüber Ex 18,21 neu. Der Eifer des Volkes für den Bau der Stiftshütte wird gelobt (Ant 3,106); vermerkt wird auch die Zustimmung des Volkes zu der Aussage Moses, daß Aaron aufgrund seiner Tugendhaftigkeit des Hohenpriesteramtes würdig ist (Ant 3,188f.). - Die zu bejahende Abgrenzung des λαός von einem gottlosen Herrscher besteht in der Erkenntnis, daß Jorams qualvolles Sterben auf Gottes Zorn schließen lasse (Josephus, Ant 9,104 in einem Zusatz gegenüber 2 Chr 21,19f.).

229 Auch Josephus kennt den theologischen Gebrauch von λαός zur Bezeichnung Israels als Gottesvolk, und er vermeidet den Begriff λαός da, wo er in der LXX auf fremde Völker bezogen (vgl. Gen 41,55 LXX mit Josephus, Ant 2,94; Gen 47,21 LXX mit Ant 2,192) oder von Israel in Erzählungen von kritikwürdigem Handeln der Volksmassen Israels verwendet wird (man vgl. Num 11,1.21 mit Ant 3,295; ferner Num 13,30; 14,1 mit Ant 3,300; 1 Kön 21,9.12 mit Ant 8,359). Auch umgekehrt gilt: Wenn das Gottesvolk, der λαός, etwa aus der wahren Gottesverehrung herausfällt, ist es nicht mehr λαός, sondern ὄχλος (Ant 8,296; vgl. auch Ant 8,352). Doch ist Josephus nicht konsequent: λαός wird in Ant 2,301 vom Volk der Ägypter gebraucht, und steht in pejorativen Stellen, auf Israel bezogen in Ant 6,128 (neben 6,118.125.139 πλῆθος); Ant 4,24.142.150; 6,35; sowie 8,229; 9,18 (verführt durch Jerobeam). Der ὄχλος als der Adressat prophetischer Gerichtsdrohung wird in Ant 10,79.93 aber nicht von dem eigentlich geforderten Sosein als λαός abgehoben; im Gegenteil, vgl. Ant 10,61f. Im übrigen verwendet Josephus die Begriffe gelegentlich promiscue (s.o. S. 33 Anm 4).

230 Vom Verhalten des schlechten Königs vgl. schon 1 Kön 22,53, speziell von der Verführung des Volkes durch den König vgl. Josephus, Ant 8,229 (ἐξαπατᾶν); 9,18 (ἀπατᾶν); 9,282 (von der Nachahmung μιμεῖσθαι der Untertanen). - Verführende Rollen spielen auch andere Führungsgestalten, z.B. Priester, die als Baalspriester tätig sind (Josephus, Ant 9,133 in einem Zusatz gegenüber 2 Kön 10,16f.).

231 Josephus, Ant 9,98 (von Joram), in Verschärfung gegenüber 2 Chr 21,11.

232 Josephus, Ant 12,385 (vom Hohenpriester Jason).

233 Josephus, Ant 15,267.

234 Vgl. 2 Chr 19,4/Josephus, Ant 9,2; 2 Chr 33,16/Josephus, Ant 10,42 sowie Ant 10,50. 53 (in Zusätzen gegenüber 2 Chr 34,3-7) vom Verhalten des guten Königs.

235 Ersteres Ant 9,265; letzteres Ant 8,299. - Um die Verschuldung auch der Normalbevölkerung des Nordreiches an der Katastrophe von 722 festzuhalten, läßt Josephus in seiner Wiedergabe von 1 Kön 13,1-7; 2 Kön 23,15f. den Gottesmann seine Untergangsprophetie vor den Ohren des ganzen Volkes ausgesprochen haben. Die Worte καὶ παντὸς ἀκούοντος τοῦ λαοῦ Ant 10,67 sind Zusatz gegenüber 2 Kön 23,16, ähnlich wie die Bemerkungen, der König opfere »im Angesicht des Volkes« und stehe »mitten in der Menge« in Ant 8,231 gegenüber 1 Kön 12,33.

Anwendungsbereich der πολλοί-Antithese sind für die Darstellung der älteren Geschichte Israels[236] naturgemäß die Murr-Geschichten, die Aufstandsgeschichten[237] und das Thema des Götzendienstes Israels[238]; durch die πολλοί-Antithese werden auch wohlwollende Korrekturen am Bild der Führungsgestalten ermöglicht.[239] Für die Darstellung der neueren jüdischen Geschichte, vor allem der Aufstandsbewegungen gegen Rom, richtet sich die Anwendung der πολλοί-Antithese als Stilmittel danach, wie Josephus das jeweilige Verhalten der von den Hierarchen und den Zeloten unterschiedenen Volksmasse beurteilt: Da wo sie als durch die zelotischen Unruhestifter zum Aufruhr verleitet in den Blick kommt[240], wird sie mit Hilfe der πολλοί-Antithese und der dazu gehörigen typischen Motivik charakterisiert; ὄχλος steht speziell von der verführten Volksmasse[241]. In einem anderen Licht erscheint

---

236   Vgl. C. Begg, Josephus' Account of the Early Divided Monarchy, Leuven 1993.

237   In Josephus, Ant 3,12 wird in einem Zusatz gegenüber Ex 16,1f. von der versuchten Steinigung des Mose erzählt, die wohl aus der Befürchtung Moses Ex 17,4 abgeleitet, in reales Vorhaben umgesetzt und zur ersten, grundsätzliche Mahnung enthaltenden Murrgeschichte vorgezogen wird. In der Nacherzählung von Num 11 wird nach Josephus, Ant 3,297, in einem Zusatz gegenüber Num 11,1-3 die Volksmenge (πλῆθος) durch den Versuch eines Mannes, sie zu besänftigen, noch mehr erregt. Korah (vgl. Num 16) gilt als erfahren in der Behandlung der δῆμοι (Ant 4,14). Der Steinigungsversuch in Ant 4,22 ist Zusatz gegenüber Num 16. Die scheinbar der πολλοί-Antithese widersprechende gespaltene Haltung des Volkes anläßlich der Rebellion Korahs (Ant 4,36: innerhalb des πλῆθος gibt es Boshafte und Vernünftige, φρόνιμοι) ist aus Num 16,22b heraus in Erzählung umgesetzt und widerspricht der πολλοί-Antithese in Wahrheit nicht. In Ant 1,113, wird der Turmbau zu Babel auf das demagogische Treiben des Nebrod zurückgeführt. Absalom wird als Demagoge gezeichnet (Ant 7,196). Als Onias von dem πλῆθος dazu gedrängt wird, Fluch auf die Gegner herabzubitten, und der Bitte nicht nachkommt, wird er von den πονηροὶ τῶν Ἰουδαίων gesteinigt (Ant 14,23f.). - Das in Num 11,1.21; 13; 14; 16 gebotene Stichwort λαός fehlt in Ant 3,300ff., und erscheint in der Wiedergabe von Num 16 nur im Gebet Moses (Ant 4,50) und in der Rede der Aufständischen, die Mose eigensüchtige Rache an dem Gottesvolk vorwerfen (Ant 4,61).

238   Vgl. die Anwendung des ὄχλος-Begriffes auf die Verehrer der falschen Gottheiten in Israel bei Josephus, Ant 8,352.

239   Die Frage Moses Num 11,21f., wer so vielen Tausenden wohl Fleisch zu verschaffen vermöchte, wird in Josephus, Ant 3,298 durch einen Mann aus dem Volk gestellt. - Die Bezeichnung Moses als Tyrannen wird stets Aufständigen und Sündern in den Mund gelegt (Josephus, Ant 4,16.146), die Charakterisierung Moses als Demagogen dem ägyptischen Pharao (Ant 2,285).

240   Josephus, Ant 20,97.130.160.167, jeweils mit dem Begriff ὄχλος. Gesandtschaften agieren mit dem Ziel, einen Aufstand des πλῆθος zu verhindern (Ant 20,7). Als Motive für den Aufruhr nennt Josephus u.a. πλεονεξία und κέρδος (Josephus, BJ 2,346).

241   Der Begriff begegnet in Josephus, Ant 20,97.130.160.167.

die Volksmasse jedoch als Verteidiger der väterlichen Gesetze[242], und dabei ist auch das Verhalten der führenden Kreise anders gezeichnet: Von ihnen wird in diesen Fällen nicht nur berichtet, wie sie die Volksmasse beständig zu beruhigen versuchen, vielmehr können sie sich die Anliegen der Volksmenge gelegentlich sogar zu eigen machen und gegenüber der römischen Besatzungsmacht in Formen vorbringen, die der Oberschicht gemäß sind[243], z.B. in Form von Gesandtschaften; manchmal haben sie sogar Erfolg.[244] Die Begriffe ὄχλος und στάσις/ἀπόστασις treten in diesem zuletzt genannten Zusammenhang zurück[245], während sie da stehen, wo das Motiv der Verteidigung der väterlichen Gesetze fehlt[246]. Die Unterscheidung zwischen den Empörern

---

242 Josephus, BJ 2,228-231 ('Ιουδαῖοι; πλῆθος); 2,289-292 (πλῆθος), mit gespaltenem Volksverhalten; Ant 15,267-291 (πλῆθος).365; 17,148-167; 18,55-59.261-283.340-352; 20,105-112.113-117. Daß innerhalb von Ant 18,261-272 die Volksmenge (so die Bezeichnung, πλῆθος, in Ant 18,273) mit wohlgesetzter Rede an Petronius herantritt, dürfte erzähltechnisch durch den von Josephus intendierten Grundsatzcharakter der Auseinandersetzung motiviert sein.

243 Vgl. etwa Josephus, BJ 2,292; Ant 18,273.

244 Vgl. Josephus, Ant 18,286. Das von Gott gegebene Erweiszeichen, ein völlig unerwarteter Platzregen (18,284.85) als Koinzidenzprodigium, würde von Josephus nicht erzählt, wenn er nicht mit dem Anliegen der Menge und dem Vorgehen der κράτιστοι einverstanden wäre. - Vom Erfolg der Hartnäckigkeit der Volksmenge selbst vgl. Josephus, Ant 18,59.

245 Für στάσις vgl. immerhin Ant 15,291; 17,167; 20,115.117, für ἀνάστασις vgl. Ant 18,275, für ἀπόστασις vgl. BJ 2,291; für ἐπανίσταμαι vgl. Ant 17,148; für ὄχλος vgl. Ant 15,267; 17,156. Doch sind nicht alle diese neun Gegenbelege vom gleichen Gewicht: Ant 15,291 ist Befürchtung des Herodes, nicht Bewertung des Josephus (der in Ant 15,281 geschilderte Mordanschlag wird von Josephus nicht kommentiert!); Ant 18,275 ist zu erwartende Bewertung durch Caligula; BJ 2,291 ist durch das gespaltene Verhalten des Volkes (BJ 2,290) motiviert, Ant 20,105.117 durch den Ungehorsam des Volkes gegenüber dem einsichtigen Cumanus (Ant 20,110). ὄχλος steht in Ant 15,267 in dem Halbsatz »Da nun alles, was das Volk früher zur Frömmigkeit hinleitete« (ὅσα _ ἐπὶ τὴν εὐσέβειαν ἦγε τους ὄχλους) bewußt, um die Einführung heidnischer Gebräuche durch Herodes in ein umso schlechteres Licht zu stellen, in 17,156 zur Charakterisierung der jugendlichen Empörer, die sich bei der Ankunft der Soldaten nicht sofort zurückziehen - ein taktischer Fehler, aber kein moralisches Vergehen! Schwierig bleiben die Belege Ant 17,148 (ἐπανιστάναι); 17,167 (στάσις), die sich auf eine Empörung zur Verteidigung der väterlichen Gesetze beziehen und sich nicht als Fremdbewertungen erweisen lassen; ob die Zeichnung der beiden Gesetzeslehrer als »Sophisten« (Ant 17,152) und Demagogen (Ant 17,155) die Anwendung der πολλοί-Antithese veranlaßt hat? Das Koinzidenzprodigium (Ant 17,167) zeigt jedoch, daß Josephus diese Hinrichtung mißbilligt.

246 Typisch ist Josephus, Ant 18,55-59 (die väterlichen Gesetze werden verteidigt; das Stichwort στάσις fehlt) gegenüber Ant 18,60-62 (die Zweckentfremdung der Tempelgelder wird nicht als Angriff auf die väterlichen Gesetze verstanden; das Volksverhalten wird in Ant 18,62 als στάσις bezeichnet). Bemerkenswert ist ebenfalls die unter-

und den Volksmassen mag von Josephus aus apologetischem Anlaß manchmal übertrieben[247] sein, ist aber wohl nicht erst seine Erfindung.

Nicht im Sinne der πολλοί-Antithese abqualifiziert wird die Volksmenge bei Josephus auch da, wo von dem Einfluß einiger der drei ursprünglichen philosophischen Sekten, der Pharisäer und Sadduzäer, die Rede ist. Die Sadduzäer haben die Reichen auf ihrer Seite[248], und das Volk duldet sie nur deshalb, weil sie in vielem mit den Pharisäern konformgehen.[249] Die Pharisäer haben dagegen das Volk hinter sich, auch wenn sie gegen den König und die Oberen Stellung nehmen[250]; ihr Einfluß kann für die eigenen politischen Ziele ausgenützt werden.[251] Der pharisäische Einfluß auf das religiöse Verhalten der Volksmasse besteht darin, daß jegliches Opfer und Gebet nur nach ihren Vorschriften zu geschehen pflegt.[252]

2.2.2. Das Volksverhalten in der Weisheitsliteratur

Israelitische Weisheitsliteratur läßt sich nur im Vergleich mit ägyptischer und babylonischer Weisheit darstellen[253]; wir stellen einige ägyptische Belege vor.

---

schiedliche Darstellung des Vorfalls mit dem unanständigen Soldaten BJ 2,223-227; Ant 20,105-112: In BJ 2,225 fehlt das Motiv der Verhöhnung der väterlichen Gesetze sowie die Erzürnung des Cumanus über den Vorfall, dafür wird umgekehrt von dem pöbelhaften Verhalten einiger junger Männer und einiger στασιῶδες berichtet; in der Variante Ant 20,105-112 taucht der Begriff στάσις in Ant 20,105 auf und ist dadurch motiviert, daß das Volk dem einsichtigen Cumanus nicht gehorcht (Ant 20,110). Die Anhänger des Asinäus und des Aniläus, in 18,317 als φοβεροί bezeichnet, erscheinen in 18,344-350 als Verteidiger der väterlichen Gesetze, als einer der Brüder eine ausländische Frau geheiratet und ihr zuliebe mit der Thora gebrochen hatte. - Nur seinem Todfeind Johannes von Gischala traut es Josephus zu, daß er die Berufung auf den Sabbat dazu benutzt, um Titus zu hintergehen (BJ 4,103; vgl. noch BJ 5,100).

247 K.-S. Krieger, Geschichtsschreibung als Apologetik, 297, verweist auf die Differenzen von Josephus Ant 6,273.277 (Darstellung des Tempelbrandes) zu Dio Cassius 65 (66),6,2f., dem er in der Frage der Historizität des Volksverhaltens eher zu folgen bereit ist. Insgesamt, so K.-S. Krieger, Geschichtsschreibung als Apologetik, 327, will Josephus durch die genannte Unterscheidung gegenüber einem nichtjüdischen Publikum das jüdische Volk als Ganzes von dem Vorwurf der Römerfeindlichkeit freizuhalten.

248 Josephus, Ant 13,402.

249 Josephus, Ant 18,17.

250 Josephus, Ant 13,288.296.402.

251 Josephus, Ant 13,402.

252 Josephus, Ant 18,15.

253 Sekundär werden dann auch gleichlaufende Gedanken aus griechischer Tradition rezipiert (EpArist 223; 277; vgl. in EpArist 223 die Erwähnung der ἡδοναί).

In der ägyptischen Weisheit gereicht es zum Ruhm, wenn jemand durch Wohltaten bei dem Volk beliebt ist[254], doch ist auch hier die πολλοί-Antithese vorausgesetzt, wenn der Weise über eine gute Rede »bei den Mägden über den Mühlsteinen« staunt.[255] Ins Grundsätzliche erhoben ist der Streit um die πολλοί-Antithese im Epilog der ägyptischen »Lehre des Anii« in der Diskussion darüber, ob nur der Weise als Ebenbild Gottes zu betrachten sei; der Schreiber Chonsuhotep entgegnet seinem Vater Anii: »Die Menschen sind Gottes Ebenbilder in ihrer Gewohnheit, einen Mann mit seiner Antwort zu hören. Nicht der Weise allein ist sein Ebenbild, indem die Menge wie lauter Vieh wäre. Nicht der Weise allein ist sein (Gottes) Zögling, indem er allein vernünftig wäre, die ganze Menge dagegen töricht«.[256]

Auch die jüdische Weisheitsliteratur kennt neben dem Motiv, daß man durch seine Weisheit Ruhm beim ὄχλος haben kann[257], für das Alltagsleben die Mahnung, sich nicht vor dem ὄχλος zu erniedrigen[258], und die Furcht vor der ἐκκλησία τοῦ ὄχλου[259]. Die jüdisch-weisheitliche πολλοί-Antithese ist formuliert als Gegensatz zwischen dem einen Gerechten und den vielen Gottlosen[260], dem einen Weisen und den tausend Toren[261], und die an die Oberschicht gerichtete Weisheitsliteratur[262] mahnt den Weisen dazu, »sich immer

---

254 Vgl. die Inschrift des Nedem-ib, Kairo 1732, 5. Dyn., Urk I, S. 75, mitgeteilt bei H. H. Schmid, Wesen und Geschichte der Weisheit, 207: »Ich war geliebt vom Volk. Nie wurde ich geschlagen vor einem Beamten seit meiner Geburt. Niemals nahm ich das Eigentum irgendwelcher Leute durch Raub, (sondern) ich tat, was alle Menschen lieben«. Vgl. weiter die Inschrift Urk I, S. 217, 6. Dyn. (H. Junker, Pyramidenzeit, S. 57); »Ich war es, der Kleidung allen Nackten und Speise allen Hungrigen gab, die dort waren. Ich war der Liebling aller Leute. Nie sagte ich irgend etwas Böses zum König oder zu einem Machthaber gegen irgendwelche Leute«.

255 Ptahhotep 57-59.

256 Mitgeteilt von H. H. Schmid, Wesen und Geschichte, 218.

257 SapSal 8,10.

258 Sir 7,7 LXX (anders heißt es im hebräischen Text: Laß dich nicht zu Fall bringen in der Gemeinde [קהל]). Entsprechend empfindet man es als Schmach, wenn eine Frau durch die materielle Not gezwungen der gaffenden Menge in einem entehrendem äußeren Aussehen sich zeigen muß (TestHi 24,10). Daß aber die Menge in der Stadt auch im Sinne der Sozialkontrolle wirken kann, indem man sich aus Scheu vor ihr vor verfehlten Handlungen zurückhalten sollte, dafür vgl. TestJuda 14,5.

259 Sir 26,5 (F. Vattioni, Ecclesiastico, 137, bietet kein hebr. Pendant).

260 Ps 64,3; Tob 1,5; vgl. die Mahnung Sir 6,6 und die Feststellung Sir 16,4 (φυλὴ ἀνόμων von der Vielzahl der Gottlosen).

261 Koh 7,28. - Die über Susanna zu Gericht sitzende Volksmenge muß sich Su 88 von Daniel als Narren schelten lassen.

262 Für Prov 10-31 vgl. J. Hausmann, Menschenbild, 364-366 (dort auch Diskussion entgegenstehender Thesen); für Jesus Sirach vgl. O. Wischmeyer, Kultur, 298.

wieder neu für ein Leben als Weiser zu entscheiden«[263], den bösen Werken »aller Menschenkinder« dagegen nicht zu folgen[264]; der Weise läßt die nicht verfügbare Innenseite seiner Person zur Herrin über die »mitteilbare und damit manipulierbare Außenseite«[265] werden und schafft sich »Freiheit vom Zugriff der Menge«[266]. Auch jüdische Weisheit kennt die Nichtigkeit und Unbeständigkeit der Volksgunst und die Undankbarkeit der Menschen[267]. Doch ist der λαός Adressat des Lehrens des Predigers (Koh 12,9) wie Gottes (SapSal 12,19), die Weisheit redet öffentlich (Prov 1,20). Inwieweit sich der Tor im AT bessern läßt, ist mit der Unterscheidung zwischen פתי und כסיל etc. meist schon gesagt: Der פתי ist der junge, unerfahrene Mensch, der durch eindringliche Belehrung von dem Weg des כסיל abgehalten werden kann, für den כסיל besteht kaum Hoffnung auf Besserung.[268]

In der Auseinandersetzung mit den fremden Religionen der hellenistischen Kulturen kann der Gedanke, daß die Weisheit sich in Israel ihre bleibende Stätte gesucht hat[269], zu dem Urteil führen, außerhalb Israels seien die meisten Menschen schlecht[270]. Der Verfasser des Aristeasbriefes erweist mit Hilfe der pagan-antiken πολλοί-ὀλίγοι-Antithese die Überlegenheit des Judentums so, daß das Heidentum auf der Negativseite dieser Antithese zu stehen kommt[271]; umgekehrt wird die genannte Überlegenheit secundum hominem durch das Urteil der Verständigen unter den Nichtjuden bezeugt.[272]

2.2.3. Die πολλοί-ὀλίγοι-Antithese in der apokalyptischen Literatur

Apokalyptik ringt, soweit sie Deutung des Zeitgeschehens ist, mit der Frage, warum Israel trotz seiner Treue zu Gottes Weisung sein schweres Schicksal leiden muß. Insofern wundert es nicht, wenn gelegentlich die Unterscheidung der wenigen Gerechten von den vielen Ungerechten vornehmlich auf die

---

263 J. Hausmann, Menschenbild, 96, vor allem für Prov 10-31.
264 Jub 21,21; zur Distanz von dem Weg »alle(r) Menschen« vgl. ferner TestLevi 2,3.
265 O. Wischmeyer, Kultur, 203.
266 O. Wischmeyer, Kultur, 203, zu Sir 8,19.
267 Vgl. Koh 4,13-15; Ps.-Phokylides 95f.; TestHi 16,6.
268 Zu diesem Unterschied vgl. auch J. Hausmann, Menschenbild, 14.
269 Sir 24,12.
270 EpArist 152; zu diesem Gedanken in der Apokalyptik vgl. 4 Esr 3,35f.; 5,29f. (s.u.). In Bar 6,5 steht ὄχλος von den heidnischen Volksmassen, die ihre Götzen anbeten.
271 R. Feldmeier, Weise hinter »eisernen Mauern«, 28-33.
272 EpArist 296 (die verständigen Nichtjuden sind hier die Philosophen).

Völkerwelt bezogen wird[273], während der Umstand, daß es in Israel doch auch nicht wenige Gerechte gibt[274], neben vielem anderen als ein Argument genannt wird, das Gott zum Eingreifen bewegen soll. Doch will apokalyptische Theologie solchen Aussagen korrigieren; der klagende Mensch soll zum Einstimmen in die Gerichtsdoxologie, d. h. zur Anerkenntnis menschlicher Schuld auch in Israel geführt werden.[275]

Daß in der Zeit der letzten Drangsal die Ungerechtigkeit überhand nehmen wird, ist apokalyptischer Topos[276]; zu jener Zeit wird es nicht viele Weise geben[277]. 4 Esr 8,1 dekretiert kurz: Diese Welt hat Gott um der Vielen willen erschaffen, die künftige aber nur wegen der wenigen. Daß der Ungerechten viele, der Gerechten wenige sind, ist auch in äthHen 45,1-6; 98,1 vorausgesetzt, wo eine explizite quantifizierende Bemerkung fehlt; die quantitative Verteilung der Mahnreden auf Sünder und Gerechte in äthHen 98,1-105,2 ist wohl nicht zufällig. Die Selbstabgrenzung zum eschatologischen Geschick der Frevler kann scharfen Ausdruck finden: Gott wird über die Menge der Gottlosen, die zugrunde gehen, nicht traurig sein, ebensowenig soll es der Apokalyptiker[278]. Doch erhält die πολλοί-Antithese in der apokalyptischen Literatur gerade im 4. Esra-Buch eine eigentümliche Funktion[279]: Gegenüber der Behauptung der kreatürlich bedingten und daher unvermeidlichen Sündhaftigkeit des Menschen[280] dient sie zusammen mit der Lehre von der

---

273 4 Esr 3,35f.; 5,29f.

274 Vgl. syrBar 21,11, ferner syrBar 41,3f.

275 Vgl. syrBar 84,10 (unsere Deutung wird durch die textkritische Unsicherheit der Stelle nicht beeinträchtigt); 4 Esr 14,28. - Der Gedanke in 4 Esr 8,26 weist m.E. in die Richtung von 4 Esr 14,28. In der Tat zeigt 4 Esr 8,31-36; 9,14-16.31-37 noch Esras falsche Haltung, doch verlangt 4 Esr 8,37-39 nach einem rechtfertigenden Grund: Esras in 4 Esr 8,26-30 getroffene Unterscheidung von Gerechten und Sündern, auch in Israel (vgl. 4 Esr 8,49), ist richtig, während Uriel in 4 Esr 8,37ff. Esras Verfremdung dieser Einsicht in 4 Esr 8,31-36 schlicht übergeht (zu E. Brandenburger, Verborgenheit, 185).

276 Vgl. äthHen 91,5; Mt 24,12; Did 16,3; das Volk ist Opfer der Verführung von Lügenpropheten MartJes 3,1; vgl. das Angebot Balkiras an Jesaja MartJes 5,8. - Dan 11,33a; 12,3 MT formulieren noch, daß durch die Tätigkeit der Weisen »die Vielen« zur Einsicht gebracht bzw. zur Gerechtigkeit geführt werden. Der Hinweis auf die Vielen ist in Dan 12,3 LXX; Dan 11,33 Θ gestrichen.

277 Vgl. syrBar 48,33. Bemerkenswert ist aber die Aussicht auf die der Drangsalsperiode folgende endgültige Heilszeit, daß alle Menschenkinder gerecht werden sollen (äthHen 10,21); selbst wenn nur an Auserwählte vor Gottes Thron gedacht wird, wird deren Menge unübersehbar sein (äthHen 40,1. vgl. Apk 7,9 ὄχλος von Märtyrern).

278 4 Esr 7,61 bzw. 4 Esr 8,55; 9,22.

279 Zum Folgenden vgl. E. Brandenburger, Verborgenheit, 148-201.

280 Universale Sündhaftigkeit: im Mund Esras 4 Esr 4,38f.; 7,68; 8,34f.; 9,14-16 Ausnahmen 4 Esr 7,17; 7,47. - Daß auch alttestamentliche wie frühjüdische Geschichtsrück-

menschlichen Willensfreiheit[281] dazu, die Gerechtigkeit göttlichen Gerichtes wie die Gültigkeit seiner Heilszusage aufzuweisen. Der Mensch ist frei, das Leben zu wählen[282], und es gibt Menschen, die sich für das Leben entschieden haben - dem Esra wird in 4 Esr 7,76f. zugemutet, sich selbst als Beispiel für die Wahrheit der πολλοί-ὀλίγοι-Antithese zu betrachten, die hier dazu dient, Gott von dem Vorwurf der Ungerechtigkeit freizuhalten.

Nur der Apokalyptiker und wenige ihm Gleiche, aber nicht alle Menschen erhalten Einblick in Gottes Ratschluß[283], deshalb kann Esra das Volk trösten[284]. Die Stelle 4 Esr 12,40-49 lohnt insgesamt eine genaue Betrachtung. Zu beachten ist der Umschlag von der profanen Einführung 4 Esr 12,40 in die theologische Diktion 4 Esr 12,46: »Israel« und »Jakob« sind in sich schon Erinnerung an den Zuspruch Gottes[285]; so stellt Esra tröstend die Volksmenge in den Raum der göttlichen Beistandsverheißung hinein.[286]

Daß das Volk mit der Anrede 4 Esr 12,42 nicht das Verhalten der Frevler i. S. von 4 Esr 7,61 realisiert, ist evident; sein Hinweis auf die Angewiesenheit auf Esra[287] streicht wirkungsvoll Esras Bedeutung als Offenbarungsvermittler heraus. Diese Unterscheidung zwischen Offenbarungsvermittler und -empfängern ist aber durch den Gottesvolkgedanken umklammert.

2.2.4. Das Volksverhalten in der rabbinischen Literatur

In der rabbinischen Literatur artikuliert sich die Sicht der Volksmenge durch die Weisen terminologisch manchmal in den Begriffen רבם und אוכלסין, vor allem aber in der Wendung עם הארץ[288], mit deren Erörterung wir beginnen.

---

blicke ohne die πολλοί-ὀλίγοι-Antithese auskommen (vgl. Ps 78; 106; Jub 1,7-18), gehört sachlich nicht hierher.

281 4 Esr 7,72. Ähnlich wird der Hinweis auf den Fall Adams als Ursache des Unterganges der Menge (syrBar 48,42f.) in syrBar 51,3-16 nicht aufgegriffen, sondern durch die Lehre der Willensfreiheit korrigiert; vgl. dann auch die Korrektur syrBar 54,19.

282 Vgl. der Hinweis auf Dtn 30,19 in 4 Esr 7,129; ähnlich in syrBar 19,1.

283 4 Esr 8,62; 10,57; syrBar 48,3.

284 4 Esr 12,46-49.

285 Vgl. Jes 43,1. Ähnlich wird in 4 Esr 14,27f., der Anspruch der an Esra ergangenen Offenbarung kundgetan.

286 4 Esr 12,46; 14,34f. ist die in 4 Esr 5,19 versprochene Antwort, die Esra allerdings erst nach den Belehrungen bis 4 Esr 12 erteilen kann.

287 4 Esr 12,42, aber auch schon 4 Esr 5,17f.; das gleiche Motiv auch syrBar 32,9.

288 Daneben sind auch die anderen Verwendungen weiter belegt; so heißt אוכלסא in bJebumoth 76b »Heer«.

Diese Wendung עם הארץ ist eine Fremdbezeichnung seitens der religiösen Elite für diejenigen Menschen, deren Lebensvollzug nicht den von dieser Elite propagierten religiösen Normen entspricht.[289] A. Oppenheimer stellt im einzelnen den 'Am-ha-aretz le mizvot dem חבר, dem Frommen, den 'Am-ha-aretz la Thora dem talmid Chacham, dem Talmudgelehrten gegenüber.[290] Das Konzept des 'Am-ha-aretz le mizvot reicht bis in die Zeit des zweiten Tempels zurück, während das Konzept des 'Am-ha-aretz la-Thora erst in der Zeit nach der Zerstörung des Tempels aufkommt, als das Thorastudium zur zentralen Selbstäußerung religiösen jüdischen Lebens wird.[291] In unserer Darstellung konzentrieren wir uns aus Gründen der diachronen Vergleichbarkeit auf tannaitische Belege.

Der 'Am-ha-aretz-le-mizvot ist einer, der vor allem die Verzehntungs- und die Reinheitsvorschriften nicht oder nur ungenau einhält. Bezüglich der Verzehntungsvorschriften gelten deshalb vor allem für den חבר, aber auch für den »Beglaubigten« (נאמן), der sich zur Erfüllung der Verzehntungsvorschriften verpflichtet hat und daher auch einem חבר als Handelspartner uneingeschränkt empfohlen werden kann, spezielle Vorschriften zum Umgang mit den 'Amme-ha-aretz[292]. Das Problem der fehlenden levitischen Reinheit des 'Am-ha-aretz wird teilweise als spezielles Problem für die Pharisäer und für die Gelehrten[293], aber nicht nur für sie: Ohne Eingrenzung auf eine dieser Gruppen heißt es in mTohoroth 8,1, daß Geräte, die in einem gemeinsam mit

---

289 Die Wendung ist nicht soziologisch definiert, etwa in dem Sinne, daß sie die Laien im Gegensatz zu den Priestern bezeichnet: Auch (Hohe-)Priester können als Glieder des 'Am-ha-aretz aufgefaßt werden; vgl. mHorayot III,8, für die spätere Zeit auch TDemai 3,2.3; 4,28; jSchabbat 13,13c; bSanhedrin 90b; bGittin 61b; bChagiga 22a; bMegilla 28a, insgesamt dazu A. Oppenheimer, The 'Am ha-aretz, 20f. - Nach S. Zeitlin, Am Haarez, 211f., bezeichnet 'Am-ha-aretz die bäuerliche Landbevölkerung im Gegensatz zunächst zur Priesterschaft, dann auch zur Bevölkerung der Städte (TDemai 2,18 schließt für ihn die Assoziation zum mangelnden Bildungsstand aus; doch ist die Stelle umstritten; vgl. die Übersetzung durch P. Freimark, W.-F. Krämer, Tosefta I,2, 40f.).

290 A. Oppenheimer, The 'Am ha-aretz, 12.

291 A. Oppenheimer, The 'Am ha-aretz, 98.114.

292 Als Vorschrift für den חבר vgl. mDemai 2,3a; 3,4a; 6,12b, für den נאמן vgl. mDemai 2,2a. Zur Problematik der Abgrenzung zwischen חבר und נאמן vgl. S. J. Spiro, Who was the Haber, 187-189, nach dessen Ansicht der Begriff חבר ursprünglich den »tithe-tax collector« (S. 199) bezeichnet. Nur so ließen sich auch TDemai 2,18 (s.o.) u.a. befriedigend erklären (S. 211).

293 Die Kleider des 'Am-ha-aretz gelten genauso als unrein (mChagiga 2,7) wie die Speisen, Getränke und Tongefäße (mEdijoth 1,14), wie man sich als Gelehrter nie darauf verlassen kann, daß der 'Am-ha-aretz die Vorschriften über leichte und über radikale Verunreinigung einhält. Vgl. zusätzlich bChagiga 22a.

einem 'Am-ha-aretz bewohnten Hof liegenblieben, unrein sind.[294] Von einem der beiden Gelehrten mit Namen Hillel ist der Ausspruch überliefert »Kein Ungebildeter ist sündenscheu und kein 'Am-ha-aretz ist fromm«[295].

Der 'Am-ha-aretz-la-Thora ist das Gegenbild des seit Ps 1 bestimmend gewordenen Ideals eines dem Thorastudium mit ganzer Liebe hingegebenen Weisen. Mit seinem Desinteresse am Thorastudium fällt er aber auch rein innerweltlich der Kategorie des Toren zu.[296] Der Lasterkatalog dieses 'Am-ha-aretz umfaßt fehlendes Beurteilungsvermögen[297] ebenso wie religiöses und moralisches Fehlverhalten[298]. Generell kann ein 'Am-ha-aretz als ein 'ober, ein Gesetzesübertreter, bezeichnet werden[299]. Darum ist ein Kontakt mit ihm nicht förderlich.[300]

In der amoräischen Zeit werden beide Konzepte summarisch definiert[301], und es lassen sich die Hinweise auf eine kritische Haltung der Gelehrten gegenüber den 'Amme-ha-aretz leicht vermehren[302]. Motiviert ist diese Polemik aber nicht durch vordergründige Gruppeninteressen eines Gelehrtenstandes, sondern durch die Sorge um Israel, dessen Identität nach der Tempelzerstö-

---

294 Vgl. ferner mTohorot 8,2.3. Die Vorstellungen über die Unreinheit eines 'Am-ha-aretz können an Schärfe zunehmen: Wird ihm ein Schlüssel zur Bewachung eines Hauses übergeben, wird das Haus nach mTohorot 7,1 nicht unrein, wohl aber nach TTohorot 7,1.

295 mAboth 2,5; zur Diskussion um die Zuweisung s. A. Oppenheimer, a.a.O., 103-105. - Beispiele für moralisch suspekte Denkweise des 'Am-ha-aretz etwa bei mAboth 5,10.

296 Wird der Talmud-Gelehrte im Alter noch weiser, so nimmt bei dem 'Am-ha-aretz-la-Thora das Beurteilungsvermögen im Alter noch ab; vgl. Kinnim 3,6. Grundsätzlich formuliert mQiddushin 1.10: Wem Schrift, Mischna und Lebensart nicht eigen sind, gehört nicht zur Gesellschaft.

297 Joh 7,48f.

298 Für ersteres vgl. bSota 22a, für letzteres vgl. bPesachim 49b.

299 Vgl. die Parallelisierung beider Ausdrücke in mSchebiit V 9b.

300 Vgl. auch den Ausspruch des R. Dosa ben Harkinas (1. Hälfte des 2. Jhdts.) nach mAboth 3,10b: Schlaf am Morgen, Wein am Mittag, Getändel mit Kindern und Aufenthalt in den Versammlungshäusern der 'Amme-ha-aretz bringen den Menschen aus der Welt. - Eine Frau, die ihrem Mann Unverzehntetes zu essen gibt und die Teighebe nicht absondert, kann ohne Ketubba entlassen werden (mKetubboth 7,6).

301 Definitionen: bBerachoth 47b; bGittin 61a; bSota 21b-22a; bSchabbat 32a-b.

302 bSchabbat 152a; bSanhedrin 90b; bBerachot 47b.60b, bMenachoth 43b, sowie eine Sammlung solcher Urteile in bPesachim 49a.b; vgl. auch die Mahnung, Hebe und den Zehnten nicht einem 'Am-ha-aretz zu geben (TDemai 2,2, als Mahnung an den חבר), reine Speisen nicht durch einen 'Am-ha-aretz jemand anderem zu schicken (TDemai 2,20, als Mahnung an den חבר), sein Kind nicht in eine 'Am-ha-aretz-Familie einheiraten zu lassen (bPesachin 49b u.ö.), und nicht einmal in der Nähe eines frommen 'Am-ha-aretz seinen Wohnsitz zu suchen (bSchabbat 63a).

rung einzig und allein in der Bindung an die Thora bewahrt werden kann.[303] Im übrigen finden sich auch mildere Urteile: Die 'Amme-ha-aretz werden von den Freigeistern und Verführern ausdrücklich unterschieden[304], und sie sind von der Hoffnung Israels nicht ausgeschlossen.[305] Man soll die Kinder eines Menschen aus dem gemeinen Volk die Thora lehren[306], und es kann gesagt werden: Wie die harte Schale der Nuß den Kern vor dem Verderben schützt, so bewahren die 'Amme-ha-aretz in Israel die Worte der Thora.[307]

Bei den zuerst genannten Begriffen ὄχλος und רבם steht gelegentlich der quantitative Aspekt im Vordergrund; sie werden gebraucht, wenn eine kaum mehr vorstellbare große Zahl von Menschen angesprochen sein soll, und sind dann nicht negativ konnotiert.[308] Als soziologische Begriffe stehen sie in abgabenrechtlichen Ausführungen und unterscheiden die Volksmassen von den vom Arbeitseinsatz beim Brunnengraben befreiten Gelehrten.[309]

Mit Hilfe dieser Begriffe werden dann auch weisheitliche Erkenntnisse und Mahnungen formuliert, die der Am-ha-aretz-Topik entsprechen: Die Vielen beachten die Worte der Weisen nicht[310]; man soll sie von seinem Hause fernhalten, sein Geheimnis »einem von tausend« anvertrauen[311]. Die Popularität eines Gelehrten kann auch darin begründet sein, daß er ihnen gegenüber hinsichtlich der göttlichen Angelegenheiten nicht kritisch genug ist[312].

Die rabbinische Literatur kennt neben den scharfen Sprüchen über den Am-ha-aretz und die Menge auch die Notwendigkeit[313], den Hochmut der Schriftgelehrten gegenüber dem gemeinen Volk zu tadeln[314], weiß um die Ab-

---

303 A. Oppenheimer, The 'Am ha-aretz, 17 u.ö. - Nach A. Oppenheimer ist der 'Am-ha-aretz nicht als der Wurzelboden des Christentums anzusehen.

304 ARN 16; für die Unterscheidung des 'Am-ha-aretz von den Unwissenden vgl. bHullin 92a, von den Heiden TDemai 4,26. Eine Gleichsetzung zwischen den 'Amme-ha-aretz und den Minäern ist mir nicht begegnet, wohl aber ein Vergleich mit den Heiden (Beleg bei A. Oppenheimer, The 'Am ha-aretz, 102 Anm 113).

305 bBaba Mezia 33b; vgl. auch LevR 30,12, zu Lev 23,40.

306 bBaba Mezia 85a; daß es tatsächlich Fromme und Gelehrte gibt, deren Vater ein 'Am-ha-aretz ist, zeigen mDemai 6,9; TDemai 2,15; bBaba Mezia 85b; vgl. auch bSanhedrin 96a.

307 CantR 6.

308 jHorajoth 46b, von אוכלסא. Hier wirkt Jer 31 (38),8 nach; vgl. auch Apk 7,9.

309 bBaba Mezia 108a; dass. bBaba Bathra 8a, von אוכלסא.

310 bJebumoth 72a.

311 bJebumoth 63b; bSanhedrin 102b.

312 R. Abajje, Ketuboth 105b.

313 Die folgenden Beispiele sind bei E. Urbach, Sages, 639-642, genannt.

314 bTaanit 20a.b; bNedarim 81a sowie bBaba Bathra 8a: R. Simon b. Amram beschämt Rabbi durch sein Motiv, nicht von der Ehre der Thora genießen zu wollen. Daß man

hängigkeit auch des Weisen von der Arbeit der anderen[315] und formuliert Anerkennung für eine selbst den Weisen beschämende Lebensart[316], für ein gutes Wort[317] oder eine angemessene Verhaltensweise[318]. Die Menge hat Anspruch darauf, daß der Weise seine Verpflichtung ihr gegenüber, sie die Thora und die Halacha zu lehren, erfüllt.[319] Gott verachtet das Gebet der Menge nicht.[320] Auch die Verheißung von 1 Kön 19,18 wird weitergetragen.[321]

So ist in Israel die πολλοί-Antithese generell von dem Erwählungs- und Gottesvolkgedanken umgriffen.[322]

2.2.5. Ertragssicherung

Zieht man eine Quintessenz aus unseren Erhebungen zum Alten Testament und zum frühen Judentum, so ist hier, wie zu erwarten, die größere Nähe zur Jesusdarstellung der Evangelisten festzustellen. So hat die synoptische Darstellung Jesu teil an dem jüdischen Konzept des Rabbi, der in der Nachfolge der Leviten von 1 Esr 9,49 und des guten Königs nach 2 Chr 19,4; Josephus, Ant 10,42.50.53 steht. Daß nicht von einem gottesdienstlichen Zusammenwirken Jesu mit der ihn begleitenden Volksmenge die Rede sein kann, ergibt sich aus der für die Evangelisten nicht wegzudisputierenden Tatsache, daß Jesus kein Priester war.

Daß die Volksreaktion unterstützende Funktion für tragende Hauptgedanken hat, ist nicht erst eine Erfindung der Synoptiker, sondern ist schon im chronistischen Geschichtswerk und in anderen frühjüdischen Geschichtsdarstellungen gegeben; auch hier ist die Verwendung von ὄχλος und πλῆθος

---

den Segen eines Gemeinen nicht verachten soll, wird in bBer 7a damit begründet, daß Gott selbst sich habe von R. Ismael b. Elisa segnen lassen wollen.
315 jBerachot 9,13c; bHullin 92a.
316 LevR 9,3.
317 GenR 32,10, zu Gen 7,18; GenR 78,12, zu Gen 33,11; bErubin 53b.
318 bPesachim 66a, vielleicht auch bBerachot 45a.
319 bMoed Qatan 21b.
320 bBerachoth 8a, unter Hinweis auf den doppeldeutigen Vers Hi 36,5.
321 Nach bSanhedrin 102b hat Ahab 22 Jahre lang regiert, weil er die Thora geehrt hatte, die durch 22 Buchstaben vermittelt wurde. Die Augenweide, die er auf Anraten auch des Volkes nicht herausgeben soll, ist nicht ein Götzenbild, sondern die Thora, denn nach 1 Kön 19,18 kann es nicht sein, daß unter dem Volk gar keine Frommen wären.
322 Vgl. noch SDtn § 96.308; bQidduschin 36a sowie die Gegenüberstellung der »Scharen der Israeliten« und der »Scharen der Heiden« in bBerachot 58a; jBerachot 9,13c (אוכלסין).

ohne Negativ-Konnotationen möglich. Doch werden die theologisch tragenden Gedanken speziell in ChrG von den führenden Personen formuliert, deren Intention das Volk unterstützt; aber es wird in ChrG keine Mk 1,27b oder Mk 7,37 vergleichbare theologische Wertung dem Volk in den Mund gelegt. Vor allem aber begründet die nicht einfach durchgehend als negativ abzuqualifizierende Volksreaktion in den Evangelien keine kontinuierliche Bindung des Volkes an seine Lehrer, wie es die chronistische Darstellung des Volksverhaltens als Idealfall ansieht. Denn eine positive Reaktion des Volkes wird in den synoptischen Evangelien nur da erzählt, wo es um Beurteilung von Fremderfahrungen geht. Da wo das Volk selbst Adressat der Lehrtätigkeit Jesu ist, wird in den Summarien ein positives, in den Einzelperikopen wie Mk 6,1-6a; Lk 12,54-13,9 ein negatives Bild erzeugt.

Das Christentum hat sich auch nicht selbst als 'Am-ha-aretz-Religion i.S. Oppenheimers[323] verstanden: Die Zeichnung Jesu als Lehrer des Volkes[324] weist nicht auf eine Religion des Desinteresses oder der Unkenntnis der eigenen Grundlagen; das von ihm gelehrte christliche Ethos, die christliche Halacha (Mk 7,22f.), ist für den Christen genauso verpflichtend wie später die mischnische Halacha für den Israeliten nach Auffassung der jüdischen Weisen. Ist das Christentum also seinem Selbstverständnis nach keine 'Am-ha-aretz-Religion, so ist damit die andere Frage noch nicht beantwortet, ob nicht der ὄχλος in den Evangelien auf Jesus reagiert wie der 'Am-ha-aretz in der rabbinischen Tradition auf den Frommen und den Weisen. Das Motiv des »Hasses« in Mk 13,13; bPesachim 49b kann eine solche Parallele jedoch nicht begründen.

---

323 A. Oppenheimer, The 'Am ha-aretz, 218-229 sieht selbst den Unterschied darin gegeben, daß die 'Amme ha-aretz niemals ihr Judentum geleugnet hätten.

324 Mk 7,19 ist nicht als Außerkraftsetzung von Teilen der Thora angelegt, sondern als Deklaration zukünftig reiner Speisen (s.u. S. 124f.).

3. Formgeschichte der Admirationen und Akklamationen

3.1. Aufgaben und Kriterien der formgeschichtlichen Untersuchung

Die formgeschichtliche Methode sollte nach der erklärten Absicht ihrer Klassiker auf der Grundlage der Klassifizierung der Texte anhand formaler Gestaltung und sprachlicher Konvention die Geschichte ihrer vorliterarischen Überlieferung aufhellen.[1] Doch sind Notwendigkeit und Möglichkeit historischer Rückfrage von verschiedenen Seiten her problematisiert worden: Einerseits rechnet man mit einem bewußt »gepflegte(n) Traditionskontinuum« zwischen vor- und nachösterlicher Zeit[2], u.a. in Analogie zur stabilen mündlichen Überlieferung im Rahmen jüdischen Schulwesens[3], andererseits bleibt auch dann, wenn man daran festhält, daß im Markusevangelium überhaupt mündliche erzählende Überlieferung aufgenommen sei[4], die Möglichkeit der vorliterarischer Rekonstruktion für viele umstritten: Wie die neuere, mit mündlicher Literatur befaßte wissenschaftliche Forschung gezeigt habe, bestehe zwischen mündlichem und schriftlichem Modus der Überlieferung nicht Kontinuität, sondern ein Bruch, so daß die Rekonstruktion des vorliterarischen Wortlautes vor allem bei erzählenden Texten als ein aussichtsloses Unterfangen bezeichnet werden müsse[5]; sei der Primat der reinen Form problematisch, so erlaube die Gattungsbestimmung eines Textes nicht mehr, ihn in Richtung auf die gattungstypische Form hin zu dekomponieren.[6] Deshalb wird nicht selten die formgeschichtliche Analyse von der überlieferungsge-

---

1   M. Dibelius, Die Formgeschichte des Evangeliums, 1. Aufl., 2f.; R. Bultmann, Geschichte der synoptischen Tradition, 1. Aufl., 2f.; M. Dibelius, Zur Formgeschichte der Evangelien, 185-216; hier 187, mit Kritik an P. Fiebig, Jesu Bergpredigt, 3*, der die formgeschichtliche Analyse auf die Klassifizierung der Endtexte beschränken wollte.

2   H. Schürmann, Die vorösterlichen Anfänge der Jesustradition, 349.

3   H. Riesenfeld, Gospel Tradition, passim; R. Riesner, Jesus als Lehrer, 499f.

4   Anders W. Schmithals, Kritik der Formkritik, 176.

5   E. Güttgemanns, Offene Fragen, 252f.; C. Breytenbach, Das Problem des Übergangs, 57; G. Sellin, »Gattung«, 330; A. Lindemann, Erzählung der Machttaten, 205.

6   K. Haacker, Leistung und Grenzen der Formkritik, 69; P. Dschulnigg, Sprache, 2, 272; M. Wolter, Inschriftliche Heilungsberichte, 174f.

schichtlichen Rückfrage völlig abgelöst.[7] Angeregt durch Theißens These, redaktionelle Tätigkeit des Erzählers beinhalte die Realisierung bewußt ausgewählter Motive des formgeschichtlichen Inventars[8], möchte M. Wolter der formgeschichtlichen Analyse »eine methodisch prominente Funktion im Rahmen einer unter traditionsgeschichtlicher Perspektive operierenden Redaktionskritik«[9] zuweisen.

Es gilt, einen maßvollen Mittelweg zu finden. Einerseits zeigt sich zwischen den synoptischen Evangelien in ihrer Endgestalt selbst in den Jesusworten nicht nur Konstanz, sondern im beschränkten Maße auch Umformung - daß es in der Zeit mündlicher Tradierung anders gewesen sein soll, leuchtet dann nicht ein. Andererseits zeigen sich noch bei manchen Texten in ihrer Endgestalt gewisse Nähte, Risse und Überformungen, die zumindest die letzte vorevangeliare Stufe in einigem noch erkennen lassen. Vor allem das, was im Vollzug der Rückfrage nach dem irdischen Jesus als „störende Überlieferung" gelten muß, verdeutlicht die Möglichkeit und Notwendigkeit des Rückgangs hinter die Evangelienredaktion. Generell wird man für jeden Einzeltext gesondert entscheiden müssen. Diachrone Analyse erwächst als notwendig aus der Beobachtung literarkritisch auszuwertender Spannungen; gesicherte Rückschlüsse sind am ehesten möglich, wenn ein Motiv oder eine Aussage dem Kriterium der störenden Überlieferung genügt oder durch den Evangelisten nicht wirklich aufgegriffen wird. Formgeschichtliche Analyse bietet keine über die literar- und redaktionskritischen Argumente hinausreichende Möglichkeit der Erfassung vorevangeliaren Gutes, hilft aber das Worumwillen einer Erzählung zu erfassen und erhellt auch bei den schriftlich vorliegenden Endtexten den Zusammenhang zwischen typischer Kommunikationssituation und auktorialer Bewältigungsstrategie.[10]

---

7   K. Berger, Formgeschichte, 14; M. Wolter, Inschriftliche Heilungsberichte, 174f.

8   G. Theißen, Wundergeschichten, 31.

9   M. Wolter, Inschriftliche Heilungsberichte, 175.

10 Der Veränderung der zu bewältigenden Situation korrespondiert in der Regel auch die Variation der Strategie. So bildet sich beispielsweise in zwei »historisch« verschiedenen Situationen realer religiöser Auseinandersetzung die typische und wiederkehrende Konkurrenzsituation »JHWH oder der andere Gott« ab, die in der Erzählung zu uneingeschränkten »person«-zentrierten Akklamationen führt: 1 Kön 18,39, JHWH, er ist Gott, oder BelDr 18.41 »Groß ist Bel/JHWH«. Dagegen werden innerhalb einer konsolidierten Glaubensgemeinschaft solche Begebenheiten nicht mehr als Situationen der realen Entscheidung, sondern als Situationen der Vergewisserung erzählt; entsprechend dringt bei der Nacherzählung der Karmelszene 1 Kön 18 die Vergewisserungsformel ἀληθῶς in die Akklamation 1 Kön 18,39 LXX diff MT bzw. ἀληθῆ in die Parallele bei Josephus, Ant 8,343 ein, während umgekehrt bei der Nacherzählung der Schilf-

Kriterien formgeschichtlicher Klassifizierung sind gleichermaßen der Ausdrucks- wie der Bedeutungsseite zu entnehmen.[11] Da die Frage nach dem »Sitz im Leben« einer Gattung i. S. institutioneller Verortung und potentieller Trägerkreise oft nicht zu entscheiden ist, fragen wir statt dessen nach der typischen, sich wiederholenden[12] Kommunikationssituation, in der eine Gattung verwendet wird und auf die hin Texte dieser Gattung formuliert werden.

Narrative Analyse soll nicht nur komplementär zur Formgeschichte der Konkretheit und Individualität des Einzeltextes Gerechtigkeit widerfahren lassen[13], sondern legt vor allem bei umfangreichen Perikopen deren innere Einheit klar und trägt so auch zur Präzisierung der formgeschichtlichen Klassifizierung bei[14]. Daß endlich neben den produktionsästhetischen auch rezeptionsästhetische Kriterien zu berücksichtigen sind, daß also auch nach der pragmatischen[15] Funktion der Gattungen gefragt wird, versteht sich heute von selbst[16], soll aber in unserer Arbeit nun auch in der Kriterienfindung für die

---

    meergeschichte die Erkenntnisansagen Ex 14,4.17f. und der Chorschluß Ex 14,31 in Jub 48,14; LAB 10; Ezech. Trag. 220-242; Artapanos F 3,35-37 nicht mehr rezipiert werden, wir also eine sekundäre Reduktion des Motivinventars beobachten können. Ist der Bedarf für die Anwendung einer Gliedgattung, eines Motives etc. nicht mehr gegeben, kann auch die tatsächliche Verwendung entfallen.

11   So zu Recht G. Wanke, Sprachliche Analyse, in: G. Fohrer u.a., Exegese des Alten Testaments, 78-81; L. Markert, Formen- und Gattungskritik, a.a.O., 93, gegen W. Richter, Exegese als Literaturwissenschaft, 42; H. Schweizer, Form und Inhalt, 38 Anm 8; 46, denen gemäß nur die Ausdrucksseite der Ausgangspunkt formgeschichtlicher Untersuchung sein kann. Für die zuerst genannte Position vgl. zuvor schon T. A. Burkill, Die Vorstellung vom Wunder, 330; A. Rofé, Classes, 143.

12   R. Bultmann, Geschichte der Synoptischen Tradition, 2. Aufl., 4f.

13   L. Alonso-Schökel, Erzählkunst im Buch der Richter, 171f.; J. Muilenburg, Form Criticism and Beyond, 7.18.

14   Dadurch wird es möglich, Texte wie 2 Kön 5; 6,24-7,20; Lk 11,14-16 mit ihrem Nebeneinander von anerkennender und ablehnender Reaktion auf die prophetische Ankündigung (2 Kön 5; 6) bzw. auf das Wunder (Lk 11,14-16) als reaktionskontrastierende Texte zu klassifizieren (s.u.; vgl. G. Theißen, Wundergeschichten, 81).

15   K. v. Rabenau, Schilfmeerwunder, zitiert S. 24 Anm 87a J. G. Herder, Vom Geist der Ebräischen Poesie, T. 2, 101: Die Israeliten »wenden die alte Begebenheit auf neue Vorfälle an, schmelzen sie in den Inhalt ihres Gegenstandes um und singen sie, wenn ich so sagen darf, pragmatisch«. - Eine Begriffsgeschichte zu dem Wort »pragmatisch« kann hier nicht geboten werden.

16   Vgl. bereits Ps.-Philo, De Sampsone 3: »Nun pflegt Gott in anderen Wundertaten nur eines von allen zu vollbringen: entweder zeigt er seine Macht, oder er verkündet seine Menschenliebe oder er offenbart seine Herrschaft, oder er lehrt seine Langmut, oder er schildert die Güter, die zum Genuß der Gerechten aufbewahrt liegen, oder er kündigt auch das Gericht an, das für die Sünder bereitgehalten wird«; durch Simson jedoch zeigt Gott »seine ganze Macht mitsamt seiner Menschenliebe« (übers. v. F. Siegert, Drei hellenistisch-jüdische Predigten I, 52).

Klassifizierung zum Ausdruck kommen, so sehr die folgenden Ausführungen auch nur tastende Versuche sein können. Pragmatische Analyse fragt nach dem Worumwillen einer Gattung, nach der typischen wiederkehrenden Kommunikationssituation, in der ein Bedarf nach Realisierung eben dieser Gattung entsteht, und die nicht selten die Auswahl und Gewichtung einzelner formgeschichtlich plausibler, aber nicht unverzichtbarer Erzählzüge steuert.

Begegnen Akklamationen und Admirationen[17] zumeist im Bereich von Wundertexten[18], so ist zu erwarten, daß diese Reaktionen als Deutung des Geschehens formgeschichtlich Anteil an der pragmatischen Funktion dieser Gattung haben bzw. (neben anderen Textelementen) diese allererst konstituieren. Dabei ist eine mögliche funktionale Parallelität einer (Glied-)Gattung zu anderen Gattungen stets im Blick zu behalten.

Im Zuge der Wiederentdeckung der jüdischen Wurzeln des Christentums sowie im Bemühen um eine beide Testamente umgreifende Biblische Theologie wird heute neu nach dem religionsgeschichtlichen Hintergrund der neutestamentlichen Wundertexte[19] incl. ihrer Chorschlüsse gefragt. Neben der allgemeinen Erwägung über die Relevanz der alttestamentlich-frühjüdischen Akklamationen[20] stehen der Verweis auf die Tradition der Psalmen[21], auf den Dank der Geretteten im individuellen Klage- und Danklied[22] sowie auf die

---

17 Zur Definition dieser Begriffe s.o. S. 5. Für unser Vorhaben ist prinzipiell die Erforschung der Wundertexte insgesamt erforderlich; ein solcher Versuch, die literarkritische Arbeit an den Texten aufgreifend, war Bestandteil der Erstfassung dieser Arbeit, soll aber selbständig veröffentlicht werden.

18 Unsere Analyse muß neben den explizit als Wundererzählungen strukturierten Texten auch die Texte mit einschließen, die eine Tradition nur summarisch aufgreifen, weil auch sie die pragmatisch divergierenden Rezeptionen der Traditionen widerspiegeln.

19 Hatte D. F. Strauß die neutestamentlichen Wundergeschichten als alttestamentlich beeinflußte Bildungen des christlichen Mythos erklärt, so führte das von R. Reitzenstein und O. Weinreich gebotene religionsgeschichtliche Vergleichsmaterial bei R. Bultmann zu der These, die meisten neutestamentlichen Wundererzählungen seien auf hellenistischem Boden gewachsen (D. F. Strauß, Das Leben Jesu, kritisch bearbeitet, Bd. 2, 1836, 1-251; R. Reizenstein, Hellenistische Wundererzählungen, 1906; O. Weinreich, Antike Heilungswunder, 1909. Zur Forschungsgeschichte vgl. W. Kahl, Miracle Stories, 13-36; B. Kollmann, Jesus und die Christen, 18-60; vgl. künftig auch D. von der Goltz, Krankheit und Heilung in der neutestamentlichen Forschung des 20. Jahrhunderts, Diss. Erlangen 1998). Ein alttestamentliches Vorbild ließ Bultmann für die Speisungs- und die Seewandelgeschichten gelten; auf jüdischen Boden verweisen Mk 3,1-5; 7,24-30; Mt 8,5-13 sowie die Aussätzigenheilung Mk 1,40-45.

20 G. Theißen, Wundergeschichten, 163.

21 O. Betz, W. Grimm, Wesen und Wirklichkeit, 64.

22 R. Kratz, Rettungswunder, 72 (dort S. 146 der spezielle Hinweis auf Ps 107,21f.31f.); R. Glöckner, Wundergeschichten, 17.

Jona-Erzählung als Vorbild neutestamentlicher Chorschlüsse[23] sowie die These der Kontinuität des die Admiration auslösenden Momentes der anbrechenden Gottesherrschaft[24]. Formgeschichtliche Analyse der Admirationen und Akklamationen muß sich daher der Frage nach der Funktion dieser Gliedgattungen in der alttestamentlich-frühjüdischen Tradition ebenso wie in der paganen Antike stellen.

Struktural kann man Geschenk-, Heilungs- und Strafwundertexte, Beglaubigungswunder- sowie Epiphanietexte unterscheiden, im alttestamentlich-frühjüdischen Bereich treten die militärischen Rettungswundertexte hinzu. Pragmatisch kann man zwischen vertrauensbegründenden- und stärkenden, autoritätsaufweisenden und frömmigkeitsmotivierenden Wundertexten differenzieren.[25] Vertrauensbegründende und -stärkende Texte wollen die Glieder einer Glaubensgemeinschaft textintern wie textextern in ihrer Gottesbeziehung festigen[26], autoritätsaufweisende Wunder wollen zur Anerkennung einer Autorität bewegen[27] bzw. vor ihrer Mißachtung warnen[28] oder eine bestimmte Autorität gegen konkurrierende Ansprüche[29] oder gegen Verspottung verteidigen.[30] Frömmigkeitsmotivierende Texte wollen ein bestimmtes Verhalten anempfehlen oder sanktionieren; in ersterem Fall wird nicht selten ein Heilungs- oder Bewahrungswunder erzählt[31], im letzteren Fall ein Strafwunder[32].

Innerhalb der Autoritätsaufweistexte bilden die Gottesaufweistexte eine Untergruppe.[33] Wird in alttestamentlich-frühjüdischer Tradition der Gottes-

---

23   F.-W. Wilms, Wunder im Alten Testament, 218.

24   T. R. Dwyer, The Motiv of Wonder, 355.

25   Die bei Sueton, Augustus, 74 (vgl. Apuleius, Metamorphsen, 2,27-30; Petronius, Satyricum, 131) bezeugte unterhaltende Funktion von Wundererzählungen ist für die alttestamentlich-frühjüdische Tradition nicht belegt.

26   Z.B. 2 Kön 6,8-23.

27   Z.B. 2 Kön 4,42-44; Sueton, Vespasian 7,2; vgl. W. Dittenberger, Sylloge, 3. Aufl. Bd. 3,1173,1-6 und dazu M. Wolter, Inschriftliche Heilungsberichte, 153.

28   Z.B. 2 Kön 2,23f.

29   Z.B. Num 16; 1 Kön 18 MT.

30   W. Dittenberger, Sylloge, 3. Aufl. Bd. 3, 1169, 95-102. - In der paganen Antike begegnet eine Wundererzählung auch als Legitimation einer Lehre, vgl. Plutarch, De defectu Oraculorum 17, 419b-d; Philostratos, Vita Apollonii 8,31; vgl. ferner O. Weinreich, Antike Heilungswunder, 124-131.

31   Z.B. Mk 10,46-52; Dan 3.

32   Z.B. 2 Kön 5,19b-27; 2 Makk 12,34.40ff.; Apg 5,1-11; Herodot, 2,111,2; Diogenes Laertios 5,91; W. Dittenberger, Sylloge 3. Aufl. Bd. 3,1168, 90-94; 1169,98-10; vgl. ferner R. Herzog, Wunderheilungen, 26f., Nr. 47.

33   1 Kön 18; 2 Kön 5,1-19 (in der jeweiligen Endfassung); Aristophanes, Ploutos 748; P.Oxy 11,1381,198-202; vgl. A. Deißmann, Licht vom Osten, 145-147. In der paganen Antike kommen hinzu das Selbsterweiswunder einer im Orakel wirkenden Gottheit

aufweis mit der Erkenntnisformel יְדַע כִּי formuliert, liegt ein Gottes*er*weistext vor. Wird wie in 2 Kön 5,15 von einer tatsächlich erfolgten Gotteserkenntnis erzählt[34], liegt eine Erkenntnis*aus*sage vor; wird die Erkenntnis des Menschen nicht erzählt, sondern wie in Jos 4,24 erwartet, eine Erkenntni*an*sage.

Im Hinblick auf unser Thema ist danach zu differenzieren, ob die Menge als vom Geschehen nicht betroffener Zeuge oder als Adressat einer Handlung erscheint, ob also ihre Reaktion eine Stellungnahme zu einer Fremderfahrung oder zu eigener Erfahrung ist. Diese Unterscheidung ist erforderlich um der theologischen Aussage der Exodus-Geschichten willen: Vorstellungen wie die, daß Israels Ungehorsam göttliche Strafe als unvermitteltes Strafwunder oder als Nicht-Eintreffen der göttlichen Verheißungen nach sich zieht, werden in der synoptischen Tradition nie auf die Menge angewandt.

Formgeschichtliches Arbeiten impliziert immer auch die Frage nach der Geschichte einer (Glied-)Gattung. Die Analyse der einschlägigen alttestamentlichen und frühjüdischen Belege zu Admiration und Akklamation zeigt, daß auch diese Gliedgattungen teilhaben am Wandel des Selbstverständnisses Israels, daß die Gattungsgeschichte auch hier nur im Horizont der Geistesgeschichte betrieben werden kann, die ihrerseits wiederum politische und soziale Erfahrungen Israels voraussetzt. Deshalb schicken wir eine grobe Skizze einer Geistesgeschichte Israels voraus.

3.2. Geistesgeschichtlicher Rahmen der Gattungsgeschichte

Wir übernehmen die übliche Einteilung der Geistesgeschichte Israels in die alttestamentliche, die zwischentestamentliche und die rabbinische Periode und begreifen die alttestamentliche Zeit als die Zeit der Formierung der Identität Israels, die zwischentestamentliche Periode als die Zeit der Festigung und Behauptung dieser Identität nach außen, die rabbinische Periode als die Bewährung dieser Identität im Leben des einzelnen. Die Zäsur zwischen den beiden ersten Perioden ist weniger zeitlich als sachlich zu setzen.[35]

    (Plutarch, De defectu Oraculorum 45,434d) und das Prodigienwunder zur Bestätigung des Glaubens an das Wirken höherer Fügung (Plutarch, De Pythiae oraculis 8,397e).

34   In jedem Falle wird auf die Nachfrage nach dem realen oder fiktiven Charakter der zu untersuchenden Akklamation oder Admiration verzichtet.

35   Die Zäsur zwischen alttestamentlicher und frühjüdischer Periode ist m.E. nicht schon am Ende des Exils zu setzen. Jes 57,3-13; Mal 2,10-12; Esr 9,1-10,44; Neh 10,31;

3.2.1. Die Israels Identität formierende Zeit: Die 1. Phase

In einer ersten Phase galt es, die alleinige Autorität JHWHs in Israel gegenüber anderen Göttern durchzusetzen und ihn allein als Geber und Garanten allen Lebens in Israel zu bezeugen; außerdem mußten die später prägend gewordenen Institutionen Israels gegenüber konkurrierenden Ansprüchen legitimiert werden. Grundlage ist die theologische Einsicht Israels, daß seine Identität tatsächlich an diesem geschichtsmächtigen Handeln JHWHs hängt. Zu dieser Erkenntnis kam Israel durch das Nachdenken über seine Geschichte: Die kritische Gerichtsprophetie hatte durch ihre Zusammenschau von Baalsverehrung und drohender JHWH-gewirkter Katastrophe durch den Gang der Ereignisse Recht bekommen. Daraus ergab sich der Schluß, daß nur die ausschließliche Bindung an JHWH Israels Überleben inmitten einer nicht selten feindlichen Umwelt ermöglichte.

Theologischer Ausdruck dieses Bestrebens, die ausschließliche JHWH-Verehrung in Israel durchzusetzen, sind textintern israeladressierte Konkurrenzwunder wie 1 Kön 18 MT, Gottesaufweiserzählungen wie die Schilfmeerperikope incl. der (sekundären) Verse Ex 14,13f.31b[36] oder die (sekundären) JHWH-Bezüge in den Elia- und Elisageschichten.[37] Der Legitimierung bestimmter Ansprüche sind Traditionen wie Num 16,10 gewidmet.

Die Volksmenge Israels hat im Alten Testament formgeschichtlich nicht die Rolle des unbeteiligten Zeugen inne, sondern die des Gegenspielers, des betroffenen Adressaten; in 1 Kön 18 wird sie von der Haltung des unbeteiligten Beobachters zu der des entschiedenen Mitbeteiligten geführt. Entscheidend ist in 1 Kön 18,39, wie schon die Terminologie עם/λαός nahelegt, nicht

---

13,23-27 könnten andeuten, daß die alleinige Verehrung JHWHs auch im nachexilischen Israel zunächst noch nicht generell anerkannt war. Ferner kann 2 Kön 1,10-14 auch nachexilisch aus aktuellem Interesse (vgl. 2 Kön 1,2) eingefügt worden sein.

36   Als Zusätze der Endredaktion gelten die Verse bei F. Kohata, Jahwist, 294f. (als Vermutung); H.-C. Schmitt, Meerwundererzählung, 144 Anm 29; L. Schmidt, Priesterschrift, 269, als nachendredaktionelle Ergänzung bei C. Levin, Jahwist, 346; als sekundär auch bei E. Blum, Pentateuch, 40.

37   Zu 2 Kön 2,19-22 vgl. H.-C. Schmitt, Elisa, 106f.; zu 2 Kön 4,1-7.8-37 vgl. H.-C. Schmitt, Elisa, 99; E. Würthwein, 1 Kön 17 - 2 Kön 25, 288.294; G. Hentschel, 2. Könige, 16.19. - Zwar legt die literarkritische Diskussion zu Ex 14,31; 2 Kön 4 die dringende Vermutung nahe, bereits das, was hier als erste Phase benannt wird, als Ergebnis einer Reihe von Vorphasen anzusehen. Doch ist angesichts der tiefgehenden Divergenzen alttestamentlicher Forschung in den Einleitungsfragen vor allem der Pentateuch-Überlieferung für einen Fachfremden eine diachron differenzierende Darstellung dieser ersten Phase kaum möglich.

das Volk in der Quantität der Menge, sondern als das Gottesvolk. Aber auch die anderen Gottes- oder Autoritätenaufweiswunder, die eine Admiration der Menge enthalten (Lev 9,24; 1 Sam 12,18; 2 Chr 7,3), sind um der Reaktion der Menge willen erzählt; formgeschichtlich gesehen ist die Volksreaktion, anders als in vielen neutestamentlichen Wundergeschichten, unverzichtbar; auf eben diese Reaktion läuft das Geschehen zu.

Ebenso ist im Exodusgeschehen Israel nicht Zeuge, sondern Adressat des Heilshandelns Gottes. Auch in Ex 12,30, dem einzigen Admirationsbeleg im gesamten Plagencorpus, realisieren der Pharao und die Ägypter formgeschichtlich nicht mehr die Menge als Zeugen, sondern die Begleiter der durch die Wundertat Betroffenen. Die im Neuen Testament von der Menge wahrgenommene Funktion des am Geschehen selbst nicht beteiligten Zeugen wird im Alten Testament da realisiert, wo von der erwarteten Wirkung des Handelns Gottes an einem konkreten Volk auf andere, davon zu unterscheidende Subjekte gesprochen wird: In den Fremdvölkerorakeln Ez 26,16.18; 32,10, in Sach 9,5; Jes 23,4f.; 25,3; in Heilsankündigungen für Israel Jes 49,7; vgl. Mi 7,17, vgl. aber auch Ps 33,8; Jer 10,7 MT; Ps 46,7; 86,9; Zeph 2,11; Jes 41,5. Das admirative Verhalten wird nicht als geschehen erzählt, sondern erwartet, es liegt also eine besprochene, nicht eine erzählte Admiration vor.

3.2.2. Die Israels Identität nach außen behauptende, nach innen festigende und entfaltende Zeit: Die 2. Phase

Von der bisher benannte Epoche unterscheiden wir die folgende Zeit in der Hinsicht, daß die in Gottes erwählendem und verpflichtendem Handeln begründete Identität Israels[38] nunmehr i. w. feststeht[39] und nach außen behauptet, nach innen gefestigt und entfaltet wird; die Vergangenheit Israels in Bewahrung durch Gott und in seinem Gebot ist Bezugsgröße für die Deutung und Bewältigung der eigenen geschichtlichen Gegenwart; zugänglich ist die Vergangenheit durch freie Nacherzählung wie durch textgebundene Kommentierung der biblischen Tradition. Diese unsere Unterscheidung zwischen

---

38   H. D. Preuß, Theologie des Alten Testaments I, 43.

39   Doch wird in Krisenzeiten das dtr Richterschema wieder lebendig, um die Katastrophe als Folge der Versündigung Israels zu erklären; vgl. 2 Makk 5,17f.; LAB 25; PsSal 2,3f. In 2 Makk 5,17f. gilt das Treiben der griechenfreundlichen Partei als Ursache dafür, daß Gott seinem Volk die Hilfe vorenthält. Gelegentlich gilt der Götzendienst von Israeliten als Anlaß eines Strafwunders (2 Makk 12,34.40ff.; vgl. ferner LAB 25,9.13).

der Israels Identität formierenden und der Israels Identität voraussetzenden Zeit meint allerdings keine streng zeitliche, sondern eine sachliche Zäsur.

Daß Gottes Handeln zugunsten Israels im Exodus- und Sinaigeschehen als Konstitutivum für Israels Identitätsfindung nicht mehr aufgewiesen werden muß, sondern als anerkannt vorausgesetzt werden kann[40], spiegelt sich darin wieder, daß auf die Weiterführung der Gattung »israeladressiertes Gotteserweiswunder« gelegentlich verzichtet wird[41] - Ex 14,31 wird in den Nacherzählungen des Schilfmeergeschehens in Jub 48,14; LAB 10, Ezech. Trag. 220-242; Artapanos F 3, 35-37 nicht rezipiert[42]; das Gotteserweiswunder 1 Kön 18 MT wird in LXX und bei Josephus durch die Einfügung der Beteuerungsformel ἀληθῶς in die Akklamation 1 Kön 18,39 zu einem Glaubensvergewisserungswunder umgewandelt[43].

Gerungen werden mußte um die Art und Weise, wie die Identität Israels zu behaupten sei, gerade angesichts der durchgehenden Erfahrung der Ablehnung eben dieser religiös begründeten Identität seitens der nichtjüdischen Umwelt. Die frühjüdische Literatur[44] kann man nach dem Gesichtspunkt der dem jüdischen[45] Leser vermittelten und anempfohlenen Bewältigung dieser Aufgabe in distanz- und kontaktorientierte Literatur[46] einteilen, u. a. anhand

---

40 Vgl. Bar 4,4.

41 Bar 2,31 stellt die erwartete Gotteserkenntnis der Israeliten als Ergebnis ihrer Bekehrung anläßlich des Exils dar, ist aber vom Standpunkt des frühjüdischen Verfassers aus bereits Wirklichkeit, also vaticinium ex eventu.

42 Desgleichen können in der Nacherzählung von Ex 15,22-26 die Verse 25b-26 unberücksichtigt blieben, so bei Demetrios, Frgm. 4 (Euseb, Praep Ev 9,29,15).

43 Die Gattung des Glaubensvergewisserungswunders lebt im Neuen Testament in Mt 14,33 weiter; vgl. aber auch Mt 27,54.

44 Nur verwiesen werden kann hier auf die der Septuaginta selbst inhärente und kontrovers beurteilte Problematik; vgl. G. Bertram, Art. Septuagintafrömmigkeit, 1707, einerseits, R. Hanhart, Fragen, 158, sowie ders., Bedeutung, 77, andererseits.

45 Seit Tcherikovers Hinweis darauf, daß die jüdisch-hellenistische sog. 'Missionsliteratur' die Masse der Nichtjuden kaum erreicht haben dürfte (V. Tcherikover, Jewish Apologetic Literature Reconsidered, 174), wurde die pragmatische Funktion der hier zu verhandelnden Texte weniger in der missionarischen Werbung nach außen als vielmehr in der Selbstvergewisserung der jüdischen Gemeinde nach innen bestimmt (für JosAs G. Delling, Perspektiven der Erforschung, 154-156; für SapSal M. Simon, Zum Problem des jüdisch-hellenistischen Synkretismus, 109); entsprechend konnte auch in diesem Schrifttum der Anteil rein alttestamentlich-jüdischen Gedanken- und Formengutes wieder höhergewichtet werden; vgl. M. Simon, a.a.O., 97f.; zu JosAs G. Delling, Einwirkungen der Sprache der Septuaginta, 55f.

46 Hellenistischer Einfluß bestand seit dem Alexanderzug bis in das Mutterland Israel hinein (vgl. M. Hengel, Judentum und Hellenismus, 3. Aufl. 1990, sowie P. W. van der Horst, Das Neue Testament und die jüdischen Grabinschriften, 164, zum archäologischen Befund, die jüdischen Grabinschriften in Palästina betreffend). Doch ist über die

der Frage, welches Verhalten von den nichtjüdischen, welches von den jüdischen[47] Akteuren der einzelnen Texte ausgesagt wird: erscheinen die Nichtjuden wie in EpJer als bloße Götzendiener oder wie in JosAs als einer grundsätzlichen Besserung ihrer Einsicht fähig? Werden verwandtschaftliche und
gesellschaftliche Beziehungen nur unter Juden gesucht und verwirklicht[48],
oder auch mit Heiden, sofern sie sich zu dem Gott Israels bekehren?[49]

Wird von dem admirativen Verhalten oder dem „Glaubensbekenntnis"
eines heidnischen Königs in Schlußstellung erzählt, ist der Unterschied
zwischen kontakt- und distanzorientierter Literatur daran abzulesen, ob dieses
genannte Verhalten eine bestätigende oder strafende Reaktion Gottes nach
sich zieht. So wird in Dan 4 LXX der König von Gott geheilt und wieder in
seine Herrschaft eingesetzt, und der Heide Petronius kommt nach Josephus
durch ein Koinzidenzprodigium zur Einsicht in die Fürsorge Gottes für sein
Volk Israel[50]; dagegen zieht weder SapSal 18,13 noch 2 Makk 9,12 die
Aufhebung der Straffolge nach sich. In 2 Makk 9 soll der Kontrast zwischen
den wortreichen und weitreichenden Ankündigungen des reuigen Antiochus
und den auktorialen Bemerkungen über Gottes gerechtes Gericht dessen Un-

---

Bewältigung dieses Einflusses noch nicht entschieden; vgl. die berechtigte Warnung
durch N. Walter, 'Hellenistische Eschatologie', 336 Anm 26 = Sp. 344; vgl. auch L. H.
Feldman, Hengel's Judaism and Hellenism in Retrospect, JBL 96, 1977, 371-382.
N. Walter, a.a.O., 337, hat eine Auflistung der jüdisch-»hellenistischen« Schriften gegeben, die auch bei dieser Kriterienbestimmung in den meisten Fällen in Kraft bleibt.
3 Esr mitsamt der Pagenerzählung, SapSal sowie 2 Makk rechne ich zur distanzorientierten Literatur, wiewohl literarische hellenistische Konventionen in 2 Makk positiv,
in 3 Esr SapSal ironisierend aufgenommen werden. Für die Pagenerzählung in 3 Esr
verweise ich auf die Wiederaufnahme der als captatio benevolentiae zu verstehenden
Μέγας-Akklamation von 3 Esr 4,14 in 3 Esr 4,28 und den ironischen Teil 4,28-32; für
SapSal vgl. auch ohne Kap. 17 allein schon 13,8; 10,10-12; 15,6.8. SapSal 18,13 zieht
ebensowenig wie das „Bekenntnis" in 2 Makk 9,12 die Aufhebung der Straf-Folge
nach sich. Dagegen dürfte die mit 4QOrNab verwandte Bekehrungserzählung Dan 4
LXX, anders als die Lehrerzählung Dan 4 MT, zur kontaktorientierten Literatur gehören (R. Albertz, Der Gott des Daniel, 42). Ob Dan 4 LXX für Dan 4 die Vorlage bildet
(R. Albertz, 76) oder umgekehrt, haben nicht wir zu entscheiden.

47   Die Verpflichtung der jüdischen Akteure auf die alttestamentlichen Vorschriften bleibt
auch in der kontaktorientierten Literatur ohne Abstriche bestehen (vgl EpArist
182.184: Vorbereitung und Durchführung des Gastmahls für die jüdische Delegation
erfolgen nach den Reinheitsgeboten der Thora. Vgl. ferner JosAs 8,5-7; 21,1 sowie
dazu G. Delling, Perspektiven der Erforschung, 154).

48   P. Deselaers, Das Buch Tobit, 274, zu Tobit.

49   Auch in der kontaktorientierten Literatur ist die unbedingte Wahrheit und Überlegenheit der eigenen Religion vorausgesetzt (vgl. Ps.Hekataios, bei Josephus, contra Apionem 1,201-204; Aristobul, bei Eusebius, Praeparatio Evangelica 12,12,6).

50   Vgl. Josephus, Ant 18,284-288.

ausweichlichkeit festhalten und so das Gottvertrauen des israelitischen Lesers bestärken.[51]

3.2.3. Die Israels Identität in der Ausgestaltung der Frömmigkeit des einzelnen festigende Zeit - Das rabbinische Judentum: Die 3. Phase

Im rabbinischen Schrifttum werden unter veränderten Bedingungen - Verlust des Tempels; heidnische Besatzungsmacht; allmähliches Vordringen des Christentums - die Gattungen und Motive aus den Wundertraditionen unter gewissen Wandlungen weitergeführt. In einer Zeit, da die äußeren Verhältnisse Israels nicht mit militärischen Mitteln geändert werden konnten, werden primär Hilfewunder am einzelnen[52], Überlegenheitsaufweiswunder zugunsten der Religion Israels[53] oder Erweiswunder gegenüber einem Spötter[54] von Bedeutung, aber auch normenzentrierte frömmigkeitsmotivierende Wunder.[55] Die geringe Zahl der Admirationsbelege kann theologisch erklärt werden[56].

3.3. Die formgeschichtliche Untersuchung der Admirationen

3.3.1. Vorbemerkungen

G. Theißen hat, wie zu Beginn unserer Arbeit vermerkt, unter dem Begriff der Admiration alle erzählerischen Momente zusammengefaßt, »die ein Staunen, Fürchten, Sich-Entsetzen, Verwundern zum Ausdruck bringen«[57]; wir schließen uns dieser Begriffsbestimmung an.[58] Zusätzlich differenzieren wir nach dem Subjekt und nach der kompositionellen Stellung einer Admiration.

---

51 Für 2 Makk 3 ist zu beachten, daß Heliodors weiteres Schicksal nicht berichtet wird.
52 bBerachot 54a; vgl. hier die Nachwirkung von Ps 107.
53 jBerachot 9,1 (Seerettungswunder wie Jon 1); bAboda Zara 10b.
54 bTaanit 19b/20a.
55 Zum Sabbat vgl. bSanh 65b; zur Konzentration beim Gebet vgl. den Kommentar des R. Chanina in jBerachot 9a; vgl. ferner bHullin 7a.
56 S. u. S. 93.
57 G. Theißen, Wundergeschichten, 78. Beispiele: Lk 9,43a.b.
58 Die Verben des Fürchtens bezeichnen also nur bei absolutem Gebrauch, also ohne Objektsangabe oder folgende Infinitivkonstruktion, eine admirative Reaktion.

Als Subjekt der Admiration kann ein von dem Erscheinen oder Handeln unmittelbar Betroffener gedacht sein oder ein Dritter, und Admirationen können in Anfangs-, Mittel-, Schluß- und Folgestellung begegnen. Die Unterscheidung zwischen Anfangs- und Mittelstellung ist vor allem für Theophanieadmirationen von Bedeutung und ergeht danach, ob die Admiration dem bloßen Erscheinen eines Numens oder auch bereits einem Wort dieses Numens gilt.[59] Die Unterscheidung zwischen Schlußstellung und Folgestellung differenziert vor allem für Wundergeschichten danach, ob die Admiration als Reaktion noch in der Geschichte begegnet, oder als Reaktion auf die Erzählung der Wundergeschichte.[60] Der heuristische Wert dieser Unterscheidung zeigt sich u.a. daran, daß die Divergenz der Beurteilung mehrmaligen admirativen Verhaltens in ein- und derselben Erzählung verständlich wird: Im Generellen kann eine solche Differenzierung nach dem Ort innerhalb einer Perikope verstehen helfen, warum z.B. der Evangelist Markus in der Erzählung vom Seewandel das Erschrecken der Jünger während der Erscheinung Jesu akzeptiert, es dagegen kritisiert, daß sie auch nach den tröstenden Worten Jesu noch außer sich sind[61].

Die Schlußadmiration bezeichnet, um es in griechischer Ontologie auszudrücken, tendenziell die Reaktion auf ein zunächst für seinsverwandt gehaltenes, dann aber als seinsüberlegen erkanntes Wesen, während in der Anfangs- und Mittelstellung das erscheinende Wesen sofort als seinsüberlegen erahnt wird. Daß gerade rabbinische Wundergeschichten so oft ohne Admiration auskommen, kann mit der Reserve gegenüber selbständiger menschlicher Wunderkraft zusammenhängen.[62]

Die Folgeadmiration ist in episodischen[63] Wundergeschichten typisch und kann hier den Abschluß einer Erzählung in der Erzählung markieren und wieder auf die Hauptebene zurücklenken[64], oder sie führt auf eine Nebenlinie, die nicht weiter verfolgt wird, so in Mk 5,20.

---

59   Beispiel für ersteres: Lk 2,9; Beispiel für letzteres: Homer, Ilias 24,359f.; Mt 17,6.

60   Als Schlußadmiration sind Mk 1,27; 2,12 gestaltet, als Folgeadmiration Mk 5,20; 7,37.

61   Mk 6,51f.; vgl. auch Mk 16,8.

62   Vgl. vor allem bBaba mezia 59b, aber auch bBerachot 51b; b Pesachim 114a - Anders als Elia, der von der Witwe zu Zarpath als Gottesmann anerkannt wird, muß sich Honi der Kreiszieher sagen lassen: »Wärest du nicht Honi, hätte ich dich in den Bann getan« (bTaanit 23a).

63   Das Epitheton »episodisch« kennzeichnet die relative Selbständigkeit dieser Geschichten gegenüber ihrem unmittelbaren Kontext, die begründet ist in ihrem suffizienten Aufbau.

64   Plutarch, De Pythiae oraculis 8,397e; De defectu Oraculorum 3,410c.

Unter Berücksichtigung dieser Vierfach-Funktion seien nun die Admirationen überprüft nach semantischem Inventar und pragmatischer Funktion.

Aufgrund ihres Vorkommens in synoptischen Admirationen sind zu untersuchen: ἐξίστασθαι, ἐπλήττεσθαι, θαμβεῖσθαι, θαυμάζειν, ταράσσειν, φοβεῖσθαι, προσκυνεῖν, πίπτειν εἰς πρόσωπον, jeweils mit Derivaten. Θαυμάζειν beschreibt in der Regel die Reaktion auf Fremderfahrung, was für die anderen Verben nicht im gleichen Maße zutrifft.

3.3.2. Admirationen in der paganen Antike

Pagan-antike Parallelen zum neutestamentlichen Admirationsvokabular sind von E. Peterson[65] und, für Philostratos' Vita Apollonii, von G. Petzke[66] zusammengestellt worden, für Plutarch und Lukian von H.-D. Betz[67]; ferner sind die Aufstellungen bei T. R. Dwyer zu vergleichen.[68]

Admirationen fungieren textextern pragmatisch zumeist als Hinweis auf die Realität des Göttlichen, so in Visions- und Auditionsschilderungen[69] in Anfangs- und Mittelstellung, sowie als Reaktion auf den Bericht von ungewöhnlichen Begebenheiten[70] oder Phänomenen[71] in Folgestellung. Dabei kann die Wirkmächtigkeit von Prodigien[72] ebenso bestätigt werden wie die Realität göttlichen Gerichtshandelns[73]; in vergleichbarer Funktion kann eine Admiration auch in Selbstaufweiswundern eines Orakels[74] begegnen. Die Gottheit eines Gottes bezeugen soll die ἔκπληξις als Erschütterung, in der

---

65   E. Peterson, ΕΙΣ ΘΕΟΣ, 193-195, bietet Belege für θαυμάζειν, θαμβεῖν und ἐπλήττεσθαι.

66   G. Petzke, Die Traditionen über Apollonius von Tyana, 189-191, zu den Verben θαυμάζειν, ἐπλήττεσθαι, προσκυνεῖν und προσεύχεσθαι, das allerdings, wie Petzke, 191, selbst weiß, nie auf Jesus angewandt wird. Belege für φοβεῖσθαι und ταράσσεσθαι in der Vita Apollonii fehlen offenbar, vielleicht deshalb, weil von einem direkten Eingreifen eines der olympischen Götter nicht erzählt wird.

67   H. D. Betz, Lukian und das Neue Testament, ders. (ed.), Plutarch's Theological Writings and Early Christian Literature, passim.

68   T. R. Dwyer, The Motif of Wonder, 56-91.

69   Plutarch, De defectu oraculorum 419b (θαυμάζειν). 419c (ἐπλήττεσθαι).

70   Diogenes Laertios 8,68 (ἐπλήττεσθαι).

71   Plutarch, De defectu oraculorum 410c (θαυμάζειν); satirisch verfremdet bei Lukian, Alexander 13 (θαυμάζειν).

72   Plutarch, De genio Socratis 592f (θαυμάζειν), bezogen auf ein divinatorisches Prodigium; Plutarch, De Pythiae oraculis 397e, bezogen auf ein Koinzidenzprodigium.

73   Plutarch, De genio Socratis 567a (ἔκπληξις καὶ δέος).

74   Plutarch, De defectu oraculorum 434e (ἐπλήττεσθαι und προσκυνεῖν).

man das »Du bist« dem Gott in Delphi entgegenruft[75]. Admirationen innerhalb von Wundergeschichten mit Menschen[76] sollen den numinosen Charakter der Tat unterstreichen und fungieren textextern letztlich als Autoritätsaufweis; dasselbe gilt von der Admiration als Reaktion auf die Lehre eines Menschen[77]. Admirationen in Wundergeschichten mit Göttern als Wundertätern können als Gottesaufweis[78] fungieren oder als Autoritätsaufweis zugunsten des von der Hilfe eines Gottes begleiteten Menschen.[79] Das Verwunderungsmotiv leitet gelegentlich eine abermalige Stellungnahme (der Gottheit) ein.[80]

Auch in der antiken Philosophie hat admiratives Verhalten im weiteren Sinne seinen Ort; die einschlägigen Texte enthalten besprochene Admirationen. Das Staunen, das θαυμάζειν, als das Verhalten angesichts einer unerwarteten Konfrontation mit dem Unerklärlichen ist der Anfang des Philosophierens[81], wird von der Philosophie jedoch überwunden[82]; in Platons Ideen-

---

75 Plutarch, De E apud Delphos 394c (ἔκπληξις).

76 PGM IV, 2454f., nach einem Zauber; Apollonius, Vita Apollonii 4,20, nach einem Exorzismus; Lukian, Philopseudes 12, nach einer wunderbaren Säuberung eines Feldes von Schlangen; abdic. 5 nach einer Heilung. Alle diese Belege stehen in Schlußstellung und sind mit θαυμάζειν oder Derivaten gebildet. Vgl. ferner Diodorus Siculus 4,43,1 (Admiration am Schluß eines Seerettungswunders, mit ἐπλήττεσθαι gebildet). Für θαυμάσιος zur Bezeichnung der Taten des Pythagoras vgl. Porphyrius, Vita Pythagorae 25; 28 (D. T. Dwyer, The Motif of Wonder, 62).

77 T. R. Dwyer notiert folgende Stellen aus Philostratos, Vita Apollonii: 1,19.27 (θαυμάζειν); 3,40 (ἐπλήττεσθαι); 4,31.44 (ἐκπλήττειν); 7,36 (θαυμάζειν); dazu noch 4,3; 6,3 mit abweichender Terminologie.

78 Plutarch, De defectu oraculorum, 419d (θαυμαστός). - Bei dem Admirationsbeleg aus W. Dittenberger, Sylloge (3. Aufl.) 3,1168,47, ist die formgeschichtliche Funktion wie die kompositionelle Stellung ungewöhnlich: Der Vater erschrickt (ἐπλήττεσθαι), als das bisher stumme Kind, in Epidauros geheilt, plötzlich zu sprechen beginnt, und fordert seinen Sohn auf, daß er noch einmal spricht; davon wird das Kind gesund. Die Admiration ist Hilfsmotiv in Mittelstellung innerhalb einer Wundergeschichte.

79 Plutarch, De genio Socratis, 580f (θαυμάζειν).

80 Plutarch, De defectu oraculorum, 412c (θαυμάζειν); vgl. dazu Lk 4,22.

81 Platon, Theaet 155d: Μάλα γὰρ φιλοσόφου τοῦτο τὸ πάθος, τὸ θαυμάζειν. Aristoteles, Metaphysik A 2, p. 982 b: διὰ γὰρ τὸ θαυμάζειν οἱ ἄνθρωποι ἤρξαντο φιλοσοφεῖν; vgl. zusätzlich Plutarch, De E apud Delphos 385c. Vgl. für die Neuzeit E. Bloch, Hoffen ... Staunen, 147; 149; der jedoch stärker die Betroffenheit des staunenden Subjektes heraushebt und für den das Staunen nicht in der Vollendung alles Wißbaren überwunden wird, sondern in die Offenheit führt. Das Staunen ist nach E. Bloch, Das Staunen, 215, nicht das von der Philosophie ein für alle Mal zu Überwindende, vielmehr macht es »Metaphysik an jedem Punkt wieder unruhig, gewissenhaft«. Nach M. Forschner, Thomas von Aquin über das Gefühl der Angst, 190, macht die »Angst erschrockener Verwunderung (admiratio)« die Menschen »zunächst sprachlos und urteilsunfähig«; doch gilt auch: »sie erschüttert ... die gedankenlose Selbstverständlichkeit ihrer Lebensführung und wirft sie auf das Grundsätzliche ihres Daseinsverständ-

lehre kann aber die Erinnerung an das Urbild beim Anblick des Abbildes ebenfalls ein admiratives Verhalten auslösen.[83] Zwischen Stoikern und Epikuräern ist das Wirken der göttlichen Vorsehung strittig. In der Stoa wird admiratives Verhalten als Anfang der philosophischen Gotteserkenntnis auf die Wohlgeordnetheit des Kosmos bezogen[84]; dem Sich-Wundern darüber kann das Verwirrtsein bei dem Anblick des Kosmos, dem Erahnen der göttlichen Macht das Erschrecken über die Vorzeichen vorausgehen.[85] Doch staunt der stoische Weise nicht über die Wunderdinge, über die die Menge staunt[86]. Nach epikureischer Ansicht löst das vermutete Wirken der πρόνοια Furcht aus[87], wie überhaupt das epikureische Ideal der ἀταραξία schon in seiner Semantik den Widerspruch gegen admiratives Verhalten enthält. Deshalb gilt solches Verhalten, in dem neutestamentlich bekannten Vokabular beschrieben, öfters als Aberglaube, etwa bei Lukian[88], aber auch, über den Bereich

---

nisses zurück«. In der Kunst kann das Staunen als Folge des richtigen Verstehens benannt werden; vgl. A. Brendel, Nachdenken über Musik, München 1977, S. 43: »Je genauer wir verstehen, um so größer soll das Staunen sein«.

82 Zenon kann nach Diogenes Laertios 7,123 sagen: τὸν σοφὸν οὐδὲν θαυμάζειν τῶν δοκούντων παραδόξων; vgl. auch Plutarch, De Pythiae oraculis 406e. Vgl. aber die Vorgeschichte des Motivs bei Homer, Ilias, 5,601-603: Das Staunen über die Kühnheit Hektors ist unnötig, wenn man erkennt, daß ihm ein Gott beisteht.

83 Platon, Phaidros 251a, mit φρίκη/φρίττειν; 254b mit δείδειν.

84 Cicero, De natura deorum 2,90.94.96.106; dem hier geforderten admirari kann in 2,90 vorausgehen, daß der Anblick des Weltalls verwirrt (conturbare).

85 Cicero, De natura deorum 2,14: quibus exterriti homines vim quandam caelestam et divinam suspicati sunt.

86 Diogenes Laertios, 7,123. »Staunen« wird mit θαυμάζειν, die Wunderdinge werden mit παράδοξα bezeichnet.

87 Cicero, De natura Deorum 1,54: timor; Diogenes Laertios, 10,79.82 φόβος; 10,81.82 τάραχος; Cicero, De finibus 1,62.64: metus; vgl. die mit terrere benannte Wirkung der religiones in Cicero, De natura Deorum 1,86; Lukrez, De rerum natura 3,16. Epikurs Wirken kann als Befreiung bezeichnet werden, Cicero, De finibus 1,14; 1,71; Cicero, Tusc. 1,48; Lukian, Alexander (Schluß); Nach Torquatus führt die epikureische Lehre zur »constantia contra metum religionis« (Cicero, De finibus 1,64).

88 Τρέμειν, ὠχριᾶν (hier auch die Ermutigungsformel μὴ δέδιθι) in den »Göttergesprächen« 20; ταράσσειν Ikaromenipp 13; »Wahre Gespräche« II,41; Pseudoph. 40 (wieder als psychische Folge des Aberglaubens) δείδειν, τρέμειν Ikaromenipp 22; δέος Ikaromenipp 23; θαυμάζειν Philopseudes 12; φρίττειν Philops. 22; Peregr. 39; προσκυνεῖν Peregr. 39. Wo bei Lukian die homerische Religion Gegenabstand satirischer Darstellung ist, lebt selbst die Admiration von Göttern gegenüber Göttern auf (Lukian, Göttergespräche 19, gebildet u.a. mit ἐκπλήττειν und δείδειν; vgl. solche Admirationen bei Homer, Ilias 8,29; 15,34. 167.183 sowie 1,406; 1,568; 20,60.61 [mit δείδειν]). Die Admiration des Gottes gegenüber einem Menschen bei Plutarch, De Pythiae oraculis 27, 408a (vgl. Homer, Ilias 5,352; 8,452), ist ironisch gemeint und soll nicht den Gott, sondern den Menschen herabsetzen.

des Epikureismus hinausgreifend, bei (Ps.-?)Plutarch[89]. Das Verbum ταράσσειν bezeichnet die psychische Begleiterscheinung des Aberglaubens und kann in diesem Sinne bei Lukian, Pseudophiles 40, als - natürlich verweigerte! - Folgeadmiration stehen. Doch war die Unterscheidung zwischen bloßer Admiration und gläubiger Verehrung in der Antike auch außerhalb der Philosophie nicht unbekannt.[90]

Kann sich die Admiration in der Vita Apollonii sowohl auf eine Wundertat oder auf ein übernatürliches Vorherwissen als auch auf die Lehre des Apollonius beziehen, aber auch auf sein äußeres Aussehen oder seine Erscheinung insgesamt[91], so sind Übereinstimmung und Differenz zum Neuen Testament offenkundig: Auch auf Jesu Lehre wird mit Verwunderung reagiert, nicht aber auf sein äußeres Auftreten.

3.3.3. Admirationen im Alten Testament

Das Admirationsmotiv ist bisher noch am ehesten in begriffsgeschichtlichen Untersuchungen etwa zu ירא mit Derivaten zur Sprache gekommen.[92] Die

---

89 Plutarch, Perikles 6,1 (154ef), stellt wie zuvor bereits Arat, Phaen. 32,2 den θάμβος in die Nähe der δεισιδαιμονία; Plutarch, De superstitione 166de stellt φρίττειν, τρέμειν, δείδειν als typische abergläubische Verhaltensweisen zusammen und bezeichnet mit ταράσσειν die Verwirrung als Begleiterscheinung der Deisidaimonie (De superstitione 168f; Perikles 6). φοβεῖσθαι θεούς bezeichnet diese verfehlte Religion insgesamt, und über ihre verderbliche Wirkung sagt Plutarch: ὁ δὲ θεούς δεδιώς πάντα δέδιε (De superstitione 165d). Der Zweck des Atheismus für den einzelnen ist, sich vor solcher Religion zu bewahren: καὶ τέλος ἐστὶν αὐτῇ (scil. τῇ ἀθεότητι) το μὴ νομίζειν θεούς τὸ μὴ φοβεῖσθαι (Plutarch, De superstitione 165b). Daß Plutarch später Apollo-Priester in Delphi wird, hat sicherlich zur Folge, daß die Kritik am Aberglauben bei ihm zurücktritt; φοβεῖσθαι und ταράττεσθαι können denn auch in einem nicht kritisierten Admirationsbeleg erscheinen (Plutarch, De Pythiae oraculis 404a); die ἔκπληξις ist die angemessene Weise, die Gottheit eines Gottes anzuerkennen (Plutarch, De E apud Delphos, 394c). - Daß φοβεῖσθαι im Sinne einer Grundeinstellung von ταράσσεσθαι zu unterscheiden ist, kann auch im Griechentum gesagt werden: Νόμον φοβηθείς μὴ ταραχθῇση νόμῳ (Menander in Comp. Men. et Phil. p. 361).

90 So ist doch wohl der oft zitierte Satz aus Apuleius, Metamorphosen 10,13 zu deuten: Populi mirantur, religiosi venerantur tam evidentem maximi numinis potentiam.

91 Auf das Aussehen sind die Reaktionen in Vita Apollonii 1,36; 4,39 bezogen (θαυμάζειν), auf seine Erscheinung insgesamt das Staunen der Menge in Vita Apolonii 7,31 (ἔκπληξις).

92 J. Becker, Gottesfurcht im AT, AnBib 25, Rom 1965; G. Wanke, Art. φόβος B., ThWNT 9, 1973, 194-201.

erzählte Admiration begegnet am Ende eines Theophanie-[93], eines Gottesaufweis- oder Autoritätenaufweiswunders[94] oder eines Berichtes davon[95]; als Reaktion des Menschen zu Beginn oder während der Theophanie[96], etwa im Jahwekrieg[97], oder Angelophanie[98]; als Reaktion des Menschen auf die Wahrnehmung eines göttlichen Zeichens[99], einer Vision oder Audition[100]; als Reaktion des Menschen nach der Ankündigung eines von Jahwe ausgehenden heilvollen Geschehens wie korrespondierend dazu als Furchtmotiv nach einer Gerichtsankündigung im Rahmen eines epiphanen Geschehens[101]. Das semantische Inventar der Admiration wird neben dem überwiegend in Theophanietexten verwendeten Verbum חרד Qal[102] hauptsächlich durch ירא נפל שחה (erg. על־פנים o.ä.)[103] gebildet, die aber, wie bereits vermerkt, auf

---

93 Gen 28,17; Ex 20,18. Kompositionell an der Stelle einer Schlußadmiration steht auch Ex 14,31.

94 Ersteres 1 Kön 18,39; 2 Chr 7,3; letzteres Lev 9,24; 1 Sam 12,18; 2 Kön 4,37, jeweils in Schlußstellung. 1 Sam 12,18 wird um der in V. 19 folgenden Verschonungsbitte i.S. eines admirativen Verhaltens verstanden. 2 Kön 2,15 dürfte Huldigungsgestus sein.

95 Gen 20,8; Jos 5,1.

96 Zu Beginn der Theophanie Gen 15,12; 17,3; Ex 19,16; während der Theophanie Ex 33,10; 34,8.

97 Vgl. 1 Sam 5,9.11; 28,14; über das Alter und den theologischen Sinn der Jahwe-Kriegs-Vorstellung vgl. die unterschiedlichen Angaben bei H.-D. Preuß, Art. מלחמה, ThWAT 4, 1984, 921 (alte Tradition, »mindestens der Davidzeit« entstammend, Erfahrung der Geschichtsmächtigkeit JHWHs) und J. A. Soggin, Art. Krieg II. Altes Testament, TRE 20, 1990, 23 (spätexilisch/ nachexilisch, Kompensation für den Verlust der politischen Unabhängigkeit), für die urchristliche Neuaufnahme der Tradition vgl. Mk 3,27; Lk 10,18 (H. Hegermann, Art. Krieg III. Neues Testament, TRE 20, 1990, 26).

98 Num 22,31; Jos 5,14; Ri 13,20; 1 Chr 21,16b. Über die heil- oder unheilvolle Bedeutung der Angelophanie ist mit dieser Feststellung noch nichts gesagt.

99 Ex 34,30; nach einem Strafwunder 2 Sam 6,9.

100 Vgl. Ez 43,3fin. sowie die unter frühjüdischen Admirationen verhandelten Danielbelege, in weisheitlicher Literatur vgl. Hi 4,12-16 sowie die Kommentierung bei G. Fohrer, Hiob, 135, und F. Horst, Hiob, 71.

101 Ersteres in Ex 4,31;12,27; Ri 7,15; 2 Sam 7,18; 1 Chr 17,16; 2 Chr 20,18; letzteres in Gen 20,8; 1 Sam 12,18; 28,20.

102 Ex 19,16.18 (v.l., die nach J. Jeremias, Theophanie, 102 Anm 1 zu bevorzugen ist, da das grammatische Subjekt zu חרד, so Jeremias richtig, sonst durchgehend Menschen sind); 1 Sam 14,15; Hi 37,1. Davon abgeleitet ist die Verwendung für die Reaktion der Menschen auf Gottes Geschichtsmächtigkeit in Jes 19,16; 41,5; Ez 26,16.18; 32,10; von Israels Reaktion Hos 11,10f. - Die Hiphil-Belege besagen nie, daß Gott die Menschen erbeben läßt.

103 Das Zerreißen der Kleider, profan eine - dem Hohenpriester in Lev 21,10 verbotene - Reaktion der Erregung, Verzweiflung und Trauer auf einen Unglücks- oder Todesfall, kommt als Bußritus vor u.a. als (erwartete) Reaktion des Frommen auf die Kunde von einer religiösen Verfehlung (Jer 36,24; Esr 9,3.5) oder als Reaktion des in einer prophetischen Gerichtsverkündigung Angesprochenen (1 Kön 21,27; 2 Kön 22,11.19;

diesen Gebrauch nicht eingeschränkt sind. In ca. 2/3 der Belege steht die Admiration allein, wobei die zweigliedrige Form etwas häufiger ist als die eingliedrige. Gelegentlich folgt ein Gebet oder Segensspruch, Admiration und Akklamation sind nur in Gen 28,17; 1 Kön 18,39 miteinander verbunden.

Die besprochene Admiration bezeichnet die unmittelbare Reaktion des Menschen auf ein Offenbarwerden Gottes in Tag-Jahwe-Texten[104], in Theophanietexten[105], Epiphanietexten[106], und in theophanischen Jahwe-Überlegenheitsliedern[107], kann aber auch allgemein die Reaktion des Menschen auf ein geschichtsmächtiges Handeln Gottes bezeichnen, etwa in Texten, die einem Kriegsorakel angenähert sind[108], in Fremdvölkerorakeln[109], in sonstigen Unheilsankündigungen[110] und Heilsankündigungen[111], aber auch in weisheitlichen Texten[112]. Akklamation und Admiration werden (in dieser Reihen-

---

2 Chr 34,19.27; vgl. Joel 2,13), aber nicht innerhalb eines unmittelbar theophanen unheildrohenden Geschehens wie Ex 16; 17; Num 16; 17.

104 Jes 13,7f. מסס Ni, בהל Ni (wie Ps 48,6); תמה (wie Ps 48,6); חיל (unter Geburtsschmerzen leidend) אחז; Jes 21,4 תעה (תעה taumeln); Jl 2,6 קבץ חיל; Nah 2,11 קבץ (wie Joel 2,6); vgl. noch Ez 7,17. Diese Verwendung ist aufgegriffen in der Sequenz »dies irae, dies illa« des Thomas von Celano: »... quantus tremor est futurus...«.

105 Nach J. Jeremias, Theophanie, 106, nur in Hab 3,6; Jes 19,1; Jer 10,10; äthHen 1,5, und auch da nur als Anhängsel zum Aufruhr der Natur, der in den Theophanieberichten der Sinaitradition fehlt; zu nennen ist aber auch Jes 30,31 - zur Kennzeichnung von Jes 30,27-33 als Theophanietext vgl. H. Wildberger, Jesaja, 1215, O. Kaiser, Jesaja, 244. Auch Mi 1 lebt nach W. Rudolph, Micha, 41, von Theophanietraditionen. Vgl. aber auch Nah 1,5.

106 Jes 64,1 (zu dessen Kennzeichnung als Epiphanietext C. Westermann, Das Buch Jesaja, Kapitel 40-66, 313); Hab 3,6f.

107 Ps 46,7; 48,6f., dort in Verbindung mit dem Völkersturm-Motiv. O.a. Gattungsbezeichnung hat U. Sperling, Das theophanische Jahwe-Überlegenheitslied, 429, geprägt.

108 Jes 19,1; vgl. H. Wildberger, Jesaja, 710.

109 Ez 26,16.18; 27,28ff.; 32,10. Sach 9,5. Die Verwendung des Verbums חרד in Ez 26,16. 18; 32,10 rechtfertigt die Klassifizierung dieser Stellen als Admiration.

110 Ex 11,8 שחה; Jes 19,16 חרד. Als Reaktion auf eine Unheilsankündigung gegen Israel vgl. Jer 4,9; Jer 30,5f.; als erwartete Reaktion des Propheten vgl. Ez 21,11f.; חרד außerdem Jes 41,5.

111 Jes 49,7. Als Bitte um solchen Heilserweis vgl. Mi 7,17.

112 Vgl. allgemein Ps 119,161 und Ps 119,120 (dazu H.-J. Kraus, Psalmen II, 1004), sowie einerseits Hi 37,1; Ps 52,8; 64,10, andererseits Ps 40,4. Daß wir in Ps 40,4; 52,8; 64,10 nicht nur den allgemeinen Gedanken der Gottesfurcht, sondern admiratives Verhalten angesprochen sehen, rechtfertigt sich durch den Umstand, daß hier anders als sonst in weisheitlichen Texten das Verbum ירא absolut konstruiert ist, und daß entweder ein Verbum der Wahrnehmung vorausgeht (Ps 40,4; 52,8; jeweils ראה) oder eine subjektidentifizierende Akklamation folgt (Ps 64,10). In Ps 52,8 folgt zudem wiederum ein Verbum der äußeren Reaktion. W. Beyerlin, der 52. Psalm, hat Tradition und Tendenz des Psalmes zutreffend festgestellt (97f.), aber bei seiner Bestimmung von ירא als all-

folge!) in Jes 43,23 parallelisiert. In der besprochenen Admiration kommt im semantischen Inventar das Verbum תמה dazu[113], das an mehreren Stellen mit θαυμάζειν übersetzt wird.

Theologisch hat die Admiration als außersprachliche Verhaltensweise unter der feststehenden Voraussetzung der Einzigkeit des Gottes Israels den Sinn, die Gottheit Gottes und damit die Unterscheidung des Schöpfers von seinen Geschöpfen als dem menschlichen Denken und damit menschlicher Selbstverfügung schon vorausliegende unmittelbare Erfahrung zu bezeugen. Admiration und Akklamation verhalten sich, grob gesagt, zueinander wie fides qua und fides quae, wenn wir von der inner-systematisch-theologischen Problematik der Formel absehen dürfen. Ein Verhalten i.S. einer Admiration kann durchaus als die erwartete Reaktion auf den - natürlich mißlingenden[114] - Selbsterweis fremder Götter bilden (Jes 41,23[115]), aber auch als die von Gott geforderte Reaktion auf sein Tun (Jer 5,22) verstanden werden.

Auch für Israel kann Gottes Heilshandeln an seinem Volk Anlaß zum erschrockenen Erbeben sein[116]. In kompositioneller Stellung vor einer Torliturgie (Jes 33,14a) soll die Admiration den Leser zu einer ernsten Aneignung des in der Liturgie gesagten motivieren. In weisheitlicher Tradition erscheint die Admiration gelegentlich als die dem Weisen angemessene Reaktion auf die Selbstverwirklichung der Gottheit Gottes im Wiederherstellen des Tun-

---

gemeiner Gottesfurcht (32) die Eigenart des Gebrauchs von ירא an dieser Stelle nicht fruchtbar gemacht. Daß hier drei syrische Handschriften statt ירא eine Form von שמח voraussetzen, läßt vermuten, daß diese Abschreiber ירא nicht im Sinn der Gottesfurcht als religiösem Grundverhältnis zu Gott verstanden haben: Dies hätten sie nicht getilgt! In Ps 64,10 dagegen mag die von mehreren Handschriften der Symmachus-Rezension vorausgesetzte Form von ראה statt ירא bloßer Lesefehler sein.

113 Jes 13,8; 29,9; Jer 4,9; Ps 48,6; Koh 5,7; Hab 1,5. In erzählter Admiration begegnet es nur einmal in der profanen Admiration Gen 43,33.

114 In der Gewißheit, daß dieser Selbsterweis nicht gelingt, verstärkt die der Erweisakklamation parallelisierte, an den Schluß gestellte Admiration das spottende Moment (vgl. H.-D. Preuß, Verspottung fremder Religionen, 204). Unter Übernahme der Argumente bei K. Elliger, Deuterojesaja, 172, lesen wir ונרא, nicht ונראה, setzen also das Verbum ירא, nicht ראה, voraus.

115 Diese Denkfigur begegnet auch im christlichen Bereich, vgl. Arnobius, Adv. nationes 1,48: Die Zuhilfenahme äußerer Stoffe durch eine heidnische Gottheit ist non magnum nec admirationis alicuius stupore condignum, denn auch die menschlichen Ärzte heilen so. Für den Menschen ist es nicht entwürdigend, durch eine erlernbare Kunst zu heilen, wohl aber für einen Gott.

116 Vgl. Hos 11,10f. (חרד); Jes 29,23 (ערץ). Umstritten ist, ob sich die Reaktion des Erschreckens in Jes 21,3f.; Hab 3,16 auf die Härte des angekündigten Gerichtes über den Feind Israels bezieht oder auf die Tatsache des Offenbarungsempfanges überhaupt (im letzteren Sinn für Hab 3,16 W. Rudolph, Micha..., Habakuk, 247).

Ergehen-Zusammenhangs im Einschreiten gegen den Frevler oder zugunsten des Frommen. In regelrechter Folgestellung könnte dabei die Admiration Ps 40,4b realisiert sein, wenn sie sich auf V.4a rückbezieht, ferner Jes 21,3f.

3.3.4. Admirationen in frühjüdischer Literatur

Wir erheben im Folgenden den Bestand, das semantische Inventar und die Funktion der neuaufgenommenen Admirationen. Dabei haben wir zu unterscheiden zwischen dem Bestand und den Bestandsänderungen in den Übersetzungsteilen[117] der LXX unter getrennter Erhebung für Dan 4-6 LXX[118], sowie in Nacherzählungen biblischer Literatur und dem Bestand in Neuerzählungen, sei es in den gegenüber dem MT neuaufgenommenen Texten in LXX, sei es in der übrigen frühjüdischen Literatur.

3.3.4.1. Bestandserhebung

In den Übersetzungsteilen der LXX notieren wir an Änderungen die Neueinführung einer Admiration in Gen 2,21; 15,12 sowie 1 Sam 26,12[119], die Tilgung des Gedankens, daß Israel für die Heiden zum Entsetzen wird, in Dtn 28,25.37[120], die ersatzlose Tilgung eines zu erwartenden προσκυνεῖν als Äquivalent für שחה in Jos 5,14, das neu eingeführte Erstaunen der Freunde Hiobs über Gottes Führung in seinem Leben Hi 42,11 LXX, die Neueinführung des »Sich-Verwunderns« der Heiden in Jes 52,15 LXX, innerhalb von Dan 4-6 die Neueinfügung der Admirationen Dan 4,37a LXX; Dan 5,6 LXX sowie die Änderung Dan 6,27 LXX diff MT.

---

117 Unberücksichtigt bleibt hier die generell nicht auszuschließende Möglichkeit, daß nicht eine gewollte Veränderung, sondern ein anderer hebräischer Text die Grundlage für die Abweichungen von LXX sind. Nach den Regeln der Textkritik ist im übrigen auch dann mit bewußten Korrekturen ebenso wie mit zufälligen Änderungen zu rechnen.

118 Zur umstrittenen Literarkritik vgl. R. Albertz, Der Gott des Daniel, 42.76.

119 Diese neueingefügten Admirationen ersetzen das Motiv des Tiefschlafes, in den Genesisbelegen durch ἔκστασις, in 1 Sam 26,12 durch θάμβος.

120 Das Motiv wird in Dtn 28,25 LXX ersetzt durch die Ankündigung der Existenz Israels in der Diaspora, in Dtn 28,37 LXX durch den Gedanken, Israel sei den Heiden dunkle Rede, Gleichnis. Die Korrektur des »Jüngerunverständnismotivs« in Mt 14,33 gegenüber Mk 6,52 hätte ein traditionsgeschichtliches Vorbild. - Die inhaltlich parallele besprochene Admiration Lev 26,32 wird jedoch in LXX unverändert wiedergegeben.

Bei den freien Nacherzählungen biblischer Geschichte außerhalb der LXX sei zwischen alttestamentlich und hellenistisch geprägter Literatur unterschieden; erstere steht voran.

Im Jubiläenbuch werden die Admirationen des Buches Genesis wiederaufgenommen[121], die Admirationen des Exodusbuches entfallen im Zusammenhang mit der generell verkürzten Wiedergabe des Exodusgeschehens; neu ist umgekehrt die Feststellung in Jub 48,12, der Dämonenfürst Mastema habe trotz der geschehenen Wunder Gott die Anerkennung verweigert.

Die Admirationen der Sinaiperikope erscheinen wieder im äthiopischen Henochbuch, auch in den Qumranversionen.[122] In 1QGenAp I,3 findet sich eine gegenüber Gen 6,1-4 neu eingetragene Admiration. In dem auf die Zeit nach 70 zu datierenden Liber Antiquitatum Biblicarum treten Admirationen insgesamt zurück.

In den Nacherzählungen in hellenistischer Stilisierung sind an Schilderungen admirativen Verhaltens vor allem SapSal 17[123] zu notieren, des weiteren bei Artapanos zwei zusätzliche Schlußadmirationen in F 3,24.27 sowie bei dem Tragiker Ezechiel V. 82.221f. Josephus setzt in seinen Antiquitates gegenüber den Genesis-Erzählungen die Admirationen weithin neu[124], während er den Bestand der Exoduserzählungen im Wesentlichen übernimmt und nur gelegentlich Admirationen hinzufügt.[125] Philo baut bei der Nacherzählung von Ex 4,1-9 in VitMos 1,78 das Motiv gewichtig aus.

3.3.4.2. Kontinuität und Veränderung im semantischen Inventar

R. Bultmann hat eine zutreffende Einteilung des semantischen Inventars der Admiration in hellenistische und jüdische Stilisierung gegeben, ersterer rech-

---

121 In Jub 14,13 wird Gen 15,12, in Jub 15,5 wird Gen 17,5, in Jub 27,25 wird Gen 28,16f. wiedergegeben, die Stelle auch mit der Zwischenschaltung des Admirationsmotives.
122 ÄthHen 89,30; auch in 4QHen c/d.
123 SapSal als Ganzes ist zwar unter der Rubrik der neugeschaffenen Texte zu verbuchen, doch dürfen SapSal 11,2-16; 16 - 19 um ihrer Eigenart als Nacherzählung des Exodusgeschehens hier eingestellt werden.
124 Gestrichen werden die Admirationen Gen 15,12; 17,5. Die Furchtreaktion Gen 28,17 verwandelt Ant 1,284 in eine Reaktion der Freude (perixAraw). Neu sind die erzählten Admirationen Ant 1,165 in der Nacherzählung von Gen 12,10-20, Ant 1,334 gegenüber Gen 32,31, sowie die Admirationen innerhalb der Traumberichte des Pharao vor Joseph (Gen 41,17-24) in Ant 2,82.83 und die profane Admiration Ant 2,87.89.
125 Josephus, Ant 2,295 als Reaktion des Pharao.

net er die Verben θαυμάζειν, θαμβεῖσθαι, ἐξίστασθαι, ἐπλήττεσθαι zu[126], letzterer die Wendungen δοξάζειν, διδόναι αἶνον τῷ θεῷ; χαίρειν. Zu ergänzen ist, daß die Wortgruppen φοβεῖσθαι, τρέμειν, προσκυνεῖν, πίπτειν εἰς πρόσωπον im griechischen Alten Testament als Übersetzungen zu den Wortgruppen בהל Ni ירא, פחד, und נפל על־פנים bekannt sind; wo sie in der frühjüdischen Literatur und im Neuen Testament auftauchen, kann auf alttestamentliche sprachliche Gestaltung geschlossen werden. Das gilt auch für die Wortgruppe ταράσσειν in Anfangs- und Mittelstellung[127], die dem hebräischen בהל Ni entspricht. Dagegen verrät ταράσσειν als Schluß- oder Folgeadmiration doch eher hellenistisches Empfinden.

Aus der von Bultmann genannten Gruppe des hellenistischen Admirationsinventars sind am ehesten ἐξίστασθαι und ἔξστασις in den Übersetzungsteilen von LXX anzutreffen[128]; für θαμβεῖσθαι sind die Belege seltener[129]. Das Verbum θαυμάζειν begegnet in besprochenen Admirationen mehrfach in den Übersetzungsteilen der Septuaginta, von Heiden[130] wie von Israeliten ausgesagt[131], spezieller in Jes 41,23 für ירא von der Admiration des israelitischen Menschen, der von der Gottheit eines Götzen überzeugt werden

---

126 R. Bultmann, Geschichte der synoptischen Tradition, 241. Für ἐπλήττεσθαι rechtfertigt sich diese Zuweisung angesichts der Belege Koh 7,16; 2 Makk 7,12; 4 Makk 8,4; 17,16; EpArist 96a.99; Josephus, Ant 2,280; 3,82; 9,58; Artapan F 3,24 von selbst.

127 Tob 12,16; PsSal 6,3; 8,5; 13,5; Est 3,15; StEst A 7f.; D13.16 profan; SapSal 5,2 (neben φόβος und ἔκστασις); 17,3f.9; 189,17; aber auch bei Josephus, Ant 3,80; TestHi 19,1; Substantiv ταραχά bei EpArist 99.

128 Vgl. nur die erzählte Anfangsadmiration Ex 19,16 LXX, die erzählte Schlußadmiration Lev 9,24 sowie die drei erzählten Admirationen in Anfangs- und Mittelstellung, jeweils als Reaktionen der Betroffenen, bei der Schilderung des Gottesschreckens in 1 Sam 14,15 (neben ἐθαμβήθη ἡ γῆ) sowie als neuaufgenommene Admiration, die den tiefen Schlaf (תרדמה) ersetzen soll, in Gen 2,21 und Gen 15,12, hier parallel zu φόβος; vgl. ferner die besprochenen Admirationen (hier für תמה): Jes 13,8 als Reaktion der Heiden, Jes 29,9; Jer 4,9 als Reaktion der Israeliten, in Jer 4,9 neben θαυμάζειν.

129 Das Verbum erscheint in der Septuaginta nur in erzählten Admirationen, in den Profanbelegen 4 Reg 7,15; 1 Makk 6,8, ferner in der Schilderung des Gottesschreckens in 1 Reg 14,15 (MT: רגז) sowie in Dan 8,17f. Θ (LXX hat hier ἐθορυβήθην) als Admiration in Mittelstellung und in SapSal 17,3 als verfehlte Admiration der Ungläubigen. Die Zwölfprophetenrolle 8HevXIIgr bietet zu Hab 1,7 θαμβεῖν statt φοβερός! Das Substantiv θάμβος ersetzt in 1 Reg 26,12 das Wort vom tiefen Schlaf (תרדמה). - Das Substantiv ἔκπληξις ist offenbar erst in den Rezensionen des Aquila und des Symmachus belegt. Das Verbum καταπλήττεσθαι begegnet in der erzählten Admiration Jos 5,1 LXX für מסס sowie bei Josephus, Ant 2,288; 3,38.

130 Lev 26,32 für שמם Qal angesichts des Strafhandelns Gottes an Israel, Jes 14,16 für שגח+ בין Hitp. angesichts des Strafhandelns Gottes an Babel.

131 Jer 4,9; Hab 1,5 (für תמה), angesichts des Strafhandelns Gottes.

»will« (und natürlich nicht wird), und in Jes 52,15 statt נזה Hi als neugesetzte Admiration des heidnischen Zeugen. Erzählte Admirationen mit θαυμάζειν finden sich in der Wiedergabe von Ps 48,6 (MT: תמה) aus dem Munde der Betroffenen, und in jungen Texten, in den Büchern Daniel, Judith[132], 2.-4. Makk. Die Daniel-Belege haben die Reaktion des Menschen auf Visionen oder Träume zum Inhalt[133]; die Belege aus 4 Makk[134] beziehen sich alle auf die Bewunderung der Märtyrer durch die heidnischen Zeugen oder den heidnischen König, während 3 Makk 1,10 die Bewunderung des Jerusalemer Tempels erzählt. Auch die Admiration in der Wunderepisode 2 Makk 1,22 ist mit θαυμάζειν gebildet. Aus dieser Gruppe der erzählten Admirationen sind nur 2 Makk 1,22; Dan 4,19 LXX; Dan 8,27 Θ von Israeliten erzählt, sonst wird θαυμάζειν stets von der Reaktion heidnischer Zeugen gebraucht. Das vermehrte Auftreten dieses Verbums als Admiration, konvergierend mit der vermehrten Realisierung des Zeugen/der Menge im Personeninventar[135] bezeugt die neue Situation, in der Israel sich seiner nichtisraelitischen Umwelt in neuer Dimension bewußt wird: Die Universalität des Gottes Israels wird im Hinblick auf die Heiden als Selbstvergewisserung geglaubt, im Falle eines kriegerischen Angriffes der Heiden militärisch verteidigt und in der Religionsverfolgung im Martyrium bekannt.

Das Admirationsvokabular für die Literatur außerhalb der Septuaginta steht der gewohnten biblischen Terminologie unterschiedlich nahe. Für das Tobitbuch zeigt ein Blick auf Tob 12,16 die biblische Stilisierung[136]; für JosAs und Ezechielus Tragicus trifft die von G. Delling und von N. Walter notierte Beobachtung des engen Anschlusses an die Sprache der LXX[137] auch auf die Formulierung der Admirationen zu, sofern es um die Reaktion auf Gott und seine Boten geht[138]; bei anderen Autoren ist die genannte terminologische

---

132 Hier sind die Belege zumeist profan: Judith 10,7.19 bis.23; 11,15.
133 Dan 4,17 LXX in Schlußstellung, Dan 4,19 LXX in Folgestellung.
134 4 Makk 6,11; 8,5; 9,26; 17,16f.; 18,3.
135 Auch der hellenistische Bereich kennt die Verknüpfung von Reaktionskontrastierung und Wechsel im semantischen Inventar: Bei Apuleius, Metamorphosen 11, 13.14 wird die Reaktion der Menge mit mirari, die der religiosi mit venerari, die des Betroffenen mit stupor wiedergegeben.
136 Es stehen ταράσσειν in Mittelstellung, πίπτειν εἰς πρόσωπον, φοβεῖσθαι.
137 G. Delling, Einwirkungen der Sprache der Septuaginta in »Joseph und Aseneth«, passim; N. Walter, Jüdisch-hellenistische Literatur vor Philon, 120.
138 Der Vergleich des semantischen Inventars zwischen JosAs 14,3 (πίπτειν εἰς πρόσωπον); 14,10; 18,11 (φοβεῖσθαι, πίπτειν εἰς πρόσωπον); 15,12 (χαίρειν) als den Admirationen auf das Auftreten des Engelsfürsten oder des von ihm begnadeten Menschen und den Reaktionen auf das äußere Aussehen eines Menschen in JosAs 18,10;

Bindung nicht im gleichen Maße entwickelt, ohne daß man daraus schon auf ein »liberaleres« Selbstverständnis schließen dürfte.[139] Josephus verwendet weitgehend das auch neutestamentlich bekannte semantische Inventar.[140]

3.3.4.3. Die theologischen Funktionen der frühjüdischen Admirationen

Die alttestamentlichen Anwendungsmöglichkeiten der Gliedgattung »Admiration« bleiben auch in der frühjüdischen Literatur im Wesentlichen erhalten. Hierzu gehört die Admiration als die Reaktion auf Theophanie[141] oder Angelophanie[142], auch in apokalyptischer Literatur[143]. Auch die von Jer 5,22 her bekannte theologische Grundfunktion, die Herausstellung der Gottheit Gottes als des dem Menschen Überlegenen und ihn unbedingt Verpflichtenden, ist beibehalten[144], ebenso die aus Jes 41,23 bekannte Wertung admirativen Verhaltens aufgrund eines Selbstaufweises einer Gottheit als

---

19,4; 20,7; 21,4; 22,7.8 (jeweils θαμβεῖσθαι) zeigt die alttestamentliche Prägung der erstgenannten und die hellenistische Stilisierung der letztgenannten Admirationen. Dieser im Admirationsvokabular sichtbaren Bindung des Verfassers entspricht, daß er die Schranke zwischen Juden und Nichtjuden durchaus ernstnimmt: Aseneth wird erst Proselytin, bevor Joseph sie heiraten kann, und Joseph hält sich als gottverehrender Mann an den Grundsatz, sich vor der Hochzeit des ehelichen Verkehrs mit seiner Braut zu enthalten (JosAs 21,1). Für drei der vier Admirationen im zweiten Teil, nämlich 26,6; 27,10; 28,1, aber auch für die Admiration Aseneths in 16,9 angesichts der Auffindung der Honigwabe trifft unsere Beobachtung jedoch nicht im gleichen Maße zu.

139 Vgl. die Kritik von G. Vermes, Die Gestalt des Mose, 72f., an der Zeichnung des jüdisch-hellenistischen Mosebildes bei J. Jeremias, Art. Μωυσῆς, ThWNT 4, 1942, 856.860.

140 Es seien einige wenige Beispiele genannt: θαυμάσιον Ant 2,82; 2,265; θαυμάζειν 2,274 sowie profan 2,87.89; καταπλήττεσθαι 2,267; 2,288; 3,38; ἐπλήττεσθαι 2,270; ἔκπληξις Ant 2,83; 2,280; 3,82 (angesichts des Gerüchts, daß Gott oft den Horeb besucht); 9,58 ταράσσειν 2,82 (zweimal) 3,80; Bezeichnung des wunderbaren Kommens des Wassers aus dem Felsen als παράδοξον in Josephus, Ant 3,38; vgl. Lk 5,26; φοβεῖσθαι Ant 1, 165; ἐκφοβεῖν 2,82; aber auch περιχαρής 1,284; ἠσθεῖειν 1,334; δείδειν 2,267.295.

141 1QH 3,33f. im Rahmen der Theophanieschilderung 1QH 3,25 36. Die Admiration der Menschen ist auch hier wieder Anhängsel zum Aufruhr in der Natur; vgl. dazu J. Jeremias, Theophanie, 106 (s.o.).

142 Vgl. Tob 12,16 bei der Selbstvorstellung des bis dahin für einen Menschen gehaltenen Raphael.

143 Dan 7,28; 8,17f.27. 10,8f.16 fin.

144 OrManasse 4; Jub 48,12 (Verweigerung); Dan 5,6 LXX (im Unterschied zu seinen sich selbst rühmenden Knechten erschrickt der König - Dan 5,6 LXX ist verhaltenskontrastierend).

selbstverständlicher menschlicher Reaktion[145], des weiteren die mit der theologischen Funktion eng zusammenhängende, aus Jes 33,14a bekannte paränetische Funktion, den Ernst des Zornes Gottes oder seines gebietenden Willens herauszustreichen[146]. Endlich wird die im Neuen Testament fehlende weisheitliche Admiration fortgesetzt, das Erstaunen und Erschrecken des Weisen über Auftreten[147] und Geschick des Gerechten und des Gottlosen[148], über den sich darin äußernden Selbstaufweis Gottes als des Garanten des Tun-Ergehen-Zusammenhanges.

Unter der neuen Situation, auf eine unverständige bis feindlich gesonnene heidnische Umwelt geistig reagieren zu müssen, ergeben sich auch bei der Gliedgattung »Admiration« gewisse Wandlungen und Neuerungen, die teilweise den zu den Wundergeschichten erhobenen parallel sind.

Admiration als Reaktion von Heiden steigert, ähnlich der textintern heidenadressierten Erkenntnisaussage im Gottesaufweiswunder, für den israelitischen Gläubigen als Rezipienten der jüdisch-hellenistischen Literatur das Ansehen der israelitischen Religion und hat somit glaubensvergewissernde Funktion. Anlaß zum Staunen ist das Auftreten des Gottesknechtes/Israels Geschick in Jes 52,15 LXX (θαυμάζειν), eine Rettungstat Gottes[149], ein gegenüber der Vorlage zusätzlich eingefügtes Türöffnungswunder bei Artapanos, F 3, 24[150], das Schilfmeerwunder in EzTrag 221f., die Überlistung der Aramäer (2 Kön 6,8-23) in Josephus, Ant 9,60[151], in JosAs 14,3.10; 15,12; 18,11 das Auftreten des zu dem Gott Israels gehörenden Engelfürsten oder

---

145 Bar 6,4f. Doch sollen sich die jüdischen Gläubigen von diesen Götzen und von dem Verhalten der heidnischen Massen nicht beeinflussen lassen.

1461 QGenAp 1,3 (eine gegenüber Gen 6,1-4 neu gesetzte Admiration!); später Midrasch R. Tanhuma (Midr. Jelammedenu) BeMidbar 7,24.

147 1QH 4,33f.: Der Sänger erschrickt, als Gottlose gegen den Bund auftreten (vgl. 1QH 7,1-5), und führt dies in 1QH 4,34f. auf seine eigene Untreue zum Bund zurück (vgl. 3 Esr 8,68 Esras Trauer wegen der Gesetzesübertretung des Volkes).

148 1QH 10,33f. kennt das Erschrecken הלל III Hithpo und Erzittern פחד, als der Sänger von den Gerichten Gottes an den Helden der Kraft hört; in 1QH 15,20 wird das Motiv nicht als Furchtreaktion, sondern als Erweisansage ausgeführt. Das Motiv wirkt auch in SapSal 5,2; 11,14 ein; die Verwendung des Verbums θαυμάζειν hat im Gebrauch des Substantivs θαῦμα in Hi 17,8; 21,5 (auf das Schicksal des Gerechten bezogen) und in Hi 18,20 (auf das Geschick des Gottlosen bezogen) ihre Vorgeschichte.

149 Das gegenüber Ex 4,1-9 erheblich gesteigerte admirative Verhalten des Mose bei Philo, VitMos 1,78, soll ebenfalls die Geschichtsmächtigkeit des Gottes Israels bezeugen.

150 Das Erschrecken führt textintern nicht zur Anerkennung des Gottes Israels; deswegen erfolgen zwei weitere Strafwunder Moses (F 3,25.26). F 3,24 bezeugt die weltüberlegene Macht, F 3,25.26 die Heiligkeit des Gottes Israels.

151 Das Motiv der Verwunderung des heidnischen Königs ist Zusatz gegenüber 2 Kön 6.

des durch ihn begnadeten Menschen, aber auch der gegenwärtig zu erlebende Vollzug jüdischer Religion in Kult, Zeugnis, Glaubensbewährung und Martyrium.[152] Der Status der Menge als Zeugen auch in der erzählten Admiration hat in 4 Makk 17,13-16 eine besondere Funktion: Hier wird mit Hilfe dieses Motives das Martyrium Eleazars zum „Schauspiel vor der Welt": Eleazar προηγονίζετο ... ὁ τύραννος ἀντηγονίζετο; ὁ δὲ κόσμος καὶ ὁ τῶν ἀνθρώπων βίος ἐθεώρει; ... τίνες οὐκ ἐθαύμασαν τοὺς τῆς θείας νομοθεσίας ἀθλητάς; τίνες οὐκ ἐξεπλάγησαν; durch die vorgängige Erwähnung des κόσμος sind in dem Fragesatz τίνες οὐκ ἐθαύμασαν die τίνες nicht mehr nur die Zuschauer des damaligen Geschehens, vielmehr alle, die davon erfahren; faktisch ist die Wirkung der Folgeakklamation erreicht.

Umgekehrt leistet die Admiration polemische Dienste in der Abwertung des Heidentums: Der Unverstand der Heiden kann in SapSal 17 durch Erzählung eines vom Anlaß her begründeten, aber am falschen Gegenstand orientierten admirativen Verhaltens aufgewiesen werden[153], während die Rechtfertigung des Israeliten gegenüber dem Unverständnis und der Ablehnung seitens der Heiden in SapSal 11,14 durch deren Admiration erfolgen kann. Dabei muß auch die jüdische Religion gegen ein mögliches Mißverständnis des »sich vor Gott Fürchtens« abgegrenzt werden; das Furchtmotiv wird in Dan 6,27 LXX und Josephus, Ant 1,284 getilgt; Dan 6,27 LXX spricht vom προσκυνεῖν und λατρεύειν statt vom τρέμειν und φοβεῖσθαι; Josephus, Ant 1,284 wandelt Gen 28,17 in eine Freudenreaktion um.

Auch die genannte Tilgung einiger Admirationen läßt sich theologisch begründen: Daß das προσκυνεῖν als Äquivalent für שחה gegenüber dem Fürsten des Himmelsheeres entfällt, könnte durch das Motiv der Wahrung der Gottheit Gottes bedingt sein, während das Motiv, daß sich Israel grundsätzlich

---

152 Auf den Ornat des Hohenpriesters ist die Admiration EpArist 96.99 (V. 96 zweigliedrig, V. 99 viergliedrig!) bezogen, auf die schlagfertige Antwort der jüdischen Gesandten EpArist 295f., auf die Tapferkeit der jüdischen Märtyrer: 2 Makk 7,12; 4 Makk 6,11; 8,4.5; 9,26f. 17,16f.; 18,3. Das in Hi 42,11 LXX diff MT neu eingebrachte Staunen über die göttliche Führung in Hiobs Leben läßt die Anfechtung eines von Leid gekennzeichneten jüdischen Lebens in der Diaspora erahnen.

153 Zu der Orientierung am falschen Gegenstand vgl. SapSal 17,6.9.19. SapSal 17,12 läßt fragen, ob neben Ps 53,6aα nicht auch das, was wir vorhin über die bei kritischen Philosophen des Hellenismus unterstellten Zusammenhänge zwischen Admiration und Aberglauben erhoben haben, für den Verfasser der SapSal vorauszusetzen ist, der dann in der Überzeugung schriebe, die Heiden mit ihren eigenen Waffen zu schlagen. Der unüberhörbare Spott über das Verhalten der Ägypter, etwa in SapSal 17,9, legt für mich nahe, die Weisheitsschrift insgesamt zur distanzorientierten Literatur zu rechnen.

seiner Gottverbundenheit gewiß ist, wohl die genannten Änderungen zu Dtn 28,25.37 bedingt haben dürfte.

3.3.5. Admirationen in der rabbinischen Literatur

Daß Admirationen in der rabbinischen Literatur so selten begegnen, liegt an der didaktischen Abzweckung vieler Wundergeschichten, die eher eine versprachlichte Stellungnahme nach sich zieht, sei es als Akklamation, sei es als Eulogie, sei es als Kommentar eines Rabbinen.

In der Mechiltha wird zu Ex 12,27 die Reaktion des Volkes, das Sich-Verneigen und Sich-Bücken als Reaktion des Dankes für eine gute Botschaft erklärt. Zu Ex 19,16 »Und es erschrak das ganze Volk...« heißt es nur: »Das lehrt, das sie erbebten.« Ähnlich wird zu den Worten »Und es sah das Volk und sie bewegten sich.« Ex 19,18 erklärt: Unter 'Sichbewegen' (נוע) ist nur Erbeben (דיע) zu verstehen, wie es heißt (Jes. 24,20): 'Es bewegt sich, bewegt sich die Erde wie ein Trunkener.'« Im Sifre Numeri sind Num 16,22; 17,10; 22,31 nicht ausgelegt.

Im Midrasch Tanhuma B. R. Tanhuma über die Tora, genannt Midrasch Jelammedenu wird admiratives Verhalten gelegentlich entweder übergangen[154] oder, etwa zu den Worten »Wie furchtbar ist diese Stätte« in Gen 28,17, allegorisiert[155]: »Gott zeigte Jakob das Heiligtum gebaut (wie furchtbar), zerstört (hier ist nichts) und wiedergebaut (Nichts anderes als Gottes Haus)«; ähnlich wird die in Ex 34,30 zur Admiration führende glänzende Haut auf Moses Angesicht allegorisiert: Sie wird zum Sinnbild dessen, daß die Weisheit des Menschen Antlitz erleuchtet[156]. Doch sind im Abschnitt Bemidbar auch einige Admirationen zu erwähnen: Die Verwunderung der moabitischen Fürsten dient in der Nacherzählung der Bileamsperikope (Bemidbar VII,13) als zusätzlicher Hinweis auf das Wirken Gottes; die Erschreckensadmiration als Reaktion auf eine unbewußt begangene Sünde (Verunreinigung mit Schweinefleisch) in Bemidbar VII,24[157] will die Gültigkeit der Speisegebote der Thora einschärfen. Joh 4,48 vergleichbar ist eine Simon ben Lachisch zugeschriebene Äußerung in Bemidbar III,6: »Ein Proselyt, der übertrat, ist mehr

---

154   So I,21 in der Paraphrase zu Dan 3,21.27.
155   VII,9 zu Gen 28,17, mit Hinweis auf Jes 52,8 (H. Bietenhard, 164).
156   bemidbar VI,16, mit Verweis auf Koh 8,1.
157   Gebildet mit בהל und פחד.

geliebt als die Israeliten, die am Sinai standen. Warum? Weil, wenn sie die Blitze und die Berge nicht gesehen hätten, die erbebten, und den Schall der Posaunen (nicht gehört hätten), hätten sie sie nicht angenommen. Aber dieser, der nicht eines von allen gesehen hat, kommt und übergibt sich dem Heiligen, g.s.er! und nimmt auf sich das Reich des Himmels.«

3.3.6. Ertragssicherung

Die häufige Herausstellung admirativen Verhaltens der Volksmenge gegenüber dem Lehren und Wirken Jesu dient nach pagan-antiker wie nach alttestamentlich-frühjüdischen Analogien dazu, die Präsenz Gottes in Jesus Christus herauszustellen. Ein admiratives Verhalten der von Gottes Handeln nicht Betroffenen begegnet im alttestamentlich-frühjüdischen Bereich zunächst in besprechenden, dann erst in erzählenden Texten; zumeist sind es Heiden, von denen dieses Verhalten ausgesagt wird. Wird durch dieses Verhalten der Heiden Gottes Gottheit bezeugt, ist das für den jüdischen Leser ein Hinweis auf die Überlegenheit seines Glaubens. Daß ein admiratives Verhalten wie in Mk 6,52 als Unglaube qualifiziert werden müßte, begegnet in alttestamentlich-frühjüdischer Tradition nur in Ps 76,5 LXX diff MT, sollte also formgeschichtlich gesehen nicht zum Interpretationsschlüssel für die neutestamentlichen Volksreaktionen gemacht werden.

3.4. Die formgeschichtliche Untersuchung der Akklamationen

3.4.1. Vorbemerkungen

Akklamationen werden als besprochene Akklamationen in zentraler Stellung, als erzählte Akklamationen in der Regel in finaler Stellung realisiert. Eine erzählte Akklamation in zentraler Stellung findet sich nur als Bitte des von reinem Strafwunder Betroffenen um Strafaufschub oder -erleichterung (z.B. Ex 9,27f.). Ob die finale Stellung als Schlußstellung oder als Folgestellung realisiert wird, kann an äußeren Gegebenheiten hängen[158], aber auch sachlich

---

158 P.Oxy 11,1382. Der Vollzug einer Heilung im Abaton macht für die Belege aus Epidauros und ähnlichen Stätten eine Schlußstellung der Akklamation unmöglich.

bedingt sein.[159] Die pragmatische Funktion einer Akklamation kann in der paganen Antike, vor allem bei den mit einem bestimmten Heiligtum verbundenen Traditionen, auch von einer Weihetafel, in alttestamentlich-jüdischem Bereich auch von einem Hymnus[160], später auch von dem Kommentar eines Rabbinen zu eigenem oder zu fremden Erleben übernommen werden, vor allem im frömmigkeitsmotivierenden Wunder[161], ferner im Fall des Gottesaufweises von einer Erkenntnisansage. Als Unterart der Akklamation ist die Eulogie zu betrachten, konstituiert durch die Formel εὐλογητός ὁ... , die aber erst in Ps 72,18 zum Kommentar für Gottes Wunderwirken wird, nicht schon innerhalb erzählender alttestamentlicher Texte.[162]

Man kann bei autoritätsaufweisenden Akklamationen zwischen nichttitularen und titularen Akklamationen unterscheiden, letztere gebildet in der grammatikalischen Struktur Subjekt - (Hilfsverb) - titulares Prädikatsnomen. Die titularen Akklamationen sind Statusfeststellungen; je nach dem, ob rangniedere Instanzen einen Status prädizieren oder eine ranghöhere Instanz einen Status zuweist oder vor Dritten festhält, unterscheiden wir zwischen Statusanerkennung, Statuszuerkennung und Statusbeschreibung.

3.4.2. Akklamationen in der paganen Antike

In der paganen Antike fungieren Akklamationen als Gottesaufweis[163] und als Autoritätenaufweis zugunsten eines menschlichen Herrschers[164]. Dabei kann

---

159 Die durch den Einbezug von Mk 7,36 mk-redaktionell in Schlußstellung verschobene Akklamation Mk 7,37 bezeichnet die zusammenfassende Bewertung Jesu durch die missionierende Gemeinde.

160 Vgl. Ex 15; Ri 5; Judith 16,1-17 sowie den Verweis in 2 Chr 20,26.

161 In LAB 25,5 soll der Preis Gottes, der die Übertreter der Thora offenbar macht, den Leser vor solchem Verhalten warnen (vgl. auch LAB 26,6). Die Eulogie in Susanna 60 (= StDan 1,60) erfaßt die einzelne Erfahrung der Susanna als allgemeingültig, ähnlich das Dankgebet Daniels in BelDr 37 (= StDan 2,37); beide Textstücke wollen den Leser zu ähnlichen Vertrauen auf Gottes Hilfe motivieren. Für den Kommentar des Rabbinen vgl. jBerachot 9a (R. Chanina ben Dosa zu eigenem Erleben) und jBerachot 9d (R. Schemuel b. Nachmani zu einer Wundertat des R. Chanina).

162 Klassisch ist die Eulogie auf das von Gottes Fürsorge gelenkte und bewahrte Geschick des Einzelnen bezogen, vgl. 1 Sam 25,32; Ruth 4,14; StDan 1,60, auf ein militärisches Rettungswunder m.W. erst in 2 Makk 15,34.

163 W. Dittenberger, Sylloge 3. Aufl. Bd. 3, 1168, 8-10; P.Oxy 11,1381, 198-202; 11, 1382, 20f.; Aelius Aristides, oratio 48,21; IG 11,1299; vgl. Aristophanes, Plutos 745.

164 W. Dittenberger, Sylloge 3. Aufl. Bd. 3, 1173, 5f.; vgl. dazu M. Wolter, Inschriftliche Heilungsberichte, 153.

die Seinsüberlegenheit der Gottheit staunend als dem Menschen heilvoll zu-
gewandt benannt werden[165]; es kann aber auch (u.a. aufgrund des eben Genannten) die Anerkennung einer Manifestation göttlicher Macht gefordert[166]
oder (allgemein) die Bindung von Menschen an die Gottheit beschrieben[167]
sein. Dazu treten noch Statusfeststellungen[168].

3.4.3. Akklamationen im Alten Testament und im Frühjudentum

Im Alten Testament dient die Akklamation wie funktional parallele andere
Gliedgattungen als Gottesaufweis und wird Israeliten wie Heiden in den
Mund gelegt[169]; daneben tritt ihre Funktion als Autoritätenaufweis zugunsten
des Gottesmannes und des Gotteswortes[170] sowie ihre frömmigkeitsmotivierende Funktion: Sie kann in einer Kultgründungssage die Heiligkeit Gottes
und seiner Offenbarungsstätte thematisieren[171] und hält innerhalb einer Theo-
phanie- oder Angelophaniegeschichte fest, daß der Mensch eigentlich vor
Gottes Heiligkeit gar nicht am Leben bleiben kann[172] - eine Erkenntnis, die
sich nicht in Form einer Admiration, sondern nur in Form einer verbalen Reaktion des betroffenen Menschen zum Ausdruck bringen läßt. Im normenzentrierten Strafwunder dient die Akklamation, als Reaktion des nicht betrof-

---

165 Vgl. den Preis der Wunderkraft bei Aristophanes, Plutos, 748, die Μέγας-Akklama-
     tion bei Aelius Aristides, oratio 48,21, im Anschluß an eine Heilung sowie den Preis
     der Artemis nach einer wunderbaren Wendung des Schicksals zum Guten bei Achilles
     Tatius 7,16,1.
166 Vgl. die Μέγας-Akklamation in P.Oxy 11,1382,20f. - Funktional vergleichbar ist bei
     Plutarch, De defectu oraculorum 434d die Notiz, der zunächst skeptische, dann durch
     das Selbsterweiswunder überzeugte Konsul „bezeugte dem Gott Mopsos seine
     Verehrung".
167 Vgl. die von E. Peterson, ΕΙΣ ΘΕΟΣ, 205, zitierten Inschrift an einem römischen Haus:
     Εἷς Ζεὺς Σάραπις / Μεγάλη Ἴσις ἡ κυρία, oder in der von Peterson benannten
     Gemme aus Kairo, die auf der Vorderseite die Trias Zeus, Asklepios, Hygia zeigt, auf
     der Rückseite die Aufschrift μόνος θηὸς ἐν οὐρανῷ, vgl. ferner Apg 19,28.34.
168 Vgl. die bei E. Peterson, ΕΙΣ ΘΕΟΣ, 205, zitierten Akklamationsrufe Μέγας θεὸς
     Ψάφων und θεός ἐστι Ἄννων (aus Aelian, Variae Historiae 14,30).
169 Ersteres in der Statusanerkennung 1 Kön 18,39; letzteres in Ex 8,15 (durch den Pharao
     nicht anerkannt); 2 Kön 5,15. Funktional vergleichbar ist die Erkenntnisansage, text-
     intern an Israel adressiert in 1 Sam 17,47; an die Heiden adressiert in Ex 14,4.17f.; 1
     Sam 17,46; 2 Kön 19,19.
170 Ersteres in 1 Kön 17,24a; 2 Kön 2,14f. (als Reaktion Dritter auf ein durch den Prota-
     gonisten Elisa erbetenes Erweiszeichen); letzteres in 1 Kön 17,24b.
171 Zu dieser Formbestimmung von Gen 28,11-19* vgl. E. Blum, Komposition, 35.
172 Gen 32,31; Ex 20,19; Ri 6,22f.; 13,21f.; vgl. auch 2 Sam 6,9; 1 Chr 13, 12.

fenen Protagonisten[173] oder als Reaktion des betroffenen Antagonisten[174] erzählt, textintern zunächst zur Einschärfung der jeweiligen Norm für den Leser.

In der Literatur der Zeit des zweiten Tempels kann eine Akklamation neben anderen Gliedgattungen weiterhin die Funktionen des Bekenntnisses zur
Treue Gottes, des Gottesaufweises und der Frömmigkeitsmotivierung behalten, doch spiegeln die hier zu besprechenden Texte wenigstens teilweise eine
veränderte Bewußtseinslage: Israel weiß sich im Inneren als in der JHWH-
Verehrung konsolidiert[175], aber gleichzeitig von außen eben um der alleinigen
JHWH-Verehrung willen bedroht. Entsprechend gibt es Veränderungen in der
textinternen Zuweisung der hier zu diskutierenden Aussagen an israelitische
oder an heidnische Sprecher.

Da, wo die Treue Gottes zu seinem Volk in der Anfechtungssituation ge-
rühmt wird, etwa im militärischen Rettungsgeschehen, können auch weiterhin
Israeliten als Sprecher fungieren.[176] Dagegen wird, wie schon betont, 1
Kön 18,39 in LXX von einer Entscheidungs- zu einer Vergewisserungsakklamation umgewandelt[177], eben weil keine reale Entscheidungssituation
mehr gegeben ist. Der Aufweis des Gottes Israels als des einzig wahren Gottes erfolgt häufiger als Eingeständnis oder Bekenntnis seitens der Heiden:
Der Adressat von Konkurrenzwundern ist nicht mehr Israel wie in 1
Kön 18,39, sondern der Heide[178], und gerade das Bekenntnis nichtjüdischer

---

173 Lev 10,3; 2 Makk 12,39-41; vgl. Num 17,27f.
174 Ex 8,4; 9,27f.; 10,16f.; Num 12,11f.; 21,7b; 1 Kön 13,6; 2 Makk 3,31-33; vgl. Num
     11,1-3; 2 Kön 1,13f. sowie im Neuen Testament Apg 8,18-24. Ein Demonstrations-
     wunder gleicher Funktion liegt in 1 Sam 12,19 vor. Diese Reaktion ist in den genann-
     ten Texten Bitte des betroffenen Antagonisten an den Protagonisten um Strafaufschub
     oder Straferleichterung; dieser Bitte wird entsprochen. Insofern ist der erzählte Ge-
     schehenszusammenhang Autoritätsaufweis zugunsten des Protagonisten. Doch soll die-
     ser Autoritätsaufweis nur klarstellen, daß die kritisierte Position tatsächlich eine ver-
     fehlte Position darstellt, hat also textextern eine normenlegitimierende Funktion. Für
     den jüdischen und christlichen Leser zweitrangig ist demgegenüber, ob der Antagonist
     im Anschluß daran sein gegen den Gott Israels gerichtetes Verhalten dauerhaft ändert
     oder nicht (so zumeist, vgl. die Belege aus Ex 8 - 10).
175 Zwar scheint es auch in nachexilischer Zeit noch Verehrung fremder Götter in Israel
     gegeben zu haben (vgl. E. Zenger, Das Buch Judith, JSHRZ I 6, 489, Anm 18c), doch
     verlagern sich die Auseinandersetzungen auf die Frage nach der angemessenen Defini-
     tion wahren Judentums.
176 1 Makk 4,33; 2 Makk 15,34 (Eulogie); vgl. Judith 13,11.14.17.- Das textkritisch unsi-
     chere Judith 9,14a ist, wie V. 14b nahelegt, wohl ebenfalls israeladressiert.
177 G. Theißen, Wundergeschichten, 161, nennt ἀληθῶς eine »Beteuerungsformel«.
178 BelDr 18.41. - Zu 1 Kön 18,39 LXX diff MT s.o.

Menschen erweist wirkungsvoll die Überlegenheit der eigenen Religion[179]. Geformt werden kann dieser Aufweis als Tatsachenfeststellung wie in 3 Makk 7,6, oder als Statusanerkennung wie in Dan 2,47; 4,34 oder als Selbstverpflichtung zur missionarischen Verkündigung (2 Makk 3,36; 9,17). Das aus 2 Kön 5,15 bekannte Motiv der Absage an andere Götter ist in Ex 8,6 LXX diff MT zusätzlich eingetragen, ähnlich in der Nacherzählung von 1 Kön 18,39; Dan 6,26f. durch Josephus, Ant 8,343; 10,263.[180] Daß hierbei Ex 8,6 LXX; Josephus Ant 8,343 jüdischen Sprechern in den Mund gelegt ist, verdankt sich zunächst den jeweiligen Textvorlagen, widerspricht aber auch inhaltlich unserer obigen Analyse nicht: Das jüdische Volk hat textextern bei Josephus 8,343, textintern in Ex 8,6 LXX eben diese Erkenntnis den Heiden voraus, Mose ist in Ex 8,6 LXX der Belehrende.

Der Autoritätsaufweis als Statuszuerkennung, alttestamentlich außerhalb eines Wundergeschehens in 2 Sam 7,78 bezeugt, lebt in äthHen 71,14 auf im Rahmen einer visionären Schau.

Innerhalb der frömmigkeitsmotivierenden Akklamationen ist die Weiterführung gewisser Motive zusammen mit der Tendenz zur theologischen Präzisierung zu beobachten. 1QH 7(15*),20 nimmt das Motiv von Ps 40,4; 52,8 auf, formuliert es aber nicht mehr als Admiration, sondern als Akklamation; ausschlaggebend dürfte der Wunsch nach größerer theologischer Klarheit sein.[181] Weitergeführt, wenngleich quantitativ reduziert, wird auch das Motiv, daß der Mensch am Leben bleibt, obwohl er Gott sieht[182]. Daß nicht die

---

179 SapSal 18,13; 2 Makk 3,36; 9,17 (als Erkenntnisansage auch 2 Makk 15,24); Dan 3,98-100/31-33; 3 Makk 7,2.6 nach einem Strafwunder; Dan 2,47 nach einer Traumdeutung; Dan 3,28 nach der Bewahrung der Israeliten in der durch den König selbst veranlaßten Strafmaßnahme; Dan 4,34 nach einer befristeten Bestrafung heidnischer königlicher Hybris (ähnliches kann man auch für 4QOrNab vermuten); 1 Makk 4,11 als textintern heidenadressierte Erkenntnisansage innerhalb der Feldherrnansprache vor der Schlacht; vgl. die besprochene Akklamation 1QGenAp XX,15f. als Motivation in der Bitte Abrahams an Gott, ihm Recht zu verschaffen. Auch die Admiration fremder Völker aufgrund des Heilshandelns Gottes an Israel wird in Bar 2,15 zur Erkenntnisansage umgewandelt; das Heilshandeln Gottes an Israel soll auch nach 2 Makk 1,27 die Heiden zur Anerkennung Gottes führen.

180 Vgl. außerdem Dan 6,28 LXX diff MT.

181 Ob text*intern* diese Erkenntnisansage israel- oder heidenadressiert ist, läßt sich nicht feststellen. Textextern ist sie israeladressiert.

182 Das Ausmaß dieser Rezeption ist m.E. nicht von der alttestamentlichen oder hellenistischen Stilisierung der jeweiligen Schriften abhängig: Rezipiert werden Ex 20,19 in LAB 11,14, dort i.S. von Gen 32,31 gedeutet, und Ri 13,22 in LAB 42,10 und bei Josephus, Ant 5, 284. Dagegen entfallen Gen 32,31; Ex 20,19 bei Josephus, Ant 1,334; 3,93, wie auch zu Ex 33 offensichtlich eine erzählerische Parallele fehlt; von dem Ne-

Furcht vor dem Numinosen, sondern die Vermeidung der Sünde das Kennzeichen wahrer Frömmigkeit darstellt, ist der Sinn der Überarbeitung von Num 16,34 in LAB 16,7: Der Furchtreaktion der Menge[183] hält Mose i.S. v. Num 16,26 die Anweisung entgegen, sich nicht mit den Sünden der Rotte Korah zu verbinden. 2 Makk 12,39-41 ist Akklamation in einem normenzentrierten Strafwunder, das für den frommen jüdischen *Leser*, für den der Götzendienst keine Versuchung darstellt, *jede* Gebotsübertretung sanktioniert.[184]

In rabbinischer Literatur wird ebenfalls das Anliegen der Selbstvergewisserung Israels durch ein heidnisches Bekenntnis weitergeführt[185]; daneben begegnet eine Akklamation als Autoritätsaufweis[186], doch zeigt jBerachot 9a, wie ein Wunder nicht eigentlich die Autorität eines Menschen aufweisen, sondern zur Frömmigkeit motivieren soll: Dasselbe Geschehen (der plötzliche Tod einer Giftschlange, die R. Chanina ben Dosa gebissen hatte) dient »den Leuten« als Autoritätsaufweis zugunsten des R. Chanina, ihm selbst jedoch als frömmigkeitsmotivierendes Wunder, mit dem er seinen Schülern die Konzentration beim Gebet nahebringen will.

3.4.4. Akklamationen im Neuen Testament

Manche der neutestamentlichen Akklamationen sind verbalisiertes Staunen über die Kraft des Wundertäters, hellenistisch stilisiert.[187] Anlagerungen eines Chorschlusses an die Heilung eines Einzelnen im frühen Judentum bisher sind mir bisher nicht bekannt, dafür im hellenistischen Bereich. Doch ist damit eine heidenchristliche Herkunft solcher Geschichten nicht pauschal

---

beneinander Gen 28,16f. wird bei Josephus, Ant 1,284 und in Jub 27,25 nur auf V. 16 Bezug genommen, obwohl in Jub 27,25 die erneute Redeeinleitung von Gen 28,17 erhalten geblieben ist. Ri 6,22f. fehlt bei Josephus 5, 213f.; LAB 35. Gen 32,31 entfällt im Jubiläenbuch mit der ganzen Geschichte Gen 32,23-33.

183 In LAB 16,7 fürchtet sich das Volk nicht mehr davor, daß sich das Strafwunder auch an ihm vollziehe: das Volk flieht nicht wirklich, sondern sagt lediglich, man könne hier nicht mehr bleiben.

184 Vgl. zusätzlich LAB 25: Die Eingeständnisse der durch Losorakel überführten Sünder heben die Straffolge nicht auf, wirken aber als 'narrativer Lasterkatalog' warnend auf die Leser.

185 jBerachot 9,1 nach einem Seerettungswunder (vgl. Jon 1,16); bAboda Zara 10b nach einer Totenerweckung.

186 bBerachot 34b (der Synchronievermerk, der die Gesundung des Kranken explizit mit dem Wirken R. Chaninas verbindet).

187 Mk 1,27*; 7,37bβ.

nachgewiesen: Für Mk 1,23-27 widerrät das die Anrede seitens des Dämonen Mk 1,24, und generell konnten auch die im Mutterland Israel erzählten Wundergeschichten, bedingt durch den damaligen kulturellen Austausch, in Motiven und Formen hellenistisch beeinflußt sein[188]. Wichtiger ist, daß gerade die redaktionellen Zusätze an diesen Erzählungen in Hinsicht auf alttestamentlich-frühjüdische Anliegen formuliert sind. In den meisten anderen Fällen ist ohnehin ein alttestamentlich-jüdischer Hintergrund bestimmend, für die nicht-titularen wie für die titularen Akklamationen. Das Konkurrenzmotiv i.S. v. 1 Kön 18,39 MT; Dan 3,96 LXX fehlt vollkommen; offenbar wurden die meisten neutestamentlichen Wundergeschichten in einem Milieu erzählt, in dem die Israel-Bindung des Wundertäters wie der Tradenten nie in Frage stand.

Pragmatisch als Aufweis der Treue des Gottes Israels fungieren die älteren Belege für die Aussage, daß in Jesus Gottes Macht am Werk ist[189], und die frühen Belege dafür, daß Gott um der Wundertat Jesu willen gelobt wird.[190] Autoritätsaufweisend sind einige der nicht-titularen Akklamationen: In Mk 1,27 legt das die Semantik, in Mk 7,37a die Anspielung auf Gen 1,31 nahe. Autoritätsaufweisend sind ferner alle titularen Akklamationen, die z.T. schon durch ihre Semantik den alttestamentlich-jüdischen Hintergrund bezeugen[191] und insgesamt der Einordnung Jesu in das Heilshandeln des Gottes Israels

---

188 R. Bultmann, Geschichte der synoptischen Tradition, 146.

189 Lk 5,26; Lk 7,16b. In Mk 7,37a ist dasselbe Motiv jedoch durch die Anspielung auf Gen 1,31 Autoritätsaufweis.

190 Mk 2,12; Lk 17,15. Daß die Formel εὐλογητός ὁ... innerhalb der Wundererzählung fehlt, mag Zufall sein. - Das Motiv hat in lk-redaktioneller Verwendung legitimierende Funktion. - So kann wie folgt zu dem Verweis auf Ps 107,21f.31f. als Vorbild der neutestamentlichen Akklamationen (R. Kratz, Rettungswunder, 146) Stellung genommen werden: Das Thema „Dank" ist in Lk 17,15 präsent, aber mit geändertem Vokabular, das Thema „Lob Gottes" in Lk 18,43b (dort aber durch den λαός, nicht durch den Geheilten); 19,37 und in Apg 3,8f. Belege für die Verben ἐξαγγέλλειν und ὑψοῦν im Zusammenhang mit neutestamentlichen Wundererzählungen fehlen. Daß auf Ps 107,21f.31f. im Neuen Testament nicht eindeutiger rekurriert wird, liegt m.E. an der autoritätsaufweisenden Funktion der meisten Wundererzählungen. Die altkirchliche Rezeption wäre eigens zu überprüfen.

191 Das gilt für die Titel Prophet (Lk 7,16bα; Mt 21,11; der Titel ist keine Falschaussage, s.u. S. 247-250), Davidssohn (Mk 10,47f.; Mt 12,23), Christus (Mk 8,29). Der σωτήρ-Titel fehlt in den an Jesus gerichteten Akklamationen genauso wie die Gleichsetzung Jesu mit Gott. - Daß der κύριος-Titel in der Jesus betreffenden Akklamation fehlt, obwohl der Titel vor allem bei Matthäus und Lukas häufig im Munde der Hilfesuchenden erscheint und dort als christliche Stilisierung fungiert, ist darin begründet, daß der κύριος-Titel Funktionen Jesu innerhalb seiner Gemeinde bezeichnet und daher von Außenstehenden nicht prädiziert werden kann.

dienen. Im Einzelnen leben die Statuszuerkennung von äthHen 71,14 in Mk 1,11, die Statusanerkennung 1 Kön 18,39 in Mk 8,29[192], die Vergewisserungsakklamation 1 Kön 18,39 LXX in Mk 15,39; Mt 14,33 fort.

Die Zunahme der autoritätsaufweisenden Akklamationen sowie die mehrfach zu beobachtende Erweiterung von frömmigkeitsmotivierenden hin zu autoritätsaufweisenden Wundern können allerdings ein Indiz sein für die wachsende Infragestellung des christlichen Weges. Zwar ist die Trennung zwischen Christentum und Judentum hierbei noch nicht vorausgesetzt, denn Mk 7,37 ist neben Mk 2,10 im Rahmen des gesamten Markusevangeliums ein Beitrag dazu, den Sonderweg der christlichen Gemeinde zu legitimieren, formuliert aber keineswegs die Absage an das Judentum. Auch lassen sich Mk 1,11; 8,29 im Lichte von Mk 13,5f.21-23 und Josephus, Ant 20,97 etc. als innerchristliche Klärungsversuche interpretieren[193] und müssen nicht von sich aus antijüdisch gemeint sein. Gleichwohl kann die zunehmende autoritätsaufweisende Funktionalisierung der Wunderüberlieferungen jüdischerseits als ein Element der unsachgemäßen Verselbständigung der Christologie aufgefaßt werden und, verbunden mit urchristlicher Devianz in zentralen, jüdische Identität betreffenden Fragen, als ein auf diesen Trennungsprozeß hinführendes Element wirksam geworden sein, zumal christlicherseits, wohl aufgrund der Überzeugung von der stattgehabten Auferstehung, der Problemhorizont von Dtn 13,2-6 nicht im Blickfeld lag.

---

192 Daß in der Erzählfolge des Markusevangeliums der Statusanerkennung durch rangniedere Instanzen die Statuszuerkennung durch ranghöhere Instanzen Mk 1,11 vorausgeht (Der Gottessohntitel in Mk 1,1 ist m.E. textkritisch nicht ursprünglich), vermittelt bewußt oder unbewußt dem Leser die Gewißheit, daß das Bekenntnis der Gemeinde zu Jesus als dem Gottessohn nicht auf Täuschung der Gemeinde beruht oder auf einer lächerlichen Selbstprädikation eines Sterblichen (vgl. das bei E. Peterson, ΕΙΣ ΘΕΟΣ, 205, mitgeteilte Beispiel des Psaphon, der sich von abgerichteten Singvögeln zum Gott ausrufen läßt).

193 S.u. S. 167f.

4. Die Reaktion des Volkes nach Markus

4.1. Die Grundlegung redaktionskritischer Exegese

Bewährt sich die Wissenschaftlichkeit der Theologie u.a. in der Entsprechung der Methode zu dem zu untersuchenden Gegenstand, so bedeutet das für die Synoptikerexegese, daß die Gattungsbestimmung mit der Frage nach der angemessenen Exegese verschränkt werden muß.

4.1.1. Das Markusevangelium als kerygmatisches Werk

Die heutige Frage nach dem Kerygma des Markusevangeliums weicht durchaus von der altkirchlichen Evangelienrezeption ab, für die nicht die theologischen Entwürfe der Evangelisten maßgeblich waren, sondern deren Zeugenschaft für die irdische Geschichte unseres Erlösers. Um das Recht unserer anders gearteten Fragestellung erweisen zu können, müssen wir die Bedingungen benennen können, unter denen es zu der altkirchlichen Abweichung von dem unsererseits als historisch behaupteten Selbstverständnis des Markus gekommen ist. Diese Bedingungen lassen sich aber aufweisen; sie treten in nuce im Übergang von der markinischen Selbstbezeichnung εὐαγγέλιον in Mk 1,1 zur lukanischen Fremdbezeichnung διήγησις zutage.[1]

Der vermutlich mk-redaktionelle Vers Mk 1,1[2] muß mit Blick auf den gesamten Markusprolog interpretiert werden. Mk 1,2f. ist wohl nicht zum Fol-

---

1   Εὐαγγέλιον ist wohl noch nicht literarischer Terminus wie später bei Justin, Apologie 1,66,3 (PTS 38, 128, 11), sondern bezeichnet das zu verkündigende Geschehen selbst (W. Marxsen, Evangelist, 100f.; anders G. Arnold, Mk 1,1, 127).

2   In Mk 1,1 ist wohl die Kurzform zu lesen (eine eindrückliche Zeugenliste bietet G. Wohlenberg, Markus, 36 mit Anm 2; vgl. auch P. M. Head, Mark 1.1, 627); die Abschreiber in der Alten Kirche waren eher geneigt, den aus der eigenen kirchlichen Christologie geläufigen Gottessohntitel zu ergänzen als eine Aussage der Heiligen Schrift über die Gottessohnschaft Jesu zu tilgen (so zu Recht R. Pesch, Markus I, 74 Anm a). Darum sollte man die Langform von Mk 1,1 nicht redaktionskritisch mit dem Hinweis auf die Kohärenz zum Gesamtevangelium verteidigen (jüngst wieder Th. Söding, Glaube, 223f.; J. Zmijewski, Prolog, 41f., K. Kertelge, Markus, 16).

genden zu ziehen[3], sondern zu Mk 1,1.[4] Die ἀρχή τοῦ εὐαγγελίου bezieht
sich dann auf den Markusprolog[5], εὐαγγέλιον allein bleibt als Bezeichnung
des markinischen Gesamtwerkes übrig. Mk 1,1 bezeichnet wohl nicht den
Anfang der Verkündigung Jesu selbst[6], sondern aufgrund der christologischen
Zentrierung der Perikopen Mk 1,7f. und Mk 1,9-11 den Anfang der Botschaft
von Jesus Christus[7]. Der Täufer weist in Mk 1,7f. auf den Verkündigten, nicht
auf den Verkündigenden[8], und vollends ist die Taufperikope Mk 1,9-11
ähnlich wie Mk 9,2-9 passive Epiphanie, die für den christlichen Leser von
Anfang an das entschlüsselt, was für die historischen Teilnehmer an der irdischen Geschichte Jesu verborgen blieb[9]. Mk 1,1-15 ist Anweisung an den
Leser, der im folgenden gebotenen, durch Schriftprophetie[10], aktuelle Pro-

---

3   So aber E. Klostermann, Markus, 3; J. Schmid, Markus, 15; W. Marxsen, Evangelist,
    78, die Mk 1,1 als Buchüberschrift analog zu Prov 1,1; Cant 1,1; Koh 1,1 auffassen.

4   Vgl. die sonstige neutestamentliche Verwendung der Formel καθὼς γέγραπται.

5   Von den Bedenken gegen diesen Begriff bei G. Dautzenberg, Zeit, 229-231, teile ich
    die literaturwissenschaftlichen Einwände. Gegen die Parallelisierung von Mk 1,1ff. mit
    Joh 1,1-18 bei R. H. Lightfoot, The Gospel Message of St. Mark, 18, hat L. E. Keck,
    Introduction, 353f., mit der Verschiedenheit der Inhalte, G. Dautzenberg, 230, mit der
    Verschiedenheit der Gattung argumentiert; doch heben beide Argumente die funktio-
    nale Parallelität zwischen Mk 1,1-13(15) und Joh 1,1-18 nicht auf: Für den Leser wird
    geklärt, wer der im folgenden Dargestellte ist (so auch G. Dautzenberg, Stellung, 290,
    zu Mk 1,2-13). Dautzenbergs Insistieren darauf, daß Mk 1,1-15 integraler Bestandteil
    des Markusevangeliums ist, ist unmittelbar mit seiner Deutung von Mk 1,1 verknüpft;
    dazu s.u. Die Bezeichnung »Ouvertüre« (vgl. W. Heitmüller, Johannes, 37; R. Bult-
    mann, Johannes, 1, zu Joh 1,1-18), brächte die Verzahnung von Mk 1,1-15 mit dem
    folgenden besser zum Ausdruck (vgl. E. Lohmeyer, Markus, 9).

6   Th. Zahn, Einleitung, 3. Aufl. II, 169; G. Wohlenberg, Markus, 16; A. v. Harnack,
    Mission, 206; J. Schniewind, Markus, 43; G. Delling, Art. ἄρχω, 481; G. Strecker,
    Evangelium, 215 mit Anm 134; G. Dautzenberg, Zeit, 221-224, mit Hinweis auf
    Mk 1,14. - In der vorkritischen Auslegung zieht aufgrund der vorausgesetzten Gottheit
    Christi auch ein Verständnis i.S. eines genitivus subjectivus nicht eine subordinatiani-
    sche Christologie nach sich; darum kann eine Erörterung des Problems bei manchen
    altkirchlichen Auslegern entfallen, oder beide Deutungen stehen wie bei Beda, Mk,
    CChr.SL 120, 437,23f.31 nebeneinander.

7   J. Schmid, Markus, 15; H. Weder, »Evangelium Jesu Christi«, 401f.; P. Pokorný, Mar-
    kusevangelium, 1986; G. Rau, Markusevangelium, 2056; D. Lührmann, Markus, 31;
    R. Schnackenburg, »Das Evangelium«, 322, der zu Recht auf den Doppelnamen »Jesus
    Christus« verweist. Für G. Dautzenberg, Stellung, 290, greift Mk 1,2-13 hinter den Be-
    ginn der Verkündigung durch Jesus Mk 1,1 zurück.

8   Die Beziehung der ἀρχή auf Mk 1,4-8 erzwingt nicht die Deutung von Mk 1,1 i.S. des
    genitivus subjectivus (gegen W. Feneberg, Markusprolog, 188).

9   Vgl. A. Kuby, Konzeption, 54; L. E. Keck, Introduction, 367; B. van Iersel, P. Schoo-
    nenberg, Die Theologie über die exegetische Detailarbeit, 719.

10 In Mk 1,2f. liegt für Euthymius Zigabenus, Mk, PG 12, 769 B, das beschlossen, was
    Markus über Matthäus hinaus bietet.

phetie und Epiphanie legitimierten Verkündigung des Evangeliums Gottes durch Jesus normativen Charakter zuzuerkennen[11], und die so legitimierte Heilsbotschaft erwartet von ihrem Rezipienten die Bindung auch an das Geschick des irdischen Jesus.[12] Sachlich ist damit die Gattung »Evangelium« möglich, und Markus erhebt mit seinem Werk einen quasi-kanonischen Anspruch.

Lukas subsumiert in Lk 1,1 das Markusevangelium unter die διηγήσεις περὶ τῶν πεπληροφορημένων ἐν ἡμῖν πραγμάτων und greift mit dem Begriff διήγησις einen in der antiken Rhetorik und Wissenschaftssprache beheimateten[13], aber auch in der jüdisch-hellenistischen Literatur bekannten[14] Terminus auf, der in beiden Bereichen seiner pagan-antiken Verwendung die an Geschehnissen orientierte[15] Großform der Erzählung bzw. Darstellung im

---

11 Daß Jesus in Mk 1,1-13 als der Verkündigte, ab Mk 1,14f. als der Verkündigende erscheint, könnte die häufig behauptete Zäsur nach Mk 1,13 begründen. Doch sprechen gewichtige Argumente für den Einbezug von Mk 1,14f. in den Markusprolog, u.a. die Inklusion mit dem Schlüsselbegriff εὐαγγέλιον, auf die theologisch-christologische Betrachtung der Predigt und des Schicksals (παραδοθῆναι Mk 1,14) des Täufers (L. E. Keck, Introduction, 358-363). Ferner wird in der Abfolge Mk 1,7f.9-11; Mk 1,14f. genau die Relation dreier Größen wiedergespiegelt, die sich auch in Mk 1,2f. zeigt: Wie in Mk 1,2f. zwischen dem, für den der Bote der Wegbereiter ist, und dem sprechenden Subjekt unterschieden wird, so verkündigt der Täufer Jesus, Jesus aber das Evangelium Gottes. - Theophylakt, Mk, PG 123, 489 B, notiert Mk 1,9 und Mk 1,16 als Kapitelüberschriften, Erasmus, Paraphrasis in Ev. Marci, 157 A, zusätzlich Mk 1,12, aber nicht Mk 1,14.

12 Damit versuchen wir, das theologische Anliegen der Deutung von Mk 1,1 durch Dautzenberg und G. Strecker aufzunehmen. - Für H. Weder, »Evangelium Jesu Christi«, 401f. ist gerade der Übergang vom Evangelium Gottes zum Evangelium Christi Konstitutivum und einigende Mitte der neutestamentlichen Verkündigung, indem von Gott nicht mehr unter Absehung vom Geschick Jesu geredet werden kann.

13 Für die Verwendung in beiden Bereichen vgl. Apsin. Art. Rhet. P. 692, für die Verwendung in literaturtheoretischer Betrachtung vgl. Platon, Polit 3,392c-398b. Nach L. Alexander, Luke's Preface, 60, hat der Lukasprolog seine Parallelen nicht in der hellenistischen Geschichtsschreibung, sondern in der fachwissenschaftlichen Literatur.

14 Vgl. EpArist 1 siwe 2 Makk 2,32; 6,17; Sir 39,2 (dazu s.u.).

15 Aristoteles, Rhetorik 3,16,11 (1417b) spricht von der διήγησις ausdrücklich als der Rede über geschehene Dinge, nicht über Zukünftiges (vgl. später Irenäus, Adv. Haer. 5,28,3, SC 153, 358, 31f., der die Begriffe διήγησις und προφητεία gegenüberstellt). Nur so wird verständlich, daß bei Philo, plant. 128, die διήγησις der göttlichen Werke als das in sich genügende, keines Zusatzes von außen bedürfende ἐγκώμιον erscheint. - In jüdisch-hellenistischer Literatur kann διήγησις zwar auch eine didaktisch motivierte Erzählung bezeichnen (2 Makk 2,32; 6,17; Sir 39,2), für Lk 1,1 trifft das aber nicht zu (so zu Recht W. C. van Unnik, Once more St. Luke's Prologue, 14); wir ziehen darum die Übersetzung »Darstellung« für Lk 1,1 vor (so schon W. G. Kümmel, Einleitung, 98 und E. Schweizer, Lukas, 76). Auch das Verbum διηγεῖσθαι im Neuen

Gegensatz zur Einzelepisode[16] bezeichnet.[17] Markus hat also nach Lk 1,1 nicht ein kerygmatisches Werk, sondern eine Darstellung geschichtlicher Tatsachen verfaßt[18], in denen das Wirken Gottes zu erkennen war, und die altkirchliche Rezeption hat die Tendenzen des Lukasprologes weitergeführt. Aus einer Interpretation des Jesusgeschehens wurde dessen Quellenbuch, und der an Jesu Nachwirkung zu beobachtende Übergang vom Verkündiger zum Verkündigten wiederholt sich an jener Sammlung von Urkunden, die für ihn zeugt.[19] Mit welchem Recht aber fragen wir hinter die altkirchliche Rezeption zurück nach der markinischen Jesusinterpretation?

Wir fragen nach ihr, weil hier erstmals im Christentum die menschliche Antwort auf Gottes Offenbarungshandeln in Form der zusammenfassenden Darstellung und Aktualisierung des Jesusgeschehens vor uns liegt.

W. Marxsen hat die Verkündigung des Markus scharf aus der Gegenwart des Evangelisten zu sehen gefordert.[20] Damit war die Frage gestellt, woraufhin Markus das Jesusgeschehen aktualisiert, und diese Fragestellung blieb forschungsgeschichtlich wichtiger als Marxsens eigene, häufig kritisierte

---

      Testament hat, wie seine häufige Verbindung mit einem ὅσα- oder einem πῶς-Satz zeigt, die Historizität des Erzählten im Auge.

16   In der antiken Rhetorik wird mit διήγημα eine Einzelerzählung, mit διήγησις ein »umfassend-komplexer Erzählungsablauf« benannt (H. Lausberg, Handbuch, § 1112 S. 534 aufgrund von Hermogenes, Progymnasmata 2,16 und Thomas magister 98 R). Auch manche Geschichtsschreiber bezeichnen mit διήγησις jeweils ihr gesamtes Vorhaben (Polybios, 3,4,1; Josephus, BJ 7,274; Vita 336). In LXX, bei Philo und bei Euseb wird nicht in gleicher Strenge unterschieden, hier kann διήγησις auch i.S. von διήγημα stehen (Ri 7,15; Sir 6,35 u.ö.; Ps 44,15 v.l.; Hab 2,6; 2 Makk 2,24; Philo, De Josepho 94; Euseb, HE 3,39,9). Lukas ist davon aber nicht beeinflußt.

17   Der Begriff hat sich aber nur in der Rhetorik zu einem Gattungsbegriff verdichtet. Dort kann er u.a. den auf das exordium folgenden Teil der ausführlichen (die kurze Zusammenfassung ist die πρόθεσις) Gerichtsrede benennen, in dem (parteiisch) der in der argumentatio zu beweisende Sachverhalt dem Richter vorgelegt wird (Aristoteles, Rhetorik, 1416b; vgl. außerdem Platon, Phaedr. 266e; P.Oxy 12,1468,11). In der Geschichtsschreibung fungiert der Begriff meist als Allgemeinbegriff i.S. von »Darstellung«, »Abhandlung«, u.a. dazu, um von einem Stoffgebiet zum anderen überzugehen (Diodorus Siculus 11,20,1), oder um nach einem Exkurs oder am Ende des Proömiums die (Wieder-) Aufnahme der eigentlichen Darstellung anzukündigen (Polybios, 3,39,1; Josephus, BJ 7,274; Ant 11,68 u.a.; 2 Makk 6,17; am Ende des Proömiums Plutarch, Lykurg I, EpArist 8; 2 Makk 2,32). Als Gattungsbegriff stehen ἱστορία (Polybios, 3,32,10), αἱ ἱστορίαι (Dionysios Halicarnasensis, 1,1,1; Josephus, BJ 1,7.11) und πραγματεία (Polybios, 1,1,5; 1,3,1).

18   M.E. richtig Th. Zahn, Lukas, 55, bei anderen literarkritischen Voraussetzungen.

19   Zu dieser lukanischen Umdeutung gibt Markus insofern ein relatives Recht, als auch bei ihm die Frage, wer Jesus war, normativ wird für die Frage, wer Jesus heute ist.

20   W. Marxsen, Evangelist, 87.

Antwort. Die aktuelle Verkündigungsabsicht des Markus wurde in der Abwehr christologischer Häresien oder eschatologischer Krisen in seiner Gemeinde gesehen[21] oder in der pastoralen Bewältigung von Zweifeln über die Identität Jesu und die Eigenart der von ihm inaugurierten Gottesherrschaft.[22] Doch läßt sich keine durchgehende Polemik gegen eine θεῖος-ἀνήρ-Christologie nachweisen; bei aller Wichtigkeit des Kreuzes behalten die Wunder ihre bleibende Funktion[23] als legitimierender Hinweis, und das Jüngerunverständnis hinsichtlich der Wunder wird nicht mit Hinweis auf das Kreuz beantwortet[24], sondern in Mk 6,52 als Ausdruck ihrer Verblendung verstanden und in Mk 8,14-21 dahingehend getadelt[25], daß die Jünger offenbar noch nicht fähig sind, in Jesus Gott selbst zu begreifen[26]. Dieser legitimierende Aspekt der Wunder ist für Markus ein Aspekt der Selbstvergewisserung seiner Gemeinde, von Bedeutung im allgemeinen angesichts der Verfolgungssitua-

---

21   Ersteres Th. Weeden, Häresie, 238; letzteres D. Lührmann, Markus, 217; N. Petersen, Zeitebenen, 134.

22   R. A. Guelich, Mark, xliii.

23   So zu Recht G. Theißen, Wundergeschichten, 220; F. Watson, Social Function, 52.

24   Mk 8,29 ist nicht biographische, wohl aber sachliche Zäsur (so zu Recht U. Luz, Geheimnismotiv, 221-223, gegen W. Wrede, Messiasgeheimnis, 115-124).

25   Bei Mk 8,14-21 kann man für Mk 8,14.16.17a (R. Pesch, Markus, I, 411; E. Schweizer, Markus, 90f.), für Mk 8,14-16 (J. Knox, Sources I, 56) oder für Mk 8,15 traditionelle Vorgaben vermuten, Mk 8,17-21 ist mk-redaktionell gebildet. Bei der Deutung der Gesamtperikope ist Mk 8,15 durchaus zu berücksichtigen (So zu Recht F. Hauck, Markus, 99; K.-G. Reploh, Markus, 76; J. Gnilka, Markus I, 310). Mk 8,15 muß sich auf der Ebene der mk Endredaktion auf eine den Pharisäern wie Herodes gemeinsame Fehlhaltung zu Jesu Wunderwirken beziehen (J. Schmid, Markus, 150, und R. Pesch, Markus I, 413, dessen inhaltliche Bestimmung ich jedoch nicht teile), die aber auch für die Jünger eine naheliegende Versuchung darstellt. Kern der Warnung ist wohl nicht ein verfehltes Verständnis der Naturwunder als unzweideutiger Epiphanien (so D.-A. Koch, Wundererzählungen, 112), sondern (vgl. Mk 6,14-16; 8,11-13) die verfehlte Zeichenforderung der Pharisäer und die defizitäre Christologie des Herodes (C. Breytenbach, Nachfolge, 198; D. Lührmann, Markus, 130; J. Gnilka, Markus I, 311; Th. Söding, Glaube, 452f.). Die Wunder sind nach Mk 8,15 eindeutig (gegen die Meinung der Pharisäer; so zu Recht R. Schnackenburg, Person Jesu Christi, 48) und einzigartig (gegen Herodes' Reduzierung Jesu auf einen Propheten) und zeugen von der Würde Jesu.

26   Das ergibt sich aus dem Kontext von Jer 5,21, der hier mitzuhören ist (Matthäus hat die Anspielung auf Jer 5,21 gestrichen). Es geht darum, zu sehen, wer Jesus ist (so zu Recht M. D. Hooker, St. Mark, 196), nicht um die offenbarungstheologische gratia cooperans (so F. Matera, Incomprehension, 158f.), auch nicht um die - prinzipiell zutreffende - markinische Einbettung der Wunder Jesu in dessen gesamtes Basileia-Wirken (Th. Söding, Glaube, 453) oder um die ekklesiologische Deutung auf das Unverständnis der Jünger hinsichtlich ihrer eigenen Rolle bei den Speisungswundern (G. Sellin, esoterische Züge, 84).

tion[27], im besonderen angesichts des Treibens christlicher Charismatiker, die sich nach Mk 13,6.22[28] aufgrund von Legitimationswundern als Messias ausgeben, und sich für ihr Auftreten auf eine angebliche Voraussage des irdischen Jesus berufen.[29] Markus bzw. die ihm vorliegende Tradition[30] antworten damit, daß im Sinne von Dtn 13,2 die σημεῖα καὶ τέρατα der Pseudopropheten als Mittel zur Verführung zum Abfall gebrandmarkt werden[31]; entgegen der falschen Berufung auf die Vorausssage des irdischen Jesus weiß der Leser des Markusevangeliums, was Jesus wirklich gesagt hat[32], und er wird in Mk 13,23[33] an eben diese Worte erinnert. Nach dem Auftreten des irdischen Jesus hat seine Gemeinde niemand anderen mehr zu erwarten, der legitim die abschließende Gottesoffenbarung zu verkündigen hätte, und an

---

27 Verfolgung erlebt die Gemeinde offenbar von jüdischen wie von römischen Behörden, die Subjekte des παραδιδόναι werden in Mk 13,9 mit der 3. Ps. Pl., in Mk 13,13a mit dem generalisierenden πάντες benannt, mit den Ausdrücken, die im Markusevangelium zur Bezeichnung auch der Volksmasse verwendet werden.

28 Umstritten ist, ob von Mk 13,6 nur die Worte »ich bin es« (so R. Pesch, Naherwartungen, 111) oder die Worte »in meinem Namen« (J. Gnilka, Markus II, 186) markinisch sind, oder ob Markus den Vers insgesamt aufgrund der Vorlage Mk 13,22 selbst gebildet hat (R. Pesch, Markus II, 277.297).

29 Umstritten ist, ob die Irrlehrer Zeit und Ort der Parusie Jesu ansagen (so U. Schnelle, Einleitung, 241) oder ob sie sich selbst als den wahren Messias bezeichnen (so C. Breytenbach, Nachfolge, 290, mit Berufung auf Mk 13,21f. und mit dem bereits von J. Schmid, Markus, 239, gebrauchten Argument, die Wendungen ἐπὶ τοῦ ὀνόματός μου und λέγοντες ὅτι ἐγώ εἰμι hätten die selbe Referenz), und ob die erstgenannte Wendung sich auf den Messiastitel bezieht oder nicht (im ersteren Sinne J. Schniewind, Markus, 169; W. Marxsen, Evangelist, 116; J. Schmid, Markus, 239; C. Breytenbach, Nachfolge, 289f.; im letzteren Sinne E. Klostermann, Markus, 133; W. Grundmann, Markus, 353; E. Schweizer, Markus, 153; K. Kertelge, Markus, 128).

30 Literarkritisch ist Mk 13,22 umstritten. J. Lambrecht, Redaktion, 170, hielt den Vers für markinisch aufgrund des Rückbezuges auf V 8 (ἐγερθήσονται γάρ) und V. 5b (ἀποπλανᾶν); die Ausdrücke »Pseudopropheten« und »-christusse« seien typisch christliche Bildung. Nach J. Gnilka, Markus II, 194, beweist letzteres nicht, daß die Wendung erst markinisch sein kann; Gnilka, E. Schweizer, Markus, 151, und R. Pesch, Markus II, 297, halten Mk 13,22 für vormarkinisch.

31 Parallelen zwischen Mk 13,5b.6.21f. und Josephus, Ant 20,97f. 167-169; BJ 7,43 sind oft gezogen worden, vgl. J. Schniewind, Markus, 169; W. Marxsen, Evangelist, 116; R. Pesch, Markus II, 298f.; C. Breytenbach, Nachfolge, 327; D. Lührmann, Markus, 223; anders W. Grundmann, Markus, 353; E. Haenchen, Weg, 438-441. In der Tat fehlt die Wendung σημεῖα καὶ τέρατα bei Markus zur Bezeichnung der Wunder Jesu, bei Josephus zur Bezeichnung der Exodus-Wunder.

32 D. Lührmann, Das Markusevangelium als Erzählung, 221.

33 Mk 13,23 gilt »nach verbreiteter Auffassung« (J. Gnilka, Markus II, 195, unter Verweis auf J. Lambrecht, Redaktion, 171f.) als markinisch.

der Bindung an ihn hängt die Identität der christlichen Gemeinde; sein Lehren und Wirken ist maßgebend.

Doch warum greift Markus nicht zur Gattung des Briefes, sondern verwirklicht sein Anliegen in der Form einer aktualisierenden Darstellung der Vergangenheit[34]? Auch hier zeigt die Forschungsgeschichte eine breite Palette von Antworten, u.a. wurden antienthusiastische, antignostische, heilsgeschichtliche Interessen vermutet.[35] Wir versuchen folgende Antwort:

Die mk Jesusdarstellung enthält biographische Gesichtspunkte ebenso wie sie christologisch die Existenz der Gemeinde legitimiert und ekklesiologisch ihre Existenzform normieren will. Mit Hilfe der drei Erzählebenen, der historisch-biographischen, der christologischen und der ekklesiologischen Erzählebene, will Markus den Leser einen Erkenntnisweg führen, den auch die Jünger geführt wurden. Die von Markus angestrebte Erkenntnis ist: Der christliche Leser soll die Legitimität und die Existenzform seines Christseins in Jesu Sein, Wirken und Geschick begründet und präformiert begreifen.[36] Und Markus kann diese Thematik in der Form des Evangeliums darstellen, weil nach seiner Sicht die Geschichte Jesu mit seinen Jüngern zugleich Ursache wie Urbild dieses Erkenntnisweges ist.

Das markinische Geschichtsbild zeichnet Jesus als aufsehenerregenden, aber zu Lebzeiten letztlich unverstanden gebliebenen und gewaltsam zu Tode gekommenen Lehrer und Therapeuten sowie Initiator einer Jüngergemeinschaft. Jesus tritt in Galiläa auf, lehrt und wirkt Wunder und wird durch sie bekannt (Mk 1), hat aber recht bald Auseinandersetzungen mit Gegnern vor-

---

34 Literaturgeschichtlich hat man das Markusevangelium u.a. in die alttestamentlich-frühjüdische Prophetenbiographie (K. Baltzer, Biographie, 184-189; vgl. auch H. Cancik, Gattung, 96-98), in die antike Biographie (D. E. Aune, New Testament, 22), oder die antike romanhafte Biographie (M. Reiser, Alexanderroman, 159), in die antike Historiographie (H. Cancik, Gattung Evangelium, 110), die areatologische Literatur (G. Theißen, Wundergeschichten, 214) eingeordnet. Zur Diskussion vgl. insgesamt G. Strecker, Literaturgeschichte des Neuen Testaments, 139-148 (Lit!). Skeptisch gegen diese Einordnungen A. Dihle, Literatur der Kaiserzeit, 220, der früher die Evangelien als historiographisch orientierte Biographie bezeichnet hatte (A. Dihle, Die Evangelien und die griechische Biographie, 406f.). Gelegentlich werden einige der o.a. Bestimmungen kombiniert, so etwa bei D. Dormeyer, Das Neue Testament, 212.225, der das Markusevangelium als Mischung aus frühjüdischer Prophetenbiographie und antiker Philosophenbiographie bezeichnet.

35 Vgl. E. Käsemann, Sackgassen, 47; ders., Das Problem des historischen Jesus, 195f.; E. Schweizer, Leistung, 163; T. J. Weeden, Heresy, 157; G. Strecker, Literaturgeschichte, 135-137.

36 D. Lührmann, Das Markusevangelium als Erzählung, 222, umschreibt mit »Vergewisserung« und »Normierung« u.E. adäquat das Anliegen des Markus.

nehmlich aus dem Bereich religiöser Sondergruppierungen (Mk 2,1-3,6); im Hinblick auf den von ihnen gefaßten Todesbeschluß beruft er eine Schar von Jüngern, die zu Lebzeiten ihn begleiten und nach seinem Tod sein Werk weitertragen (Mk 3,13-19). Ihm widerfährt Unverständnis auch außerhalb der gegnerischen Kreise, worüber er sich selbst schon vorher durchaus im Klaren ist (Mk 4,1-6,6a); doch er bleibt seinem Auftrag treu und intensiviert sein Werk, vergrößert seinen Aktionsradius und seinen Bekanntheitsgrad (Mk 6,6b-8,26) unter fortdauernder Distanz zu den Führenden seines Volkes (Mk 7,1-23). Bei all dem wird er selbst von seinen Jüngern nicht adäquat verstanden. Ab einem gewissen Zeitpunkt widmet er sich vornehmlich deren Belehrung über seinen bevorstehenden Leidensweg, um den er noch vor dem Todesbeschluß der Gegner weiß[37] und über die von ihm gewünschten Lebensverhältnisse innerhalb ihres Kreises (Mk 9,32-50; 10,17-45). Er zieht aus eigenen Stücken nach Jerusalem und wird dort triumphal empfangen, doch zeigen die weiteren Auseinandersetzungen die Unvereinbarkeit der Standpunkte. In einer letzten esoterischen Lehre legt er einigen ausgewählten Jüngern dar, womit er als Zukunft für sie rechnet. Schließlich stirbt er eines gewaltsamen Todes.

Das markinische Christusbild ist gezeichnet durch die Themen »Jesu Vollmacht« und »Jesu Leiden« in ihrem unauflöslichen Zusammenhang, der in der kreuzestheologisch wie offenbarungstheologisch verstandenen Messiasgeheimnistheorie beschlossen liegt. Das Motiv der dem Leser von Anfang an offenbaren Vollmacht Jesu ist der innere Grund dessen, daß Jesus trotz seines Kreuzestodes als Christus und Gottessohn bekannt werden kann und muß; das irdische Geschick Jesu präformiert die Existenzform seiner Gemeinde. Daß die entscheidende christologische und ekklesiologische Zäsur[38] Mk 8,27 vor der biographischen Zäsur Mk 10,52 zu stehen kommt, soll Jesu wunderbares Vorherwissen betonen[39]. Dieses Vorherwissen hat für den Leser die trö-

---

37   Vgl. die kompositionelle Anordnung von Mk 2,20 vor Mk 3,6.

38   Zur Frage der Gliederung des Markusevangeliums vgl. für die ältere Forschung R. Pesch, Naherwartung (1968), 50ff., für die neuere Forschung vgl. u.a. N. Perrin, Towards an Interpretation of the Gospel of Mark (1971); E. Schweizer, Towards a Christology of Mark? (1977), 20-42, des weiteren die Übersichten von R. Pesch, Markus I (1976), 39f.; H. Baarlink, Anfängliches Evangelium (1977), 75-78; F. G. Lang, Kompositionsanalyse (1977); D.-A. Koch, Inhaltliche Gliederung (1983), und L. Schenke, Aufbau (1986), jeweils mit Literatur.

39   Der Vorschlag von L. Schenke, Aufbau, 60-82, ursprünglich von geographischen Signalen ausgehend, läßt eine zwischen den Teilen Mk 1,1-10,52 (=Teil I) und Mk 11,1-16,8 (=Teil II) symmetrische jeweils fünfgliedrige Grundstruktur erkennen; die im Teil

stende Funktion, daß er auch sein Leiden um Christi willen als in Gottes Willen beschlossen erkennen kann.

Die ekklesiologischen Aspekte des mk Geschichtsbildes und des mk Christusbildes speisen sich ebenfalls aus beidem: aus Jesu Wunderwirken wie aus seiner Passion.

Mk 1,1-8,26 thematisiert die Grundlegung der Gemeinde im vollmächtigen und unwiederholbaren Handeln des Irdischen, Mk 8,27-16,8 ihre gegenwärtige Existenzform, die vom zeitlichen Standpunkt des Irdischen noch in der Zukunft liegt. Auf der Grundlage der von Gott bestätigten und durch Wunder erwiesenen Vollmacht Jesu wird das Recht abgeleitet, daß er für seine Gemeinde neue Normen setzt (Mk 2,1-3,6); damit ist der Sonderweg der Gemeinde legitimiert. Mk 3,13-19 ist Jesu Antwort auf Mk 3,6, Mk 6,6b-13 die Antwort auf Mk 6,1-6a: Jesus hält trotz der erlebten Ablehnung an seinem Auftrag fest und schafft sich eine Gemeinde, die Gottes Werk auch nach Jesu Tod weitertragen soll. Konstitutiv ist, daß die Gemeinde auf Jesu Wort hört und damit Gottes Willen tut; Mk 3,13-19.31-35 ist ihr theologisches Urbild.

In Mk 4 werden die Erfahrungen mit dem verkündigten Wort von Jesus vorhergesagt, die sich im folgenden erfüllen[40]: das Unverständnis der Vielen (Mk 5,17.40a; 6,1-6), das bis zur offenen Feindschaft und für die missionierende Gemeinde bis zum Martyrium[41] führt, aber auch das Problem der ἀπιστία (Mk 4,40) und des Unverständnisses in den eigenen Reihen (Mk 6,52; 7,17f.; 8,14-21[42]). Die Voraussage aller dieser Widrigkeiten durch

---

II geschilderten Ereignisse werden in Teil I »'lehrend' vorweggenommen« (L. Schenke, Aufbau, 77), und ohne Teil II ist auch der Teil I »in seiner jetzigen Anlage unverständlich« (a.a.O., 78). Teil I muß im Lichte von Teil II gelesen, nach Teil II nochmals gelesen werden (a.a.O., 80). So bestätigt der Aufbau des Markusevangeliums für Schenke die kreuzestheologisch und offenbarungstheologisch verstandene Messiasgeheimnistheorie. M.E. jedoch ist die Zäsur vor Mk 8,27 gegenüber dem Einschnitt vor Mk 11,1 höher zu bewerten; L. Schenkes Satz von der lehrenden Vorwegnahme der in Mk 11,1-16,8 geschilderten Ereignisse ist für Mk 1,1-8,26 nicht in gleicher Weise gültig wie für Mk 8,27-10,52.

40 Mk 4 und Mk 13 haben insofern parallele Funktion, als in Mk 4 die Erfahrung der Gemeinde mit dem verkündigten Wort, in Mk 13 die Leiden der Gemeinde jeweils durch eine Rede Jesu vorhergesagt und gedeutet wird. Deshalb setzt B. van Iersel, Markus, 72, in Mk 3,35 eine Zäsur.

41 Vgl. die Anordnung von Mk 6,17-29 nach Mk 6,7-13.

42 Daß in Mk 8,14-21 der Erzähler dem Leser nahelegt, mit Jesus gegen die Jünger zu stehen, hat C. Breytenbach, Nachfolge, 199, richtig formuliert. Doch ist deshalb die grundsätzliche Identifizierung der markinischen Gemeinde mit den Jüngern als einer der Grundsätze redaktionskritischer Exegese nicht verfehlt. Dem Leser wird im Bild

Jesus hilft, die eigene notvolle Gegenwart zu bewältigen. Neben diesen Erfahrungen steht der bleibende Auftrag, an dem Jesus auch nach seiner - für den mk Leser im Gefolge von Mk 4,35-5,43 unverständlichen - Abweisung und nach dem Tod des Täufers[43] festhielt[44]. Daß Jesus, statt zu resignieren, mit der Aussendung der Jünger seine Wirksamkeit vervielfacht[45], erklärt für die nachösterlichen Leser, daß das Evangelium trotz des irdischen Scheiterns Jesu zu ihnen gelangte[46]. Die Heidenmission wird geschichtlich begründet in der Zuwendung Jesu auch an Heiden, theologisch gerechtfertigt durch die Erkenntnis, daß nicht rituelle, sondern ethische Verfehlung den Menschen von Gott trennt (Mk 7). Innerhalb von Mk 8,27-10,52 dominieren ekklesiologisch die Aufforderung zum Leiden und die Regelung gemeindlicher Probleme und Lebensverhältnisse[47], bevor die Gemeinde in Mk 11-12 erfährt, wie sie ihre Gegner theologisch und menschlich einzuschätzen hat, und in Mk 13 über ihre Zukunft belehrt wird.

4.1.2. Tradition und Redaktion - synchrone und diachrone Exegese

Das klassische Verfahren der Redaktionskritik[48], aus der Unterscheidung von Tradition und Redaktion mit Hilfe der Kriterien[49] der literarischen Uneben-

---

       der unverständigen Jünger das Spiegelbild seines eigenen Unverstandes vorgehalten. Der Evangelist hätte die Episode Mk 8,14-21 wohl kaum ohne aktuellen Anlaß erzählt.

43   Historisch richtig wird Herodes als Betreiber der Ermordung des Täufers genannt. Ob Markus intendiert, daß der christliche Leser an Neros Christenverfolgung denkt?

44   Eine ekklesiologische Zäsur liegt nach Mk 6,29 insofern vor, als die Wirkung Jesu auf Außenstehende nun zurücktritt, während das Jüngerunverständnismotiv dominiert.

45   H. Cancik, Gattung, 101.

46   In Mk 5-7 ist gegenüber dem bisher Erzählten eine geographische Ausweitung des Wirkens Jesu festzustellen. Sie ist äußerlich Element der Steigerung und eines der Kompositionsmittel, die Markus als bewußt planenden Autoren ausweisen (H. Cancik, Gattung, 101); sie ist zugleich jedoch ekklesiologischer Vorgriff.

47   In Mk 8,27-10,52 liegt der Schwerpunkt »nicht in der christologischen Belehrung, sondern in der ... ekklesiologischen Paränese« (richtig K. Weiß, Ekklesiologie, 425).

48   Zur Forschungsgeschichte der Redaktionskritik bei Markus vgl. J. Rohde, Die redaktionsgeschichtliche Methode, 98-123; G. Strecker, Redaktionsgeschichte als Aufgabe, passim; C. Breytenbach, Nachfolge, 16-74.

49   Zu unserer Terminologie: Redaktionelle Leistung des Markus umfaßt sowohl die Eigenformulierung als auch die Überarbeitung einer traditionellen Vorlage mit eigenem Vokabular oder die Einfügung eines ihm isoliert oder aus anderem Zusammenhang bekannten Textteils. Anschlußverklammerung bezeichnet die redaktionelle Arbeit an dem Übergang zweier unmittelbar aufeinander folgender Perikopen, Nahvernetzung den

heit im Text[50] und der dahinterliegenden formgeschichtlichen Auffälligkeiten, der Anschlußverklammerung, der Nah- und Fernvernetzung und der kompositionellen Anordnung[51] bei einem Evangelium Rückschlüsse auf dessen Entstehungssituation und dessen Theologie zu ziehen[52], wird gerade bei Markus u.a. aufgrund der divergierenden Ergebnisse hinsichtlich der methodischen Verifikation zunehmend in Frage gestellt: Vor allem in erzählenden Partien ließen sich weder formkritisch noch philologisch die Anteile des Evangelisten von der Tradition mit genügender Deutlichkeit abheben.[53] Bedenken zur theologischen Theoriebildung des Evangelisten schließen sich an: Das Subtraktionsverfahren lasse methodisch nicht zu, daß der Evangelist eine Tradition als Ausdruck seiner eigenen Theologie übernimmt; so werde die Theologie des Evangelisten verkürzt, die Tradition unzulässig abgewertet.[54] Des weiteren widerstreite die Tatsache, daß die Evangelisten Jesu Wirken als sein Wirken in der Vergangenheit beschreiben wollten, der beliebten Tendenz, aus den Evangelien die theologische Situation der jeweils zugehörigen Gemeinden zu erschließen.[55] Der gesicherte Ausgangspunkt unserer Exegese ist, so die Kritik an der klassischen Redaktionsgeschichte, der jetzt vorliegende Text, und der Ausweg aus dem bleibenden Dilemma der redaktionskritischen Markusforschung ist, zuerst nach Bedeutungs- und Funktionszusammenhängen auf synchroner Ebene zu fragen[56], bevor man diachron eine

---

Aufweis gleichartiger Wendungen und Gedanken im näheren Bereich, Fernvernetzung diesen Aufweis über das ganze Evangelium hin. Für unser Thema ist im einzelnen zu prüfen, inwieweit eine hyperbolische Ausdrucksweise der Volksreaktion formgeschichtlich topisch ist, oder inwieweit sie tatsächlich auf einen redaktionellen Zusammenhang im Endtext verweist.

50 R. Bultmann, Geschichte der synoptischen Tradition, 368f.

51 Die Konsensfähigkeit dieses Kriteriums wird bezeugt durch die Liste seiner theologisch ansonsten divergierenden Anwender, vgl. nur G. Theißen, Wundergeschichten, 201; R. Pesch, Markus I, 16.31; K. Berger, Exegese des NT, 215; C. Breytenbach, Nachfolge, 72.

52 W. Wrede, K. L. Schmidt und R. Bultmann haben aufgrund der genannten Kriterien einen gesicherten Minimalbestand mk Redaktion herausgearbeitet, von dem weitere redaktionskritische Forschung z.T. ausgehen konnte, ohne die Klassifizierung dieser Texte als redaktionell erst zu begründen, vgl. z.B. E. Schweizer, Anmerkungen zur Theologie des Markus, passim.

53 P. Dschulnigg, Sprache, 272 u.ö.; A. Lindemann, Erzählung der Machttaten, passim.

54 Vgl. auch die Kritik von C. Breytenbach, Nachfolge, 72, an E. Schweizer.

55 E. E. Lemcio, Past, 1.

56 Dabei konnte auch innerhalb der redaktionskritischen Forschung schon früh der Primat der synchronen Zugangsweise betont werden, vgl. schon G. Schille, Offen für alle Menschen, 13.

mögliche Vorgeschichte des Textes zu erhellen sucht[57]. Aus dem Kriterienkatalog der klassischen Redaktionsgeschichte sind damit allerdings immerhin die Kriterien der kompositionellen Anordnung und der Fernvernetzung als maßgeblich mitübernommen[58].

Andererseits ist die Exegese durch die neueren Fragestellungen an wichtigen Punkten weitergeführt worden. D. Zeller formuliert bereits 1979 als Ertrag der strukturalistischen Erzählanalyse für die Auslegung der Passionsgeschichte Mk 14; 15 u.a., daß sich »das schwerwiegende theologische Problem, wie sich das Handeln Gottes und das Handeln der Menschen in der Passion Jesu zueinander verhalten, jetzt mit Hilfe des Erzähldiskurses selber formulieren«[59] läßt. Narrative Analyse[60] zeigt, wie der Erzähler, der in der synoptischen Tradition den Standpunkt seines Protagonisten Jesus teilt, durch die Zuweisung von Reden und Handlungen an die einzelnen Akteure und durch auktoriale Wertungen und Kommentare ein Bild dieser Akteure bei dem Leser der Erzählung erzeugt, das den Leser vom Standpunkt des Erzählers aus Stellung für oder gegen die einzelnen Akteure beziehen läßt. »By narratively contrasting the appropriate groups and characters, the author constructs the story's meaning«.[61] So läßt sich intuitive Vorahnung über den Geist, in dem eine Erzählung geschrieben ist, in methodisch kontrollierbare Hypothesen überführen.[62] Linguistisch-pragmatische Analyse[63] vermutet, daß »die 'erzählende' Mitteilungsabsicht des Verfassers im Dienst einer als eigentliches Ziel beabsichtigten Wirkung (steht), die beim Empfänger hervor-

---

57   P. Dschulnigg, Sprache, 7; 290, mit Verweis auf W. Richter, Exegese als Literaturwissenschaft, 78; C. Breytenbach, Nachfolge, 73; für die Interpretation der christologischen Titel vgl. E. K. Broadhead, Jesus the Nazarene, 6.18. M. Theobalds Titelformulierung »Der Primat der Synchronie vor der Diachronie« ist sprichwörtlich geworden; zu dieser Forderung vgl. auch H. Frankemölle, Evangelist und Gemeinde, 169f.

58   C. Breytenbach, Nachfolge, 72; D. Lührmann, Auslegung des Neuen Testaments, 118. Auf die bleibende Relevanz der wichtigsten redaktionskritischen Ergebnisse verweist zu Recht C. C. Black, Quest of Mark, 33.

59   D. Zeller, Handlungsstruktur, 226.

60   Literatur: Vgl. F. Hahn, C. Breytenbach (Hg.), Der Erzähler des Evangeliums, 1985, 198-200; R. W. Funk, The Poetics of Biblical Narrative; M. A. Powell, What is Narrative Criticism?, 1990.

61   J. Blackwell, The Passion as Story, 91.

62   An theologischer Relevanz gewinnt narrative Analyse, wenn sie den Standpunkt Jesu als den kennzeichnet, der den Standpunkt des natürlichen Menschen, unseren eigenen vor- und außerchristlichen Standpunkt i.S. des usus legis elenchticus überwindet.

63   Vgl. u.a. W. Egger, Methodenlehre, 133-146.

gerufen werden soll«[64], und fragt nach eben dieser beabsichtigten Wirkung. Die synchrone Frage nach der Kompositionsstruktur[65] hilft, durch Segmentierung sowie durch den Aufweis semantischer Querverbindungen kompositorisch hervorgehobene Perikopen zu eruieren.

Wir werden uns an einer in diesem Sinne komplementären Verhältnisbestimmung von synchroner und diachroner Exegese orientieren[66], dabei auch dem Kriterium der formgeschichtlichen Suffizienz der als traditionell zu erweisenden Stücke in doppelter Weise Rechnung tragen: das vormk Stück muß als eine vollständige Szene erscheinen, und für seine Überlieferung als Einzelstück wie in kleineren vormk Zusammenstellungen muß ein plausibles Überlieferungsinteresse geltend gemacht werden. Im übrigen wird uns die Rekonstruktion des genauen Wortlautes einer vormk Tradition oft genug versagt bleiben.[67] Der Verzicht auf diachrone Fragestellungen und Methoden bleibt uns jedoch verwehrt hinsichtlich der wissenschaftsgeschichtlichen Überlegung, daß die Literarkritik als die erste diachrone Fragerichtung eben von Beobachtungen im Vollzug der synchronen Textanalyse ihren Anfang nahm[68], und hinsichtlich der theologischen Notwendigkeit der u.U. auch sachkritischen Rückfrage nach den Anfängen des Jesusgeschehens[69], die uns in den heute vorliegenden Evangelien auch bei all ihrem Einverständnis mit der von ihnen übernommenen Tradition nur durch die Evangelien gebrochen

---

64 F. Lentzen-Deis, Passionsbericht als Handlungsmodell?, 194. Unbefriedigend bleibt, daß er S. 229 die Charakterisierung von Mk 14,58 als »falschen Zeugnisses« weder in ihrer auf den Leser berechneten Wirkung erhebt noch danach fragt, was genau an dem Wortlaut des (im zweiten Teil ja durchaus christlich verstehbaren) Tempelwortes als Falschaussage zu gelten hat.

65 Vgl. F. G. Lang, Kompositionsanalyse, ZThK 74, 1977, 1-24 (teilweise mit Überdeutungen); W. Stenger, Strukturale Beobachtungen zum Neuen Testament; zu Markus darin der Aufsatz »Grundlegung«; H.-W. Kuhn, Neuere Wege, 61-68.

66 Vgl. das synthetische, bisherige Interpretationsmethoden integrierende Modell von C. C. Black, Disciples, 241-248.

67 J. Donahue, Temple, Trial and Royal Christology, 64; D. Lührmann, Das Markusevangelium als Erzählung, 214; A. Y. Collins, Noble Death, 490; D. Dormeyer, Joh 18,1-14 par Mk 14,43-53, 234.

68 Wird Jesus in Mk 7,24-30 durch das Verhalten der Frau zu einer Einsicht geführt, die für Mk 7,1-23 bereits vorauszusetzen war, so wird an Mk 7,24-30 die vormk Herkunft nicht nur des Personeninventars, sondern auch des inhaltlichen Ganges der Erzählung deutlich.

69 Vgl. M. Hengel, Kerygma oder Geschichte?, 336, der gegenüber einer einseitig redaktionsgeschichtlich orientierten Synoptikerforschung die Rückfrage nach den Anfängen des Jesusgeschehens einmahnt, vgl. des weiteren E. Best, Markus als Bewahrer der Überlieferung, 390 sowie R. Schnackenburg, Person Jesu Christi, 5.

sichtbar werden. Umso strenger muß freilich die methodische Besinnung und Selbstkontrolle im Vollzug der redaktionskritischen Arbeit sein.

Damit die redaktionelle Intention nicht zu sehr mit modernen Kategorien überfrachtet wird[70], empfiehlt es sich m.E., die Erinnerung an die Zeitgebundenheit des Evangelisten methodisch auch durch die traditionsgeschichtliche Bearbeitung der als redaktionell ausgewiesenen Stücke wachzuhalten. Neben die nötigen und im Rahmen der Einzelexegese zu leistenden Detailuntersuchungen muß eine die generelle Prägung des zweiten Evangelisten erhebende Standortbestimmung treten; diese wird im folgenden geboten.

4.2. Der traditionsgeschichtliche Standort des Evangelisten

Ob der Verfasser des Markusevangeliums Heidenchrist[71] oder Judenchrist[72] war, ist nach wie vor umstritten. Zu unterscheiden sind drei Fragenkreise:
a) Lebt die Gemeinde, für die Markus schreibt, noch innerhalb des Synagogenverbandes? b) Stammt er selbst aus dem Volk Israel? c) Entwickelt er seine Theologie von einem geistigen Standort innerhalb Israels aus?[73]

---

70 Vgl. die entsprechende Kritik von C. C. Black, Disciples, 249f.

71 So zuletzt U. Schnelle, Einleitung, 237. - Die umstrittene Frage der Lokalisierung des Markusevangeliums wird hier nicht weiter verfolgt.

72 Für die Alte Kirche vgl. Irenäus, Adv. Haeres. 3,11,8, FC 8/3, 112, 19-21 (lat)/11-14 (gr.), der aufgrund von Mk 1,1f. einen prophetischen Charakter des MkEv erkennt, vgl. ferner die Monarchianischen Evangelienprologe, ed. Lietzmann, KlT 1, 15, mit zusätzlichem Hinweis auf ein Priesteramt: »sacerdotium in Israhel agens secundum carnem Levita«. Für die Neuzeit vgl. Ph. Vielhauer, Geschichte der urchristlichen Literatur, 346; R. Pesch, Markus I, 11; J. Gnilka, Markus I, 33 mit Anm 47; P. Böttger, König, 102; C. Dahm, Israel, 256.294; K. Berger, Theologiegeschichte, 637.

73 So C. Dahm, Israel, 256.294; zuvor P. Böttger, König, 102. - Die Frage ist nach Tradition und Redaktion getrennt zu stellen. Bei den Traditionen Mk 11,15-18*; 12,18-27.28-34 beantwortet sie sich von selbst. In Mk 2,15-28* wird aufgrund jüdischer Prämissen die eigene Praxis gerechtfertigt, der Widerspruch der Opponenten als unbegründet erwiesen. Bei dem traditionsgeschichtlich umstrittenen Mk 7,1-23 verweisen auf innerjüdischen Standpunkt Mk 7,15.18f.20-23 (J. Gnilka, Markus II, 278), während für einen Standpunkt außerhalb des Judentums vor allem Mk 7,3f. (dazu s.u.) mit seiner Verallgemeinerung »und alle Juden« angeführt wird (K. Berger, Gesetzesauslegung, 483; R. Pesch, Markus I, 376). Bei Mk 10,2-12 kann als Indiz für einen Standpunkt extra muros nicht schon die Formulierung der Ausgangsfrage Mk 10,2 gelten (J. Fitzmyer, Qumran: Die Antwort, 210-212, verweist auf 11QT 57,17-19; CD 4,21) und auch nicht die Entgegensetzung des mosaischen Gesetzes gegen die ursprüngliche Schöpfungsordnung (vgl. K. Berger, Hartherzigkeit, 44f.), eher schon das distanzierende ὑμῖν in Mk 10,3 (R. Pesch, Markus II, 122; D. Lührmann, Markus, 169).

Eine verneinende Antwort auf die letzte Frage muß keineswegs eine bejahende Antwort auf die erste Frage ausschließen; bei Markus könnte es sich, wie die altkirchlichen Anschauungen auf ihre Weise zeigen, ja auch um einen ehemaligen Juden handeln, der jetzt in bewußter Distanz zum Judentum lebt.[75] Im Rahmen unserer Voruntersuchung sind zunächst die beiden ersten Fragen zu beantworten, die dritte wird Gegenstand der abschließenden Zusammenfassung sein.

Die markinische Gemeinde ist zu Teilen wohl der synagogalen Jurisdiktion noch unterworfen, wenn Mk 13,9 auch für die Leser des Markus aktuell gültig ist.[76]

Für die Problemstellung, ob Markus aus dem Volk Israel stammt, ist nicht nur die Frage nach der Kompetenz des Markus in der Wiedergabe äußerer Realien[77] von Belang, sondern auch die Frage nach der Prägung der mk Diktion durch alttestamentliche und frühjüdische Begrifflichkeit[78]. Dabei gilt es, sich streng auf den Minimalkonsens über mk-redaktionelle Anteile in seinem Evangelium zu beschränken; außerdem sind nur mit Vorsicht einige Motive heranzuziehen, die Markus auch erst aus allgemein-christlicher Tradition übernommen haben kann, etwa die Begriffe μετάνοια und εὐαγγέλιον.

---

75 So bereits J. Gnilka, Markus I, 33 Anm 47.

76 Anderenfalls müßte Mk 13,9 nicht tradiert werden (C. Breytenbach, Nachfolge, 323f.).

77 Zur Feststellung der Unkenntnis des Markus in geographischen (Mk 5,1; 7,31; 10,1; 11,1) und religionsgeschichtlichen Dingen (Mk 7,3f.) vgl. K. Niederwimmer, Johannes Markus, 178-185; E. Schweizer, Markus, 11f. W. G. Kümmel, Einleitung, 69; H. Conzelmann, Geschichte des Urchristentums, 144; anders jedoch F. G. Lang, Sidon, 145f., M. Hengel, Probleme des Markusevangeliums, 243 Anm 50; ders., Mc 7,3, 197; C. Breytenbach, Nachfolge, 323 Anm 224; R. A. Guelich, Mark I, XXVIII. Nach D. Lührmann, Markus, 6, informiert Markus über jüdische Realien nur dann gut, wenn seine Quellen gut sind. Zur Feststellung der Inkompetenz des Evangelisten, die Machtverhältnisse im damaligen Israel betreffend, vgl. M. J. Cook, Jewish Leaders, 28: Abhängig von seinen Quellen differenziere Markus zu Unrecht die Pharisäer und die Schriftgelehrten als zwei verschiedene Gruppierungen auseinander. Gleichfalls lasse er den Einfluß der Sadduzäer im Synhedrion nicht erkennen (A. Saldarini, Pharisees, 154, warnt aber vor dessen Überschätzung). Die Leugnung der Totenauferstehung bezeugt Markus in Übereinstimmung mit Josephus, Ant 18,16, doch läßt er die Sadduzäer durch den ihnen in den Mund gelegten grotesken Fall selbst zur Groteske und Kuriosität innerhalb des Judentums werden.

78 Zur Diskussion um die mk Sprache vgl. E. C. Maloney, Semitic Interference in Marcan Syntax, der nach C. Breytenbach, Nachfolge, 330 Anm 248 bestätigt, »daß eindeutige Semitismen auch in redaktionellen Teilen des Evangeliums auftauchen«, andererseits M. Reiser, Syntax und Stil, 163-168, der in Mk den Stil hellenistischer Volksliteratur verwirklicht sieht, während sich Semitismen »fast ganz auf Wortschatz, Semantik und Phraseologie« (164) beschränken.

Eher könnte aus eigener jüdischer Vergangenheit stammen, daß Markus als Sitz der religiösen Funktionen des Menschen die καρδία benennt[79]; alttestamentlich geprägt ist aber auch die Terminologie des Verstehens, Nichtverstehens[80] und der Verstockung.[81] Ferner ist der Begriff ὄχλος i.S. v. 1 Esdr 5,62; Esdr 8,88; 2 Esdr 3,12 gebraucht, nicht i.S. der paganen πολλοί-Antithese. Rabbinischem Sprachgebrauch entspricht es, wenn Markus absolut und unkommentiert von Jesu διδάσκειν redet; das Verbum ist zum »Fachwort für die Umsetzung der Tora in konkrete Anweisungen für das Leben des einzelnen«[82] geworden und bedarf deshalb im jüdischen Milieu keiner Näherbestimmung, was für den griechischen Bereich so nicht zutrifft. Die sog. esoterischen Jüngerbelehrungen verweisen, gerade sofern sie von den Jüngern angestoßen werden und ethische Fragen beinhalten, auf die Lebensgemeinschaft zwischen Lehrer und Schüler, in der diese an Wort und Tat des Lehrers studieren sollen, wie der Wille Gottes in der konkreten Situation zu leben und zu lehren ist. Mk 7,19fin. ist nicht als Abrogation von Teilen der Thora[83], son-

---

79 J. B. Bauer, A. Felber, Art. Herz, RAC 14, 1103, dekretieren: »Der atl. Sprachgebrauch ist ausschlaggebend«; in seiner materialreichen Darstellung des griechischen und römischen Sprachgebrauchs von καρδία/cor kommt Bauer nie auf das Herz als Sitz religiöser Erkenntnis zu sprechen; J. Behm, Art. καρδία, 612 Anm 7, nennt nur eine pagane Parallele aus dem 4./5. nachchr. Jahrhundert. - Für das Alte Testament und das Frühjudentum vgl. die Vielzahl der καρδία-Belege in der Exodus-Darstellung und die Wendung שרירות לב (Verstocktheit des Herzens) in 1QS 1,6; 2,14.16 3,3; 5,4 u.ö.

80 Das in den sicher mk-redaktionellen Stellen Mk 6,52; 8,21 begegnende Verbum συνιέναι ist wohl aus Jes 6,9f. entnommen, vgl. aber auch Jes 1,3; Ps 28,5; 53,3; 106,7; für das Wort ἀσύνετος in Mk 7,18 vgl. Ps 76,5 LXX diff MT, eine Stelle, die ähnlich Mk 6,51f. den Zusammenhang zwischen Herzensverhärtung und verfehltem admirativen Verhalten kennt; für ἀσύνετος vgl. weiter Ps 92,7; vgl. noch Sir 15,7.8. Aus der paganen Antike sind mir bisher folgende theologischen Belege bekannt geworden: für συνιέναι Xenophon, Kyroupädie 1,6,2; Aristophanes, Plutos 45, für ἀσύνετος eine an Apg 17,27 erinnernde Stelle bei Dion Chrysostomus, Or 12,28. Das Stichwort νοεῖν, bezogen auf das, was Gott tut, steht Prov 20,24; Jer 23,20; über die pagane Antike traue ich mir ein Urteil noch nicht zu. Auch der Gedanke der γνῶσις θεοῦ ist in SapSal 2,13 bereits jüdisch vermittelt.

81 Zu der Verstockungsvorstellung vgl. neben Mk 3,5; Eph 4,18, die schon genannten Qumranbelege 1QS 1,6 etc. Das Verbum σκληρύνειν fehlt jedoch in Mk 8. TLevi 13,7 spricht von der Πώρωσις ἁμαρτίας neben der τύφλωσις ἀσεβείας.

82 K. H. Rengstorf, Art. διδάσκω, 140; vgl. ders., a.a.O., 141: »Talmud« = διδαχή. - Das Umfeld der umstrittenen sog. „ungeschriebenen Lehre" Platons konnte terminologisch nicht überprüft werden.

83 In der Frage des markinischen Thora-Verständnisses besteht insoweit Einigkeit, als der Dekalog hochgeschätzt, rituelle Aussagen zurückgesetzt werden, und als Jesus in Vollmacht über die Gültigkeit einzelner Vorschriften entscheidet. Doch ist damit kein Konsens über den Standort des Markus innerhalb oder außerhalb Israels gegeben: Folgert H. Sariola, Markus und das Gesetz, 241f., aus der unklaren Unterscheidung zwi-

dern als Erteilung aktueller Weisung formuliert.[84] Ferner trägt Markus auch in hellenistisch geprägte Wundergeschichten alttestamentliche bzw. frühjüdische Theologumena ein.[85]

Für die innerchristliche Diskussion scheint Markus in Mk 1,1-15 die Vorstellung von Elia als dem Vorläufer des Messias (und nicht: Gottes) gezielt aufgegriffen zu haben[86], was seine selektiv verfahrende Kompetenz in der Anwendung frühjüdischer Theologumena zeigen kann. Desgleichen ist die Anspielung auf das Versagen der Hierarchen in dem Bild von Mk 6,34 biblisches Bruchstück bei Markus.[87]

4.3. Jesu Vollmacht als Grundlegung des Weges der Gemeinde

4.3.1. Die Vollmacht Jesu - Mk 1,21-28

Der Szene kommt in mehrfacher Weise eine Schlüsselfunktion im Markusevangelium zu: Erstmals wird das bei Markus herausragende Lehrmotiv angesprochen; erstmals agiert Jesus in der Öffentlichkeit, und mit der Erwähnung des Kranken und der Dämonen in Mk 1,23-28 sind mit Mk 1,28 alle relevanten Erzählfiguren genannt: Gott selbst, Jesus, der Täufer als Protagonisten sowie die Typen von Jüngern, Volk, Gegnern und Dämonen.

Für die Auslegung des Erzählerkommentares[88] ist das richtige Verständnis des ἐξουσία-Begriffes und die Einsicht in die formgeschichtliche Funktion

---

schen Thora und Halacha in Mk 7,1-23 die Herkunft des Evangelisten aus dem Heidentum, so geht C. Dahm, Israel im Markusevangelium, 283, weiterhin von der Verwurzelung des Evangelisten und seiner Gemeinde in Israel aus; neu sei bei Markus lediglich, daß allein die Bindung an Jesus die „dem Willen Gottes entsprechende Erfüllung der Gebote" (174) ermögliche.

84 Das Adjektiv καθαρός, auf Speisen bezogen, begegnet Lev 11,47, von kultisch reinen, opferungsfähigen Tieren Tlevi 9,13; das Verbum καθαρίζειν i.S. v. „für rein erklären" bei Philo, sobr. 49 (dort auf den Stillstand des Aussatzes bezogen).

85 So die Hinweise auf die »neue Belehrung in Vollmacht« Mk 1,27 und die Anspielung auf Gen 1,31 in Mk 7,37. Zur religionsgeschichtlichen Verortung von Mk 1,21-28; 7,31-77 vgl. W. Kahl, Miracle Stories, 223.

86 In diesem Verständnis hat er auch die traditionellen Stücke Mk 8,27-29 aufgegriffen.

87 Einmal ist auch bei Markus die Kenntnis der Sitte bestätigt, daß man den Gottesnamen umschreibend ersetzt (Mk 14,61b.62), doch könnten die Stellen traditionell sein. Andernorts wird Markus von Matthäus korrigiert (Mt 19,17 diff Mk 10,18).

88 Zu dieser formgeschichtlichen Zuweisung vgl. W. S. Vorster, Markus - Sammler ... Erzähler?, 24. Mk 1,22 gilt weithin als Werk des Evangelisten (anders nur

der Admiration entscheidend. Der Begriff ἐξουσία ist nach K. Scholtissek[89] streng auf die Rechtsstellung ihres Trägers zu beziehen und bezeichnet hier die aus der Geistbegabung resultierende Autorität Jesu.[90] Man darf demzufolge nicht nach einer sichtbaren Außenseite dieser ἐξουσία fragen, die diese Reaktion veranlassen hätte können[91]. Mk 1,22 ist leserorientierte kerygmatische Aussage, charakterisiert Jesu lehrendes Wirken als göttliche Offenbarung[92] und veranschaulicht auf diese Weise die in Mk 1,11 von Gott her legitimierte Bedeutsamkeit Christi für seine jetzige Gemeinde. Dieser epiphanietheologische Charakter der Volksreaktion bedingt auch, daß in Mk 1,22 keinerlei Kritik an diesem Außersichgeraten des Volkes laut wird[93], obwohl Markus in Mk 6,51 deutlich genug signalisiert, daß ein bloßes Erschrecken noch kein Glaube ist. Entsprechend zielt die Gegenüberstellung Jesu mit den Schriftgelehrten als den aktuellen Gegnern der Gemeinde nicht auf deren usus ab, sich auf Autoritäten zu berufen[94], während Jesus in eigener Vollmacht auftrete; vielmehr wird ihnen die ἐξουσία abgesprochen, d.h. das Recht im Namen Gottes zu lehren. Darum soll sich die Gemeinde auch durch deren Kritik an ihrer Christologie nicht verunsichern lassen.[95]

Die zweite Volksreaktion begegnet am Ende einer wohl vormk entstandenen[96] Exorzismusgeschichte als Admiration und als dreigliedrige Akklama-

---

E. Lohmeyer, Markus, 35); Mk 1,21f. ist insgesamt als Summarium gestaltet (so K. L. Schmidt, Rahmen, 50). Vielleicht hat ursprünglich Mk 1,21b die Exposition für den Exorzismus, Mk 1,21a die Exposition für die Heilungsgeschichte Mk 1,29-31 gebildet (so u.a. R. Pesch, Markus I, 117; K. Scholtissek, Vollmacht, 89).

89   K. Scholtissek, Die Vollmacht Jesu, passim.

90   R. Pesch, Markus I, 121.

91   W. Grundmann, Markus, 59, schreibt, bei richtiger Bestimmung des Sachgehaltes von ἐξουσία: »Die Hörer spüren Jesus das Recht dazu ab (scil. zu lehren, was die Nähe des Reiches erfordert), und das versetzt sie in Schrecken«. In vorkritischer Zeit galten Jesu libertas voluntae und seine παρρησία als sichtbare Außenseite seiner ἐξουσία (Hieronymus, Mt I, SC 242, 7,152; Theophylakt, MPG 123, 217 A; Euthymius Zigabenus, Mt, 277 D), aber nicht Jesu φράσις (vgl. Theophylakt, a.a.O.; Theodor [von Heraclea?], bei J. Reuss, Matthäuskommentare, Frgm. 53).

92   Markus kann, wenn nötig, auch die Reaktion des Volkes kritisieren (Mk 6,6a).

93   E. Lohmeyer, Markus, 35.

94   Hilarius, Mt, 6,7, SC 254, 178, 7/4f.; Erasmus, Markus, 165 A.

95   Markus erwähnt sie stets anläßlich christologischer Kontroversen (D. Lührmann, Markus, 50f.).

96   Nach B. Kollmann, Jesu Schweigegebote, 270-273, ist das Schweigegebot Mk 1,25 ebenfalls i.S. der mk Messiasgeheimnistheorie zu deuten und somit mk-redaktionell: In den religionsgeschichtlichen Paralleltexten fehlt bei der Austreibung redender Dämonen ein Schweigegebot; φιμοῦν hat die Grundbedeutung »knebeln« beibehalten.

tion[97]. Sie bildet eine Inklusion zu Mk 1,21f. und stellt gleichzeitig in der Ausführlichkeit der Akklamation, der Subjektsangabe ἅπαντες und in der Ausbreitungsnotiz eine dreifache Steigerung gegenüber Mk 1,21f. dar.[98]

Nicht selten schreibt man die Admiration oder zumindest deren erste Hälfte[99], sowie die Akklamation im Grundbestand[100] der Tradition, die Worte διδαχὴ καινὴ κατ' ἐξουσίαν innerhalb der Akklamation dagegen der mk Redaktion zu[101]. Im Hinblick auf die von M. Wolter beigebrachte Parallele aus den Maffei-Inschriften am Asklepiostempel in Rom[102] sowie auf die

---

97 Die textkritischen Varianten, gemeinhin als Glättungsversuche charakterisiert (D.-A Koch, Wundererzählungen, 45; R. Pesch, Markus I, 118 Anm d; K. Scholtissek, Vollmacht, 84), zeigen, daß ἐξουσία nunmehr als Näherbestimmung des folgenden ἐπιτάσσειν fungiert. Offenbar ist die markinische Wiederaufnahme der Zuordnung von ἐξουσία und διδαχή in Mk 1,22a nicht mehr im Blick.

98 Vgl. S. Kuthirakkattel, Beginning, 138: Mk 1,27, verglichen mit Mk 1,22, »swells to a crescendo«.

99 D.-A. Koch, Wundererzählungen 45, hat erwogen, auch die Wendung συζητεῖν πρὸς ἑαυτοὺς der mk Redaktion zuzuweisen; συζητεῖν sei bei Mk meist pejorisierend gebraucht (vgl. vor allem Mk 8,11). Doch bleibt »der positive Sinn der Akklamation selbst ... unberührt« (D.-A. Koch, a.a.O.); so dürfte die Wendung eher vormk sein. - P. Oxy 1224, Frgm. 2 verso (nach Grenfell und Hunt) reichert unsere Geschichte mit dem Zug eines Verbotes Jesu (analog Mk 11,16?) sowie der Antwortverweigerung Jesu aus Mk 14,60 an und gestaltet sie zu einer der Vollmachtsfrage Mk 11,27-33 vergleichbaren Perikope gleich zu Beginn des Wirkens Jesu (analog Joh 2,18?) um.

100 Da der Hinweis auf die nunmehr gehorsamen Dämonen auf die Erwähnung der neuen Lehre nicht Bezug nimmt, gilt Mk 1,27* als traditionell (so auch D.-A. Koch, Wundererzählungen, 40). Ob die Geschichte dem Evangelisten schon schriftlich vorlag (so H. Conzelmann, Mk 4,35 par., 250 Anm 3), ist damit nicht entschieden. - Mk 1,27 war für M. Dibelius, Formgeschichte, 54f., aufgrund der pluralischen Formulierung ein Beispiel für mögliche redaktionelle Bearbeitung einzelner Chorschlüsse, aber er wollte dann doch um der Topik der Exorzismuserzählung willen »einen der Zurufe für das ursprüngliche, isoliert umlaufende Paradigma in Anspruch nehmen« (S. 55 Anm 1).

101 G. Theißen, Wundergeschichten, 165, und J. Gnilka, Markus I, 77, haben auch o.a. Worte der vormk Wundergeschichte zugeschrieben und i.S. von Apg 17,19 missionstheologisch interpretiert. Doch wird das missionarische Anliegen in der vormk Wundertradition nicht mit dem Begriff διδαχή verbunden (K. Scholtissek, Vollmacht, 92). - Daß erst die Einführung des Mittelgliedes die neutrische Umwandlung des ursprünglich maskulinisch formulierten Anfangsgliedes veranlaßt habe (so erstmals R. Pesch, Tag, 118), ist nicht zwingend (D.-A. Koch, Wundererzählungen, 45 Anm 17). Die neutrische Formulierung bereitet geschickt das abstrahierende Schlußglied vor.

102 M. Wolter, Inschriftliche Heilungsberichte, 151-153.171. Dort wie in Mk 1,27 steht am Anfang eines größeren Zusammenhanges eine als religiöse Legitimierung fungierende, ausführliche Akklamation mit generalisierendem Plural, der auf die übergeordnete Textebene zurück- und (als bisher einziges Beispiel) auf weitere Beispiele vorausverweist (letzteres für Mk 1,27 bereits bei D. Lührmann, Markus, 51), die insgesamt eine hinter ihnen stehende Wirklichkeit bezeugen. Die formgeschichtlichen Querverbindungen zwischen beiden Texten liegen auf der redaktionellen Ebene.

Querverbindungen zu der ersten Reaktion der Jünger auf Jesus[103] kann man größere redaktionelle Eingriffe des Evangelisten in Mk 1,27 vermuten. Die Ausbreitungsnotiz dürfte um der Programmatik der Szene Mk 1,21-28 ebenfalls mk-redaktionell sein.[104]

Die Worte διδαχὴ καινὴ κατ' ἐξουσίαν wurden früher aufgrund der Parallele Apg 17,19 der Missionssprache zugeordnet; zugunsten einer frühjüdischen Interpretation wurde allgemein auf die Erwartung der Dämonenentmachtung in der Heilszeit[105], speziell für καινός auf Jes 65,17[106] und für ἐξουσία auf den Vorstellungskomplex der Autorisierung des Propheten verwiesen[107]; mk-redaktionell sei in Mk 1,21f. Jesu βασιλεία-Verkündigung nach Mk 1,21f. vorausgesetzt.[108] Doch kann und muß der Sinn der Aussage Mk 1,27 noch präzisiert werden.

Die βασιλεία-Thematik und das Motiv der Lehrtätigkeit Jesu sind auch in Mk 4,1f. miteinander verbunden. Doch ist hinsichtlich der Aktantenanalyse bei Markus zwischen διδάσκειν und κηρύσσειν zu unterscheiden[109]; mit der Wortgruppe διδάσκειν wird innerhalb der Verkündigung der Kirche die Zeit Jesu als die seiner Lehre im besonderen herausgehoben.[110] Weiter legen Mk 4,1-34, 6,34; 11,17 nahe, daß διδάσκειν nicht in der Ansage der jetzt herannahenden Gottesherrschaft aufgeht, sondern das „wie" des Handelns Gottes und die erwarteten Entsprechungen in seinem Volk im Auge hat. Ferner muß διδάσκειν angesichts von Mk 1,22 *auch* ein prinzipiell Jesus und den

---

103 Mk 1,27; 4,41 sind durch die Frageform und das Gehorsamsmotiv verbunden.

104 D.-A. Koch, Wundererzählungen 46. Doch ist die mk-redaktionelle Herkunft von Mk 1,28 nicht schon damit bewiesen, daß eine Ausbreitungsnotiz nicht topisch (vgl. übrigens P.Oxy 11,1381) zu einer antiken Wundergeschichte gehört (so methodisch zu Recht K. Scholtissek, Vollmacht, 93). - Nach K. Kertelge, Wunder, 51; R. Pesch, Markus I, 125; J. Gnilka, Markus I, 77, habe Markus in Mk 1,28 die Erwähnung Galiläas eingetragen und damit die hyperbolische Ausdrucksweise der Vorlage pragmatisch umgebogen. Doch zeigt sich Markus m.E. selten um solche Pragmatik bemüht.

105 G. Friedrich, Hohepriestererwartung, 68 verweist auf TLevi 18,12; TDan 5,10f., O. Böcher, Das Neue Testament und die dämonischen Mächte, 54 Anm 117, auf 1 QS 3,23f.; 4,20-22; 1 QH 3,18; 1 QM 1,10f.; 7,6; 12,7f.

106 E. Lohmeyer, Markus, 38; W. Grundmann, Markus, 61; D. Lührmann, Markus 51; S. Kuthirakkattel, 139. Zu vergleichen wäre noch 1QS 4,25; 1QH 13,11f.; 4Q402 IV 11.

107 K. Scholtissek, Vollmacht, 29-66; ders., Vollmacht im Alten Testament, 1993.

108 Vgl. R. Pesch, Markus I, 120; J. Gnilka, Markus I, 78; Lührmann, 49f.; K. Scholtissek, Vollmacht, 83.

109 Das Verbum διδάσκειν bezeichnet fast ausnahmslos (vgl. Mk 6,30) *Jesu* Tätigkeit, während umgekehrt nur dreimal bei Jesus das Wort κηρύσσειν gebraucht wird.

110 E. Schweizer, Die theologische Leistung des Markus, 167.

Schriftgelehrten gemeinsames Tätigkeitsfeld bezeichnen können.[111] Ferner ist es durchaus offen, ob διδαχή, wie zumeist angenommen, als nomen actae rei eine inhaltlich eigenständige Lehre bezeichnet oder ob es nicht doch, dem bis ins 1. Jhdt. Durchgehenden nachweisbaren Sprachgebrauch gemäß, als nomen actionis mit „Belehrung" übersetzt werden muß.[112]

In die genannte neuere redaktionskritische Auffassung ist deshalb eine vor dem Aufkommen der Redaktionskritik vorgetragene, auf 2 Chr 17,7-9 und späteren rabbinischen Sprachgebrauch gestützte Deutung zu integrieren, dergemäß Jesus in Mk 1,21.27 durch das absolut gebrauchte διδάσκειν als Ausleger der Thora[113] oder, wie möglicherweise nach den Forschungen von J. Maier und K. Müller zum Verhältnis von Thora und Halacha[114] zu präzisieren

---

111 Natürlich muß das so interpretierte Markusevangelium auch von heidenchristlichen Lesern verstanden werden. Doch wird bei ihnen als bekannt vorausgesetzt, was die Schriftgelehrten sind und welche Bedeutung sie für das jüdische Gemeinwesen haben.

112 Als nomen actionis begegnet διδαχή in der älteren griechischen philosophischen und der jüdisch-hellenistischen Literatur (Demokrit, Frgm. 33; Platon, Rep. 7, 536 D u.ö.; Aristoteles, Hist. Animal. 488b; EthNic 1179b (bis); Ps.Plutarch, Moralia 880 A (= Aetius, de placitis philosophorum 1,6); IG 14,2124; Ps 60 (59),1; EpArist 294; Josephus, Ant 5,198; 17,159; Philo, De specialibus Legibus 2,3; SEG 8/1, 170,5). Offen ist EpArist 207; die σοφίας διδαχή ist hier die goldene Regel. Als nomen rei actae ist διδαχή im 1. Jhdt. n. Chr. in Ps.-Phok. 89 belegt; der Begriff bezeichnet in Röm 6,17; 16,17 (vgl. P.Oxy 1224) den Inhalt der christlichen Lehre, in Apk 2,14.15. 24; Hebr 13,9 den Inhalt einer Irrlehre (vgl. insgesamt K. H. Rengstorf, Art. διδαχή, 166f.; H. Greeven, Propheten, Lehrer, 20; H.-F. Weiß, Art. διδαχή, 770). Von den fünf mk Belegen zu διδαχή sind Mk 4,2; 12,38 nomen actionis, aber wohl auch Mk 11,18 aufgrund der Wiederaufnahme des ἐδίδασκεν aus Mk 11,17. H.-F. Weiß, a.a.O., faßt διδαχή in Mk 1,27 als nomen rei actae auf. - Dieselbe philologische Frage stellt sich auch für die Wendung אלפן חדת in TgJes 12,3 (vgl. G. Dalman, Aramäisches Handwörterbuch, 21, sowie die Übersetzungen »instruction« bei J. F. Stenning, Targum of Isaiah, 44 und »teaching« bei B. D. Chilton, The Isaiah Targum, 29).

113 K. H. Rengstorf, Art. διδάσκω, ThWNT II, 140. Vorausgesetzt ist dabei, daß die Thora in der Gestalt des uns bekannte Pentateuch in der Zeit des Zweiten Tempels als Quelle und Norm aller Halacha fungierte; vgl. M. Hengel, Judentum und Hellenismus, 563; H. Stegemann, Essener, 137; 345 u.a. Sieht man durch das Wort καινός den Anspruch eschatologischer Unüberbietbarkeit angesprochen, wäre der Selbstanspruch der Qumrangemeinde vergleichbar, der traditionell in der Forschung so gedeutet wird, daß die Hinwendung zu ihr der Umkehr zum Gesetz des Mose gleichkommt (CD 15,9; 4QpPs 37 II 3); zur normativen Auslegung der Thora durch den Lehrer vgl. unter dieser Prämisse CD 20,28, dazu P. Schulz, Autoritätsanspruch, passim; A. S. van der Woude, Qumranforschung, ThR 57, 1992, 253).

114 Die Autorität der Thora in frühjüdischer Zeit wird von J. Maier und K. Müller nicht als Autorität ihres Wortlautes charakterisiert, sondern als Analogiefähigkeit der in ihr verhandelten halachischen Stoffe, deren aktualisierende Kodifizierung auch unter Absehung von dem Wortlaut des Pentateuch gewonnen, in manchen Fällen sogar gegen dessen Wortlaut vollzogen werden kann. Ausgangspunkt ist die frühjdüische Überzeu-

wäre, als „Erteiler von Thora" gezeichnet wird. Das mit למד Pi/διδάσκειν verbalisierte Motiv hat seine biblische und frühjüdische Vorgeschichte in der Zeichnung des i.S. der Deuteronomisten „historischen" Mose[115]; in Mk 1,27 würde Jesus eben die Funktion zugesprochen, für seine Gemeinde aktuelle Weisung zu erteilen. Das Wort καινός läßt die eschatologische Dimension des Auftretens und Lehrens Jesu anklingen, und auch von endzeitlichen Gestalten wird eine lehrende Tätigkeit behauptet, zumeist als Explikation von Thora benannt.[116]

---

gung, »daß sich die erfahrbaren geschichtlichen Situationen des Alltags immer wieder und kontinuierlich zu toraanalogen Konstellationen und Vorkommnissen zusammenfinden« K. Müller, Tora und Halacha, 127; vgl. ders., Gesetz und Gesetzeserfüllung, passim; vgl. auch J. Maier, Die Texte vom Toten Meer III, 14: »Die geläufige Annahme, in Qumran habe man die erforderlichen neuen Regelungen durch Interpretation von Pentateuchgesetzen oder mittels Ableitung von solchen geschaffen, trifft nur begrenzt zu, und das in der Rebel auch nur für Themenbereiche, die im Pentateuch ebenfalls massiv vertreten sind«. J. Maier, a.a.O., 13, deutet den doresch-hatthora nicht als »Erforscher der Thora« (etwa i..S. der Interpretation des kanonischen Bibeltextes), sondern als Anweiser aktueller, verbindlicher Thora. Das markinische Nebeneinander von Thora-Verschärfung in ethischen und Relativierung in rituellen Fragen wäre dann innerjüdisch nicht ungewöhnlich. Relativiert wäre auch das o.a. διδαχή betreffende philologische Problem.

115 Dtn 4,1.5.14; 5,31; 6,1; vgl. später Sir 45,5 (für Aaron vgl. Sir 45,17); Jub 1,1; 1QM 10,2; vgl. auch Esr 7,10/Esdr B 7,10 von der Tätigkeit Esras, die hier nach dem Mosebild von Dtn 4,1 beschrieben ist (R. Rendtorff, Esra, 175). Von der Belehrung im Gesetz Gottes durch Menschen vgl. 2 Chr 17,1-9; Josephus, Ant 8, 395; 9,4; VitProph 17,1; Tlevi 9,7. In 11QPs XXIV 8 bittet der Beter, Gott selbst möge ihn in der Thora unterweisen und seine Gesetze lehren. - Das Wortfeld fehlt jedoch in Dtn 18,15.18 und in den davon traditionsgeschichtlich abhängigen Texten 1 Makk 4,46; 14,41; TLevi 18,5a (nichtchristlicher Zusatz?); 18,9; 4Qtest 9-13; TgOnk Dtn 18,15-18. In samaritanischer Tradition wird Dtn 18,18-22 innerhalb von Ex 20,21 SP durch Dtn 5,27f. (nebeneinander begegnen Dtn 5,27f. und Dtn 18,15.18 auch in 4Q175, 1-8) insofern restriktiv ausgelegt, als die Funktion des nach Dtn 18 erwarteten Propheten gerade nicht eine aktuelle Prophetie, sondern die Wiederholung der Sinaithora ist; Dtn 18 stützt so die samaritanische Ablehnung der Schriftpropheten (H. G. Kippenberg, Garizim, 312) und ist für unsere Frage nicht beweiskräftig.

116 4Q541, Frgm. 9 I 3; TgOnk Gen 49,10f.; TgJes 53,5.11. Zur Funktion des Messias, die Thora zum Gesetz für die ganze Menschheit zu machen, vgl. S. H. Levey, Messiah, 143. Der Frage, ob TgJes 53,5b antichristliche Eintragung ist (H. Hegermann, Jesaja 53, 78f. 116-118.121) oder nicht (vgl. Koch, Messias, 121; 147; 136 Anm 2), kann hier nicht nachgegangen werden. - Unsicher in der Deutung bleiben äthHen 49,3; TgJes 12,3. - Nach 11 Q Melch II 20 werden in der „messianischen" Belehrung eschatologische Geheimnisse erschlossen (vgl. auch Tlevi 4,5). In Mk 1,27 fehlen jedoch textinterne Signale dafür, daß Markus Mk 1,27 im Sinne dieses zuletzt genannten Motives verstanden wissen wollte.

So erfaßt eine philologisch plausible, traditionsgeschichtlich einheitliche und zugleich redaktionskritisch kohärente Interpretation der Wendung διδαχή καινή[117] κατ' ἐξουσίαν das Wort διδάσκειν als autoritative Explikation dessen, wie Gott handelt, und was von dem Menschen angesichts der hereinbrechenden βασιλεία gefordert ist; letzteres entfaltet Markus in Form von Fasten-, Sabbat-, Reinheits-, Ehe- und Tempelthora.[118] Was in Form der Volksbelehrung ursprünglich auf innerjüdische Verhältnisse berechnet, aber schon in Einzelfällen auf den Einbezug der Heiden angelegt war (Mk 11,17), wird inhaltlich auf die mit diesem Einbezug gegebenen Probleme der Tischgemeinschaft und des veränderten Scheidungsrechtes hin aktualisiert (Mk 7,14-23; 10,11f.).

Jesus wird also in Mk 1,27 als der autoritative Lehrer seiner Gemeinde gezeichnet, wie es Mose für Israel war und wie es von einer eschatologischen Heilsgestalt erwartet werden kann; das Stichwort καινή charakterisiert das Jesusgeschehen als Erfüllungsgeschehen; ἐξουσία bezeichnet die eschatologische Legitimierung des Lehrens Jesu, beide Begriffe zusammen sind nicht-titularer Ersatz dessen, was für den Christen die Titel »Messias« und »Gottessohn« von Mk 8,29 i.V. mit Mk 13,6.22 leisten: Jesus als den höchsten und den letzten Gottesboten zu kennzeichnen.

Im dritten Glied der Akklamation wird die konkrete Schilderung der Apopompe und ihrer Wirkung abstrahiert zu der Korrespondenz von Befehlen[119] und Gehorchen[120]. Wahrnehmbar wurde der Menge das Wort des Höherge-

---

117 Die Frage nach einer »neuen Thora« Jesu wird meist zu Mt 5-7 gestellt, vgl. P. Billerbeck, IV, 1ff.; G. Barth, Gesetzesverständnis, 143-149; W. D. Davies, Setting, 139-190; P. Schäfer, Torah, passim. Zur Diskussion um das Alter dieser Vorstellung vgl. W. D. Davies, Torah in the Messianic Age, 86ff.; J. Klausner, Messianic Idea, 446f.

118 Mk 7,19 ist nicht Abrogation der Thora, sondern Erteilung aktueller Weisung! - Man sollte unserer Interpretation nicht entgegenhalten, daß Setzung von Thora nur in Mk 11,17 mit διδάσκειν verbunden wird. Mk 10,2-12 ist ebenso Beispiel für das, was Jesus im Volk gelehrt hat: der Hinweis auf das „Haus" Mk 10,10 setzt, wie die Parallele Mk 7,17 nahelegt, voraus, daß das Volk bei dem Streitgespräch von Mk 10,2-9 zugehört hat. In Mk 2,15-17 sind die „nachfolgenden", an Jesu eigener Lebenspraxis das dem Willen Gottes gemäße Leben studierenden Zöllner Hörer seiner Thora

119 In Mk 9,25 steht ἐπιτάσσειν in direkter Rede, aber an formgeschichtlich anderer Stelle als Mk 1,27, nämlich in der Apopompe selbst, nicht im Rückverweis darauf; darum muß der Befehl in Mk 9,25 spezifiziert werden.

120 Die von S. Eitrem, Some Notes, 34,2, beigebrachten Parallelen PGM II,43.51.55; V, 165f.171; XIII,761; XXXV,38 sind eher formaler Art: ὑπακούειν bzw. ὑπήκοος bezeichnen hier das (intendierte) Gefügigsein des Gottes gegenüber dem ihn beschwörenden Menschen, aber nicht das Gehorchen des Dämons gegenüber dem Wort des Exorzisten (vgl. K. Scholtissek, Vollmacht, 116 Anm 177).

stellten[121] als »zwingend wirksam(es)«[122] Wort, ein das äußerlich Sichtbare aufgreifender Beweis für die Macht Jesu.

Für die angemessene Interpretation von Mk 1,27 ist einerseits der Rückbezug zu Mk 1,22, andererseits das Schweigegebot Mk 1,25 zu beachten. Einerseits legt Markus dem Volk in den Mund, was er selbst in Mk 1,22 als Erzählerkommentar formuliert hatte[123]. Diese Epiphaniegeschichte wiederholt, was als göttliche Prädizierung in Mk 1,2f.11 für den Leser eindeutig ausgesagt war: Jesus ist der bevollmächtigte Gottessohn, der zu Recht die Umkehr hin zum Evangelium verkündigen (Mk 1,14f.) und Menschen zur Nachfolge rufen kann (Mk 1,16-20). Die Reaktion der Leute zu Kapernaum interessiert nicht hinsichtlich der Frage, ob sie selbst zum Glauben kommen, sondern besitzt als testimonium externum für die christliche Selbstvergewisserung ihre Überzeugungskraft[124]. Andererseits ergehen Schweigegebote an die Dämonen im Markusevangelium da, wo die Dämonen als redend vorgestellt werden und wo gleichzeitig Volk mit anwesend ist[125], und das Schweigegebot stellt i.S. einer kreuzestheologisch und offenbarungsgeschichtlich interpretierten Messiasgeheimnistheorie klar, daß Jesu Gottheit legitim nur unter Einschluß des Kreuzes ausgesagt und nicht allein aus dem Erleben der Wunder abgeleitet werden darf. Damit für den Hörer und den Leser das Wunder nicht wichtiger wird als die Lehre, fügt Markus in die Wundergeschichte das Lehrmotiv aus Mk 1,21f. ein, ferner abstrahiert er das Verhalten des unreinen Geistes in einer Weise, die für den Leser auch das angemessene Verhalten von Menschen kennzeichnen kann[126], schließlich bezieht er die ἀκοή Mk 1,28 nicht

---

121 G. Delling, Art. τάσσω κτλ., ThWNT 8, 1969, 28-49, hier 37 mit Anm 2.

122 W. Grimm, Art. ἐπιτάσσω, ἐπιταγή, EWNT 2, 1981, 103. Zwingend wirksam war auch das Wort Jesu Mk 1,17.20. Die Jünger folgen ihm, ohne daß er sich vorher ihnen gegenüber legitimiert hätte

123 Es fehlt jede Kritik daran, daß die Akklamation des Volkes auf den Hoheitstitel „Heiliger Gottes" von Mk 1,24 nicht Bezug nimmt (richtig K. Kertelge, Wunder, 58, gegen J. Weiß, Markus I, 85; F. Hauck, Markus, 24; E. Lohmeyer, Markus, 38; J. Schmid, Markus, 43).

124 Wir hatten dies als die alttestamentliche und frühjüdische Verwendung der Admiration seitens der Heiden erhoben. Der Grundsatz ist e negativo auch in 1 Kor 5,2 wirksam, (als alttestamentliche wie pagane Parallelen vgl. Jer 2,10f.; Tacitus, Annalen I, 39).

125 Mk 1,34; 3,12. Die Gegenprobe bestätigt das: In Mk 9,14-29 ist auch Volk da, aber der Dämon ist stumm, gibt also kein christologisches Geheimnis kund; in Mk 5,8 und in Mk 7,29 ist der ὄχλος nicht anwesend; darum kann ein Schweigegebot fehlen.

126 Markus verwendet ὑπακούειν/ὑπακοή nicht in dieser Weise; vgl. jedoch die paulinische Redeweise von der ὑπακοή πίστεως Röm 1,5 u.ö.

auf das Wunder, sondern auf die Mk 1,22.27c als göttlich bevollmächtigt verkündigte Person Jesu (ἀκοή αὐτοῦ).

4.3.2. Der Auftrag Jesu - Mk 1,32-39

Nach der öffentlichkeitswirksamen Szene in der Synagoge Mk 1,21-28 folgt die in der privaten Sphäre eines Hauses lokalisierte Episode Mk 1,29-31, darauf das Summarium Mk 1,32-34 mit topographischem Anschluß an Mk 1,31: Die ganze Stadt versammelt sich vor der Tür des in Mk 1,29 genannten Hauses. Das Volk reagiert auf die in Mk 1,23-28.29-31 berichteten Wundertaten, indem es alle Kranken, mit verschiedenerlei Krankheiten behaftet, und alle Besessenen herbeibringt, in dem Vertrauen[127], daß Jesus auch dieser Plagen Herr wird. Mk 1,34 zeigt, daß das Volk in diesem Vertrauen nicht enttäuscht wurde.[128] Mit zeitlicher Verklammerung folgt eine Episode von Jesu versuchtem Rückzug in die Einsamkeit und dem Bestreben des Volkes, ihn wieder bei sich zu haben. Jesus kehrt aber nicht nach Kapernaum zurück, sondern setzt seine Lehr- und Wundertätigkeit in den umliegenden Ortschaften fort.

Gerade bei dieser Perikope lassen sich Tradition und Redaktion nur schwer voneinander abheben.[129] Vermutlich hat Markus die Geschichte von der Hei-

---

127 Zum Stichwort Vertrauen vgl. W. Grundmann, Markus, 63.

128 Daß Jesus nur »viele« geheilt habe, obwohl man »alle« zu ihm gebracht habe, ist als Einschränkung verstanden und mit dem Unglauben der Nichtgeheilten (Theophylakt, Mk, PG 123, 505 C; G. Wohlenberg, Markus, 65, mit Hinweis auf Mk 6,5) oder der zu großen Masse der zu Heilenden begründet worden (G. Wohlenberg, Markus, 65; zur Kritik vgl. bereits Euthymius Zigabenus, Mk, PG 129, 781 A). Anders R. Pesch, Markus I 134: Weil Jesus nicht hat alle heilen können, darum wird er (in Mk 1,36f.) weiter gesucht. Doch hat der Wechsel von πάντας zu πολλούς m.E. sprachliche Gründe: Das Adjektiv ποικίλαι erfaßt die Menge der Kranken als hinsichtlich der Art ihrer Krankheit in sich zu differenzierende Menge, und vor solchen Adjektiven stehen die pluralischen Formen von πᾶς bei Markus nie. Matthäus hat in Mt 8,16 das πολλούς in πάντας abgeändert, aber den Hinweis auf die ποικίλαι νόσοι getilgt; in Lk 4,40 erscheint die Verbindung des ἅπαντες mit dem differenzierenden Adjektiv ποικίλαι trotz der Einordnung des Adjektivs in den Relativsatz stilistisch mißglückt

129 Für vormk Ursprung des Erzählzusammenhanges (bei möglicher mk-redaktioneller Überarbeitung in Mk 1,35.38c.39) votieren E. Lohmeyer, Markus, 41; R. Pesch, Tag, 186-192 (ohne Mk 1,21-28 und die Erwähnung der Besessenen in V. 32.34); ders., Markus I, 116.133; E. Schweizer, Markus, 29; K. Kertelge, Wunder, 31f.; L. Schenke, Wundererzählungen, 112; W. Egger, Frohbotschaft, 69; P. Pokorný, Markusevangelium, 1998; J. Ernst, Markus, 70. G. Rau, Markusevangelium, 2090, begrenzt den vormk Zusammenhang auf Mk 1,21-34. Für mk Komposition plädieren R. Bultmann, Geschichte der synoptischen Tradition, 366; M. Dibelius, Formgeschichte, 226; W. G.

lung der Schwiegermutter Petri, die Erinnerung an eine Massenheilung in Kapernaum sowie allgemein das Wissen um Jesu Gebetspraxis aus der Tradition übernommen[130], doch legen wir den Text im folgenden als von Markus verantworteten Text aus, zumal der theologisch tragende Begriff κηρύσσειν gleichzeitig die Fernvernetzung zu anderen mk Perikopen darstellt.

Als mk Absicht wird das Bestreben erkennbar, eine Steigerung in der Öffentlichkeitswirksamkeit Jesu darzustellen: Nach dem Wunder in einem Haus Mk 1,29-31 wird die öffentliche Szenerie erzählerisch wieder hergestellt werden (Mk 1,32-34), und gegenüber den Leuten in der Synagoge Mk 1,27 ist es nunmehr die Bevölkerung der ganzen Stadt[131], die sich bei Jesus versammelt (Mk 1,33). Das Steigerungsmotiv wiederholt sich in Mk 1,35ff.: Gegenüber der privaten Sphäre in Mk 1,29-31 ist das Dabeisein anderer Akteure noch einmal zurückgenommen, indem nur noch Jesus allein genannt ist, umgekehrt gewinnt das Anliegen der Bevölkerung von Kapernaum dadurch an Dringlichkeit, daß der Erzähler einen Jünger, nämlich Petrus, zu dessen Fürsprecher macht. Schließlich geht man in Mk 1,45 von überall her zu Jesus hinaus in die Einsamkeit. Hat der Evangelist nach Mk 1,39 eine weitere Wundergeschichte angefügt, so zeigen dieser Umstand und das genannte Steigerungsmotiv, daß man die Unterordnung des Wundertuns Jesu gegenüber seiner

---

Kümmel, Einleitung, 59; M. Wichelhaus, Am ersten Tag der Woche, 52f.; H.-W. Kuhn, Sammlungen, 17; J. Roloff, Neues Testament, 85; D.-A. Koch, Wundererzählungen, 163; J. Gnilka, Markus I, 86; D. Lührmann, Markus, 53; R. Schlarb, Die Suche nach dem Messias, 158 (für Mk 1,35-39); S. Kuthirakkattel, Beginning, 156f.

130 Doch ist ein vormk Zusammenhang dieser Einzeltraditionen damit nicht unbedingt gegeben. Redaktionell sind m.E. in Mk 1,29 die Erwähnung des Auszuges aus der Synagoge und die Erwähnung der Zebedaiden, Mk 1,33 als überschießende, aus Mk 2,2 extrapolierte Situationsbeschreibung (gegen W. Egger, Frohbotschaft, 69), die Erwähnung der Dämonen in Mk 1,32.34; in Mk 1,35 die vorausweisenden Bezüge auf Mk 7,24 (ἀναστάς, ἀπῆλθεν), Mk 7,31; 9,30 (ἐξῆλθεν), Mk 10,1 (ἀναστάς) sowie die Verse Mk 1,38c.39. Die Perikope Mk 1,35-39 für den Abschluß des »vormk Tages Jesu in Kapernaum« zu halten, der unkritisch den Wundertäter Jesus feiere, empfiehlt sich aufgrund der verweigernden Antwort Jesu Mk 1,38 nicht. Daß Jesus sich nicht den Leuten von Kapernaum verweigere, sondern nur den Wechsel des geographischen Tätigkeitsbereiches ankündige (K. Tagawa, Miracles, 20, D. Lührmann, Markus, 53), ist wenig wahrscheinlich (der erzählerische Aufwand wäre dafür zu groß; D.-A. Koch, Wundererzählungen, 165 Anm 19), und würde besser im Stil von Apg 16,9 durch die Bewohner der umliegenden κωμοπόλεις selbst veranlaßt.

131 Markus bezeichnet Kapernaum als πόλις; seine heidenchristliche Leser sollen wohl an ein größeres, kulturell entwickelteres Gemeinwesen denken. Als πόλις gilt Kapernaum ausschließlich im Neuen Testament (Vgl. A. Alt, Jesu Wirken, 447-452, vor allem S. 448 Anm 1). »Die (ganze) Stadt« ist aber auch schon 1 Sam 4,13; Ruth 1,19 generalisierend als Subjekt einer unserem Thema vergleichbaren Reaktion benannt.

Verkündigungstätigkeit nicht zum alleinigen Interpretationsschlüssel machen sollte, sondern beides zusammendenken muß: Einerseits ist nach Mk 1,38 Jesu Hauptaufgabe die Verkündigungstätigkeit[132], und deshalb ist es zuwenig, Jesus nur als Wundertäter zu erfassen, andererseits ist das in sich zweideutige Wunder für den Glaubenden eine zusätzliche Legitimation der Lehre Jesu[133]. Entsprechend erfaßt die Reaktion des Volkes als Reaktion auf das Wunder Jesu Wesen nicht vollständig - das Schweigegebot verwehrt den ungebrochenen Zugang vom Wundererleben hin zum Gottessohnbekenntnis -, ist aber für den Glaubenden eine Bestätigung secundum hominem. Sodann soll das Gebetsmotiv im Anschluß an zwei öffentlichkeitswirksame Wunder[134] ein mögliches Mißverständnis klären: obwohl Jesus kraft eigener Vollmacht handelt, nicht durch Gebetserhörungswunder, ist er nicht im Bunde mit dem Teufel (Mk 3,22) und auch kein Goet.

4.3.3. Die Öffentlichkeitswirksamkeit Jesu - Mk 1,45

In dieser Geschichte von der Heilung eines Aussätzigen treten zunächst - bei dieser Krankheit naheliegend - nur der Kranke und Jesus als Akteure auf; in Mk 1,45 wird nachträglich die Bevölkerung der Umgegend genannt, die auf die Verkündigung des Geheilten hin zu Jesus, der sich nicht mehr in der Stadt aufhalten kann, in die Einsamkeit kommt.

Für Mk 1,45 ist umstritten, ob nur die Worte ὥστε μηκέτι αὐτὸν δύνασθαι φανερῶς εἰς πόλιν εἰσελθεῖν, ἀλλ' ἔξω ἐπ' ἐρήμοις τόποις ἦν mk-redaktionelle Ergänzung ist oder ob der ganze Vers als mk zu gelten hat[135]; die Vokabelstatistik läßt beide Optionen offen[136]. Die formge-

---

132 Deshalb hat Markus das Motiv des Volksandrangs auch auf Jesu Lehre übertragen (Mk 2,2fin; 2,13; 4,1f.).

133 Das Nebeneinander von Lehre und Exorzismus in Jesu Handeln ist nach vorkritischer Auslegung Vorbild: Wir sollen nicht nur lehren, sondern auch handeln, damit unser Wort nicht kraftlos bleibe; Jesu Worten hätte man nicht geglaubt, hätte er keine Wunder getan (Theophylakt, Mk, PG 123, 508 C). Nach Euthymius Zigabenus, Mk, PG 129 784 B, soll man über Tugend nicht nur reden, sondern sie auch tun. Ferner sollen wir wie Jesus den Beifall des Publikums meiden, wenn wir etwas Gutes getan haben (Nikolaus von Lyra, Postilla, z. St.; Euthymius Zigabenus, Mk, PG 129, 781 C).

134 Das Gebetsmotiv ist in Mk 1,35 und Mk 6,46 nicht in der Weise unverzichtbar, als daß in Mk 1,35-39 und Mk 6,45-52 argumentativ darauf zurückverwiesen würde.

135 Im ersteren Sinn entscheiden K. L. Schmidt, Rahmen, 66f.; E. Lohmeyer, Markus, 48; R. Pesch, Markus I, 140, der allerdings S. 147 die Worte κηρύσσειν πολλὰ καὶ ebenfalls der mk Redaktion zuweist; L. Schenke, Wundererzählungen 133; S. Kuthi-

schichtliche Überlegung, daß Mk 1,44 als Abschluß der Wundergeschichte nicht recht passend erscheint, ist angesichts der Parallele Mt 8,4 nicht beweiskräftig, ebensowenig die Tatsache, daß die Deutung des λόγος als Äquivalent zu דבר[137] bei Markus singulär[138] ist; der Gebrauch von λόγος ist bei Markus durchaus unsystematisch[139].

---

rakkattel, Beginning, 30; im zweiten Sinn entscheiden R. Bultmann, Geschichte der synoptischen Tradition, 227; K. Kertelge, Wunder, 63; H.-W. Kuhn, Zum Problem des Verhältnisses der markinischen Redaktion zur israelitisch-jüdischen Tradition, 305; E. Schweizer, Markus, 31; D.-A. Koch, Wundererzählungen, 74; J. Gnilka, Markus I, 91. J. Ernst, Markus, 76, hält den Schluß von Mk 1,45 für traditionell, Mk 1,45ab für redaktionell. Mk 1,45ab müßte in seiner jetzigen Formulierung dabei allerdings eine ursprüngliche Motivation für den Zulauf der Menge verdrängt haben.

136 Διαφημίζειν und πάντουεν sind markinische Hapaxlegomena. Singulär bei Mk ist auch die Verbindung κηρύσσειν πολλά (vgl. E. Lohmeyer, Markus, Anm 1), während beide Wörter getrennt häufig bei Markus begegnen, κηρύσσειν im Bezug auf Wundergeschichten auch Mk 5,20; 7,36. Auch entspricht die Konstruktion ἄρχεσθαι + Inf. mk Stil. Vgl. insgesamt U. Luz, Geheimnismotiv, 215.

137 Λόγος bezeichnet dann nicht das missionarische Wort (J. Schniewind, Markus, 54; U. Luz, Geheimnismotiv, 216; J. Ernst, Markus, 78; J. Gnilka, Markus I, 45), aber auch nicht ein bestimmtes Wort Jesu innerhalb dieser Geschichte, etwa Mk 1,41 (W. Grundmann, Markus, 1. Aufl. 51), sondern den Gegenstand der missionarischen Verkündigung, also textintern die eben stattgehabte Heilung (G. Wohlenberg, Markus, 72; K. L. Schmidt, Rahmen, 67; F. Hauck, Markus, 29; J. Schmid, Markus, 50; K. Kertelge, Wunder, 63; L. Schenke, Wundererzählungen, 133; R. Pesch, Markus I, 146 Anm 39), textextern die gesamte, Jesu Wundermacht mit einschließende Verkündigung der christlichen Missionare. Alle drei Deutungsvorschläge gab es schon in vorneuzeitlicher Exegese: für die zuletzt genannte Deutung vgl. Johannes Chrysostomus, bei Thomas von Aquin (?), Catena aurea I, hg. v. A. Guarienti, 444; für den Einbezug auch des missionarischen Wortes vgl. Erasmus, Mk, 168 D, für die Deutung auf Mk 1,41 fin vgl. Euthymius Zigabenus, Mk, PG 129, 784 D: der Geheilte verkündigt die sofortige Wirksamkeit des Worte Mk 1,41 als Beweis für die ἐξουσία Jesu. - Zu der stets gegebenen Konnotation von דבר als Vorfall, der Gegenstand einer Erörterung wird, vgl. G. Gerleman, Art. דבר Wort, 437. Mk 1,45 sind am ehesten 1 Kön 12,30 LXX und Est 2,22 LXX zu vergleichen, während in dem parallelen Verwendungszusammenhang 2 Sam 12,14 LXX ῥῆμα steht.

138 Den Sachverhalt des Singulären hat G. D. Kilpatrick, Mark i 45, 389, richtig beobachtet; doch ist in Mk 1,45a nicht Jesus Subjekt (so neben Kilpatrick auch E. Klostermann, Markus, 19; J. K. Elliott, The Conclusion, 157): Wie sollte die Tatsache, daß er nicht mehr öffentlich in eine Stadt gehen kann, mit seiner eigenen von Mk 1,45a her zu fordernden Verkündigungsabsicht zu vereinbaren sein?

139 Λόγος bezeichnet in Mk 2,2; 4,14-20.33 das (missionarische) Wort der Verkündigung, in Mk 8,38; 13,31 rückschauend und zusammenfassend »die Worte Jesu«, in Mk 7,13 das Wort Gottes. In Mk 5,36; 7,29; 8,32; 9,10; 10,22.24; 11,29; 12,13; 14,39 hat λόγος nicht als Begriff theologische Qualität.

M.E. ist der ganze Vers Mk 1,45 in seiner jetzigen Form mk-redaktionell[140]. Neben dem Charakter der zuständlichen Schilderung[141], der Prägung durch die Messiasgeheimnistheorie[142] sind Verbindungen zum vorangehenden Kontext zu bemerken: Aus Mk 1,35-39 ist das Gegeneinander von Zulauf des Volkes und erfolglosem Rückzug Jesu bekannt[143]; daß in Mk 1,45 der Geheilte als Subjekt des Verkündigens erscheint, bedeutet nach der geographischen Ausweitung die personale Ausweitung des Verkündigungsdienstes[144]. Die Folgeadmiration hätte wie in Mk 5,20; 7,37 auch mit θαυμάζειν oder ἐκπλήττεσθαι etc. gestaltet werden können, sie ist hier aber um einen erneuten Vermerk über Jesu Verhalten erweitert: Mk 1,45c greift auf Mk 1,35 zurück, während Mk 1,45d sich als nicht mehr zu überbietende Steigerung zu Mk 1,27.33.37 erklären läßt und darum als »Akklamation mit der Tat«[145] gestaltet ist. Endlich bereitet διαφημίζειν in Mk 1,45a die redaktionell gut verankerte Schlußnotiz Mk 1,45d vor.

Die genannte Steigerung der Öffentlichkeitswirksamkeit Jesu geht der inneren Steigerung seiner Wundertätigkeit parallel - die Heilung eines Aussätzigen galt als Wunder vergleichbar einer Totenerweckung[146] -, sie bestimmt aber auch die kompositionskritisch zu erhebende Funktion von Mk 1,45 im Makrokontext: Mk 1,45 soll den Andrang des Volkes zu Jesus für den Leser als den Normalfall hinstellen, der auch für die Geschichte Mk 2,1-12 vorausgesetzt wird und das Verhalten der Schriftgelehrten umso unbegreiflicher macht.[147] Umgekehrt zeigen die Worte εἰς μαρτύριον αὐτοῖς in Mk 1,44 auf mk-redaktioneller Ebene apologetisch die Thoratreue Jesu; damit werden für den Leser die folgenden Angriffe der Schriftgelehrten und Pharisäer von vornherein als unberechtigt abqualifiziert.

---

140 So jetzt auch H. Räisänen, Messianic Secret (1990), 148f., anders als ders., Messiasgeheimnis (1976), 65-71.

141 R. Bultmann, Geschichte der synoptischen Tradition, 365f.

142 M. Dibelius, Formgeschichte, 70; E. Schweizer, Markus, 31.

143 Vgl. dazu schon W. Wrede, Messiasgeheimnis, 137; D.-A. Koch, Wundererzählungen, 74.

144 Hinsichtlich der personalen Ausweitung liegt in Mk 6,14-16 eine ebenfalls von Markus kompositionell gesetzte Parallele vor.

145 So die treffende Formulierung von R. Pesch, Markus I, 146.

146 Belege bei Bill. IV/2, 751.

147 Mk 1,45 ist nicht als Reaktion des Ungehorsams analog dem Jüngerunverständnismotiv zu erklären (gegen F. Fendler, Studien, 128).

4.3.4. Jesu Vollmacht als Legitimation des christlichen Weges - Mk 2,1-12

Nun wird erstmals im Evangelium eine direkte Konfrontation Jesu mit den Gegnern erzählt, deren Angriffe gegen ihn durch Mk 1,44 als unberechtigt und durch Mk 1,45 als menschlich unverständlich hingestellt wurden. Der Leser wird durch Mk 1,44.45 ähnlich wie später im Sanhedrinverhör durch das auktoriale Stichwort des falschen Zeugnisses von vornherein gegen Jesu Gegner eingenommen. Bei wiederholter Lektüre erinnert er sich zusätzlich an den Blasphemievorwurf Mk 14,64, der Mk 2,6 gleicht.[148]

Der literarische Werdegang wie das überlieferungsgeschichtliche Schicksal von Mk 2,1-12 können nur gemeinsam im Rahmen einer Analyse von Mk 2,1-3,6 insgesamt geklärt werden. Diese Analyse ist erforderlich, weil erst dann die Reaktion des Volkes Mk 2,12 angemessen gewürdigt werden kann.

Für Mk 2,1-12 erzeugten Wredes[149] und Bultmanns[150] Analysen zunächst einen Teilkonsens in der Unterscheidung zwischen der Wundergeschichte Mk 2,1-5a.11f.* und dem sekundär, markinisch oder vormarkinisch zugewachsenen Streitgespräch Mk 2,5b-10[151]. Doch hielt der schon früh geäußerte Einwand, die sekundäre Einbindung der Sündenvergebungsthematik gerade in diese Geschichte sei nicht verständlich ohne Anhalt in der Tradition[152], auch in der neueren Forschung die Behauptung der literarkritischen Einheit

---

148   W. Weiß, Lehre, 139; vgl. O. Hofius, Zuspruch, 141.

149   W. Wrede, Zur Heilung des Gelähmten, 354-358, erklärte, daß eine ursprünglich reine Wundererzählung sekundär in Richtung auf eine christologische wie apologetische Tendenz überarbeitet wurde: In dieser letzteren Phase dient das Wunder nur noch der Beglaubigung der Vollmacht Jesu, Sünden zu vergeben wie Gott (der Satz der Schriftgelehrten wird dabei nicht angetastet!); daß der Kranke das überraschende Wort der Sündenvergebung empfängt, ist weniger wichtig als der Umstand, daß mit diesem Wort Jesu die Gegner provoziert werden sollen.

150   R. Bultmann, Geschichte der synoptischen Tradition, 3. Aufl., 12-14. Er fügte den Aufstellungen Wredes das seitdem immer wieder zitierte Argument hinzu, die Reaktion der Anwesenden in V. 12 nehme auf die in V. 5b-10 genannten Gegner keinen Bezug (Schon Erasmus, Paraphr. in Ev. Marci, 172 A, hatte deshalb zwischen den Scribae und den caeteri, quotquot aderant unterschieden). - Wredes und Bultmanns Resultate sind seither oft übernommen worden, vgl. E. Lohmeyer, Markus, 50; W. Grundmann, Markus, 72; I. Maisch, Heilung des Gelähmten, 48; D. Lührmann, Markus, 56f., und die Erwägung bei F. Hauck, Markus, 34.

151   Zur Literarkritik des Menschensohnwortes innerhalb von Mk 2,5b-10 kann hier nicht Stellung genommen werden.

152   J. Schniewind, Markus, 60; jüngst O. Hofius, Zuspruch, 131 mit Anm 24.

des ganzen Textes aufrecht[153] oder führte, zusammen mit dem Hinweis auf die Spannung zwischen dem passivum divinum Mk 2,5 und der Herleitung der Sündenvergebung von Jesus Mk 2,10 dazu, auch V. 5b der Vorlage zuzuweisen[154]. In der Beurteilung von Mk 2,5b schließen wir uns diesen Überlegungen an. Als literarkritisches Argument für die sekundäre Einfügung von Mk 2,6-10 in die vormk Geschichte notieren wir einstweilen den Anakoluth Mk 2,10b; die Zuweisung von Mk 2,6-10 kann erst nach der Analyse der Komposition Mk 2,1-3,6 erfolgen.

Hinsichtlich der Frage nach Umfang und Intention der vormk Sammlung in Mk 2,1-3,6[155] differierten innerhalb der klassischen formgeschichtlichen Forschung die Angaben über das Sammlungsinteresse zwischen historisch-christologischer[156] und ekklesiologischer[157] Intentionsbestimmung; H.-W. Kuhn beschränkte die ekklesiologisch motivierte Sammlung auf Mk 2,1-28[158] und ermöglichte so eine differenzierte Wahrnehmung des Überlieferungsprozesses. Die infolgedessen von L. Schenke und J. Gnilka getroffene Unterscheidung zwischen einer ekklesiologisch orientierten Kurzsammlung Mk 2,15-28*[159] und der christologischen Orientierung[160] auf der Ebene der vormk oder

---

153 F. Hahn, Hoheitstitel, 228 Anm 2; G. Theißen, Wundergeschichten, 165f.; W. G. Kümmel, Theologie, 40; K. Berger, Exegese, 29ff.; ders. Formgeschichte, 307ff.; W. Schmithals, Markus I, 151-153, für Mk 2,1-9.10b-12; O. Hofius, Zuspruch, 131.

154 F. Hahn, Hoheitstitel 43 Anm 1; C. Colpe, Argumentationen, 234; L. Schenke, Wundererzählungen, 153; H.-J. Klauck, Sündenvergebung, 299; K. Scholtissek, Vollmacht, 152-154; O. Hofius, Zuspruch, 131 Anm 24. Nach seiner Ansicht ist Mk 2,5b im Verständnis des Evangelisten wie auf der Ebene der vormk Erzählung Mk 2,1-5b.(6-10?).11-12 nicht passivum divinum und damit Ansage der göttlichen Vergebung - da müßten Mk 2,7.9.10 anders formuliert sein -, sondern deren Vollzug als Wort, das wirkt, was es gebietet (S. 131); für die Ebene des Lebens Jesu läßt Hofius es offen (135-139). Für die vormk Ebene verweist Hofius auf Mk 5,41; Lk 7,14; 13,12, wo ebenfalls »die persönliche Anrede ... einem Wort Jesu vorausgeht, das als solches wirkt, was es gebietet« (133).

155 Die mk-redaktionelle Herkunft von Mk 2,13 ist seit K. L. Schmidt, Rahmen, 82f., weitgehend Konsens.

156 M. Albertz, Streitgespräche, 5; später E. Klostermann, Markus, 21; G. Cranfield, St. Mark, 61; W. Knox, Sources, 8; J. Roloff, Kerygma, 73f.

157 K. L. Schmidt, Rahmen, 104; R. Bultmann, Geschichte der synoptischen Tradition, 3. Aufl. S. 9.13.14.16.17, jeweils zu den Einzelperikopen; die Charakterisierung des Zusammenhanges Mk 2,1-3,6 als vormk Sammlung geschieht bei R. Bultmann, a.a.O., 374 nur beiläufig.

158 H.-W. Kuhn, Sammlungen, 89.

159 L. Schenke, Wundererzählungen, 151f.; J. Gnilka, Markus I, 126.131f.; R. Guelich, Mark I, 132; K. Scholtissek, Vollmacht, 140. - Auch da, wo man Mk 3,1-6 dieser Sammlung zurechnet, gilt gelegentlich das ekklesiologische Sammlungsinteresse als maßgeblich (R. Pesch, Markus I, 150; J. Ernst, Markus, 83; W. Weiß, Lehre, passim,

mk Erweiterung[161] halten auch wir für zutreffend.[162] Den genannten Teilkonsens hinsichtlich der ekklesiologischen Orientierung von Mk 2,15-28* präzisieren wir aufgrund des nicht zu eliminierenden christologischen Bezuges der Fastenperikope[163] dahingehend, daß die Gemeinde sich zur konfliktträchtigen Neuregelung ihrer Praxis durch das in der Person Jesu zur Erscheinung ge-

---

bei Annahme mk Herkunft der Sammlung; anders I. Maisch, Heilung, 117f., die Mk 3,6 für einen Zusatz des vormk Sammlers zu Mk 3,1-5 hält und das ekklesiologische Interesse auf der Ebene der Einzelperikopen, das christologische Interesse auf der Ebene der Sammlung findet).

160 Mit der genannten Unterscheidung ist auch der methodischen Forderung von H.-W. Kuhn, Sammlungen, 50, Rechnung getragen, daß die These einer vormk Sammlung nur dann vertretbar ist, wenn sich deren Sammlungsinteresse von dem Überlieferungsinteresse sowohl der Einzelperikope als auch des Evangelisten insoweit unterscheidet, als auf jeder dieser Überlieferungsstufen den einzelnen Texten neue, bisher nicht realisierte Sinnbezüge zuteil werden.

161 Die zweite Redaktionsstufe wird für vormk gehalten von W. Thissen, Erzählung der Befreiung, 209-223, für mk von L. Schenke, Wundererzählungen, 151f.160; J. Gnilka, Markus I, 131f.; H.-J. Klauck, Sündenvergebung, 245; K. Scholtissek, Vollmacht, 142-147. - Die These der mk-redaktionellen Zusammenstellung von Mk 2,1-3,6 (P. v. d. Osten-Sacken, Streitgespräch und Parabel, 375f.; J. Dewey, Debate, 192f.; J. Kiilunen, Vollmacht, 266; W. Weiß, Lehre, 31) wird m.E. den unterschiedlichen Rezeptionsinteressen von Mk 2,15-28* einerseits, Mk 2,1-12; 3,1-6 andererseits nicht gerecht.

162 In den drei Mittelperikopen Mk 2,15-28 sind Gemeindeprobleme thematisiert; sie schließen jeweils mit einer doppelten Antwort Jesu: Auf eine Sentenz folgt ein christologischer Satz (J. Gnilka, Markus I, 132). Dagegen ist in Mk 2,1-12 und Mk 3,1-6 mit ihren demonstrativen Wunderhandlungen die Autorität Jesu thematisiert, ohne daß die Jünger in den Streit einbezogen sind (J. Gnilka, Markus I, 126). Zudem ist Mk 3,1-6 ein Streitgespräch mit umgekehrten Rollen; hier steht nicht der Standpunkt Jesu in Frage, vielmehr müssen sich die Gegner rechtfertigen, daß sie den christlichen Standpunkt nicht akzeptieren (vgl. schon Theophylakt, Mk, PG 123, 520 D). - Auf die literarkritische Problematik von Mk 3,6 können wir hier nicht eingehen.

163 Vgl. hierzu J. Roloff, Kerygma, 223-229. - Die Perikopen Mk 2,15f.17b und Mk 2,23f.27 (zu dieser literarkritischen Option vgl. W. Thissen, Erzählung, 209; W. Weiß, Lehre, 45) verteidigen den Weg der Jesus-Anhänger als im Rahmen des Jüdischen möglich dadurch, daß in einer Neuinterpretation jüdischer Grundsätze die Prämissen hinterfragt werden, aufgrund derer das Verhalten Jesu und der Jünger als Fehlverhalten qualifiziert werden konnte, verweisen jedoch nicht auf die Person Jesu. Vorausgesetzt ist dabei für Mk 2,17b* eine zugegebenermaßen hypothetisch bleibende Transformation einer Aussage Jesu, daß *Gott* die Sünder, nicht die Gerechten ruft; Vgl. Lk 15,7.10; Ez 18; zu Mk 2,27 vgl. die Parallele Mekh. Ex 31,14. Selbst wenn es richtig ist, daß Mekh. Ex 31,14 die damalige Sabbat-Halacha in ihrem Einzelgehalt voraussetzt und nicht aufhebt, so ist Jesus eine Uminterpretation eines solchen Wortes durchaus zuzutrauen. Der auf der Ebene dieser Einzelperikopen noch fehlende Bezug auf die Person Jesu wird bei der Aufnahme der Perikopen in die vormk Sammlung Mk 2,15-28* in Form der verhüllten Selbstprädikation Mk 2,25f. (J. Roloff, Kerygma, 58) und deren Entschlüsselung für den christlichen Leser Mk 2,28 nachgetragen, das Logion Mk 2,17b wird in seine heutige Gestalt transformiert.

kommene und sich an ihn bindende Heilshandeln Gottes berechtigt weiß.[164] Die beiden Flügelperikopen Mk 3,1-6 und Mk 2,1-12 in der jetzigen Gestalt verbindet, daß durch ein Wunder Jesu seine Vollmacht zur Neuordnung der Verhältnisse legitimiert wird; Die Einfügung von Mk 2,6-10 in die alte Geschichte Mk 2,1-5.11f. sowie die Angliederung von Mk 2,1-12 und Mk 3,1-6 an die vormk Sammlung Mk 2,15-28* erfolgten durch dieselbe Hand, wahrscheinlich durch den Evangelisten, und auf dieser literarischen Ebene wird die Vollmacht Jesu nicht mehr nur wie auf der Ebene der Einzelperikope Mk 2,23f.27 in concreto praktiziert oder wie auf der Ebene der Sammlung Mk 2,15-28* behauptet, sondern nach antiken Maßstäben bewiesen, und somit auch die urgemeindliche Neuformulierung ihrer Frömmigkeitspraxis legitimiert.[165]

Der Einbezug der Streitgesprächsszene Mk 2,6b-10 verwandelt formgeschichtlich die Wundergeschichte Mk 2,1-5.11f.* in eine reaktionskontrastierende Legitimationswundergeschichte[166]. Anders als in der ebenfalls reaktionskontrastierenden Geschichte 2 Kön 6,24-7,20 werden die Gegner erst nachträglich eingeführt, verschwinden aber vorzeitig wieder. Beides hat seinen Sinn: Mit der nachträglichen Einführung der Gegner will Markus erzähltechnisch plausibel den Vorgang darstellen, der, anders als man es erwarten könnte, eben diese erstmalige Gegnerschaft auslöst. Das vorzeitige Verschwinden der Gegner ist nach der Widerlegung ihrer Kritik durch das Wunder stilgemäß[167] und unterstreicht ihre Niederlage.

---

164   Mk 2,28 bringt in Titulatur und Funktionsbezeichnung diese christologische Begründung zum Ausdruck; so H.-W. Kuhn, Sammlungen, 83; K. Scholtissek, Vollmacht, 141. Auch D.-A. Koch, Wundererzählungen, 33 Anm 15, gesteht die rückbindende Funktion des καί ein.

165   Insofern entspricht Bultmanns öfters kritisierte Funktionsbestimmung (R. Bultmann, Geschichte der synoptischen Tradition, 13; zur Kritik vgl. J. Schmid, Markus, 59; K. Kertelge, Vollmacht, 206), mit Mk 2,5b-10 leite die Gemeinde ihr Recht auf Sündenvergebung ab, nicht dem Wortlaut von Mk 2,10, wohl aber der Funktion dieses Logions für die folgenden Geschichten. Daß im rabbinischen Judentum eine solche Art der Legitimation auf Bedenken stieß, dafür vgl. bBaba Mezia 58b-59a.

166   Zu der legitimierenden Funktion des Wunders in Mk 2,9-11 vgl. Chr. D. Marshall, Faith, 186f. Er sieht die Kontrastierung zwischen den Schriftgelehrten und dem Glauben des Kranken und seiner Begleiter. Zu unserer Auslegung ist das insofern kein Gegensatz, als die Akklamation Mk 2,12 eben diesem Glauben rechtgibt.

167   Man darf hier (J. Kiilunen, Vollmacht, 97, gegen I. Maisch, Heilung, 31) nicht historisch fragen. - Eine Reaktion der Gegner im Streitgespräch wird nur in Mk 12,17 berichtet.

Dieses zuletzt genannte Argument führte zusammen mit der Deutung der Volksreaktion auch auf die Sündenvergebung[168] und dem Hinweis auf das ἐξουσία-Motiv von Mk 1,22.27 bei J. Kiilunen zu der These, erst Markus habe anknüpfend an urchristliche Missionssprache Mk 2,12bc formuliert.[169] Nun zeigt Mk 2,12 durchaus mk Stileigentümlichkeiten[170], doch setzt der Akklamationstext οὕτως οὐδέποτε εἴδομεν einer Interpretation in markinischem Gesamtkontext Widerstände entgegen: Eine Bezugnahme auf die Krankenheilungen Jesu ist wegen Mk 1,32-34 unwahrscheinlich; für einen Bezug auf die Endzeit i.S. von Jes 64,3[171] oder auf die erstmalige Kombination von Krankenheilung und Sündenvergebung ist Mk 2,12 zu wenig profiliert.[172] Daß das Gotteslob als Kontrastierung zu dem Verhalten der Schriftgelehrten[173] geltend macht, »dass sich Gott, dessen Einzigkeit in 5b-10 auf dem Spiel steht, zu dem Wundertäter und Menschensohn Jesus bekennt«[174], ist als inhaltlicher Zugewinn auf mk-redaktioneller Ebene zu verbuchen, beweist aber noch nicht, daß erst Markus Mk 2,12bc geschaffen hat.

Mk 2,12bc ist m.E. vormk Herkunft und wurde von Markus unverändert übernommen. Daß die Menge nur auf die Wundertat reagiert, zielt nicht auf ihre Unfähigkeit, die Vollmacht des sündenvergebenden Menschensohns zu

---

168 C. Colpe, Argumentationen, 232 Anm 5; J. Kiilunen, 92-99; V. Hampel, Menschensohn, 190 (zur Kritik I. Broer, Jesus und das Gesetz, 75f.); O. Hofius, Zuspruch, 134f. - In der vorneuzeitlichen Exegese ist als nachahmenswertes Ideal gedacht, daß sich die Volksreaktion auf beides zurückbezieht, auf die körperliche Heilung wie auf die Sündenvergebung (Erasmus, Paraphrasis in Ev. Marci, 174 C, unter Zuhilfenahme von Mt 9,8). Richtet sich die Reaktion nur auf erstere, ist sie kritikwürdig (Thomas von Aquin, Catena aurea I, hg. v. A. Guarienti, 447). - Nur auf die Heilung wurde Mk 2,12 bezogen von R. Bultmann, Geschichte der synoptischen Tradition, I. Maisch, Heilung, 31; D. Lührmann, Markus, 57.
169 J. Kiilunen, Vollmacht, 92-99.
170 Zu erwähnen sind ὥστε + Inf. und λέγειν ὅτι. - Der Hinweis von J. Kiilunen, Vollmacht, 93, auf die Strukturparallele Mk 1,27 verfängt nicht: In Mk 1,27 schließt das ὥστε die Akklamation nicht an die Demonstration an, sondern an die Admiration.
171 Für den hier in Rede stehenden Bezug, aber ohne Beziehung auf Jes 64,3 LXX vgl. W. Grundmann, Markus, 78. W. Schmithals, Markus I, 163, trägt den theologisch richtigen Gedanken exegetisch zu Unrecht in Mk 2,12 ein.
172 Man vgl. bei Markus selbst Mk 7,37, bei Lukas Lk 7,16.
173 Für die Kontrastierung in der vorneuzeitlichen Exegese vgl. Beda, Mk, CChr.SL 120, 457, 790-792: Merito qui adfuerant, damnatis blasphemiae jaculis, ad laudem tantae majestatis stupentia corda convertunt.
174 J. Kiilunen, Vollmacht, 99. Die Einfügung der Wendung δοξάζειν τὸν θεόν erst im Hinblick auf Mk 2,6-10, vor allem Mk 2,7, erwägt auch R. Pesch, Markus I, 157.

begreifen[175]; wenn die Menge Gott lobt, übt Markus keine Kritik daran.[176] Für Markus genügt hier die Reaktion auf die Wundertat, weil deren Erfolg Jesu Vollmacht zur Neuordnung der Verhältnisse für die Gemeinde beweist und das Verhalten der Gegner als menschlich unverständlich, ja als schuldhafte Verweigerung charakterisiert: Es war keineswegs unmöglich, in Jesu Wirken Gott am Werk zu sehen.[177] Dann wird auch der Sinn der wohl redaktionellen Einfügung des Satzes »und er sagte ihnen das Wort«[178] deutlich: Das Volk hört Jesu Wort und preist Gott über Jesu Tat, die Schriftgelehrten hören und widersprechen. So ist Mk 2,1-12 antike christliche Apologetik.

4.3.5. Jesu Legitimation und die Gegner - Mk 3,7-12

Nach den Konfliktszenen Mk 2,1-3,6 folgen in Mk 3,7-12 eine Schilderung der großen Wirkung Jesu auf das Volk und ein Bekenntnis der seit Mk 1,34 nicht mehr erwähnten Dämonen, das Jesus allerdings der Menge nicht mit-geteilt wissen will. Im Anschluß daran folgt die Jüngerberufung Mk 3,13-19.

Aufgrund des zweimaligen Ortswechsels ist an der üblichen Abgrenzung Mk 3,7-12 festzuhalten; Mk 3,7a ist nicht Abschluß von Mk 3,1-6[179], und der ganze Text ist nicht nur Vorbereitung für die Jüngerberufung Mk 3,13-19.[180] Ob Mk 3,7-12(*) ein mk-redaktionelles Summarium[181], ein Teil einer vormk outline[182] oder die Einleitung zum Gleichniskapitel[183] oder zu einem mit Mk 4,35ff. beginnenden vormk Wunderzyklus[184] darstellt, ist umstritten.

---

175 Thomas von Aquin (?), Catena aurea I, hg. v. A. Guarienti, 447; heute J. Schniewind, Markus, 59.

176 So m.E. zu Recht Beda, Mk, CChr.SL 120, 457, 788-792; Erasmus, Paraphrasis in Ev. Marci, 174 C, und heute K. Kertelge, Markus, 33. Erasmus kann schreiben: »Fugiamus exemplum Scribarum ... Simus è simplici turba, glorificantes Deum« (a.a.O.).

177 So m.E. zu Recht R. Kampling, Israel, 87. Hofius' Verständnis von Mk 2,5b dürfte für die mk-redaktionelle Ebene richtig sein, vielleicht auch für Mk 2,1-5b.11f.

178 Die Wendung ist nicht die traditionelle Motivierung des Volksandrangs (E. Lohmeyer, Markus, 50 Anm 1); solche Motivierungen sind formgeschichtlich gesehen nicht not-wendig (D.-A. Koch, Wundererzählungen, 46 Anm 3).

179 So aber K. L. Schmidt, Rahmen, 107; W. Marxsen, Evangelist, 39.

180 So aber J. Schniewind, Markus, 66f.; K. Stock, Boten, 62 Anm 169 (mit Hinweis auf die Akoluthie Lk 6,17-19.20-49), bei unterschiedlichen theologischen Konsequenzen!

181 K. L. Schmidt, Rahmen, 105f.; R. Bultmann, Geschichte der synoptischen Tradition, 366; J. Schmid, Markus, 74; T. A. Burkill, Mark 3,7-12, 411; W. Grundmann, Markus, 98; K. Tagawa, Miracles, 22; R. Schnackenburg, Markus, 78; S. Schulz, Stunde, 29f.; J. Roloff, Neues Testament, 87; W. Egger, Verborgenheit, 477f.; Th. Snoy, Miracles,

Gegen die These einer vormk outline bestehen generelle Bedenken[185], vor allem gegen den Einbezug des Bootsmotives V. 9. Versteht man Mk 3,7-9 als Einleitung zu Mk 4,1ff., müßten die Doubletten Mk 3,7a/Mk 4,1aα sowie Mk 3,7b.8/Mk 4,1aβ erklärt und das Fehlen des rückverweisenden bestimmten Artikels vor dem Wort πλοῖον in Mk 4,1b begründet werden[186]. Der für die Wunderzyklusthese entscheidende Tatbestand der intensiven sprachlichen Berührungen mit Mk 5,25-34 darf über erzählerische Differenzen nicht hinwegtäuschen: Das Bedrängnismotiv ist in Mk 5,25-34 Voraussetzung dafür, daß die Frau unerkannt an Jesus herankommen kann[187], in Mk 3,9 führt es zum versuchten Rückzug Jesu und weist somit eher auf Mk 4,1 als auf Mk 5,25-34 voraus; umgekehrt wird das ἅπτεσθαι der Heilungsuchenden von dem συνθλιβεῖν des Volkes in Mk 5,25-34 unterschieden, nicht aber in Mk 3,9f.. Vokabular wie Themen von Mk 3,7-12 sind zum großen Teil auch außerhalb des angenommenen Wunderzyklus belegt[188]. Auch läßt sich für Mk 3,7-12 kein von dem des Markus verschiedenes Erzählinteresse namhaft machen. Mk 3,7-12 ist u.E. also nicht die Einleitung zur vormk Gleichnis-

---

73-95; K.-G. Reploh, Lehrer, 42; G. Theißen, Wundergeschichten, 205; J. Gnilka, Markus I, 133; C. R. Kazmierski, Son, 79; vgl. D. Lührmann, Markus, 68.

182 C. H. Dodd, Framework, 8. Kritisch schon D. E. Nineham, Order, 222; 228-232.

183 J. Wellhausen, Mk, 24; V. Taylor, Mark, 225; E. Schweizer, Markus, 43; K. Stock, Boten, 58. E. Schweizer und K. Stock halten Mk 4,1f. für mk-redaktionell.

184 L. E. Keck, Mark 3,7-12, 349, für Mk 3,7-10; R. Pesch, Markus I, 198, für Mk 3,7-12. Für die These wurde auf die Hapaxlegomena ἀναχωρεῖν, πλῆθος, πλοιάριον, προσκαρτερεῖν, ἐπιπίπτειν sowie die nur innerhalb des angenommenen Zyklus belegten Wörter μάστιξ und θλιβεῖν/συνθλιβεῖν verwiesen, ferner auf die unmk Formulierung des Rückzugsmotives (mk-redakionell wären ἀπέρχεσθαι und ἔρμος τόπος zu erwarten, nicht aber der See). R. Pesch stützt sich S. 199 Anm b zusätzlich auf die von B L 892 gebotene Lesart ποιεῖ (statt ἐποίει): Erst spätere Abschreiber hätten durch das Imperfekt Mk 3,7-12 auf das Zurückliegende bezogen. Doch ist an der besser bezeugten imperfektischen Lesart festzuhalten (mit R. A. Guelich, Mark I, 142).

185 Für D. E. Nineham, Order, 238 entsteht die Frage nach der Kompositionskritik gerade aus der Einsicht heraus, daß die Evangelien keine innere und äußere Entwicklung ihrer Hauptperson zeigen.

186 R. H. Gundry, Mark, 160.

187 Man sollte die Volksmenge in Mk 5,25-34 nicht allegorisch als »das sündige Geschlecht« deuten, von dem sich die Täuflinge lösen, wenn sie zu Jesus kommen (so M. McVann, Baptism, Miracles, 155). Unabhängig davon bleibt seine These diskutabel, das Markusevangelium sei für die baptizandi geschrieben.

188 Für die Verben ἀκολουθεῖν, ἅπτεσθαι, προσπίπτειν, θεραπεύειν, ἀκούειν, ἔρχεσθαι genügt ein Blick auf die Konkordanzen; vgl. T. A. Burkill, Mark 3,7-12, 413; Z. Kato, Völkermission, 29 mit Anm 33; R. H. Gundry, Mark, 159-161.

sammlung oder zu einem vormk Wunderzyklus[189], sondern wohl ein mk-redaktionelles Summarium[190], doch zeigt das ungewohnte Sprachgewand[191], wie Markus die ihm vorliegenden versprengten Notizen und Einzelgeschichten in sein Evangelium integriert.[192] Die breite Aufnahme des Materials aus Mk 5 und das Fehlen des Lehrmotivs sind sachlich bedingt: In Mk 3,7-12 geht es um die Legitimierung seiner Person, erfolgend durch die Gottessohn-Aussage der Dämonen, und diesem Anliegen dienen die schon in der Tradition personenzentrierten, nicht sachzentrierten Wundererzählungen[193]. Die Plazierung nach Mk 3,1-6 einerseits, vor Mk 3,13-19.20-35 andererseits bedeutet: Dem Leser soll durch die Reaktionskontrastierung[194] wie durch die Gottessohn-Aussage klargelegt werden, daß die Gegner mit Todesbeschluß und Dämonieverdacht im Unrecht sind, Jesus vielmehr tatsächlich das Recht zur nachfolgenden Jüngerberufung und Sammlung wie Belehrung der Gemeinde hat.

189 Damit ist über die Frage nach dem Zyklus selbst noch nicht entschieden: Den Zyklus kann es gegeben haben, Mk 3,7-12 kann gleichwohl mk-redaktionell sein (so H.-W. Kuhn, Sammlungen, 82; 209). Doch gibt es Argumente für das mk-redaktionelle Arrangement der hier versammelten Geschichten: die Gottessohnaussage der Dämonen begegnet in Mk 5,7 nach der ersten Jüngerunverständnis-Szene (vgl. schon Euthymius Zigabenus, Mt, PG 129, 300 A), in Mk 3,11 nach dem Todesbeschluß; ferner wird im gesamten Markusevangelium nur in diesen Perikopen seitens der Menge Mißtrauen und Ablehnung geäußert (Mk 5,17.40) und damit Mk 6,1-6a wirkungsvoll vorbereitet.
190 Der konkrete Charakter von Mk 3,7.9 hat M. Dibelius, Formgeschichte, 226; R. H. Gundry, Mark, 161, dazu geführt, nur die Verse 10-12 als Summarium zu bezeichnen, doch sind die Angaben διὰ τὸν ὄχλον ... ἵνα μὴ θλίβωσιν in Mk 3,9 bereits Abstraktionen gegenüber den konkreten Angaben ἐπιπίπτειν und ἅπτεσθαι in dem Erzählerkommentar Mk 3,10. Da ein abschließendes interpretierendes Wort Jesu fehlt, das unseren Text als Apophthegma ausweisen könnte, halten wir an der üblichen Klassifizierung als Summarium fest.
191 Dieses Sprachgewand läßt sich erklären: Daß ἀναχωρεῖν nur hier in Mk belegt ist, entspricht der analogielosen Situation: Nach Mk 12,12 verlassen die Gegner das Feld, während Jesus ständig im Tempel präsent ist. Das Wort ὄχλος fehlt in Mk 3,7f. wie in Mk 1,35.45; 6,31, wo jeweils quantitativ spezifizierende Ausdrücke stehen. Πλῆθος könnte gemein-urchristlichem Sprachgebrauch entsprechen (C. R. Kazmierski, Son, 90f.), doch bemerkt R. H. Gundry, Mark, 157, zu Recht. πλῆθος »puts even greater emphasis of numerousness«. - Als Marcan Duality bezeichnen F. Neirynck, Duality, 71; C. R. Kazmierski, Son, 89, die Wiederaufnahme des πλῆθος πολύς in Mk 3,8.
192 W. Egger, Verborgenheit, 477f.; vgl. auch schon S. E. Johnson, Mark, 74; dann K. Kertelge, Wunder, 34 Anm 23; J. Gnilka, Markus I, 133; K.-G. Reploh, Lehrer, 42 vermutet hinter Mk 3,7a eine traditionelle Notiz.
193 Den Unterschied hat L. E. Keck, Mark 3,7-12, 349f., zu Recht betont. Kritisch zu seiner hellenistischen Verortung des Zyklus T. A. Burkill, Mark 3,7-12, 415-417.
194 So schon Beda, Mk, CChr.SL 120, 467,1171-1178; dann K. Tagawa, Miracles, 59f.

Dann aber sollte man nicht das defizitäre[195] Volksverhalten der Gottessohn-Aussage der Dämonen[196] gegenüberstellen und das Schweigegebot, das Bootsmotiv und die in Mk 3,13-19 abseits vom Volk geschehende Jüngerberufung[197] als Ausdruck der vom Evangelisten gewollten Distanz zwischen Jesus und der Menge[198] verstehen. Markus wird nicht erst in einer geographischen Liste[199] die ungeheure Ausstrahlung Jesu[200] veranschaulichen, um dann

---

195 Die Liste der Vorwürfe ist lang: Die Menge erfaßt Jesu Wesen nicht (G. Wohlenberg, Markus, 103. F. Hauck, Markus, 43) ihre Begeisterung ist von ihrer Sensationslust bestimmt (J. Schmid, Markus, 75); sie reagiert nur auf das Wunder (J. Gnilka, Markus I, 134f.), ist aber an Jesu Lehre nicht interessiert (erwogen von K. Stock, Boten, 64 Anm 181). W. Lane hat gar auf die verblendende Kraft des Teufels verwiesen (W. Lane, Mark, z. St., zitiert nach A. Stock, Method, 122).

196 Auf diese Diastase verweist W. Harrington, Mark, 40.

197 So zuletzt Z. Kato, Völkermission, 42, sowie G. Schmahl, Zwölf, 50f., mit Hinweis auf das Motiv des Berges. Das Verbum ἀπέρχεσθαι stand schon in Mk 1,20 für die Distanzierung von der bisherigen Lebensweise; das Volk wird als Reservoir der zu Berufenden nicht erwähnt, und persönliche Gemeinschaft mit Jesus wird exklusiv den Jüngern gewährt. Doch betont G. Schmahl, Zwölf, 58, daß der Zwölferkreis keine religiöse Sondergruppe ist, sondern von Jesus an seiner geschichtlich-eschatologischen Sendung beteiligt wird.

198 Jesus wolle nicht als bloßer Wundertäter mißverstanden werden (W. Egger, Frohbotschaft, 94; K. Stock, Boten, 64; H. L. Swartz, Responses, 52).

199 Die Forschungsgeschichte kennt i.w. vier Deutungsrichtungen: Historisch fragend fanden K. L. Schmidt, Rahmen, 106; E. Schweizer, Markus, 43; J. Kiilunen, Vollmacht, 30, in Mk 3,7f. den Wirkungsbereich Jesu gezeichnet, W. Stenger, Grundlegung, 13, auf mk-redaktioneller Ebene den Wirkungsbereich der auf Mk 3,12 folgenden Aktivität Jesu. Unter ekklesiologischer Perspektive fand man die Erwähnung aller von Christen bewohnten Gegenden zur Zeit der Abfassung von Mk 3,7f. (vormarkinisch: R. Pesch, Markus I, 200; J. Ernst, Markus, 110; markinisch E. Lohmeyer, Markus, 71; W. Marxsen, Evangelist, 39; W. Grundmann, Markus, 99; K. Tagawa, Miracles, 24; K. Berger, Formgeschichte, 225) oder ein Missionsprogramm (G. Schille, Topographie, 155). Gegen alle diese Deutungen spricht die Erwähnung Idumäas, für das wir weder von einem Wirken Jesu noch von der Existenz christlicher Gemeinden in früher Zeit etwas wissen. Die israeltheologischen Interpretationen differieren dahingehend, ob die Sammlung ganz Israels (E. Lohmeyer, 71f.; W. Grundmann, Markus, 99), auch unter Einbezug der benachbarten Diaspora betont (A. Schlatter, Markus, 84; F. Hauck, Markus, 43; E. Klostermann, Markus, 33; W. Grundmann, Markus, 99; W. Schmithals, Markus I, 201; aber schon J. A. Bengel, Gnomon, z. St.), oder der Einbezug auch von Heiden in das Gottesvolk dargestellt (F. Hahn, Mission, 96; J. Kiilunen, Vollmacht, 30; R. Schnackenburg, Markus, 78; W. Egger, Frohbotschaft, 102; K. Stock, Boten, 63; dagegen W. Schmithals, Markus I, 202: Dann dürften Samaria und die Dekapolis nicht fehlen), die Heidenmission im Wirken Jesu begründet werden soll (L. E. Keck, Mark 3,7-12, 353; H. L. Swartz, Responses, 51 Anm 81), oder gar der universale Charakter »des neuen Gottesvolkes, das an die Stelle des alten Israel treten wird« (Z. Kato, Völkermission, 30). Gegen die israeltheologische Deutung spricht, daß zentrale alttestamentliche Motive, die Heimholung der Verstreuten oder das Völker-

sein Augenmerk allein auf das defizitäre Verhalten der um Jesu versammelten Menschenmenge zu lenken. Vielmehr ist die Anziehungskraft Jesu[201] dargestellt, die wiederum die in Mk 13,10; 14,9 explizierte universale Geltung des Evangeliums[202] unterstreicht. Das Verhalten der Menge ist dann ein argumentum secundum hominem[203] für die Wirklichkeit des von den Dämonen titular Ausgesprochenen: Die Dämonenaussage ist für den Leser Antwort auf Mk 3,6, nicht auf Mk 3,7-10. An Mk 3,13-19 ist wichtig, daß die Jünger von Jesus in die Erfüllung seines Auftrages zur Reich-Gottes-Verkündigung hineingenommen werden[204]; Mk 3,7 bedeutet keinen Rückzug, sondern eine Intensivierung der Tätigkeit Jesu.[205] Das Schweigegebot zeigt aber auch, daß der einseitig als Wundertäter erkannte Jesus nicht als Gottessohn von Menschen bekannt werden darf. Die Ausstrahlung Jesu, erwähnt im Gegenzug zum Todesbeschluß Mk 3,6, ist Vorausdarstellung der Kirche, zu der aber nach Mk 3,7f. auch Israeliten gehören. Israeltheologisch ist das zu bedenken.

---

wallfahrtsmotiv nicht rezipiert werden. Die christologisch-kerygmatische Deutung betont vor allem die Überbietung der Wirksamkeit des Täufers nach Mk 1,5 (E. Klostermann, Markus, 33; T. A. Burkill, Mark 3,7-12, 412; S. E. Johnson, Mark, 73, u.v.a.; jüngst wieder R. H. Gundry, Mark, 157), aber auch die Ausstrahlung Jesu gemäß Mk 1,32-39 (D.-A. Koch, Wundererzählungen, 168; J. Gnilka, Markus I, 134; Z. Kato, Völkermission, 31) oder Mk 1,45 (D. Lührmann, Markus, 68; ähnlich H. L. Swartz, Responses, 51). Der Text ist von der Perspektive Galiläas aus geschrieben (R. Pesch, Markus I, 200; R. Zwick, Montage, 289) und ordnet die Gegenden nach den Himmelsrichtungen an (F. Hauck, Markus, 43; R. H. Gundry, Mark, 157); Idumäa ist das am südlichsten gelegene Land, das von Galiläa aus im Blickfeld liegt (oder sollte es polemisch gegen die Herodianer von Mk 3,6 eingefügt sein?). Jesu Ausstrahlung übergreift den Radius seines Wirkens (F. Hauck, Markus, 43. Vgl. Jes 52,15; Diogenes Laertios, 8,14 sowie perjorativ wertend Lukian, Alexander, 18). Doch ist durch die Zwischenstellung des Verbums ἀκολουθεῖν wohl kaum Galiläa herausgehoben; ἀκολουθεῖν muß hier nicht im Sinne christlicher Nachfolge stehen (vgl. Num 22,20 LXX; TestSal 3,4); im übrigen hätten einige Textzeugen, die das Wort tilgen (D f13 218 it) oder versetzen (A C D 33 W b c), diese mk Intention nicht verstanden.

200 A. Schlatter, Markus, 27; C. R. Kazmierski, Son, 95 (der ihn als »main intent« des Evangelisten bezeichnet); R. H. Gundry, Mark, 157: »Jesu Magnetism«.

201 K. Tagawa, Miracles, 60; K.-G. Reploh, Lehrer, 38; E. Schweizer, Markus, 43; W. Schmithals, Markus I, 203; R. H. Gundry, Mark, 157. Das Bootsmotiv bezeichnet die Größe der Menge (J. Gnilka, Markus I, 133; C. R. Kazmierski, Son, 92) und unterstreicht Jesu Anziehungskraft.

202 R. Pesch, Markus I, 202.

203 Diesen legitimatorischen Aspekt betont zu Recht K. Berger, Formgeschichte, 331-333.

204 Vgl. den Auftrag der Jünger Mk 1,17b, den zweiten ἵνα-Satz in Mk 3,14 und Mk 6,7.12f.; richtig K. Stock, Theologie der Mission bei Markus, 131: Jesus will nicht nur allein wirken, sondern »andere einsetzen ..., um sein Wirken zu vervielfältigen«.

205 C. E. B. Cranfield, Mark, 124.

4.3.6. Jesu Legitimation und die notae ecclesiae - Mk 3,20f.31-35

In Mk 3,21 ist an der Subjektsangabe festzuhalten; die Textzeugen D W it haben geändert, weil sie den Herrenverwandten das hier beschriebene Verhalten nicht zutrauten. Auch steht in Mk 3,21 nicht, daß die Jünger Jesu hinausgehen und über die Erregung des ὄχλος urteilen.[206]

Die Literarkritik zu Mk 3,20f. kann aufgrund der forschungsgeschichtlichen Vorgaben nur zusammen mit der Frage nach dem Verhältnis dieses Textes zu Mk 3,31-35 geklärt werden. In der Diskussion stehen die Zusammenfügung von V. (20).21.31-35 und V. 22-30[207], die vormk Ergänzung des vormk zusammengefügten Stückes Mk 3,20f.22-30 durch Mk 3,31-35[208] sowie die mk-redaktionelle Ergänzung von Mk 3,20f.[209]; 3,20b.21[210] oder Mk 3,21.22a[211] zu den vormk verbundenen Einheiten Mk 3,22-30.31-35. Dabei entstammen Mk 3,20f. und Mk 3,31-35 wohl kaum derselben Tradition: Der ὄχλος und die Verwandten werden in Mk 3,32 ohne Rücksicht auf Mk 3,20f. erneut eingeführt[212], von deren Feindseligkeit in V. 21 ist in Mk 3,31 nichts zu spüren[213], sie dienen nur als Kontrast, um die neue Gemeinschaft um Jesus als familia Dei zu kennzeichnen.[214]

Innerhalb von Mk 3,20f. dürfte sich in V. 21 die Erinnerung an eine nicht im Nachhinein zu erfindende[215] Begebenheit aus dem Leben Jesu erhalten

---

206 So zu Recht D. Dormeyer, Familie, 111 Anm 11 (Lit!): Der Subjektswechsel müßte angezeigt sein.

207 R. Bultmann, Geschichte der synoptischen Tradition, 28, der Mk 3,20 für mk-redaktionell hält; Dibelius, Formgeschichte, 1. Aufl. 24; R. Pesch, Markus I, 222; erwogen auch bei J. Ernst, Markus, 116.

208 So nach R. Schnackenburg, Markus I, 88.94, zitiert bei J. Ernst, Markus, 116.

209 J. Lambrecht, Relatives, 251, der jedoch auch Mk 3,31-35 insgesamt dem Evangelisten zuweist (250 Anm 21); L. Oberlinner, Überlieferung, 174f. mit Anm 102 (Lit.); D. Lührmann, Markus, 74; W. Pratscher, Jakobus, 14; D. Dormeyer, Familie, 125f.

210 J. Gnilka, Markus I, 144: Mk 3,20a ist Beginn von Mk 3,31-35.

211 J. D. Crossan, Relatives, 86.

212 M. Dibelius, Formgeschichte, 2. Aufl. 44; J. Gnilka, Markus I, 144, weisen auf die differierende Bezeichnung der Subjekte hin.

213 R. Schnackenburg, Markus I, 95; R. Pesch, Markus I, 222; E. Best, Mark iii.20,21,31-35, 56; W. Pratscher, Jakobus, 14. Daß Mk 3,20f. als Motivierung des Verhaltens der Verwandten zur Exposition von Mk 3,31-35 gehört habe, ist nicht zwingend; Mt und Lk haben diese »Motivierung« getilgt. Ähnlich unmotiviert ist in Mk 3,21 die »Diagnose« seitens der οἱ παρ' αὐτοῦ.

214 W. Pratscher, Jakobus, 14.

215 R. Bultmann, Geschichte der synoptischen Tradition, 29. Mit einem allgemeinen Wissen um die Distanz Jesu zu seinen Angehörigen rechnet auch W. Pratscher, Jakobus, 15. Von daher ist Mk 3,21 wohl kaum als Ausweitung des mk

haben; das heutige Sprachgewand mag von Markus selbst stammen[216]. Innerhalb von Mk 3,31-35 konnte literarkritisch entsprechend der im synoptischen Vergleich divergierenden Fortsetzung der Geschichte[217] die ursprüngliche Antwort Jesu in V. 34[218] oder in V. 35 gesehen werden[219], soweit man nicht den gesamten Text für vormk-traditionell[220] oder für mk-redaktionell hielt[221]. Unter dem Eindruck der Behauptung Dibelius', Mk 3,35 sei für sich genommen zu substanzlos, um selbständig tradierbar zu sein, konzentrierten sich die literarkritischen Bemühungen auf das Corpus V. 31-34: entweder die Worte ἔξω στήκοντες ἀπέστειλαν πρὸς αὐτόν aus V. 31 und das Wort ἔξω aus V. 32 oder der Hinweis auf den ὄχλος sowie die Einleitung zu V. 34 oder V. 32 insgesamt galten als mk-redaktionell.[222] Zwingend sind diese Thesen allerdings nicht; der Text läßt sich ohne Not i. W. als vormk Ganzes verstehen[223]. So exegesieren wir zunächst die vormk Einheit Mk 3,31-35, sodann die neuentstandene Einheit Mk 3,20f.31-35.

Nachfolge Jesu bedeutet nach- wie vorösterlich[224] die Aufgabe der irdischen Bindungen und die Erfahrung der neuen Familie. Doch kommt die Perikope erst in der Definition dessen, was Gemeinde ist, zum Ziel: Allein die Bereitschaft, den Willen Gottes zu tun, qualifiziert den Christen als Christen. Daß in Mk 3,34b der ὄχλος[225] angeredet wird, ist nicht besonders betont; nicht die Zugehörigkeit zum ὄχλος ist entscheidend, sondern das Hören auf Jesus.[226]

Jüngerunverständnismotives auf die Familie zu deuten (gegen J. Gnilka, Markus I, 145). Die lebendige Erinnerung an die verhinderte Mahlzeit kann jedoch topisch sein, der Semitismus ἄρτον φαγεῖν für den aus jüdischer Tradition stammenden Markus nicht außergewöhnlich (zu R. Pesch, Markus I, 211 mit Anm 1).

216 Vgl. die Argumente bei D. Dormeyer, Familie, 125.
217 Mk 3,34.35 werden in Mt 12,49.50; EvThom 99; EvEbion (Epiphanius, Panarion haer. 30,14,5) jeweils variiert aufgenommen, während Lk 8,21 nur Mk 3,35 rezipiert; 2 Clem 9,11 zeigt, daß Mk 3,35 isoliert tradierbar ist. EvThom bezieht Jesu Antwort wie Mk 3,34 auf die Menschen um Jesus herum, EvEbion wie Matthäus auf die Jünger.
218 M. Dibelius, Formgeschichte, 60. V. 35 ist dann Einschränkung der Gemeinde (E. Lohmeyer, Markus, 80; W. Grundmann, Markus, 115; E. Schweizer, Markus, 46).
219 R. Bultmann, Geschichte der synoptischen Tradition, 29.
220 R. Pesch, Markus I, 222; D. Lührmann, Markus, 74.
221 So J. Lambrecht, Relatives, 250 Anm 21; dagegen L. Oberlinner, Überlieferung, 176ff.
222 Für die erstgenannte Hypothese vgl. W. Pratscher, Jakobus, 15; L. Oberlinner, Überlieferung, 179f.; für die zweite Möglichkeit vgl. J. Gnilka, Markus I, 147; J. Ernst, Markus, 121; für letzteres D. Dormeyer, Familie, 124.
223 Vielleicht hat Markus in Mk 3,31 im Hinblick auf Mk 3,21 das Wort ἔξω eingefügt.
224 D. Lührmann, Markus, 77.
225 In der vorkritischen Exegese wurde dieser Umstand des öfteren ignoriert, oder man hat harmonisiert (Erasmus, Mk, 185 E, führt die discipuli ein, »qui proxime circumsedebant docentem«) oder den Gegensatz zwischen Familie und ὄχλος falsch auf das

Mk 3,20f. stellt künstlich die Szenerie von Mk 3,7-12 wieder her, auf deren Erwähnung der Exorzismen Jesu sich die Legitimationsfrage seitens der Schriftgelehrten bezieht. Nach Mk 2,1-12; 3,1-6 werden die Wunder Jesu mit ihrer »argumentativen« Kraft nicht mehr bestritten, aber auf einen illegitimen Ermöglichungsgrund zurückgeführt[227]. Der Volkszulauf läßt das Vorhaben der οἱ παρ' αὐτοῦ und die Attacke der Schriftgelehrten wieder einmal als Verhalten einer uneinsichtigen Minderheit erscheinen.

Die mk Komposition läßt der Perikope Mk 3,31-35 neben der ekklesiologischen auch eine christologische Aussage zuteil werden. Für den Evangelisten ist Mk 3,35 nicht nur eine allgemeine moralische Sentenz, sondern streng auf die Perikope bezogen: Daß diejenigen Gottes Willen tun, die Jesu Wort hören, ist ein Urteil über Jesus, das die vorher kontrastierte Haltung der Schriftgelehrten und der Verwandten ins Unrecht setzt und für den Leser als Antwort auf dieses Verhalten fungiert. Der in Mk 2,1 begonnene Spannungsbogen, Jesu Legitimität betreffend, kommt für den Leser in Mk 3,31-35 zu einem vorläufigen Abschluß. Wiederum aber liegt in der Legitimation Jesu gleichzeitig die Legitimation der Gemeinde beschlossen.

4.3.7. Die Verwerfung Jesu in Nazareth - Mk 6,1-6a

Unmittelbar auf die ausführlich erzählten Wundergeschichten in Mk 5 folgt in Mk 6,1-6a die Geschichte von der Abweisung Jesu in seiner Heimatstadt. Die Spannungen zwischen der Admiration V. 2 und der Ablehnung V. 3 und zwischen der Erfahrungstatsache V. 4 und der Verwunderung Jesu V. 6a zeigen, wie sehr man um das Rätsel des Unglaubens gerungen hat.

Im ausgehenden 19. sowie im 20. Jahrhundert hat man angesichts der schon für Matthäus anstößigen Bemerkungen Mk 6,5a.6a[228] sowie der führenden Stellung der Herrenverwandten in der Urgemeinde[229] auf einen tat-

---

Verhältnis zwischen den ungläubig gebliebenen Juden und den gläubig gewordenen heidnischen Massen aktualisiert (Beda, Mk, CChr.SL 120, 478, 1607-1615).

226 Nach E. Best, Mark iii.20,21,31-35, 63, habe der mk Jesus die Massen im Status der potentiellen Jünger (vgl. Mk 8,34) über das Wesen wahrer Jüngerschaft belehren wollen. Dazu paßt m.E. das Stichwort περιβλεψάμενος (V. 34) nicht.

227 Darum ist es kompositorisch sinnvoll, daß Mk 3,22ff. *nach* Mk 3,6 zu stehen kommt.

228 H. J. Holtzmann, Synoptiker, 136; zur mt Korrektur vgl. ders., S. 251.

229 E. Preuschen, Das Wort vom verachteten Propheten, 35; K. L. Schmidt, Rahmen, 155; für später vgl. F. Hauck, Markus, 73.

sächlichen Mißerfolg Jesu in Nazareth als geschichtlichen Hintergrund der Erzählung Mk 6,1-6a zurückgeschlossen; die Ausgestaltung im einzelnen sah man gelegentlich durch Mk 6,4 veranlaßt[230]. R. Bultmann vermutete in der Admiration Mk 6,2a den Rest einer Geschichte von einem erfolgreichen Auftreten Jesu[231], die unter dem Eindruck missionarischen Mißerfolges der Gemeinde sekundär mit einer aus dem Doppelspruch P.Oxy 1,6[232] par Ev-Thom 31 entwickelten idealen Szene kombiniert worden sei[233]. Kritisch wandte E. Haenchen ein, die Gemeinde hätte wohl kaum die Geschichte eines Mißerfolges Jesu aus einem Sprichwort herausgeholt.[234] Von Bedeutung wurde aber auch Haenchens Erkenntnis der Leserorientierung der Fragen Mk 6,3[235]; denn nunmehr war der Weg frei für eine konsequent redaktions-kritische Auslegung der Perikope, wie sie Erich Gräßer vortrug, die weitere Diskussion um die Perikope bestimmend: In der Tradition liegt ein Bericht über das erfolglose Auftreten Jesu in seiner Heimatstadt vor, den Markus leserorientiert mit der Topik hellenistischer Epiphaniegeschichten anreichert, um die Reaktion der Leute aus Nazareth umso unverständlicher erscheinen zu lassen. Erst durch den markinischen Zusammenhang motiviert sind für Grä-ßer neben den alte Tradition verarbeitenden[236] Fragen von V. 3[237] auch die Thematisierung der Wunder in Mk 6,2b, die summarische Erwähnung der

---

230 Zu dieser Vermutung vgl. E. Wendling, Die Entstehung des Marcus-Evangeliums, 56 Anm 3; E. Preuschen, a.a.O.; M. Dibelius, Formgeschichte, 1. Aufl. 78 (anders ders. 2. Aufl., 107!) unter Bultmanns Einfluß teilen diese Vermutung E. Lohmeyer, Markus, 112; E. Klostermann, Markus, 54f.; dagegen W. Knox, Sources, 47.

231 Die Spannung zwischen der Admiration und den nachfolgenden Fragen hatte schon J. Wellhausen, Mk, 2. Aufl. 42, beobachtet, ohne jedoch überlieferungsgeschichtliche Konsequenzen zu ziehen. Für E. Wendling, Entstehung, 53, weist die Admiration Mk 6,2a nicht wie später für Bultmann auf einen Erfolg Jesu hin, sondern ist Bestandteil der schematischen Redaktionsarbeit der jüngsten Schicht (E. Wendling, Entstehung, 53.55, mit Hinweis auf Mk 1,21f.27). Die von Knox, Sources, 49 Anm 2, erwogene Reaktionskontrastierung zwischen der Admiration der Mehrheit und der Opposition der (pharisäischen?) Minderheit ist m.E. dem Text nicht zu entnehmen.

232 »Ein Prophet ist nicht genehm in seiner Vaterstadt, und ein Arzt hat keine Heilerfolge in seiner Bekanntschaft«.

233 R. Bultmann, Geschichte der synoptischen Tradition, 30f., heute wieder erwogen bei D.-A. Koch, Wundererzählungen, 149 Anm 12; J. Ernst, Markus, 168. Mit der vormk Kombination zweier unabhängiger Erzählungen rechnet auch K. L. Schmidt, Rahmen, 155, bei anderer Abgrenzung als Bultmann.

234 E. Haenchen, Historie und Verkündigung, 160; anders C. Breytenbach, Markusevange-lium, 106f.

235 E. Haenchen, Der Weg Jesu, 214.

236 E. Gräßer, Jesus in Nazareth, 31, bezogen auf V. 3-5.

237 A.a.O., 22.

Lehre Jesu in Mk 6,2a, die Erwähnung der Verwandten in Mk 6,4 sowie die Verwunderung Jesu in Mk 6,6a[238]. Gräßers Verzicht auf eine Rückfrage nach der vormk Überlieferungsstufe hat die Kritik herausgefordert[239], doch ergab sich kein Konsens darüber, ob V. 4 Keimzelle und organischer Abschluß einer idealen Szene sei oder als sekundäre Zutat zu gelten habe[240]; umstritten blieb weiterhin, ob man Mk 6,1-6a als biographische Erinnerung, d.h. als isolierte Tradition auslegen muß, oder theologisch als Teiltext des Markusevangeliums[241] - dabei muß ein Wissen um einen erfolglosen Auftritt Jesu in Nazareth nicht einfach geleugnet werden.

Traditionsgeschichtlich lassen sich m.E. vier Stufen unterscheiden: die Stufe des Lebens Jesu, die Verarbeitung des missionarischen Mißerfolges durch die judenchristliche Gemeinde, die notvolle Erfahrung einer judenchristlich-hellenistischen Gemeinde bei der Vertretung ihrer Christologie, und schließlich die Stufe der Rezeption durch Markus.

M. E. liegt in der Tradition eine Erinnerung an einen Mißerfolg Jesu[242] in Nazareth vor[243], das bald mit Hilfe des Prophetenspruches[244] gedeutet wurde. Traditionsgeschichtlich sekundär ist demgegenüber die Kombination der

---

238 A.a.O., 8.19.25.27.

239 J. Gnilka, Markus I, 228; R. Pesch, Markus I, 316.

240 Im ersteren Sinne S. Schulz, Stunde, 30f.; D.-A. Koch, Wundererzählungen, 150 Anm 14; in letzterem Sinne F. Van Segbroeck, Jésus rejeté, 186-188.196; E. Schweizer, Markus, 69; J. Gnilka, Markus I, 228f.; J. Ernst, Markus, 168 (als Möglichkeit); R. A. Guelich, Mark, 310 (tendenziell); K. Kertelge, Markus, 61.

241 Im ersteren Sinne R. Pesch, Markus I, 316; im letzteren Sinne D. Lührmann, Markus, 106f.

242 E. Gräßer, Jesus in Nazareth, 21; K. Kertelge, Wunder Jesu, 122, halten den Bezug auf die Weisheit Jesu für traditionell, den Bezug auf die Wunder für mk-redaktionell (kritisch dazu J. Gnilka, Markus I, 228 Anm 10: Auch für die Hörer der Perikope sei ein allgemeines Wissen um die Wundertätigkeit Jesu vorauszusetzen); umgekehrt hält B. Mayer, Mk 6,1-6a, 192, gerade das Weisheitsmotiv für mk-redaktionell eingetragen.

243 »L'Église primitive n'aurait jamais inventé une telle scène« (F. Van Segbroeck, Jésus rejeté, 197). Das gilt auch dann, wenn uns eine genaue Festlegung der vormk Tradition heute kaum mehr möglich erscheint (D. Lührmann, Markus, 106f.; A. Lindemann, Machttaten, 204, und C. Breytenbach, Markusevangelium, 110).

244 Der ursprüngliche Abschluß der Geschichte dürfte eher Mk 6,4 als Mk 6,5.6a enthalten haben: es ist unwahrscheinlich, daß das Verhalten der Nazarener christlicherseits ohne ein deutendes Wort Jesu überliefert worden sein soll; außerdem geht nur das Prophetenwort, nicht aber die Verwunderung Jesu auf das Verhalten der Nazarener ein. Mk 6,5f. sind auch nach der (nicht unumstritten traditionellen) Erwähnung der Wunder in Mk 6,2f. nicht wirklich erforderlich (so auch Th. Söding, Glaube, 436), gewinnen vielmehr auf der Ebene der mk Endredaktion an Gewicht. - Der Hinweis auf Joh 4,44 als zusätzliches Argument für die Zugehörigkeit des Prophetenwortes zu Mk 6,1ff.* hilft nur dann, wenn man Johannes nicht von Markus literarkritisch abhängig hält.

»Woher«-Fragen, die isoliert ja auch als Frage nach einem Satansbündnis verstanden werden können[245], mit dem Hinweis auf die Verwandten Jesu[246]: denn gemäß biblischer Tradition ist ein Prophet keineswegs durch seine menschlich bekannte Herkunft disqualifiziert.[247] Die genannte Kombination führt eher in eine hellenistische Umgebung, durch die Einwände von Mk 6,2f. wird nicht die historische Lehrtätigkeit Jesu angegriffen, sondern die Christologie der judenchristlich-hellenistischen Gemeinde.

Markus verbindet durch den Eintrag der Wunder in Mk 6,2 fin.; 6,5 die Geschichte mit dem vorausgehenden Kontext und stilisiert durch die Einfügung der an Mk 1,22f. erinnernden Admiration das Auftreten Jesu als Epiphanie[248]. Mit der Erwähnung der Jünger signalisiert er dem Leser, daß das im folgenden Erzählte auch der christlichen Gemeinde als Erfahrung ihrer Mission[249] bevorstehen wird. Nach Mk 6,3 verhalten sich die Nazarener so, wie Jesus es Mk 4,11 von den οἱ ἔξω vorausgesagt und Mk 4,17 als Missionserfahrung der Gemeinde beschrieben hatte[250]. Die Haltung des σκανδαλίζεσθαι[251] in Mk 6,3 ist nicht nur der Anstoß an dem Widerspruch zwischen seiner Herkunft und seinem Anspruch, vielmehr die Verweigerung des Glaubens angesichts dieses Anspruches; die ἀπιστία ist die Weigerung, in Jesus Gott selbst am Werk zu sehen[252], seine messianische Identität nicht anzuerkennen[253], und

---

245 So Nicolaus de Lyra, Postilla super totam Bibliam, zu Mt 13,57: scandalizabantur in eo attribuentes virtuti demonis quod debebat attribui virtuti divinitatis.

246 Die Namensliste Mk 6,3 mag alt sein; damit ist aber ihre ursprüngliche Zugehörigkeit zur Perikope noch nicht erwiesen.

247 Anders Bill. I, 678: Die Leute nehmen an Jesu Weisheit Anstoß, weil er keine Gelehrtenschule besucht habe. Nach R. Pesch, Markus I, 318; B. Mayer, Mk 6,1-6a, 194, offenbar aber nicht bei E. Sjöberg, Menschensohn, 42ff., ist hier auf die bei Justin, Dialog, 8,4 (E. J. Goodspeed, 100) bezeugte Vorstellung angespielt, der Messias werde unerkannt auf Erden leben, bis Elia ihn salbe und allen offenbar mache.

248 W. Knox, Sources, 48, bemerkt zu Recht, daß Markus die Admiration ohne Rücksicht auf die Konsistenz der Geschichte einfüge. Doch will Markus nicht den Anschein des völligen Mißerfolges Jesu vermeiden (so W. Knox, a.a.O.).

249 Die Perikope ist missionstheologisch, nicht israeltheologisch zentriert: Daß die Leute von Nazareth als Mitglieder des Synagogenverbandes von Jesus preisgegeben würden, steht nicht im Text (so zu Recht E. Gräßer, Jesus in Nazareth, 18f.); Nazareth gilt nicht als Typus für Israel, und nach Mk 6,14f. missioniert Jesus weiter im Land Israel.

250 Das Stichwort σκανδαλίζεσθαι weist auf Mk 4,17 zurück, aber auch auf Mk 14,27 voraus: Auch für die Jünger, für den Christen, wird diese Haltung eine Gefahr sein.

251 G. Stählin, Art. σκάνδαλον κτλ, ThWNT 7, 1964, 338-358, hier 350: Σκανδαλίζεσθαι heißt zur Sünde verleitet werden; vgl. insgesamt G. Stählin, Skandalon. Untersuchungen zur Geschichte eines biblischen Begriffs, 1930.

252 Th. Söding, Glaube, 440. Wenn er dann sagt, Glaube wäre als Bekenntnis zu Jesus als dem machtvollen Verkünder der Gottesherrschaft erst durch Jesu Verkündigung er-

diese Weigerung ist gerade angesichts der vorangegangenen Wunder umso unbegreiflicher. Angesichts dieser Verweigerungshaltung tut Jesus denn auch keine Wunder.[254] Die Bemerkung Mk 6,6a schließt negativ einen Spannungsbogen zu der Glaubensaufforderung Jesu Mk 1,15[255].

4.3.8. Die Reaktion auf Jesus als Rehabilitation des Täufers - Mk 6,14-16

Mit der Behandlung von Mk 6,14-16 unter der hier gegebenen Überschrift ist bereits das Ergebnis unserer Interpretation vorweggenommen. Diese muß freilich eigens gerechtfertigt werden, legt doch der Vergleich mit Mk 8,27-29 die »defizitäre Christologie« als Themenstellung auch unserer Perikope nahe.

Der als Exposition ansetzende Halbsatz Mk 6,14a wird sofort durch einen Erzählerkommentar unterbrochen, der mit Hilfe eines dreiteiligen Referates der Volksmeinung[256] über Jesus erklärt, daß selbst Herodes von dem Wirken

---

möglicht, ist das richtig; daß es »zum ganzheitlichen, nicht nur auf Jesu Machttaten fixierten Anschluß an Jesus« kommen muß (441), ist ebenfalls richtig, aber hier nicht Thema, denn beides, Jesu Lehre und Jesu Wunderwirken sind in Nazareth angegriffen.

253 J.-J. Marín, Chistology, 24. Ontologisch sei Jesus als bloßer Mensch beschrieben. - Σοφία und δύναμις eignen nach Hi 12,13 Gott, nach Jes 11,2 (PsSal 17,23: σοφία) dem Messias (Chr. D. Marshall, Faith, 192; Th. Söding, Glaube, 437).

254 Die schon vorneuzeitliche Frage, ob die Wendung οὐκ ἐδύνατο in Mk 6,5 ein tatsächliches Unvermögen Jesu zur Wundertat (Origenes, Mt, 10,19, SC 162, 229-235) oder ein moralisches Gehindertsein bezeichnet (Euthymius Zigabenus, in Matthaeum, 424 A; ders., Mk, 805 C), ist im letzteren Sinne zu entscheiden: Daß Jesus Wunder wirken kann, stand in Nazareth nicht in Frage (J. Roloff, Kerygma, 159, sowie den Hinweis auf Mk 4,40 bei A. Lindemann, Erzählung der Machttaten, 204). - Es lohnt der Vergleich zwischen dem Volksschriftsteller Markus und dem philosophisch orientierten Philostrat: Nach Markus erkennt das Volk im evidenten Wunder den Gottessohn nicht, während nach Philostrat IV,45 das Volk ein potentielles Scheinwunder als Beweis der Göttlichkeit des Apollonius feiert (vgl. auch V,24). Immerhin verzichtet aber auch Markus darauf, die Nazarener durch ein Selbsterweiswunder Jesu doch noch zur Änderung ihrer Haltung zu motivieren: Diesem Zusammenhang zwischen Glaubensverweigerung, Zeichenforderung und Selbsterweiswunder widerspricht die Jesusüberlieferung insgesamt, für Markus vgl. Mk 8,11-13 sowie Mk 15,31f. (red.).

255 Schon M. Dibelius, Formgeschichte, 107, hielt Mk 6,5.6a für mk-redaktionell. Kompositionell verhält sich Mk 6,1-6a zu Mk 4,35-5,43 wie Mk 8,11-13 zu Mk 8,1-9 und Mk 8,14-21 zu Mk 6,34-44.45-52; 8,1-9.

256 Mit den meisten neueren Exegeten (anders R. Bultmann, Geschichte der synoptischen Tradition, 329; J.A.T. Robinson, Elijah, John ..., 266 Anm 4; W. Schmithals, Markus I, 313) ist die pluralische Lesart ἔλεγον als die schwierigere Lesart gegenüber ἔλεγεν festzuhalten, wie sie auch in Lk 9,8 vorausgesetzt ist. Auch ist die singularische Lesart wegen des ἀκούσας in V. 16 sachlich unmöglich.

Jesu Kunde bekommt. Die Herodes V. 16 in den Mund gelegte Äußerung[257] ermöglicht den Anschluß der Geschichte von der Ermordung des Täufers. In der jetzigen Zusammenordnung von Mk 6,14-29 soll also die Volksmeinung über Jesus literarisch gesehen die Einfügung eines Nachtrages über das Schicksal des Täufers und über das Verhalten seiner Gegner motivieren[258].

Diese literarische Funktion der beiden Teile Mk 6,14-16 und Mk 6,17-29 gegeneinander läßt es als unwahrscheinlich erscheinen, daß beide Stücke schon vormk zu einer Einheit verbunden sind[259], gleichzeitig steht der vormk Charakter der Erzähltradition Mk 6,17-29 fest.[260] Mk 6,14-16 als literarische Größe[261] könnte dann vormk sein, wenn das Stück formgeschichtlich selbständig ist und wenn sich ein Überlieferungsinteresse plausibel zeigen ließe. Nun läuft der Text auf das Eingeständnis der Fehlkalkulation seitens des Herodes zu: Er muß erkennen, daß die Ermordung des Täufers die Ausbreitung der von ihm ausgehenden Bewegung nicht verhindert hat.[262] Daß der Peiniger nolens volens zum »Wahrheitszeugen« wird, ist Topos der Märtyrerliteratur[263]. Mk 6,14-16 wäre damit als Apophthegma erklärbar; doch läßt sich weder ein Überlieferungsinteresse in Täuferkreisen namhaft machen[264] - dort hätte man nicht auf Volksmeinungen über Jesus rekurriert -, noch wird man christlicherseits in einer isolierten Einheit zur Rehabilitierung des Täufers

---

257 Man darf nicht fragen, inwieweit diese Äußerung des Herodes historisch stimmig ist (Nikolaus v. Lyra, Postilla z.St., schloß aus Mk 6,16b, daß Herodes nicht der Sekte der Sadduzäer angehört haben könne), ebensowenig, ob Herodes mit schlechtem Gewissen (so zuletzt R. H. Gundry, Mark, 304) oder per ironiam redet (so die Glossa bei Thomas von Aquin (?), Catena aurea I, hg. v. A. Guarienti, S. 475; R. Schnackenburg, Markus, 153) oder gar zu einem erneuten Mord bereit wäre (Erasmus, Mk, 204 B; R. Schnakkenburg, a.a.O.): Der Leser soll die Äußerung des Herodes als Eingeständnis seiner Fehlkalkulation verstehen.

258 D.-A. Koch, Wundererzählungen, 154.

259 R. A. Guelich, Mark, 327, gegen J. Ernst, Markus, 179; R. Pesch, Markus I, 332.

260 Nach St. v. Dobbeler, Gericht, 220, ist Mk 6,17-29 in Täuferkeisen entstanden.

261 Gerade hier ist zwischen historisch Wahrscheinlichem, traditionsgeschichtlich Plausiblem und literarisch Gegebenen strikt zu unterscheiden. Daß Mk 6,14f. Volksmeinungen widerspiegeln kann, die tatsächlich über Jesus umgelaufen sind, bleibt unbeschadet der mk-redaktionellen Herkunft des Textes richtig (so auch D. Lührmann, Markus, 113.116).

262 So bereits K. Berger, Auferstehung, 17f.22; vgl. W. Schenk, Gefangenschaft und Tod, 471 (Mk 6,17-29 ist »illustrative Fußnote« zu Mk 6,16); J. Ernst, Johannes der Täufer, 29. Mk 6,16 jedoch als Buße des Herodes zu deuten (so W. Schenk, a.a.O., 472, mit Verweis auf Mk 15,39) ist m.E. Überinterpretation.

263 Vgl. die bei R. Pesch, a.a.O., 333f., im Gefolge von K. Berger, Auferstehung, 593 Anm 476 gegebenen Hinweise auf Mk 9,11-13; Apk 11,3-12; ApkElia 35,7-21.

264 So aber J. Ernst, Markus, 179.

Volksmeinungen über Jesus beigebracht haben, von denen nur eine den Vergleich mit dem Täufer bietet.[265] Die Zusammenordnung von Mk 6,14-16 und Mk 6,17-29 ist mk-redaktionell. Für Mk 6,14-16 beweisen das traditionsgeschichtlich hohe Alter der Identifizierung Jesu mit der Täufer und der Vergleich mit Mk 8,27f. nicht zwingend die vormk Herkunft *des Wortlautes*[266]; Mk 6,14-16 ist m.E. eine durch den Evangelisten unter Aufnahme traditionellen Materials gebildete Einleitung zu Mk 6,17-29[267], deren Sinn sich allerdings erst unter Einbezug des näheren Kontextes erweist.

Daß Markus durch den Einschub von Mk 6,14-29 bei dem Leser ein Gefühl für die zeitliche Distanz zwischen Aussendung und Rückkehr der Jünger schafft[268], ist richtig, bleibt jedoch an der Oberfläche. Warum sollte Markus gerade vom Tod des Täufers berichtet haben? Das Thema hätte sich nach Mk 3,6 ebensogut angeboten. Doch besteht ein innerer Zusammenhang zwischen Aussendung und Rückkehr der Jünger einerseits, den Volksmeinungen und dem Geschick des Täufers andererseits.[269] Die Aussendung der Jünger ist kompositorisch die Gegenreaktion Jesu gegenüber der Verweigerung der Nazarener, eine Gegenreaktion, die nicht den Verzicht auf weitere Aktivitäten,

---

265 Nach J. Gnilka, Markus I, 244f., stammt Mk 6,14b.15 aus einer Wundergeschichte. Doch warum sollte uns Markus diese Geschichte nicht als Ganze erhalten haben?

266 J. Ernst, Markus, 179, beobachtet richtig, daß in Mk 8,28 die Formulierungen auf das Bekenntnis in Mk 8,29 gestrafft sind. Daraus ergibt sich jedoch nicht automatisch die traditionelle Herkunft von Mk 6,14-16, vor allem dann nicht, wenn um dieser Theorie willen J. Ernst das Petrusbekenntnis in der Vorlage als verzweifelten Versuch, Jesus von seinem Leidensweg abzuhalten, interpretieren und für den Evangelisten die Umstellung dieses Satzes von V. 32 nach V. 29 postulieren muß (S. 233). Mk 8,28 ist redaktionell überarbeitet, steht jedoch an dem ihm von der Tradition vorgegebenen Platz, und Mk 6,15 dürfte aus der Vorlage von Mk 8,28 extrapoliert sein (so R. Meyer, Prophet, 10; F. Hauck, Markus, 76; R. Bultmann, Geschichte der synoptischen Tradition, 329; D.-A. Koch, Wundererzählungen, 154; F. Schnider, Prophet, 181; M. Karrer, Der Gesalbte, 356 Anm 31, sowie ausführlich R. H. Gundry, Mark, 314-316; anders G. Theißen, Wundergeschichten, 171f.; doch sind m.E. die Worte καὶ ἄλλοι in Mk 8,28 nicht die Fortsetzung zu dem οἱ δέ der Jünger, sondern die Fortsetzung einer ungenannt bleibenden 3. Pl.).

267 So auch V. Taylor, Mark, 307; D.-A. Koch, Wundererzählungen, 154; W. Schenk, Gefangenschaft und Tod; D. Lührmann, Markus, 113; F. Neirynck, ΚΑΙ ΕΛΕΓΟΝ, 114; K. Kertelge, Markus, 64. Doch setze ich die Akzente meiner Interpretation anders.

268 So erstmals E. Wendling, Entstehung, 65; E. v. Dobschütz, Erzählerkunst, 193f.

269 Die Frage wird aufgeworfen bei R. M. Fowler, Loaves, 115; J. Ernst, Johannes der Täufer, 28; vgl. Th. Söding, Glaube, 97. R. Pesch, Markus I, IX, faßt zu Recht Mk 6,1-29 unter dem Thema »Jesu Verwerfungsgeschick und die Mission der Jünger« zusammen; auch R. H. Gundry, Mark, 300, kommentiert den Abschnitt Mk 6,6b-29 als geschlossene Einheit. Nach C. Wolff, Bedeutung des Täufers, 860, war für Markus an dem Vorläufertum des Täufers vor allem der gewaltsame Tod wichtig (Sp. 863).

sondern deren Intensivierung und Vervielfältigung bedeutet.[270] Markus denkt
die gegenüber Mk 6,1-6a erneut einsetzende und von Mk 6,2f.5 durchaus
abweichende Diskussion um Jesu Wundermacht[271] als Folge des Wirkens der
Jünger[272], und diese Diskussion malt einerseits den Erzählerkommentar φα-
νερὸν γὰρ ἐγένετο... anschaulich aus, läßt andererseits Herodes seine Fehlkalkulation offenbar werden[273]. Die defizitären Reaktionen des Volkes - über
die sachgemäße theologische Einordnung Jesu und des Täufers ist der Leser
des Markusevangeliums seit Mk 1,1-15 informiert[274] - werden an dieser Stelle
keiner Kritik seitens des Evangelisten unterzogen[275]; sie dienen nur dazu, das
Unrecht der gegnerischen Position aufzuzeigen, wie Herodes überhaupt sei
nem Verhalten dem Gottesmann gegenüber alttestamentlich gesehen[276], in
seinem Verhalten während des Gastmahls auch für heidnische Normalvor-
stellungen[277] in einem ungünstigen Licht erscheint.[278] Indem der Täufer aber

---

270 Vgl. K. Stock, Theologie der Mission bei Markus, 131.
271 Der Begriff δύναμις verbindet Mk 6,14 mit Mk 5,30; 6,2.5. Jesu Wunder sind hier
    »Ausweis 'himmlischer Herkunft'« (K. Berger, Auferstehung, 260 Anm 85).
272 So auch die Glossa bei Thomas von Aquin (?), Catena aurea I, hg. v. A. Guarienti,
    S. 475; Nikolaus von Lyra, Postilla, z.St.; Erasmus, Mk, 203 E; G. Wohlenberg, Mar-
    kus, 177; F. Hahn, Hoheitstitel, 222 Anm 3; G. Sellin, esoterische Züge, 82; W.
    Schenk, Gefangenschaft und Tod, 472; R. Pesch, Markus I, 332. R. H. Gundry, Mark,
    303. Daß die Missionstätigkeit der Jünger aufgrund ihres Unverständnisses Jesu nicht
    zum Erfolg führen kann (R. M. Fowler, Loaves, 116; G. Van Oyen, Intercalation, 962),
    ist Mk 6 m.E. nicht zu entnehmen.
273 Euthymius Zigabenus, Mt, 424 C: Herodes, der an dem Lebenden schuldig wurde, muß
    den Toten fürchten.
274 Vgl. dazu D. Lührmann, Markus, 115. Doch wird das Fehlen des Messiastitels kritisch
    vermerkt; vgl. J. Schmid, Markus, 122; W. Grundmann, Markus, 171. - Nach G. Daut-
    zenberg, Elija, 1094, sind die Referate Mk 6,14f.; 8,28 nicht einfach »Volksmeinun-
    gen«, sondern »Zeugnisse frühen 'christologischen' Denkens« und gehören in ein bis in
    die Zeit des Markus reichendes traditionsgeschichtliches Kontinuum. In Mk 6,14-16
    steht jedoch nicht die Unangemessenheit der Volksmeinungen im Vordergrund, s.u.
275 Darauf verweist zu Recht R. H. Gundry, Mark, 311f. gegen E. Schweizer, Markus, 74f.
    Die Volksmeinungen entsprechen nicht der ἀπιστία von Mk 6,2f. (so zu Recht Fr.
    Hauck, Markus, 77; J. Schniewind, Markus, 94).
276 Vgl. 1 Kön 21; Jer 36-39. Nach G. Theißen, Lokalkolorit, 101, ist Mk 6,17-29 in der
    nördlichen Nachbarschaft Palästinas entstanden. Dort »gab es ein Bedürfnis, sich von
    den Juden abzusetzen - und ihr Königshaus lächerlich zu machen«. Im Hinblick auf die
    Argumentation mit Lev 18,16 möchte ich eher jüdische Kreise als Tradenten vermuten,
    denen Herodes zu wenig thoratreu war.
277 Vgl. die von R. Bultmann, Geschichte der synoptischen Tradition, 329, beigebrachten
    Parallelen. An eine Verhaltenskontrastierung zwischen Herodes und Jesus hinsichtlich
    ihres Gastmahls denkt R. M. Fowler, Loaves, 120f.
278 Zusätzlich kann man im Blick auf den heidnischen Rezipienten des Markusevangeli-
    ums fragen, ob Herodes angesichts Plutarch, Romulus 28f.; Lukian, Philopseudes 31;

als rehabilitiert dasteht, ist er für Markus natürlich auch als Wegbereiter Jesu rehabilitiert, und so ist Mk 6,14-16 eine indirekte, wenn auch ungenügende, Rehabilitation Jesu selbst, und das will für die christliche Gemeinde eine Bestätigung des gottgewollten Weges ihrer Missionstätigkeit sein.[279]

Zugleich veranschaulicht die Schilderung des Gegnerverhaltens die Bedrohung, unter der Jesu Weg im Weiteren steht[280]; die Passion Christi[281] und der Leidensweg des christlichen Missionars werden im voraus dargestellt.[282]

4.3.9. Die Verläßlichkeit der helfenden Macht Jesu - Mk 6,53-56

Markus läßt der traditionellen, aber von ihm unter dem Gesichtspunkt des Jüngerunverständnismotives neu erzählten Seewandelepisode eine generalisierende Beschreibung des Wirkens Jesu folgen; doch schließt die Perikope trotz der engen zeitlichen Verklammerung insofern nicht organisch an, als die nächtliche Situation von Mk 6,48 in der neuen Perikope nicht mehr gegeben ist und die Ortsnamen differieren: Ziel der Überfahrt war Bethsaida (Mk 6,45), aber nicht Gennezareth.

Diese genannte Differenz sollte nicht redaktionskritisch weginterpretiert werden[283], sondern ist tatsächlich jeweils Hinweis auf Tradition, die von einer

---

Peregrinos 40 (vgl. noch die bei M. Nilsson, Geschichte der griechischen Religion I, 182-184, gegebenen Hinweise) nicht zusätzlich als Dummkopf gekennzeichnet sein soll (vgl. W. Wink, John, 10); Lukians Spott richtete sich freilich auch gegen das Christentum selbst (Lukian, Peregrinos 11-13).

279 Theologischen Sinn gewinnt der Zusammenhang bei W. Harrington, Mark, 83: »We are also to understand that just as this initial apostolic mission coincides with the death of the forerunner, so the death of Jesus himself will give birth to the christian mission«. - Hätte Markus das nicht deutlicher vermerkt?

280 R. Schnackenburg, Markus, 153. Mk 6,1,17-29 ist mehr als eine »illustrative Fußnote« zu Mk 6,14-16 (so W. Schenk, Gefangenschaft und Tod, 471). - Daß Jesus sich nunmehr vor Herodes zurückzieht (K. L. Schmidt, Rahmen, 178; E. Klostermann, Markus, 54; dagegen J. Schmid, Markus, 123), ist unzulässig aus Matthäus eingetragen.

281 Zu den Anklängen zwischen Mk 6,17-29 und der mk Passionsdarstellung vgl. A. Farrer, St. Matthew and St. Mark, 14; Chr. Wolff, Bedeutung, 859f.; R. M. Fowler, Loaves, 123f. sowie 220 Anm 56; J. Ernst, Johannes der Täufer, 28f.; B. van Iersel, Markus, 154f. Gundrys Polemik (S. 312) gegen o.a. Funktionsbestimmung von Mk 6,17-29 im Gesamtevangelium ist unnötig.

282 So auch F. Lentzen-Deis, Passionsbericht, 213 Anm 56.

283 Diese Differenz ist weder leserorientierter Hinweis auf den Ungehorsam der Jünger (J. Schreiber, Theologie des Vertrauens, 206f.) noch Sinnbild für das erst allmählich der Klarheit weichende Jüngerunverständnis (F. Matera, Incomprehension, 168, der betont, daß Bethsaida in Mk 6,45 angestrebt, aber erst in Mk 8,22-26 erreicht wird).

nächtlichen Überfahrt nach Bethsaida und von einem heilenden Wirken in Gennezareth weiß.[284] Gegen die häufige Zuweisung des Abschnittes an den Evangelisten[285] hat man die mk unübliche Kompositionsweise und das Fehlen des Lehrmotives, des Rückzugsmotives und der Exorzismen angeführt[286]; zugunsten der Einbindung in den vormarkinischen Wunderzyklus hat man auf die Aufnahme des Berührungsmotives aus Mk 5,25-34 sowie durch den steigernden Charakter von Mk 6,54-56 gegenüber Mk 6,33 verwiesen, doch ist das alles nicht zwingend: Der Verzicht auf das Lehr- und das Dämonenmotiv ist wohl kontextbedingt[287], und die öfters diskutierte Zugehörigkeit zu einem vormk Wunderzyklus[288] wird durch das Vokabular problematisiert, das den Bereich des Wunderzyklus übergreift.[289] Der Wortlaut in Mk 6,54-56 ist in Einzelheiten hin auf seinen Kontext entworfen, auf das Jüngerunverständnismotiv in Mk 6,51b.52. Von daher muß auch unsere Deutung bestimmt sein.

Nicht selten wird dem Volk eine fehlende Vorbereitung für Jesu Lehre[290] und eine »Blindheit«[291] nachgesagt, die das Mirakel sucht, der sich Jesus nur

---

284　Der Ortsname Gennezareth wird nur hier in Mk erwähnt. K. L. Schmidt, Rahmen, 195, hält die Abschnitte Mk 6,32-44.45-52.53-56 schon für vormk miteinander verbunden. W. Grundmann, Markus, 187, wollte in Mk 6,52f. den ursprünglichen Schluß des Brotwunders wiederfinden. Es ist dann aber fraglich, warum nicht die Brotvermehrung schon von Anfang an mit dem Ortsnamen Gennezareth verbunden war (K. Tagawa, Miracles, 27 Anm 2). Nach K. Tagawa, Miracles, 27, wollte Markus vielleicht den Ort Gennezareth in die Tradition einführen, weil es dort Christen gab; da er keine Einzeltradition zur Verfügung hatte, verfaßte er das Summarium

285　Vgl. J. Wellhausen, Mk, 52; R. Bultmann, Geschichte der synoptischen Tradition, 341; K. Tagawa, Miracles, 162; R. Schnackenburg, Markus, 169; H.-W. Kuhn, Sammlungen, 203 Anm 63; E. Schweizer, Markus, 80; J. Roloff, Neues Testament, 85; D.-A. Koch, Wundererzählungen, 169; J. Gnilka, Markus I, 271f.; P. Achtemeier, Isolation, 284; W. Harrington, Mark, 95; D. Lührmann, Markus, 123; J. Verheyden, Mark 1,32-34, 428, für V. 54-56 K. Kertelge, Wunder, 25 Anm 32; R. H. Gundry, Mark, 345.

286　W. Egger, Frohbotschaft, 136; vgl. aber auch schon W. Grundmann, Markus, 187.

287　So J. Verheyden, Mark 1,32-34, 422f. R. H. Gundry, Mark, 346, hat entgegnet, auch in Mk 3,11f. sei von Exorzismen die Rede, obwohl seit Mk 1,34 kein Exorzismus mehr erzählt worden sei. Doch ist Mk 3,11f. nicht um der Dämonen als Dämonen willen, sondern um ihrer Gottessohn-Aussage willen erzählt und als Antwort auf Mk 3,6 ebenfalls kontextbedingt eingeführt.

288　R. Pesch, Markus I, 364; J. Ernst, Markus, 198; W. Schmithals, Markus I, 339; R. A. Guelich, Mark I, 355.

289　Vgl. J. Gnilka, Markus I, 272 Anm 2 und die weitergehende Liste bei G. van Oyen, De summaria, 207f.; J. Verheyden, Mark 1,32-34, 422 Anm 58.

290　A. Stock, Method and Message, 199.

291　A. Schlatter, Markus, 69; E. Schweizer, Markus, 80; dagegen J. Gnilka, Markus I, 273; R. H. Gundry, Mark, 247. Doch fehlt die Qualifizierung als »Glaube« in Mk 6,54-56.

aus Mitleid nicht verweigert[292], sondern sie geduldig trägt.[293] Jesus sei passiv[294]; auch die Bitte von Mk 6,56 werde nur stillschweigend erfüllt, nicht positiv beantwortet. Anders als in Mk 5,34 werde das Volksverhalten nicht als Glaube qualifiziert. Auch könnte kompositionell die Reihung der Gegenspieler in Mk 6,45-7,23 - Jünger, Volk, Gegner - auf eine Steigerung der Ferne zu Jesus schließen lassen.

Dieser Deutung ist aufgrund der auf Mk 6,51f. zurückweisenden Bezüge, des erzählten Verhaltens sowie der formgeschichtlichen Funktion der Volksmenge und des Spitzensatzes Mk 6,56b zu widersprechen.

Das Verhalten des Volkes sticht von dem der Jünger in Mk 6,45-52 ab: Die Jünger halten Jesus für ein Gespenst, das Volk erkennt ihn sofort; die Jünger sind auch nach der Ermutigungsformel und der Behebung der Notlage außer sich, während das Volk weiß, was angesichts der Anwesenheit Jesu zu tun ist.[295] Formgeschichtlich gesehen fungiert die Menge in Mk 6,54-56 nicht als Zuschauer oder Zeuge, sondern als Begleiter: Sie stellt für die Kranken den Kontakt zu Jesus her, wozu diese selbst gar nicht in der Lage wären.[296] Die Notwendigkeit der Begleiter verweist auf die Schwere der Not, diese als von Jesus behobene Not wiederum auf Jesu Macht. Markus bewertet in Mk 6,54-56 nicht die Volksreaktion[297], er fragt christologisch. Der Schluß Mk 6,56b ist im Stil einer allgemeinen Erfahrungstatsache formuliert und stellt gerade durch seine Maximenhaftigkeit ein Zeugnis für die Verläßlichkeit des Helfers dar; er lädt den Leser zum Vertrauen auf diese Verläßlichkeit ein und will damit zur Erkenntnis der Macht Christi führen, mit der die Jünger in ihrer Notlage nicht gerechnet hatten. Deshalb kann Markus das für uns an Magie grenzende Volksverhalten unkommentiert stehen lassen. Die Passivität Jesu

---

292 J. Schmid, Markus, 131.

293 A. Stock, Method and Message, 200.

294 D.-A. Koch, Wundererzählungen, 171. Daß Jesu Passivität eine Zurückweisung auch noch der Erwartung der Jünger sein soll (J. Verheyden, Mark 1,32-34, 424.428), ist mir nicht einsichtig.

295 K. Kertelge, Wunder, 39 Anm 47, hat klar erkannt, daß Mk 6,53-56 zu Mk 6,52 ebenso kontrastiert wie Mk 3,7-12 zu Mk 3,6. Zur Reaktionskontrastierung in Mk 6,52.53-56 vgl. auch R. A. Guelich, Mark I, 358; H. L. Swartz, Responses, 123. G. Wohlenberg, Markus, 199, stellt Mk 6,54-56 und Mk 6,1-6a nicht zu Unrecht gegeneinander.

296 Erst im Schlußsatz Mk 6,56b werden die Kranken grammatikalisch Subjekt.

297 Mk 7,1-23 erinnert an die bleibende Feindschaft der Schriftgelehrten gegen Jesus und läßt kompositionskritisch gesehen dem ahnungslosen Leser die Frage nach dem Fortgang der Geschichte Jesu entstehen - die erzählerische Spannung muß ja wieder aufgebaut werden -, dem wissenden Leser das ihm bekannte Ende Jesu anklingen.

steigert die von ihm ausgehende δύναμις[298], und weil Jesus gerade in der Not um Hilfe angegangen werden soll, muß das Rückzugsmotiv zwangsläufig fehlen. Mk 6,53-56 ist, so zeigt pragmatische Analyse, ein Lehrstück nicht über den Glaubensvollzug[299], sondern über den Glaubensgrund.[300] Daß gerade das Volksverhalten als Zeugnis für die Wundermacht Jesu dient, intendiert einen Schluß a minore ad maius: Wenn schon das oft so unverständige Volk Jesu Wundermacht erkennt, um wieviel mehr ist es dem christlichen Leser des Markusevangeliums ermöglicht und von ihm gefordert.[301]

4.3.10. Die Gottheit Jesu - Mk 7,37

An die Geschichte von der Heilung der Tochter der Syrophönizierin schließt Markus die Perikope von der Heilung eines Taubstummen an. Je nach dem, ob als Zielpunkt der in Mk 7,31 angegebenen Reiseroute Jesu das galiläische Meer oder die Dekapolis zu gelten hat, wären in ersterem Fall Juden, im zweiten Fall Heiden das Subjekt der Volksreaktion Mk 7,36f.

Die Frage verliert insofern an Gewicht, als entgegen der zuweilen über Mk 6,6-8,26 gesetzten Überschrift »Jesu Zuwendung zur Heidenwelt« o.ä.[302] die Verwerfung Jesu in Nazareth keineswegs seine Hinwendung zu den Heiden begründet; Mk 6,30-34.53-56; 11,1-10; 12,38 sprechen eine deutliche Sprache. Auch wird weder in Mk 6 noch in Mk 7,31 die jüdische oder nichtjüdische Identität der Volksmenge thematisiert. Sind aufgrund der betonten Schlußstellung der Dekapolis in Mk 7,31 (auch) Heiden als Subjekt von Mk 7,36f. anzusprechen, dann heißt das nur, daß auch Heiden in Jesus den erkennen können, den sie erkennen sollen. Mk 7,37 als »Antwort einer gläubi-

---

298 D. Lührmann, Markus, 123.

299 Das Stichwort πίστις fehlt. Insofern geht es zu weit, wenn in der vorkritischen Auslegung das Verhalten des Volkes als fiducia oder gar fides bezeichnet wurde (Beda, Mk, CChr.SL 120, 519, 1183-1185; Theophylakt, Mk, PG 123, 560 B. Bei beiden Autoren fehlt die Kontrastierung zu Mk 6,52). Glaube könnte aber auch als Bedingung für den heilvollen Charakter der Berührung eingemahnt werden (Erasmus, Mk, 209 A).

300 W. Egger, Frohbotschaft, 142; J. Ernst, Markus, 199, bezeichnen mit Recht unsere Geschichte als einen Chorschluß zur Hervorhebung der Größe des Wundertäters.

301 Dieser Gedanke ist strukturell der Gegenüberstellung Israels und der Heiden bzw. Samaritaner verwandt; vgl. Lk 7,9; 10,25-37.

302 K. L. Schmidt, Rahmen, XIII; E. Schweizer, Leistung, 174. Aus gutem Grund wird die Relevanz des Themas »Jesu Verkündigung bei den Heiden« bei Z. Kato, Völkermission, 21.71 auf Mk 7-8, bei R. Pesch, Markus I, 385, auf Mk 7,24-8,26 beschränkt.

gen Gemeinde«[303] auf Jesu Wirken ist nicht zugunsten oder zuungunsten von Juden oder Heiden geschrieben, sondern zur Einladung an Christen, daß sie sich durch diese Beglaubigung Jesu[304] seiner göttlichen Macht und damit der Legitimität ihres Weges vergewissern können.

Mk 7,36a gilt aufgrund seiner Prägung durch die markinische Messiasgeheimnistheorie zumeist als mk-redaktionell.[305] Wird Mk 7,37 weithin der Tradition zugewiesen[306], so galt der Vers bisweilen aufgrund seines summierenden Stils[307] als Abschluß für einen größeren Erzählzusammenhang[308], sei es für die Doppelüberlieferung Mk 8,22-26; 7,31-37[309] oder für einen größeren Kranz von Wundergeschichten[310]. Neuerdings wurde auf Querverbindungen zu Mk 1,21-28 verwiesen[311] und aufgrund der Stellung der Akklamation im Makrokontext dem Vers eine summierende Funktion für die Ebene der mk Endredaktion zugesprochen.[312] Beziehen sich diese Querverbindungen vornehmlich auf den Satzteil καλῶς πάντα πεποίηκεν, so dürfte dieser Satz ein vielleicht ad vocem ποιεῖ Mk 7,37 fin erfolgter mk-redaktioneller Eintrag in den die Taubstummenheilung selbst konzentrierten Akklamationstext V. 37b[313] sein. Ferner weisen auf redaktioneller Ebene ἐκπλήττεσθαι auf Mk 1,22 zurück, ἄλαλος auf Mk 9,17.25 voraus.[314]

---

303 E. Lohmeyer, Markus, 151.

304 Fr. Hauck, Markus, 96.

305 Ausnahmen: H. J. Ebeling, Messiasgeheimnis, 135; G. Theißen, Wundergeschichten, 152; R. Pesch, Markus, I, 391, der freilich Mk 7,36 nicht i.S. der Messiasgeheimnistheorie kommentiert.

306 R. Bultmann, Geschichte der synoptischen Tradition, 227; E. Lohmeyer, Markus, 149; K. Kertelge, Wunder, 157; L. Schenke, Wundererzählungen, 271f.; D.-A. Koch, Wundererzählungen, 72; Z. Kato, Völkermission, 89; Lührmann, Markus, 132.

307 Vgl. das Wort πάντα sowie die Erwähnung der Geheilten im Plural.

308 M. Dibelius, Formgeschichte, 72f. (kritisch dazu K. Kertelge, Wunder, 157 Anm 667).

309 So L. Schenke, Wundererzählungen, 275.

310 Vgl. E. Schweizer, Markus, 87.

311 W. Schmithals, Markus I, 359, für die vormk Grundschrift.

312 M. Wolter, Heilungsberichte, 172, zählt Mk 7,31-37 als letztes Wunder auf heidnischem Boden.

313 Die pluralische Redeweise von den Kranken ist hyperbolischer Stil (so zu Recht D.-A. Koch, Wundererzählungen, 72). Die Tatsache, daß sich Taubheit und Stummheit in Mk 7,32 auf dieselbe Person, in Mk 7,37 auf jeweils verschiedene Personen beziehen (W 28 sys haben in Mk 7,37 nicht ohne Grund korrigiert), ist im Rahmen eines verallgemeinernden und vergröbernden Erzählverhaltens zu erklären, entscheidet also nicht über Tradition und Redaktion. - Redaktionell kann das Hapaxlegomenon ὑπερπερισσῶς als Steigerung gegenüber Mk 1,22; 7,36 hinzugefügt sein.

314 So W. Ploch, Jesaja-Worte, 50-52. Es kann aber auch bewußte Paranomasie vorliegen (E. Klostermann, Markus, 74).

Den Sinn der Korrespondenz zu Mk 1,21-28 hat W. Schmithals erkannt: Mk 7,37 verhält sich zu Mk 1,27 wie die Antwort zur Frage.[315] Die zwischen Mk 7,37 und Mk 9,14-29 gegebenen sprachlichen Korrespondenzen sollen dem Leser bei der Lektüre von Mk 9 helfen, angesichts der in Mk 7,37 beglaubigten Wundermacht Jesu die Position des Glaubens einzunehmen. Πάντα hat in Mk 9,24, auf den Glaubenden bezogen, aufschließende, in Mk 7,37, auf Jesu Wirken bezogen, rückschauende Funktion; es schließt in Mk 7,37 das gesamte bisherige Wunderwirken Jesu theologisch unter dem Gedanken der Äquivalenz zu Gottes Schöpferwirken zusammen[316] - die unmittelbar folgenden Wundergeschichten haben aus jeweils verschiedenen Gründen keine Volksreaktion.[317] Daß die Erinnerung an Gottes Schöpfungswirken in der Gestalt des Urteils Gottes über dieses sein eigenes Wirken einhergeht[318], soll dem Leser nahelegen, ebenfalls in Jesu Wirken Gott am Werk zu erkennen. Die Perikope bereitet überdies Mk 8,14-21 vor, wo im Gegenzug zur Volksreaktion die Jünger mit der Anspielung auf Jer 5,21 gefragt werden, warum sie denn Gottes Gottheit in Jesus nicht anerkennen.

Durch die Zwischenschaltung von Mk 7,36 wird die Akklamation des Volkes zur Reaktion auf die Verkündigung, und Markus hat wieder das für ihn typische Motiv der Folgeadmiration und -akklamation erreicht.[319] Das Schweigegebot soll als durchbrochenes Schweigegebot[320] ebenfalls auf die Größe des berichteten Geschehens hinweisen. Daß diese Folgeadmiration nicht zum Hauptstrang der Erzählung zurückführt[321], sondern ihn wie in

---

315 So W. Schmithals, Markus I, 359. Daß in Mk 7,37 wie in Mk 1,27 nochmals das Wunder benannt wird, muß aber nicht auf redaktionellen Ursprung verweisen.

316 Auch für einen bibelunkundigen Hellenisten wäre καλῶς verständlich als die übliche, abschließende Beurteilung einer Handlung. In Mk 12,32 formuliert καλῶς als die letzte Äußerung eines Menschen über Jesus vor Mk 14 das Gesamturteil über dessen irdische Wirksamkeit.

317 Der Chorschluß fehlt in der »Jüngergeschichte« Mk 8,1-9 (J. Roloff, Kerygma, 244), weil Markus den Spannungsbogen für Mk 8,14-21 offenhalten muß, und in Mk 8,22-26, weil sonst Mk 8,28 überflüssig wäre.

318 Mk 1,27*; 4,11; 7,37b thematisieren die Wunderkraft Jesu. Markus wandelt diese Erzählungen durch Mk 1,27c; 7,37a; 8,17 in einen Autoritätsaufweis um, der allerdings mit Rücksicht auf Mk 15,39 nicht per Titelzuweisung erfolgt.

319 Z. Kato, Völkermission, 94; R. Guelich, Mark I, 398. Daß die in Mk 8,1 geschilderte Ansammlung der Menge ebenfalls noch als Ergebnis der in V. 36 genannten Verkündigungstätigkeit erscheinen soll (Kato, 95; Guelich, a.a.O.), ist m.E. durch den Neueinsatz in Mk 8,1 mit πάλιν ausgeschlossen; vgl. R. Schnackenburg, Markus, 194.

320 H. J. Ebeling, Messiasgeheimnis, 135.

321 Vgl. Plutarch, De Pythiae oraculis, 8,397e.

Mk 5,20 geradezu exkursartig verläßt, stilisiert Mk 7,37 als Ausblick auf die nachösterliche Zeit.

4.3.11. Jesus, der letzte Bote Gottes - Mk 8,27f.

Die Literarkritik von Mk 8,27-33 ist umstritten.[322] Mk 8,30 dürfte wohl als mk-redaktionell zu werten sein[323]; und Mk 8,33* ist nicht als Reaktion Jesu auf das Petrusbekenntnis anzusehen[324]; so kann sich unsere literarkritische und formgeschichtliche Untersuchung auf Mk 8,27-29 beschränken, vornehmlich auf Mk 8,28.

Zugunsten der mk Herkunft von Mk 8,28 hat J. Ernst die größere Stilisierung gegenüber Mk 6,15 angeführt; nach D. Lührmann sei in Mk 6,15 die Erwähnung Elias und des Täufers kontextbedingt, ferner fehle das Strukturelement Mk 8,28 in der traditionsgeschichtlichen Parallele Joh 6,66-71.[325]

---

322 Für die kontrovers diskutierten Rekonstruktionsversuche einer Urform von Mk 8,27-33 sind neben historischen Erwägungen die These der formgeschichtlichen Insuffizienz von Mk 8,27-29 und die andere These der traditionsgeschichtlichen Disparatheit von Mk 8,31-33 bestimmend geworden. Die nach Mk 8,29 vermißte kommentierende Antwort Jesu fand man in der Bestätigung Mt 16,17-19 (R. Bultmann, Geschichte der synoptischen Tradition, 277; ders., Petrusbekenntnis, 5) oder in der Leidensweissagung Mk 8,31 (E. Schweizer, Markus, 96) oder in der Kritik Mk 8,33 (E. Dinkler, Petrusbekenntnis, 141, der den Zusammenhang Mk 8,29.33* für vorösterlich hält, aber gegen F. Hahn, Hoheitstitel, 228, seinen fragmentarischen Charakter betont; H. Klein, Bekenntnis, 181f.; C. Breytenbach, Nachfolge, 214), wenn man sich nicht aus methodischen Gründen zum Verzicht auf die Rekonstruktion des zu postulierenden Schlusses gezwungen sah (so W. G. Kümmel, Jesus und die Anfänge der Kirche, 296f.). Ein anderes Argument für die ursprüngliche Zugehörigkeit von Mk 8,33 zu V. 29 war der fragmentarische, eines Kontextes bedürftige Charakter von Mk 8,33, der mit der Selbständigkeit von Mk 8,31 (F. Hahn, Hoheitstitel, 226f.) oder der mk-red. Herkunft von Mk 8,32 (H. Klein, a.a.O.) gegeben zu sein scheint. Gegenwärtig scheint die Frage nach der formgeschichtlichen Suffizienz von Mk 8,27-29 zurückzutreten (vgl. schon W. G. Kümmel, Jesus und die Anfänge der Kirche, 297, sowie heute D. Lührmann, Markus, 144); die Erkenntnis der mk Herkunft von Mk 8,30.31a läßt eine dem Evangelisten vorgegebene Abfolge von Mk 8,27*.29*.33 als unwahrscheinlich erscheinen (M. Horstmann, Christologie, 16; M. Karrer, Der Gesalbte, 356f.); der theologiegeschichtliche Ort für eine Polemik gegen den Christustitel erscheint als nicht gegeben (M. Horstmann, a.a.O., 15; R. H. Gundry, Mark 444f.).

323 Die philologischen Argumente dazu hat M. Horstmann, Christologie, 10 mit Anm 19; 20 beigebracht. Anders R. Pesch, Markus II, 28.

324 R. Bultmann, Petrus-Bekenntnis, 5, sagt mit Recht, die Gemeinde hätte eine solche Tradition weder verstanden noch weitertradiert.

325 J. Ernst, Markus, 179; D. Lührmann, Markus, 143f.

Doch dürfte Mk 8,28 nicht eine völlige Neubildung seitens des Evangelisten sein, sondern eine Überarbeitung seiner Tradition. Mk 8,27-29 enthält wie andere Identitätsklärungen eines himmlischen Wesens[326] Identifizierungen, die nicht weiter verfolgt werden; daß die Erwähnung des Täufers und Elias hier den Rahmen sprengen, beweist also nicht die mk-redaktionelle Herkunft der Stelle. Mit der Tilgung von Mk 8,28 auch die Gegenüberstellung zwischen den Menschen und den Jüngern aus der Geschichte zu entfernen, heißt, ihr die Pointe zu nehmen; schließlich ist das Strukturelement Mk 8,28 in Joh 6 durch V. 66 vertreten.

Daß die Gegenüberstellung von Volksmeinung[327] und Petrusbekenntnis erstere als defizitär erweisen soll, steht außer Frage.[328] Die Frage nach der sachlichen Logik dieser Gegenüberstellung ist für Tradition und Redaktion gesondert zu stellen; die Verstehenshilfe von Mk 1,1-15 gilt nicht ohne weiteres für die traditionelle Einheit Mk 8,27-29. Die Frage erweist sich gerade angesichts der in neuerer Zeit immer deutlicher gewordenen Pluriformität eschatologischer Konzepte im frühen Judentum[329] als schwierig.

Als defizitär ist am schnellsten die Gleichsetzung mit einem der Propheten erkennbar: Erasmus sprach zu Mk 6,14f. von den mediocribus prophetis, denen gegenüber Elia bei den Juden summa auctoritas zugesprochen wird.[330] Schwieriger ist die Antwort hinsichtlich der beiden anderen Alternativen. Bezeichnet der Christus-Titel eine schlechthinnige und singuläre Gottesnähe, die dem entrückten Elia, dem Täufer, den Propheten nicht zu eigen ist?[331] Wird in Mk 8,28* Elia i.S. von Mal 3,23[332] als Vorläufer Gottes oder i.S. von

---

326 K. Berger, Auferstehung, 19.

327 Immerhin ist die Meinung nach Euthymius Zigabenus, Mt 464 D, zu Mt 16,13, eine Meinung χωρὶς φθόνου καὶ πονηρίας.

328 Das Petrusbekenntnis seinerseits ist nicht deshalb defizitär, weil es Jesus nicht beantwortet hat (gegen E. Lohmeyer, Markus, 163; G. Friedrich, Hohepriestererwartung, 83).

329 Dazu vgl. L. Landman, Messianism in the Talmudic Era, New York 1979; J. Neusner, W. S. Green, E. Frerichs, (Ed.), Judaisms and their Messiahs at the Turn of the Christian Era, Cambridge 1987; H. Lichtenberger, Messianische Erwartungen, 9.

330 Erasmus, Mk, 203 F. - Das gilt unabhängig davon, ob man Jesus in Analogie zu den klassischen Propheten auffaßt (vgl. Mt 16,14) oder in Analogie zu den Propheten der Spätzeit (R. Meyer, Prophet, 11) oder als endzeitliche Prophetengestalt (F. Hahn, Hoheitstitel, 222f.; W. Grundmann, Markus, 217; F. Schnider, Prophet, 184).

331 M. Karrer, Der Gesalbte, 358f.

332 Vgl. ferner Sir 48,10f.; PesiqR 33 (153a); ExR 3,69b; Daß man Jesus in diesem Sinne verstehen konnte, zeigt das Traditionsstück Apg 3,21 (Zum Alter vgl. J. Roloff, Apostelgeschichte, 72f.).

bErub 43b als Vorläufer des Messias gesehen?[333] Erstere Vorstellung ist zwar alt, kann aber den defizitären Charakter der Volksreaktion in Mk 8,28 nicht von der Zahl der eschatologischen Heilsfunktionäre her begründen. Letztere Vorstellung ergibt für Mk 8,28f. eine glatte Logik: Jesus ist nicht einer der Vorläufer des Messias, sondern der Messias selbst. Doch sind Alter und Entstehungsursache dieser später wichtig gewordenen[334] Konzeption umstritten[335], Belege aus vorneutestamentlicher Zeit sind nicht zweifelsfrei nachweisbar[336]. Für ihre vorchristliche Herkunft kann nicht unbedingt auf Mk 9,11-13*[337] verwiesen werden[338], weil es sich hier auch um ein ad hoc

---

333 Vgl. ferner bSukk 52b; Seder ElijR 18 (96f.); Pesiq 51 a; Pesiq R 35; Justin, Dialog 8,4; 49,1 (E. J. Goodspeed, 100.147). Als einer der Beinamen des Messias wird Elia MMish 19,22.87 genannt. - Scharf gesehen haben das Problem für den endzeitlichen Propheten O. Cullmann, Christologie, 21, für Elia für die mk Redaktion zu Mk 9,11-13 D. Lührmann, Markus, 158.

334 Vgl. P. Billerbeck, IV, 783; W. Bousset, H. Greßmann, Religion, 232; N. Oswald, Art. Elia, 503. Soll die nachbiblische Elia-Erwartung in lexikalischer Kürze dargestellt werden, so dominiert in jüdischen Enzyklopädien die Wertung Elias als Bote des Messias, vgl. M. Aberbach, Art. Elia, 636; A. Kristianpoller, Art. Elia, 353f.; J. F. Oppenheimer, Art. Elia, Sp. 181; vgl. aber auch S. Lachs, Commentary, 261, zu Mk 9,11-13.

335 Vgl. die differierenden Auskünfte bei J. Jeremias, Art. ʼΗλ(ε)ιας, 938 Anm 65, und F. Hahn, Hoheitstitel, 376. - Methodisch muß die grundsätzliche Möglichkeit, Elia als Vorläufer des Messias zu denken, unterschieden werden von der faktischen Möglichkeit, den Täufer mit dem so verstandenen Elia zu identifizieren. Diese faktische Möglichkeit lag in der christlichen Gemeinde nahe (H. E. Tödt, Menschensohn, 181): In dem Täufer hätten Unbeteiligte bestenfalls einen der Propheten, die Täuferjünger den Boten Gottes selbst gesehen.

336 J. A. T. Robinson, Elijah, John ..., 269f.; H.-J. Steichele, Sohn, 68f. mit 69 Anm 117; anders J. Becker, Johannnes der Täufer, 49. - Zwar werden in äthHen 90,31.37 Elia und der Messias nur nebeneinander erwähnt und nicht in Beziehung gesetzt; trotzdem könnte eine solche Tradition den Christen nahelegen, Jesus nicht durch die Identifizierung mit Elia in eine untergeordnete Funktion im eschatologischen Geschehen zu verweisen. S. Talmon, Waiting, 292 Anm 44, sieht in 1QS 9,11 eine Anspielung auf Mal 3,23. In diesem Falle wäre die vorneutestamentliche Herkunft der Integration von Mal 3,23 in eine Erwartung Elias als Vorläufer der Messiasse gegeben, während die Deutung von CD 7,18f. auf Elia (so A. S. van der Woude, Messianische Vorstellungen, 55 u.ö.; kritisch dazu s. G. Richter, Bist du Elias?, 88) in eine andere Entwicklungslinie hineingehört. In 4QarP ist der Text zu schlecht erhalten, als daß man gesicherte Schlüsse ziehen dürfte. J. Starcky, Étapes, 498, hält es für möglich, daß in 4QarP Elia als Vorläufer des Erwählten gilt.

337 Literarkritisch betrachten wir Mk 9,11-13 als vormarkinische Einheit. Eine Tilgung von Mk 9,12b als nachmarkinischer Glosse (so R. Bultmann, Geschichte der synoptischen Tradition, 132) oder als markinischen Einschubes (F. Hahn, Hoheitstitel, 377; M. Horstmann, Christologie, 135; J. M. Nützel, Verklärungserzählung, 259; K. Berger, Auferstehung, 44; Chr. Wolff, Bedeutung, 861; V. Hampel, Menschensohn, 283) empfiehlt sich nicht (so m.E. zu Recht H.E. Tödt, Menschensohn, 182), da dieser Teilvers

formuliertes Argument zur Bestreitung christlicher Ansprüche handeln könnte und zudem nicht sicher ist, ob der Einwand nicht die Elia-Erwartung der Menschensohn-Erwartung entgegensetzt.[339]

Wenn man auf diese Vorstellung nicht zurückgreifen will, könnte das gemeinsam Defizitäre der drei Identifizierungen für die vormk Tradition darin liegen, daß sie den Charakter der Zeit Jesu als der Heilszeit nicht zum Ausdruck zu bringen vermögen; das Heil ist durch Jesus nicht nur angekündigt (wie durch den Täufer, die Propheten oder Elia), sondern auch verwirklicht.[340]

Für den zweiten Evangelisten ist nun aufgrund von Mk 1,1-15 zweifelsfrei die auch in Lk 7,27 par Mt 11,10 belegte Vorstellung gegeben, Elia sei der Voräufer des Messias, und sie ist für ihn auch nur in dieser Form akzeptabel. Ist Elia in dem Täufer erschienen, so kann Jesus weder Elia noch der Täufer sein. Nur so aber ist gesichert, daß die Elia-Erwartung nicht das Selbstverständnis der christlichen Gemeinde beeinträchtigt, das Jesus als die letzte normative Gottesoffenbarung begreift; dagegen würde die Identifizierung Jesu mit dem Elia als Vorläufer des Messias implizieren, daß noch weitere Heilsgestalten zu erwarten seien. Das Problem ist für Markus nicht theoretischer Natur, sondern stellt, wie Mk 13,22 zeigt, eine reale Gefährdung seiner

---

angibt, warum sich die Gemeinde überhaupt mit dem Einwand der Schriftgelehrten hinsichtlich der erwarteten Wiederkunft Elias beschäftigen muß (ähnlich J. Gnilka, Markus II, 40). Die Frage bei V. Hampel, Menschensohn, 284, ob man eigentlich vom Hereinbrechen der Gottesherrschaft und vom Elia redivivus reden könne, ohne zugleich von Jesus zu reden, kann sich auch gegen seine literarkritische Dekomposition richten: Wenn Markus es nicht konnte, wie sollte es vormk möglich sein? - Die formalen Ähnlichkeiten mit Mk 12,35-37 reichen m.E. nicht aus, markinische Verfasserschaft für Mk 9,11-13 anzunehmen (so D. Lührmann, Markus, 157); gerade die Terminologie zur Einführung der Schriftzitate differiert.

338 J. Jeremias, Art. Ἠλ(ε)ίας, 938.

339 So D. Lührmann, Markus, 158. Wir verstehen Mk 9,11-13 anders: Die Schriftgelehrten denken die Wiederkunft Elias als ein jedermann evidentes Geschehen; da dies noch nicht erfolgt ist, ist auch die Behauptung der Messianität Jesu, die schon aufgrund seines Todes fragwürdig genug ist, hinfällig. Die Gemeinde antwortet: a) Ebenso schriftgemäß wie die Lehre von der Wiederkunft Elias ist die Lehre vom leidenden Menschensohn. b) Elia ist gekommen, und das war nach Meinung des Markus im Bußruf des Täufers evident, doch die Menschen haben sich ihm verweigert (vgl. Mk 11,31f.). Und auch das steht über ihn geschrieben. - Doch verbietet uns Lührmanns Deutung methodisch gesehen, die Erwartung Elias als des Vorläufers für den Messias als eine für Mk 9,11-13* gesicherte Tatsache anzusehen.

340 Die in mSot 9,15 angesprochene Problematik der fraglichen Verläßlichkeit des Messias (vgl. C. Thoma, Entwürfe, 20f.) ist in Mk 8,27-29 noch nicht empfunden und in Mk 13,23 mit dem Hinweis auf die Zuverlässigkeit des Wortes Jesu beantwortet.

Gemeinde dar[341]; darum läßt Markus in dem wohl redaktionellen Zusatz Mk 13,23 Christus selbst vor dieser Verführung warnen. Der Vorzug des Christustitels gegenüber den anderen in Mk 8,28 genannten Identifizierungen besteht auf mk-redaktioneller Ebene darin, daß er allein die entscheidende offenbarungsgeschichtliche Schlußstellung Jesu zweifelsfrei auszusagen vermag. Jesus ist der letzte und der höchste Gottesbote; ersteres wird durch den Christustitel, letzteres durch den Gottessohntitel verbalisiert.

4.4. Das Leiden Jesu als Existenzform des christlichen Weges

4.4.1. Die Erscheinung Jesu als Theophanie - Mk 9,14-29

Zwischen der Verklärungsepisode und dem Eliagespräch einerseits, der zweiten Leidensankündigung andererseits ist diese Geschichte von der Austreibung eines Dämonen erzählt. Das Versagen der Jünger, der Zweifel des Vaters und die Wundermacht Jesu sind die textintern beherrschenden Motive, die nachösterliche Möglichkeit, Wunder zu tun, ist der textexterne Horizont. Wir konzentrieren uns auf die Funktion der Volksreaktion Mk 9,14-16a.

In der literarkritischen Kontroverse um die Bildung unserer Geschichte aus zwei selbständigen Einzeltraditionen[342] oder nur einer später erweiterten Tradition entscheiden wir im letzteren Sinne.[343] Die Geschichte hat wohl eine

---

341 Daß in Mk 8,28 möglicherweise weniger Volksmeinungen als vielmehr Jüngermeinungen referiert werden (so J. A. T. Robinson, Elijah, John..., 266; G. Dautzenberg, Elija, 1094), läßt nur die Gewichtigkeit des Konfliktes erahnen.

342 R. Bultmann, Geschichte der synoptischen Tradition, 225; G. Bornkamm, πνεῦμα ἄλαλον, 24, D.-A. Koch, Wundererzählungen, 115f. sowie die bei Koch, S. 116 Anm 7 Abs. 1 Genannten; P. J. Achtemeier, Miracles, 477.

343 Mk 9,21f. ist nicht Dublette, sondern Seigerung gegenüber Mk 9,17f. G. Theißen, Wundergeschichten, 139. Es liegen nicht zwei verschiedene Krankheitsbilder vor (gegen G. Bornkamm, πνεῦμα ἄλαλον, 24). - Der von Bultmann geltend gemachte Dublettencharakter von V. 25 gegenüber V. 14 ist bestritten worden, sei es, daß man an je verschiedene Volksmengen gedacht hat (so im Endeffekt R. Pesch, Markus II, 93), sei es mit der philologischen Erwägung, ἐπισυντρέχειν bezeichne nicht den Ortswechsel, sondern die Verstärkung des Heranströmens (W. Schmithals, Markus II, 407). Für erstes fehlen die Textsignale, für das zu ἐπισυντρέχειν vergleichbare Verbum συντρέχειν zeigen folgende Belege stets einen Ortswechsel an: Herodot, Hist. 8,71; Plutarch, Pompeius 60,5; Camillus 27,5; Alkibiades 32,3; Josephus, Ant 7,257 BJ 2,250; Lukian, Alexander 13; P.Oxy 1,33 iii 8; Diodorus Siculus, 19,13,7; 20,96,4. Auch Apg 3,11 kann nicht dagegen angeführt werden: Das Volk sieht in Apg 3,9 den

Vorform der Verse Mk 9,17b-20.25-27 umfaßt und stellt die Überlegenheit der Wundermacht Jesu gegenüber dem Versagen der Jünger und dem Fehlurteil der Menge heraus; deren Reaktion wird nicht um des Unglaubens der Menschen, sondern um der Wundermacht Jesu willen festgehalten. Mk 9,25 dient auf traditioneller Ebene als »szenische Vorbereitung«: das Wunder soll »vollzogen sein, bevor das Volk zusammengeströmt ist«.[344]

Diese Erzählung ist später um die Glaubensthematik erweitert worden[345] durch die Zusätze Mk 9,28* und Mk 9,21-24.[346] Dabei ist Mk 9,28f.* wohl der ältere Zusatz, da er noch näher an der Thematik des Jüngerversagens liegt, Mk 9,21-24 hingegen eine jüngere, literarkritisch einheitliche Ergänzung[347]. Doch wurde die endgültige Gestaltung von Mk 9,23f. und Mk 9,28f. von derselben Hand vollzogen. Mk 9,23 ist wohl nicht auf den Glauben Jesu, sondern den Glauben des Vaters zu beziehen: Seine Frage wird zurückgewiesen, denn nicht an Jesu Wundermacht, sondern an dem Glauben des Bittstellers liegt es, ob ein Wunder geschehen kann.[348] Mk 9,23 verweist den Bittsteller aber nicht auf das δύνασθαι Jesu, das sich (für den Leser: bekanntlich) auch schon in anderen Fällen gezeigt hätte, sondern ähnlich wie

---

ehemals Gelähmten Gott loben; als er dann (wieder) zu Petrus und Johannes läuft, kommt das Volk bei ihnen zusammen; erzählerisch ist mit dem neuen Bezugspunkt der Volksreaktion die Einführung der folgenden Petrusrede ermöglicht. In V. 25 ist die von B C D 2427 gebotene Lesart ohne Artikel vor ὄχλος lectio difficilior; ὄχλος wird im Markusevangelium innerhalb einer Perikope in der Regel mit Artikel (wieder) aufgenommen, und die Ausnahmen Mk 5,24; 6,34 lassen sich erklären: In Mk 6,34 dürfte die alte Einleitung der Speisungsgeschichte vorliegen; in Mk 5,21 soll nur gesagt werden, daß viele Menschen mit Jesus mitgehen, nicht aber, daß die gesamte Menschenmenge aus Mk 5,21 dabei ist.

344 G. Theißen, Wundergeschichten, 70.

345 J. Roloff, Kerygma, 145-147; J. Gnilka, Markus II, 45, die Mk 9,28f. für sekundär halten; J. Delorme, Marc 9,14-29, 1100 mit Anm 17. Mk 9,21-24 ist nach J. Roloff ad vocem ἄπιστος eingefügt. Anders J. Sundwall, Zusammensetzung, 58f. K. Kertelge, Wunder, 176: Die Glaubensthematik stand am Anfang. Daß eine ursprünglich stilreine Wundergeschichte nacheinander um die beiden Themen erweitert worden sei (J. Ernst, Markus, 266), ist unwahrscheinlich: Warum hätten sich beide Themen gerade an diese Geschichte angelagert?

346 Umstritten sind dann jeweils Umfang, Reihenfolge und Alter der Erweiterungen, und in der Diskussion begegnen alle nur möglichen Varianten; im Rahmen unseres Themas kann darauf nicht weiter eingegangen werden.

347 Die Steigerung der Schwere und Gefährlichkeit der Krankheit in Mk 9,21f. motiviert den Zweifel des Vaters Mk 9,22b, während Mk 9,21.22a für sich genommen in der Abfolge zwischen Mk 9,20-25 stört (D.-A. Koch, Wundererzählungen, 117 Anm 17).

348 Zum Zusammenhang zwischen Unglauben und verweigertem Wunder vgl. Mk 6,5.

Mk 10,27; 14,35f. auf das, was von Gott her zugunsten des Bittenden[349] möglich ist. Aber auch die Antwort Jesu Mk 9,29 spricht nicht von der Wunderkraft der Jünger[350], sondern steht verkürzt für δυνατόν ἐστιν τὸ δαιμόνιον
ἐκβάλλεσθαι. Mk 9,23 wie Mk 9,29 verweisen beide, potentielle Bittsteller
wie potentielle Wundertäter, an die Allmacht Gottes[351], und das entspricht der
nachösterlichen Situation[352], in der die Möglichkeit von Mk 9,25-27 nicht
mehr gegeben ist.[353] Mk 9,17-29 reflektiert im frühjüdischen Horizont, wie
längst gesehen, das Problem[354], wie unter nachösterlichen Bedingungen
Wunder möglich sind.

Innerhalb der Exposition dürfte zumindest die Eintragung der Schriftgelehrten in Mk 9,14 und der Vers Mk 9,15 redaktionell sein[355], wenn man nicht
Mk 9,14-16 insgesamt für mk-redaktionell hält.[356] Die mk-redaktionelle Erwähnung der Schriftgelehrten läßt sich begründen[357]: Daß sie mit den Jüngern
angesichts deren Versagens streiten, zeichnet die nachösterliche Situation,

---

349 So m.E. zu Recht J. Carmignac, »Si tu peux«, 85; F. Hahn, Verständnis des Glaubens,
     58, aber auch schon J. A. Bengel, Gnomon, z. St.; vgl. auch E. Lohse, Glaube und
     Wunder, 342. Selbst in Mk 13,22 kann man an die permissio Dei als Ermöglichung für
     den Abfall der Auserwählten denken.
350 J. Roloff, Kerygma, 149.
351 Zum alttestamentlichen Hintergrund von Mk 9,23 vgl. R. Feldmeier, Krisis, 173.
352 J. Roloff, Kerygma, 152.
353 Daß nur die Jünger, nicht aber der Vater auf das Gebet verwiesen werden, sollte man
     nicht gegeneinander ausspielen: Auch in jüdischen Wundergeschichten ist der charis-
     matische Rabbi, nicht aber der Begleiter des Kranken, Subjekt des zu Gott gewendeten
     Gebetes (jBerachot 9,1; bBerachot 34b).
354 D. Lührmann, Markus, 162; vgl. aber auch schon J. Weiß, Markus, 147f.; F. Hauck,
     Markus, 112; K. Weiß, Ekklesiologie, 422f. Das Gewicht dieses Problemes für die mk
     Gemeinde wird aus der kompositionellen Stellung der Perikope deutlich: Das Thema
     wird behandelt, noch bevor etwa in der Rangstreit-Perikope Fragen der zukünftigen
     Gemeindeführung oder in den Perikopen Mk 10,1-31 die uns näherliegenden Fragen
     christlicher Lebensgestaltung angesprochen werden. Nach mk Darstellung war auch
     die erste öffentlichkeitswirksame Tat Jesu ein Exorzismus (Mk 1,23-28). - R. H.
     Gundry, Mark, 498, bestreitet unter Verweis auf Röm 15,19; 1 Kor 2,4f.; 4,19f.;
     12,10.28f. u.a. eine solche Defizit-Erfahrung für die neutestamentliche Zeit. Doch
     warum ist Mk 9,14-29 dann überliefert?
355 So R. Bultmann, Geschichte der synoptischen Tradition, 225.
356 So V. Taylor, Mark, 397; R. Schnackenburg, Markus II, 49; G. Minette de Tillesse,
     Secret Messianique, 94; K. Tagawa, Miracles, 105 Anm 1; J. Roloff, Kerygma, 148 mit
     Anm 150; G. Bornkamm, πνεῦμα ἄλαλον, 25; V. Howard, Das Ego Jesu, 90;
     H. Anderson, Mark, 229; D.-A. Koch, Wundererzählungen, 120; G. Petzke, Wunderta-
     ten, 194f.; J. Gnilka, Markus, 45; D. Lührmann, Markus, 160; K. Kertelge, Markus, 91.
     Doch halten L. Schenke, Wundererzählungen, 329; J. Ernst, Markus, 266, V. 15 für
     traditionell.
357 Gegen W. Schenk, Tradition, 79.

daß das Versagen christlicher Exorzismen die christliche Botschaft unglaub-
würdig macht.[358] In dem Verhalten des Volkes sah man unter historischer
Betrachtung[359] die ehrfurchtsvolle Begrüßung Jesu dargestellt, dessen Erscheinen gerade in dem Moment, da man seiner am meisten bedurfte, das
Erschrecken auslöste.[360] In kerygmatischer Betrachtung sollte Mk 9,15 Jesus
von den Schriftgelehrten[361] oder von den ohnmächtigen Jüngern[362] absetzen,
oder es wurde auf den Abglanz des Glanzes von der Verklärung bezogen und
als biblischer Rückverweis auf Ex 34,29ff. betrachtet[363]. Doch differiert die
Terminologie des admirativen Verhaltens: In Ex 34,30 steht φοβεῖσθαι (für
MT ירא), in Mk 9,15 steht θαμβεῖσθαι. Zutreffend ist wohl die Deutung als
Hinweis an den Leser, das Auftreten Jesu als Epiphanie zu betrachten[364]:
»toute venue de Jésus est une manière de théophanie«.[365] Diese epiphanietheologische Volksreaktion ist in ihrem Kontrast zum Verhalten der Schriftgelehrten[366] für die verunsicherten Christen Hinweis auf die von den Schriftgelehrten bestrittene[367] Vollmacht Jesu, zu irdischen Lebzeiten selbst die
heilvolle Verwirklichung der Allmacht Gottes zuzusprechen, für die
nachösterliche Zeit die Allmacht des Gottes Israels als des Vaters Jesu Christi
auch für die Christen als heilvoll sich realisierend darzutun. In Mk 9,14-29
handelt der himmlisch legitimierte und nunmehr den Menschen epiphan werdende Gottessohn.[368]

---

358 L. Schenke, Wundererzählungen, 344f.

359 Gerade die Versetzung der Admirationstopik in die formgeschichtlich so ungewöhn-
liche Stellung am Anfang einer Geschichte ist für R. Pesch, Markus II, 95, ein Hinweis
auf die Historizität des Berichteten. Kritisch dazu K. Tagawa, Miracles, 106.

360 J. Schmid, Markus, 175.

361 H. Aichinger, Epileptiker-Perikope, 118.

362 V. Howard, Das Ego Jesu, 91, gegen G. Bertram, Art. θάμβος, ThWNT 3, 1938, 6.

363 F. Hauck, Markus, 111; G. Minette de Tillesse, Secret Messianique, 92; J. Nützel, Verklärungserzählung, 160f. Dagegen votieren E. Klostermann, Markus, 90; M. Dibelius,
Formgeschichte, 78; J. Roloff, Kerygma, 146; K. Tagawa, Miracles, 106.

364 G. Bertram, Art. θάμβος, ThWNT 3, 1938, 6, G. Bornkamm, Πνεῦμα ἄλαλον, 26,
D.-A. Koch, Wundererzählungen, 123, der eine theologische (!) Verbindung zur Ver-
klärungsgeschichte herstellt, K. Tagawa, Miracles, 106f.; G. Minette de Tillesse, Secret
Messianique, 92; A. Stock, Method and Message, 251.

365 G. Minette de Tillesse, Secret Messianique, 92. K. Tagawa, Miracles, 107, spricht zu
Recht von einem theologisch wertenden Kommentar des Evangelisten.

366 Euthymius Zigabenus, Mk, PG 129 820 B; Beda, Mk, CChr.SL 120, 546,191-195.

367 Auf literarischer Ebene hat das Stichwort συζητεῖν die Funktion, das Jüngerversagen
nicht als beiläufiges, sondern als zentrales Thema der Geschichte erscheinen zu lassen
(B. E. Williams, Miracle, 181), auf theologischer Ebene bezeichnet es die Anfechtung
der Gemeinde angesichts der Kritik der Schriftgelehrten an ihrem Versagen.

368 In Abwandlung nach D.-A. Koch, Wundererzählungen, 124.

4.4.2. Die Volksreaktionen im Rahmen der Passionsüberlieferungen
4.4.2.1. Forschungen zum vormk Passionsbericht

Den nunmehr zu besprechenden Belegen wurde ein über den bloßen Hinweis auf die Reaktionskontrastierung oder auf den Umschwung gegenüber früheren Reaktionen hinausgehendes theologisches Interesse bisher nicht zuteil, und auf den ersten Blick scheint gegenüber den bisher verhandelten, kerygmatisch motivierten Volksreaktionen die historisch begründende Funktion dieser Stellen zu dominieren. Deren literarkritische Diskussion impliziert die Frage nach Alter und Umfang des vormk Passionsberichtes[369].

Schon vor dem Aufkommen der redaktionskritischen Markusforschung bestanden grundsätzliche Divergenzen in der Frage, ob der ursprüngliche Passionsbericht mit M. Dibelius nur aus dem Markusevangelium oder mit J. Jeremias aus dem Vergleich zwischen Markus- und Johannesevangelium zu rekonstruieren sei[370], ferner in der Frage nach Inhalt und Beginn des Passionsberichtes: Nach W. Bousset erzählte dieser Bericht auch vom Einzug Jesu in Jerusalem, von der Tempelaktion und von der Vollmachtsfrage, nach M. Dibelius begann dieser Bericht in Mk 14,1 und umfaßte (bis 16,8) alles außer der Salbungsgeschichte Mk 14,3-9 und der Perikope von der Findung des Abendmahlssaales Mk 14,12-16; R. Bultmann erhob einen kurzen und notizenhaften, später mehrfach erweiterten, Bericht mit den Stationen Verhaftung - Sanhedrinverhör - Verhör vor Pilatus - Hinrichtung (Mk 14,53a.65; 15,1-5*15b.20b-24.(27).37 als Ausgangspunkt der erzählenden Passionsüberlieferung. J. Jeremias unterscheidet einen Kurzbericht, beginnend mit der Verhaftung, und einen Langbericht, Todesbeschluß, Salbung, Einzug, Tempelaktion, Vollmachtsfrage mit einschließend.[371] Unstrittig blieb aber der Minimal-

---

369 Zur Forschungsgeschichte vgl. E. Linnemann, Studien, 54-68; G. Schneider, Passionserzählung, 1972; H. Conzelmann, Literaturbericht, ThR 43, 1978, 18-22; J. Ernst, Passionserzählung, 1980, passim; A. Lindemann, Literaturbericht, 263-265; J. B. Green, Death of Jesus, 9-14; M. Myllykoski, Letzte Tage I, 12-35; G. Strecker, Literaturgeschichte, 190f.; W. Reinbold, Bericht, 7-20; M. L. Soards, Question, in: R. E. Brown, Death II, 1492-1524; zur Bibliographie vgl. D. E. Garland, One Hundred Years of Study in the Passion Narratives, 1989.
370 M. Dibelius, Formgeschichte, 179-218; J. Jeremias, Abendmahlsworte, 85-90.
371 W. Bousset, Kyrios Christos, 2. Aufl., 34-36; vgl. aber bereits G. Heinrici, Der litterarische Charakter, 38; M. Dibelius, Formgeschichte, 179-218; R. Bultmann, Geschichte der synoptischen Tradition, 301f. (ihm folgt E. Klostermann, Markus, 139); J. Jeremias, Abendmahlsworte, 85-90. - Der Todesbeschluß Mk 14,1f.* gilt als Einsatzpunkt des Passionsberichtes auch bei E. Wendling, Entstehung, 167; J. Finegan, Überlieferung, 82 (nur die Datierung Mk 14,1).

konsens über die vormk Herkunft eines wie auch immer einzugrenzenden Erzählzusammenhanges. Im Zuge der Kritik an der Formkritik sowie der redaktionskritischen Markusforschung wird auch dieser letztgenannte Minimalkonsens dahingehend brüchig, daß bei einigen Exegeten mit unterschiedlicher methodischer Begründung der Evangelist Markus auch innerhalb Mk 14;15 für die Zusammenstellung der Einzeltraditionen verantwortlich gemacht wird.[372] Zugleich bleibt weiter umstritten, ob der ursprüngliche Passionsbericht[373] nur aus Markus oder aus dem Vergleich von Markus und Johannes rekonstruiert werden soll[374], und wie es sich mit den Sondertraditionen des Lukas verhält.[375] Auch ist ein Konsens über Anfang und Ende dieses Berichtes nicht zu gewinnen: neben der Gefangennahme Mk 14,43[376] und dem (Mk 14,43 ggfs. in der Darstellung unmittelbar vorausgehenden) Todesbeschluß Mk 14,1f. [377] werden die Hinrichtung Mk 15,20[378] sowie die Gethsemane-Szene[379] als mögliche Einsatzpunkte genannt; daneben stehen die The-

---

372 J. Schreiber, Markuspassion, 48; E. Linnemann, Studien 9; E. Güttgemanns, Fragen, 227-229, W. Kelber, Conclusion, 157; ders., The Oral and the Written Gospel, 196; H. C. Kee, Jesus in History, 274; P. J. Achtemeier, Mark, 82-91; E. K. Broadhead, Passion Story, 24f., sowie für den Abschnitt Mk 14,1-42 L. Schenke, Studien, passim, lehnen die Annahme einer vormk Passionsgeschichte aus unterschiedlichen methodischen Erwägungen ab: Fordern E. Linnemann und E. K. Broadhead die konsequente Durchführung, W. H. Kelber die Gleichbehandlung formgeschichtlicher Kriterien auch in den Passionstraditionen, so hinterfragt E. Güttgemanns die Methodik der Formgeschichte auf ihre Angemessenheit überhaupt. Zur Kritik an dieser These vgl. Ph. Vielhauer, Geschichte der urchristlichen Literatur, 308 Anm 18.

373 Nicht durchgesetzt hat sich die These zweier durchlaufender Quellenstränge von W. Schenk, Passionsbericht, passim sowie für Teilabschnitte von E. Linnemann, Studien; J. Schreiber, Kreuzigungsbericht.

374 Für ersteres vgl. R. Pesch, Markus II, 1-27; U. Schnelle, Art. Passionsberichte, 1065f.; für letzteres vgl. E. Lohse, Geschichte des Leidens, 23; E. Schweizer, Markus, 164; M. Myllykoski, Letzte Tage, passim; D. Lührmann, Markus, 227-229; W. Reinbold, Bericht, 73.

375 Für die These einer lk Sonderquelle zur Passion vgl. u.a. J. B. Green, Death, 135; kritisch W. Reinbold, Bericht, 67.

376 J. Gnilka, Markus II, 349; G. Strecker, Passionsgeschichte, 245, der noch Mk 14,10f. dazunimmt.

377 J. Roloff, Neues Testament, 187; H. Conzelmann, Historie, 77; E. Schweizer, Markus, 164; T. A. Mohr, Markus- und Johannespassion, 404; J. B. Green, Death of Jesus, 224; U. Schnelle, Art. Passionsberichte, 1065f.; R. Feldmeier, Krisis, 125 Anm 23; für den Anfang der Erweiterungsstufe: R. Bultmann, Geschichte der synoptischen Tradition, 302; V. Taylor, Formation, 58.

378 J. Ernst, Markus, 395.

379 L. Schenke, Studien, 353; A. Y. Collins, Genre, 21; dies., From Noble Death, 490.

sen eines (ggfs. erst sekundär aus dem Kurzbericht entwickelten[380]) Langbe-
richtes mit Texten aus Mk 11; 14,3-9, wobei dann umstritten ist, ob nur die
Einzugsgeschichte[381], nur die Tempelaktion[382] oder nur die Vollmachtsfrage
oder Einzugsgeschichte und Tempelreinigung[383] zusammen oder Einzug,
Tempelaktion und Vollmachtsfrage[384] insgesamt neben dem Todesbeschluß
am Anfang stehen, oder ob man nicht auch Mk 10,32-34 hinzunehmen
muß[385]; als mögliche Endpunkte gelten Mk 15,26; 15,42-47; 16,1-8 oder eine
erst von Markus getilgte Erscheinungstradition.[386] Der Einbezug von
Mk 11,15-18*.27-33 in den Passionsbericht bedeutet meistens nicht, daß damit auch die uns interessierenden Versteile Mk 11,18b; 12,12 automatisch der
vormk Tradition zugewiesen würden.[387]

Auch hinsichtlich der Formbestimmung des ältesten Passionsberichtes be-
steht keine Einigkeit: Als formgeschichtliche Klassifizierungen des ältesten
Passionsberichtes wurden vorgeschlagen die Märtyrerakte[388], die Story of
Persecution and Vindication in Jewish Literature[389], die τελευτή[390], die Lei-

---

380 In den folgenden Anmerkungen bedeutet ein »(sek)«, daß der betreffende Autor die
     jeweilige Perikope nicht zur Urform des Passionsberichtes, sondern zu einer sekundä-
     ren, aber vormarkinischen Bearbeitung rechnet.
381 So J. Roloff, Neues Testament, 187 (sek); C.-P. März, König, 53.75; T. A. Mohr, Mar-
     kus- und Johannespassion, 404-427 (sek); W. Reinbold, Bericht, 118.
382 D. Dormeyer, Passion, 86; M. Myllykoski, Letzte Tage I, 183, jeweils für die Urform
     des Passionsberichtes.
383 D. Dormeyer, Passion, 87f. (sek); W. Schenk, Passionsbericht, 158; J. Gnilka, Markus
     II, 349 (sek); M. Myllykoski, Letzte Tage I, 185 (sek). Auch T. A. Mohr, Markus- und
     Johannespassion, 404-406 rechnet Mk 14,1-9*; 11,1.8-11*.15f.* zum unbearbeiteten
     vormarkinischen Passionsbericht, bei ihm P genannt, doch schloß sich an die Tempel-
     aktion auf dieser Überlieferungsstufe die Zeichenfrage (von Markus durch die Voll-
     machtsfrage ersetzt, S. 102; vgl. aber S. 81; 100) und das Tempelwort an.
384 L. Goppelt, Theologie, 272.
385 So M. Hubaut, Parabole, 121 Anm 1; T. A. Mohr, Markus- und Johannespassion, 411
     (sek). M. Hubaut nimmt noch die Bartimäusperikope und das Winzergleichnis hinzu.
386 Darstellung nach W. Reinbold, Bericht, 97f.
387 Vgl. H.-W. Bartsch, Bedeutung, zu Mk 11,18 S. 101 Anm 25/zur Zugehörigkeit von
     Mk 11,15f.* zum vormk Passionsbericht S. 99-101; W. Schenk, Passionsbericht
     152/158; D. Dormeyer, Passion, 68 Anm 47/86, J. A. Mohr, Markus- und Johannes-
     passion, 78-81/404; M. Myllykoski, Letzte Tage I, 122/191; Mk 11,18b gilt als mk-
     redaktionell, die Tempelaktion als Teil des sekundär erweiterten Passionsberichtes bei
     J. Jeremias, Abendmahlsworte, 85/87; J. Gnilka, Markus, II, 127/349 (für V. 18bß); E.
     Schweizer, Markus, 133/164.
388 K. L. Schmidt, Rahmen, 305; Fr. Hauck, Markus, 163; D. Dormeyer, Passion, 238-258;
     ders., Das Neue Testament, 177-182; ders., Joh 18,1-14 par Mk 14,43-53, 230.
389 W. E. Nickelsburg, Genre, 156; J. B. Green, Death, 172.
390 A. Y. Collins, Genre, 20.

densgeschichte unter dem göttlichen δεῖ (Mk 8,31)[391], die Passio iusti[392], die Konfliktparänese[393], der volkstümliche Geschichtsbericht[394]. Als Sitz im Leben kann benannt werden die Predigt[395], der Kult[396], sei es die Liturgie des Herrenmahles[397] oder auch einer frühchristlichen Paschafeier[398], die frühchristliche Katechese[399] oder der Bereich christlicher Schriftgelehrsamkeit, christlicher διδαχή.[400]

Die völlige Diskrepanz dieser Analysen hat teilweise zu tiefgehender Skepsis gegenüber solchen Versuchen geführt, aber auch dann noch ist umstritten, ob in Mk 14; 15 ein auf 37 n. Chr. oder 41-44 n. Chr. zu datierender Passionsbericht vorliegt[401], oder ob letztlich erst der Evangelist den Zusammenhang Mk 14; 15 geschaffen hat[402], wenn man nicht ganz auf diese Frage verzichtet[403].

Unserem eigenen Versuch sind schon durch die nach wie vor strittige Grundfrage nach dem literarkritischen Verhältnis zwischen Markus- und Johannesevangelium[404] Grenzen gesetzt; ein fundiertes Urteil hierzu setzt eine

---

391   E. Lohmeyer, Markus, 287f.; J. Roloff, Neues Testament, 188.

392   L. Ruppert, Jesus als der leidende Gerechte, 59; D. Lührmann, Biographie, 39; ders., Markus, 231.

393   G. Theißen, Lokalkolorit, 210.

394   W. Reinbold, Bericht, 187-189, mit Verweis auf Mk 6,17-29 als nächster Parallele.

395   M. Dibelius, Formgeschichte, 185.

396   G. Bertram, Leidensgeschichte, 2ff.; G. Schille, Leiden, 192.

397   E. Schweizer, Markus, 164; J. B. Green, Death, 217.

398   E. Trocmé, Passion, 77-82; J. Blank, Johannespassion, 152ff.

399   D. Dormeyer, Passion, 256ff.; J. Ernst, Passionserzählung, 172; M. Myllykoski, Letzte Tage II 168 (für die erweiterte Passionsgeschichte); vgl. auch E. K. Broadhead, Passion Story, 24.

400   W. Reinbold, Bericht, 196f.

401   Für ersteres vgl. R. Pesch, Markus II, 1-27; für letzteres vgl. G. Theißen, Lokalkolorit, 210. Zu der von R. Pesch vermuteten Passionsgeschichte gehören Mk 8,27-33; 9,2-13.30-35; 10,1.32-34.56-52; 11,1-23.27-33; 12,1-17.34c-37.41-44; 13,1f. 14,1-16,8. J. B. Green, Death, 146f., folgt R. Pesch in der Einschätzung eines konservativen Redaktors, aber nicht in der literarkritischen Beurteilung von Mk 14-15.

402   So nach wie vor W. Kelber, The Oral and the Written Gospel, 196, aber auch M. D. Hooker, Mark, 324f. Zur Kritik vgl. J. Halverson, Oral and Written Gospel, 191-191.

403   So einige Vertreter des Narrative Criticism, etwa J. D. Kingsbury.

404   Vgl. in jüngerer Zeit einerseits J. Becker, Johannes I, 38; W. Reinbold, Bericht, 40, andererseits U. Schnelle, Johannes und die Synoptiker, 1801 und die S. 1799 Anm 1.2 Genannten. Rekonstruierte M. Dibelius, Formgeschichte, 178-218, den vorevangeliaren Passionsbericht von der Markusdarstellung aus, wurde in der Folgezeit J. Jeremias' Methode einflußreich, aus dem Vergleich zwischen Markus- und Johannespassion den Urbericht herauszuarbeiten (J. Jeremias, Abendmahlsworte, 85-90); vgl. E. Lohse, Geschichte des Leidens, 23 (als Hilfsargument neben seiner Herleitung der Mar-

detaillierte, form- und redaktionskritische Überlegungen einschließende Johannes-Analyse voraus, die im Rahmen dieser Arbeit ebensowenig geleistet werden kann wie eine Analyse der christologisch wie paränetisch so bedeutsamen Perikopen Mk 14,22-25; 32-42.

Historisch plausibel erscheint die Vermutung, die Gemeinde habe das Ärgernis des Schandtodes Jesu im wiederholten Nachdenken[405] über äußeren Ablauf und inneren Sinn des Geschehens zu bewältigen gesucht. Das ließe einen bereits auf der ältesten Stufe perikopenübergreifenden, später möglicherweise mehrfach überarbeiteten und erweiterten Erzählzusammenhang erwarten, dessen Beginn nicht erst in dem Mk 14,1f. mitgeteilten Todesbeschluß liegen muß. Textanalytisch gilt im Grundsatz auch für die Passionsüberlieferung, daß Spannungen in den Realien[406] und sich verschiebende Überlieferungsinteressen auf literarkritische Nähte führen können und ggfs. den von uns aus historischen Gründen angenommenen Wachstumsprozeß auf ihre Weise bezeugen. So gehen wir vorläufig[407] von einem einsträngigen ursprünglichen passio-iusti-Bericht[408] aus, an den sich Überlieferungsstücke u.a. mit polemischen[409], paränetischen[410] und christologischen[411] Interessen ange-

---

kuspassion aus Mk 10,33f.); E. Schweizer, Markus, 164; M. Myllykoski, Letzte Tage, passim; D. Lührmann, Markus, 227-229; W. Reinbold, Bericht, 73.

405 Allgemein sei bemerkt, daß die Feststellung eines passio-iusti-Bezuges noch keinen Anhaltspunkt für die literarkritische Zuweisung ergibt. Die Erweiterungen Mt 21,4f.; 27,43 zeigen, wie sich noch innerhalb der schriftlich faßbaren Evangelientradition die Schriftbezüge vermehren. Dasselbe ist für die vormk Tradition zu erwarten; Zug um Zug geht der christlichen Gemeinde die Schriftgemäßheit dieser passio iusti auf. Darum wäre es mechanische Literarkritik, in der mk Passionsgeschichte alle Schriftbezüge auf eine Ebene zu stellen.

406 Mk 14,12-16 legt den ersten Tag des Passafestes als Jesu Todestag fest, doch erwecken die Durchführung des Gerichtsverfahrens und die Notiz, daß Simon von Kyrene „vom Acker" kommt (Mk 15,21), den Eindruck, als sei der Fortgang des Geschehens eher an einem normalen Werktag zu denken (vgl. G. Theißen, Lokalkolorit, 177f.). Auch wird das letzte Mahl Jesu nur in Mk 14,12-16 als Passa-Mahl gedeutet, nicht aber in Mk 14,22-25: die Einsetzungsworte greifen allgemein Riten des jüdischen Festmahles auf, aber keine speziellen Riten des Passamahles (J. Roloff, Neues Testament, 216).

407 Ggfs. wird in einer gesonderten Veröffentlichung zu den literarkritischen Problemen der erzählenden Passionsüberlieferung Stellung genommen.

408 Vgl. grundlegend L. Ruppert, Jesus als der leidende Gerechte, passim.

409 Vgl. u.a. Analysen zu Mk 14,53-65; 15,1-15. - Für die mk-redaktionelle Ebene vgl. Mk 14,48f.; 15,31.32a.

410 Verrat und Verleugnung dürften historisch sein und im ältesten Passionsbericht im Hinblick auf das Geschick Jesu tradiert worden sein. Die heutigen ausgeführten Texte Mk 14,17-21.26-31.66-72 verschieben jedoch das Interesse vom Geschick Jesu weg auf das Verhalten des Jüngers hin: Mk 14,19 erkennt in dem wohl historischen Verrat des Judas eine Gefahr für jeden Jünger, und Mk 14,26-31 begreift die Verleugnung des

lagert haben[412]; das Ausmaß der christologisch motivierten Durchgestaltung des ursprünglichen passio-iusti-Berichtes muß für uns einstweilen offenbleiben, genauso wie wir nicht in allen Einzelheiten seinen Wortlaut rekonstruieren können.[413] Dem Evangelisten rechnen wir nur einige wenige Texte zu, die erkennbar die Thematik einer Passionserzählung überschreiten.[414]

Von den unser Thema berührenden Texten müssen aufgrund der Forschungslage Mk 10,32-34; 11,9f.18; 12,12.37; 14,1f.; 15,6-15.29-32 hinsichtlich der Zugehörigkeit zu diesem Passionsbericht oder einer seiner Erweiterungsstufen diskutiert werden.

4.4.2.2. Jesu Göttlichkeit als Einweisung in den Leidensweg - Mk 10,32-34

Wird Mk 10,32-34 nicht selten als Ganzes dem Evangelisten zugewiesen[415], so kann in V. 33f. das auffällige Interesse an der Aktivität der Heiden und an

---

Petrus als einen Spezialfall des allgemeinen Jüngerversagens, wie es in der Flucht aller Jünger Mk 14,50 sich kundtut. Auch ist das Motiv des Vorherwissens Jesu in Mk 14,26-31.72 nicht um christologischer Belange willen erzählt, sondern i.S. des usus elenchticus: In der erinnernden Begegnung mit Jesu Ankündigung wird der Mensch seiner Schwäche überführt. 1 Pt 2,21-24 zeigt, daß auch andere Stationen des Leidensweges Jesu nachträglich paränetisch ausgedeutet werden konnten. - Joh 13,36-38 schließt nicht aus, daß die Tradition von der Verleugnungsankündigung sekundär dem Passionsbericht zugewachsen ist, der dem Evangelisten dann auf der paränetisch erweiterten Stufe bekannt war (ähnlich M. Myllykoski, Letzte Tage I, 109-112). Auch J. Jeremias, Abendmahlsworte, 90, setzt nicht den Kurzbericht, sondern den Langbericht als allen vier Evangelisten bekannt voraus.

411   Mk 11,1b-7; 14,12-16 zeichnen Jesus als Herrn des Geschehens. Das ist nicht nur Mirakel, sondern hat wie die sonstigen Aussagen über das Vorherwissen Jesu (Mk 8,31) tröstende Funktion.

412   Historisch plausibel ist die Vermutung einer großen Treue des Evangelisten gegenüber seiner Überlieferung (So zu Recht R. Pesch, Markus I, 22f. u.ö. gegen W. Schenk, Passionsbericht, 274, u.a.). Doch ist damit nicht gesagt, daß wir literarkritisch gesehen in Mk 14; 15 den Passionsbericht unverändert vor uns hätten (vgl. U. Luz, Sackgasse, 644; G. Strecker, Literaturgeschichte, 158f., gegen R. Pesch, Markus II, 1-27).

413   Vor dieser Illusion hat bereits J. Jeremias, Abendmahlsworte, 87 Anm 5, gewarnt; vgl. heute J. Donahue, Temple, Trial and Royal Christology, 64; D. Luhrmann, Das Markusevangelium als Erzählung, 214.

414   Mk 14,48f. weist auf Jesu Lehrtätigkeit im Tempel, Mk 15,31 auf seine Heilungstaten zurück, Mk 15,32a auf die Zeichenforderung. Ferner *kann* Mk 15,10 mk-redaktionell sein: Der Vers ist im Kontext entbehrlich, enthält aber das mk-redaktionelle Motiv der speziellen Belastung der Oberen mit der Verantwortung für Jesu Tod.

415   E. Linnemann, Studien, 69 Anm 77; J. Gnilka, Markus II, 95; V. Hampel, Menschensohn, 256; G. Strecker, Leidens- und Auferstehungsvoraussagen, 66f.; P. Hoffmann, Mk 8,31, 171-175; ferner die Autoren, welche die Leidensankündigungen insgesamt

der Schändung Jesu auf vormk Herkunft verweisen[416]; überdies nimmt
Mk 10,33f. nicht auf Stellen aus Mk 14; 15 Bezug, die sich schon aus anderen Gründen als sekundär nahelegen.[417] Das Motiv des Vorherwissens Jesu
verbindet Mk 10,32-34 mit Mk 11,1b-7; 14,12-16. Die terminologischen Parallelen zu Mk 14; 15 sprechen weniger für traditionsgeschichtliche Selbständigkeit[418], als vielmehr für literarkritische Abhängigkeit vom Passionsbericht[419], wenn hier nicht sogar ein Bestandteil dieses Berichtes vorliegt.[420] Die
Einleitung V. 32 gehört aber wohl nicht dem vormk Passionsbericht an[421], ist
aber auch nicht die ursprüngliche Einleitung zur Zebedaiden- oder zur Barti-
mäusperikope[422], sondern ist mk-redaktionell.[423]

---

für mk-redaktionell halten (M. Dibelius, Formgeschichte, 227f.; E. Güttgemanns, Fragen, 211-223; G. Schille, Offen für alle Menschen, 79; D. Lührmann, Markus, 149;
W. Reinbold, Bericht, 294 Anm 17). Doch sind die Leidensankündigungen m.E. nicht
schon um ihrer Situationslosigkeit oder ihrer Entsprechung zur mk Theologie als mk-
redaktionell zu betrachten. Das Zusammenwachsen der selbständigen Traditionen
Mk 8,31; 9,31 und der Passionserzählung in Mk 10,33f. wird heute meist als Argument
für die mk Entstehung von Mk 10,33f. verwendet (F. Hahn, Hoheitstitel, 47f.; J. Lambrecht, Redaktion, 23; G. Strecker, Leidens- und Auferstehungsvoraussagen, 66
Anm 38 (S. 67); P. Hoffmann, Mk 8,31, 187; J. Gnilka, Markus II, 96), erzwingt dies
aber nicht (vgl. H. E. Tödt, Menschensohn, 198).

416 Darauf verweisen E. Schweizer, Markus, 123; H. Anderson, Mark, 252f.; J. Ernst,
     Markus, 303; T. A. Mohr, Markus- und Johannespassion, 411.
417 U. Wilckens, Missionsreden, 113f.
418 So J. Schniewind, Markus, 142; H. E. Tödt, Menschensohn, 186f.; M. Horstmann,
     Christologie, 21.
419 J. Jeremias, Abendmahlsworte, 88f.; U. Wilckens, Missionsreden, 113; E. Lohse, Ge-
     schichte des Leidens, 23.
420 So auch R. Pesch, Markus II, 147; M. Hubaut, Parabole, 121 Anm 1; T. A. Mohr, Mar-
     kus- und Johannespassion, 411. Der Gedanke ist: Wenn sich Jesu Vorherwissen schon
     auf die in Mk 11,1b-7; 14,12-16 geschilderten Details bezieht, um wieviel mehr dürfte
     dies für das Ganze gelten.
421 Als Einleitung für einen Passionsbericht ist V. 32 nicht geeignet. R. Pesch, Markus II,
     147f. hat den unbestreitbaren szenischen Zusammenhang zwischen V. 32 und Mk 10,1
     für den vormarkinischen Passionsbericht reklamiert und für die Zugehörigkeit von Mk
     10,1 zu diesem Bericht auf die Vokabelstatistik und das fehlende mk-redaktionelle In-
     teresse für die Erwähnung des ὄχλος verwiesen; innerhalb des Passionsberichtes werde
     hier an die ansonsten nicht erwähnte Lehrtätigkeit Jesu in Galiläa erinnert (119. 121).
     Doch warum soll hier daran erinnert werden?
422 Für ersteres vgl. E. Wendling, Entstehung, 132ff.; W. Schmithals, Markus II, 461;
     J. Ernst, Markus, 303, für letzteres vgl. C.-P. März, König, 55f., jeweils mit Hinweis
     auf die Unterscheidung zwischen den Zwölf und der größeren Menge; Mk 10,35.46
     sind jedoch formgeschichtlich suffiziente Einleitungen.
423 So J. Lambrecht, Redaktion, 22; E. Schweizer, Markus, 123; R. McKinnis, Mark X 32-
     34, 82f.; sowie die Autoren, die Mk 10,33f. selbst oder auch die Leidensankündi-
     gungen insgesamt für mk-redaktionell halten. J. Gnilka hat die wesentlichen Argu-

Mk 10,32 wird eingeleitet durch eine Situationsangabe »auf dem Weg nach Jerusalem« und durch eine äußerliche Beschreibung des Zuges: Jesus zieht voraus, wie der Rabbi vorausgeht und die Schüler ihm hinterhergehen[424]. Als Subjekt zu den Verben θαμβεῖσθαι und φοβεῖσθαι ist wohl nicht eine zweifach gegliederte Volksmenge zu denken[425], vielmehr wird sich θαμβεῖσθαι auf die Jünger, φοβεῖσθαι auf die begleitende Volksmenge beziehen.[426] Deren Erwähnung soll das Motiv der esoterischen Jüngerbelehrung sinnenfällig durchführen[427], die Bartimäus- und die Einzugsperikope vorbereiten[428], dann aber auch das Motiv der Hoheit Jesu durchführen[429]. Das zweifach gesetzte Admirationsmotiv findet sich innerhalb von Mk 10,32-34 in Anfangsstellung; die Reaktionen ἐθαμβοῦντο und ἐφοβοῦντο gehen der eigentlichen Leidensankündigung voraus.

Daß die Situationsbeschreibung »auf dem Weg nach Jerusalem« auf die Passion vorausweist, gilt textextern für den, der die Geschichte Jesu kennt, für den Leser als den Re-Reader des Evangeliums, aber nicht einfach textintern für die Jesus begleitende Schar. Deshalb sind die beiden admirativen Reaktionen nicht ein vorausgenommenes Entsetzen über Jesu

---

mente bündig genannt: »Das Wegmotiv, die Ausrichtung auf Jerusalem, der Nachfolgegedanke, die Bevorzugung der Zwölf an bedeutsamer Stelle, die Jüngerfurcht sind markinische Anliegen« (J. Gnilka, a.a.O.). Wir schließen uns diesem Urteil an und ergänzen den stilkritischen Vergleich mit Mk 7,3f.; 12,12 als weiteres Indiz. Anders R. Pesch, Markus II, 148.

424 Vgl. P. Billerbeck, Kommentar I, 528.
425 Erwogen wird dieses Verständnis von J. Ernst, Markus, 303f. Doch wird durch das Stichwort »Weg« (Mk 8,27; 9,33.34), durch die Erwähnung der Jünger ab Mk 10,23 sowie durch das mit Mk 10,24 verbindende Stichwort θαμβεῖσθαι es nahegelegt, auch hier die Jünger als Subjekt des θαμβεῖσθαι aufzufassen. Zudem würde bei einer dreigruppigen Zuhörerschaft zwischen der ersten und der zweiten Gruppe im Fortgang der Perikope nicht spezifiziert. - Der undurchsichtige Satz V. 32 hat schon immer gestört, wie die Tilgungen bei Matthäus und Lukas, die Textänderungen in der handschriftlichen Überlieferung (Die Worte οἱ δὲ ἀκολουθοῦντες ἐφοβοῦντο fehlen in D K f13 etc.) und die Konjekturen etwa bei W. Wrede, Messiasgeheimnis, 96, zeigen.
426 So W. Wrede, Messiasgeheimnis, 96f.; W. Schmithals, Markus II, 461, R. Pesch, Markus II, 148. Dagegen bezieht R. McKinnis, Mark X 32-34, 86, das Verbum θαμβεῖσθαι auf die Volksmenge, φοβεῖσθαι auf die Jünger.
427 Παραλαμβάνειν steht in vergleichbaren Zusammenhängen Mk 9,2; 14,33.
428 Formgeschichtlich ist die Menge in Mk 10,46-52 als Erschwernis der Annäherung, in Mk 11,9f. als Subjekt der Akklamation unverzichtbar (anders erst Lk 19,37f.). In Mk 10,32 ist das Dabeisein der Menge am wenigsten aus der Tradition zu begründen.
429 Mk 10,32a ist trotz der verwendeten Verben nicht als inadäquate Reaktion gekennzeichnet, wie die kompositionelle Anordnung innerhalb der Perikope zeigt.

Leidensankündigung[430] oder Reaktionen im Sinne des Jüngerunverständnismotives[431], sondern theologisches Signal für die Offenbarungsqualität des im Folgenden Gesagten.[432] Was Jesus sagt, ist göttlich legitimiert, und das gilt dann nicht nur für Mk 10,33f., sondern auch für die - den Christen durchaus näher berührenden - Ausführungen in Mk 10,35-45.

4.4.2.3. Jesus und die messianische Zeit - Mk 11,1-10

Für Mk 11,1-10 hat vor allem E. Lohmeyer behauptet, die Einzugsgeschichte sei ohne ihre Fortsetzung in einem größeren Erzählzusammenhang nicht verständlich; Mk 11,1-10 »ist der Beginn einer biographischen Erzählung, aber es ist zugleich 'heilige' Geschichte«.[433] Aufgrund der βασιλεία-βασιλεύς-Thematik kann man fragen, ob nicht Mk 11,1a.8-10[434] speziell für den An-

---

430   Nach Beda, Mk, CChr.SL 120, 564,872-877, ist die Reaktion in der Rückerinnerung der Jünger an die vergangenen Leidensweissagungen begründet, nach Nikolaus von Lyra, z. St., darin, daß Jesus »ita prompte et hylariter ibat ad locum passionis«; für heute vgl. J. Lambrecht, Redaktion, 22; D. Lührmann, Markus, 178.

431   So aber W. Wrede, Messiasgeheimnis, 96f.; W. Schmithals, Markus II, 461. Das Jüngerunverständnismotiv wird durch die kompositionelle Anfügung von Mk 10,35-45 realisiert und kann darum in Mk 10,32-34 fehlen.

432   J. Gnilka, Markus II, 96.

433   E. Lohmeyer, Markus, 229; vgl. zu Lohmeyers literarkritischer Entscheidung auch C.-P. März, König, 53-55 sowie die dort genannten Autoren.

434   In Kürze sei hier die literarkritische Diskussion für Mk 11,1-7.8-11 wiedergegeben. Ein Teil der Forscher versteht Mk 11,1-10(11) als Einheit; unterschiedlich werden jedoch Alter und Eigenart bestimmt: Es finden sich Zuweisungen an einen alten, historisch zuverlässigen Bericht (R. Pesch, Markus II, 176; R. H. Gundry, Mark, 631-633, sowie die bei C.-P. März, König, 217 Anm 418 genannten Autoren) oder an eine legendarische Tradition (M. Dibelius, Formgeschichte, 119) oder an die vormk Grundschrift (W. Schmithals, Markus II, 485) oder an eine spätere Stufe einer vormk Passionserzählung (D. Dormeyer, Passion, 87 mit Anm 158). Werden die genannten Textteile literarkritisch voneinander geschieden, steht neben der vereinzelt gebliebenen Zuweisung beider Teile an zwei Erzählungen, die ursprünglich beide mit dem Einzug in Jerusalem nichts zu tun hatten (H. Patsch, Einzug, 22-26) oder an zwei durchlaufende vormk Passionsberichte (W. Schenk, Passionsbericht, 166-175) ein gewisser Teilkonsens über die spätere vormk Einfügung von Mk 11,1b-7 in die ältere Geschichte Mk 11,1a.8-11* (C-P. März, König, 103; J. Gnilka, Markus II, 114; J. Ernst, Markus, 318; K. Kertelge, Markus, 107), dem auch wir uns anschließen: Mk 11,1b-7 ist ohne seine Umgebung nicht lebensfähig, während das Umgekehrte nicht gilt (vgl. Joh 12,13f.). In Mk 11,1b-7 soll Jesus als Herr des Geschehens erwiesen sowie der Einzug als bewußt geplante und, wie die Bemerkung V. 2aß zeigt, als messianische Aktion dargestellt werden.

fangsteil des ältesten Passionsberichtes geschaffen worden ist.[435] Die Befürchtung der Oberen in Mk 14,2 wäre durch die Akklamation Mk 11,9f. hinreichend motiviert.[436]

Mk 11,8.9a können ohne literarkritische Unterscheidung der Perikope belassen werden[437], ebenso die Akklamation Mk 11,9b.10, die m.E. zur Gänze vormk ist[438]. Nicht zwingend ist, daß diese Akklamation sekundär durch V. 9b[439] oder durch V. 10[440] erweitert worden sein soll; für die Wendungen »kommendes Reich Davids« und »unser Vater David« in Mk 11,10a gibt es wenig zweifelsfreie frühjüdische Parallelen[441], doch ist die Formulierung auch christlich singulär.

---

435 So W. Reinbold, Bericht, 132; er verweist außerdem auf den Umgang mit dem Alten Testament in dem Vers Mk 11,7, der s.E. ebenfalls zu Passionsbericht gehört.

436 Der älteste Passionsbericht wäre dann Erzeugnis der Trägergruppe von Mk 11,10a, nach deren Auffassung Jesus um seines Messiasanspruches willen hingerichtet worden wäre. - Die Wirkung auf die Öffentlichkeit war bei Jesus von Nazareth und bei Jesus ben Ananias (Josephus, BJ 6,300-305) wohl unterschiedlich; vgl. dazu K. Müller, Kapitalgerichtsbarkeit, 82f.; W. Reinbold, Bericht, 315; J. Maier, Konfliktpotential, 192.

437 W. Schenk, Passionsbericht, 172, hat die mk-redaktionelle Zufügung der Wörter πολλοί in V. 8 und ἀκολουθοῦντες in V. 9a erwogen, doch ist πολλοί topisch und als Subjektsangabe vor dem korrespondierenden ἄλλοι unentbehrlich; außerdem fehlt das Motiv der Kreuzesnachfolge (T. A. Mohr, Markus- und Johannespassion, 56f.).

438 F. Hahn, Hoheitstitel, 264-267; C. Burger, Davidssohn, 46-52; W. Schenk, Passionsbericht, 172; R. Pesch, Markus II, 185; T. A. Mohr, Markus- und Johannespassion, 57-79; C.-P. März, König, 48-52; R. H. Gundry, Mark, 631 - Man sollte die literarkritische Diskussion um Mk 11,9f. nicht unter dem Gesichtspunkt führen, ggfs. nach Ausscheidung christlicher Zusätze einen authentischen und zuverlässigen Augenzeugenbericht zu erhalten (so aber R. Pesch, Markus II, 185; R. H. Gundry, Mark, 631-633; für Mk 11,9 auch W. G. Kümmel, Verheißung, 108f., der eine messianische Interpretation nur für die Intention Jesu, nicht aber für die Reaktion seiner Begleiter gegeben sieht).

439 A. Suhl, Zitate, 52f.; M. Horstmann, Christologie, 67f.; D. Dormeyer, Passion, 190 (ohne Begründung). Die behauptete Spannung zwischen Person und Sache ist m.E. nicht erweisbar, vgl. die naheliegende Erklärung bei St. Smith, Mark 11,1-12,40, 113: Jesus gilt als der Repräsentant Gottes, der die kommende Herrschaft Davids etabliert.

440 W. G. Kümmel, Verheißung, 109; J. Jeremias, Theologie, 42; E. Schweizer, Markus, 130; H. Anderson, Mark, 262; J. Gnilka, Markus II, 114; W. Schmithals, Markus II, 185; J. Ernst, Markus 319; K. Kertelge, Markus, 109; erwogen von W. Reinbold, Bericht, 131. D. Lührmann, Markus, 189, erwägt aufgrund der Parallele Joh 12,13 mk-redaktionelle Herkunft von Mk 11,10a. Daß Markus damit angelegte messianische Züge zurückgenommen habe (so D. Lührmann, a.a.O., vgl. schon C.-P. März, König, 129, der Mk 11,10a futurisch versteht; s.u.), leuchtet nicht recht ein: Der einfache Leser versteht doch Mk 11,9f. so, daß Jesus als dem gehuldigt wird, mit dem die Herrschaft Davids nunmehr anbricht.

441 Für die Wendung »unser Vater David« werden Apg 2,29 und der vielleicht schon tannaitische (G. Stemberger, Einleitung, 229) Text Derekh Erets Zutta 1 (Bill. II, 26) als die nächste Parallele benannt. K. Berger, Messiastraditionen, 31 Anm 118 in Verbin-

Für die theologische Deutung von Mk 11,1a.8-10 ist zwischen der Aussage auf vormk und der auf mk-redaktioneller Ebene zu unterscheiden.

Mk 11,8 erinnert an 2 Kön 9,13 und ist Huldigungsgestus; in Mk 11,9b wird deshalb allein Jesus mit den Worten aus Ps 118 gegrüßt. Ob »Hosianna« Hilfe- oder Festruf ist, darüber hat sich bisher kein Konsens ergeben. Mk 11,10a ist Kommentar zu Mk 11,9b, ist jedoch wohl nicht als indirekte Erwähnung der Davidssohnschaft Jesu zu verstehen[442], vielmehr bezeichnet V. 9b den Geber, V. 10a die Heilsgabe, aber nicht die zukünftige messianische Herrschaft[443], sondern die kommende Herrschaft eines Davididen.

Daß die ersten Tradenten Mk 11,9f. als verfehlte Akklamation betrachtet haben, läßt sich nicht erweisen; die Problematik der Versuchungsgeschichte, in der der Teufel selbst die Schrift zitiert, liegt fern[444], die Akklamation wird von Jesus nicht zurückgewiesen. Ein Geheimnismotiv kennt diese Christologie nicht.[445] Auch hätten Christen mit Hilfe eines Psalmzitates wohl kaum

---

dung mit S. 17 Anm 63, verweist auf die jüdische Formulierung »aus dem Samen Davids«, die nicht nur auf den Messias zutreffe. Für die Wendung »die kommende Gottesherrschaft« vgl. die vielleicht erst auf ca. 300 n. Chr. zu datierende Parallele jBerachot 3,1 (6a): »die Herrschaft des Hauses David kommt« (So E. Lohse, Art. ὡσαννά, 683 Anm 18). Das Verbum בוא, für das Kommen des Messias gebraucht, gehört seit Gen 49,10 zur festen eschatologischen Terminologie; vgl. 4Qpatr 2f., CD 7,19f.; 4Q252,5,3. Für die Deutung von Ps 118 auf die messianische Enderlösung wird auf jMegillot 2,1; Midr Ps 118 § 22 verwiesen (E. Werner, Hosanna, 114-122; J. Jeremias, Abendmahlsworte, 247-249; E. Lohse, Hosianna, 116. E. Werner und J. Jeremias vermuten auch in der um 220 n. Chr. in TgPs 118,23-29 und bPesachim 119a begegnenden Beziehung der Wechselrufe von Ps 118 auf die Salbung Davids zum König [1 Sam 16,13] noch das Durchschimmern der älteren messianischen Deutung). Doch muß bei Midr Ps 118 vielleicht unterschieden werden zwischen der messianischen Deutung von Ps 118 im allgemeinen und der Deutung von Ps 118,26 als Anrede an den Messias im Besonderen: der Text bleibt insgesamt bei der Vorstellung des Wechselgesanges bei einer Prozession, und Ps 118,26 gilt als Gegengruß der Leute Judäas (so auch C. Burger, Davidssohn, 9).

442 So aber F. Hahn, Hoheitstitel, 265; ähnlich E. Schweizer, Markus, 130, und J. Ernst, Markus, 322. F. Hahn hat andererseits zu Recht bemerkt, daß diese Christologie den Gedanken des Geheimnisses nicht kennt. Man würde außerdem die Wendung »seines Vaters David« in V. 10a erwarten. - Nach C. Burger, Davidssohn, 65, ist die Davidssohnvorstellung in Mk 10,48f.; 11,9f. Teil einer mit Röm 1,3f. verwandten Zweistufenchristologie, die sich von der dortigen Vorstellung nur hinsichtlich des Zeitpunktes der Einsetzung zum Gottessohn unterscheidet.

443 C.-P. März, König, 129, sowie 231 Anm 584 mit Hinweis auf F. Blass, A. Debrunner, F. Rehkopf, Grammatik, § 323,1, will ἐρχομένη futurisch verstehen, nicht präsentisch, doch wird dieser Tempuswechsel nicht signalisiert (F. Hahn, Hoheitstitel, 266 Anm 3).

444 Anders allerdings J. Jeremias, Theologie, 77.

445 Mit W. Wrede, Messiasgeheimnis, 125; F. Hahn, Hoheitstitel, 266f., sowie für die Ebene des Lebens Jesu R. H. Gundry, Mark, 633 (vgl. bereits Justin, Dialog, 88,6, Ed.

verfehlte Meinungen referiert. Zutreffend dürfte J. Gnilka formuliert haben: Jesus soll in dem christlich formulierten V. 10a als Erfüllung messianischer Verheißungen gefeiert werden.[446] Mk 11,9f. stammt m. E. aus der aramäischsprechenden Urgemeinde[447] und spiegelt ähnlich wie Lk 1,32; 24,21 und - vielleicht - Apg 1,6[448] eine Christologie wider, die Jesus als Werkzeug der von Gott gewirkten Erlösung Israels sah.

Der Evangelist Markus hat, so heute fast einhelliger Konsens, die Volksreaktion Mk 11,9f. zumindest als unzureichend beurteilt, sei es wegen ihrer politischen Implikationen[449], sei es wegen der Verkennung der Messianität Jesu i.S. des Leidens[450] oder der defizitären Christologie, in der Jesus nicht als Sohn Gottes benannt wird[451], oder wegen des Volksverhaltens in Mk 15,6-15.[452] Umgekehrt sieht L. Schenke in Mk 11,9f. die Jesu Identität betreffenden Schweigegebote aufgehoben und damit die Messiasgeheimnistheorie durchbrochen[453].

E. J. Goodspeed, 202), gegen J. Schniewind, Markus, 149f.; E. Lohmeyer, Markus, 232f.; ders., Gottesknecht und Davissohn, 80ff.; C. E. B. Cranfield, Mark, 353f.

446 J. Gnilka, Markus II, 118f.; vgl. E. Lohse, Hosianna, 117. Jesus selbst hat wohl keine politischen Erwartungen realisiert. Jesus kommentiert das Geschehen auch nicht so, daß er im Sinne der Gegenüberstellung von bSanh 98a durch die Art seines Einzuges über Israel ein Verwerfungsurteil sprechen wollte (W. Grundmann, Markus, 301f.305).

447 Mk 11,9bα enthält den Hosianna-Ruf, nicht die Übersetzung σῶσον (Ps 118,25 LXX).

448 Von Apg 1,6 werden kaum Verbindungslinien zu unserer Stelle erwogen, um der Logik der Antwort Jesu willen. Man könnte allerdings in der Gegenüberstellung »für Israel - meine Zeugen sein« die Absicht einer Korrektur vermuten: Die Frage der Jünger betrifft Israel, Jesu Antwort betrifft das neue Gottesvolk aus Juden und Heiden. - Anders als R. Eisler, ΙΗΣΟΥΣ ΒΑΣΙΛΕΥΣ ΟΥ ΒΑΣΙΛΕΥΣΑΣ I, 195; II 459ff.; S. F. G. Brandon, Jesus and the Zealots, 549f., sehen wir in Mk 11,9f. keinen Hinweis darauf, daß diese Christologie einen gewaltsamen Umsturz durch Jesus verkündigt hätte.

449 W. Grundmann, Markus, 305; dagegen schon W. Wrede, Messiasgeheimnis, 43-45; E. Gräßer, Parusieverzögerung, 25 Anm 3.

450 P. R. Duff, Divine Warrior, 70f.

451 W. Wrede, Messiasgeheimnis, 43-45; A. Suhl, Zitate, 53; C. Burger, Davidssohn, 65f.; J. Gnilka, Markus II, 120; C. Breytenbach, Markinische Christologie, 181. Nach W. Schmithals, Markus II, 485, hat die Messiasgeheimnistheorie den Evangelisten Markus dazu veranlaßt, die Worte »Hosianna dem Sohne Davids« zu ersetzen durch die geheime Proklamation »Gelobt sei das kommende Reich unseres Vaters David«.

452 E. Schweizer, Markus, 130; D. Lührmann, Markus, 190.

453 L. Schenke, Aufbau, 73 (dort Mk 1,15 parallelisiert); vgl. schon Beda, Mk, CChr.SL 120, 573f., 1245-1260: Solange Jesus erfolgreich wirkte, hatte er das Ansinnen des Volkes abgelehnt, ihn zum König zu machen; jetzt, da er ans Kreuz geht, ließ er sich die Huldigung des Volkes gefallen, »ut aperte doceret quod non temporalis et terreni, sed aeterni in coelis Rex esset imperii« (1256-1258); und damit er gerade dieses Volk zum himmlischen Reich führe, das David einstens regiert und dem er Beispiele von Gerechtigkeit nahegebracht hat. - Dagegen schon W. Wrede, Messiasgeheimnis, 10.

Die drei zuerst genannten Kritikpunkte könnten mit Mk 12,13-17 bzw. Mk 8,31-33 bzw. Mk 12,35-37[454] begründet werden, doch fehlt an unserer Stelle ein entsprechend korrigierendes Wort Jesu. Das Schriftzitat läßt wohl auch für die mk-redaktionelle Ebene eine abqualifizierende Wertung der Akklamation nicht zu. Indem in Mk 11,9f. der Schwerpunkt auf der mit Jesus gegebenen Heilsgabe liegt, ist das Fehlen einer Gottessohn-Titulatur nicht weiter auffallend und damit auch die Messiasgeheimnistheorie nicht durchbrochen. Zu Mk 15,6-15 gleicht der Evangelist nicht aus; er unterscheidet nicht, wie es historisch möglich wäre, zwischen den Galiläern und der Jerusalemer Bevölkerung[455]; ὄχλος steht in Mk 15 genauso kategorial wie sonst auch. Völlig zu Recht hat R. Schnackenburg auch für Mk 11,9f. auf dem Kontrast der Volksreaktion zu dem Verhalten der Gegner insistiert[456], und er nimmt narrative Analyse voraus, wenn nach seiner Darstellung die Regieanweisung Mk 11,11 in ihrer Funktion, Jerusalem als Stätte der Ablehnung zu kennzeichnen[457], »auch für die jeweils auftretenden Mitspieler bedeutsam«[458] ist. »Das 'Volk' wird in eine positive Rolle eingewiesen, bis hin zur geheimen Verhaftung Jesu (vgl. 14,2)«.[459] In Mk 11,9f. kommt es Markus wohl nicht auf die Zuverlässigkeit oder Unzuverlässigkeit einer vielleicht tatsächlich stattgehabten Volksreaktion an; vielmehr formuliert hier die christliche Gemeinde den in der Heilsgabe begründeten Anspruch Jesu auf Israel[460], dem sich seine Führenden schuldhaft verweigern. [461]

---

454 Die Berufung auf Mk 12,35-37 setzt voraus, daß dort der Davidssohntitel durch den κύριος-Titel überboten werden soll. Doch ist diese Deutung nicht zwingend, vgl. E. Lohse, Art. υἱὸς θεοῦ, 484. - Theophylakt, Mk, PG 123, 612 D verstand »David« als Interpretament für Christi in seiner Wundertätigkeit bewiesene ἱκανότης χειρός.

455 E. Lohmeyer, Markus, 337; W. Grundmann, Markus, 425; R. Schnackenburg, Markus II, 128.

456 R. Schnackenburg, Markus II, 127. Schon Erasmus, Mk, 244 AB kontrastiert (unter harmonisierendem Einfluß von Lk 19,39f.) das Verhalten der Pharisäer mit den »piae acclamationes« (244 A) der »simplex ac docilis turba« (244 B).

457 Vgl. H. Patsch, Einzug, 12; M. Trautmann, Handlungen, 353; C.-P. März, König, 25. - Nach D. Dormeyer, Passion, 189-191, werden auf Jesus die beiden ausgeführten Inthronisationsrituale angewandt, doch wird die erste nicht mit der zu erwartenden Anerkennung bedacht, die zweite gar zu einer Verspottungsszene pervertiert

458 R. Schnackenburg, a.a.O.

459 R. Schnackenburg, Markus II, 128.

460 Vgl. A. Schlatter, Markus, 210.

461 Wir können hier nicht der Frage nachgehen, ob Jesus selbst einen messianischen Einzug i.S. v. Sach 9,9 (W. G. Kümmel, Verheißung, 109f.) oder einen Zug zur Parusie inszenieren wollte (E. Gräßer, Parusieverzögerung, 25-27), oder ob Jesu Einzug in Erwartung der nunmehr hereinbrechenden βασιλεία nachträglich legendarisch zu einem

4.4.2.4. Das Volk und die Verweigerung der Oberen - Mk 11,18; 12,12; 14,1f.

Aufgrund ihrer inhaltlich parallelen Aussage und ihrer parallelen, aber nicht identischen Formulierung werden diese Verse hinsichtlich der Frage ihrer Zugehörigkeit zu einer vormk Passionsgeschichte[462] zweckmäßigerweise zusammen behandelt, wiewohl für jeden dieser Verse auch unabhängig von einer solchen Hypothese die vormk Herkunft behauptet wird. Die theologische Auslegung erfolgt für Mk 12,12; 14,1f. entsprechend der mk Akoluthie.

Für die literarkritische Diskussion von Mk 11,18 sind neben der generellen Zuweisung an den Evangelisten[463] J. Roloffs und D. Dormeyers Zuweisung von Mk 11,18a[464], J. Gnilkas Zuweisung von Mk 11,18abα[465] und R. Peschs Zuweisung des gesamten Verses an die vormk-Tradition zu notieren; dabei rechnen R. Pesch und D. Dormeyer den Vers(teil) dem Passionsbericht zu, während J. Roloff in Mk 11,18a ein Teilstück einer selbständigen, Tempelaktion und Vollmachtsfrage umfassenden Tradition erkennt, die die Tempelaktion unter dem Gesichtspunkt der historischen Veranlassung des Kreuzesgeschickes Jesu erzählt. Mk 12,12 ist wiederum für R. Pesch ein Teil des vormk Passionsberichtes[466], während die Ausweisungen von Mk 12,12b als formgerechter Abschluß der Parabel durch H. Frankemölle[467] oder von Mk 12,12a als Abschluß des Vollmachtsfrage durch L. Schenke[468] die Thematik des vormk Passionsberichtes nicht berühren.[469] Bei Mk 14,1f. wird die

---

messianischen Einzug umgewandelt wurde (R. Bultmann, Geschichte der synoptischen Tradition, 281).

462 Die Zugehörigkeit aller drei Verse zum vormk Passionsbericht behauptet R. Pesch, Markus II, 10; D. Dormeyer, Passion, 68 Anm 47, rechnet Mk 11,18a zum Passionsbericht; W. Schmithals, Markus II, 519, weist Mk 12,12 der vormk Grundschrift zu.

463 Vgl. K. L. Schmidt, Rahmen, 293; R. Bultmann, Geschichte der synoptischen Tradition, 66; J. Lambrecht, Redaktion, 33; J.-G. Mudiso Mbâ Mundla, Jesus, 34; D. Lührmann, Markus, 191; Z. Kato, Völkermission, 33, der eine Prägung durch die schriftliche Vorlage Mk 14,1f. vermutet.

464 J. Roloff, Kerygma, 92; ihm folgend W. Schenk, Passionsbericht, 154; D. Dormeyer, Passion 68 Anm 47; K. Kertelge, Markusevangelium, 110; explizit gegen Roloff J.-G Mudison Mbâ Mundla, Jesus, 6 Anm 9, teilweise wenig überzeugend.

465 J. Gnilka, Markus II, 127.

466 R. Pesch, Markus II, 223.

467 H. Frankemölle, Hat Jesus?, 198; ders., Gott erfahren, 79.

468 L. Schenke, Studien, 58f.

469 Auf die Zugehörigkeit von Mk 12,12* zu einem vormk Passionsbericht könnte die im 19. Jahrhundert öfters beobachtete (vgl. B. Weiß, Markus, 172 [Lit.]) logische Unordnung führen, daß der Erzählerkommentar Mk 12,12b eigentlich nicht den Verhaftungs-

Datumsangabe[470], die fehlende theologische Bedeutung des Passa-Termins[471] sowie die Motivierung des Todesbeschlusses für traditionelle[472], die Formulierung vor allem von V. 1 für redaktionelle Herkunft ins Feld geführt[473], ohne daß sich ein Konsens ergeben hätte.

Eine literarkritische Entscheidung läßt sich weder über die Gegnerangaben noch über die Konstruktion von ζητεῖν noch über den Inhalt der jeweiligen Beschlüsse noch über die christologische Evaluierung fällen: Darüber, ob die zweigliedrige, Hohepriester und Schriftgelehrte umfassende, oder die dreigliedrige, zusätzlich die Ältesten erwähnende Gegnerangabe mk-redaktionell ist, hat sich kein Konsens ergeben[474], ebensowenig über den Umstand, daß der Tötungsbeschluß in Mk 11,18 gegenüber dem Verhaftungsbeschluß Mk 12,12 einen Vorgriff darstellt.[475] Die Berufung auf die Konstruktion von ζητεῖν ist dadurch erschwert, daß in Mk 11,18; 14,1f. Jesus und die Gegner nicht wirklich in der Szene zusammen sind[476], anders als in Mk 12,12. Daß Mk 11,18 gegenüber Mk 12,12 christologische Überhöhung sei, trifft m.E. nicht zu; in Mk 11,18 argumentieren die Hohenpriester genauso opportunistisch wie in Mk 11,31f.; 12,12, und Mk 12,12 ist mk-redaktionelle

---

beschluß, sondern die Furcht vor dem Volk begründet. Mt 21,45f. hat die Unlogik beseitigt, die Markus allerdings durchaus zuzutrauen ist, vgl. Mk 7,3f. - Dem Problem sollte man nicht dadurch ausweichen, daß man den ὄχλος als Subjekt des Erzählerkommentares Mk 12,12ba auffaßt (H. J. Holtzmann, Synopitker, 164; E. Hirsch, Frühgeschichte I, 130; M. Hubaut, Parabole, 96f.; R. Kampling, Israel, 190). Eine constructio ad sensum ist aufgrund des zweimaligen Subjektwechsels unwahrscheinlich (A. Jülicher, Gleichnisreden I, 396). Ein Blick auf andere mk Erzählerkommentare mit Subjektswechsel zeigt syntaktisch klare Angaben in Mk 6,14.18.20; 11,18bβ.32bβ; in Mk 5,8 ist der nicht angezeigte Subjektswechsel insofern eindeutig, als der Inhalt des Satzes, die Apopompe, den Sprechenden formgeschichtlich vordefiniert.

470　Den Widerspruch zu Mk 14,12 hat M. Dibelius, Formgeschichte, 181, die fehlende Abstimmung zu Mk 11,11.12.19.20 haben C.-P. März, König, 77; D. Lührmann, Markus, 229; W. Reinbold, Bericht, 125, beobachtet.

471　H. Conzelmann, Historie, 77.

472　So R. Bultmann, Geschichte, 300, M. Dibelius, Formgeschichte, 181; T. A. Burkill, Revelation, 252; Dibelius, Formgeschichte, 181; E. Schweizer, Markus, 164; Z. Kato, Völkermission, 33. E. Linnemann, Studien, 48, hält Mk 14,1f. für die vormk Einleitung der Einheit Mk 14,1f.10.11a. 44-46 (kritisch dazu L. Schenke, Studien, 362 Anm 1).

473　So L. Schenke, Studien, 36-63; D. Dormeyer, Passion, 66-72; J. Gnilka, Markus II, 219; W. Schmithals, Markus II, 588; J. Ernst, Markus, 397; R. Zwick, Montage, 329 Anm 4; J.-G. Mudiso Mbâ Mundla, Jesus, 34.

474　Im ersteren Sinne votieren L. Schenke, Studien, 31.42; D. Dormeyer, Passion, 70; im letzteren Sinne entscheiden J. Roloff, Kerygma, 92; W. Reinbold, Bericht, 148.

475　J. Roloff, Kerygma, 93, hält Mk 12,12 für redaktionell; L. Schenke, a.a.O., 59, Mk 11,18.

476　Für die Verwendung von ἀκούειν in der Situation räumlicher Distanz vgl. Mk 6,14.

Abbreviatur.[477] Am ehesten ist der Nachweis zu erbringen, daß Mk 14,1f. durch die Formulierung ἐν δόλῳ κρατήσαντες ἀποκτείνωσιν Mk 11,18a; 12,12 zusammenfaßt und somit mk-redaktionell überarbeitet worden ist, ansonsten aber, vor allem hinsichtlich der mit Mk 14,12 konkurrierenden und Mk 11,12.19 ignorierenden Datierung[478] und der Begründung der Furcht der Oberen dem vormk Passionsbericht entstammt.

Mk 12,12 ist wohl nicht vormk formgerechter Abschluß der Parabel[479] oder der Vollmachtsfrage[480], sondern ist von Mk 14,43-52 her gebildet, bereitet die mk-redaktionelle Polemik gegen das hinterlistige Verhalten der Oberen Mk 14,48f. vor und ist deshalb wohl insgesamt mk-redaktionell[481], wie es auch der mk Parabeltheorie keineswegs widerspricht.[482]

---

477 D. Lührmann, Markus, 197. Vgl. die Abbreviatur Mk 6,52 (»bei den Broten«).

478 Die Datumsangabe Mk 14,1 ist für Mk 14,2 unentbehrlich (gegen W. Schenk, Passionsbericht, 158), weil man sonst nicht weiß, welches Fest in Mk 14,2 gemeint ist.

479 Eine Reaktion auf die Parabeln Jesu kennen auch Lk 11,27; 14,15; Mt 13,51. Doch werden diese Reaktionen jeweils durch ein deutendes (Mt 13,52), weiterführendes (Lk 14,15) oder korrigierendes (Lk 11,27; vgl. auch Lk 18,26f.) Wort Jesu beantwortet, bilden aber nie selbst den Abschluß der Einheit. Die in Mk 12,12ba erwartete Konsequenz der Gegner ist in Mk 12,12aa benannt. Darum ist wohl nicht Mk 12,12ba allein als Abschluß der Parabel anzunehmen. Auch die Hinzunahme von Mk 12,12bb als Abschluß der Einzeltradition (so H. Frankemölle, a.a.O.; J. Lambrecht, paraboles, 167) legt sich nicht nahe: Plausibel ist Mk 12,12bb nur in einem größeren Kontext, wie ihn die Anfügung von Mk 12,13-17 herstellt.

480 Zur Literarkritik von Mk 11,27-33 s.u. S. 189-192. - Wenn das Gleichnis Mk 12,1-9 ursprünglich Israel insgesamt ansprach, war es in jedem Falle zunächst selbständig und gehörte nicht zum alten Passionsbericht, so K. L. Schmidt, Rahmen, 287f. (als Erwägung); O. H. Steck, Israel, 270; R. Pesch, Markus II, 215; K. Scholtissek, Vollmacht, 207f.; anders C. H. Dodd, Parables, 126. Nach O. H. Steck, Israel, 270f., bezeichnen beide Metaphern Israel als Ganzes: die Metapher Weinberg bezeichnet Erwählung und Erbteil, die Metapher γεωργός die Verpflichtung zum Gehorsam. Dagegen verweist R. H. Gundry, Mark, 689, darauf, daß neben der Verweigerung des Volkes Israel insgesamt im Alten Testament die Tradition der Vergehen speziell der Könige an den Propheten steht. An der Deutung der γεωργοί auf die Führungsschichten Israels halten auch K. Erlemann, Bild Gottes, 229-231; M. Milavec, Identity, 30; R. Kampling, Israel, 166f., fest, um eine antijüdische Auslegung von Mk 12,1-12 zu vermeiden, des weiteren Th. Schmeller, Der Erbe des Weinbergs, 195f., der das Gleichnis im Kern auf Jesus zurückführt, als den »Sohn« den Täufer sieht und in den »anderen Weingärtnern« die Jesusgruppe, die den Anspruch erhebt, das wahre Israel zu sein.

481 Zum Rückbezug von Mk 14,48f. auf Mk 12,12 vgl. R. Schnackenburg, Markus II, 267; G. Schneider, Verhaftung, 250f.; D. Lührmann, Markus, 246. Auch das Verbum κρατεῖν stammt aus der Verhaftungsperikope (Mk 14,46), nicht aus Mk 12,12.

482 Auch in Mk 2,6-10; 6,1-6a folgt aus der Erkenntnis nicht die Anerkenntnis, vgl. J. Blank, Sendung, 38; Z. Kato, Völkermission, 128f.; K. Scholtissek, Vollmacht, 199 gegen R. Pesch, Markus II, 223. Nach J. Coutts, Messianic Secret, 39, kommt bei Markus die Messiasgeheimnistheorie gegenüber den Gegnern nicht zur Anwendung.

In Mk 11,18 stammt die zweite Hälfte aufgrund der Parallele zu Mk 1,22 von Markus[483]. Weist man Mk 11,18a der vormk Verbindung zwischen Tempelaktion[484] und Vollmachtsfrage zu[485], so ergibt sich aufgrund der Dublette zu Mk 14,1f. die traditionsgeschichtliche Selbständigkeit von Mk 11,15-17*.28.30 gegenüber dem Passionsbericht. Ist Mk 11,18a mk-redaktionelle vorausverweisende Dublette zu Mk 14,1f., dann ist das literarkritische Verhältnis zwischen Tempelaktion, Vollmachtsfrage und Passionsbericht noch offen. Im Rahmen der Analyse von Mk 14,55-65 werden wir entscheiden.

4.4.2.5. Die Offenbarungsqualität der Lehre Jesu - Mk 11,18

Markus hat, wie fast allgemein anerkannt, in die Perikope der Tempelaktion zumindest an zwei Stellen eingegriffen: in der Einführung des Lehrmotivs in Mk 11,17a und in der Anfügung von Mk 11,18b. Durch die Einführung des Lehrmotivs erhebt er das in Mk 11,17a Gesagten in den Rang des Grundsätzlichen. Die Volksreaktion V. 18bβ ist epiphanietheologisch auszulegen; Mk 11,18 weist Jesu ersten Auftritt in Jerusalem als Offenbarung aus, wie Mk 1,22 Jesu erstes öffentliches Wirken überhaupt.

Die Furcht der Oberen wird in Mk 11,18b nicht damit begründet, daß sie Jesu Belehrung als wahr anerkennen, sondern mit dem Eindruck der Belehrung Jesu auf das Volk; Mk 11,18 argumentiert nicht theologisch, sondern opportunistisch. Das ist kein Widerspruch gegen unsere Interpretation: Es geht um schuldhafte Selbstverweigerung. Dem entspricht auch die Funktion des Todesbeschlusses auf der Ebene der mk Endredaktion: eine Gerichtsansage Jesu wird auf der Ebene der mk Endredaktion öfters mit einem Verhaftungs- bzw. Todesbeschluß seitens der Gegner beantwortet[486], die damit diese Gerichtsansage nicht anerkennen.

---

483 Gegen J. Gnilka ist darauf zu verweisen, daß der Erzählerkommentar V. 18bα bei seiner Lösung unmotiviert stehen bleibt; gegen R. Pesch ist an die sekundäre Einführung des ὄχλος als des Adressaten der Lehre auch in Mk 7,14 zu erinnern.

484 Reichlich Literatur zur Tempelaktion nennt W. Kraus, Heiligtumsweihe, 201 Anm 4; vgl. ferner T. Söding, Tempelaktion, 50f.

485 Zu den Bedenken gegen diese Zuweisung s.u.

486 Mk 11,18; 12,7.12; 14,62-64.

4.4.2.6. Jesu Vollmacht und die Selbstverweigerung
der Gegner - Mk 11,27-33

Bei Mk 11,27-33 hat man unveränderte Übernahme aus der Tradition ebenso vermutet[487] wie markinische Neubildung oder Überarbeitung einer nicht mehr zu rekonstruierenden Vorlage[488], daneben steht die These der Überarbeitung eines in Mk 11,28.30 noch erkennbaren alten Apophthegmas; als vormk oder als mk-redaktionelle Zusätze werden dabei Mk 11,32b oder Mk 11,29.31-33 diskutiert[489]. Textanalytische wie theologiegeschichtliche Erwägungen führen uns zu dem Urteil, daß ein altes Apophthegma Mk 11,28.30* spät um die Verse Mk 11,29.31-33 erweitert wurde. Mk 11,28.30* sind alt, weil man später die Vollmacht Christi sicher nicht mehr mit der Johannestaufe begründet hätte[490]. Die Vollmachtsfrage schließt in ihrer Urgestalt mit dem Wort ταῦτα unmittelbar an die Tempelaktion an[491], und Mk 11,15f.28.30 rechtfer-

---

487 R. Pesch, Markus II, 209.

488 Im ersteren Sinne D. Lührmann, Markus, 197; im letzteren Sinne K. Scholtissek, Vollmacht, 203, der gleichwohl (S. 196f.) an der vormk Verbindung zwischen Tempelaktion und Vollmachtsfrage festhält.

489 Mit vormk Ergänzung rechnen H. Andersohn, Mark, 269; D. E. Nineham, Mark, 308, für Mk 11,31f., V. Howard, Ego, 115f. zusätzlich für Mk 11,29. Mit markinischer Ergänzung rechnen S. Shae, Question, 8f.; J. Gnilka, Markus II, 137f.; J.-G. Mudiso Mbâ Mundla, Jesus, 11f.; M. Marucci, Christologie, 298, für Mk 11,32b, J. P. Farla, Jezus' Ordeel, 136f., für Mk 11,31f., J. Donahue, Christ?, 120, bei anderer Funktionsbestimmung für Mk 11,31f.; R. Kampling, Israel, 160, für Mk 11,29.31f; W. Weiß, Lehre, 151-153, zusätzlich für die erste Gegnerfrage in Mk 11,28.

490 E. Lohmeyer, Markus, 243; J. Roloff, Kerygma, 95; C. Marucci, Christologie, 298. J.-J. Marín, Christology, 109, rechnet Mk 11,29.30 zum alten Kern. - Sollte Lk 7,28 echtes Jesuswort sein, wäre Mk 11,30 eine conclusio a minore ad maius: Wenn ihr die Autorität des Täufers anerkennt, um wieviel mehr müßtet ihr auch meine Legitimation anerkennen; wenn ihr sie nicht anerkennt, um wieviel weniger werdet ihr zur Anerkennung meiner Autorität bereit sein.

491 Fr. Hauck, Markus, 139; J. Schmid, Markus, 216; E. Klostermann, Markus, 119; E. Lohmeyer, Markus, 240; C. E. B. Cranfield, Mark, 362; S. E. Johnson, Mark, 193; W. Grundmann, Markus, 316; J. Kremer, Antwort, 130; J. Roloff, Kerygma, 91 Anm 131; Stock, Gliederung, 504; C. Marucci, Christologie, 298; vgl. K. Scholtissek, Vollmacht, 197 Anm 531, M. Hengel, Jesus, der Messias Israels, 169; Z. Kato, Völkermission, 120; anders G. Wohlenberg, Markus, 306; H. Anderson, Mark, 269; J. Gnilka, Markus II, 137 Anm 4; M. Myllykoski, Letzte Tage I, 118. E. Schweizer, Markus, 135, bezieht ταῦτα vormarkinisch auf die Tempelreinigung, markinisch auf das gesamte Wirken Jesu. Nach T. A. Mohr, Markus- und Johannespassion, 102; M. Myllykoski, Letzte Tage, 118.122, hat erst Markus durch die Vollmachtsfrage eine Zeichenfrage mit anschließendem, nach Markus (M. Myllykoski, Letzte Tage I, 120) oder Johannes (T. A. Mohr, a.a.O.) zu rekonstruierendem Tempelwort verdrängt. - W. Weiß, Lehre, 144f. mit 144 Anm 10, hat gegenüber J. Roloff bestritten, daß das

tigt Jesu Tempelaktion als Bußruf an Israel in der Endzeit[492] durch den Hinweis auf die im gleichen Sinne verstandene Johannestaufe.[493] Den Übergang zwischen Mk 11,16 und Mk 11,28 hat einmal eine Wendung »und die Hohenpriester sprachen zu ihm« gebildet.[494]

Mk 11,29.31-33 sind dagegen sekundär[495]: Mk 11,29 durchbricht den in V. 27f.* gegebenen Charakter des amtlichen Verhörs[496] - ungewöhnlich ist, daß

ταῦτα notwendig nach einem konkreten Bezugspunkt verlange, und auf das Fehlen des ταῦτα in dieser Funktion in sonstigen Streitgesprächen hingewiesen. Die Beweiskraft von Plutarch, An seni respublica 794f leuchtet mir nicht ein; der konkrete Bezug des ταῦτα ist doch in den Worten αὐτός ἐξενεγκάμενος τὰ ὅπλα καὶ πρὸ τῆς οἰκίας θέμενος ἠξήίου βοηθεῖν τοὺς πολίτας gegeben; und auch Mk 6,2b setzt bereits für die Vorlage ein konkretes Handeln Jesu analog Mk 6,2a* voraus. Die Liste von 'allenfalls vergleichbaren' (W. Weiß, Lehre, S. 144 Anm 10, S. 145) Beispielen, ergänzt um Mk 3,22-30, zeigt m. E. nur, daß man feste Formeln zur argumentativen Aufnahme des kritisierten Verhaltens nicht hatte.

492   Für dieses Verständnis der Tempelaktion auf der Ebene des Lebens Jesu vgl. J. Roloff, Kerygma, 95; T. Söding, Tempelaktion, 59; für den Zusammenhang von Johannestaufe und Jesu Tempelaktion vgl. J. Roloff, a.a.O., K. Stock, Gliederung, 504f.

493   C. Marucci, Christologie, 298, hat ein Überlieferungsinteresse des mit Mk 11,30 schließenden Apophthegmas m.E. zu Unrecht bestritten.

494   Damit versuchen wir, den Beobachtungen von J. Roloff, Kerygma, 92, gerecht zu werden. Daß wir Mk 11,18a nicht in die Urfassung des Apophthegmas Mk 11,15f.28.30 aufnehmen, ist damit zu begründen, daß die Formulierung des Todesbeschlusses aus der konkreten Szene im Tempel herausführt und im weiteren Fortgang der Perikope nicht mehr aufgegriffen wird.

495   R. Bultmann, Geschichte der synoptischen Tradition, 18f., hat für die sekundäre Herkunft von Mk 11,31f. auf den Abstand dieser Verse zum Stil rabbinischer Debatten verwiesen, auf den Widerspruch des V. 31f. zu dem argumentum ex concesso V. 30: der Verfasser habe nicht mehr verstanden, daß innerhalb der rabbinischen Debatte in der Gegenfrage die Antwort und die Widerlegung des Angriffs enthalten sein müsse. Alternativfragen gibt es auch in den von Bultmann beigebrachten Parallelen bTaanit 7a; bAoda Zara 34b; MidrQoh 1,7; NumR 3,2; bSanhedrin 90b; dort liegt jeweils eine rhetorische, aber keine reale Alternative vor. Doch scheint mir weniger Unkenntnis des Verfassers von Mk 11,31f. vorzuliegen als Absicht: Er legt den Gegnern eine Diskussion der Frage Jesu als realer Alternativfrage in den Mund, um das Unrecht dieses ihres realen Verständnisses der Frage darzutun, und unterstreicht das Unrecht solcher Diskutierweise durch die Bildung einer internen Diskussions-Szene, die abseits von Jesus geführt und erst in 33a wieder verlassen wird.

496   J. Kremer, Jesu Antwort, 130. R. Pesch, Markus II, 209, hält Mk 11,27-33 für einen aus urgemeindlicher Perspektive geformten „Bericht über eine amtliche Befragung Jesu". Der Charakter des amtlichen Verhörs wird jedoch nur als Schein-Eindruck bei dem Leser aufgebaut, damit dann umso wirkungsvoller die Überlegenheit Jesu dargestellt werden kann (zu R. Kampling, Israel, 171.173).

Jesus als der Gefragte Bedingungen stellt[497], noch ungewöhnlicher, daß die Gegner darauf eingehen. Mk 11,31f. zeigen insofern einen beträchtlichen zeitlichen wie sachlichen Abstand zum Geschehen, als hier abweichend von Mk 6,17-29 und Josephus, Ant 18,116.119 die Führerschaft insgesamt als Subjekt der Ablehnung des Täufers gilt. - nicht die Realität von damals, sondern das eigene Erleben des Abgelehntwerdens bestimmt diese Darstellung. Für die Frage, ob ein vormk Ergänzer oder Markus selbst am Werke war, ist zugunsten vormk Herkunft von Mk 11,29 auf die semitisierende Syntax[498] verwiesen worden, für Mk 11,31.32a darauf, daß sich erst in V. 32b Indizien für mk-redaktionelle Eingriffe finden, die Unterscheidung zwischen Füh rungsschicht und Volk sowie der mögliche Latinismus der Wendung εἶχον τὸν Ἰωάννην ὄντως ὅτι Προφήτης ἦν. Doch weist die semitisierende Syntax in V. 29 nicht unbedingt auf einen vormk Autor, wenn Markus tatsächlich hellenistischer *Juden*christ war, und ohne ein Äquivalent zu Mk 11,32b kann auch eine vormk Gestalt der Perikope nicht existiert haben; der Anakoluth in V. 32b führt von der Ebene des Lautwerdenden auf die Ebene des nicht Geäußerten, doch Vorausgesetzten bzw. den Gegnern Unterstellten, so daß sich eine literarkritische Dekomposition von Mk 11,31f. nicht empfiehlt[499]. Für mk Zufügung aller genannten Teile spricht die Motivierung des gegnerischen Verhaltens[500] ebenso wie vor allem die kompositionelle Addition[501] des traditionellen[502] Gleichnisses Mk 12,1-12. Das gemeinsame Interesse des Erzählzusammenhanges von Mk 11,27-12,12 ist nicht mehr die Le-

---

497 Jesus verhält sich nicht zurückhaltend (so aber Fr. Hauck, Markus, 141; E. Klostermann, Markus, 120; W. Grundmann, Markus, 319), sondern ungewöhnlich (V. Howard, Ego, 110f.114; P. J. Farla, Jezus' Ordeel, 134).

498 Vgl. K. Beyer, Semitische Syntax, 252; G. S. Shae, Question, 6; C. Marucci, Christologie, 298.

499 Zur markinischen Herkunft der »deutende(n) Überlegung des Erzählers« von Mk 11,31f. vgl. schon W. Grundmann, Markus, 318.

500 Mk-redaktionell sind Mk 11,18; 12,12, vielleicht auch Mk 15,10. - In der Parallele EvPt 28f wird das in Mk 11,32 befürchtete Verhalten des Volkes in Erzählung umgesetzt. Zum Petrusevangelium vgl. zukünftig A. Diederich, Das Petrusevangelium. Edition, Kommentar und theologische Aufarbeitung, Diss. Erlangen 1999.

501 Für vormarkinische Zusammenstellung von Mk 11,27-33 und Mk 12,12 plädieren R. Pesch, Markus II, 1-27; J. Ernst, Markus, 339, für markinische Zusammenstellung der Stücke vgl. E. Lohmeyer, Markus, 243; W. Grundmann, Markus, 321; E. Schweizer, Markus, 136; C. Marucci, Christologie, 298; D. Lührmann, Markus, 197; M. Myllykoski, Letzte Tage I, 123; R. Kampling, Israel, 160.

502 Nach D. Lührmann, Markus, 199, begegnet das von O. H. Steck, Israel, erarbeitete Deuteronomistische Geschichtsbild nur hier bei Markus.

gitimität Jesu, sondern die Illegitimität der Gegner[503], und Mk 11,27-33 läßt wie Mk 3,1-5 schon den gereizten Ton späterer Debatten[504] erkennen. Markus mag in Mk 11,32b eine historisch gesehen tatsächlich umlaufende Volksmeinung über den Täufer referiert haben, die bei Josephus in hellenistischer Diktion variiert erscheint; auf der Ebene des Markusevangeliums hat Mk 11,31f. noch eine andere Funktion[505]: Mk 1,5 und Mk 11,32 zusammengenommen dienen wieder einmal nur dazu, die Gruppe der Hierarchen zu isolieren, denn die Spannung zwischen beiden Stellen ist von Markus bewußt gesetzt[506], nicht etwa vermieden oder korrigiert. Des weiteren kann man Mk 11,27-33 in den Grundlinien des Handlungsganges auch als Antigeschichte zu Jer 26,16-19 lesen[507], wo es ebenfalls um die Legitimität der Verkündigung geht[508]: Die damaligen Oberen haben im Gegensatz zu den Gesprächspartnern Jesu das Recht des Propheten anerkannt und selbst auf die Bestätigung des prophetischen Wortes durch das Wirken Gottes in der Geschichte verwiesen; die Gesprächspartner Jesu sind zu solcher Einsicht nicht gewillt; ihre Argumentation ist nicht theologisch, sondern opportunistisch. Daß sie das Volk *fürchten*, ist angesichts von Jer 26,19 dabei der schlimmste *Vorwurf*[509]: Nicht das Volk,

---

503 In vorkritischer Auslegung wird dies als Nebenton erkannt, wenn Theophylakt, Mk, PG 123, 621 A, die Antwort*verweigerung* Jesu begründet mit den Worten ἐπειδὴ κακουργεῖτε, οὐκ ἀξιώσω ὑμᾶς ἀπολογίας; ähnlich Calvin (nach C. E. B. Cranfield, Mark, 364). Vgl. D. E. Nineham, Mark, 308; H. Anderson, Mark, 269. - Will Markus in Mk 11,31f. wirklich auf das Zeugnis des Täufers für Jesus Mk 1 zurückverweisen (so die vorkritische Auslegung im allgemeinen; heute J. Donahue, Christ?, 120f.; Chr. D. Marshall, Faith, 198)? Oder geht es ihm nicht ausschließlich um die verfehlte Reaktion der Hierarchen?

504 Vgl. M. D. Hooker, Mark, 272; ohne maliziöse Wertung E. Schweizer, Markus, 134f.

505 Eine kerygmatische Deutung hat E. S. Malbon vorgetragen: diese Zeichnung der Gegner dient als kontrastierender Hintergrund zu dem Bild der Jünger, das durch den Kampf zwischen Unverständnis und Glauben, Gehorsam und Verleugnung gekennzeichnet ist (E. S. Malbon, Marcan Characterization, 279).

506 Vgl. die Worte πᾶσα ἡ᾽ Ἰουδαία χώρα καὶ οἱ᾽ Ἱεροσολυμῖται πάντες in Mk 1,5.

507 Nicht explizit die Vollmachtsfrage, wohl aber die Einheit von Tempelaktion und folgendem Todesbeschluß hat bereits K. Baltzer, Biographie, 187 Anm 653 mit Jer 26 in Verbindung gebracht.

508 G. Wanke, Untersuchungen, 86f. 154; K. Baltzer, Biographie, 126; anders A. Graupner, Jeremia, 57f. Zu den Problemen von Jer 26,8f. braucht hier nicht Stellung genommen zu werden, da für die Zeit des Markus der Endtext von Jer 26/Jer 33 LXX als möglicher Anknüpfungspunkt zu erörtern ist.

509 R. Aqiba (+ 135) hat nach mSanhedrin 11,3 unter Widerspruch seitens R. Jehudas die Tötung eines Delinquenten gerade am Fest empfohlen, »damit es ganz Israel höre und sich fürchte« (Dtn 17,13). Selbst wenn sich das Argument nicht bis in die Zeit des Markus zurückverfolgen läßt, wird doch ein späterer jüdischer Leser Mk 11,32b um so mehr als Verzerrung empfinden. - Zur notwendigen Sachkritik an diesem markinischen

sondern Gott selbst sollte die maßgebliche Instanz ihres Urteils sein, und wenn das Volk Recht hätte, wäre die angemessene Reaktion der Hierarchen nicht Furcht, sondern der Anschluß an eben diese Meinung. Dem Leser um 70 n. Chr. sagt ein solches Gegnerbild, daß er mit der Möglichkeit einer sachlichen Diskussion um Jesus nicht mehr rechnen kann.

4.4.2.7. Die Furcht der Gegner vor dem Volk - Mk 12,12

Ist Mk 12,12 wohl redaktionell, so muß nunmehr nach der erzählerischen Funktion des Verses auf mk Ebene gefragt werden. Warum erzählt Markus gerade hier von einem Verhaftungsvorhaben?

Die Oberen Israels identifizieren nach Mk 12,7 den, der da kommt, durchaus richtig als den Sohn und damit als den in nicht zu überbietender Vollmacht handelnden Vertreter Gottes. Mk 12,1-12 ist nach markinischer Darstellung den Hierarchen gerade keine Rätselrede, vielmehr sind sie nach Mk 12,12 äußerlich zu dem imstande, was als Bestreben der Jünger gelten kann (vgl. die Verwendung von γινώσκειν in Mk 12,12 und Mk 4,13). Indem sie den Anspruch Jesu kennen, aber nicht anerkennen, verweigern sie sich wissentlich dem Handeln Gottes, und ihr Verhaftungsbeschluß ist Ausdruck dieser wissentlichen Verschuldung.[510]

Zugleich beginnt in Mk 12,12 mit dem Hinweis auf die Furcht vor dem Volk eine Linie, die vordergründig Jesu Überlegenheit gegenüber seinen Gegnern zeigen soll und, wie zu Mk 12,37 gezeigt werden soll, als äußerliche Unterstützung des Unschuldsaufweises Jesu fungiert.

Gegnerbild vgl. W. Stegemann, Passionsgeschichten, 133. Der durch L. T. Johnson, Slander, 428-440, mit reichem Belegmaterial hergestellte Vergleich der neutestamentlichen antijüdischen Polemik mit dem Polemik-Repertoire der Auseinandersetzungen zwischen den hellenistischen Philosophenschulen und der innerjüdischen Polemik mag manches erklären, reicht aber m.E. nicht aus, um die fatale Wirkung der (für uns heute natürlich fiktiven) Geschichtsdarstellung zu erklären.

510 So auch J. Coutts, Messianic Secret, 39.41f. Die Messiasgeheimnistheorie kommt bei der Beschreibung des Verhältnisses der Gegner zu Jesus nicht zur Anwendung (S. 39). - M. D. Hooker, Mark, 277f., sieht darum in Mk 12,12 »the real turning-point of the gospel«. Doch wird einerseits erst ab Mk 14,1f. der Verhaftungsbeschluß in die Tat umgesetzt; andererseits ist der Zusammenhang zwischen Sehen und bewußter Selbstverweigerung schon in Mk 3,1-6 in der Frage Jesu und in der Qualifizierung des Gegnerverhaltens angedeutet.

4.4.2.8. Die Unsinnigkeit der gegnerischen Selbstverweigerung - Mk 12,37

Die Behauptung, Mk 12,37 sei ursprünglicher Bestandteil des vormk Passionsberichtes, hängt an der Zuweisung der Davidssohnperikope an diesen Bericht. Daß Jesus im Tempel lehrt, ist innerhalb der Perikope selbst nicht von Belang; so dürften die im Kontext überschießenden Worte διδάσκων ἐν τῷ ἱερῷ in Mk 12,35 mk-redaktioneller Zusatz sein, der Mk 14,49 vorbereitet. Im Hinblick auf Mk 11,18; 11,31f.; 12,12 dürfte auch Mk 12,37b mk-redaktionell formuliert sein.[511]

Mk 12,37 schließt auf mk-redaktioneller Ebene eine in Mk 12,12 beginnende Reihe von Aussagen ab, die die Unterlegenheit der Gegner zum Ziel haben: Mk 12,12 lassen sie ihr geplantes Verhaftungsvorhaben aus Angst vor dem Volk zunächst ruhen und schicken Mk 12,13 andere vor, um für einen späteren Prozeß wenigstens Anklagematerial gesammelt zu haben; nach Mk 12,17 endet der Versuch ergebnislos mit der Verwunderung der Gegner über Jesus; Mk 12,28.32 bescheinigt einer der Schriftgelehrten, daß Jesus »gut« geantwortet habe, und nachdem Jesus seinerseits, über das καλῶς i.S. einer Handlungsbeurteilung hinausgehend, ihm zugesagt hatte, nicht ferne von der Gottesherrschaft zu sein, haben die Attacken der Gegner zunächst ein Ende - nach Mk 12,34c folgt in der Tat kein von den Gegnern angestoßenes Streitgespräch mehr.[512] Mk 12,12.17.28.32.34c bilden eine aufsteigende Linie, in der sich das Verhaftungsvorhaben der Gegner in die Konsensfeststellung eines der ihren wandelt; vordergründig ist diese Reihe ein rein äußerlicher Überlegenheitsaufweis, der die Worte ἐν δόλῳ in Mk 14,1 motiviert[513]; hintergründig gilt es zu sehen, daß Jesus in Mk 12,13-17 durch die Vorordnung des ersten Gebotes auch für den politischen Bereich, in Mk 12,18-27 durch ein Schriftargument zugunsten der lebenschaffenden Macht Gottes seinen Standpunkt auf dem Boden des Judentums erweist, wie er es durch das nachfolgende Zitat aus Dtn 6,4 bekräftigt. Damit ist aber das Verhaftungsvorhaben der Gegner ins Unrecht gesetzt. Steht nun Mk 12,37 just hinter

---

511 Zu dieser Literarkritik für Mk 12,35.37b vgl. D. Lührmann, Markus, 208f.

512 Die Gegner können Jesus nicht argumentativ überwinden und gehen deshalb in Mk 14,1f. zu Gewaltmaßnahmen über (J. D. Kingsbury, Religious Authorities, 60).

513 M. Albertz, Streitgespräche, 18, hat dieses Bild der Öffentlichkeitswirksamkeit Jesu der vormk Streitgesprächssammlung zuweisen wollen, dagegen zeige Markus »trotz aller Einzelerzählungen, die dagegen sprechen - ... den Bruch auf zwischen Jesus und dem Volk, bereitet auf die Passion vor und führt in das Geheimnis des trostlosesten Sterbens ein«. Albertz verweist auf Mk 4,40; 5,15.17.40; 6,1-6; 8,12. Sind Mk 12,34c.37 jedoch redaktionell, kann man an dieser Auslegung zweifeln.

einer Passage, die Jesu Selbstanspruch als durch die Schrift gedeckt erweisen will, dann wird durch die Volksreaktion die Verweigerung der Hierarchen gegenüber diesem Selbstanspruch Jesu wiederum als uneinsichtig hingestellt.

4.4.2.9. Der Todesbeschluß - Mk 14,1f.

Markus hat in den traditionellen Todesbeschluß die Worte ἐν δόλῳ κρατήσαντες eingefügt. κρατήσαντες nimmt Mk 12,12 wieder auf; ἐν δόλῳ summiert die eben beschriebene Reihe Mk 12,12.17.28.32.34.37 und bereitet Mk 14,48f. vor: Jesus wirkt öffentlich im Tempel, seine Gegner haben nicht den Mut zu ebensolcher Öffentlichkeit.

4.4.2.10. Das Sanhedrinverhör - Mk 14,53-65

Obwohl in der Sanhedrinszene das Volk nicht als Erzählfigur auftritt, muß im Rahmen unserer Arbeit das Ergebnis unserer Analyse von Mk 14,53-65[514] vorgestellt werden; der Rückverweis Mk 15,29f. sowie die Diskussion um den Einbezug von Mk 11,15f. nötigen dazu. Die Schwierigkeit der Analyse liegt in der völligen Divergenz zwischen dem historisch Naheliegenden[515] und dem sich aus rein textinterner Analyse Ergebenden[516] begründet.[517]

---

514 Aus der literarkritischen Diskussion zu Mk 14,53-55 sind zu nennen die Thesen der einheitlichen Zuweisung an den alten vormk Passionsbericht (R. Pesch, Markus II, 428ff.), an einen vormk Ergänzer oder an Markus selbst (im letzteren Sinne H. Lietzmann, Prozeß, 254; P. Winter, Trial, 31-33; S. Schulz, Stunde, 131; W. Schmithals, Markus II 659ff.), daneben die literarkritisch dekomponierenden Thesen einer Erweiterung um die Messiasfrage (J. Wellhausen, Mk, 123ff.; E. Norden, Agnostos Theos 195 Anm. 2; M. Dibelius, Formgeschichte, 183; ders., Leidensgeschichte, 255; E. Schweizer, Markus, 188) oder um die Tempelpolemik (E. Wendling, Entstehung, 173; R. Bultmann, Geschichte der synoptischen Tradition, 291; L. Schenke, Studien, 44; T. A. Mohr, Markus- und Johannespassion, 100-108, plädieren für vormk, G. Schneider, Synedrium, 274; D. Dormeyer, Passion, 269, M. Myllykoski, Letzte Tage I, 63; D. Lührmann, Markus, 230, für mk Zufügung; mit einer Zufügung nur von V. 59 rechnet W. Schenk, Bericht, 243) oder einer Zusammenfügung zweier ursprünglich selbständiger Quellenstränge (E. Linnemann, Studien, 128f.; W. Schenk, Passionsbericht, 231-243; 272f.; in anderer Weise A. Strobel, Stunde, 66). Zur Auflistung der Forschungspositionen vgl. A. Vögtle, Verständnis der Tempelworte, 172 Anm 15T. A. Mohr, Markus- und Johannespassion.

515 Die hier nur anzudeutenden historischen Probleme zur Sanhedrinszene bestehen in der kontrovers diskutierten Frage nach der Kapitalgerichtsbarkeit, in der Frage nach einem

Im Corpus der Szene setzen sich drei Teile voneinander ab: zunächst sucht
man durch Zeugenaussagen, dann durch eine darauf bezogene Stellungnahme
Jesu ihn zu überführen; da beides nicht weiterführt, wird Jesus zu seinem

möglichen Anklagepunkt, und in der Frage nach der Gültigkeit mischnischen Rechtes
schon um 30 n. Chr. Daß die Kapitalgerichtsbarkeit zur Zeit Jesu ausschließlich bei
dem Prokurator lag, belegt A. Strobel, Stunde, 21, gegen H. Lietzmann, Der Prozeß
Jesu, 257-260, mit Josephus, BJ 6,300-309; Ant 20,199ff.; jSanhedrin 18a.24b;
bAboda Zara 8b; mSanhedrin VII, 2b u.a. Die Steinigung des Stephanus war wohl ein
Akt der Lynchjustiz, die Hinrichtung des Herrenbruders wird bei Josephus,
Ant 20,200f. ausdrücklich als Kompetenzüberschreitung des Sanhedrin benannt. Ein
Grund zur Verurteilung Jesu wird wohl kaum in einem tatsächlichen oder unterstellten
Messiasanspruch gelegen haben (A. Strobel, Stunde, 77f.), eher dürfte eine Tempelprophetie Jesu den Ausschlag gegeben haben, daß er aufgrund der Störung der
öffentlichen Ordnung den Römern übergeben wurde, die nur in diesen Fällen den
jüdischen Instanzen ein Mitwirkungsrecht an einem römischen Prozeßverfahren
einräumten (K. Müller, Kapitalgerichtsbarkeit, 83). Zur Frage nach der Gültigkeit
mischnischen Rechtes zur Zeit Jesu sind zunächst die wichtigsten Widersprüche
zwischen der Darstellung Mk 14,53-65 und den Bestimmungen der Mischna zu
benennen: Kapitalprozesse durften nicht während der Nacht stattfinden (mSanhedrin 4,1); das Todesurteil darf nicht am ersten Tag eines Kapitalprozesses verhängt
werden (mSanhedrin 4,1). Der Tatbestand der Gotteslästerung ist erst mit dem
Ausspruch des göttlichen Namens gegeben, nicht schon mit dem Messiasanspruch
(mSanhedrin 7,5); falsche Zeugen müßten bestraft werden (mSanhedrin 11,6). Man
kann die Gültigkeit anderer Prozeßvorschriften vermuten (So J. Blinzler, Prozeß, 216-
229; bes. S. 227) oder auf die Ausnahmesituation, in der der Fall Jesu »nach dem
Gebot der Stunde« (horaath schaah) geführt wurde (So Str.-Bill II, 821f.; E. Stauffer,
Neue Wege der Jesusforschung, 463; erwogen auch bei R. Pesch, Markus II, 416), oder
auch daran, daß im Prozeß gegen den »Verführer« gemäß TSanhedrin X,11 die in
mSanhedrin 4,1 genannten Vorsichtsmaßnahmen ausgesetzt waren (A. Strobel, Stunde,
85f.). Jedenfalls wird in Mk 14,55-60 kräftig gegen die falschen Zeugen, aber nicht
gegen die Verletzung der genannten Vorschriften polemisiert.

516   Man darf Historisches und Literarisches nicht vermischen (so zu Recht W. Reinbold,
      Bericht, 20). Schon R. Bultmann, Geschichte der synoptischen Tradition, 291,
      formulierte: »Zunächst muß doch gefragt werden: nicht, was ist als geschichtlich
      denkbar? sondern: was ist als christliche Gemeindetradition verständlich«.

517   Man sollte die literarkritische Einheit von Mk 14,53-65 nicht traditionsgeschichtlich
      durch den Verweis auf eine Vorstellung vom eschatologischen Tempelneubau als
      Werk des Messias absichern (so J. Jeremias, Jesus als Weltvollender, 38f.; D. Juel,
      Messiah and Tempel, 169-209, J. B. Green, Death, 279f.; O. Betz, Probleme, 626-628;
      R. Pesch, Markus II, 435). Dieser Zusammenhang ist für das frühe Judentum in Or Sib
      5, 420ff.; TgSach 6,12; TgJes 53,5; LevR 9 (111a); NuR 13 (169b); Midr HL 4,16
      (117b) belegt, aber vielleicht auch in Tg 2 Sam 7,13f.; Tg 2 Chr 17,12f. (so D. Juel,
      Messiah and Temple, 185f.). Doch ist in diesen Texten nirgends vom vorhergehenden
      Abbruch des alten Tempels die Rede (vgl. M. Karrer, Der Gesalbte, 322). Auch wäre
      die auktoriale Charakterisierung der Tempeluntergangsprophetie als Falschprophetie
      nicht recht verständlich. Auszuscheiden haben äthHen 90,28-38; 4 Esr 9,37-10,28;

eigenen Selbstanspruch befragt, und auf die bejahende Antwort erfolgt das Urteil. Von Bedeutung ist, daß das Schweigen Jesu in Mk 14,61a ähnlich wie in Mk 15,5 die Verhandlung an einen toten Punkt führt, aus dem nur die erneute Frage des Hohenpriesters Mk 14,61b bzw. die Einführung des Barabbas weiterhilft. Diese längst beobachtete Parallele führt aber nicht zur literarkritischen Abhängigkeit der einen Szene von der anderen, näher liegt die Gestaltung beider Szenen durch die selbe Hand. Ferner besteht zwischen der Verhaftung Jesu Mk 14,53 und der Ratlosigkeit hinsichtlich eines geeigneten Anklagepunktes in Mk 14,55 fin. eine Spannung. Wir haben in jedem Fall mit polemischer Überarbeitung zu rechnen, der zumindest die Verse V. 55.56.60.61a in ihrer heutigen Form zuzurechnen sind.

Rechnet man die Anklage wegen der Tempelprophetie[518] zum Grundbestand *der Erzählung*, muß man sich eingestehen, daß der Übergang von der Anklage zum Todesbeschluß im Dunkeln liegt, und daß nicht erkennbar ist, ob die Tempelprophetie als wahres oder als falsches Wort Jesu zitiert wurde. Dagegen kann die Messias-Anklage in ihrem Kern die folgende Pilatus-Szene (Mk 15,1*.2*.15b) begründen: Der βασιλεύς-Titel ist nur das weltliche Gegenstück zu Χριστός. Diese unsere Entscheidung, die Messias-Anklage für ursprünglich, die Anklage wegen des Tempelwortes für sekundär zu halten, muß aber noch mit Blick auf die jeweiligen Überlieferungsinteressen geprüft werden. Zwar kann der sekundäre Einbezug der Messiasfrage mit der Rückprojektion urgemeindlicher Auseinandersetzungen um die Messianität Jesu begründet werden oder auch mit dem Bestreben, der peinlichen Tempelprophetie etwas von ihrem Gewicht zu nehmen.[519] Doch auch für den sekundären Einbezug der Tempelworte[520] läßt sich ein Interesse angeben: Klargestellt

---

    4QFlor 1,1-13 sowie die sonstigen von O. Betz, Probleme, 626-628 genannten Belege: in ihnen allen ist nicht der Messias als Erbauer des Tempels benannt.

518 Mk 14,58 läßt nach dem ursprünglichen Wortlaut vor allem des Vordersatzes fragen, und jede der aufgrund der Parallelen Joh 2,19 und Mk 13,2 gegebenen Möglichkeiten ist schon erwogen worden: Die vorkritische Auslegung sah in Joh 2,19 das echte Tempelwort, D. Lührmann, Markus, 218, in einer Ichform (erst auf mk Ebene werde Mk 14,58 durch Mk 13,2 als falsch erwiesen); zumeist wird aber analog zu Mk 13,2 für den Vordersatz ein Passiv angenommen, dessen Ersatz durch die 1. Pers. Sg. eben das Zeugnis zum falschen Zeugnis entwerte (J. Schmid, Markus, 282; W. Grundmann, Markus, 351; E. Schweizer, Markus, 187f.; O. Betz, Probleme, 632 mit Anm 190; W. Kraus, Heiligtumsweihe, 228 Anm 157). Diesem Konsens schließen wir uns an.

519 So E. Norden, Agnostos Theos, 195 Anm 2 (S. 196).

520 Die Verse 57.59 sind gegenüber V. 56a.b Dublette und gelten oft als sekundär, entweder als vormarkinisch (R. Bultmann, Geschichte der synoptischen Tradition, 291; L. Schenke, Der gekreuzigte Christus, 36; T. A. Mohr, Markus- und Johannespassion,

werden soll, daß Jesus von sich aus nie gegen die jüdischen zentralen Institutionen vorgegangen ist, und daß dasselbe auch von den Christen gilt.[521] Das führt dann aber darauf, doch auch den Einbezug des Tempelwortes selbst der bearbeitenden polemischen Schicht von Mk 14,55.56.60.61a zuzuschreiben. Mk 15,29f. wird dann aber nicht dieser späteren Bearbeitungsschicht angehören, sondern mk-redaktionell sein, da das Tempellogion hier nur noch als anmaßende Äußerung eines Ohnmächtigen zitiert wird, aber nicht als Angriff auf die zentralen Institutionen Israels.

Für die Frage nach dem Einbezug von Mk 11,15-17* in den Passionsbericht[522] ist nun das Verhältnis von Tempelaktion, Vollmachtsfrage und Sanhedrinszene insgesamt zu bedenken, zusätzlich ist Joh 2 heranzuziehen. Im Grundbestand der Vollmachtsfrage wird die Tempelaktion als Bußruf gedeutet. In der Sanhedrinszene wird auf die Tempelaktion überhaupt nicht verwiesen[523], dagegen erscheint das Tempelwort als Untergangsprophetie, wie sie in variierter Form auch in Mk 13,2 gegeben ist. Die Tempelaktion Mk 11,15-17* kann nur dann Bestandteil des Passionsberichtes sein, wenn man die aus Joh 2 bekannte Verbindung von Tempelaktion und Tempelwort auch für den Passionsbericht annehmen darf; in dieser Verbindung wird die Tempelaktion

---

100-108) oder als markinisch (D. Dormeyer, Passion, 159-163; M. Myllykoski, Letzte Tage I, 63; D. Lührmann, Markus, 249). Doch könnte auch nur V. 59 sekundäre, polemisch verstärkende Glosse sein: Das Schweigemotiv V. 60 gehört als passio-iusti-Motiv traditionell zu dem Vorwurf der Lüge, nicht zu dem Motiv der Uneinheit der Zeugen. Daß die Zeugenaussagen von V. 57f. nicht übereinstimmten, geht aus V. 57f. selbst nicht hervor (E. Linnemann, Studien, 109.128; T. A. Mohr, Markus- und Johannespassion, 103 Anm 11). V. 59 ist außerdem, wie die Matthäusparallele zeigt, erzählerisch entbehrlich. Der Sinn von V. 59 wäre dann: Wollten die Hierarchen ein einhelliges und damit verwertbares Zeugnis gegen Jesus haben, haben sie das nicht einmal mit dem Zeugnis Mk 14,57f. erreicht.

521   Die Anklage wird textintern seitens jüdischer Ankläger laut. Mk 14,58 zitiert darum m.E. nicht christliche Falschpropheten (gegen D. Lührmann, Markus, 218), aber auch nicht das urchristliche »Urteil gegen den alten, 'von Händen gemachten' Tempel und seine Ordnung « (L. Schenke, Der gekreuzigte Christus, 36). Zu fragen ist, in welcher Situation den Christen jüdischerseits ein Mk 14,58 entsprechender Vorwurf erwuchs.

522   Der Einbezug von Mk 11,15f. in den Passionsbericht könnte theoretisch dann älter sein als der Einbezug von Mk 14,57f., wenn Mk 14,53-65 insgesamt sekundär gegenüber Mk 15,1 ist: Mk 11,15f. motiviert dann das Eingreifen der Hierarchen (D. Dormeyer, Passion, 86). - Die Erzählung von einem Zusammenstoß zwischen Jesus und dem Hohenpriester in P.Oxy 5,840 dürfte eine Weiterentwicklung der Tradition von Mk 7,1-23 sein.

523   J. Schniewind, Markus, 192f.; E. Lohmeyer, Markus, 237; L. Oberlinner, Todeserwartung, 126.

aber nicht als Bußruf, sondern als Kultunterbindung[524] verstanden[525], wozu wiederum das in Mk 14,57f. vorausgesetzte Verständnis des Tempelwortes als Untergangsprophetie nicht paßt. So dürften Tempelaktion und Vollmachtsfrage nicht ursprünglich zum Passionsbericht gehört haben.

4.4.2.11. Jesus oder Barabbas - Mk 15,6-15

Die literarkritische Diskussion von Mk 15,6-15 ist bestimmt sowohl durch die Frage nach dem sekundären Charakter gegenüber dem Kontext[526] als auch durch die Frage nach Erweiterungen innerhalb der Szene selbst. Für die zuerst genannte Frage muß Mk 15,1-15 insgesamt betrachtet werden.

Schon oft ist die Spannung zwischen Mk 15,2 und Mk 15,3-5 aufgefallen. Nach V. 2 ist eine Vernehmung i.S. von V. 3-5 überflüssig, vollends die Frage »Was hat er denn Übles getan« in V. 14. Deshalb kann man entweder Mk 15,1.3-5.6-15(*) zusammenschließen oder Mk 15,1.2.15b[527], wenn man nicht den Verlust des ursprünglichen Schlusses von Mk 15,1.3-5* in Kauf nehmen will[528]. Gegen die erstgenannte Lösung ist einzuwenden, daß gemäß V. 9 die Gesprächspartner des Pilatus wissen, wen er mit dem Titel »König

---

524 So für die Ebene des Lebens Jesu W. Kraus, Heiligtumsweihe, 209, mit Hinweis auf Sach 14,21. Über die verschiedenen Möglichkeiten der Auffassung Jesu vgl. T. Söding, Tempelaktion, 50f.

525 Will man innerhalb dieser genannten Verbindung die Tempelaktion als Bußruf verstehen, muß man das Tempelwort als *bedingte* Untergangsdrohung auffassen. Die einschlägigen Texte ergeben dafür keine Anhaltspunkte. - Daß Mk 11,16 die Tempelaktion als Aufruf zur Wahrung der Heiligkeit des Tempels versteht, ergibt sich aus dem angenommenen Ort des Geschehens im Vorhof der Heiden (J. Roloff, Kerygma, 95; J. Maier, Konfliktpotential, 179). σκεῦος bedeutet dann nicht »Kultgerät«, sondern Gerät häuslichen Bedarfs (J. Maier, a.a.O., 180). Mk 11,16 mag apologetische Umstilisierung sein (Vgl. M. Trautmann, Handlungen, 108; M. Myllykoski, Letzte Tage I, 117; G. Dautzenberg, Eigenart, 166), doch ist die Auslegung von Mk 11,15c i.S. einer Kultunterbindung nicht schon damit zu begründen, daß Joh 2,14f. nur Mk 11,15c aufgenommen habe (so M. Myllykoski, a.a.O.); der wohl vorjoh (J. Becker, Johannes I, 147) Vers Joh 2,16b zeigt, daß auch eine ausschließlich auf Mk 11,15c basierende Tradition i. S. des Schutzes des Tempels vor Profanierung verstanden werden konnte.

526 Als sekundär gegenüber Mk 15,1-5* haben die Barabbas-Szene erklärt R. Bultmann, Geschichte der synoptischen Tradition, 306f.; F. Hahn, Hoheitstitel, 195; L. Schenke, Christus, 47-54; M. Myllykoski, Letzte Tage II, 162, die mit vormk Einfügung rechnen. Nach G. Strecker, Passionsgeschichte, 246, hat erst Markus die gesamte Barabbas-Szene in den Passionsbericht eingefügt.

527 So J. Finegan, Überlieferung, 82; zuletzt wieder G. Strecker, Passionsgeschichte, 238.

528 R. Bultmann, Geschichte der synoptischen Tradition, 301.

der Juden« meint, Mk 15,9 also Mk 15,2 voraussetzt; von daher ist V. 2 unverzichtbar. Da Mk 15,15b nicht einfach an Mk 15,1.3-5 angeschlossen werden kann[529], bleiben nur Mk 15,1*.2.15b als alte Tradition übrig. Daß Mk 15,3-5*.6-15a gleichzeitig eingefügt sind, läßt sich begründen: In Mk 15,3-5 scheint zwar das Schweigemotiv aus der passio-iusti-Vorstellung zu dominieren, in Mk 15,6-15a das polemische Motiv. Doch hat das Schweigemotiv ähnlich wie in Mk 14,60.61a die Funktion, den Fortgang der Handlung zu ermöglichen, die Einschaltung der Barabbas-Szene zu motivieren. Das literarkritische Urteil über den sekundären Charakter von Mk 15,6-15 wird durch die traditionsgeschichtliche Einsicht bestätigt, daß die fehlende Historizität der regelmäßigen Passa-Amnestie den polemischen Charakter der Szene verstärkt.[530]

Innerhalb von Mk 15,6-15 werden Mk 15,10[531] oder V. 8.12-14[532] oder V. 8.10.14[533] oder V. 8.10.12[534] oder der Einbezug der Volksmenge über-

---

529 In Josephus, BJ 2,174 führt das θαυμάζειν des Pilatus erzählerisch adäquat dazu, daß er nachgibt; vgl. auch BJ 2,198.

530 Für weitgehend historisch halten diesen Brauch W. Grundmann, Markus, 423; A. Strobel, Stunde, 121; dagegen votieren R. Bultmann, Geschichte der synoptischen Tradition, 293 Anm 3; J. Schniewind, Markus, 197; J. Schmid, Markus, 291; E. Klostermann, Markus, 159; P. Winter, Trial, 94; E. Schweizer, Markus, 194; D. Lührmann, Markus, 256; W. Reinbold, Bericht, 264-266. mPesachim 8,6 spricht von einem Hafturlaub (J. Gnilka, Markus II, 304), erwähnt aber keine Amnestie seitens der römischen Staatsmacht (J. Schmid, Markus, 291; W. Reinbold, Bericht, 265). Für P.Flor 61,59ff. (Text bei A. Deißmann, Licht vom Osten, 229) hat P. Winter, Trial, 131, zu bedenken gegeben, daß wir nicht wissen, ob überhaupt schon formaljuristisch ein Verfahren eröffnet war. Daß der Statthalter Albinus gefangene Zeloten freigelassen hat (M. Hengel, Zeloten, 348), erklärt nur, daß es gelegentlich Begnadigungen gab. Daß die Volksmenge für die Durchführung eines römischen Gerichtsverfahrens ein unentbehrliches Requisit sei (so J. Gnilka, Prozeß Jesu, 19), läßt sich nicht anhand von Josephus, BJ 2,175-177 zeigen - hier geht es nicht um ein Gerichtsverfahren -, sondern nur anhand von Josephus, BJ 2,301-304. Th. Klauser, Art. Akklamation, 221-225, läßt von Akklamationen des Volkes speziell bei Gerichtsverfahren nichts verlauten. In der aus Tacitus, Annalen I, 44, herangezogenen Parallele handelt es sich um einen Selbstreinigungsvorgang innerhalb einer römischen Legion; es richten Römer über Römer, nicht über Angehörige fremder Völker. Auch hätte Pilatus, wenn er das Begnadigungsrecht hatte, nichts daran gehindert, neben Barabbas zusätzlich auch Jesus freizulassen (P. Winter, Trial, 142). - Doch dürfte die Barabbas-Begnadigung kaum völlig frei erfunden sein: Barabbas wird nach Mk 15,7 gerade nicht als Mörder bezeichnet. Wahrscheinlich wurde eine uns ansonsten nicht bekannte Begnadigung von der Urgemeinde sekundär mit dem Prozeß Jesu verbunden (R. Bultmann, Geschichte der synoptischen Tradition, 293 Anm 3).

531 E. Lohmeyer, Markus, 337f.; E. Schweizer, Markus, 195, mit Hinweis auf die mk Unterscheidung zwischen Volk und Behörde; S. Schulz, Stunde, 135; T. A. Mohr, Markus- und Johannespassion, 293; W. Schenk, Passionsbericht, 249; G. Strecker,

haupt[535] als sekundäre Erweiterungen einer ansonsten geschlossenen Schicht deklariert; innerhalb der Grundschicht werden gelegentlich Umstellungen von V. 11 an die Stelle zwischen V. 6 und V. 7 erwogen.[536]

V. 8 dürfte ursprünglich sein, weil V. 9 eine erstmalige Forderung der Verhandlungspartner, V. 11 die Anwesenheit des ὄχλος voraussetzt, und weil V. 9 nicht gut zu den Vertretern des Sanhedrin gesprochen sein kann.[537] Eine Tilgung von V. 12 oder V. 14 oder beider Verse ist nicht nötig, wenn man an das volkstümliche Gesetz der Dreizahl denkt; außerdem gipfelt in der Frage V. 14 der Unschuldsaufweis Jesu und damit die Polemik gegen die jüdischen Führenden. V. 10 unterbricht den Dialog V. 9.11 und ist ein Mk 12,12 vergleichbarer Erzählerkommentar, der über das Motiv des gegnerischen Handelns Auskunft gibt. Seine Tilgung ist aufgrund der mk häufigen Belastung der Führenden erwägenswert, aber nicht zwingend. Das Wort φθόνος ist zwar mk hapax; eine feste Terminologie zur Disqualifizierung des Gegnerverhaltens hat Markus m.E. jedoch nicht.

Als theologische Aussage wurde der Barabbas-Szene in voraufklärerischer Exegese und unter harmonisierendem Einfluß von Mt 27,24f. die scharfe Polemik gegen die Juden[538] entnommen, deren verheerende Wirkungsgeschichte uns heute zur kritischen Distanz nötigt. In heutiger Zeit stehen christologische und israeltheologische Interpretationen nebeneinander. Christologisch orientiert sind die Deutung unserer Perikope als theologischer Reflexion über das tatsächliche Königtum Jesu, herausgestellt durch die Gegenüberstellung Jesu mit dem Prokurator, mit Barabbas, mit der Volksmenge und den römischen Soldaten[539], die Deutung als Unschuldsaufweis Jesu vermittelst einer

Passionsgeschichte, 228; als Möglichkeit erwogen bei J. Gnilka, Markus II, 297; D. Lührmann, Markus, 256; U. Sommer, Passionsgeschichte, 162f. Als vormk Zusatz gilt Mk 15,10 bei Dormeyer, Passion, 182, J. P. Lémonon, Pilate, 181.

532 D. Dormeyer, Passion, 269.

533 T. A. Mohr, Markus- und Johannespassion, 292-301; M. Myllykoski, Letzte Tage II, 177-181.

534 So W. Reinbold, Bericht, 156.

535 W. Schenk, Passionsbericht, 243-249.

536 D. Dormeyer, Passion, 242; T. A. Mohr, Markus- und Johannespassion, 292; W. Reinbold, Bericht, 156.

537 So m.E. zu Recht U. Sommer, Passionsgeschichte, 162, gegen T. A. Mohr, Markus- und Johannespassion, 292, dessen Deutung von V. 8 für die Ebene des Evangelisten jedoch richtig ist.

538 Vgl. hier nur Theophylakt, Mk, PG 123, 654 D; Beda, Mk, CChr.SL 120, 626,1206-1213. Zur Wirkungsgeschichte von Mt 27,24f. vgl. R. Kampling, Das Blut Christi und die Juden, 1984.

539 F. Hahn, Hoheitstitel, 195f.

Groteske[540] sowie die Deutung hin auf Jesu stellvertretendes Strafleiden: Er muß die Strafe tragen, die Barabbas zugekommen wäre.[541] Die israeltheologische Deutung erkennt in der Erzählung eine apologetische, antijüdische Tendenz[542]: Gerade die Barabbas-Szene habe geleistet, bei feststehender römischer Todesstrafe die Hauptschuld an Jesu Tod den jüdischen Oberen zuzuweisen[543], und damit die Weichen für den innerneutestamentlich feststellbaren antijüdischen Charakter aller christlicher Passionsberichte gestellt und müsse deshalb in stärkstem Maße der Sachkritik überantwortet werden.[544]

Unsere eigene Deutung folgt grundsätzlich der israeltheologischen Linie, die wir historisch gesehen nicht wegdiskutieren können, deren Rezeption uns allerdings aus bekanntem Grunde versagt bleiben muß. Markus hatte tiefergehende Eingriffe nicht nötig, weil die Intention dieser polemischen Erzählung seinen eigenen Intentionen entgegenkam. Die Erzählung soll zunächst die Oberen belasten, die das an der Auslieferung Jesu und den Anklagen unbeteiligte Volk[545] zur Entscheidung gegen Jesus aufreizen. Doch wird nun auch das Volk mitverantwortlich für Jesu Tod.[546] Der Ausdruck περισσῶς in Mk 15,14 vermag auf mk Ebene zusätzlich dem Leser die ganz andere, mit ὑπερπερισσῶς eingeleitete Handlungsbeurteilung in Mk 7,37 in Erinnerung zu rufen. Nunmehr stehen alle gegen Jesus. Israel als Ganzes verweigert sich seinem König, der nach Mk 11,10 der Erfüller seiner Heilshoffnung ist, und verwirklicht das von Jesus Mk 12,7 den Oberen angekündigte Verhalten.

4.4.2.12. Die Verspottung unter dem Kreuz - Mk 15,29-32

Innerhalb von Mk 15,29-32[547] weist Mk 15,29b auf das Tempelwort zurück, das hier aber nicht mehr als Angriff Jesu auf die Ordnungen Israels verstan-

---

540 K. Kertelge, Markus, 154.
541 U. Sommer, Passionsgeschichte, 171.
542 J. Finegan, Überlieferung, 74; P. Winter, Trial, 141; K. Kertelge, Markus, 154.
543 Vgl. W. Reinbold, Bericht, 267.
544 W. Reinbold, Bericht, 323-325.
545 T. A. Mohr, Markus- und Johannespassion, 292.
546 Auch die Zeichnung des ὄχλος ist, wie die der anderen Akteure, nicht von der historischen Rückfrage bestimmt, sondern ist polemisches Bild (K. Kertelge, Markus, 154).
547 Die literarkritische Diskussion ist bestimmt durch die Aufzählung mehrerer Subjekte in V. 29.31.32fin., verbunden mit der Feststellung von Dubletten in V. 30 und V. 31b. Werden V. 29a.32b nicht selten dem alten Passionsbericht zugewiesen, sind für Mk 15,29b-32a zu nennen die Zuweisung an zwei verschiedene Varianten einer Tradition (R. Bultmann, Geschichte der synoptischen Tradition, 295; E. Schweizer,

den wird, sondern als anmaßende Äußerung eines Ohnmächtigen. Literarkritisch dürfte Mk 15,29f. daher mk-redaktionell sein. Mk 15,32a erinnert mit
den beiden Titeln Χριστός und βασιλεύς 'Ισραήλ an das Verhör vor dem
Sanhedrin und an die Pilatusszene, doch legt der Rückverweis auf die Hilfewunder Jesu in Mk 15,31 und die allerdings nicht wörtliche Anspielung auf
die Zeichenforderung in Mk 15,32aβ die markinische Herkunft von
Mk 15,31.32a nahe. Die Verse lassen sich nicht weiter dekomponieren: nach
V. 31b wartet man auf eine Konsequenz, die aus der Kontrastierung gezogen
wird; umgekehrt gewinnt die Forderung des Zeichenselbsterweises V. 32a
erst auf dem Hintergrund der zuvor festgestellten Ohnmacht Jesu ihre
Schärfe, und nach Abzug der Rückverweise auf Jesu Wundertaten wie auf die
Zeichenforderung bleibt der Text nicht lebensfähig.[548] Die Erwähnung der
Mitgekreuzigten setzt deren Einführung in Mk 15,27 voraus und wird der
entsprechenden Stufe des Passionsberichtes zugehören.

Leitmotiv des Textes ist die spottende Kontrastierung der von Jesus bean-
spruchten Macht und seiner sichtbaren Ohnmacht. Die Vorübergehenden
spotten über Jesus wie die Frevler über den leidenden Gerechten.[549] Das
Tempelwort, in Mk 14,58 als Angriff gegen eine der zentralen Institutionen

---

Markus, 202) und die (sukzessive) Erweiterung einer Grundschicht; allerdings können
sowohl Mk 15,29.30 als auch Mk 15,31.32a als älterer Textteil benannt werden (im
ersteren Sinne E. Klostermann, Markus, 165; T. A. Mohr, Markus- und
Johannespassion, 317; W. Schenk, Passionsbericht, 20, im letzteren Sinn J. Gnilka,
Markus II, 312; W. Schmithals, Markus II 683, für V. 32; D. Dormeyer, Passion, 242,
für V. 31a.). Nach J. Schreiber, Kreuzigungsbericht, 64. 349f.; D. Lührmann, Markus,
249; W. Reinbold, Bericht, 170, gehen Mk 15,29b-32a insgesamt erst auf den
Evangelisten zurück.

548 Deswegen kann man m.E. den Text nicht schon mit Hinweis auf die Verknüpfung zur
Sanhedrin- und zur Pilatusszene als vormk deklarieren (so aber L. Schenke, Christus,
93; J. Gnilka, Markus II, 312; J. Ernst, Markus, 464). Der nicht völlig organische
Anschluß von V. 30 an V. 29b (L. Schenke, a.a.O.) könnte auch zur These führen, V.
30 sei der Geschichte noch später zugewachsen als V. 29b. Daß V. 30 als Kompilation
aus V. 29b.31 formuliert sein soll (so L. Schenke, Christus, 94), wiegt für mich die
Beobachtungen zum Rückverweis auf Jesu Wunderwirken und die Zeichenforderung
nicht auf. Schwierig bleibt allerdings die nachträglich scheinende Einführung der
Schriftgelehrten in Mk 15,31a, die H.-J. Steichele, Sohn, 214, zur Annahme der vormk
Herkunft von Mk 15,31.32a* veranlaßt hat. Im Hinblick auf Mk 7,3f. ist diese Art der
Darstellung Markus jedoch zuzutrauen. Denkbar wäre allerdings, daß die heutigen
Verse 31.32a mk Umwandlungen eines traditionellen Spottwortes wären, und daß
Markus bei der Gelegenheit auch die Schriftgelehrten nachgetragen hätte.

549 K. Bailey, Fall of Jerusalem, 104f., findet in Mk 15,29-32 eine Anspielung auf Klgl.
2,15f. und hört eine polemische Absicht des Markus heraus: Nicht der Fall Jerusalems
von 70 n. Chr., sondern nur die Tötung Jesu hat theologische Bedeutung.

Israels zitiert, wird hier rein äußerlich als vorgebliche Machtdemonstration karikiert.[550] Die παραπορευόμενοι sind, wie sich aus der erneuten Subjektsangabe Mk 15,31 ergibt, als normale Volksmenge bestimmt. Volk und Hierarchen sind hier beide zum letzten Mal im Evangelium erwähnt, und narrative Analyse ergibt: Die παραπορευόμενοι greifen das Tempelwort aus der Sanhedrin-Szene auf, obwohl sie dabei selbst gar nicht zugegen waren; umgekehrt rekurrieren die Hierarchen auf Jesu Wundertätigkeit, als deren Zeugen sie textintern nie um des Wunders selbst willen, sondern nur ein einziges Mal um eines Streitgespräches willen anwesend gedacht waren. Mit dieser communicatio maledictionum sind Volk und Hierarchen in der Gegnerschaft gegen Jesus endgültig vereint[551] und entsprechend beide schuldig. Die Oberen überbieten mit dem Hinweis auf die Wunder Jesu und mit ihrer Aufforderung zum Zeichenerweis[552] sogar noch die Zeichenforderung der Pharisäer Mk 8,11-13, die damals nur für den Leser von Mk 1,1-8,9 so unglaublich war. Hätte Jesus dieser Aufforderung stattgegeben, wäre er allerdings aus dem ihn durch das göttliche δεῖ vorgegebenen Weg ausgebrochen und hätte seine Messianität verspielt. Umgekehrt wird gerade Jesu Tod zu einem Zeichen dafür, »auf welche Weise er der Gesalbte Gottes ist, nämlich im Ertragen der tiefsten Erniedrigung«.[553] Die Spottenden sehen nicht, daß Gott diesen Tod will, und daß Jesus das will, was Gott will[554]; mit ihrer ironischen Aufforderung, Jesus solle sich selbst retten, denken sie nach menschlichen und damit im Gefolge von Mk 8,33 nach verkehrten Maßstäben.[555]

---

550 Daß schon in V. 29.30 der Kontrast »Selbstanspruch - Ohnmacht« liegt, hat T. A. Mohr, Markus- und Johannespassion, 315, zu Recht betont.

551 T. A. Mohr, Markus- und Johannespassion, 317, hat Mk 15,31f. richtig als ein »mkn. Summarium des gegnerischen Unglaubens« bezeichnet.

552 Mit dieser Aufforderung wird das Wunder als Voraussetzung des Glaubens benannt, damit aber das Verhältnis von Wunder und Glaube unzulässig umgekehrt. - Die Aufforderung zum Selbsthilfewunder könnte zusätzlich eine Steigerung gegenüber dem Verhalten der Frevler von SapSal 2 bedeuten, die das Geschick des Gerechten wenigstens nach außen hin einem Gottesurteil unterstellen, während die Subjekte von Mk 15,31.32a damit gar nicht mehr rechnen, sondern einen autoritäteninitialisierten Zeichenerweis fordern. Hat Matthäus diesen Bezug vermißt und deshalb Mk 27,43 nachgetragen, so läßt sich die These für Markus nicht wirklich sichern.

553 U. Sommer, Passionsgeschichte, 194.

554 J. D. Kingsbury, Significance, 376f. An Schlatters Motiv der »Willenseinung« ist hier zu erinnern.

555 D. Rhoads, Losing Life, 359.

4.5. Zusammenfassende Auswertung

4.5.1. Ergebnisse der philologischen Beobachtungen

Die folgende Analyse setzt als synchrone Analyse ein und wird im weiteren diachron, nach Tradition und Redaktion spezifiziert. Die entsprechenden Zuweisungen sind im Rahmen der Einzelexegesen begründet worden.

Das bei Markus nie durch Ortsangaben oder sonstige Genitivattribute spezifizierte Substantiv ὄχλος steht da, wo das Volk als Erzählfigur von anderen Erzählfiguren abgehoben wird: von den Hohenpriestern, Schriftgelehrten etc. als von seinen Führenden oder von anderen Machthabern[556], von den Kranken oder deren Begleitern in Wundergeschichten[557], in der ethischen Mahnung von einem vorbildlichen Menschen[558]; ὄχλος steht ferner im Gegenüber zu Jesus und den Jüngern[559], zu den Jüngern oder zu Jesus allein im Speisungswunder und in der Entlassung danach[560], im Motiv des Erbarmens und Lehrens Jesu[561] und im Motiv des Volkszulaufs und des Bedrängens Jesu[562]. Da, wo eine Menschenmenge durch eine Ortsangabe spezifiziert werden soll, stehen πλῆθος, πᾶς oder ὅλος mit Landschaftsangabe[563] oder attributives πάντες mit Herkunftsbezeichnung[564].

Eine Differenzierung nach Tradition und Redaktion ergibt, daß die ὄχλος-Belege in Wundergeschichten fast alle traditionell sind.[565] Auch als Subjekt des Chorschlusses kann der ὄχλος[566] gedacht werden, wie der bereits vormk

---

556 Traditionell sind Mk 9,17; 15,8.11.15; redaktionell sind Mk 7,14; 9,14f.; 11,18; 11,32; 12,12; 12,37.

557 Erzähltechnisch erforderlich ist diese Unterscheidung im Erschwernismotiv Mk 2,4; 10,46, in dem Motiv des im Verborgenen geschehenden Wunders Mk 7,33; 9,25 sowie im Motiv des unbemerkten Kommens Mk 5,27; sämtliche Belege sind traditionell.

558 Mk 12,41.44 (traditionell).

559 Redaktionell sind Mk 3,9; 4,36.

560 Im Gegenüber zu den Jüngern steht ὄχλος Mk 8,6b (trad.); Mk 7,17 (redaktionell), im Gegenüber zu Jesus Mk 8,1.6a (trad.). Die Entlassungsnotiz Mk 6,45 ist redaktionell.

561 Die Belege Mk 6,34; 8,2 für das Motiv des Erbarmens sind traditionell, die Belege Mk 2,13; 3,20; 4,1f.; 8,34; 10,1 für das Lehrmotiv sind redaktionell.

562 Die Belege für das Motiv des Volkszulaufs in Mk 3,20; 5,21.24 (?) sind redaktionell, die Belege für Jesu Bedrängnis teils traditionell (5,31) teils redaktionell (3,9).

563 Πλῆθος: Mk 3,7f. (redaktionell); πᾶς: Mk 1,5; ὅλος: Mk 1,28.33.39; 6,55. ὅλος steht bei Abstrakta und bei Gruppennamen da, wo πᾶς/πάντες bei Konkreta steht.

564 Mk 1,5.

565 Ausnahme: Mk 9,14f.; vgl. aber Mk 9,25.

566 Man darf also daraus, daß das Wort ὄχλος nie in der eigentlichen Subjektangabe der Chorschlüsse erscheint, keine falschen Konsequenzen ziehen.

Wechsel der spezifizierenden Bezeichnungen in Mk 2,2.4.12 zeigt. Traditionell ist auch die Unterscheidung Mk 12,41/44 sowie die Unterscheidung des ὄχλος von seinen Führenden in der Passionsgeschichte, doch greift Markus diese Unterscheidung auch für den Rest seines Evangeliums häufig auf. Redaktionell erscheint der ὄχλος-Begriff auch im Motiv des Lehrens Jesu und in den Aussagen über die Reaktion des Volkes darauf.

Mehrfach wird der ὄχλος sekundär in die Szene einbezogen. In Mk 7,17; 8,34 wird potentiellen Christen der Grundsatz markinischer Anthropologie bzw. die mögliche Konsequenz ihres Christwerdens vor Augen geführt[567]; in der Argumentation der Gegner Mk 11,32 und in den verhaltensmotivierenden Erzählerkommentaren Mk 11,18; 12,12 soll der sekundäre Einbezug der Volksmenge die Gegner isolieren, während die nachträgliche Einführung in Mk 15,8 im Pilatus-Prozeß anzeigt, daß Jesus nunmehr nur noch Gegner hat: Auch das Volk stellt sich gegen ihn. Umgekehrt soll in Mk 9,15 der gegenüber Mk 9,25 vorgezogene Einbezug des ὄχλος eine Admiration ermöglichen, Jesu Auftreten als Epiphanie stilisieren.

Πολύς/πολλοί bezeichnet als expositionelle Angabe eine notwendig unbestimmt bleibende[568] große Menge[569], kann aber, vor allem dann, wenn bereits eine andere Bezeichnung einer anwesenden Menge gebraucht war, im Sinne einer Abschwächung verstanden werden (vgl. Mk 10,48)[570]; in Mk 1,34 ist das πολλούς keine Einschränkung, sondern durch den Hinweis auf die Verschiedenartigkeit der Krankheiten motiviert.

Das Wort λαός bezeichnet in Mk 7,6 im Jesajazitat Israel, das seiner Bestimmung nicht gerecht wird; in Mk 14,2 ist damit das Volk als Gottesvolk bezeichnet, aber im Munde der Hierarchen.

Das substantivierte πάντες steht als grammatikalisches Objekt, in der Anrede oder im Subjekt des Folgesatzes, um den universalen Anspruch der

---

567 Entsprechend kann man fragen, ob nicht die Adressierung auch der Gleichnisreden Mk 4 an die Volksmenge dazu dient, potentielle zukünftige Christen nicht über ihre Fremdlingschaft coram mundo im Ungewissen zu lassen.

568 Darum kann in Belegen wie Mk 5,21; 6,31; 13,6; 15,41 nicht πάντες stehen.

569 Mk 2,2; 6,2; 6,31.33, aber auch in Mk 13,6; 14,56; 15,41, ferner in der Wendung ὄχλος πολύς in Mk 5,21.24; 6,34; 8,1; 9,14; 12,37. - Ob Mk 12,37 expositionell oder final ist, ist umstritten; Lukas las es als Exposition des folgenden.

570 Für Mk 9,26 wäre dieses Verständnis dann möglich, wenn die von C D W etc. gebotene Lesart ohne Artikel vor dem Wort πολλούς ursprünglich wäre. Es besteht aber kein Zusammenhang zwischen diesem Problem von V. 26 und der Frage, ob in V. 25 vor dem Wort ὄχλος ein Artikel steht oder nicht: ℵ A lesen in beiden Fällen mit Artikel, C liest in beiden Fällen ohne Artikel, B liest in Mk 9,25 ohne, in Mk 9,26 mit Artikel, W liest Mk 9,25 mit Artikel, Mk 9,26 ohne Artikel.

Botschaft Jesu zu betonen[571], oder um die Gültigkeit der Heilszuwendung wie der Forderung Jesu für die ganze christliche Gemeinde darzutun[572]. Da wo es grammatikalisch als Subjekt steht, soll es den umfassenden Eindruck der Tat Jesu auf die Anwesenden hervorheben[573], bezeichnet aber auch das Versagen des gesamten Jüngerkreises[574], das Schuldigwerden der gesamten Hohenpriesterschaft gegen Jesus[575] und die Feindschaft der nicht zu differenzierenden Umwelt gegenüber der Gemeinde.[576] Der Personenkreis der Versammelten ist meistens zuvor mit der unpers. 3. Pl. unbestimmt benannt oder mit πολλοί o.ä. mengenmäßig spezifiziert. Im selben Sinne kann auch das durch ein regierendes Substantiv spezifizierte ὅλος oder πᾶς stehen.[577] Solche Ausdrücke in dieser Funktion fehlen zwischen Mk 4,35 und Mk 6,29[578], wohl im Hinblick auf Mk 6,2f. Ihre Wiederverwendung in Mk 6,33.55 verwehrt es aber, aus Mk 6,1-6a ein definitives historisches oder theologisches Urteil über das Verhältnis »des Volkes« oder gar Israels zu Jesus zu entnehmen.

Eine Benennung einer anwesenden Menge in 3. Pl. kann erfolgen, wenn deren Identität zuvor durch die Angabe eines Versammlungsraumes oder ihrer Herkunft definiert ist[579], aber auch, wenn es für ein generalisierendes »man« steht in der Reaktion auf Jesus[580] oder zur Bezeichnung der Gefahr für die Gemeinde.[581]

---

571 Mk 7,14; vgl. die Wendungen πάντα τὰ ἔθνη Mk 13,10 und εἰς ὅλον τὸν κόσμον Mk 14,9. Eine andere Totalperspektive ist, daß christliche Existenz den Menschen insgesamt in Anspruch nimmt; vgl. die ὅλος-Belege Mk 12,30.33 sowie Mk 12,44.

572 Für ersteres vgl. Mk 14,23, für letzteres vgl. Mk 13,37.

573 Deshalb eignet es sich bereits vormk als Subjektangabe für Chorschlüsse in Schluß- oder Folgestellung. Traditionell sind Mk 1,27; 2,12; redaktionell ist vielleicht Mk 5,20.

574 Alle Jünger in der Passionsgeschichte versagen (Mk 14,27.31.50), aber auch der Jünger Petrus, der sich von allen absetzen zu können meint (Mk 14,29).

575 Alle Hohenpriester und Ältesten sind Subjekt des Todesbeschlusses: Mk 14,53.64.

576 Mk 13,13; vgl. noch Mk 8,36.

577 Das Wort ὅλος steht, um den Anspruch des Evangeliums auf umfassende Verkündigung zu betonen Mk 1,39; 14,9, für Jesu umfassende Öffentlichkeitswirkung Mk 1,28. 33; 6,55, für das Schuldigwerden der Gegner Mk 14,55; 15,1, für die umfassende Bedeutung des Sterbens Jesu Mk 15,33. Attributives πᾶς steht für den weltweiten Anspruch des Evangeliums Mk 13,10, für die umfassende Öffentlichkeitswirksamkeit des Täufers Mk 1,5 und Jesu Mk 6,33; vgl. weiter die Formel πᾶς ὁ ὄχλος Mk 2,13; 4,1f.; 9,15; 11,18.

578 Ausnahme ist die auf die nachösterliche Situation zielende Folgeadmiration Mk 5,20.

579 Traditionell sind Mk 5,15.17; 5,38; redaktionell sind Mk 1,22; 6,53 und wohl auch Mk 10,32. Zu unterscheiden ist davon die durch 3. Pl. erfolgende Einführung der Begleiter der Kranken Mk 1,32; 2,3; 7,32 (traditionell).

580 Mk 6,14. - Ob die unpers. 3. Pl. in der Folgeadmiration Mk 7,37 eine Abschwächung gegenüber einer Angabe wie πάντες, πολλοί etc. bedeuten soll oder sich nur dem

Eine Analyse der Subjektangaben wird sich auch dem Wechsel der verschiedenen Bezeichnungen zu stellen haben; dabei ist zu unterscheiden zwischen dem Fall des Wechsels spezifizierender Bezeichnungen wie ὄχλος etc. zur 3. Pl. und umgekehrt und dem Fall des Wechsels spezifizierender Bezeichnungen untereinander.

Der Wechsel von ὄχλος zur unpers. 3. Pl. begegnet in der vormk Tradition wie bei Markus dann, wenn die Interaktion anderer Erzählfiguren mit der als ὄχλος eingeführten Erzählfigur »Volk« im einzelnen geschildert wird[582]; der Wechsel von der 3. Pl. zu ὄχλος bezeichnet das Volk wieder als Gruppe gegenüber anderen Handlungsträgern.[583] In beiden Richtungen erfolgt dieser Wechsel innerhalb einer Geschichte dann, wenn ansonsten eine syntaktische Unklarheit die Folge wäre.[584]

Der schon in vormk Tradition nicht seltene Wechsel spezifizierender Bezeichnungen wie 3. unpers. Pl., πολλοί, πάντες, ὄχλος untereinander weist nicht auf jeweils verschiedene Teile der Bevölkerung hin, vielmehr wird durch πολλοί und πάντες die große Zahl der Anwesenheit, durch ὄχλος die Unterschiedenheit von anderen Erzählfiguren betont; πλῆθος vereinigt beide Aspekte. Die in Mk 2,2.4.12 gegebene Abfolge πολλοί - ὄχλος - πάντες zeigt, daß in Mk 2,2 die große Zahl der Versammelten, in Mk 2,4 ihre Unterschiedenheit von den Begleitern des Kranken, in Mk 2,12 ihre ungeteilte Zustimmung zu Jesu Verhalten im Vordergrund steht, die dem heutigen Leser ebenfalls nahegelegt werden soll.[585] In Mk 3,7f. nimmt der Wechsel von ὄχλος zu πλῆθος das Anliegen der geographischen Liste auf, Jesu Ausstrahlung zu veranschaulichen. Der Wechsel von ὄχλος πλεῖστος zu πᾶς ὁ ὄχλος in Mk 4,1 entspricht natürlichem Sprachgefühl; zugleich hebt die Näherbestimmung πᾶς den szenischen Kontrast zwischen Jesus und dem Volk heraus und hebt damit, ähnlich wie durch das betont eingeführte Lehrmotiv, die Wichtigkeit des im Folgenden von Jesus Gesagten hervor. Der Wechsel

---

Umstand verdankt, daß bei Markus vor den die Intensität der Reaktion bezeichnenden Adverbien stets die unpers. 3. Pl. steht, ist angesichts der geringen Zahl der Belege schwer zu entscheiden. Neben Mk 7,37 vgl. noch Mk 5,42; schwächere Parallelen sind Mk 4,41; 15,14, da hier das Subjekt aus dem Zusammenhang ersichtlich ist.

581 Mk 13,9.

582 Traditionell sind Mk 6,34; 8,1; 15,11; redaktionell sind Mk 2,13; 4,1f.; 10,1.

583 Vgl. Mk 15,15 gegenüber Mk 15,13.

584 Weil die unpers. 3. Pl. In Mk 8,5 für die Jünger steht, muß der zweimalige Objektwechsel in Mk 8,6 angezeigt werden durch die Wiederaufnahme des ὄχλος. In Mk 8,9 legt die Zahl der Gespeisten (4000) fest, daß nicht von den μαθηταί die Rede ist.

585 Ähnlich läßt sich der Wechsel der Bezeichnungen in Mk 1,22.27 erklären.

von ὄχλος zu πάντες in Mk 7,14 wie in Mk 11,32 ist insofern sachgemäß, als im Vordersatz durch die Nennung des ὄχλος Jesu Botschaft von einer esoterischen Lehre unterschieden, in der Aufforderung Jesu aber auf die uneingeschränkte Gültigkeit der Lehre Jesu gezielt wird[586].

4.5.2. Ergebnisse der redaktionskritischen Analyse

Als erkennbare vormk Traditionen haben wir Mk 1,27*; 2,12; 7,37b; 8,28; 11,9f.; 14,1f. 15,6-15.29f. betrachtet, als mk-redaktioncllc Neubildung haben wir Mk 1,22.27 (partim). 28.45; 7,37a; 9,15; 10,32; 11,18b.32f.; 12,12.37; 15,31f. bezeichnet, als mk Neuformulierung auf der Grundlage vormk Tradition(en) haben wir Mk 1,32-39; 3,7-12; 6,1-6.14-16.53-56 exegesiert. Wichtiger aber als diese notwendig arbiträr bleibende Aufschlüsselung ist die Einsicht in einige unser Thema betreffende formverändernde Erzähltechniken und kompositionelle Prinzipien des ältesten Evangelisten, die wir, gegliedert nach formgeschichtlichen Beobachtungen und kompositionellen Analysen, summierend darstellen:

4.5.2.1. Ergebnisse der formgeschichtlichen Beobachtungen

1. Chorschlüsse[587], in Wundergeschichten traditionelles Finalmotiv, werden mk-redaktionell in Mk 1,22; 9,15; 10,32 in die Exposition hineinversetzt, um als Epiphaniemotiv die Vollmacht der Lehre Jesu zu betonen.

2. Die in finaler Stellung belassenen Chorschlüsse schließen bei Markus einen Spannungsbogen ab; muß der Spannungsbogen um der didaktischen Nacharbeit an einem Thema offengehalten werden, steht kein Chorschluß. Das trifft zu bei Geschichten, deren Interesse weniger auf der Wundertat selbst liegt als an anderen Themen, etwa dem Jüngerunverständnismotiv oder der Reaktion der Gegner bzw. dem weiteren Verhalten des Geheilten. So

---

586 Die nachfolgende esoterische Jüngerbelehrung könnte Mk 7,14 als bloße Rätselrede mit verhüllender Absicht erscheinen lassen. Doch legen Mk 6,52 und der explizite Aufruf Mk 7,14 fin. es nahe, daß Mk 7,14.17f. nicht auf die Esoterik der Jüngerbelehrung zielt, sondern auf die Allgemeinverständlichkeit der Botschaft Jesu. Die Jünger werden getadelt, daß sie das nicht verstehen, was selbst der ὄχλος verstehen sollte.

587 Insgesamt vgl. G. Theißen, Wundergeschichten, 78-81; 154-174; R. Pesch, Markus II, 150-152 (Lit); Th. Söding, Glaube, 396-403.

fehlen Chorschlüsse nach Mk 6,44; Mk 8,1-9; Mk 9,14-29, nach Mk 3,6 und nach Mk 10,52. Manchmal folgt diesen Episoden eine neue Perikope, die in der Reaktion des Volkes der vorausgehenden Geschichte kontrastiert, so in Mk 3,7-12; 6,53-56.

3. Umgekehrt wird bei Geschichten, die von den äußeren Umständen her eine »Menge« erzähltechnisch »unmöglich« machen, künstlich das Herzuströmen des Volkes oder ein Chorschluß herbeigeführt: Mk 1,45; 5,20, als Negativreaktion Mk 5,16f. Die zuerst genannte Stelle Mk 1,45 zeigt zugleich genauso wie Mk 7,36f. die Abfolge von übertretenem Schweigegebot und Volksreaktion. Sämtliche hier genannten Admirations- und Akklamationsmotive stehen dank mk-redaktioneller Eingriffe formgeschichtlich gesehen nicht in Schlußstellung, sondern in Folgestellung[588], sind Reaktionen auf die Verkündigung, nicht auf das Wunder selbst, und weisen damit auf die nachösterliche Mission voraus.

4. Bei Markus ist nicht die Möglichkeit realisiert, daß dem Volk Admiration und Akklamation gegenüber dem falschen Objekt zugeschrieben werden.[589] Die Gattung »Selbsterweis der jüdischen oder christlichen Religion gegenüber einem heidnischen Spötter« wird nicht realisiert, weder als Wundergeschichte noch als Streitgespräch. Markus sah die Gefahr eines Wiederabfalles zu heidnischen Göttern und ihren Praktiken offenbar als nicht gegeben.[590] Legitimationsbedarf ist - wohl auf Grund des in der Antike singulären Einzigkeitsanspruchs der jüdischen Religion für ihre Mitglieder - ausschließlich gegenüber Israel gegeben.[591] Die markinische Gemeinde beansprucht die Autorisierung Jesu und damit die Legitimierung ihres eigenen Weges durch den Gott Israels in Form des Bath-Quol-Wunders zugunsten Jesu (Mk 1,9-11; 9,2-8); Markus verstärkt ergänzend das ebenfalls traditionelle Motiv[592] der Autorisierung durch die Ankündigung und Selbstaussage Gottes in der Schrift (Mk 1,2f.; 7,37a; 8,18).

---

588 Zu dieser Unterscheidung s.o. S. 84f.

589 Vgl. etwa StDan 1,18.

590 Jüdische Heidenpolemik ist nur Mk 7,27 erkennbar, und in der Paränese klingen höchstens in Mk 7,22f. die aus 1 Kor 5,1-10; 6,12-20 bekannten Probleme heidnischer Vergangenheit an. - Ein anderes Bild bietet Did 3,4; vgl. auch die Warnung Did 6,3.

591 Vielleicht sind auch deshalb die Heilungswunder im einzelnen eher hellenistisch stilisiert, während die Epiphaniewunder sich alttestamentlich-jüdischer Terminologie annähern.

592 Vgl. Mk 11,9f. und Mk 12,10f., das nicht erst mk-redaktionell hinzugesetzt sein muß.

4.5.2.2. Ergebnisse der kompositionsanalytischen Beobachtungen

1. Das Prinzip der generalisierenden Summierung, formgeschichtlich topisch in einzelnen Wundergeschichten, hat Markus für die mk-redaktionelle Ebene in Mk 6,2f.; 7,37a sowie in den Summarien Mk 1,32-34; 3,7-12; 6,53-56 verwendet.

2. Das Kompositionsprinzip der Steigerung verwendet Markus sowohl für positive wie auch für ablehnende Reaktionen[593]; die Steigerung ist in der positiven Reaktion als zahlenmäßige wie geographische Ausweitung des Kreises der Reagierenden, in der negativen Reaktion als Verschärfung der Ablehnung Jesu realisiert.

3. Das Prinzip der Kontrastierung zweier Erzählfiguren verwendet Markus gelegentlich für die Gegenüberstellung zwischen den Jüngern und der Menge (Mk 6,45-52.53-56), zumeist aber nach dem traditionellen Vorbild von Mk 14,1f.; 15,11 für die Gegenüberstellung der Menge und der jüdischen Hierarchen, die - mit der Ausnahme Mk 12,28 - durchweg als Gegner Jesu erscheinen. Markus baut diese Differenz erheblich aus, indem er entweder die Hierarchen (Mk 2,6-10; 15,31f.) oder die Volksmenge (Mk 7,14; 9,15; 11,18.32f.; 12,12.37) sekundär in das Geschehen einbezieht. Bis einschließlich Mk 14,1f. wird das Volksverhalten grundsätzlich dem Verhalten der Gegner kontrastiert; da, wo von der negativen Reaktion der Menge berichtet werden muß (Mk 5,17.40; 6,1-6), sind die Hierarchen nicht dabei. Den genannten Kontrastierungseffekt erzielt Markus aber auch durch kompositionelles Arrangement von »Volksperikopen« nach »Gegnerperikopen«, durch die Anordnung von Mk 3,7-12 nach Mk 3,6, von Mk 3,20f.31-35 vor bzw. nach Mk 3,22-30, von Mk 8,11-13 nach Mk 7,31-37[594]; 8,1-9 und von Mk 12,28-34 in dem Abschnitt der Auseinandersetzungen in Jerusalem Mk 11 - 12. Der Sinn dieser Kontrastierung soll im Rahmen der pragmatischen Analyse bedacht werden.

4. Der entgegengesetzte Effekt der Parallelordnung zweier Reaktionen findet sich in der Passionsgeschichte in Mk 15,6-15.29-32: Nunmehr hat Jesus keinen Menschen mehr auf seiner Seite. Anders als in 1 Edr 8,88 wird diese Gleichordnung zwischen Volk und Oberen natürlich negativ bewertet.

---

593 Für ersteres vgl. die Reihe Mk 1,28.33.37.45, für letzteres die Reihe Mk 5,17.40; 6,1-6.

594 In der johanneischen Akoluthie erscheint die Zeichenforderung durch die unmittelbar vorangegangene Tempelaktion Jesu natürlich motiviert, während sie im Markusevangelium nur dem Leser als verfehlt erscheint angesichts der zehn vorangegangenen Wundergeschichten.

4.5.2.3. Ergebnisse der narrativen und pragmatischen Analyse

Eingangs haben wir festgestellt, daß so manche narrative Analyse der Erzählfiguren im Markusevangelium auf die Analyse der Volksreaktionen verzichtet. Dieser Verzicht ist nicht unverständlich.

Die Jünger sind textextern schon immer und mit Recht als Repräsentanten der nachösterlichen Gemeinde gedeutet worden. Die Aufgabe, die Gottheit Jesu und sein Leiden zu verstehen, ist jedem Christen gestellt; die sog. »esoterischen« Jüngerbelehrungen sind, soweit sie von den Jüngern veranlaßt werden, inhaltlich gesehen nicht esoterisch, sondern sind Weisungen Jesu in die nachösterliche Gemeindewirklichkeit hinein, die von der Zeit Jesu bewußt unterschieden wird[595], und das Versagen der Jünger gerade während der Passion Jesu wird, wie vor allem Mk 14,19.72 zeigen, aus paränetischen Gründen erzählt. Daß die Jünger einerseits als von Jesus erwählt und mit dem Geheimnis der Gottesherrschaft betraut, andererseits als unverständig und versagend gezeichnet werden, ergibt kein beziehungsloses Nebeneinander[596], sondern spiegelt theologisch gesehen die Spannung jeder christlichen Existenz, wie sie in der Selbstreflektion des Gläubigen ansichtig wird. In der Betrachtung des Jüngerversagens soll der christliche Leser den Standpunkt des Jüngers als den Standpunkt erkennen, von dem er herkommt, den Standpunkt Jesu als den akzeptieren, auf den er sich hin bewegen soll.

Erwählung und Versagen gemeinsam kennzeichnen die christliche Existenz; insofern ist die Erzählfigur der Jünger narrativ kohärent geschildert. Dagegen gilt von der Volksmenge durchaus, was H. Räisänen in einer an-

---

595 Bei den esoterischen Jüngerbelehrungen thematisieren die von Jesus angestoßenen Belehrungen sein Leiden, die von den Jüngern angestoßenen Belehrungen die von der Zeit Jesu unterschiedene Wirklichkeit der nachösterlichen Kirche, in der man aber nicht ohne ein Wort des Meisters die Situation bewältigen will. Es gilt, die Ursache ihres unterschiedlichen Missionserfolges zu begreifen (Mk 4,10), das Wort Jesu als Grundlage der Verhaltensnorm zu verstehen (Mk 7,18-23 aufgrund von V. 19), sich gegen jüdische Infragestellung der Messianität Jesu zur Wehr zu setzen (Mk 9,11), um den äußeren Erfolg der Wundertat zu ringen (Mk 9,28f.), die Worte Jesu unter geänderten Umständen neu auszulegen (Mk 10,11f.) und die gegenwärtige Situation zu begreifen (Mk 13,3). Zur Zeit Jesu war die Notwendigkeit dieser Belehrungen noch nicht gegeben: da ist es noch nicht Zeit, Jesus Christus als das Geheimnis Gottes zu verkünden oder den Rahmen des im Judentum Möglichen zu sprengen; es ist noch nicht Endzeit; Jesus ist noch selbst da zum Wundertun; an griechisch-römische Eherechtsfragen braucht noch nicht gedacht zu werden, und der Tempel steht noch. Diese Gruppe der Jüngerunterweisungen stützt die offenbarungstheologische Deutung der Messiasgeheimnistheorie.

596 So aber H. Räisänen, Messianic Secret, 97-101.

fechtbaren Ausweitung auch auf andere Erzählfiguren feststellt: »the characters serve different functions and operate at different levels at various points«[597]: Die Volksmenge kommt im Markusevangelium textextern gesehen als Repräsentant der christlichen Gemeinde ebenso im Blick wie als Repräsentant ihres missonarischen Umfeldes, naturgemäß stehen beide Verwendungen nie zusammen. Wir haben im Markusevangelium mehrere verschiedene Verwendungszusammenhänge der Volksreaktionen beobachtet, die sich jeweils nach dem Auftreten anderer Erzählfiguren richten.

Sind in einer Perikope Jesus und das Volk allein anwesend, kommt es zu offener (Mk 1,21f.) wie zu ablehnender Reaktion (Mk 6,1-6a). Die zuerst genannte Verwendungsmöglichkeit steht im Dienste der Christologie, die zweite hilft, die missionarischen Erfahrungen der Gemeinde zu bewältigen.

Sind in einer Perikope neben Jesus (und den Jüngern) und dem Volk noch Hilfesuchende erwähnt, hat das Auftreten des Volkes je nach kompositioneller Stellung verschiedene Funktion: In der Exposition soll es bisweilen die Annäherung erschweren (Mk 2,1f.), in zentraler Stellung soll die durch das Wunder widerlegte Zweifelsäußerung indirekt die Größe des Wundertäters steigern (Mk 5,40; 9,26), in finaler Stellung ist die Volksreaktion eine Beurteilung von Fremderfahrung im Richtungssinn des Subjektes dieser Erfahrung; einige Volksreaktionen formulieren hierbei die bei einer angenommenen nichtchristlichen Öffentlichkeit größtmögliche wahre Erkenntnis (Mk 1,27; 7,37). Daß Markus dem Volk kein titulares Christusbekenntnis in den Mund legt, dürfte seinen Grund in der Distanz vieler Menschen gegenüber Jesus und seiner Gemeinde haben. Daß die Volksreaktion allerdings überhaupt auch anders als in Mk 6,1-6a; 13,9-13; 15,10 geschildert beschrieben werden kann - und daß diese Beschreibung des Volksverhaltens nicht als illusionär gelten muß -, ist textintern mit der nie wirklich aufgegebenen Lehrtätigkeit Jesu an das Volk zu begründen, textextern mit der Erfahrung, daß einzelne aus dem Volk doch immer wieder den Weg zur Gemeinde finden und den Weg in der Gemeinde gehen. Auf diesem Hintergrund ist das testimonium vulgi ein argumentum secundum hominem, das den christlichen Gläubigen der unüberwindlichen Macht Gottes und der Größe Christi vergewissert.[598] Die Reaktion des Volkes bei Markus nimmt die Funktion wahr, die

---

597 H. Räisänen, Messianic Secret, 19.

598 Diese Volksreaktionen sind nach G. Minette de Tillesse, Secret Messianique, 266, »une facon d'attirer l'attention du lecteur sur la manifestation divine«. Allerdings hat G. Minette de Tillesse nicht Recht mit der Behauptung, die Reaktionen des Erstaunens seien mit dem Unverständnismotiv verwandt.

der Erkenntnis der Heiden im heidenadressierten Erweiswunder zukommt: Lob von unbeteiligten Dritten hat steigernde Wirkung. Der Gläubige ist zwar geneigt, das testimonium vulgi mit korrekter christologischer Titulatur zu verbessern, verbindet aber die defizitäre Christologie keineswegs mit Erfahrung seines missionarischen Mißerfolges i.S. v. Mk 6,1-6a; 13,9-13. Daß die Volksreaktion Beurteilung von Fremderfahrung ist, hilft im übrigen dazu, die christologische Relevanz des vergangenen Wundergeschehens für die eigene Gegenwart festzuhalten.

Sind in einer Perikope neben Jesus und dem Volk auch Menschen aus dem Kreis der Hierarchen genannt, wird das Volksverhalten bis einschließlich Mk 14,1f. grundsätzlich dem Verhalten dieser Menschen kontrastiert. Indem Markus die Volksreaktion neu zeichnet, verändert sich auch sein Bild dieser Gegner gegenüber der vormk Tradition: Markus wiederholt und verstärkt den traditionellen Vorwurf der schuldhaften Selbstverweigerung[599] durch kompositionelles Arrangement[600], und er ergänzt den Vorwurf opportunistischen Agierens[601]. Genausowenig wie in der Tradition wird den Hierarchen ein sachlich diskutables Anliegen zugestanden. Darüberhinaus integriert Markus in Mk 9,11-13; 11,31-33 den durch Mk 6,17-29 und Josephus, Ant 18,116. 119 nicht gedeckten Vorwurf, speziell die Hierarchen Israels hätten an der Ermordung des Täufers ebenfalls ein Interesse gehabt.[602] Insgesamt ist das

---

599 Mk 12,1-12 - Traditionelle Motive sind ferner, daß die Gegner in den jüdischen Führungsschichten anzusiedeln sind (Mk 8,31), daß sie den ursprünglichen Gotteswillen verdrehen (Mk 10,2-12) und die Schrift nicht verstehen (Mk 12,18-27) und Gottes gegenwärtiges Wirken an Israel nicht gelten lassen (Mk 9,11-13). Traditionell ist auch ihr Mißverstehen des Wirkens Jesu (Mk 3,22) sowie der diffamierende Vorwurf, daß sie Jesus des öfteren in eine Falle locken wollen (Mk 3,1-6; 12,13-17.18-27).

600 Vgl. die kompositionelle Anordnung von Mk 3,6 vor Mk 3,7-12. Der Schriftgelehrte von Mk 12,28 ist für E. S. Malbon, Marcan Characterization, 275f., Beleg dafür, daß jemand nicht schon um seines religiösen oder sozialen Status willen zum Feind werden muß, sondern daß es in seiner Freiheit liegt, die Art seiner Beziehung zu Jesus zu wählen. Derselbe Schriftgelehrte hat hingegen für J. D. Kingsbury, Religious Authorities, 47f. die ironische Funktion, aus dem Munde eines Gegners die Wahrheit der Verkündigung Jesu zu bestätigen. Beide Deutungen konvergieren darin, daß die Haltung dieses Schriftgelehrten die Einstellung der sonstigen Hierarchen als bewußte und selbstverschuldete Verweigerung gegenüber der Wahrheit Jesu erweist.

601 Mk 11,18.31-33; 12,12. Mk 14,2 ist in der Zuweisung nicht gesichert.

602 Die Notwendigkeit der Sachkritik ist unbestritten. Doch darf man nicht mit D. Seeley, Deconstructing the New Testament, 74, zum alleinigen Zweck des Markus-evangeliums machen, die verschiedenen sich auf Jesus berufenden Gruppierungen durch den Hinweis auf den gemeinsamen Feind, die Juden, zu einigen.

Bild dieser Gegner nicht nach historischen, sondern nach polemischen Gesichtspunkten gezeichnet.[603]

Die genannte Kontrastierung zwischen Hierarchen und Volk soll das Verhalten der Hierarchen als das Verhalten einer sich bewußt verweigernden Minderheit erscheinen lassen. Die geringe Überzeugungskraft der Hierarchen wird in Mk 11,18; 12,12 in einem Erzählerkommentar formuliert und in Mk 11,31f. in der Form des Eingeständnisses ihnen selbst in den Mund gelegt; in Mk 2,12 wird auf mk-redaktioneller Ebene ihr als fortdauernd zu denkender Widerspruch einfach übergangen. Das testimonium vulgi dient aber zusätzlich dazu, ihre Haltung als unentschuldbare Verweigerung zu brandmarken: Wenn schon das Volk in dem Wirken Jesu ansatzweise Gottes Handeln erahnen kann, um wieviel mehr müßten es die religiös Führenden können, zumal ihnen der Selbstanspruch Jesu und ihr eigenes Verhalten keineswegs undurchsichtig bleibt (Mk 12,12; vgl. auch 15,31f). Ein antiker Leser aus der Oberschicht mag hier zusätzlich Motive der ὄχλος-Polemik als gegen ihre eigenen Träger gerichtet empfinden; ob Markus der Zusammenhang bewußt war, muß offen bleiben. Die pragmatische Funktion dieser Kontrastierung läßt sich als Vergewisserungsfunktion definieren: Daß die Haltung der Hierarchen schon damals nicht allgemein überzeugt hat, soll dazu beitragen, daß sich die Gemeindeglieder zur Zeit des Markus nicht von entsprechenden Argumenten von außerhalb der Gemeinde verunsichern lassen. Bei aller Polemik gegen die jüdischen Hierarchen sieht Markus seine Gemeinde nicht einfach in einem heilswirksamen Besitz der Wahrheit, wie das gerade von ihm verschärfte Jüngerunverständnismotiv zeigt: Die Gefahr des Nichtverstehens ist nicht auf die Hierarchen beschränkt.

Treten in einer Perikope oder in einem Perikopenarrangement nur Jesus, die Jünger und das Volk auf, so ist selbstverständlich der Kreis der Jünger als der innere Kreis um Jesus gedacht, dem Jesus eine Gemeinschaft gewährt, die er dem Volk nicht gewährt (Mk 3,13-19), und der als Adressat von Aufträgen Jesu in Betracht kommt (Mk 6,7-13). Gelegentlich wird das Volksverhalten dem Jüngerverhalten kontrastiert und letzteres dadurch als unangemessen hingestellt, diese Kontrastierung soll das Jüngerunverständnis als umso un-

---

603 So auch J. D. Kingsbury, Religious Authorities, 45. A. Lindemann, Der jüdische Jesus, 32, meint, daß dieses problematische Bild der Oberen bei Markus sich nicht nur polemischen oder apologetischen Tendenzen verdanke, sondern der theologischen Deutung des Todes Jesu als eines Todes »für unsere Sünden«, einer religiösen Motivation also, angesichts derer es für die Urgemeinde undenkbar schien, daß gerade der heidnische Statthalter »diese so bedeutsame Entscheidung getroffen« haben soll.

verständlicher erscheinen lassen. Es liegt wiederum der Schluß a minore ad
maius vor wie bei der Kontrastierung der Volksreaktion mit dem Verhalten
der Hierarchen. Das Volksverhalten bei gleichzeitigem, aber nicht kontra-
stiertem Jüngerversagen hat christologisch steigernde Funktion, wie in alttestamentlicher und frühjüdischer Literatur das admirative Verhalten und die
Gotteserkenntnis der Heiden die Bedeutung der jüdischen Religion in gesteigertem Lichte darzustellen imstande ist.

Wird der Leser im Evangelium dazu geführt, seinen Standpunkt, den der
Jünger, durch den Standpunkt Jesu weiterführend korrigieren zu lassen, versteht es sich, daß eine durchgehende Identifizierung des Lesers mit dem
Standpunkt des Volkes nicht intendiert sein kann. Ebensowenig ist aber eine
durchgehende Abgrenzung gegen diesen Standpunkt das Anliegen des Markus: Die Verweigerungshaltung von Mk 6,1-6a ist Negativfolie, die gezeigte
Offenheit soll der Christ korrigieren hin zu dem titularen Bekenntnis zu Jesus
als dem letzten und dem höchsten Gottesboten.

Die textintern verschiedenartigen Funktionen des Volksverhaltens lassen
nun auch auf die Frage, wen das Volk textextern repräsentiert, eine differenzierte Antwort erwarten.

Als Repräsentant der christlichen Gemeinde fungiert das Volk zweifellos
in den Speisungswundern, wiewohl diese in mk-redaktioneller Perspektive
um des Jüngerunverständnismotives willen erzählt werden[604], ferner in den
Heilungssummarien; vor allem in Mk 6,53-56 stellt die Reaktion der Bevölkerung um den See Genezareth dem christlichen Leser die Verläßlichkeit der
Wundermacht Jesu, der Macht seines eigenen Glaubensgrundes vor Augen.[605]
Doch füllt formgeschichtlich gesehen das Volk in Mk 1,32-34; 6,53-56 nicht
die Rolle der unbeteiligten Menge aus, sondern die der Begleiter der Kranken, mit denen der Leser sich auch sonst identifizieren darf (Mk 2,4; 7,24).

In der überwiegenden Mehrzahl der Stellen repräsentiert das Volk jedoch
nicht die nachösterliche Gemeinde selbst, sondern das Umfeld der Gemeinde.[606] Doch in welcher Weise kommt dieses Umfeld in den Blick?

Nach einem zu Beginn unserer Arbeit benannten, nicht seltenen Verständnis der Parabeltheorie[607] spiegelt das Volk »die draußen« (Mk 4,11) wider;
die Umgebung der Gemeinde ist damit einseitig als Negativfolie gekenn-

---

604 Daß in Mk 6,34-44 das zu speisende Volk die Laien, die Jünger die Priesterschaft re-
    präsentieren (A. Seethaler, Kirchenspiegel, 112), trifft nicht das Interesse des Markus.
605 Vgl. vor allem Mk 6,53-56.
606 Als Vermutung auch H.-J. Klauck, Allegorie und Allegorese, 248 Anm 314.
607 S. 3 Anm 6.

zeichnet. Zweifelsohne lassen sich die Negativreaktionen Mk 6,1-6; 15,6-15 und vielleicht auch die defizitären Reaktionen Mk 6,14-16; 8,28 theologisch erklären. Wichtig aber ist die Einsicht, daß die Parabeltheorie für Markus nicht primär vorösterlich zwischen Jüngern und Volk[608], sondern nachösterlich zwischen Gemeinde und Nicht-Gemeinde unterscheidet[609]. Zur Gemeinde aber kann jeder finden, unabhängig von seinem sozialen Status; die Zugehörigkeit zum ὄχλος ist weder Erleichterungs- noch Hinderungsgrund.

Die Volksreaktionen in den Wundergeschichten haben als Reaktionen der Außenstehenden zunächst den christologischen Sinn, die Größe des Wundertäters zu steigern, dann aber auch eine ekklesiologische Funktion: Das Volk als außenstehender Zeuge dient zugleich als Identifikationsangebot seitens der christlichen Missionare, daß sich der Hörer und Leser der Perikopen dessen Beurteilung von Fremderfahrung zu eigen macht (Mk 1,27; 7,37).
Auch in den beiden Volksbelehrungen Mk 7,14f. und Mk 8,34 repräsentiert der ὄχλος das missionarische Umfeld der Gemeinde: Wer sich dazu entschließt, Christ zu werden, muß wissen, was auf ihn zukommt.

Unsere Feststellung über die Divergenz der verschiedenen Funktionen der Volksreaktionen darf nicht dahingehend mißverstanden werden, als hielten wir eine innere Einheit bei Markus nicht gegeben. Diese innere Einheit liegt in der Christologie des leidenden Gottessohnes, dessen Gottessohnschaft die Legitimität, und dessen Leiden die Formbestimmung christlicher Existenz begründet; die Reaktionen des Volkes haben jeweils dienende Funktion. Aber in dieser beschränkten Funktion haben sie ihr Gewicht.

4.5.4. Theologische Konsequenzen

4.5.4.1. Christologische Konsequenzen

Der Gottessohntitel bezeichnet Jesus als den höchsten, der Christustitel als den letzten Gottesboten; die Gemeinde hat eine über Jesus hinausgehende Offenbarung nicht mehr zu erwarten. Die nichttitulare Volksreaktion Mk 1,27

---

608 Anders allerdings Z. Kato, Völkermission, 40f. - Daß die Volksmassen Jesu Gleichnisse gar nicht verstehen sollen (so J. Coutts, Messianic Secret, 42), scheint mir angesichts des Aufrufes zum Verstehen Mk 7,14 unwahrscheinlich.
609 »Die 'Verstockung' hat im Zusammenhang nur die Funktion, ein Umgehen der Esoterik auszuschließen: Nur wer zur Gemeinde gehört, kann das Geschehene und Gehörte verstehen. Für die Menge *als Menge* gibt es keine Buße.« (G. Sellin, Mk 4,1-34, 523).

nimmt den Erzählerkommentar Mk 1,22 wieder auf; Mk 7,37 formuliert ähnlich wie die Selbstaussage Jesu Mk 8,18 den Anspruch, daß in Jesu Wirken das Wirken Gottes selbst zu erkennen ist. Die traditionelle Akklamation Mk 2,12 hält die bisherige Unvergleichlichkeit des Handelns Jesu fest.

Das Markus in Mk 6,45-52 vorgegebene Epiphaniemotiv wird von ihm als epiphanietheologisch zu deutende Admiration in Mk 1,21f.; 9,15; 10,32 neu eingebracht. Jesu Lehren wie sein Leidensweg sind durch göttliche Autorität beglaubigt. Das Motiv hat vergewissernde und verpflichtende Funktion.

Das in den Summarien begegnende Motiv der Heilung vieler zeichnet Jesus als den machtvollen Helfer, ohne daß damit seine Identität schon hinreichend ausgesagt wäre: Deren Kundgabe durch die Dämonen wird von Jesus unterbunden. Auch ist die Tendenz bei Markus gegeben, Jesu Lehre gegenüber seinem Wundertun höherzugewichten (Mk 1,27.38f.).

Das Bedrängnismotiv Mk 3,9; 3,20f.; 6,30-33 bildet zusammen mit der Übertretung der Schweigegebote Mk 1,45; 7,36f. und den Ausbreitungsnotizen Mk 1,28.45 das Motiv der Öffentlichkeitswirksamkeit der Wunder Jesu, dem als propagandistischem Motiv innergemeindlich eine Vergewisserungsfunktion zukommt. Die entsprechenden Volksreaktionen Mk 1,45; 7,37 sollten nicht als Reaktion i.S. des Unverständnismotives in die Messiasgeheimnistheorie integriert werden[610]. Wenn Markus eine Volksreaktion kritisieren will, tut er es vernehmlich (Mk 6,1-6a; 8,29). Das zu Lebzeiten des irdischen Jesus offenbarwerdende Wundergeheimnis hat seine selbständige Funktion neben dem kreuzes- und offenbarungstheologisch zu interpretierenden Messiasgeheimnis.[611] Man mag bedauern, daß Markus der propagandistischen Wirkung der großen Zahl so unkritisch gegenübersteht, und diese Sichtweise als Indiz für die Herkunft des Markus aus einer niederen sozialen Schicht auffassen - die Sachkritik daran hat schon bei Matthäus und Lukas zu Kürzungen und Umakzentuierungen geführt -, doch hat Markus in Form der Kreuzestheologie selbst die erforderlichen Gegengewichte gesetzt.

4.5.4.2. Ekklesiologische Konsequenzen

Hat die narrative Analyse ergeben, daß die Volksmenge manchmal das feindliche Umfeld, in nicht wenigen Fällen das missionarische Umfeld der Ge-

---

610 F. Fendler, Studien, 128.
611 So zu Recht U. Luz, Geheimnismotiv, 226f.

meinde widerspiegelt, so sind sowohl die Erfahrungen des Mißerfolges als auch die bleibende Aufgabe der missionarischen Verkündigung in dieser Darstellung der Volksreaktionen vorausgesetzt. Kirche ist angefochtene Kirche, und sie ist missionarische Kirche. Weder die Erfahrung der Anfechtung noch das Bewußtsein der Erwählung im Gegenüber zu »denen Draußen« rechtfertigen den Verzicht auf missionarische Aktivität. Ein Verständnis der Kirche als in sich selbst genügsamer ecclesiola kann sich kaum auf Markus berufen, auch nicht auf Mk 4,11f. Wird das Volk in Mk 7,14; 8,34 als Adressat der Belehrung über christliche Normen eigens eingeführt, so ist damit die Aneignung der in Jesu Wort gesetzten Grundlegung christlicher Regel und die Bereitschaft zum Leiden für jeden Christen verpflichtend gemacht.

4.5.4.3. Israeltheologische Konsequenzen

Abschließend ist der Beitrag unseres Themas zu der umstrittenen mk Israeltheologie zu erheben.[612] Der Dissens ihrer Deutung ist in dem mk Miteinander von Anspruch und Polemik begründet.

An mehreren mk-redaktionellen Stellen, u.a. der Volksreaktion Mk 7,37a, überträgt Markus alttestamentliche JHWH-bezogene Aussagen auf Jesus[613] und formuliert damit den terminologisch aber noch nicht verdichteten (!)[614] Anspruch, daß die christliche Gemeinde die rechte Kontinuität zu dem von Gott gewollten Israel darstellt. In dem Bewußtsein dessen, daß das richtige Verständnis der Heiligen Schrift Israels zur Anerkennung des von Jesus Gesagten und damit zur Anerkennung Jesu führen müßte[615], wird vor allem den

---

612 Umstritten ist, ob das Markusevangelium bereits als Dokument der Trennung zu lesen ist (R. Kampling, Israel, 227) oder als ein in Judentum beheimatetes (P. Böttger, König, 102; C. Dahm, Israel, 256.294) Dokument der Annäherung, des versuchten Dialoges (So C. Dahm, Israel, 294). - Nicht diskutiert werden kann hier die Frage nach der sachgerechten Definition des Begriffes Antijudaismus (vgl. P. v. d. Osten-Sacken, Grundzüge, 32; B. Klappert, Israel - Messias/Christus - Kirche, 70; anders I. Broer, Art. Antijudaismus, NBL 1, 1988, 113), nach dem Antijudaismus im Markusevangelium (vgl. T. A. Burkill, Anti-Semitism, 53; H. v. Campenhausen, Entstehung, 14; S. Sandmel, Anti-Semitism in the New Testament?, 47; kritisch H. Baarlink, Zur Frage des Antijudaismus, 192, C. Breytenbach, Nachfolge, 323 Anm 233).

613 Mk 7,37a; Mk 8,18; vgl. auch Mk 1,2f.

614 Es fehlen Selbstbezeichnungen wie »das neue Israel«, »das wahre Israel« etc. Letzteres steht als Bezeichnung der Kirche erst bei Justin, Dialog 135,3 (E. J. Goodspeed, 257).

615 B. Childs, Die Theologie der einen Bibel, Bd. I, 317. - Zu erinnern ist an die von H.-W. Kuhn, Problem, 303, beschriebene kompositorische Funktion von Mk 1,44 (εἰς

Oberen Israels schuldhafte Selbstverweigerung vorgeworfen[616], die sich in einer von Anfang an gegebenen feindseligen Gesinnung und in der aktiven Tötungsabsicht gegen Jesus äußert. In Mk 3,1-6; 11,29.31-33 muß sich nicht mehr die Gemeinde verteidigen, vielmehr wird in einer sachkritisch zu bedenkenden Weise gefragt, warum die Gegner nicht der Standpunkt der Gemeinde zu übernehmen bereit sind. Entsprechend wird das Israel der Gegenwart nicht mehr auktorial positiv konnotiert als λαός angesprochen.[617] Die theologische Vorstellungswelt Israels ist nur bruchstückhaft rezipiert[618] und auch da meist e negativo: Es fehlen die Begriffe ἐπαγγελία sowie die Motive der Heimholung der Zerstreuten oder der Völkerwallfahrt zum Zion; es fehlen die Motive von Bund und Erwählung. Über jüdische Gegebenheiten unterrichtet der Evangelist oft pauschalierend[619] und polemisch übertreibend[620], als Signale der Distanz gelten vielfach die Wendung »in ihren Synagogen« aus Mk 1,39, die Verfluchung des Feigenbaumes als Rahmung der Tempelaktion sowie die Koppelung des Prodigiums Mk 15,38 mit dem Bekenntnis des Heiden Mk 15,39.

Doch sollte der Befund nicht vorschnell i.S. eines freiwillig außerhalb der Traditionen Israels eingenommenen Standpunktes gedeutet werden. In Mk 1,39 kann man den Genitiv αὐτῶν auch auf die κωμοπόλεις von Mk 1,38 zurückbeziehen, wie Lk 4,44 zeigt. Der Bogen zwischen Mk 4 und Mk 6,1-6a, zwischen Ankündigung und Verwirklichung des Unglaubens, ist

---

μαρτύριον αὐτοῖς) vor Mk 2,1-3,6 und von Mk 12,28-34 als Abschluß der Streitgespräche Mk 11,27-12,27.

616 Die kontrastierenden Volksreaktionen unterstreichen, daß eine wenigstens partielle Erkenntnis durchaus möglich gewesen wäre.

617 Das Israel der Gegenwart als λαὸς θεοῦ zu prädizieren, ist nach Mk 14,2 die Sicht der Gegner, aber nicht die Sicht des Evangelisten. Polemisch ist auch der andere Beleg für λαός: Nach Mk 7,6 wird Israel seiner Bestimmung nicht gerecht.

618 Das Stichwort Ἰσραήλ erscheint einmal im Dtn-Zitat Mk 12,29, dann im Spott der Leute Mk 15,32; das Stichwort Ἰουδαῖοι erscheint bei Markus einmal im Erzählerkommentar Mk 7,3 sowie fünfmal in der Formel "König der Juden" in der Passionsgeschichte und stets im Munde heidnischer Vertreter (Mk 15,2.9.12.18.26).

619 Die allgemeine Verpflichtung auf die in Mk 7,3f. referierte Reinheitsvorschrift ist für die Zeit des Markus nicht nachweisbar (S. T. Lachs, Rabbinic Commentary, 246); Mk 7,3f. wäre der älteste Beleg (J. Neusner, Mishnaic Law of Purities, Vol. XIX, 103).

620 So J. Gnilka, Markus I, 281; R. Pesch, Markus I, 371; M. Hengel, Mc 7,3, 196f. zu Mk 7,3; ders., Probleme des Markusevangeliums, 244; vgl. auch W. Trilling, Geschichtlichkeit, 92. Daß durch Mk 7,3f. die Perikope Mk 7* von einer innerjüdischen Auseinandersetzung zur antijüdischen Polemik wird, betont K. Berger, Gesetzesauslegung, 483. S. Sandmel, Anti-Semitism?, 32, fragt zusätzlich zu Mk 7,8, ob Markus bewußt oder unbewußt unterschlägt, daß auch die mündliche Thora nach jüdischer Auffassung von göttlicher Heiligkeit war.

bei Markus missionstheologisch, aber nicht israeltheologisch gespannt; Jesus lehrt weiterhin im Volk Israel.[621] Das Winzergleichnis richtet sich an die Oberen und kündigt ihnen das Gericht an, während Israel als solches bleibt[622]. Die Verfluchung des Feigenbaumes ist Symbolhandlung alttestamentlicher Gerichtsprophetie, deren alttestamentliche Vorbilder ebenfalls nicht im gleichen Zug den Fortbestand Israels als Gottesvolk als gegeben thematisieren. Mk 15,38 muß für sich genommen mit dem Ende des Tempels keineswegs das Ende Israels als Gottesvolk besagen[623], Mk 15,39 kann als Topos der Märtyrerliteratur gedeutet werden, oder die heidnische Herkunft des Hauptmannes ist ein testimonium externum gemäß des frühjüdischen Motives, daß dem Bekenntnis eines Außenstehenden innerjüdisch in erhöhtem Maße vergewissernde Wirkung zukommt.[624] Ferner argumentiert Markus nirgends mit den Topoi pagan-antiker Judenpolemik.[625] Auch wird die Auseinandersetzung vor allem mit der pharisäischen Richtung des Judentums noch um Sachfragen geführt und nicht auf den einen Punkt der Göttlichkeit Jesu reduziert.[626] Zwar ist in der Barabbas-Szene und der Verspottungsszene eine geschlossene Front der Ablehnung Jesu gezeichnet, und das israeltheologisch wenig aussagekräftige Textmaterial im Anschluß an Mk 15,39 läßt nicht erkennen, inwieweit Markus eine positive Heilszukunft Israels im Auge hatte[627]. Doch wenn Markus die Kluft zwischen der Volksmenge und den Oberen deutlich vertieft, dann liegt es näher, daß nach markinischer Anschauung auch für Menschen

---

621 Dagegen tilgt Matthäus das mk Lehrmotiv von Mk 6,34; 10,1.

622 W. Michaelis, Gleichnisse, 118; C. H. Dodd, Parables, 126; E. Lohmeyer, Markus, 246; W. Schmithals, Markus II, 516; C. Dahm, Israel im Markusevangelium, 250f.; P. Böttger, König der Juden, 29; M. Milavec, Identity, 30; R. Kampling, Israel, 166f.; K. Erlemann, Bild Gottes, 229-231; R. H. Gundry, Mark, 689, gegen O. H. Steck, Israel, 271; E. Schweizer, Markus, 132; R. Pesch, Markus II, 215; H. Weder, Gleichnisse, 155f.

623 R. Feldmeier, Der Gekreuzigte im Gnadenstuhl, passim; anders C. Breytenbach, Nachfolge, 325 Anm 233 (326). - Die Parallelstellen TestLev 10 (Literarkritik!); 1 Kön 9,6ff. (vgl. noch 2 Makk 5,15ff.; Lev 16,16.33; Hinweis durch P. Böttger, König, 90f. mit 91 Anm 294) sind von einem innerjüdischen Standpunkt aus formuliert.

624 Gestützt werden könnte diese Auslegung durch das Stichwort ἀληθῶς, das schon 1 Kön 18,39 LXX diff MT als Vergewisserungsakklamation stilisiert.

625 R. Kampling, Israel, 222.

626 P. v. d. Osten-Sacken, Streitgespräch und Parabel, 393. Für ihn zeigt sich auch in der Aufnahme der nur unter jüdischen Voraussetzungen verständlichen Streitgespräche als Korrektur zu einer θεῖος-ἀνήρ-Christologie »eine erstaunliche Nähe des Evangelisten zum Judentum bzw. Judenchristentum« (a.a.O., 391 Anm 38).

627 Zuversichtlicher hier P. Böttger, König, 102: »die Beziehung auf Israel ist auch nach Mk 15 nicht fallengelassen«; vgl. dagegen die Formel »Kontinuität zu Israel, Diskontinuität zum Judentum« bei R. Kampling, Israel, 227.

aus Israel das Heil offensteht, sofern sie Jesus anerkennen[628]. Wenn in Mk 3,7-12; 6,31-33 das Motiv des Volkszulaufes nach dem Todesbeschluß Mk 3,6 und nach dem auf Jesu Tod vorausweisenden Martyrium des Täufers eingebracht wird, ist doch damit auch ein Ausblick auf die nachösterliche Wirklichkeit gegeben; in ihr finden nach Mk 3,7f. eben auch Israeliten den Weg zur Gemeinde. An eine pauschale Verwerfung Israels hat Markus offenbar nicht gedacht.

Freilich hat Markus nicht viel getan, um einen späteren antijüdischen Gebrauch seiner Schrift zu verhindern. Als hemmender Faktor ist gerade der Gedanke zu nennen, daß die neue Praxis der Gemeinde[629] nicht durch Neuinterpretation der Thora, sondern durch ein Wort Jesu festgelegt[630], das Recht Jesu dazu durch seine Wundermacht erwiesen, und diese wiederum durch epiphanietheologische Volksreaktionen verherrlicht wird; nach der Auffassung des rabbinischen Judentums wird durch Wunder nichts bewiesen[631], und sie sollten zur Verherrlichung des Namens Gottes erbeten werden.[632] Die geglaubte Auferweckung Jesu als seine Rehabilitation verhinderte zudem die Rückfrage nach möglichen Ursachen des eigenen missionarischen Mißerfolges in der Botschaft selbst. Dem Trennungsprozeß zwischen Christentum und Judentum konnte das Markusevangelium mit seiner thetischen Beanspruchung der Kontinuität zu dem von Gott gewollten Israel nicht entgegenwirken.

---

628 Die Anerkennung Jesu dürfte er als Voraussetzung einer positiven Heilszukunft angesehen haben (C. Dahm, Israel, 256.294; R. Kampling, Israel, 195. 216). R. Kampling, Rez. C. Dahm, Israel im Markusevangelium, ThRev 90, 1994, 291-295, 295, fragt, ob Markus wirklich damit gerechnet habe, daß Israel als Ganzes den Weg zu Jesus findet (C. Dahm, Israel, 291).

629 Für Mk 7,19 sind innerjüdische Parallelen offenbar nicht nachzuweisen; K. Berger, Gesetzesauslegung I, 478.507, nennt keine Parallelen. - Zu Mk 7,19 fin. fehlt in Mt 15,17 die Entsprechung.

630 Eine Parallele ist in der eigenwilligen Pescher-Exegese in Qumran insofern gegeben, als man deren Resultate ebenfalls nur im Glauben an die Legitimität des in Qumran gelebten Judentums übernehmen wird, sodaß bei der Schriftexegese von Qumran der gleiche hermeneutische Zirkel vorliegt wie bei der urchristlichen Schriftexegese.

631 bBerachot 60a; bBaba Mezia 59b.

632 bTaanit 20a; vgl. die Kritik von E. E. Urbach, Sages, 117, an Joh 4,46-54.

5. Die Reaktion des Volkes nach Matthäus

5.1. Matthäus und seine Gemeinde

Die Funktionen der Volksreaktionen bei Matthäus darzustellen, setzt die Of-
fenlegung des eigenen Gesamtverständnis des Matthäusevangeliums ebenso
voraus wie die kurze Darstellung seines Umgangs mit den ihm vorliegenden
Materialien aus Markus, Q und Sondergut. In synchroner Fragerichtung versuchen wir, das Matthäusevangelium als ein eigenständiges Gesamtwerk zu
würdigen, das schon damals in Syrien[1] für sich selbst stehen mußte, wo die
mt Gemeinde sich seine Intentionen nicht aus dem Vergleich zu Markus verdeutlichen konnte. Die diachrone Fragestellung aber wird das Profil des
Matthäusevangeliums verdeutlichen.

Für das Gesamtverständnis des ersten Evangeliums gilt es, die katecheti-
schen Aspekte der normgebenden Lehre Jesu ebenso zu berücksichtigen wie
die Diskussion um historische oder aktuell-polemische Relevanz der Israelthematik. Ich sehe in dem judenchristlichen[2] Matthäusevangelium das
Bemühen um die Vergewisserung der Kontinuität des Handelns Gottes an

---

1   Zur Lokalisierung des Matthäusevangeliums in Syrien vgl. etwa G. Theißen, Lokalko-
      lorit, 264, für den neben Mt 4,24 die »'Ostverlagerung' der Perspektive« durch den
      Einbezug des Morgenlandes (Mt 2,1-12) und Ägyptens (Mt 2,13-15) wichtig ist.

2   Gegen die Herkunft des Evangelisten aus dem Volk Israel wurde nicht selten die Un-
      kenntnis hinsichtlich jüdischer sprachlicher Konventionen, gesellschaftlicher Verhält-
      nisse und religiöser Praktiken in Mt 16,12; 21,5-7; 23,5 geltend gemacht: Historisch sei
      die Zusammenordnung der Lehre der Pharisäer und Sadduzäer in Mt 16,11 unhaltbar;
      Mt 21,5-7 sei eine Verkennung des Parallelismus membrorum (G. Strecker, Weg der
      Gerechtigkeit, 18f.), und dem Evangelisten sei die Bedeutung der Tephillin (Mt 23,5)
      nicht bekannt. Doch lassen sich diese Argumente relativieren: Mt 16,11 bezieht sich
      auf die Gegnerangabe Mt 16,1 zurück und spiegelt redaktionell die relative Einigkeit
      der Hierarchen in der Ablehnung der Jesusbotschaft; daß Jesus gemäß Mt 21,5-7 auf
      zwei Reittieren zuglich sitze, müßte auch ein Heidenchrist bemerkt haben (U. Luz,
      Matthäus I, 62 Anm 126), und die Bezeichnung der Tephillin als Amulette Mt 23,5 ist
      Polemik ähnlich wie Mt 27,62-66; 28,1-15; Gal 5,12; auch weist Mt 23,5 vielleicht auf
      den irdischen Jesus zurück (W. G. Kümmel, Einleitung, 86). Die ebenfalls angeführte
      Vermeidung von Aramaismen zeigt nur, daß Matthäus für einen griechischsprachigen
      Raum schrieb (W. G. Kümmel, Einleitung, 85).

Israel und die Einschärfung der Verpflichtung auf die von Jesus ausgelegte Thora; die Christologie schließt ein apologetisches und parakletisches, die Israelthematik ein ätiologisches, die ekklesiologische Thematik ein katechetisches Element in sich.

Die behauptete Gottessohnschaft und Messianität Jesu hat für die mt Gemeinde die Implikation, daß Jesu Handeln in der Tat Gottes Willen für Israel entspricht, daß aber sie selbst, die Gemeinde, im tätigen Gehorsam gegenüber der vollmächtigen, von Gott autorisierten Thora-Auslegung Jesu sich so verhalten muß, wie sich Israel insgesamt seinem Gott gegenüber verhalten sollte. Von diesen Anliegen ist auch unsere Gliederungsbeschreibung[3] bestimmt.

Mt 1-4 beschreibt, wer der ist, der im folgenden Autorität beansprucht[4]; Mt 5-7 lehrt die durch seine Autorität eingeforderten Inhalte, denen gemäß

---

3 In der Gliederungsfrage ist umstritten, ob man die geographischen Zäsuren Mt 16,21; 19,1; 21,1 (vgl. W. G. Kümmel, Einleitung, 75 und R. Schnackenburg, Matthäusevangelium I, 6, mit Betonung auf Mt 16,21; W. Trilling, Matthäus II, 8, mit Betonung auf Mt 19,1; Ph. Vielhauer, Geschichte der urchristlichen Literatur, 356; R. A. Edwards, Matthew's Story of Jesus, 9, jeweils mit Betonung auf Mt 21,1), die Redeschlußwendungen Mt 7,28; 11,1 etc. (so W. Bacon, Fünf Bücher, 48-50, modifiziert D. C. Allison, Matthew: Structure, 1208, mit Vorbehalten R. H. Gundry, Matthew, 10f.) oder die Wendung ἀπὸ τότε ἤρξατο ὁ Ἰησοῦς Mt 4,17; 16,21 (W. Grundmann, Matthäus, 397; E. Lohmeyer, Matthäus, 1.64.264; J. D. Kingsbury, Matthew: Structure, 7f.; D. R. Bauer, Structure, 73; R. T. France, Matthew, 62; R. Schnackenburg, Matthäus I, 5; J. Gnilka, Matthäus II, 523; A. Sand, Matthäus, 36; kritisch B. Standaert, Matthieu - Composition, 1241), als Ausgangspunkt nehmen soll, oder ob der jeweils andersartige Umgang des Matthäus mit seinen Quellen eine Zäsur nach Mt 11,30 nahelegt (U. Luz, Matthäus I, 24f.) oder ob man aufgrund einer Analyse i.S. des literary criticism die Zäsuren nach Mt 4,11; 11,1; 16,12; 20,34 und 28,15 setzen soll (F. J. Matera, Plot of Matthew's Gospel, 246-252). Ob Matthäus überhaupt etwas an einer erkennbaren Gliederung gelegen sei, fragt G. N. Stanton, Origin and Purpose of Matthew's Gospel, S. 1905, der auf einen solchen Versuch verzichtet. Vgl. ferner H. B. Green, The Structure of St. Matthew's Gospel, in: F. L. Cross (ed.), Studia Evangelica IV. Papers Presented to the Third International Congress on New Testament Studies, Part I, TU 102, Berlin 1968, 47-59; D. L. Barr, The Drama of Matthew's Gospel: A Reconsideration of its Structure and Purpose, ThD 24, 1976, 349-359; H. J. B. Combrink, The Structure of the Gospel of Matthew as Narrative, TynB 34, 1993, 61-90.

4 Meine Entscheidung dafür, die Zäsur nicht schon nach Mt 4,11 oder nach Mt 4,16 zu setzen, ist in meinem oben entwickelten kerygmatischen Verständnis des Matthäusevangeliums begründet. Der kerygmatischen Aussage sind historisierende Elemente und biographische Interessen (G. Strecker, Weg der Gerechtigkeit, 184; G. N. Stanton, Matthew, BIBLOS, EYAGGELION, or BIOS?, 1200; vgl. auch D. C. Allison, Matthew: Structure, 1208-1221) untergeordnet. In Mt 4,17 nimmt Jesus die Botschaft des Täufers Mt 3,2 auf; darum empfiehlt sich eine Zäsur hier nicht wirklich (G. N. Stanton, Origin and Purpose of Matthew's Gospel, S. 1905). Die Berufung der ersten vier Jünger stellt das Publikum für Mt 5,2 bereit. Das Summarium Mt 4,23 definiert

ein quantitatives »Mehr« an Gerechtigkeit von dem einzelnen Jünger erfüllt werden soll; Mt 8,1-9,35 erweist in den Wundertaten wie in der umstrittenen Neuordnung gewisser Praktiken in der christlichen Gemeinde die Vollmacht Jesu, aufgrund deren von dem Jünger Glaube gegenüber Jesus auch in Not und Gefahr und angesichts von Anfeindung gefordert werden kann[5]; Mt 9,36-14,12 kontrastiert die Selbstverweigerung des größten Teiles Israels dem durch göttliche Offenbarung ermöglichten und sich im Gehorsam bewährenden Jüngerverhalten; dabei wird das zuerst genannte Thema im zweimaligen Doppelschritt von Ankündigung (Kap 10) und Verwirklichung (Kap 11; 12) bzw. Begründung (Kap 13)[6] und Verwirklichung (Mt 13,53-14,12) entfaltet[7]. Mt 14,13-16,20 ist christologische[8], Mt 16,21-20,34 ekklesiologisch-ethische

---

    den Inhalt, die Ausbreitungsnotiz und die Landschaftsliste Mt 4,24f. definieren die zukünftigen und die zur Zeit Jesu intendierten Adressaten [sic!] dessen, was in Mt 5 - 9 entfaltet wird. A. Weiser, Theologie II, 81, setzt die Zäsur nach 4,22.

5   Wir versuchen damit, sowohl den christologisch als auch den ekklesiologisch orientierten Inhalten von Mt 8-9 Gerechtigkeit widerfahren zu lassen. Zur christologischen Funktionsbestimmung vgl. Euthymius Zigabenus, Mt, PG 129, 280 A; M. Luther, Annotationes in aliquot capita Matthaei (1539), WA 38,465; für die neuere Zeit vgl. E. Klostermann, Matthäus, 72; W. Grundmann, Matthäus, 245f.; P. Gaechter, Die literarische Kunst im Matthäus-Evangelium, 20; vgl. weiter die berühmt gewordene Formulierung von »Messias des Wortes und Messias der Tat« bei J. Schniewind, Matthäus, 8; vgl. weiter heute J. D. Kingsbury, Matthew 8-9, 572f. (mit Kritik an Burger s.u.); A. Sand, Matthäus, 174f.; R. Schnackenburg, Matthäusevangelium I, 78; U. Luck, Matthäus, 123; H. Frankemölle, Matthäus I, 289 (»Praxis des Immanuel«); zur ekklesiologischen Funktionsbestimmung vgl. vor allem C. Burger, Matthäus 8 und 9, 284-287 (»Gründungslegende der Kirche« S. 287); ebenso U. Schnelle, Einleitung, 271f., für die Tiefendimension des in Mt 8; 9 Erzählten auch U. Luz, Matthäus II, 7 sowie ders., Jesusgeschichte 78; vgl. auch K.-C. Wong, Interkulturelle Theologie, 110.

6   Vgl. W. Carter, The Crowd's in Matthew's Gospel, 62: »The audience learns more in chap. 13 about the basis of this differentiation« (scil. zwischen Jüngern und Menge).

7   Aufgrund dieser unserer Auffassung von der kompositionellen Struktur der Kapitel setzen wir die Zäsur ungeachtet des Gewichtes der christologischen Frage Mt 11,3 nicht vor Mt 11,2 (so H. J. Held, Interpret, 238f.; F. J. Matera, Plot of Matthew's Gospel, 248; J. D. Kingsbury, Matthew as Story, 5.116; R. A. Edwards, Matthew's Story of Jesus, 9), aber auch nicht vor Mt 12,1 (so E. Schweizer, Matthäus, 38; U. Luz, Jesusgeschichte, 9; A. Weiser, Theologie II, 81).

8   Zur Berechtigung, aufgrund des Wechsels der Perspektive hin auf die Jünger vor Mt 14,13 eine Zäsur zu setzen, vgl. B. Standaert, Matthieu, 1237: »`A partir du chapitre 14, le lecteur/auditeur doit entrer dans le point de vue des disciples et subir avec eux tout l'itinéraire initiatique exemplaire que Jésus leur propose«. - Wie bei Markus werden auch bei Matthäus die Speisungsgeschichten um des Jüngerverhaltens willen umgeformt (vgl. Mt 14,16) und hier eingestellt (so zu Recht D. J. Verseput, The Faith of the Reader, 19); das von Mt 13,53-38 durchaus abweichende Volksverhalten in Mt 14,34-36; 19,29-31 ist ein äußerlicher Beweis für die Verläßlichkeit der Helfermacht Jesu (s.u.).

Jüngerbelehrung. Mt 21-23 kündigt das Gericht über Jerusalem an, das Jesus nicht als Erfüller seiner messianischen Hoffnungen anerkennt; Mt 24-25 ist eschatologischer Ausblick, der auch der Gemeinde für den Fall des Ungehorsams das Gericht ansagt. Die Passions- und Ostergeschichten Mt 26-28 sind Ätiologie für den jetzigen Stand der Kirche als Israel-gebürtiger ἐκκλησία außerhalb[9] des Synagogenverbandes; man vgl. Mt 27,25 einerseits, die Aufhebung von Mt 10,5f.23; 15,24 durch Mt 28,19 andererseits.

Die zuletzt genannte Stelle Mt 28,19 führt nun auch auf die Frage, für welche Gemeinde das Matthäusevangelium geschrieben wurde. Wahrscheinlich ist die mt Gemeinde eine gemischte Gemeinde mit judenchristlich dominierendem Element[10]; sie hat sich jedoch der Heidenmission nicht nur geöffnet[11], sondern weiß sich ihr verpflichtet.[12] Doch haben in jedem Falle auch Judenchristen zur Gemeinde gehört, wie sich nicht nur e silentio[13], sondern auch

---

9   Die Argumente für die Ansiedlung der mt Gemeinde noch innerhalb des Synagogenverbandes sind der Hinweis auf die Verfolgungslogien, auf die grundsätzliche Anerkennung der Lehrautorität des Rabbinats Mt 23,2 sowie auf die fortdauernde Entrichtung der Tempelsteuer Mt 17,27; für diese Situierung der Gemeinde vgl. G. Bornkamm, Enderwartung und Kirche, 17 (anders jedoch ders., Die Binde- und Lösegewalt in der Kirche des Matthäus, 40); R. Hummel, Auseinandersetzung, 28-33 (vorsichtiger ders., Auseinandersetzung, 2. Aufl., 166 im Nachtragskapitel); J. Ernst, Matthäus, 78-81; P. Fiedler, Das Matthäusevangelium und »die Pharisäer«, 214-217; anders U. Luz, Matthäus I, 70-72; J. Roloff, Kirche, 146 und die bei K.-C. Wong, Interkulturelle Theologie, 11 Anm 64 genannten Autoren, u.a. mit dem Verweis auf die distanzierte Redeweise von »ihren« bzw. »euren« Synagogen und Schriftgelehrten (Mt 4,23; 7,29; 9,35; 12,9; 13,54; 23,34).

10   Als gemischte Gemeinde gilt die mt Gemeinde nach G. Theißen, Lokalkolorit, 286; K.-C. Wong, Interkulturelle Theologie, passim; anders A. Weiser, Theologie II, 80, der von einer »hellenistisch-judenchristlichen« Gemeinde spricht.

11   So aber D. C. Sim, The Gospel of Matthew and the Gentiles, 35ff., dessen These zu weit geht, obwohl er S. 25-30 unter Hinweis auf Mt 8,34; 10,17-22; 24,9; 27,11-26.27-31a zu Recht herausstellt, daß die Heiden bei Matthäus keineswegs nur positiv gezeichnet sind.

12   Mt 12,21; 13,38; 24,14; 26,13; 28,19. K.-C. Wong, Interkulturelle Theologie, 45-48, hat zusätzlich auf die universale Thora-Auslegung in Mt 7,12 verwiesen. - Den heidenchristlichen Charakter der mt Gemeinde sollte man auch nicht mit der behaupteten Verwerfung des Judentums begründen (so K. W. Clark, Die heidenchristliche Tendenz im Matthäusevangelium, 104f.110): Diese legt sich vom Gesamtduktus des Matthäusevangeliums und von Mt 8,12; 21,43 her zwar nahe, wird aber von Matthäus gerade nicht ausgesprochen (W. G. Kümmel, Einleitung, 86f.; J. Roloff, Kirche, 151).

13   H. Gollinger, »... und diese Lehre«, 370, hat mit Recht auf das Fehlen des generalisierenden Artikels in Mt 28,15 verwiesen. - Die johanneische Wendung »die Juden« findet sich bei Matthäus nicht. Auch »die Heuchler in den Synagogen« in Mt 6,2 werden nicht einfach mit allen Juden identifiziert: gerade hier fehlt vor »Synagogen« das Possessivpronomen. Ein anderes Bild bietet dagegen Did 8,1, ähnlich wie das Vater Unser

positiv nachweisen läßt: Die Wendung πᾶς ὁ γραμματεύς in Mt 13,52 und die pluralische Formulierung in Mt 23,34 sind nur dann sinnvoll, wenn nicht Matthäus der einzige Schriftgelehrte[14] ist, der nachösterlich[15] den Weg zur Jesus-Gemeinde fand. Auch die derb-polemische Grabwächterperikope dürfte sich nicht nur befürchteten, sondern auch gelegentlichen tatsächlichen Missionserfolgen der Jesusanhänger unter dem λαός[16] verdanken. Vor allem aber ist die Gemeinde ihrem theologischen Selbstverständnis nach eine tendenziell judenchristliche Gemeinde, die die Heidenchristen in ihren Bezugsrahmen integriert[17], der durch Israels im Lichte des Jesusgeschehens gedeutete Tradi-

---

in Did 8,2 dem Gebet der »Heuchler«, nicht dem Geplappere der Heiden (so Mt 6,7) gegenübergestellt wird.

14 Seit R. Walker, Heilsgeschichte, 20 (vgl. S. Van Tilborg, Jewish Leaders, 1), gilt die Führungsschicht bei Matthäus als ein einziger negativ gegen Jesus eingestellter Block, innerhalb dessen Matthäus nicht mehr differenziert. Man kann jedoch fragen, ob nicht um der Erwähnung der christlichen Schriftgelehrten Mt 13,52; 23,34 und des nachfolgewilligen Schriftgelehrten Mt 8,19 willen auch ansonsten Änderungen im Bild der Schriftgelehrten vorgenommen wurden: Neben den negativen Erwähnungen aus Mk-Stoffen (Mt 9,3; 15,1; 16,21; 17,10; 20,18; 21,15, aus Mk 11,18 übernommen; 26,57; 27,41), Q-Stoffen (Mt 23,13) und Sondergut-Stoffen (Mt 2,4) und neben Erwähnungen mt-redaktioneller Herkunft (Mt 5,20; 12,38; Mt 23,15.23.25.27.29 in ausweitender Aufnahme einer Q-Tradition) steht die Tatsache, daß ihre Erwähnung in anderen kritischen Situationen getilgt wird: Die Frage nach dem obersten Gebot Mt 22,34 und die Davidssohnfrage Mt 22,41 werden mit den Pharisäern ausgefochten, nicht wie bei Markus mit den Schriftgelehrten; die Erwähnung der Schriftgelehrten fehlt in der Vollmachtsperikope Mt 21,23, im zweiten Todesbeschluß Mt 26,3; in der Näherbezeichnung der Auftraggeber des Verhaftungskommandos Mt 26,47, in der Näherbezeichnung der Subjekte des Überstellungsbeschlusses Mt 27,1; und auch in der Grabeswächterperikope werden sie trotz der von Mt 12,38 her gegebenen Möglichkeit nicht erwähnt. R. Walker, Heilsgeschichte, 20f., wird diesen Belegen m.E. nicht wirklich gerecht. Daß Mt 23,34 auf die vorösterliche Zeit der Zuwendung Jesu zu Israel zu beziehen sei (so R. Walker, 25f.), erscheint mir angesichts der im judenchristlichen Charakter der mt Gemeinde gegebenen Evidenz für das Weitergehen der Israelmission ebensowenig zwingend, wie mir fraglich ist, ob seine nachdenkenswerte Reflexion über Mt 13,51f. (S. 27-29) wirklich das Vorkommen des Titels »Schriftgelehrte« in Mt 13,52 erklärt.

15 Μαθητεύειν (Mt 13,52; 27,57; 28,19) wird bei Matthäus nicht von dem berufenden Handeln Jesu gegenüber den zwölf Jüngern gebraucht (G. Strecker, Weg, 192), sondern nur von den nachösterlichen Berufungen.

16 Daß in Mt 27,64 λαός statt ὄχλος steht, dürfte zunächst mit der den Eliten in den Mund gelegten Sicht Israels als Gottesvolk zu begründen sein, für das sie die Verantwortung tragen (ähnlich Mt 26,5). Vielleicht erschien es Matthäus aber auch im Hinblick auf Mt 13,52; 23,34 nicht passend, den Eliten eine Abgrenzung vom ὄχλος i.S. von Joh 7,48f. in den Mund zu legen.

17 K.-C. Wong, Interkulturelle Theologie, 195, spricht von der »Integration von Heidenchristen in eine Gemeinde judenchristlicher Prägung«. Betrachten W. G. Kümmel,

tionen geprägt wird. Die Argumente für diese Tendenz sind reichlich: Zu erinnern ist an die Distanzierung vom Antinomismus Mt 5,17-20; 7,23; 13,41, an die Distanzierung von »den Heiden« gerade in der Jüngerbelehrung Mt 5,46f.; 6,7; 18,17, an die Anerkennung der rabbinischen Autorität Mt 23,2.3a, der Speisegesetze Mt 15,17 und der Sabbatgesetzgebung Mt 24,20, an die Beschreibung des Festlegungsvorgangs für Erlaubtes und Verbotenes nach speziell jüdischer Terminologie: »Binden« und »Lösen« (Mt 16,19; 18,18). Die Heidenmission weist die neu hinzukommenden Mitglieder in die verbindliche Lehre des Irdischen ein, wozu auch die in Mt 5-7 neu interpretierte Thora gehört.

Matthäus übernimmt aus Markus epiphanietheologische wie negative Volksreaktionen. Die markinischen »Volksperikopen« sind fast alle übernommen worden, mit folgenden Ausnahmen: Von der bei Matthäus fehlenden Geschichte Mk 1,21-28 fungiert Mk 1,22 als Rahmung der Bergpredigt; getilgt sind die Perikopen Mk 1,35-38; 3,20f. sowie die Volksreaktionen Mk 1,45; 10,32; das Summarium Mt 15,29-31 steht an Stelle der Wundergeschichte Mk 7,31-37; von Mk 6,14-16 ist nur V. 14a.16 aufgenommen; die admirative Reaktion Mk 11,18bβ ist durch Mt 21,15-17 ersetzt. Aus Q übernimmt Matthäus u.a. die Aussendungsrede, das Wort von den launischen Kindern, die Drohworte gegen die unbußfertigen Städte, Einzelstücke für die Pharisäerrede Mt 23 und den Jubelruf Mt 11,25-27. Nach dessen strenger Unterscheidung zwischen den Jüngern und der nichtglaubenden Umwelt korrigiert er übernommene Markusstoffe, während umgekehrt die bei Q nicht ausschließliche, aber vorherrschende Sicht des gesamten Volkes als dieser unbußfertigen Generation durch die Hereinnahme der andersartigen Markusstoffe auf den ersten Blick etwas relativiert erscheint, ja sogar in Mt 3,7; 12,24 möglicherweise Q nach der mk Erzählfigurenkonzeption korrigiert ist.

Ein eigener Akzent der mt Volksreaktionen liegt in der expliziten Israelthematik; hierher gehörige Belege verdanken sich nicht selten mt korrigierender oder neusetzender Redaktion.

Im folgenden wird nach einigen terminologischen Bemerkungen zunächst eine Analyse der Erzählfiguren im Matthäusevangelium vorgenommen, anschließend daran wird die Funktion der einzelnen Volksreaktionen erörtert.

Einleitung, 89; J. Roloff, Kirche, 146, die mt Gemeinde als mehrheitlich judenchristlich, so hält es K.-C. Wong, a.a.O., nicht für ausgeschlossen, daß in absehbarer Zeit die Heidenchristen zur zahlenmäßig größeren Gruppe würde. Doch wird keinesfalls paritätisch aus juden- und heidenchristlichen Theologumena ein neues Ganzes geschaffen.

5.2. Das Subjekt der Reaktion: »Volk«

Zunächst seien kurz die diachronen Vorgaben skizziert, zunächst im Vokabular: Die beiden λαός-Belege Mk 7,6; 14,2 werden in Mt 15,8; 26,5 übernommen; von den restlichen zwölf Belegen entstammen drei Belege der Hebräischen Bibel[18], drei Belege dem Sondergut[19], sechs Belege sind redaktionell gesetzt[20]. Von den 38 ὄχλος-Belegen aus Mk wird etwas mehr als die
Hälfte übernommen[21]; getilgt werden aus unterschiedlichen Gründen 17 Belege[22]. Von den 49 mt ὄχλος-Belegen stammen 33 Belege aus Mk[23], drei
Belege aus Q[24], ein Beleg aus dem Sondergut[25], drei Belege sind Ersatzbil-
dungen für andere mk Wendungen[26], neun Belege sind redaktionell gesetzt[27].
Das Wort πλῆθος fehlt. Terminologisch wird der explizite Einbezug der Israelthematik im Matthäusevangelium sichtbar an dem bekannten Sachverhalt,
daß neben den Allgemeinbegriff ὄχλος der spezielle Begriff λαός i.S. von
»Gottesvolk« tritt. Der λαός ist Adressat der gnädigen Zuwendung Gottes
(Mt 1,21[28]; 2,6; 4,16) und Jesu (Mt 4,23); die einzige Stelle, wo λαός im
erzählenden Text als Subjekt einer Aussage auftritt, Mt 27,25, hat die ableh-

---

18 Mt 2,6; 4,16; 13,15; zusätzlich Mt 15,8 (= Mk 7,6).

19 Mt 1,21; 27,25.64.

20 Mt 4,23 sowie die Belege der Formel »Älteste des Volks« Mt 2,4; 21,23; 26,3.47; 27,1.

21 Mk 4,1b.36; 7,14; 8,2.6a; 9,14; 10,1.46; 11,18 (versetzt); 11,32; 14,43; 15,8.11; wer-
    den übernommen, Mk 3,32; 4,1a; 6,34.45; 8,6b; 11,18; 12,12; 12,37 gleichzeitig ohne
    Sinnverschiebung in den Plural gesetzt.

22 Mk 2,4.13; 8,1; 9,15.17.25; 15,15 entfallen im Zuge der Straffung; Parallelen zu Mk.
    3,9.20; 5,21.24.27.30.31 fehlen, weil das Bedrängnismotiv getilgt wird; die Unter-
    scheidung zwischen den Jüngern und dem ὄχλος aus Mk 7,17 fehlt, weil Matthäus die
    Abgrenzung von den Pharisäern nicht als esoterische Jüngerbelehrung durchführen
    will; Mk 8,34 fehlt, weil nur die Jünger über ihr bevorstehendes Schicksal als Christen
    aufgeklärt werden sollen; Mk 12,41 fehlt mit der ganzen Perikope.

23 Mt 9,(8.)36; 12,46; 13,2a.b.(34); 14,14.(13.15.19 bis); 14,22.(23); 15,10; (15,30.31,
    aus Mk 7,33); 15,32.(33.35.36.39); 17,14; 19,2; 20,29.(31); 21,26.46; 22,33 (aus
    Mk 11,18); 23,1; 26,47.(55); 27,15.20. Die eingeklammerten Belege sind Belege, bei
    denen Matthäus das Wort ohne Sinnveränderung der mk Perikope entnehmen konnte.

24 Mt 11,7 sowie Mt 9,33; 12,23 (sofern nicht aus Deuteromarkus).

25 Mt 27,24.

26 Mt 4,25; 5,1; 7,28.

27 Mt 8,1.18; 9,23.25; 13,36; 14,5; 21,8.9.11.

28 Mt 1,21 wird öfters auf die christliche Gemeinde gedeutet, in der die Sündenvergebung
    nach Mt 9,8 tatsächlich ausgeübt wird (vgl. H. Frankemölle, Jahwebund, 211-218).
    Dem widerspricht der sonstige mt Sprachgebrauch (so auch U. Luz, Matthäus I, 105).

nende Reaktion zum Inhalt.[29] Vorbereitet ist diese ablehnende Reaktion in besprechenden Texten aus dem Munde Jesu Mt 13,15; 15,8 und in den erzählenden Texten Mt 2,4; 21,23; 26,3.47; 27,1, in denen die Hierarchen in ihrer vermeintlichen Verantwortung für den λαός die Autorität Jesu hinterfragen (Mt 21,23) bzw. Maßnahmen zum Fall Jesu ergreifen (Mt 2,4 etc.). An dem Bezug von λαός speziell auf Israel ist nicht nur für diese zuletzt genannten Belege, sondern aufgrund der Erwähnung der Synagogen auch für Mt 4,23 festzuhalten[30].

Das Gottesvolk ist Adressat der Lehre Jesu und seiner erbarmenden, trotz allen Widerstandes ungebrochenen Zuwendung[31], aber es verweigert sich als Gottesvolk, als λαός, diesem Heil. Der Wechsel von ὄχλος zu λαός in Mt 27,24f. ist wohl von Matthäus geplant und gewollt.

Daß Matthäus einen markinischen Singular ὄχλος in einen Plural verwandelt[32] oder statt anderer mk Ausdrücke den Plural ὄχλοι setzt, sollte nicht vorschnell als christologische Steigerung interpretiert werden, sondern dürfte den rabbinischen Sprachgebrauch widerspiegeln, in dem der Plural אכלסין neben dem Singular אכלסא gleichberechtigt und -bedeutend steht.[33]

---

29   Die Literatur zu Mt 27,24f. ist unübersehbar. Mt 27,25 ist wohl nicht Selbstverfluchung, sondern Übernahme der Verantwortung für den Tod Jesu (K.-H. Schelkle, Die »Selbstverfluchung« Israels, 149; J. Gnilka, Matthäus II, 459; H. Gollinger, Heil, 207; anders: A. Sand, Matthäus, 555). D. Sullivan, New Insights, 455f., deutet Mt 27,25 mit Hinweis auf Ex 24,8; Mt 26,28 als freiwillige Unterstellung des λαός unter das Bundesblut: »the people were asking for that forgiveness which would make them members of the very kingdom which Jesus preached« (456). In der Tat wäre es wünschenswert, wenn Matthäus i.S. dieser Deutung gedacht hätte. Doch dominiert im Kontext die Feindseligkeit nicht nur der Hierarchen (vgl. Mt 27,38-44; 62-66).

30   So G. Lohfink, Wem gilt die Bergpredigt (1988), 204, gegen K.-S. Krieger, Publikum, 108. Zusätzlich kann auf die Tilgung von Tyrus und Sidon gegenüber Mk 3,7f. verwiesen werden, vgl. B. Gerhardsson, Mighty Acts of Jesus, 35. Vielleicht empfiehlt sich die Deutung von G. Tisera, Universalism, 99: »This Galilee prefigures a positive opening to the Gentiles which will materialize only at the end of Matt's Gospel«.

31   Man beachte die mehrmalige Abfolge von Todesbeschluß gegen den Täufer oder gegen Jesus durch die Eliten - Rückzug Jesu - Nachkommen der Massen - Heilungstätigkeit; vgl. Mt 12,15f.; 14,13. - Auch Mt 8,18 kann nicht die These von einer zeitweisen Distanz vom Volk begründen. J. Wellhausen, Matthäus, 38, erklärt zu Recht: »8,18 ... ist wegen 8,20 an diese Stelle vorgeschoben, damit Jesus auf der Wanderung erscheine«. Der ὄχλος-kritische Aspekt ergibt sich aus der Nachfolgethematik (s.u.).

32   So Mt 9,36 gegenüber Mk 6,34; Mt 13.2a gegenüber Mk 4,1a; Mt 21,46 gegenüber Mk 12,12; Mt 22,33 gegenüber Mk 11,18; Mt 23,1 gegenüber Mk 12,37.

33   Entsprechend kann Matthäus innerhalb der Perikope vom Singular in den Plural wechseln (15,35 - 15,36; 21,8 - 21,9; von den Scharen, die Jesus verhaften 26,47 - 26,55), aber auch umgekehrt (15,30 - 15,31).

Die Begriffe ὄχλος und ὄχλοι bezeichnen bei Matthäus die jüdische
Volksmenge. Die Wendung »Galiläa der Heiden« in Mt 4,15, die Landschaftsliste Mt 4,25, das Zitat aus Jes 42,1-4 im Anschluß an das Nachgehen
der Massen Mt 12,21 und der Mt 15,31 lautwerdende Lobpreis des »Gottes
Israels« wurden für die These geltend gemacht[34], zu den ὄχλοι gehörten auch
Heiden, die dann angesichts von Mt 10,5f. als Repräsentanten der kommenden Kirche anzusehen wären; m.E. wird aber in Mt 4 nicht auf die heidnische
Bevölkerung in Galiläa, sondern auf die jüdische Bevölkerung im heidnischen Galiläa verwiesen, die Landschaftsliste Mt 4,25 dürfte Israel gemäß
»biblischer Geographie«[35], vielleicht speziell der Anschauung umgrenzen[36].
Daß der Preis des »Gottes Israels« in dieser Formulierung nur aus Heiden-
mund möglich sein soll, ist angesichts von Ps 41,14; Lk 1,68 zweifelhaft.[37]

5.3. Analyse der Erzählfiguren

Die Funktion der Volksreaktionen im Matthäusevangelium zu bestimmen
setzt eine narrative Analyse auch bezüglich der anderen auf Jesus reagierenden Erzählfiguren voraus; zudem tritt das synchron matthäische Profil durch
den Vergleich mit seinen Vorlagen umso deutlicher zutage.

Matthäus korrigiert in der Wertung des Volkes beide Vorlagen: Im Vergleich zur Wertung der Jünger korrigiert er Markus nach den Vorgaben aus
Q, im Vergleich zur Wertung der Gegner, der Pharisäer, Sadduzäer, Schrift-

---

34 J. Jeremias, Verheißung, 29; E. Lohmeyer, Matthäus, 258; J. Schmid, Matthäus, 241;
    H. Frankemölle, Jahwebund, 110.117; R. H. Gundry, Matthew, 65.319; K.-C. Wong,
    Interkulturelle Theologie, 82, des weiteren K.-S. Krieger, Publikum, 103-105, für den
    die Landschaftsliste die politischen Verhältnisse in Palästina nach 70 n. Chr. be-
    schreibt, das auch heidnische Gebiete umfaßt. - Die Ortsangabe Mt 15,29 war schon in
    der Auslegung vor der Aufklärungszeit umstritten: Beda, Mt, PL 92, 76 CD, vermutet
    einen Aufenthalt Jesu im jüdischen Land, während nach Theophylakt, Mt, PG 123,
    311B, sich Jesus in Galiläa aufhält, wegen des Unglaubens der Juden.
35 W. Trilling, Das wahre Israel, 136, mit Verweis auf die Wendung γῆ Ἰσραηλ
    Mt 2,20f.; U. Luz, Matthäus I, 181; H. Giesen, Krankenheilungen, 91.
36 G. Lohfink, Wem gilt die Bergpredigt? (1983), 273-276; J. Gnilka, Matthäus I, 109;
    ders., Theologie, 178.
37 A. Schlatter, Matthäus, 493; M.-J. Lagrange, Matthieu, 311; W. Trilling, Das wahre
    Israel, 133f.137; J. Gnilka, Matthäus II, 34f.; A.-J. Levine, Dimensions, 161; R. A.
    Edwards, Matthew's Story of Jesus, 57; U. Luz, Matthäus II, 440 mit Anm 14;
    R. Schnackenburg, Matthäusevangelium I, 145; D. Patte, Matthew, 224f

gelehrten etc., reichert er die Q-Stoffe durch das Markusgut an und korrigiert teilweise Q nach Markus. Zunächst sollen die Wertungen bezüglich Volk und Jünger verglichen werden.[38]

5. 3.1. Das Volk und die Jünger im Vergleich

Gemäß dem aus Q übernommenen Offenbarungswort Mt 11,27 ist den Jüngern eine Erkenntnis gegeben, die den anderen incl. der Volksmassen nicht gegeben ist. Entsprechend dieser strengen Scheidung[39] von Mt 11,27 korrigiert Matthäus seine Markusstoffe: Die wahren Verwandten sind nicht wie in Mk 3,32 der ὄχλος, der um Jesus herumsitzt und sein Wort hört, sondern nach Mt 12,49 die Jünger[40]; die in Mk 4,11f. unbestimmt bleibenden οἱ ἔξω sind bei Matthäus die ὄχλοι, zu denen Jesus in Parabeln spricht, weil sie ihr Herz verhärtet haben.[41] Entsprechend wird das mk christologisch wie ekklesiologisch-ethisch orientierte Jüngerunverständnismotiv nur in der zuletzt genannten Richtung beibehalten, in der Debatte um Rein und Unrein, im Satanswort, in der Verleugnungstradition und in dem Zweifel Mt 28,17b angesichts der in Mt 28,19 angesprochenen Aufgabe[42], wie denn auch die Terminologie der Forderung an Israel und seines Versagens nicht selten in der Jüngerbelehrung wiederkehrt[43]. Dagegen wird das christologisch orientierte Jün-

---

38 Zur Jüngerthematik im Matthäusevangelium vgl. insgesamt G. Barth, Gesetzesverständnis, 99ff.; U. Luz, Die Jünger im Matthäusevangelium, passim; R. A. Edwards, The Characterization of the Disciples as a Feature of Matthew's Narrative, passim.

39 Zur Scheidung zwischen den Jüngern und dem Volk samt seinen Repräsentanten vgl. insgesamt E. Schweizer, Aufnahme und Gestaltung von Q bei Matthäus, 113-117.123.

40 Daß die μαθηταί und die ὄχλοι in Mt 12,46.49 identisch sein können (P.S. Minear, The Disciples and the Crowds in the Gospel of Matthew, 40), ist angesichts der mt Redaktionsarbeit gegenüber Mk 3,31-35 unwahrscheinlich, ebenso, daß in Mt 8,1-13 dem ὄχλος von Mt 8,1.9 die Verheißung des Einbezuges der Heiden gilt.

41 Mt 13,10-17 entkräftet P. S. Minear wieder zu Unrecht mit dem Hinweis auf die traditionelle Vorgabe; außerdem sei Matthäus hier an den Jüngern interessiert »as a specially selected and trained corps of scribes, teachers, and prophets« (P. S. Minear, The Disciples and the Crowds in the Gospel of Matthew, 35), die parabolisch gesprochen den Sämann und den Fischer repräsentieren, während die ὄχλοι den Ackerboden und die eßbaren Fische darstellen.

42 L. Oberlinner, »... sie zweifelten aber«, 399. - Vgl. Mt 15,16f. par Mk 7,18, Mt 16,22 par Mk 8,33; Mt 26,31-35.69-75 par Mk 14,26-31.66-72.

43 Man vergleiche folgende Verhaltensweisen, die von den Jüngern gefordert und von Israel mehrheitlich versagt wurden: Glaube (von den Jüngern Mt 18,6/von Israel verweigert Mt 8,10, vgl. Mt 13,58); Frucht (Mt 7,16-20/Mt 21,41.43); das Hören auf Jesu

gerunverständnismotiv einer Korrektur unterzogen: Getilgt sind Jüngeradmirationen, in Schlußstellung, die als Äußerungen des Unverständnisses interpretiert werden könnten und von Matthäus offenbar in dieser Weise interpretiert wurden: Mk 4,41 wird durch eine Reaktion der »Menschen« ersetzt[44]; nach dem Seewandel sind die Jünger nicht außer sich und unverständig wie in Mk 6,51, sondern bekennen in einer Vergewisserungsakklamation Mt 14,33 Jesus als Gottessohn. Das nachösterliche Schweigen der Frauen Mk 16,8 wird in Mt 28,8 durch die Behauptung des Gegenteils ersetzt. Das Jüngerunverständnismotiv wird nicht völlig getilgt, aber doch reduziert, wenn von den beiden Jüngeradmirationen in Mk 10,24.26 nur die zweite übrig bleibt, und wenn angesichts der zweiten Leidensankündigung das Unverständnis der Jünger von Mk 9,32 in Mt 17,23 in eine große Betrübnis verwandelt wird. Admirationen seitens der Jünger werden von Matthäus nur noch als Epiphaniereaktionen in Anfangs- (Mt 14,26) oder Mittelstellung (Mt 17,6) erzählt, bei Wundergeschichten nur mehr da, wo ein Anlaß zur Belehrung durch Jesus gegeben werden soll (Mt 21,20)[45]. Statt von einer möglichen Jüngeradmiration wird im Zusatz Mt 13,51 ausdrücklich vom Verstehen der Jünger gesprochen, ähnlich in den Zusätzen Mt 16,12; 17,13; getilgt ist dagegen in Mt 16,5-12 das AT-Zitat Jer 5,21 = Mk 8,18, das in seinem Kontext bei Jeremia den Adressaten nicht weniger als eine Nicht-Erkenntnis des Wirkens Gottes vorwirft, und das bei Markus, zusammen mit anderen AT-Zitaten, eine

Wort (Mt 7,21-24/10,14f.), des weiteren die an ungläubigen Israeliten getadelten Verhaltensweisen, die der Jünger nicht praktizieren soll: die Hypokrisie ungläubiger Israeliten Mt 15,7; 22,18; 23,13-15/die Hypokrisie der Jünger Mt 6,5; 7,5; das Ärgernis der Nazarener Mt 13,57 und der Pharisäer Mt 15,12 und die Warnung davor an die Jünger Mt 5,29; 26,31. Endlich vergleiche man die Selbstverweigerung Jesu gegenüber diesem bösen Geschlecht Mt 16,4 mit der Selbstverweigerung Jesu Mt 25,1-13! Das Gleichnis vom verlorenen Schaf ist in Lk 15,2 Mahnung an die Pharisäer und Schriftgelehrten, wird in Mt 18,12-14 dagegen unter Modifikationen der Gemeinderede dienstbar gemacht. - Ferner garantieren die Anrede »Herr« und die Proskynese seitens der Jünger nicht, daß Jesus ihre Bitte bzw. ihr sonstiges Verhalten als eines Jüngers würdig erachtet, vgl. Mt 7,21-23; 20,20f. - Die Anrede „Herr" und die Proskynese erfolgen auch seitens der Hilfesuchenden, doch wird nicht ihnen, sondern nur den Jüngern, die Warnung vor falscher Selbstsicherheit gegeben: Gemäß Mt 11,27; 16,17; 17,5 wird nur den Jüngern, aber nicht den Hilfesuchenden die besondere Autoritätsstellung Jesu offenbart, die den Jüngern die Vollkommenheit abfordert

44   Dazu s.u S. 261.

45   Da Matthäus die mk Chronologie der Leidenswoche abändert, wird das Verdorren des Feigenbaums zu einem plötzlich sich verwirklichenden Geschehen. Die Admiration der Jünger nimmt darauf Bezug. Der Zusammenhang von Wundergeschichte und Belehrung wirkt bei Matthäus organischer als bei Markus.

Terminologie des Nichtverstehens generiert, die Markus gleichermaßen von den Jüngern wie von »denen draußen« gebrauchen kann[46]. Getilgt ist ebenfalls die Frage der Jünger nach der Auferstehung Mk 9,10. Ansonsten wird das mk Jüngerunverständnismotiv durch das aus Q übernommene, aber gewichtig aufgewertete Motiv des Kleinglaubens ersetzt. Der Kleinglaube der Jünger ist vom Unglauben des Volkes (Mt 8,10; 13,58) dadurch unterschieden[47], daß die Bindung zwischen dem Jünger und seinem Herrn von keiner Seite jemals in Frage gestellt wird[48].

Auch auf der anderen Seite dieser Trennlinie gibt es Veränderungen, die freilich dank des geringeren Gewichtes des ὄχλος für die Evangelisten ebenfalls von geringerem Umfang sind. Wer in die Nachfolge tritt, tritt nach Mt 8,18.20 aus der Verhaftung an die Lebens- und Denkweise der ὄχλοι heraus.[49] Die Verwerfung Jesu in Nazareth führt erzählerisch dazu, daß sich Jesus in der galiläischen Periode seiner Wirksamkeit mit der Ausnahme von Mt 15,10 nicht mehr lehrend an das Volk wendet; das Motiv der Volksbelehrung pausiert mit der genannten Ausnahme Mt 15,10 von Mt 14,1 bis Mt 21,23.[50] Die kompositionell gesehen hier zu erwartenden Belege Mk 6,34; 10,1 sind bei Matthäus durch das Heilungsmotiv ersetzt, der Einbezug des Volkes in die Jüngerbelehrung Mk 8,34 ist getilgt. Jesus präsentiert sich in seinem heilenden Wirken zwar weiterhin als Messias Israels, aber nur mehr die Jünger sind Adressaten seiner Belehrung. Entsprechend Mt 11,27 wird eine zu weitgehende christologische Erkenntnis des Volkes reduziert, d.h. in Mt 15,31 die Demonstration, die das Urteil des Volkes vorbereiten soll, in einen Erzählerkommentar verlegt - als sie sahen, daß Blinde sahen etc. -, und in Mt 15,31 die in Mk 7,37a vorliegende verhüllte Identifizierung Jesu mit Gott selbst vermieden und der Schwerpunkt dieser ganzen Volksreaktion auf die Israelthematik verlegt, wo sie allerdings Gewicht hat.

---

46 Vgl. Mk 4,12 von »denen draußen«; Mk 8,18 von den Jüngern.

47 Auf diesen Unterschied verweist schon Origenes in seinem Kommentar von Mt 14,33 zum Stichwort ἀληθῶς (Origenes, Matthäuskommentar, 11,7, SC 162, 298, 67-69; 300,1-5. - Vgl. die Einfügung des Wortes ἀληθῶς in 1 Kön 18,39 LXX diff MT (s.o.).

48 L. Oberlinner, »... sie zweifelten aber«, 399.

49 Damit erklärt sich auch die Einleitung Mt 8,18 zu den Nachfolgeperikopen Mt 8,19-22.23-27. J. Wellhausen, Matthäus, 38, hat die Außenseite dessen wahrgenommen. Mit der These einer Distanz Jesu von den ὄχλοι ist Mt 8,18 nicht zu erklären.

50 So auch D. Bauer, Structure, 93. - Ob dieses Pausieren die Deutung bei B. Gerhardsson, Mighty Acts of Jesus, 70, unterstützt, dergemäß die Verwerfung in Nazareth die weitgehende Verwerfung Jesu durch Jerusalem präfiguriert?

Im Sinne narrativer Analyse, dergemäß der point of view des Evangelisten mit dem seines Protagonisten Jesus und mit dem point of view Gottes selbst identisch ist[51], kann man für die Frage, wer als das Subjekt christologisch titularer Prädikation genannt wird, eine Rangliste der prädizierenden Instanzen aufstellen: An oberster Stelle steht Gott selbst, der zweimal Jesus als Gottessohn bestätigt, an nächster Stelle kommen bei Matthäus die Schrift - und Jesus selbst, sodann der Erzähler und der Täufer. Dann kommen die Jünger, sodann die Hilfesuchenden, sodann erst das Volk, dann die jüdischen und römischen Gegner, und schließlich die Vertreter des Bösen, der Teufel selbst und die Dämonen. Auffällig ist nun der schon des öfteren beobachtete[52] Sachverhalt: Das Volk und die Jünger verwenden keinen einzigen der christologischen Hoheitstitel gemeinsam, während die Eliten e negativo die von den hochrangigen Instanzen prädizierten Titel unter Mißverständnis zitieren! Die Jünger verwenden neben der Kyrios-Anrede zwei der Titel, nämlich Christus und Gottessohn, die sonst ausschließlich von den höheren Instanzen her prädiziert werden, und dieser Anschluß ist ihnen nur möglich kraft besonderer Offenbarung, wie das traditionelle Wort Mt 11,27 und außerdem Mt 16,17 zeigen.[53] Ist nach Mt 13,10-17 dem Volk diese besondere Offenbarung vorenthalten, verwendet es auch die genannten Titel nicht - Matthäus ist hierin konsequent. Die Frage, warum dem Volk als prädizierendem Subjekt der Davidssohntitel zugestanden, der Christustitel vorenthalten wird, werden wir noch bedenken müssen. Eine terminologische Nähe von positiver Volksreaktion und positivem Jüngerverhalten findet sich im Matthäusevangelium also weder in den christologischen Titeln noch in der Weise der Annäherung[54] noch - mit geringen Ausnahmen[55] - in der Weise der außersprachlichen Reaktion.

---

51 J. D. Kingsbury, Matthew as Story, 34. Als erster hatte N. Petersen, Die "Perspektive" in der Erzählung des Markusevangeliums, 80, erkannt, daß Markus den »evaluative point of view« (J. D. Kingsbury, Matthew as Story, 34 Anm 118) mit Jesus teilt. Daß beide zugleich den Standpunkt Gottes teilen, hat J. D. Kingsbury, The Christology of Mark's Gospel, 47-50, herausgearbeitet.

52 G. Strecker, Weg der Gerechtigkeit, 107; A. Suhl, Der Davidssohn im Matthäus-Evangelium, 76.79.

53 Vgl. J. Gnilka, Theologie, 189. - Auch Mt 28,18-20 mit seiner christologischen Implikation in V. 18b ist eine Offenbarung, die den Jüngern vorbehalten ist.

54 Auf Seiten des Volkes fehlt die Kyrios-Anrede sowie die Proskynese.

55 Parallel verwendet wird nur ἐκπλήττεσθαι angesichts des Lehrens Jesu von den Jüngern Mt 19,25, vom Volk Mt 7,28; 22,33, mit negativem Ergebnis Mt 13,54 (alle Belege mk vorgegeben) sowie θαυμάζειν, von den Jüngern angesichts des Feigenbaum-

5.3.2. Das Volk und die Eliten im Vergleich

Was die Verhältnisbestimmung zwischen Volk und Gegnern Jesu betrifft, ist vor allem durch den Einbezug der zwischen Volksmasse und Eliten zumeist nicht differenzierenden Schelt- und Drohworte aus Q die Frage nach dem Nebeneinander von einseitig ablehnender Reaktion und teils negativer, teils positiver Volksreaktion weitaus schärfer als bei Markus gestellt.

Der Schwerpunkte der Q-Stoffe liegt auf den Texten, in denen zwischen der Volksmenge und einzelnen Gruppen aus der Führungsschicht hinsichtlich ihrer negativen Reaktion auf Jesus nicht differenziert wird. Dazu gehören Mt 8,10; 10,14-31; 11,16-19; 11,20-24; 22,1-10. Als Subjektsangaben stehen in Mt 8,10 Israel, in Mt 11,16; 12,45 ἡ γενεὰ αὐτή, diese Generation, in Mt 11,20-24 einzelne Städte; in Mt 10,14-31 ist von Verfolgungen jüdischer wie heidnischer Obrigkeiten die Rede. In Lk 3,7 kann ὄχλος ursprünglich sein, doch wird der ὄχλος in dieser Scheltrede gerade nicht in positiver Weise von den Hierarchen abgehoben. Innerhalb der Pharisäerrede Lk 11,39-52 wird in V. 40-48 zwischen Pharisäern und Volk hinsichtlich der Frömmigkeitspraxis unterschieden, aber nicht hinsichtlich der Stellungnahme zu Jesus; in den möglicherweise sekundären Versen Lk 11,49-51[56] sichert V. 50 fin., daß an die genannte Unterscheidung nicht gedacht ist. Einzig in dem hinter Lk 7,29f. par. Mt 21,31f. zu rekonstruierenden alten Logion[57] wird zwischen dem Verhalten der Angeredeten und dem Verhalten der Zöllner dem Täufer kontrastierend verglichen, doch bezeichnet diese Kontrastierung nicht das hauptsächliche Interesse der späteren Q-Tradenten.[58] Sie haben,

---

wunders Mt 21,20, vom Volk angesichts der Heilungen Mt 9,33; 15,31. Zur sonstigen Reduzierung admirativen Verhaltens der Jünger s.o.

56 So D. Lührmann, Redaktion, 47; S. Schulz, Q, 94; G. Theißen, Lokalkolorit, 239; J. S. Kloppenborg, Formation, 147; D. Zeller, Kommentar zur Logienquelle, 71; F. W. Horn, Christentum und Judentum in der Logienquelle, 359; vgl. auch M. Sato, Q und Prophetie, 40; kritisch dazu P. Hoffmann, Rez. S. Schulz, Q, BZ NF 19, 1975, 112. - Das auf die Jesusverkündigung referierende Stichwort »Himmelsherrschaft« in Mt 23,13 kann mt Zusatz sein.

57 Den heutigen Wortlaut von Lk 7,29f. werden wir als lk Reformulierung zu betrachten haben, s. u. S. 310.

58 Vgl. D. Lührmann, Redaktion der Logienquelle, 93; vgl. des weiteren die These, daß in den älteren Q-Texten das Motiv der Erweckung Israels, in den späteren Q-Schichten die Gerichtsankündigung gegen das pauschal als ablehnend gezeichnete Israel dominiert, bei F. W. Horn, Christentum und Judentum in der Logienquelle, 363f. - Ausschlaggebend für diese Nicht-Differenzierung ist wohl das deuteronomistische Geschichtsverständnis.

ähnlich wie später Matthäus, eine nachträgliche, aber noch innergeschicht-
liche Bekehrung des bisher an Jesus nicht glaubenden Teiles Israels nicht im
positiven Sinne thematisiert.[59] Was Israel nach Q nicht geleistet hat, ist: das
Hören auf das Wort der Weisheit Q 11,31; die Wahrnehmung des Kairos[60],
dessen, was jetzt zu tun ist, angesichts des Wirkens des Asketen Johannes wie
des Nicht-Asketen Jesus Q 7,31-35, eine Reaktion des Sich-Sammeln-Las-
sen-Wollens Q 13,34; Buße bzw. Frucht der Buße Q 3,7; 10,13; 11,32;
»einen solchen Glauben« Q 7,9. In der Verweigerung des Hörens auf die
Verkündigung Jesu und der Buße hat Israel das verweigert, was die Heiden
geleistet haben. Daß die Tradenten der Logienquelle, obgleich selbst teilweise
nachösterlich hinzugekommene Christen jüdischer Herkunft, trotz der immerhin auch möglichen Erfahrung Mt 10,11-13a so pauschalierend von der
Unbußfertigkeit dieser Generation sprechen, ist wohl nur begreiflich aufgrund
ihres Selbstverständnisses, ganz Israel für die kommende Gottesherrschaft
sammeln zu wollen; an eine freiwillige Selbstbeschränkung auf einen kleineren Teil Israels haben sie offenbar nicht gedacht.

In der Bearbeitung der Q-Stoffe hat Matthäus offenbar die pauschalierende
Tendenz nicht weiter verschärft.[61] Er hat weder mitvollzogen, daß in Q auch
innerhalb der Eliten nicht differenziert wird - die Erwähnungen der christlichen Schriftgelehrten Mt 23,34 und des nachfolgewilligen Schriftgelehrten
Mt 8,19[62] sind wahrscheinlich erst durch Matthäus eingetragen -, noch hat er
überall die zwischen den Eliten und der Volksmenge nicht differenzierende
Gerichtspredigt übernommen. Beibehalten hat er die Angaben Mt 8,10;
11,16-19.20-24, dagegen ist mit guten Gründen diskutabel, die Adressatenangabe der Täuferpredigt in Mt 3,7 »Pharisäer und Sadduzäer« für mt-redak-

---

59   Jedenfalls gilt dies dann, wenn Mt 23,39 als Drohwort parallel zu äthHen 62,5 zu in-
     terpretieren ist: die Akklamation wird Jesus als Menschensohn anerkennen, hat aber
     keine heilvolle Bedeutung mehr (so G. Strecker, Weg der Gerechtigkeit, 114f.; M.
     Sato, Q, 159f.; F. W. Horn, Christentum und Judentum in der Logienquelle, 362; an-
     ders K. H. Schelkle, Israel, 18).
60   So S. Schulz, Q, 381.
61   Anders F. Mußner, Die Stellung zum Judentum in der »Redenquelle«, 98-100, der
     zwischen den Pharisäern und den sonstigen Juden als Adressaten der Anklage jedoch
     nicht unterscheidet.
62   Umstritten ist, ob die Nennung des Schriftgelehrten in Mt 8,19 bereits auf Q zurück-
     geht oder erst auf Matthäus (ersteres U. Luz, Matthäus II, 21 mit Anm 4, mit Verweis
     auf Mt 3,7; 5,20; Mt 22,34-40 diff Mk 12,28-34; letzteres J. Gnilka, Matthäus II, 310),
     und ob er als Jünger anzusehen ist oder nicht (ersteres R. Hummel, Auseinanderset-
     zung, 27; R. Gundry, Matthew, 151; letzteres U. Luz, Matthäus II, 21 Anm 4;
     J. Gnilka, Matthäus I, 311; A. Sand, Matthäus, 184).

tionellen Ersatz einer unbestimmt bleibenden Angabe i.S. von »die, die zu ihm kamen« zu erachten[63]; ähnlich könnten die mt Gegnerangaben in der Beelzebulkontroverse und der angeschlossenen Zeichenforderung - Pharisäer in Mt 12,24; Schriftgelehrte und Pharisäer in Mt 12,38 - sich zumindest der Entscheidung des Matthäus gegen die allgemeine Angabe bei Lukas und für die Darstellung bei Markus verdanken, der von den Schriftgelehrten spricht.[64] Hat also Matthäus die pauschalierende Sicht von Q nicht durchgängig nachvollzogen[65], so bietet die Behandlung der Markusstoffe und der Sondergutmaterialien ein differenziertes Bild.

Einerseits hat Matthäus aus dem Markusevangelium auch die erzählten Negativ-Reaktionen Mk 5,17.40 und vor allem die Verwerfung in Nazareth Mk 6,1-6a ungekürzt übernommen und durch Integration von Q-Materialien kompositionell vorbereitet: Die Nazarener verhalten sich genauso, wie es Jesus an Israel getadelt, und wovor er gewarnt hatte[66], und wovor andernorts auch die Jünger gewarnt werden. Ferner ist das Winzergleichnis nach Mt 21,45f. zwar vordergründig an die Hohenpriester und Ältesten gerichtet, doch zeigt der Oppositionsbegriff ἔθνος in Mt 21,43, daß im Sinne der mt Endredaktion auch die jüdische Volksmenge in dem Gerichtsgleichnis mitgemeint ist. Insofern ist der Gegensatz zwischen Volk und Hierarchen von

---

63   H. J. Holtzmann, Synoptiker, 43; H. Schürmann, Lukas I, 163, mit Beilner, Christus und die Pharisäer, 1-8; A. Fuchs, Intention und Adressaten der Bußpredigt des Täufers, 65-69; J. Nolland, Luke I, 146f.; J. Ernst, Johannes der Täufer, 41 mit Anm 11 (dort weitere Vertreter dieser Auffassung); U. Luz, Matthäus I, 147; zusätzlich S. Schulz, Q, 366f.; I. `Cabraija, Umkehr, 25f. J. Nolland, Luke I, 146f., die auch die lukanische Angabe für redaktionell überarbeitet halten. Der Tradition haben die Angabe Mt 3,7 zugewiesen K. L. Schmidt, Rahmen, 25; H. Conzelmann, Mitte der Zeit, 15. Nach P. Hoffmann, Studien zur Theologie der Logienquelle, 17; St. von Dobbeler, Gericht, 45f. lassen sich sichere Ergebnisse nicht erzielen.

64   Für Mt 12,24 vgl. D. Lührmann, Redaktion der Logienquelle, 32; S. Schulz, Q, 204 mit Anm 206; J. S. Kloppenborg, Formation, 121; für Mt 12,38 vgl. D. Lührmann, Redaktion der Logienquelle, 36, mit Verweis auf R. Hummel, Auseinandersetzung, 12f. - Daß das positive ὄχλος-Bild in Mt 9,33; 12,23 traditionell ist (so T.-S. Park,˝ΟΧΛΟΣ, 103), läßt sich angesichts der unentschiedenen literarkritischen Situation zu Mt 12,22-24 nicht sicher behaupten.

65   Hat in Mt 23,13 erst der Evangelist das auf die Jesusverkündigung bezogene Stichwort »Himmelsherrschaft« eingebracht, so mag den Schriftgelehrten und Pharisäern eine besondere Verantwortung für die Ablehnung Jesu zugeschoben sein; doch kann das auch als ungewollter Nebeneffekt der mt Änderung angesehen werden..

66   Zum Stichwort ἀπιστία Mt 13,58 vgl. den Vorwurf der fehlenden πίστις in Mt 8,10; zum Stichwort σκανδαλίζεσθαι vgl. Mt 13,57 mit Mt 11,6.

dem Gottesvolkgedanken umgriffen, der hier freilich kritisch gegen das vorfindliche Israel gewendet wird.[67]

In der Barabbas-Szene ist das Jesus ablehnende Verhalten der Volksmenge gegenüber der mk Darstellung noch verstärkt.[68] Vor allem Mt 27,24f. zeigt, wie sich Israel gerade als Gottesvolk, als Volk JHWHs, in Erwählung und Verpflichtung an ihn gebunden, gegen Jesus entscheidet.[69] In der Verspottungsszene unter dem Kreuz übernimmt Matthäus von Markus die communicatio maledictionum, die gegenseitige Vertauschung der Vorwürfe: Die παραπορευόμενοι zitieren das Tempelwort, obwohl sie wohl kaum bei dem Sanhedrinverhör anwesend waren; die Hohenpriester und Schriftgelehrten verweisen höhnisch auf Jesu Wunder, die nicht an ihnen, sondern an einzelnen Menschen aus dem Volk geschehen sind. Die aus Markus übernommene Aufforderung zur Selbsthilfe wird durch die an Mt 4,3.6 erinnernde Wendung »Bist du Gottes Sohn« als eine satanische Versuchung gebrandmarkt[70]. Zugleich mißdeutet diese Aufforderung genauso wie wiederum Mt 4,3.6 die Gottessohnschaft Jesu lediglich vordergründig als Fähigkeit zur uneingeschränkten Selbsthilfe, weiß aber nichts von der Autoritätsstellung des Offenbarungsvermittlers Jesus in Welt und Gemeinde (Mt 11,27; 28,19; 17,5)[71] und widerspricht vor allem der auch paränetisch motivierenden Gehorsamsthematik der Gethsemane-Szene und der Taufperikope Mt 3,13-17.[72] Ist dieser ironische Bezug auf die Gottessohnaussage einmal den παραπορευόμενοι, das andere Mal den Hohenpriestern und Schriftgelehrten in den Mund gelegt, so haben sich in der vorhin erstellten Rangliste der christologisch prädizierenden Instanzen das Volk und die Hierarchen zusammen auf

---

67 Vgl. Mt 3,9, ferner SDtn § 96; bQidduschin 36a sowie die Gegenüberstellung der »Scharen der Israeliten« und der »Scharen der Heiden« in bBerachoth 58a; jBerachoth 9,13c (אכלסין).

68 So auch V. Mora, Refus, 38.

69 Die sonstige Zeichnung des Volksverhaltens dient dazu, Pilatus aus der aktiven Handlung und Verantwortung herauszuhalten; daher wird das Subjekt des σταυρωθήτω in V 22.23 bewußt offengelassen. (K.-H. Schelkle, Die »Selbstverfluchung« Israels, 150). In EvPt 6.10 wird diese Tendenz zum Negativen vollendet.

70 M. A. Powell, Point of View in Matthew, 609. J. M. Blumenstein, Matthew 27:38-54, 27, verweist noch auf die thematischen Querverbindungen zu Mt 16,16.23, wo es ebenfalls um das richtige Verständnis der Gottessohnschaft Jesu geht.

71 Ähnlich versteht Pilatus in Mt 27,17.22 den Christus-Titel rein äußerlich.

72 Man wird so sagen müssen: Hätte Jesus dem Ansinnen der Spötter recht gegeben, hätte er seine wahre Identität gerade verleugnet und seine Verkündigung desavouiert (vgl. das σῶσον σεαυτόν in Mt 27,40 mit dem ἀπαρνησάσθω ἑαυτόν in Mt 16,24; vgl. J. M. Blumenstein, Matthew 27:38-54, 24f.).

den letzten Platz begeben, auf den verworfenen Platz der gottfeindlichen Welt, die Hierarchen zusätzlich unter Anrufung Gottes als des Zeugen gegen Jesus. Polemischer als Mt 27,43 kann man eine Menschengruppe kaum zeichnen, wenn man sie nicht direkt als Gottesmörder benennen will, zumal auf dem Hintergrund, daß gemäß Mt 27,54 der Hauptmann und die Soldaten mit ihm angesichts des Erdbebens und der sonstigen Koinzidenzprodigien das tun, was die Adressaten der Verkündigung Jesu auch ohne solche Prodigien hätten tun sollen: in ihm das Handeln Gottes erkennen.[73]

Andererseits hat Matthäus aber auch einige nicht eindeutig negative Volksreaktionen aus Markus übernommen, ja hier den Bestand nicht wesentlich dezimiert. Auch treten ähnlich wie bei Markus und anders als bei Lukas oder Johannes in den Streitgesprächen nur die Eliten als Gegner Jesu auf, nicht die Volksmenge, und in einigen erzählenden Texten ist die Grenzziehung zwischen der Volksmasse und den Eliten gegenüber der markinischen Darstellung eher verstärkt. Die positive Zuwendung von Menschen aus der Gruppe der Eliten zu Jesus kann gegenüber dem Markusevangelium heruntergespielt werden - Jairus wird nicht mehr als Synagogenvorsteher, sondern als Vorsteher gezeichnet, als ob seine Herkunft aus Israel in der Schwebe bleiben sollte; bei Joseph von Arimathia fehlt die Bezeichnung »Ratsherr«; und der Gruppe der Gegner wird auch nicht das positive Urteil des einen Schriftgelehrten Mk 12,28.32f. und die Anerkennung Jesu Mk 12,34a zugestanden, dagegen erfolgt eine epiphanietheologische Reaktion seitens des Volkes, des am ehesten dafür geeigneten Subjektes.

Nach dem Tode Jesu halten die Hohenpriester und Pharisäer ungeachtet der Prodigien von Mt 27,51-54[74] an ihrer Ablehnung fest; die für uns heute eher lächerliche Gegendarstellung in Mt 27,62-66; 28,11-15, entsprungen aus der nach Mt 27,24f. nicht recht verständlichen[75] Angst vor einem Erfolg der

---

73 Zur Kontrastfunktion von Mt 27,54 gegenüber Mt 27,40-43 vgl. J. M. Blumenstein, Matthew 27:38-54, 122. Daß in Mt 27,54 die Hinwendung der Heiden hin zum Evangelium im Voraus abgebildet sein soll, ist m.E. nicht zu sichern, wiewohl die Reaktion von Heiden auf ein Koinzidenzprodigium bei Geburt und Tod Jesu (Mt 2,2; 27,51-53) vom Matthäus auch bewußt realisiert sein kann. Beachtenswert ist aber auch die Tatsache, daß sowohl das Gottessohnbekenntnis als auch Beschreibung der Furchtreaktion das Verhalten des Hauptmanns dem der Jünger annähert (vgl. Mt 27,54 mit Mt 16,16; die Wendung ἐφοβήθησαν σφόδρα in Mt 27,54 mit Mt 17,6; dazu s. J. M. Blumenstein, Matthew 27:38-54, 129).

74 Vgl. EvPt 25.28. - Nicht nur als Prodigien, sondern als Gerichtszeichen deuten die Zeichen bei Jesu Tod P. Hoffmann, Das Zeichen für Israel, 448-451; U. Luz, Antijudaismus, 315.

75 Vgl. I. Broer, Das Verhältnis zwischen Judentum und Christentum, 36.

Osterbotschaft bei dem λαός, ist ein weiteres Mittel, speziell die verantwortlichen Eliten Israels zu belasten[76]; sie verharren auch dann noch in unentschuldbarem[77] Unglauben gegenüber diesem Zeichen für Israel[78], als die Wächter am Grabe gemäß Mt 28,11 von allem, was sich zugetragen hatte, Meldung erstatten - für den Leser ist dieser Unglaube gerade angesichts der eben erzählten Erscheinung Jesu vor den Frauen Mt 28,9f. besonders unangebracht. Am Ende des Matthäusevangeliums stehen die Leichendiebstahlstheorie einerseits, der Missionsbefehl andererseits[79]; die Unterstellung des Leichendiebstahls wirkt auf den Leser komisch, weil er ja weiß, daß die Jünger geflohen sind und darum momentan als Täter nicht in Frage kommen, vielmehr erst von der stattgehabten Auferstehung benachrichtigt werden müssen. Zudem verstehen die Hierarchen die vermutete Eigenaktivität der Jünger genauso falsch, wie sie die Gottessohnschaft Jesu als Fähigkeit zur uneingeschränkten Selbsthilfe mißdeuten. Diese Gegenpropaganda ist aber die kontinuierliche Fortsetzung des Widerspruches der Hierarchen gerade da, wo im Volk wenigstens ahnend positiv die Frage nach der Sendung Jesu gestellt wird, des Widerspruches in Mt 9,34; 12,24; 21,15. Bei Matthäus erscheinen also die Eliten u.a. als Träger aktiver Gegenpropaganda, so wenig Matthäus diesen Zug in der synoptischen Tradition erst erfunden haben muß.[80]

---

76 Als Träger der Leichendiebstahlstheorie gelten auch in EvPt 28-30 die Hierarchen, bei Justin, Dialog 108,1 (E. J. Goodspeed, 224), dagegen das allgemeine »ihr«. Der antijüdische Akzent wird in EvPt 28f. dadurch verstärkt, daß die Leichendiebstahlstheorie nicht mehr nur Antwort auf eine Ankündigung »dieses Verführers« Jesus (Mt 12,40) ist, sondern die Reaktion auf das mit Lk 23,48 vergleichbare Volksverhalten. Über Mt 27,64 geht EvPt 30 noch mit der Befürchtung hinaus, das Volk wolle den Eliten um ihrer Anti-Propaganda willen Böses antun.

77 R. H. Gundry, Matthew, 592.

78 P. Hoffmann, Das Zeichen für Israel, 416-452; U. Luz, Antijudaismus, 315. Zur der von P. Hoffmann genannten Verbindung vgl. bereits Justin, Dialog, 108,1.

79 In Mt 28 sind die Jesus-zentrierten und die gegnerzentrierten Perikopen mehrfach verschränkt. Diesem Anliegen dienen in Mt 28,11 die Eingangswendung »während sie, die Frauen, gingen« (P. Hoffmann, Das Zeichen für Israel, 439) sowie das auf Mt 28,8.10 zurückweisende ἀπαγγέλλειν (R. H. Gundry, Matthew, 592), in Mt 21,13 die Wendung εἴπατε ὅτι οἱ μαθηταί als Rückverweis auf Mt 28,7 εἴπατε τοῖς μαθηταῖς; in Mt 28,16a das δέ am Anfang (»die Jünger aber«; so bereits P. Hoffmann, a.a.O., 439) sowie das Verbum διδάσκειν in Mt 28,15.19 (vgl. R. H. Gundry, Matthew, 593; J. Gnilka, Matthäus II, 500; H. Gollinger, »... und diese Lehre«, 361f.).

80 Solange die Überlieferungsgeschichte der Beelzebulkontroverse nicht eindeutig zu klären ist, bleibt hinsichtlich Mt 12,24 und Mt 9,34 ungesichert, ob wirklich erst Matthäus den Beelzebulvorwurf als eine Reaktion der Eliten auf eine positive Volksreaktion erscheinen läßt, dasselbe gilt für Mt 21,15 dann, wenn hier eine traditionsgeschichtliche Verwandschaft mit Lk 19,39f. besteht, und für Mt 27,62-66; 28,11-15

Für die Selbstverweigerung des größten Teils Israels ergibt sich damit eine besondere Verschuldung der Hierarchen. Ob die durch das Volk vorgenommenen christologischen titularen Prädikationen ebenfalls eine narrative Unterscheidung von den Oberen ergeben, muß noch geprüft werden, u.a. anhand der Frage, ob den Volksmassen ein ähnliches Mißverständnis der von ihnen angewandten Hoheitstitel zuzuschreiben ist wie den Eliten.

5.3.3. Die narrative Funktion der Volksmenge

Unsere bisherigen Untersuchungen haben gezeigt:

1. Von dem angemessenen Verhalten der Jünger wird das Verhalten des Volkes durchweg unterschieden: Das Volk verwendet keinen der christologischen Titel gemeinsam mit den Jüngern, und Matthäus erzählt nie von einer tatsächlich erbrachten Frucht der Buße, während in den negativen Volksreaktionen die Haltung sichtbar wird, vor der Jesus zuvor gewarnt hatte und die auch dem Jünger nicht gut anstehen[81].

2. Von dem Verhalten des Hierarchen wird das Verhalten des Volkes in besprechenden Texten kaum unterschieden, während die erzählenden Texte ein Nebeneinander von negativer wie positiver Reaktion zeigen. In einigen der zuletzt genannten Fälle reagieren die Hierarchen ihrerseits mit Widerspruch, der einmal sogar von Jesus selbst zurückgewiesen wird.

3. Wie das Matthäusevangelium als solches zeigt und wie Mt 13,52; 23,34 anklingen lassen, haben faktisch auch nachösterlich Menschen aus Israel den Weg zur Gemeinde gefunden, obwohl die pauschalierende Diktion von Mt 8,10; 11,16-24; 27,25 den Eindruck eines weitgehenden Scheiterns der Israel-Mission erweckt. Die bereits in Q sichtbare Diastase zwischen historischer Wirklichkeit der Gemeinde und ihrer Selbstdarstellung gilt auch für Matthäus, und sie ist begründet in den Anspruch, ganz Israel zu sammeln und sich nicht auf einen kleinen Teil davon zu beschränken.[82]

---

dann, wenn Matthäus das Stück nicht vollkommen neu erfindet, sondern eine bereits zuvor mündlich umlaufende Tradition in seine Sprache faßt. Daß die Eliten Israels als Träger aktiver Gegenpropaganda erscheinen, ist also ein möglicherweise nicht erst mt-redaktionell, sondern vormt-traditionelles und von Matthäus aufgegriffenes Element.

81 Vgl. die Haltung des σκανδαλίζεσθαι und der ἀπιστία, vom Volk erzählt Mt 13,57f., gegenüber dem Volk getadelt Mt 8,10; 11,6, gegenüber den Jüngern getadelt Mt 26,31 (nur σκανδαλίζεσθαι).

82 Deshalb tröstet das aus Q übernommene (Mt 10,11-13a) gelegentliche positive Echo seitens jüdischer Menschen nicht über das Verhalten der Mehrheit Israels hinweg.

4. Das Nebeneinander von negativen wie positiven Volksreaktionen ist nicht im Sinne einer Verteilung auf Tradition und Redaktion zu deuten, sondern erschließt sich, wenn man den kompositorischen Ort der einzelnen Reaktionen beachtet[83] und die durch kompositionelle Integration veränderte Funktion der Q-Stoffe bedenkt. Die besprechenden Negativreaktionen Mt 8,10; 11,16-19.20-24 sind nicht durch das tatsächlich erzählte Volksverhalten etwa von Mt 9,8.33 motiviert, sondern sind von Mt 27,25 her formulierte Rückschau auf die Reaktion des Volkes auf Jesus[84] und zugleich narrative Vorbereitung des im folgenden Erzählten; die Pharisäer von Mt 12 und die Nazarener von Mt 13,53-58 verhalten sich nicht anders, als es Jesus in Mt 10; 11 angekündigt[85] und in Mt 13,10-17 begründet hatte.

Die Kombination dieser Einsichten führt zu der Annahme, daß Matthäus für die eigene Zeit zwischen dem Verhalten der Eliten im Sinne einer aktiven Gegenpropaganda und dem Volksverhalten als einer überwiegend ablehnenden Reaktion nur wenig differenziert, während die teilweise[86] erfolgende Differenzierung zwischen Volk und Hierarchen ein matthäisches Darstellungsmittel für die Zeit Jesu ist, ein Darstellungsmittel freilich, dessen Funktion erst in einem weiteren Arbeitsgang geklärt werden muß.[87] Dabei sind, wie vor

---

83   Vgl. die Forderung von R. A. Edwards, Characterization of the Disciples as a Feature of Matthew's Narrative, 1309.

84   Vgl. die Einleitung Mt 11,20. Daß aber Matthäus nicht konsequent ab einer Zäsur etwa nach Mt 10,14-31 im Sinne der pauschalierenden Kritik am Volksverhalten geändert hat, beweist die Tatsache, daß er entgegen Lk 11,14-16 die negative Reaktion auf den Exorzismus Mt 12,22, die Beelzebulkontroverse und die Zeichenforderung nicht der Volksmenge, sondern wiederum den Pharisäern (Mt 12,24) bzw. einigen von den Schriftgelehrten und Pharisäern (Mt 12,38) in den Mund gelegt hat.

85   In der Gegenwart des Matthäus gehen, wie Mt 10,17-22 zeigt, Verfolgungen auch von Heiden aus. Narrativ kann dies in Mt 12 nicht wirksam werden, weil Matthäus die Wirksamkeit des irdischen Jesus streng auf Israel begrenzt, und die Heilungen an Heiden, als Fernheilungen gestaltet, die Ausnahme bleiben.

86   Nach E. Schweizer, Matthäus, 354, zeigt die Einordnung der Tempelsteuerperikope zu Beginn der Gemeindeordnung ebenso wie die »vor 27,25 ... durchgehende Unterscheidung des noch offenen jüdischen Volkes von seinen Behörden«, daß nach Matthäus die Gemeinde Israel nicht zum Fall, sondern zum Heil bringen will. Das Stichwort der »durchgehende(n) Unterscheidung« scheint mir im Hinblick auf Mt 8,10; 11,16-19.20-24 etc. problematisch, wiewohl es theologisch begrüßenswert wäre, wenn Matthäus das Heil für Israel auch nach Mt 27,25 noch im Auge behalten hätte.

87   Das eigene Erleben dürfte Matthäus dabei die Feder geführt haben. Daß auch andere Erfahrungen möglich waren, zeigt die Verhaltenskontrastierung zwischen Sadduzäern und Gesetzesstrengen bei Josephus, Ant 20,200f. G. Theißen, Lokalkolorit, 241f., zieht diese Stelle sowie Apg 23,9 als Argument für die Frühdatierung der Logienquelle auf die Zeit nach der Caligula-Krise heran. Für die Logienquelle ist die Datierung disku-

allem die Aussendungsrede Mt 10 zeigen, die Auseinandersetzungen aktuelle Problematik und nicht nur Gegenstand geschichtstheologischer Reflexion.[88]

Wenn nun Matthäus für die eigene Zeit zwischen den Hierarchen und den ὄχλοι Israels nur wenig unterscheidet, ist damit gesagt, daß anders als bei Markus die ὄχλοι nicht mehr auch als Kreis der potentiellen Nachfolger zur Zeit des Evangelisten stehen. Schon die bereits besprochene Änderung der Parabeltheorie macht das unmöglich: Nach Mt 13,10-17 sind eben die ὄχλοι »die draußen«, die nichts verstehen. Der Missionsbefehl spricht von den ἔθνη, die zu Jüngern gemacht werden sollen, ἔθνη mit oder ohne Israel[89], er räsoniert aber nicht darüber, daß ein Missionserfolg bei den jüdischen ὄχλοι vielleicht doch noch eher möglich ist als bei den Eliten. Weil die ὄχλοι nicht mehr auch den Kreis der potentiell Gläubigen repräsentieren, ist in der Leidensbelehrung Mt 16,24 gegenüber Mk 8,34 der Einbezug der Volksmenge getilgt, und richtet sich die Pharisäerrede nach Mt 23,1 nicht mehr wie bei Mk 12,38 nur an die ὄχλοι, sondern gemeinsam an die ὄχλοι als die damaligen und an die Jünger als die damaligen und gegenwärtigen Zuhörer. Auch die ὄχλοι als der äußere Kreis der Zuhörer der Bergpredigt stehen dem nicht entgegen; Jesu Lehre wird nicht nur vor den Jüngern[90], sondern vor dem Volk und den Jüngern vorgetragen[91], und der ὄχλος repräsentiert Israel unter dem

---

tabel. Aber ist die Übernahme der Schelte gegen die Pharisäer durch Matthäus nicht erst dann plausibel, wenn er die Einschätzung von Josephus, Ant 20.200f. nicht teilt?

88 Mit R. Hummel, Auseinandersetzung, 12; anders R. Walker, Heilsgeschichte, 9; H. Frankemölle, Jahwebund, 219.

89 Eθνη unter Ausschluß Israels haben gedeutet: R. Walker, Heilsgeschichte, 111-113; U. Luz, Antijudaismus, 315f., mit Hinweis auf den Rückbezug zu Mt 10,5f. und den Kontrast zu 28,11-15 sowie auf den Sprachgebrauch im damaligen Judengriechisch und bei Matthäus. W. Trilling, Das wahre Israel, 31f.; A. Levine, The Social and Ethic Dimensions, 222ff.; K.-C. Wong, Interkulturelle Theologie, 98-108; I. Broer, Das Verhältnis von Judentum und Christentum, 36-38, halten den Hinweis auf den wenig eindeutigen mt Sprachgebrauch und das inklusive Verständnis von Mt 24,14 entgegen; auch sei in Mt 28,15 nicht vom Unglauben Israels schlechthin die Rede, sondern von einem bösen Gerücht; schuldig sind die Hierarchen, während das Volk Objekt der Verführung ist. Die genannten Autoren haben ἔθνη daher unter Einschluß Israels gedeutet. Traditionsgeschichtlich läßt sich auch an Hand der Formulierung πάντα ἔθνη keine Entscheidung herbeiführen: sie bedeutet »alle Heiden« im Gegensatz zu Israel; doch sind in Jes 2,2; 56,7; Tob LXX 14,3-7 die Heiden die zusätzlichen Empfänger des heilvollen Gotteshandelns, und dies tastet das Erstlingsrecht Israels keinesfalls an.

90 So H.-W. Bartsch, Feldrede und Bergpredigt, 7; H. B. Carré, Matthew 5.1 and Related Passages, 46; T. W. Manson, Sayings, 47. Für sie verliert das entgegenstehende Stück Mt 7 28f. durch seine traditionelle Herkunft an Gewicht.

91 P. Hoffmann, Auslegung der Bergpredigt 59; G. Eichholz, Auslegung der Bergpredigt, 22-24; E. Klostermann, Matthäus, 33; J. Schmid, Matthäus, 74; P. Bonnard, Matthieu,

Anspruch des endzeitlichen Thora-Auslegers Jesus[92]; angenommen wird Jesu Lehre aber nur von den Jüngern, und nur dadurch wird sie für die Zeit nach Jesu Tod wirksam. Die Kontinuität zwischen dem sich bewährenden Gottesvolk und der auf Jesus hörenden, zur Buße verpflichteten Kirche verläuft nicht über die positiven Volksreaktionen, sondern über die Berufung und den Gehorsam der Jünger.

Hat also der mk ὄχλος -Begriff sowohl die damalige Volksmenge als auch den heutigen Kreis der potentiellen Nachfolger bezeichnet, so ist diese Doppelverwendung bei Matthäus aufgespalten: ὄχλος bezeichnet die damalige Volksmenge, der Kreis der heute potentiell Nachfolgenden wird dagegen mit dem Wort ἄνθρωποι benannt. Die ἄνθρωποι von Mt 8,27 sind die gegenwärtigen Hörer der Geschichte[93], die mit Erstaunen registrieren, welche Wirklichkeit von Bewahrung inmitten aller Gefährdung in der christlichen Gemeinde erlebt werden kann, ähnlich[94] wie die ἄνθρωποι in Mt 5,16 im Falle des Wohlverhaltens der Gemeinde zum Lobpreis Gottes geführt werden. Daß der Begriff ἄνθρωποι nur in Mt 8,27 als Subjekt einer Reaktion auf ein Wunder Jesu verwendet wird und nirgends sonst, liegt an der formgeschichtlichen Besonderheit der mt Sturmstillungsperikope: Nur hier wird ein Wunder an den Jüngern erzählt, das einen Chorschluß seitens dritter Personen evoziert. Im übrigen wird so verständlich, daß Mt 8,27 gleichzeitig die einzige mt Volksreaktion ist, in der die Israelthematik nicht dominiert.[95]

Der Einwand liegt nahe, daß in Mt 9,8 die ὄχλοι nun doch als Subjekte der Reaktion genannt werden, obwohl sich der Chorschluß auf die Vollmacht der Gemeinde zur Sündenvergebung zu beziehen scheint. Doch kann man neben der Vorgabe Mk 2,12 die Logik von Mt 9,8 geltend machen, die den Ersatz der Subjektangabe ἄνθρωποι durch ὄχλοι als nahelegt.

Die Angabe, daß Gott diese Vollmacht »den Menschen«[96] gegeben habe, war schon immer schwierig zu deuten. Wahrscheinlich muß man die vor al-

---

53; J. Schniewind, Matthäus, 36; E. Schweizer, Matthäus; J. Wellhausen, Matthäus, 13; T. L. Donaldson, Jesus on the Mountain, 105; H. Weder, Rede der Reden, 36f., mit weitergehenden theologischen Folgerungen auch für die Gegenwart.

92 G. Lohfink, Wem gilt die Bergpredigt? (1983), 281.

93 So schon G. Bornkamm, Sturmstillung, 116; vgl. W. G. Thompson, Mt 8:1-9:34, 374.

94 Auf die Parallele zwischen Mt 5,16 und Mt 8,27 hat R. Schnackenburg, Matthäusevangelium I, 82, aufmerksam gemacht. - Auch diese Konzeption hat Matthäus nicht erfunden (vgl. Mk 8,27 par Mt 16,21), wohl aber ausgebaut.

95 Selbst in Mt 7,28f. ist die Israel-Thematik durch das ἐξουσία-Motiv präsent.

96 Gelegentlich wurde der Dativ »den Menschen« als Dativus commodi (»zugunsten der Menschen«) gedeutet; vgl. Nicolaus von Lyra, Postilla, und J. A. Bengel z. St.,

lem altkirchliche Deutung auf Jesus selbst[97] und die neuere Deutung auf die Gemeinde[98] zusammennehmen: Daß der Gott Israels diese Vollmacht Subjekten übertragen hat, die nicht in Personeinheit er selbst sind, steht im Brennpunkt des Interesses.[99] Jesus und die Gemeinde werden in ihrer Unterschiedenheit von Gott zusammengefaßt[100]; Matthäus betont nicht das christologische Defizit, Jesus als bloßen Menschen zu bezeichnen[101] - es wäre verwunderlich, wenn es die ὄχλοι besser wüßten -, sondern die Nähe Gottes zu seinem Volk, die in dieser Vollmachtsübertragung sich ereignet. Wenn aber der Begriff »die Menschen« im Chorschluß kategorial steht, kann er nicht zugleich vorne narrativ-funktional verwendet werden, weil sich so entweder eine Äquivokation oder das Mißverständnis einer Selbstaussage ergäbe. Darum dienen die von Markus her vorgegebenen ὄχλοι als Ersatz.

5.4. Die Funktion der einzelnen Volksreaktionen

Wenn nun die ὄχλοι bei Matthäus streng auf die damalige Volksmenge zu beziehen sind, und wenn Matthäus für seine eigene Zeit kaum mehr zwischen den ὄχλοι und den Eliten unterscheidet, unter welchem Gesichtspunkt wird dann das nicht eindeutig negative Verhalten der ὄχλοι thematisiert? Wir haben epiphanietheologische von israeltheologischen Volksreaktionen zu unterscheiden, bei letzteren wiederum zwischen titularen und nichttitularen Volksreaktionen zu differenzieren.

W. Schenk, »Den Menschen« Mt 9,8, 275. Zur Kritik vgl. U. Luz, Matthäus II, 38 Anm 19, unter Hinweis auf Mt 10,1; 21,23; 28,18.

97 So Johannes Chrysostomus, Homil. 29 in Mt, PG 57, 361; Theophylakt, Mt, PG 123, 228 B; Paschasius Radbertus, Mt, CChr.CM 56 A, 515, 1698f.; in neuerer Zeit Th. Zahn, Matthäus, 370f.; J. Schniewind, Matthäus, 118; P. Gaechter, Matthäus, 289.

98 A. Schlatter, Matthäus, 268; R. Bultmann, Geschichte der synoptischen Tradition, 14; H. Greeven, Heilung, 216; H. J. Held, Interpret, 260f.; G. Strecker, Weg, 220f.; R. Hummel, Auseinandersetzung, 36-38; W. Grundmann, Matthäus, 268; R. Schnackenburg, Matthäusevangelium I, 85; U. Luz, Matthäus II, 38; U. Luck, Matthäus, 116; H. Frankemölle, Matthäus, 314; J. Roloff, Kirche, 166.

99 So auch B. Gerhardsson, Mighty Acts of Jesus, 76.

100 Vgl. A. Sand, Matthäus, 194.

101 So Joh. Chrysostomus, Homil. 29 in Mt; PG 57, 361; D. Dickson, Matthew (1647), 110.

5.4.1. Die epiphanietheologischen Volksreaktionen

Matthäus hat die beiden Admirationen Mk 1,22; 11,18 übernommen und in Mt 7,29; 22,33 verwendet. Das Wort γάρ zeigt auch hier, daß es Matthäus nicht auf die Betonung der Unvollkommenheit dieser Erkenntnis ankommt; Matthäus hat vielmehr wie Markus diese Volksreaktion als Epiphaniereaktion verstanden, als Hinweis auf den Glaubensgrund, nicht als Belehrung über den Glaubensvollzug. Dem Leser soll die göttliche Autorität des Lehrens Jesu mit einem argumentum secundum hominem zusätzlich verdeutlicht werden[102]. Die formgeschichtliche Zweckbestimmung der Epiphaniereaktion bleibt auch für die endredaktionelle Ebene der Evangelisten gültig. Kompositionell haben diese beiden Reaktionen für Matthäus ebenfalls ihre Bedeutung: Mt 7,29 ist die erste, Mt 22,33 die letzte Volksreaktion vor dem Passionsbericht.

5.4.2. Die israeltheologischen Volksreaktionen

5.4.2.1. Die titularen Volksreaktionen

Die meisten Volksreaktionen bei Matthäus sind israelthematische Reaktionen, oft redaktionell gesetzt und entsprechend redaktionskritisch zu bedenken. Ihre Funktion erschließen sich am ehesten von den titularen Reaktionen her. Für die Davidssohn-Akklamation[103] ist aufgrund der Forschungslage gesondert nach der mt Bewertung des Davidssohntitels im allgemeinen und speziell im Munde der Volksmenge zu fragen.

Die behauptete Abwertung des Davidssohntitels auch bei Matthäus wurde, zumal in der Zeit vor der redaktionskritischen Forschung, gerne mit der Davidssohnperikope Mt 22,41-46 begründet, die als Infragestellung[104] oder zumindest Relativierung des Davidssohntitels aufgefaßt wurde. Der Titel er-

---

102 Umgekehrt verweist nach Eduard Schweizer die Epiphaniereaktion am Ende der Bergpredigt nicht mehr auf das unkontrollierbare Kerygma des Evangelisten, sondern weist auf die Sätze des irdischen Jesus zurück, die dem Leser dies Urteil erlauben; so bekommt Mt 7,28f. eine antienthusiastische Spitze (E. Schweizer, Gesetz und Enthusiasmus bei Matthäus, 355f.).
103 Zum Davidssohntitel vgl. U. Luz, Matthäus I, 59-61 (Lit!).
104 W. Wrede, Jesus als Davidssohn, 168f.; S. T. Lachs, Rabbinic Commentary, 363, bezogen jeweils auf das im genealogischen Sinne verstandene Prädikat; ferner R. Bultmann, Geschichte der synoptischen Tradition, 144-146.

scheint ja als menschliche Vermutung der Pharisäer[105]; das Zitat 2 Sam 7,13f. fehlt, zu dem ein Ausgleich mit Ps 110 erwartet werden könnte, weiter verlangt die Frage »wessen Sohn ist er« als Antwort, die natürlich nur den Christen bekannt ist, den Hinweis auf die Gottessohnschaft, schließlich steht nicht die Gottessohnschaft oder die Kyrioswürde Jesu von seiner Davidssohnschaft, sondern die Davidssohnschaft von seiner Kyrioswürde bzw. Gottessohnschaft her in Frage.[106] Doch ist angesichts der sonstigen Bedeutung des Davidssohntitels im Matthäusevangelium auf der Stufe der mt Endredaktion auch für Mt 22,41-46 ein ausschließlich negatives Urteil über diesen Titel im Sinne etwa von Barnabasbrief 12,10 nicht angemessen[107]. Ist der Titel in Mt 1,1 auktorial gesetzt und in Mt 21,16b im Schriftzitat[108] eingeführt, so schließt diese Prädikation des Titels durch hochrangige Instanzen dessen Verständnis als Falschaussage aus. Daß sich das Schriftzitat nur auf die Tatsache des Lobrufes bezieht, aber nicht auf dessen Inhalt[109], ist für Matthäus ebenfalls unwahrscheinlich; er hätte eine zweideutige Akklamation nie ohne Kommentar durchgehen lassen.

Eine andere Frage ist, ob Matthäus etwa der Volksmenge ein verfehltes Verständnis des Davidssohntitels unterstellt, das er durch die Art seiner Darstellung beim Leser diskreditieren will. So sollte Jesu königlicher Einzug ein politisches Mißverständnis der Davidssohnschaft Jesu seitens der Volksmenge suggerieren.[110] Ferner verwies man auf die Unkenntnis des Volkes

---

105 Matthäus nennt die Pharisäer, nicht wie Markus die Schriftgelehrten als Gesprächspartner Jesu. Steht dahinter eine aktuelle Auseinandersetzung mit bestimmten pharisäischen Kreisen, die das Erbe von PsSal 17,23 etc. weitergeführt haben? Der Frage kann zum jetzigen Zeitpunkt jedoch nicht nachgegangen werden.
106 Für die richtige Formulierung der Frage vgl. A. Schlatter, Matthäus, 660; F. Hahn, Hoheitstitel, 261.
107 So zu Recht G. Bornkamm, Enderwartung, 30; G. Strecker, Weg der Gerechtigkeit, 119; C. Burger, Davidssohn, 88.
108 Daß die Davidssohnschaft Jesu für Matthäus schriftgemäß war, betonen R. Hummel, Auseinandersetzung, 121; C. Burger, Davidssohn, 88. - Wenn Hieronymus Mt 21,16b als Zeichen der Bescheidenheit Jesu wertet, daß er nicht sich selbst als Autorität angeführt habe, die über das Lob der Kinder ihr Urteil spricht, mag das erbaulich-moralisierend verfehlt sein, aber im folgenden hat Hieronymus Recht: Jesus »profert exemplum de Psalmo octavo, ut, tacente Domino, testimonium Scripturarum puerorum dicta firmaret« (Hieronymus, Mt, SC 259, 118, 250-252; ähnlich Beda, Mt, PL 92, 92 D; Glossa ordinaria, Mt, PL 114, 153 C; Rabanus Maurus, Mt, PL 107, 1043 D; Paschasius Radbertus, Mt, CChr.CM 56 B, 1030, 3236-3241).
109 A. Suhl, Davidssohn im Matthäus-Evangelium, 73 Anm 42.
110 P. Gaechter, Matthäus, 660; vgl. auch V. Mora, Refus, 138, der ohne Bezug auf Mt 21,9 dem Volk einen »messianiste terrestre« attestiert. - Historisch ist nicht einfach

über Jesu wahre Herkunft; auch erscheinen der Titel nie im Munde der Jünger, und Matthäus habe entgegen dem Markustext die Jünger von der Davids-
sohnakklamation Mt 21,9 ausgenommen[111].

Wenn Matthäus in der Einzugsperikope den Hinweis auf das Reich unseres
Vaters David in Mk 11,10a getilgt hat, dann doch wohl in der Absicht, an
dessen Stelle in seinem Evangelium eine zutreffende Aussage über Jesus treten zu lassen. Auch der Hinweis auf die überaus große Volksmenge[112], damit
auf die äußerliche Ausstrahlungskraft Jesu wäre im Falle einer Falschaussage
deplaziert. Die Jünger wissen in der Tat, daß Jesus mehr ist als Davidssohn;
das schließt aber nicht aus, daß im Munde des Volkes der Davidssohntitel
zwar keine erschöpfende, aber wenigstens eine zutreffende Aussage über Jesus ist.[113] Die Frage des Volkes Mt 12,23 und die durch das Schriftzitat be-
stätigte Akklamation der Kinder Mt 21,15 erfolgen angesichts der Heilungen
Jesu[114], ähnlich wie der Titel ansonsten nur im Munde der um Heilung Bittenden erscheint; die Hilfesuchenden verwenden neben dem Davidssohntitel
die Anrede κύριε und vollziehen gegenüber Jesus die Proskynese; beides
schließt sie wiederum mit den Jüngern zusammen. Insofern ist hier keine
Diskrepanz im Verständnis des Titels zwischen den hochrangigen Instanzen
und den Kindern sowie der Volksmenge festzustellen; anders als bei den
Gottessohnaussagen Mt 4,3.6; 27,40.43 aus gegnerischem Mund. Dem Tempel eignet ein spezieller Symbolgehalt als dem Zentrum Israels und der
Welt[115] und der Stätte der eschatologischen Gottesgegenwart[116]; beachtet man
diesen Symbolgehalt und das bestätigende Schriftwort aus dem Munde Jesu,
dann will Matthäus in Mt 21,14-16 mit dem Davidssohntitel »apologetisch
betonen, daß in Jesus der erwartete Messias gekommen sei«.[117] Für Mt 12,23

---

auszuschließen, daß Jesus tatsächlich einmal in der kritisierten Weise gefeiert wurde;
aber ist es das Anliegen des Matthäus, der Volksmenge ein Mißverständnis Jesu in den
Mund zu legen?

111 A. Suhl, Davidssohn im Matthäus-Evangelium, 73.76.79.
112 Mt 21,8 gilt zumeist als Steigerung gegenüber Mk 11,8 (F. W. Beare, Matthew, 413;
     J. Gnilka, Matthäus II, 203; J. Roloff, Kirche, 150 Anm 11), nicht als abschwächende
     Einschränkung.
113 Vgl. B. Gerhardsson, Mighty Acts of Jesus, 88; N. Lohfink, Messiaskönig, 199.
114 K. Berger, Messiastraditionen, 3-9, hat den Davidssohn der Evangelien als eschatologi-
     schen Antityp des ersten Davidssohnes, Salomos, verstehen wollen. Zur Kritik vgl.
     U. Luz, Matthäus II, 59; D. Trunk, Der messianische Heiler, 63.
115 B. Gerhardsson, Mighty Acts of Jesus, 30.
116 J. Roloff, Kirche, 150.
117 L. Goppelt, Theologie des Neuen Testaments, 216; ähnlich H. Frankemölle, Jahwe-
     bund, 168.

gilt dann, daß der mögliche Fehler des Volkes nicht in dem Davidssohntitel liegt, sondern allenfalls unter pejorativer Interpretation der Partikel μήτι vermutet werden kann!

Warum aber kommt das Volk nicht wenigstens zur Frage, geschweige denn zur Erkenntnis, daß Jesus der Christus ist? Warum wird der Davidssohntitel dem Volk, der Christustitel den Jüngern vorbehalten? Traditionsgeschichtlich läßt sich diese Aufspaltung nicht motivieren: beide Titel stehen in Ps Sal 17,21.23 und 4QPatr 3.4 nebeneinander, und beide Titel können die offenbarungsgeschichtliche Schlußstellung bezeichnen, wie aus der Erwartung der beiden Messias-Gestalten nach 1QS 9,11 einerseits, dem Nebeneinander des Davidssohnes und des דורש־התורה in 4Q 174 III 11 andererseits klar wird. Hingegen hilft narrative Analyse weiter: Der Christustitel wird von der Hl. Schrift, von Jesus selbst, vom Erzähler und kraft besonderer Offenbarung von den Jüngern auf Jesus angewandt, d.h. von den hochrangigen Prädizierungsinstanzen (und e negativo von den expliziten Gegnern). Die Davidssohnperikope verknüpft den Christustitel mit der Kyrioswürde - Herr wird Jesus von den Jüngern in der Jüngerbelehrung wie im Wunder genannt und von ihren Vorbildern im glaubenden Vertrauen auf Jesu Wundermacht, den Hilfesuchenden. In Mt 23,10 wird der Christustitel auf Funktionen Jesu innerhalb seiner Gemeinde angewandt[118]; das Nebeneinander von Mt 11,2 und Mt 12,23 zeigt, daß der Evangelist von den Taten *des Christus* spricht, wo das Volk angesichts ihrer über Jesu *Davidssohnschaft* nachdenkt. Wir versuchen das Verhältnis der einzelnen Titel so zu bestimmen:

Davidssohn ist Jesus als modifizierende Erfüllung der einschlägigen Erwartungen Israels; Herr ist Jesus als der, dem zur Rechten Gottes alle Vollmacht im Himmel und auf Erden übertragen ist, alle Vollmacht, die innerhalb der Gemeinde in autoritativer Thora-Erklärung wirksam wird und sich in der verläßlichen Hilfe in Gefährdung erweist. Der Christustitel integriert bei Matthäus die Inhalte des Davidssohntitels und des Kyriostitels und fügt den Inhalten des Kyriostitels den Aspekt der heilsgeschichtlichen Kontinuität hinzu: Der, der als Herr in der Gemeinde verehrt wird, handelt im Namen des Gottes Israels, als sein letzter Exponent. Bezeichnen der Kyriostitel und der Christustitel auch Funktionen Jesu gegenüber der christlichen Gemeinde, hat

---

118 Die Anrede »Lehrer« durch die Hierarchen bezeichnet zutreffend die nach außen sichtbare Funktion Jesu, bezieht aber den Aspekt der Hilfe in der Gefährdung der Gemeinde und den Aspekt der eschatologischen Relevanz dieser Lehre nicht ein.

das Volk kraft der in Mt 11,27 gesetzten Unterscheidung von den Jüngern keinen Zugang dazu und prädiziert auch diese Titel nicht.

Ist nun der Davidssohntitel bei Matthäus auch im Munde des Volkes eine nicht alles erfassende, aber dennoch wahre Aussage, so scheint doch die Prädizierung Jesu als eines Propheten in Mt 21,11 den Davidssohntitel als christologische Aussage noch im nachhinein unter ein fragwürdiges Vorzeichen zu stellen. Der Prophetentitel gilt in Mt 16,14 als defizitär[119], weil er gerade nicht besagt, daß die damit bezeichnete Person der letzte Bote Gottes in diesem Äon ist. Wie verhalten sich dann die richtige Aussage Mt 21,9 und die klärungsbedürftige Aussage Mt 21,11 zueinander?

Der Lösungsvorschläge sind viele: Lagrange erwog zwei verschiedene Volksmengen als Subjekte der Prädikation, als Alternative eine wachsende Vorsicht der Volksmenge in Vorahnung von Gegnern Jesu in Jerusalem[120]; R. Meyer schloß unter Hinweis auf den Namen Simon der Zelot auf verwandte Anschauungen über Jesus in Teilen der Volksmenge und des Jüngerkreises.[121] Wo man nicht mehr in dieser Weise historisierend fragt, sind die Kontraste in den Auslegungen bei R. H. Gundry und bei J. D. Kingsbury gegeben: Sieht Gundry in den als verstehende Jünger gekennzeichneten Volksmassen die kommende weltweite Kirche im voraus dargestellt, offenbart nach Kingsbury die Volksmasse damit nur, daß sie die Wahrheit ihrer eigenen Worte Mt 21,9 gar nicht erfaßt hat.[122] Unter Verzicht auf solche Extreme konnte der Prophetentitel Mt 21,11 i.S. von Dtn 18,15.18 gedeutet[123] oder als Klarstellung der

---

119 Theophylakt, Mt, PG 123, 369 D; Euthymius Zigabenus, Mt, PG 129, 553 B; D. Dickson, Matthew, 278; E. Klostermann, Matthäus, 166; W. Trilling, Einzug Jesu, 306; R. Walker, Heilsgeschichte, 63f.; J. Gnilka, Matthäus II, 204; U. Luck, Matthäus, 227; J. D. Kingsbury, Matthew as Story, 81; D. Patte, Matthew, 286, der auch die Deutung i.S. des eschatologischen Titels erwägt. - Von daher ist die von H. Frankemölle, Jahwebund, 236, vorgenommene Bezugnahme auf 2 Makk 2,1-8; 15,12-29 unwahrscheinlich, dergemäß in Jesus sich die in diesen Stellen angesprochene Erwartung der eschatologischen Neukonstituierung des Gottesvolkes erfüllt haben soll.

120 M.-J. Lagrange, Matthieu, 401; zur Kritik vgl. P. W. Meyer, Matthew 21:1-11, 182.

121 R. Meyer, Der Prophet aus Galiläa, 20f.

122 R. H. Gundry, Matthew, 411; J. D. Kingsbury, Matthew as Story, 81.

123 So A. Schlatter, Matthäus, 611; R. Meyer, Der Prophet aus Galiläa, 18f.22, mit Hinweis auf das Nebeneinander Mt 21,9.11; E. Lohmeyer, Matthäus, 297; G. Friedrich, Art. προφήτης, ThWNT 6, 1959, 847; F. Hahn, Hoheitstitel, 401f.; F. Schnider, Jesus der Prophet, 54; 236f., erwogen von E. Schweizer, Matthäus, 264; D. Patte, Matthew, 286. Unter anderen textkritischen Voraussetzungen (der im Koine-Text vorangestellte Jesus-Name läßt den Artikel vor »Prophet« als Hinweis auf den bestimmten Propheten verstehen, während nach der Lesart von א B der Artikel nur den einen Propheten Jesus von anderen Propheten analog Mt 2,3 unterscheidet) wurde diese Auffassung auch in

Identität des Messias verstanden werden: Dieser durch unbedeutende oder gar problematische Herkunft Gezeichnete ist der Messias, und keiner sonst[124]. Ferner hat man aus dem Nebeneinander der Titel (König), Davidssohn und Prophet eine gewisse Gleichrangigkeit gefolgert[125]. Diese positiven Deutungen haben den Vorzug, daß sie keinen Widerspruch zur Akklamation Mt 21,9 in Kauf nehmen müssen, doch wäre die eschatologische Erwartung i.S. von Dtn 18,15.18 eindeutiger ausgesprochen, wenn in Mt 21,11 formuliert wäre »Dieser ist Jesus von Nazareth aus Galiläa, der Prophet«. Die These von der Klarstellung der Identität Jesu erklärt zwar die formale Struktur von Frage und Antwort, m.E. aber nicht den Sinn des Prophetentitels in Mt 21,11. Die These von der Gleichordnung der Titel gleicht zu Mt 16,14 nicht aus.

Entscheidend ist, daß man die Funktion der Erwähnung Nazareths erkennt: Hiermit ist auf Mt 2,23 angespielt. „Das Ziel des Evangelisten ist der Hinweis auf die Erfüllung des Alten Testaments in historischer Genauigkeit. ... Sein (scil. Jesu) Einzug ist ... Erfüllung der alttestamentlichen Verheißung"[126]. Von daher kann auch der Prophetentitel keine Falschaussage sein. Nicht einmal das im Vergleich zum Gottessohntitel Defizitäre des Prophetentitels stört Matthäus an unserer Stelle; hier ist der Titel nicht gegenüber den Jüngern, sondern gegenüber Jerusalem prädiziert, und Jesus fungiert im Verhältnis zu Israel durchaus auch als Prophet. Man muß wohl auch hier wieder, ähnlich wie beim Davidssohntitel, darauf achten, woraufhin eine christologische Aussage formuliert wird: Für den innerchristlichen Gebrauch ist der Prophetentitel zu wenig eindeutig, richtig ist aber im Verhältnis zu Israel, daß Jesus ihm gegenüber auch als Prophet fungiert, der wie die in Mt 16,14 angesprochenen klassischen Propheten das Volk zur Umkehr ruft. Unter Aufnahme dieses auch in Mt 23,37 vorliegenden Prophetenverständnisses hat Matthäus synchron in der Abfolge Mt 21,9.11 die Erfüllung der Verheißung für Israel und die Aufforderung zur Buße zusammengeordnet, damit die Zeit Jesu im allgemeinen und das Wirken Jesu in Jerusalem im speziellen als Zeit der Ent-

---

der vorkritischen Auslegung vertreten (Theophylakt, Mt, PG 123, 369 D; Paschasius Radbertus, CChr.CM 56 B, 1022, 2970-2973; Hieronymus, Mt, SC 259, 110, 131-133; ohne Bezug auf die Artikelsetzung Rabanus Maurus, Mt, PL 107, 1040 B).

124 W. Trilling, Einzug Jesu, 305; A. Sand, Matthäus, 415; P. W. Meyer, Matthew 21:1-11, 185, N. Lohfink, Messiaskönig, 189 Anm 23, beide mit Kritik an der üblichen pejorisierenden Deutung der Volksreaktion. J. Gnilka, Matthäus II, 204, sieht in Mt 21,11 eine Polemik gegen Jerusalem: Aus dem fernen Galiläa kommt der Prophet.

125 So R. Meyer, Der Prophet aus Galiläa, 20; E. Lohmeyer, Matthäus, 297f.; R. Kratz, Art. σεισμός κτλ, EWNT 3, 1983, 564.

126 R. Mathew, Die Genealogie Matthäus 1,1-17, 178.

scheidung bezeichnet. Ferner hat es seinen Sinn, daß auf synchroner Ebene in Mt 21,10 »Jerusalem« als Subjekt der Frage genannt ist, die durch V. 11 beantwortet werden soll. U. Luck kommentiert: »Für Matthäus ist der Einzug ein öffentliches Geschehen, an dem die ganze Stadt teilnimmt. Das hat zur Folge, daß sich keiner der Verantwortung für das weitere Schicksal Jesu entziehen kann«.[127] Man kann in der Tat Mt 21,11 als kompositorische Vorbereitung für Mt 23,37 verstehen: Jerusalem weiß, daß Jesus Prophet ist, und verschuldet sich doch an ihm; Mt 21,11 ist dann ein Jerusalem-kritisches Zeugnis, das die wissentliche Selbstverschuldung Jerusalems am Tod Jesu formuliert. Zusätzlich könnte man für das Erschüttertwerden Jerusalems, σεισθῆναι, überlegen, ob nicht statt der äußeren[128], vielleicht aufruhrartigen Erschütterung[129] oder statt der inneren[130] Erschütterung Jerusalems das Theophaniemotiv als solches[131] oder gar von Jer 10,22; 23,19 der Gerichtsgedanke im Vordergrund steht[132].

5.4.2.2. Die nichttitularen israeltheologischen Volksreaktionen

Bezeichnen die titularen israeltheologischen Volksreaktionen zutreffend, wenn auch nicht erschöpfend Jesu Verhältnis zu Israel, so fällt von hier aus auch Licht auf die nichttitularen Reaktionen Mt 9,33 und Mt 15,29-31.

Daß in Mt 9,32-34 die Reaktion auf das Wunder fast wichtiger ist als das Wunder selbst, ist ebenso anerkannt wie die Tatsache, daß mit Mt 9,33f. die Reaktion nicht nur auf dieses eine Wunder, sondern auf alle vorangegangenen Taten Jesu Christi benannt werden soll. Die gespaltene Reaktion auf Jesu Wunder ist bereits in QLk 11,14f. vorhanden, in Mt 9,33 ist wie in Mt 12,23 der Einbezug der Israelthematik jeweils das Werk des Matthäus.

Inwiefern ist so etwas noch nie in Israel gesehen worden? In der vorkritischen Exegese legt man Gewicht darauf, daß Jesus kraft eigener Wundermacht heilt, nicht durch Gebet. Die Abweichung von der jüdischen Praxis des

---

127 U. Luck, Matthäus, 227.
128 Vgl. Sophokles, Antigone 163; Jes 10,14; 14,16.
129 So G. Bornkamm, Art. σείω κτλ., ThWNT 7, 1964, 197.
130 Vgl. zusätzlich die Analogie Mt 2,3, als deren Gegenstück J. Gnilka, Matthäus II, 200, unsere s.E. mt-redaktionelle Stelle bezeichnet, ähnlich G. Stanton, Matthew's Christology and the Parting of the Ways, 109/182.
131 So R. Kratz, Art. σεισμός κτλ., EWNT 3, 1983, 564.
132 Vgl. auch Jes 19,1; Ez 32,16, wo das Erscheinen JHWHs mit Gericht über die heidnischen Adressaten seiner Erscheinung verbunden ist.

Gebetserhörungswunders gilt als Zeichen der Vollmacht Jesu, die jüdische Praxis des Gebetserhörungswunders als Zeichen mangelnder Vollmacht.[133] Wir werden uns diese Antwort nicht zu eigen machen, wohl aber sehen, daß hier wenigstens versucht worden ist, dem Wortlaut von Mt 9,33 einen Sinn abzugewinnen und ihn nicht als bloße formgeschichtlich plausible, aber theologisch bedeutungslose Übertreibung abzufertigen. Besser ist Theophylakts Obersatz, mit dieser Bemerkung ordne das Volk Jesus sogar den Propheten und Patriarchen über.[134] Matthäus wollte wohl in der Tat ein Signal setzen: die messianische Zeit ist da. Man kann in diesem Sinne Mt 9,33 durchaus mit der mt Einleitung der Täuferanfrage verbinden, äußerlich über die Brücke von den Ausbreitungsnotizen Mt 9,26.31 zu der Bemerkung »als Johannes im Gefängnis von den Taten des Christus hörte«, vor allem aber inhaltlich mit dem auktorial eingeführten Christustitel und natürlich mit der Frage des Täufers selbst. Auch durch Mt 9,33 soll Jesus als der Messias Israels bezeugt werden; ob sich in der Bemerkung des Volkes wahrer Glaube geltend macht oder ob man doch das Fehlen eines wirklichen Verständnis ses[135] und das Hängenbleiben am Äußeren kritisieren muß[136], hat Matthäus in Mt 9,33 m.E. nicht im speziellen interessiert.

In Mt 15,29-31 ist aufgrund der Vorgabe Mt 11,27 die christologische Erkenntnis seitens des Volkes gegenüber Mk 7,37 reduziert; israeltheologisch ist die Stelle von größerem Gewicht. Daß in der Erwähnung der Blinden und Lahmen auf Jes 35,5f. angespielt und somit Jesus als Erfüller dieser Verheißung verkündigt werden soll, ist längst gesehen; auffällig ist aber angesichts der sonstigen mt Kürzungstendenz in den Wundergeschichten die Wiederholung der einzelnen Gruppen der Kranken aus V. 30 in V. 31a. Formgeschichtlich gesehen entspricht V. 31a in einer Wundergeschichte der Demonstration, die die tatsächlich erfolgte Heilung festhalten und damit Jesus als Messias ausweisen soll. Matthäus scheint hier mehr an der Verläßlichkeit der

---

133 Theophylakt, Mt, PG 123, 233 A. Die im ersten Gebot begründeten Reserven Israels gegenüber einer selbständigen thaumaturgischen Kraft des Wundertäters kommen nicht in den Blick!

134 Theophylakt, Mt, PG 123, 233 A.

135 M. Luther, Annotationes, WA 38, 491. Nicht selten wurde Mt 9,33f. in vorkritischer Exegese völlig zu Unrecht antijüdisch ausgelegt: Im Volksverhalten spiegelt sich das Bekenntnis der Völker, während die Pharisäer den Unglauben der Juden demonstrieren (Hieronymus, Mt, zu Mt 9,33, SC 242, 182, 222-227; Beda, Mt, PL 92, 50 B; ähnlich Glossa ordinaria, Mt, PL 114, 117 C).

136 Paschasius Radbertus, Mt, CChr.CM 56 A, 546, 2654-2660; P. Gaechter, Matthäus, 306; U. Luz, Matthäus II, 63.

helfenden Macht des Messias[137] gelegen zu sein als an der Kontrastierung zwischen Mt 15,31 und dem Verhalten der Pharisäer im allgemeinen[138] oder an dem in Mt 15,8 getadelten Verhalten.[139] Daß die Volksscharen in V. 31b den Gott Israels preisen, ist dann aber nicht christologisch verkehrt[140], sondern israeltheologisch richtig. Man kann mit Georg Künzel eine Parallele zwischen Mt 5,16 und Mt 15,31 ziehen: Jesu Heilungstätigkeit damals führte zum Preis des Gottes Israels, wie es heute die guten Werke der Gemeindeglieder evozieren sollen.[141]

Welchen Sinn hat nun das Nebeneinander der auf die mt Gegenwart bezogene Pauschalierung und der auf die Zeit Jesu bezogene Differenzierung in der Sicht der Volksmenge, die sich letztlich doch gegen Jesus entscheidet?

---

137 Diese Verläßlichkeit ist auch in Mt 14,34-36 thematisiert, das in dem Satz gipfelt: »welche auch immer ihn anrührten, die wurden vollständig gesund«. Wird man der Kontrastierung zum Kleinglauben des Petrus ansichtig, und hält man daran fest, daß die ὄχλοι die damaligen Volksmassen sind, denen sich Jesus zuwendet, dann wird erkennbar, daß Mt 14,34-36 als eine gegen den Kleinglauben der Jünger heute gerichtete Vergewisserung fungiert.
138 So U. Luz, Matthäus II, 440; E. Schweizer, Matthäus, 216.
139 So T. J. Ryan, Matthew 15:29-31, 38.
140 So T.-S. Park, ΟΧΛΟΣ, 123. - Für Rabanus Maurus, Mt, PL 107, 981 D; 982 A.B, wird Mt 15,29-31 zu einem überschwenglich gezeichneten Abbild der himmlischen Herrschaft Christi: »Sedente ergo Domino in monte, id est, in coelorum arce gloriose et mirabiliter regnante, turbae fidelium cum mente devota illi semper appropinquant, ducentes secum mutos, caecos, claudos, debiles et alios multos. ... agmina fidelium inaestimabili tunc exsultant gaudio, quando viderint eos, quos variae errorum aegritudines insanos et egenos effecerant, diversis virtutum opibus ditatos, et fide robustos in divino servitio bene laborare. Et ob hoc magnifice laudes Deo decantant, dicentes cum Propheta: Quis Deus magnus sicut Deus noster. Tu es Deus qui facis mirabilia solus. Notam fecisti in populis virtutem tuam, liberasti in brachio populum tuum filios Israel et Joseph (Psal. LXXVI)«: »Während der Herr auf dem Berg sitzt, im Himmelsbogen ruhmreich und bewunderungswürdig regiert, nahen sich ihm frommen Sinnes stets die Scharen der Gläubigen, und sie führen Stumme, Blinde, Lahme, Schwache und viele andere mit sich. ... Die Mengen der Gläubigen jauchzen auf vor unvorstellbarer Freude, wenn sie sehen, daß die, die verschiedene Krankheiten von Irrtümern krank und arm gemacht hatten, mit diversem Vermögen an Tugenden reich gemacht wurden, und gestärkt im Glauben im Dienst an Gott ihre Frucht bringen. Und darum singen sie herrlich Gott ihr Lob und sprechen mit dem Propheten 'Wer ist ein so großer Gott wie unser Gott! Du bist Gott, der allein Wunder tut. Du hast deinen Macht unter den Völkern bekannt gemacht, hast dein Volk, die Söhne Israel und Joseph mit starkem Arm befreit'«. - Für heute vgl. G. Tisera, Universalism, 269.
141 G. Künzel, Gemeindeverständnis, 136. - M. A. Powell, Typology of Worship, 11f., hat zu Mt 9,8; 15,31 beobachtet, daß das Lob der Volksmenge aufgrund von Wohltaten an anderen als an ihr selbst ergeht und daß es nicht Jesus selbst gilt, sondern Gott. Matthäus hat dann i.S. des ersten Gebotes korrigiert.

Geht es darum, die Hierarchen im besonderen zu belasten, das Volk dagegen zu entlasten und es als Objekt der negativen Beeinflussung durch seine Oberen hinzustellen? Zeigen die positiven Volksreaktionen ein Stück Kontinuität zwischen Israel und Kirche, so daß Matthäus keineswegs ganz Israel als massa perditionis bezeichnet hätte?[142] Für eine Entlastung des Volkes könnte man Mt 23,13 (Q) in Anspruch nehmen, aber da ist ein christologischer Bezug m.E. nicht gesichert, und die Zeichnung der Hierarchen als Träger aktiver Gegenpropaganda hebt die Verschuldung des Volkes hinsichtlich der Entscheidung gegen Jesus in Mt 27,24f. nicht auf. Eine Kontinuität zwischen Kirche und Israel besteht auf menschlicher Ebene nicht in den positiven Volksreaktionen, sondern in der Existenz des Kreises der Jünger, die Teil Israels sind und auf Israel hingeordnet bleiben[143]. Eine Kontinuität anderer Art besteht darin, daß auch die Glieder der Kirche nach Glaube und nach der Frucht der Buße gefragt sind, daß auch sie dem Jüngsten Gericht entgegengehen und dort nach denjenigen Grundsätzen gerichtet werden, denen gemäß Israel beurteilt wurde und die Welt beurteilt wird. Auch die Kirche ist nicht in possessione, und der Jüngerstatus rechtfertigt keine Selbstsicherheit. Diese Warnung vor heilsgeschichtlichem Besitzstandsdenken[144] ist vielleicht ein Grund dafür, daß Matthäus einerseits nicht definitiv von einer endgültigen Verwerfung Israels spricht, andererseits ekklesiologische Würdetitel wie »das wahre, das neue Israel, das wahre, neue, etc. Gottesvolk« konsequent meidet. Das Verhalten des größeren Teiles Israels ist Warnung an die Gemeinde.[145]

M.E. ist das apologetische und das polemische Motiv für die nicht-negativen Volksreaktionen verantwortlich: Jesu Lehren und Heilen galt ganz Israel; die ὄχλοι haben Jesu Lehre gehört und seine helfende Macht erfahren. Man konnte in Jesu unvergleichlichem Wirken (Mt 9,33) die Erfüllung messianischer Weissagung sehen; und wenn es schon der ὄχλος kann, um wieviel mehr hätten es die Führenden können sollen.[146] Aber man hat zum großen

---

142 So J. Gnilka, Matthäus II, 223, gegen R. Walker, Heilsgeschichte, 104.

143 J. Roloff, Kirche, 153.

144 J. Roloff, Kirche, 159.

145 E. Schweizer, Matthäus, 354.

146 In diesem apologetischen Funktion steht auch die »Steigerung« der Erkenntnis des Volkes von Mt 9,33 über das überlegene Mt 12,23 hin zur Gewißheitsaussage Mt 21,9 (Vgl. H. J. Held, Interpret, 235 Anm 4). Μήτι läßt zwar im allgemeinen eine negative Antwort erwarten; dies ist für Mt 12,23 aber deshalb unwahrscheinlich, da der Vorwurf der Pharisäer Mt 12,24 als Reaktion auf die Volksreaktion (ἀκούσαντες) laut wird (vgl. U. Luz, Matthäus II, 258 Anm 52; G. Stanton, Matthew's Christology and the Parting of the Ways, 110/183f.; anders A. Suhl, Davidssohn, 73; D. R. Bauer,

Teil Umkehr, Glauben und Frucht der Buße verweigert, sich im Endeffekt bewußt gegen Jesus entschieden. So dienen selbst die positiven Volksreaktionen dazu, die Ablehnung Jesu durch weite Teile Israels als umso unverständlichere Selbstverschuldung erscheinen zu lassen. Und diese weitgehende Ablehnung Jesu begründet den Stand der Jüngergemeinde als ἐκκλησία außerhalb des Synagogenverbandes. Die positiven Volksreaktionen haben somit apologetischen, die negativen Volksreaktionen ätiologischen Charakter.

Aber es ist nochmals daran zu erinnern, daß Matthäus Israel nicht für endgültig verworfen erachtet hat. M. E. bleiben die Aussagen des Volkes über Jesu Wirken für Israel incl. der Davidssohnaussage auch nach Mt 27,25 gültig für den, der bereit ist, in die Nachfolge Jesu i. S. des Matthäus einzutreten und gemäß der von Jesus interpretierten Thora zu leben.[147]

Angesichts der zweitausendjährigen Wirkungsgeschichte einiger Texte gerade aus Matthäus würden wir uns wünschen, Matthäus hätte sie nicht geschrieben; als Historiker haben wir aber die Pflicht, auch solche Texte nicht zu verbiegen. Als Theologen dagegen haben wir Sachkritik[148] zu leisten, d.h. zu fragen, ob diese Texte angesichts entgegenstehender gesamtbiblischer Überzeugungen als Wort Gottes zu predigen sind, und wenn, dann wie.[149]

Bei dem Versuch, die unheilvolle Wirkungsgeschichte zu benennen, müssen wir uns zwar auch dessen bewußt sein, daß man leichter die Sünden der Väter vermehrt als die Versuchung für einen selbst durchschaut. Der sachkritischen Frage dürfen wir aber nicht ausweichen.

Structure, 94, der Mt 12,23 in die Reihe der zweifelnd-negativen Antworten Mt 11,3; 13,54 einordnet, sowie J. D. Kingsbury, Rhetoric of Comprehension, 374).

147 Nach G. Stanton, Matthew's Christology and the Parting of the Ways, 112-115/185-189, ist der Davidssohntitel darüber hinaus für die mt Gemeinde unmittelbare aktuell, wenn sie den messianischen Gehalt dieses für die Eliten Israels unmessianischen Lebens Jesu verteidigen will. Bei Matthäus finde sich eine frühe Form des bei Justin, Dialog 14,8; 110,2 (E. J. Goodspeed, 107.226); Origenes, Contra Celsum 1,56; 2,29 (GCS Origenes Bd. 1, 107, 1-8/157, 6-8) ausgebildeten Schemas der zwei Parusien: Jesu Davidssohnschaft als Leben in der Demut ist die erste Parusie, sein machtvolles Erscheinen als Menschensohn die zweite, und beide Parusien sind in der Prophetie der Heiligen Schrift Israels angekündigt.

148 Zur Sachkritik an Mt 23 vgl. W. G. Kümmel, Weherufe, 146f.; H.-J. Becker, Kathedra, 236f. (mit Kritik an Kümmel im einzelnen); zur Sachkritik an Mt 27,24f. K.-H. Schelkle, Die »Selbstverfluchung« Israels (154-156, mit Hinweis u.a. auf C. G. Montefiorc, The Synoptic Gospels II, 1927, 346); I. Broer, Antijudaismus im Neuen Testament?, S. 351f.; zur Sachkritik an Mt 27,24f. und an der mt Aussage, Israel sei definitiv aus der Heilsgeschichte ausgeschieden, vgl. R. Walker, Heilsgeschichte, 122.

149 U. Luz, Antijudaismus, 326f., fragt, ob nicht bereits in der Selbstverabsolutierung Jesu nach Lk 12,8f. die Grundlage für den matthäischen Antijudaismus gelegt sei.

5.5. Zusammenfassende Auswertung

5.5.1. Allgemeine Charakteristik des Matthäusevangeliums

Der Judenchrist Matthäus schreibt für eine Gemeinde außerhalb des Synagogenverbandes, die mit dem Jesus ablehnenden Teil Israels aktuelle Auseinandersetzungen zu bestehen hat. Matthäus sucht diese Gemeinde der Kontinuität des Handelns Gottes in Jesus zu vergewissern, schärft ihr gleichzeitig aber die Verpflichtung auf die von Jesus ausgelegte Thora ein.

5.5.2. Terminologisches

Neben ὄχλος zur Bezeichnung der jüdischen Volksmenge tritt λαός zur Bezeichnung Israels als Gottesvolk. Der Wechsel zwischen ὄχλος im Singular und ὄχλοι im Plural dürfte rabbinischem Sprachgebrauch entsprechen und läßt nicht die Intention einer christologischen Steigerung erkennen.

5.5.3. Ergebnisse der redaktionskritischen Analysen

Matthäus hat mehrfach an traditionellen Stellen durch die Volksreaktion einen israeltheologischen Bezug eingetragen, in Mt 9,33; 12,23; 21,14-16, wo jeweils Jesu heilendes Wirken thematisiert ist. In Mt 9,33 (und Mt 21,14) soll der Anbruch der messianischen Zeit bezeugt, in Mt 12,23; 21,15f. Jesus als der Davidssohn benannt werden. Israeltheologisch uminterpretiert ist auch die Landschaftsliste Mk 3,7f.: In der Parallele Mt 4,25 wird Israel gemäß »biblischer Geographie« beschrieben.

5.5.4. Ergebnisse der formgeschichtlichen Beobachtungen

Matthäus setzt epiphanietheologische Reaktionen als erste Volksreaktion im ganzen Evangelium und als letzte Volksreaktion vor der Passionsgeschichte ein; sie sollen wie bei Markus die Offenbarungsqualität der Lehre Jesu bezeugen. Doch sind die mk-redaktionellen Admirationen in expositioneller Stellung Mk 9,15; 10,32 bei Matthäus im Zuge der Straffung von Geschichten getilgt; dasselbe gilt für die Folgeadmiration Mk 5,20 und für die in Folgestellung stehende »Abstimmung mit den Füßen« Mk 1,45.

Mt 9,33 ist Tatsachenfeststellung, Mt 12,23; 21,9.11.15 sind titulare Chorschlüsse, die Jesu Funktion in und gegenüber Israel benennen.

Matthäus kennt bzw. bildet reaktionskontrastierende Geschichten eigener Prägung, Geschichten, bei denen die negative Reaktion am Ende steht (Mt 9,34) und zusätzlich durch die Einschaltung von ἀκούοντες (Mt 12,24) oder ἰδόντες (Mt 21,15) als Folgereaktion, nicht als Schlußreaktion erscheinen kann. Mit dieser Formenvariante der reaktionskontrastierenden Geschichte zeichnet Matthäus die vom Volk unterschiedenen Pharisäer als Träger aktiver Gegenpropaganda.

5.5.5. Ergebnisse der kompositionsanalytischen Beobachtung

1. Matthäus kennt wie Markus das Mittel der generalisierenden Summierung; an die Summarien Mt 8,16; 12,15f. sind Erfüllungszitate angeschlossen.

2. Das kompositionelle Mittel der Steigerung verwendet Matthäus, um die Überlegenheit des Thora-treuen Jesus herauszustellen: Nach Mt 22,22 ziehen die Gegner verwundert ab und können momentan noch nichts gegen ihn ausrichten, nach Mt 22,33 gerät das Volk außer sich, und Mt 22,46 ist auktoriale abschließende Bewertung der Auseinandersetzungen in Jerusalem. Diese herausgestellte Überlegenheit Jesu läßt das Verhalten vor allem der Oberen in der Passionsgeschichte in einem besonders ungünstigen Licht erscheinen.[150] Dagegen sollen die Ausbreitungsnotizen Mt 9,26.31 nicht mehr wie die mk Parallele Mk 1,28 den Volkszulauf (Mk 1,45) begründen, sondern erklären, wie der Täufer (Mt 11,2) von Jesu Wirken Kunde bekommt.

3. Matthäus kennt die Reaktionskontrastierung ähnlich wie Markus als kompositionelles Arrangement: Die in Mk 3,6/7-12; 6,29/30-33 gegebene Motivfolge Todesbeschluß/Ermordung des Täufers - Jesu heilendes Wirken an großen Volksscharen hat Matthäus in Mt 12,14/15-21; 14,12/13f. beibehalten. Den vorhin beschriebenen Typ der Reaktionskontrastierung mit der Negativreaktion in Schluß- bzw. Folgestellung bietet Matthäus über Markus hinaus. Daß Matthäus wie Markus auch die Parallelordnung von Reaktionen kennt, bedarf angesichts von Mt 27,39-44 keines Wortes.

---

150 Dagegen entfallen die Steigerungsreihen Mk 1,28.33.37.45 und Mk 5,17.40; 6,1-6 jeweils im Zuge der geänderten Akoluthie.

4. Wie Markus kennt auch Matthäus das kompositionelle Mittel, den erzählten Negativreaktionen besprechende Texte ähnlichen Inhaltes vorauszuschicken, um den missionarischen Mißerfolg für die Gemeinde verständlich werden zu lassen; diese Funktion wird bei Matthäus durch die Aussendungsrede übernommen, deren Gewichtsverteilung zwischen positiver Reaktion in Mt 10,11-13a und negativer Reaktion in Mt 10,13b-39 für sich spricht.[151]

5.5.6. Analyse der Erzählfiguren

Matthäus korrigiert in der Wertung des Volkes im Vergleich zu den Jüngern Markus nach Q (Mt 11,27!), im Vergleich zu den Hierarchen gelegentlich Q nach Markus; doch ist in Mt 27 die Eigenaktivität der Volksmenge verstärkt. Gegenüber Markus wird das christologisch orientierte Jüngerunverständnismotiv abgeschwächt und zum Motiv des Kleinglaubens gelangt, während die ὄχλοι explizit als die Verstockten bezeichnet werden und das bei Markus vor allem auf die Oberen Israels bezogene Motiv der wissentlichen Selbstverschuldung in Mt 21,11 auf Jerusalem insgesamt bezogen wird. Umgekehrt sind in Mt 3,7 speziell die Eliten Israels angeredet, und in Mt 9,34; 12,24 erscheinen nur sie als Subjekte einer ablehnenden Reaktion.

Das Nebeneinander von schwerpunktmäßig pauschalierenden besprechenden Q-Stoffen und schwerpunktmäßig zwischen Hierarchen und Volk differenzierenden erzählenden Mk-Stoffen kann aufgrund der kompositionellen Einordnung der Q-Stoffe (Mt 11,16-24 vor Mt 12,1-14; Mt 13,10-17 vor Mt 13,53-58) als ein Mittel angesehen werden, die eigene Zeit von der Zeit Jesu zu unterscheiden: Nur für die Zeit Jesu, aber nicht mehr für die eigene Zeit differenziert Matthäus zwischen Hierarchen und Volksmenge. Eigenem Erleben dürfte es auch entsprechen, wenn bei Matthäus die Hierarchen in ihrer ablehnenden Reaktion auf eine im Volk aufkeimende Erkenntnis Jesu (Mt 9,34; 12,24; 21,15f.) als Träger aktiver Gegenpropaganda erscheinen. Dieses Bild der Hierarchen ist neben gewichtigeren theologischen Argumenten zugleich ein Beweis dafür, daß das Bild eines fast durchgehend verhärteten Israel nicht ganz der Wirklichkeit entspricht, in der die mt Gemeinde lebt und aus der heraus Matthäus sein Evangelium schreibt.

Die ὄχλοι stehen nicht mehr wie bei Markus zusätzlich als missionarisches Umfeld der Gemeinde, als Reservoir der nachösterlich potentiell Glaubenden;

---

151 Vgl. im übrigen schon die ungleiche Verteilung in Dtn 28,1-14/15-68.

diese Funktion hat der Begriff ἄνθρωποι übernommen (Mt 8,27; vgl. Mt 5,16; 6,2.16). Mt 9,8 ist Ausnahme; hier kann der Begriff ἄνθρωποι nicht stehen, weil er im Akklamationstext selbst erscheint. Deshalb muß der von Mk 2,12 ohnehin vorgegebene ὄχλος-Begriff als Ersatz fungieren.

5.5.7. Die Funktion der Volksreaktionen

Die negativen Volksreaktionen haben polemische und ätiologische, die erzählten nicht-ablehnenden Volksreaktionen (auch Mt 12,23 etc.) haben apologetische Funktion: Es war keineswegs unmöglich, in Jesus Gottes heilvolles Wirken an Israel zu erkennen; umso unverständlicher ist die Selbstverweigerung des größeren Teiles Israels. Daß das Volk Jesus als Davidssohn, aber nicht als Messias prädiziert, ist redaktionskritisch mit den dem Christustitel zugewiesenen Funktionen Jesu in der Gemeinde begründet, zu denen das Volk als Volk keinen Zugang hat.

6. Die Reaktion des Volkes nach Lukas

6.1. Der Rahmen der Interpretation

Auch im Lukasevangelium[1] soll die Reaktion des Volkes auf Jesus als integratives Element seiner Jesusdarstellung erfaßt werden.

Um die Intention des Lukas gegenüber seinen Rezipienten zu erschließen, scheint sich der Einstieg bei dem schon häufig verhandelten Lukasprolog nahezulegen, doch läßt sich für den einschlägigen V. 4 philologisch keine Klarheit gewinnen: $\kappa\alpha\tau\tilde{\eta}\chi\epsilon\iota\nu$ kann allgemein die Information an den Außenstehenden[2] oder speziell die innerchristliche Unterweisung bezeichnen[3], die $\lambda\acute{o}\gamma\omicron\iota$ können sich auf die Worte Jesu beziehen, $\lambda\acute{o}\gamma\omicron\varsigma$ kann aber auch Äquivalent zu דבר sein, und $\dot{\alpha}\sigma\varphi\acute{\alpha}\lambda\epsilon\iota\alpha$[4] kann sowohl die historische Zuverlässigkeit als auch die inhaltliche Übereinstimmung der kirchlichen Verkündigung mit dem Wirken Jesu in Wort und Tat benennen[5], u.a. im Hinblick auf das

---

1 Bei dem Dissens darüber, ob Lukas Evangelium und Apostelgeschichte von Anfang an als Doppelwerk geplant hatte oder nicht, neige ich zur Entscheidung im ersteren Sinne: Zwischen Lk 4,16-30 und Apg 28,17-28 besteht ein Korrespondenzverhältnis (R. Maddox, Purpose, 5; W. Übelacker, Das Verhältnis von Lk/Apg zum Markusevangelium, 160); Lk 4,25-27 wird erst im Hinblick auf die Apostelgeschichte verständlich (M. Korn, Geschichte Jesu, 82); Lk 3,6; 11,49; 24,47 lassen sich mit C. K. Barrett, Third Gospel as a Preface to Acts?, passim, als Vorverweise auf sie lesen, ebenso Lk 19,48; 21,38; 23,35: Hätte Lukas mit dem Gottesvolk am Ort des Kreuzigungsgeschehens (Lk 23,35; s.u.) die israeltheologische Linie seines Werkes beschließen wollen?

2 Aus der Titulierung $\kappa\rho\acute{\alpha}\tau\iota\sigma\tau\epsilon$ hat Th. Zahn, Lukas, 57f., geschlossen, Theophilus sei nicht Christ: Untereinander hätten sich Christen nie mit Ehrentitel angeredet. Doch ist diese Titulierung literarische Konvention (E. Klostermann, Lukas, 3; F. Bovon, Lukas I, 39). R. Maddox, Purpose, 14f., zeigt, daß das lukanische Doppelwerk für einen Außenstehenden ohne Kenntnis des Alten Testaments und der kirchlichen Binnensprache (z.B. »Menschensohn«, »Gottesherrschaft«) überhaupt nicht verständlich ist. M.E. ist das Lukasevangelium für Christen geschrieben, will sie aber ihrerseits für einen missionarisch ertragreichen Kontakt mit höheren Gesellschaftsschichten zurüsten.

3 Im ersteren Sinne (analog zu Apg 21,21.24) H. J. Cadbury, Beginnings II, 509; im letzteren Sinne (analog zu Apg 18,25) L. Alexander, Preface to Luke's Gospel, 141f.

4 Diese Motivierung ist nicht nur literarische Konvention (so L. Alexander, Preface to Luke's Gospel, 142), sondern theologisches Programm (R. Maddox, Purpose, 14).

5 Für ersteres vgl. G. Klein, Lukas 1,1-4 als theologisches Programm, 259f.; Ph. Vielhauer, Geschichte der urchristlichen Literatur, 368; R. Glöckner, Verkündigung des

Auftreten von Irrlehren[6], wenn man es nicht mit Schlatter auf den uns Christen in der Entscheidungssituation zum Glauben bewegenden Grund des Anspruches Jesu deutet[7].

So muß sich die lk Intention aus seinem Werk selbst ergeben. Texte wie Lk 6,20-49; 10,25-37; 12,13-48 legen für κατῆχειν das Verständnis i.S. christlicher Unterweisung nahe; diese wird in der Jesus-Darstellung verankert und damit als Lehre des Irdischen zur Norm[8]; die inhaltliche Übereinstimmung zwischen der im Hinblick auf die sich dehnende Zeit formulierten vita christiana und der Verkündigung Jesu wird durch ἀσφάλεια bezeichnet. Der von Lukas auch zur Bezeichnung des eigenen Werkes verwendete Begriff διήγησις bringt den Tatsachencharakter dieser Übereinstimmung zum Ausdruck. Das Gewicht der Israelthematik im lukanischen Doppelwerk ist dadurch bedingt, daß das Werden der Kirche, in der sich Theophilus vorfindet, in Kontinuität und Diskontinuität zu Israel aufgewiesen werden soll. Entsprechend lesen wir im ersten Band der wissenschaftlichen Monographie[9] unseres Autors über die christliche Religion den Teil I (Lk 1,1-9,51) als Beschreibung der Identität Jesu[10], den Teil II (Lk 9,51-19,27[11]) als

---

Heils, 39, bei Differenzen in der Wertung; für letzteres vgl. H. Schürmann, Evangelienschrift, 146f.; J. Fitzmyer, Luke I, 9; R. Maddox, Purpose, 14; G. Schneider, Lukas I, 40f.; J. Ernst, Lukas, 49. F. Bovon, Lukas I, 40f. verbindet beide Aspekte.

6   So H. Schürmann, Lukas I, 3; G. Schneider, Lukas I, 41.

7   Vgl. A. Schlatter, Lukas, 16f.

8   Conzelmanns Unterscheidung zwischen der Zeit Jesu und der Zeit der Kirche (H. Conzelmann, Mitte der Zeit, 158) ist mit dem Hinweis auf das in der Zeit der Kirche weiterlaufende Erfüllungsgeschehen kritisiert worden (zuletzt K. Scholtissek, Christologie und Kairologie, 215 mit Anm 107-109 [Lit]). Doch empfängt die Zeit der Kirche von der Jesuszeit ihre Fundierung und Normierung: Der Begriff σήμερον wird im Evangelium anders verwendet als in Apg, nämlich theologisch gefüllt; die Apostel dagegen tun ihre Wunder im Namen Jesu; die vita christiana wird i. w. im Evangelium entfaltet.

9   Zu dieser Gattungsbestimmung vgl. L. Alexander, Preface to Luke's Gospel, passim.

10   Die Beschreibung der Identität Jesu ist mit Lk 9,50 weitgehend abgeschlossen (vgl. M. Korn, Geschichte Jesu, 98 Anm 44). Die christologischen Hoheitstitel treten im folgenden zurück; neben den häufigeren Titeln »Menschensohn« und »Kyrios« finden sich nur noch die Prädikationen »Gottessohn« (Lk 10,22), »Prophet« (Lk 13,33) und »Davidssohn« (Lk 18,36f.); der Christustitel fehlt im Reisebericht vollkommen. Umgekehrt ist der Menschensohntitel in seinen drei klassischen Verwendungszusammenhängen bis Lk 9,50 wenigstens je einmal präsentiert: Der gegenwärtig wirkende Menschensohn ist in Lk 5,24; 6,5, der zukünftig wirkende in Lk 9,26, der leidende in Lk 9,22.44 angesprochen. Auch die christologischen Momente der Erfüllung Jesu mit dem πνεῦμα und der δύναμις treten im Reisebericht zurück (vgl. als Belege lediglich Lk 10,21; Lk 10,19).

11   Die Abgrenzung am Ende ist umstritten (die folgende Auflistung verzichtet auf Vollständigkeit der Namen). Gelegentlich wird aufgrund der Quellenlage Lk 18,14 als

Darstellung seiner Lehre, den Teil III (Lk 19,28-24,53) als Bericht über seine letzten Lebenstage, und wir lesen im Lukasevangelium Teil I als Beschreibung dessen, wie in Jesus das von Gott her Israel zugedachte Heil verwirklicht wurde, Teil II als Zurüstung und Mahnung der Gemeinde für die sich dehnende Zeit nach Jesu irdischem Lebensausgang[12] und Teil III als Krisis und göttliche Weiterführung der Heilsverkündigung an Israel und die Völker.

Umstritten ist, ob Lukas vor seiner Hinwendung zum Christentum Heide, Gottesfürchtiger, Proselyt oder Jude war.[13]

Für heidnische Herkunft wurden die geringe geographische Kenntnis des Landes Israel, die Vermeidung von Semitismen und das geringe Interesse an kultischen Fragen angeführt[14]; auch stelle das thora-ungebundene Heidenchristentum für Lukas längst den Normalfall dar, die Auseinandersetzungen darum seien »in die Vergangenheit entrückt«[15]. Zugunsten jüdischer Herkunft können die Terminologie, die Thora betreffend, ebenso geltend gemacht werden[16] wie die alttestamentlichem Gebrauch entsprechende Verwendung anthropologischer Begrifflichkeit[17]. Ferner setzt Lk 20,6 voraus, daß Lukas die Steinigung als Todesstrafe für Gotteslästerung i.S. v. mSanh VII 4a kennt.

Schluß gesehen (B. Reicke, Instruction and Discussion, 206). Aus inhaltlichen Gründen (Wiederkehr der Leidensthematik in Lk 18,31) sah C. F. Nösgen, Der schriftstellerische Plan, 285, in Lk 18,30 den Abschluß. Für Lk 19,28 als Abschluß votieren G. Ogg, Central Section, 53; M. Diefenbach, Komposition, 112; J. Roloff, Einführung in das Neue Testament, 185; für Lk 19,44 als Abschluß plädieren u.a. M. Miyoshi, Anfang des Reiseberichts, 1; M. Korn, Geschichte Jesu, 88; für Lk 19,46 J. H. Davies, St. Luke's Central Section, 165; Lk 19,48 wurde schon von F. D. E. Schleiermacher, Ueber die Schriften des Lukas, 116, als Abschluß betrachtet, ähnlich heute von H. Egelkraut, Jesus' Mission to Jerusalem, 10, der auf die parallele Verwendung von ἐγγίζειν/ἐγγύς in Lk 19,11.29.37.41 verweist. Lk 19,27 gilt als Ende des Reiseberichtes auch bei K. L. Schmidt, Rahmen, 246; H. Conzelmann, Zur Lukasanalyse, 23; W. Grundmann, Fragen der Komposition des lukanischen »Reiseberichts«, 254; W. Wilkens, Die theologische Struktur des Lk, 7; G. Schneider, Lukas I, 226.

12   Zur Diskussion um die Intention des Reiseberichtes s.u. S. 295f. mit Anm 155.

13   Als ehemaliger Gottesfürchtiger wird Lukas von E. Schweizer, Lukas, 4; G. Schneider, Lukas I, 32; M. Korn, Geschichte Jesu, 11; R. Pesch, Apostelgeschichte I, 27; F. Bovon, Lukas I, 22, als Heidenchrist wird Lukas u.a. von W. G. Kümmel, Einleitung, 118; J. Ernst, Lukas, 31; J. Kremer, Lukas, 13; J. Fitzmyer, Luke I, 42; K. Salo, Luke's Treatment of the Law, 297; U. Schnelle, Einleitung, 284; J. Roloff, Einführung, 177, bezeichnet, als Judenchrist von M. Klinghardt, Gesetz und Volk Gottes, 320; E. Reinmuth, Pseudo-Philo und Lukas, passim

14   U. Schnelle, Einleitung, 29.

15   J. Roloff, Apostelgeschichte, 4.

16   J. Jervell, The Law in Luke-Acts, 136f.

17   J.-W. Taeger, Der Mensch und sein Heil, 29.

Doch wird man Aussagen wie Apg 13,38; 15,10 auch einem ehemaligen Juden nicht gerne zutrauen. Für einen Gottesfürchtigen auffällig wäre, daß sich sein Interesse weniger auf den Monotheismus und die hochstehende jüdische Ethik richtet als vielmehr auf die Kontinuität der von ihm darzustellenden Vorgänge mit der Heiligen Schrift und der Geschichte Israels Will man sich nicht jeder Festlegung enthalten, so wird man Lukas am ehesten als einen Heidenchristen bezeichnen, der allerdings Kontakt mit judenchristlichen Gemeinden hatte.[18]

6.2. Szenen und semantisches Inventar

6.2.1. Bestandserhebung der Szenen

Szenisch werden aus Markus einschließlich des Faktums einer Volksreaktion übernommen Mk 1,21-2,12; 5,1-43; 15,1-15, mit Veränderungen der Funktion auch Mk 3,7-12. Die Ablehnung durch die Nazarener Mk 6,1-6a ist in Lk 4,16-30 kompositorisch nach vorne versetzt an die Stelle vor Mk 1,21-28. Im Zuge der lukanischen Lücke entfallen Mk 6,53-56; 7,31-37. Aus Gründen der Straffung sind Mk 9,15; 10,32 getilgt. Die Akklamation durch das Volk Mk 11,8f. ist bei Lukas durch den Lobpreis seitens der Jünger ersetzt, die Verspottung des Gekreuzigten durch das Volk in Lk 23,35 reduziert. Umgekehrt sind Lk 18,24.26; 20,9-19; 21,5-36 entgegen den Vorlagen an das Volk adressiert, eine abschließende Volksreaktion ist auch in Lk 18,43b eingetragen, und das Volk ist in Lk 23,1-25 von Anfang an beteiligt.

Aus Q stammen die Predigt des Täufers Lk 3,7-10 und die Täuferanfrage einschließlich der Rede Jesu über den Täufer Lk 7,18-35*; Lukas hat dabei auch die Adressierung dieser Reden an das Volk übernommen. Dagegen ist für Lk 11,15 die Frage nach dem Ursprung der Subjektsangabe ὄχλοι von der literarkritischen Entscheidung über die Beelzebulkontroverse abhängig. Aus Q stammen ferner die Gerichtsworte gegen die unbußfertigen Städte Lk 10,13-15, einzelne Bestandteile der Mahnreden Lk 12,54-59 und Lk 13,23-30, die Klage Jesu über Jerusalem Lk 13,34f., sowie die Gleichnisse Lk 14,15-24; 19,11-27*, dabei könnte die Adressierung Lk 12,54a lk-redaktioneller Herkunft sein. Dem Sondergut entstammen die Erzählungen

---

18   J. Roloff, Kirche, 199.

Lk 7,11-16a; 12,13f.; 12,16-20; 13,10-17; 13,31f., die Reden Lk 13,1-5.6-9; 14,25-35, die Klage Lk 19,41-44 sowie die Szenen Lk 23,27-31.39-43. Lukas selbst hat wohl Lk 7,16b; 9,43a 18,43b; 23,48 hinzugefügt; redaktionelle Summarien sind Lk 4,14f.; 19,47f.; 21,37f.

6.2.2. Bestandserhebung des semantischen Inventars

Die folgende Erhebung erfaßt den semantischen Bestand hinsichtlich der Verben des Reagierens und der Subjektsangaben der Volksreaktion im diachronen Vergleich. Aus Gründen der Darstellung steht die Erhebung der Verben voran.

Das Vokabular der Chorschlüsse hat Lukas i.w. von Markus übernommen, aber durch den erheblich ausgeweiteten Gebrauch von δοξάζειν und durch die spezifische Verwendung von θαυμάζειν modifiziert. Das Verbum ἐκπλήττεσθαι ist in Lk 4,32 aus Mk 1,22, in Lk 2,48 aus der Tradition übernommen und in Lk 9,43a redaktionell gesetzt[19]; admiratives φοβεῖσθαι begegnet in Anfangsstellung Lk 2,9; 9,34, in Schlußstellung Lk 1,65; 8,35, des weiteren in Lk 5,26 (hier zusätzlich gegenüber Mk 2,12); 7,16. Aus der Tradition hat Lukas auch die Wortfelder ἐξιστάναι, ταράσσειν und θάμβος und das Verbum τρέμειν übernommen[20], aber nicht besonders akzentuiert. Das Verbum δοξάζειν fand Lukas in Mk 2,12 vor, hat es aber erheblich öfters verwendet[21], es bildet für ihn einen wichtigen Baustein seiner israeltheologisch akzentuierten Christologie. Θαυμάζειν begegnet bei Lukas in traditionellen Stellen wie üblich in Schlußstellung (Lk 11,14 [Dmk/Q];

---

19   Von den vier restlichen mk Belegen entfällt Mk 7,37 im Zuge der lk Lücke, Mk 10,26 im Zuge der Straffung; die Parallele zu Mk 11,18 fehlt, weil das Volksverhalten in Lk 19,47f. generell nicht mehr epiphanietheologisch geschildert wird; der Beleg Mk 6,2 ist zugunsten von θαυμάζειν und dessen spezifischer lk Verwendung getilgt.

20   Das Verbum ἐξιστάναι steht bei Lukas in Lk 2,47; 8,56; 24,22, wohl jeweils traditionell. Von der vier mk Belegen für ἐξιστάναι ist Mk 2,12 substantivisch verwandelt, Mk 5,42 in Lk 8,56 aufgenommen, Mk 3,21 im Zuge der Gesamttilgung entfallen; Mk 6,51 fehlt aufgrund der lk Lücke. Anders als das Verbum ἐξιστάναι kann das Substantiv ἔκστασις auch mit dem Motiv des Gotteslobes verbunden (Lk 5,26) und sogar von der Vision des Christen gebraucht werden (Apg 10,10; 11,5; 22,17). Für ταράσσειν vgl. Lk 1,12; 24,38; für διαταράσσειν vgl. Lk 1,29; für θάμβος vgl. Lk 4,36 (aus mk θαμβεῖσθαι Mk 1,27); 5,9; im Zuge der Straffung sind die mk Belege Mk 10,24.32 getilgt. Für τρέμειν vgl. Lk 8,47 (=Mk 5,33).

21   Lk 2,20; 4,15; 5,25.26 (=Mk 2,12); 7,16; 13,13; 17,15; 18,43; 23,47.

Lk 20,26 mk) oder in Mittelstellung ohne Folgen (Lk 1,63; 2,18 SoG).[22] Für einige lk-redaktionelle Stellen ist strukturell typisch, daß die Verwunderung des Antagonisten (Lk 4,22; 24,41; Apg 3,12[23]) oder der Volksmenge (Lk 9,43b) ein nochmaliges klärendes (Lk 24,41; Apg 3,12) oder neue Aspekte einführendes (Lk 4,22; 9,43) Wort des Protagonisten Jesus nach sich zieht. Admiration wird hier deutlich als ein zwar offenes, aber unzureichendes Verhalten gekennzeichnet.

Was das Subjekt der Volksreaktion betrifft, ist die Terminologie ähnlich wie bei Matthäus durch das Nebeneinander der Begriffe ὄχλος und λαός bestimmt; hinzu treten noch πλῆθος und für die Apostelgeschichte δῆμος.

Von den 41 lk ὄχλος-Belegen entstammen Lk 5,1.3.19; 6,19; 8,4.19.40. 42.45; 9,11.(12.16).37.38; 18,36; 22,47 (=Truppe); 23,4 der Markusvorlage, die Belege Lk 7,9.24 der Redenquelle, die Belege Lk 7,11. 12; 13,14; 14,25; 19,3, vielleicht auch Lk 13,17, dem Sondergut; lk-redaktionell steht der ὄχλος-Begriff in Lk 4,42; 5,15; 9,18; 23,48 und wohl auch in Lk 3,7.10; 11,27; 12,1.13.54; 19,39.[24] Literarkritisch ungewiß bleiben Lk 11,14.29.

Von den 36 lk λαός-Belegen entstammt Lk 22,2 der Markusvorlage, Lk 7,1 vielleicht der Redenquelle; redaktioneller Ersatz für mk ὄχλος sind Lk 19,48; 20,6.19.45; für die sonstigen Belege[25] lassen sich keine synoptischen Parallelen beibringen.

---

22 Hierher gehört auch das quellenkritisch umstrittene (vgl. A. Fuchs, Seesturmperikope, 118) Lk 8,25 sowie Lk 7,9 (von Jesus ausgesagt!).

23 Apg 3,12 ist die Volksmenge bereits Antagonist, nämlich Adressat der klärenden Rede des Petrus; der Geheilte ist nicht mehr weiter von Bedeutung.

24 Das Wort ὄχλος bezeichnet auch bei Lukas die Volksmenge im Gegensatz zu den Eliten. Lk 12,13-21 zeigt, daß dem Begriff ὄχλος nicht notwendig die Implikation der materiellen Armut inhärent war. - Außer Betracht bleiben hier die Belege Lk 5,29; 6,17 (Apg 6,7), in denen ὄχλος Mengenbezeichnung ist, des weiteren Lk 22,47, wo ὄχλος »Truppe« bedeutet; diskutabel bleibt, ob ὄχλος Lk 22,6 nicht auch »Getümmel« bedeutet. - Von den 38 mk ὄχλος-Belegen sind Mk 2,4; 3,9; 4,1 bis; 5,21.24.31; 6,34; 9,14.17; 10,46; 14,43 (=Truppe); 15,8 übernommen. Aus Gründen der Straffung entfallen die Belege in Mk 2,13; 5,27.30; 9,15.25; 12,41; im Zuge kompositioneller Umstellung entfällt der Beleg Mk 4,36; aufgrund der lk Lücke fehlen Parallelen zu Mk 6,45; 7,14.17.33; 8,1.2.6 bis, aus unterschiedlichen theologischen Gründen sind die ὄχλος-Belege Mk 3,20.32; 8,34; 10,1; 15,11.15 getilgt und die Belege Mk 11,18.32; 12,12.37 durch λαός ersetzt.

25 Lk 1,10.17.21.68.77; 2,10.31.32; 3,15.18.21; 7,16.29; 8,47; 9,13; 18,43b; 19,47; 20,1.9; 21,23.38; 22,66; 23,5.13.14.2.35; 24,19. Der λαός-Beleg Mk 7,6 entfällt aufgrund der lukanischen Lücke.

Von den hier zu diskutierenden Begriffen für πλῆθος ist Lk 6,17 aus Mk 3,7 übernommen, während sich zu Lk 1,10; 23,27 keine synoptischen Parallelen finden.

Für die inhaltliche Näherbestimmung der lk Terminologie[26] ist J. Roloffs generelle Warnung vor Überinterpretation einzelner Aussagen[27] zu beachten, vor allem im Falle erkennbarer Quellenabhängigkeit. Lukas ist eher als Matthäus bereit, dem Sprachgebrauch seiner Quellen zu folgen.

Πλῆθος kann eine jüdische wie eine heidnische Volksmenge bezeichnen[28], wie später in Apg 15,12.30 die christliche Gemeinde im Unterschied zu ihren Eliten; δῆμος benennt in Apg 12,22 eine heidnische Volksmenge, in Apg 17,5; 19,30.33 die Volksversammlung hellenistischer Städte, den Christen feindlich gesonnen. Bei einigen als lk-redaktionell diskutablen ὄχλος-Belegen kann man fragen, ob dem Begriff nicht eine pejorative Wertung i.S. der πολλοί-Antithese eignet, zumindest insoweit, daß er auch ein Jesus prinzipiell freundlich zugewandtes Verhalten noch als korrekturbedürftig auszeichnet. Unsere Aufmerksamkeit richtet sich auf Lk 11,27f.; 12,13-15 und die lk-redaktionellen Eintragungen des ὄχλος-Begriffes in Lk 4,42; 5,15; 9,18[29], in denen Jesus erkennbar eine vorangegangene Äußerung eines Menschen aus dem ὄχλος korrigiert, weiter auf Lk 12,54; 14,25, in denen Jesus von sich aus eine scheltende bzw. eine warnende Rede beginnt.

Der Begriff λαός wurde zumeist hinsichtlich der Abgrenzung von ὄχλος diskutiert; für Stellen wie Lk 3,15.18.21; 19,48; 20,1 ist israeltheologische Relevanz[30] wie positive Konnotation beobachtet worden[31], festgestellt wurde auch, daß λαός im Reisebericht weitgehend fehlt, ebenfalls in den außerhalb des Mutterlandes Israel spielenden Partien der Apostelgeschichte, soweit

---

26 Zur lukanischen Terminologie vgl. Neben den Lexikon-Artikeln aus ThWNT und EWNT noch P. Zingg, Das Wachsen der Kirche, 61-67; N. A. Dahl, A People for His Name, 324f.; J. Kodell, Luke's Use of Laos, passim; G. Lohfink, Sammlung, 35-40; R. C. Tannehhill, Unity, 143f.

27 J. Roloff, Kirche, 191.

28 Für ersteres vgl. Lk 1,10, für letzteres Lk 8,37.

29 Nach H. Flender, Heil und Geschichte, 47, und W. Wilkens, Die Auslassung von Mark. 6,45-8,26, 197, ist in Lk 9,18 die markinische abwertende Darstellung durch den ὄχλος-Begriff eingeschränkt: »ὄχλος hat bei Lukas keinen schlechten Klang. Es ist die noch unentschlossene Menge um Jesus herum«.

30 G. Lohfink, Sammlung, 36.

31 H. Frankemölle, Art. λαός, 844; vgl. schon A. George, Israël dans l'oeuvre de Luc, 482 Anm 4. Doch kann man nicht einfach λαός für die positive, ὄχλος für die negative Reaktion reservieren, vgl. Lk 3,15 einerseits, Lk 13,17 andererseits.

nicht auf Juden Bezug genommen wird[32], jedoch im Jerusalem-Abschnitt mehrfach den mk ὄχλος-Begriff ersetzt. Als unspezifisch wurden dagegen die Stellen Lk 3,21; 6,17; 7,1; 7,29; 8,47; 9,13; 18,43; 19,48 verstanden, wo λαός jeweils als Wechselbegriff zu ὄχλος zu stehen scheint[33], des weiteren Lk 23,27.35.48. Hier werden wir weiter fragen müssen.

Es zeigt sich, daß auch diese Stellen einem theologischen Verständnis integriert werden können. Die Feldrede ist die einzige große Redekomposition gegenüber dem noch weithin ungeschiedenen Israel, sie ist Jesu Manifest an das Gottesvolk, an den λαός. In dem verhaltenskontrastierenden Lk 7,29 könnte die Spitze darin liegen, daß die Hierarchen in ihrer Ablehnung Jesu gerade nicht als die Repräsentanten des wahren Israel stehen[34]. In Lk 8,47 bekennt die Frau vor dem Gottesvolk, was sie von Jesus erhofft und von ihm empfangen hatte; der λαός ist Zeuge ihrer Christusverkündigung. In Lk 9,13 könnte λαός auf die Fragen des Mose Num 11,12.13 anspielen[35] - die Wendung εἰς πάντα τὸν λαὸν τοῦτον in Lk 9,13 erinnert an die Wendung παντι τῷ λαῷ τούτῳ in Num 11,13 LXX. Bei Lk 3,7.21 könnte weniger die Wahl des Begriffes λαός in V. 21 als vielmehr die Bevorzugung des ὄχλος-Begriffes in Lk 3,7 der Rechtfertigung bedürfen, ihrer freilich auch teilhaftig werden: Das Volk kommt zwar von sich aus zur Taufe, muß jedoch über die erwarteten Konsequenzen dieses Verhaltens aufgeklärt werden; ὄχλος steht hier wie in Lk 14,25 für die nicht von vornherein falsche, aber korrekturbedürftige Haltung[36]. In Lk 18,43 signalisiert der Davidssohntitel von Lk 18,38, in Lk 19,48; 21,38 die Erwähnung des Tempels die Israelthematik, darum steht jeweils λαός. Für Lk 23,27.48 würde man ὄχλος in 23,27, λαός in 23,48 erwarten, doch läßt sich die umgekehrte Anordnung der Termini begründen: in Lk 23,27-31 wird das Schicksal der heiligen Stadt thematisiert, in

---

32   H. Strathmann, Art. λαός, 49; N. A. Dahl, A People for His Name, 324.

33   Das Nebeneinander von λαός in Lk 6,17 und ὄχλος in Lk 6,19 läßt sich quellenkritisch erklären (Lk 6,19 stammt aus Mk 3,9), zeigt aber auch, daß die folgende Differenzierung für Lukas nur eine Nuancierung des Ausdrucks bedeuten kann.

34   G. Lohfink, Sammlung, 35, vermutet bei Lk 7,29 eine Archaisierungstendenz. Auch kann man die Stelle als Rückverweis auf Lk 3,15.18 lesen. In Apg 12,11 wird mit der Wendung λαός τῶν Ἰουδαίων das der christlichen Verkündigung feindselige Israel gekennzeichnet. Nun kennt die LXX λαός auch für das ungehorsame Israel, vgl. Ex 32,1 u.ö. Man kann im Begriffsgebrauch von Apg 12,11 eine polemische Spitze sehen: Der ungehorsame Teil Israels (das Volk der »Juden«) ist der christlichen Verkündigung feindlich gesonnen, obwohl es nach Gottes Willen sein Volk ist.

35   F. Bovon, Lukas I, 469, versteht λαός hier nur als Lieblingswort des Evangelisten.

36   Auf die Parallele zwischen Lk 3,7 und Lk 4,22.23 verweist R. Tannehill, Unity, 70.

Lk 23,48 die Wirkung des Todes Jesu selbst auf den wenig reflektierenden Menschen.[37] Darum steht in Lk 23,27 λαός, in Lk 23,48 ὄχλος.

Nicht im Sinne einer schroffen Alternative, aber im Sinne einer differenzierenden Akzentuierung deuten wir den Befund wie folgt: der λαός-Begriff verdrängt den ὄχλος-Begriff da, wo israelthematische Bezüge im Vordergrund stehen, etwa in Lk 3,15; 18,43; 20,6; 23,27; umgekehrt steht in Lk 3,7; 9,18; 11,14.27.29; 12,54 der ὄχλος-Begriff, weil der Evangelisten die ablehnende, defizitäre oder korrekturbedürftige Reaktion als solche kennzeichnen will, während es dort zweitrangig ist, daß hier jüdische Menschen das Gegenüber der Verkündigung sind. Die überwiegend negative Zeichnung des ὄχλος im Reisebericht, in dem er als das Subjekt pauschaler Infragestellung Jesu erscheint, weist auf Apg 14; 21 voraus, wo der ὄχλος-Begriff von heidnischen wie von jüdischen Volksmassen pejorativ gebraucht wird: Ablehnung und Mißverständnis sind Erfahrungen Jesu wie seiner Gemeinde.

Diese terminologische Voruntersuchung läßt die Schwerpunkte der Verwendung der Volksreaktionen erkennen: die Israelthematik und die Charakterisierung christlichen Glaubens, als dessen Infragestellung und als dessen Negativ-Folie die Volksreaktion gilt. In dieser Reihenfolge werden diese Schwerpunkte nunmehr abgehandelt.

6.3. Israeltheologische Bezüge

Die in unserem Forschungsbericht deutlich gewordene Bandbreite der Beschreibungen lukanischer Israeltheologie ist begründet in der Spannung zwischen israelkritischen und israelfreundlichen Aussagen des lukanischen Doppelwerkes insgesamt und in der scheinbaren Inkonzinnität der israelkritischen Aussagen: Die Ausweitung des Heiles an die Heiden kann als Ursache wie als Folge der ablehnenden Haltung Israels gelten[38]; diese ablehnende Haltung kann auktorial[39] motiviert werden durch die Anklage auf Thoraungehorsam

---

37 Vgl. C. F. Nösgen, Der schriftstellerische Plan, 289. Thematisiert ist in Lk 23,48 nicht die Reue des Gottesvolkes, sondern der Eindruck des Sterbens Jesu selbst auf den nicht reflektierenden Menschen.

38 Für ersteres vgl. Lk 4,25-27; Apg 22,21; für letzteres vgl. Apg 18,6; 28,28.

39 Die den jüdischen Anklägern selbst in den Mund gelegten Gravamina in Apg 6,11-14; 21,28; 24,5f. werden durch die jeweiligen Verteidigungsreden als verfehlt erwiesen (vgl. Apg 7,1-53; 22,3.12 [der gute Leumund des Ananias]; 24,12.18).

und Widerstand gegen die Gottesboten und die Verstockungsansage[40], aber auch in dem versuchten Erweis Jesu als des Christus[41] oder in der angekündigten Hinwendung Gottes zu den Heiden wie auch in dem erzählten Zulauf der zumeist heidnischen Menschenmassen zu der Predigt der Apostel.[42]

Lukanische Israeltheologie ist untrennbar mit der lk Konzeption der Heilsgeschichte und dem lukanischen Verständnis der Heiligen Schrift Israels verknüpft. Grundlegend für Lukas ist die zugleich christologische und soteriologische Relevanz der Aufweckung Jesu von den Toten: Jesus wird zum Herrn und Christus gemacht (Apg 2,36) und damit als das Zeichen Gottes[43] bestätigt; doch zugleich verbürgt das »Faktum« der geschehenen Auferweckung, daß Gott jetzt Heil[44] verwirklichen will (Apg 26,6-8). Das Heil gilt Israel[45] in allen seinen Gliedern[46], und es gilt zuerst Israel.[47] Den Heiden gilt das Heil in Ausweitung des Israel geltenden Heiles gemäß der biblischen Verheißung des Gottesknechtes i.S. v. Jes 42,6; 49,6 und des Völkerwallfahrtsmotives[48]. Der auferweckte Jesus ist Ur-Repräsentant des Gottes Israels gegenüber seinem Volk und unter den Heiden. Durch ihn kann jeder, der glaubt, unbeschadet seiner Herkunft aus Israel oder aus den Völkern die Vergebung der Sünden erlangen; auch den Heiden wird die selbe Gabe des Heiligen Geistes als Erfüllung der Weissagung Joel 3,1-6 gegeben (Apg 10,47; 11,15). Von daher

---

40 Apg 7,51-53 bzw. Apg 28,26-28.

41 Vgl. Apg 9,22; 18,5.6, sowie den Hinweis auf die Predigt vom Reich als konfliktauslösendes Moment Apg 19,8.

42 Vgl. Apg 13,45; 17,5.

43 Zur Anknüpfung an die Vorstellung des personalen Zeichens i.S. von Jes 8,18; 20,3 vgl. J. Fitzmyer, Luke I, 423; K. Scholtissek, Christologie und Kairologie, 209.

44 H. Räisänen, Redemption of Israel, 110, konstatiert bei Lukas eine spiritualisierende Verflüchtigung der messianischen Erlösungsvorstellung. Daß sich der Christ gerade angesichts der Konkretheit jüdischer Heilsvorstellung, bestehend in den Gaben des Bundes und der Thora, nach der Wirklichkeit des in Jesus vermittelten Heiles fragen lassen muß, ist richtig, doch was hätte Lukas 20 Jahre nach der Zerstörung Jerusalems schreiben sollen? Eine Abkehr von messianischen Erlösungsvorstellungen läßt sich auch im Judentum nach 70 n. Chr. beobachten.

45 Lk 1,54.68.78. Die divergierenden Ansätze zur Traditionsgeschichte von Lk 1; 2 können im Rahmen dieser Arbeit nicht gewürdigt werden. Lukas hat Lk 1, 2 jedenfalls bewußt in sein Evangelium einbezogen und an israeltheologisch relevanten Stellen (Lk 7,16; 19,41-44) darauf zurückverwiesen; vgl. prinzipiell J. Roloff, Kirche, 195 Anm 12.

46 Vgl. die Begründung der Zuwendung Jesu in Lk 13,16; 19,9.

47 Lk 2,32; Apg 3,26; 13,46. Ausdruck dessen ist auch das bekannte Schema, daß Paulus bei seinen Reisen grundsätzlich in den Synagogen mit der Verkündigungsarbeit beginnt.

48 Zur Deutung von Lk 2,29-32 auf diesem Hintergrund s. J. Roloff, Kirche, 193.

kann der Auftrag zur Heidenmission auf den auferstandenen Christus zurückgeführt werden (Lk 24,47; Apg 1,8; 9,15). Israel als Ganzes wird durch die
Verkündigung des Petrus gerufen, Zeuge Gottes gegenüber den Heiden zu
sein (Apg 3,25f.). Wichtig ist für Lukas nun, daß in all diesen Schritten Gott
als Subjekt dieser Geschichte gilt[49], daß alle diese Momente in der Heiligen
Schrift Israels angekündigt sind[50] - nur die Neuordnung der Speisegesetze ist

49   Gott hat die Verheißung den Vätern gegeben (Apg 22,6) und in der Geschichte Israels
das entscheidende vorangebracht (Apg 7.4.10.7,25.35; 13,17-22) und schließlich Jesus
Christus erstehen lassen (Apg 13,23). Gott hat durch Jesus Wunder getan (Apg 2,22)
und durch unwissendes Fehlverhalten der Menschen bewirkt, daß die Aussagen der
Propheten über die Leiden seines Christus erfüllt würden (Apg 3,18), er hat Jesus
auferweckt (Apg 2,24; 3,15) und zum Fürsten und Heiland für Israel gemacht und
durch ihn Buße und Sündenvergebung für Israel gegeben (Apg 2,36; 5,31) und Israel
in der Gemeinde der Apostel gesammelt (Apg 2,47b; 5,39), er hat aber auch an den
Heiden gewirkt (Apg 14,27; 15,7-9.14; 21,19), sie für rein erklärt (Apg 10,15; 11,9)
und ihnen Buße und Vergebung der Sünden angeboten (Apg 11,17f.; 14,27). Gott hat
Paulus zum Verkündigungsdienst berufen (Apg 22,14), ihn nach Mazedonien
(Apg 16,10) und nach Rom (Apg 27,23) gesandt. - An den Heidenvölkern handelt Gott
als Schöpfer (Apg 14,15; 17,24) im wesentlich darin, daß er den regelmäßgien
Wechsel der Jahreszeiten bewirkt (Apg 14,17) und den Wohnraum Erde verteilt
(Apg 17,26).

50   Der Täufer wird als Elia redivivus i.S. von Mal. 3,1.24 angekündigt (Lk 1,15-17), als
Freudenbote i.S. v. Jes 40,3-5 (Lk 3,4-6), Jesus wird als endzeitlicher Freudenbote i.S.
v. Jes 61 angekündigt (Lk 4,18f.) und ist der endzeitliche Prophet i.S. von
Dtn 18,15.19 (Apg 3,23f.), in Jesus wird die Verheißung 2 Sam 7 erfüllt (Lk 1,32), für
das Auftreten Jesu wird auf Ps 2,7 verwiesen (Apg 13,32), für Jesu Sterben allgemein
auf die Schrift (Lk 24,25-27; Apg 3,18) sowie speziell auf Jes 53,7f. (Apg 8,32), für
Jesu Auferweckung auf Ps 16,8-11 (Apg 2,25-28); die Himmelfahrt ist Erfüllung von
Ps 110,1 (Apg 2,34f.), das Pfingstereignis ist Erfüllung von Joel 3,1-6 (Apg 2,16). Die
Ausweitung des Heilsangebotes über Israel hinaus wird in Lk 2,32 mit Jes 42,6; 49,6;
in Lk 4,25-27 mit den Beispielen aus 1 Kön 17; 2 Kön 5, in Apg 13,47 mit Jes 49,6,
und, in der innerchristlichen Diskussion, in Apg 15,17f. mit Am 9,12 belegt; die
Vermittlungsrolle Israels für die Ausweitung des Heils auf die Heiden wird mit
Gen 12,3 begründet (Apg 3,25f.) und, in der innerchristlichen Diskussion, mit Am 9,11
(Apg 15,16). Schriftgemäß ist aber auch der Widerstand, den die Gemeinde von außen
erfährt (Apg 4,25f. zitiert Ps 2,1f.). Allgemeine Verweise auf die Schrifterfüllung be-
gegnen Lk 1,55.70-73; 21,22; 24,25-27; Apg 3,18; 17,12 und Apg 26,22f., bezogen auf
das Ganze von Jesu Leiden und Auferstehen und Verkündigung an Israel und die
Völker (zur hervorgehobenen Bedeutung dieser letzten Paulus-Rede in Jerusalem vgl.
M. Dömer, Heil, 204f.). - Daß Lukas den Gedanken der Erfüllung der Zeit (Mk 1,14f.)
in Lk 4,21 durch den Gedanken der Schrifterfüllung ersetzt, läßt nach W. Übelacker,
Das Verhältnis von Lk/Apg zum Markusevangelium, 166, erkennen, daß für Lukas die
Schriftgemäßheit der eigenen kirchengeschichtlichen Entwicklung wichtiger war als
die Erwartung der nahen Parusie. Anders jedoch F. Bovon, Lukas I, 213; E. Reinmuth,
Pseudo-Philo und Lukas, 237.

durch eine Audition des Petrus angestoßen[51] -, und daß das Verhalten des rechten Israeliten i.S. des Lukas darin besteht, im richtigen Verständnis der Schrift die heilsgeschichtlichen Setzungen Gottes anzuerkennen und mitzuvollziehen.[52] An dieser Aufgabe müssen auch die Jünger erst lernen[53], und an ihr droht der sich verschließende Teil Israels zu scheitern[54]; deshalb wird er gemahnt, sich nicht von sich aus gegen Gott zu stellen (Apg 4,19; 5,34-39), sich nicht mit den Ungehorsamen der Geschichte Israels gleichzustellen (Apg 7,35.39.51) und sich so als verstockt zu erweisen wie die Väter (Apg 28,26f.).[55] Unberührt davon bleibt jedoch die Tatsache, daß auch unwissendes oder gar feindseliges und ungehorsames menschliches Handeln zur Verwirklichung des göttlichen Planes beitragen kann.[56]

Die Reaktion Israels wird nun in der zweiten Simeonsprophetie[57] als eine gespaltene Reaktion benannt: Die einen werden an Jesus zu Fall kommen, die anderen werden sich in der durch Jesus heraufgeführten Krise Israels als Glieder des Gottesvolkes bewähren. Dem von Gott gesetzten Zeichen Jesus

---

51 Apg 10,15.19f.28. Hier wird Weisung gegeben (καθαρίζειν), nicht Thora abrogiert. - Kritisch zur lk Thora-Auffassung S. Sandmel, Anti-Semitism, 100.

52 Vgl. Apg 17,12, des weiteren H. Conzelmann, Mitte der Zeit, 138: »Die Solidarität der Kirche mit Israel ist heilsgeschichtlicher Art. Sie zeigt sich in der formalen Übereinstimmung, dem Schriftbesitz; es gilt nun, diese richtig zu interpretieren«.

53 Vgl. Lk 24,25-27.46; Apg 10,34f.; 11,1.18; vgl. den Ratschlag des Gamaliel, den Jüngern nicht zu wehren (Apg 5,39), mit der Erwägung des Petrus, daß er im Falle fehlenden Verständnisses für das von Gott gesetzte Geschehen in der Tat Gottes Wirken behindern könnte (Apg 11,17). Doch kann der Jünger zu diesem Verständnis finden, indem er die Übereinstimmung des Geschehens mit den Ankündigungen der Schrift erkennt (Lk 24,32.45-47; Apg 15,15).

54 Nach J. Roloff, Paulus-Darstellung, 272, sind die Führer Israels »nicht bereit, die Kontinuität von Christusglaube und alttestamentlicher Botschaft zu erkennen«.

55 Auch das Jesaja-Zitat in Apg 28,26f. ist prophetische Mahnung (so zu Recht H. Van de Sandt, Acts 28,28, 358, mit Hinweis auf Ez 2,3-5; 3,4-7), nicht definitive Verwerfung des Judentums.

56 E. Reinmuth, Pseudo-Philo und Lukas, 237. Damit löst sich auch die Spannung, daß die Ausweitung des Heilsangebotes an die Heiden einmal als Ursache, das andere Mal als Folge der Ablehnung seitens des ungläubigen Teiles Israels gilt: Als von jeher im Plan Gottes niedergelegte Absicht Gottes ist sie Ursache dieser Verweigerung, als jetzt verwirklichte Absicht kann sie auch als Folge jener Verweigerung dargestellt werden.

57 Der Hinweis auf die Geisterfüllung Simeons soll die Autorität, die Lokalisierung der Szene im Zentralheiligtum »gewissermaßen unter den Augen Gottes« (F. Bovon, Lukas I, 122) die Bedeutsamkeit des in Lk 2,29-32 und Lk 2,34f. Gesagten unterstreichen, das Auftreten der beiden Zeugen Simeon und Hanna einen schriftgemäßen äußeren Rahmen zeichnen (vgl. Dtn 19,15).

wird widersprochen werden, und er wird die bösen Gedanken vieler offenbaren.[58]

Bei einem Teil seines Volkes wird Jesus Glauben finden, wie schon das Wirken des Täufers viele zum Herrn bekehrte (Lk 1,16), und Lukas zeichnet in Elisabeth, Maria, Simeon, Hanna und den Hirten Repräsentanten des gläubigen Israel.[59] Ihr Warten wird nicht enttäuscht, sondern darf kraft des Eingreifens der Engel bzw. der sie persönlich betreffenden Fügung des Heiligen Geistes die Erfüllung schauen. Und wie Simeon und die Hirten in dem Jesuskind die Bestätigung der Verheißung Gottes für Israel erkennen, so führt die Begegnung mit dem heilenden Jesus wie die Beobachtung seiner Wundermacht, aber auch seines Sterbens, nicht von dem Gott Israels weg, sondern zu ihm hin[60], und es haben tatsächlich Juden in Jesus die Heimsuchung Gottes

---

58   Für das Verständnis von Lk 2,34f. auf lk-redaktioneller Ebene müssen die einzelexegetischen Entscheidungen mit dem Blick auf das Ganze des lukanischen Werkes begründet werden. Der Fall und die Auferstehung vieler in Israel betrifft nicht eine einzige Gruppe, die erst fällt und dann aufsteht (so E. Schweizer, Lukas, 38; I. H. Marshall, Luke, 122; B. Koet, Simeons Worte, 1563), sondern zwei Gruppen, von denen die eine fällt, die andere aufsteht (vgl. J. Jeremias Art. πολλοί, ThWNT 6, 1959, 541f.; E. Klostermann, Lukas, 43, mit Verweis auf Jes 8,14f.; 28,16; W. Grundmann, Lukas, 91; O. Betz, Bewußtsein Jesu, 32 Anm 4; G. Schneider, Lukas I, 72; H. Schürmann, Lukas I, 128; G. Lohfink, Die Sammlung Israels, 30; F. Bovon, Lukas I, 147; J. Roloff, Kirche, 194; J. Winandy, La prophétie de Syméon, 324, hält die Idee nur für eine sachlich sekundäre Kulisse). Die Gedanken von V. 35b sind die Gedanken der Ablehnung (H. Schürmann, Lukas I, 128 Anm 224 und J. Fitzmyer, Luke I, 430, mit Verweis auf den pejorisierenden Wortgebrauch in LXX und auf die Nähe zu σημεῖον ἀντιλεγόμενον; für den pejorisierenden Wortgebrauch von διαλογισμοί im Lukasevangelium vgl. Lk 5,22; 6,8; 9,46.47; 24,38 und dazu J. Nolland, Luke I, 122). So sehr der Akzent in der zweiten Simeonsprophetie auf der Ablehnung seitens der Vielen liegen mag (Th. Zahn, Lukas, 157; G. Lohfink, Sammlung, 30; G. Schneider, Lukas I, 72; F. Bovon, Lukas I, 128), so wenig ist die ἀνάστασις der Vielen »nur beigefügt, um nicht den widersinnigen Gedanken aufkommen zu lassen, als ob der verheißene Messias nur zum Verderben seines eigenen Volks erschienen sei« (so fälschlich Th. Zahn, Lukas, 157). Auch ist das Stichwort »Viele« nicht i.S. von »alle« zu verstehen (so aber W. Grundmann, Lukas, 91; W. Wiefel, Lukas, 80; hier zu Recht anders Th. Zahn, Lukas, 156); vgl. die folgenden Ausführungen. - Daß Jesus die bösen oder unverständigen Gedanken anderer Menschen offenbart, wiederholt sich in Lk 5,22; 6,8, auf die Gedanken der Gegner bezogen, und in Lk 9,46f.; 24,38, die Gedanken der Jünger betreffend (R. C. Tannehill, Unity, 69).

59   J. Roloff, Kirche, 193. »Die 'Düsternis' der matthäischen Kindheitsgeschichten hat bei Lukas keine Entsprechung« (J. Roloff, Einführung in das Neue Testament, 188).

60   Vgl. Lk 2,28; 23,40, sowie das Motiv des Gotteslobes seitens der Hirten (Lk 2,20), der Geheilten (Lk 5,25b; 13,13; 17,15; 18,43a), der anwesenden Volksmenge (Lk 5,26; 7,16; 18,43b; vgl. Lk 9,43a) wie des Hauptmanns (Lk 23,47) angesichts des Sterbens Jesu. Traditionell sind nur Lk 5,26 sowie vielleicht Lk 13,13; 17,15; alle anderen

für sein Volk, eine neue Setzung in der Heilsgeschichte erkannt (Lk 7,16).
Der lukanische Jesus ist nicht nur von den zwölf Aposteln als den Garanten
späterer kirchlicher Tradition umgeben, sondern von einer größeren »Menge
seiner Jünger«[61], zu denen Lukas namentlich genannte Personen wie Maria
Magdalena, Johanna und Susanna (Lk 8,1-3), Maria und Martha (Lk 10,38-
42), Kleopas und seinen Gefährten (Lk 24,9.13[62]), aber auch die siebzig
»anderen« Jünger von Lk 10,1 gezählt haben wird, und in deren Kreis,
nachösterlich etwa 120 Personen umfassend, nun auch die Mutter Jesu und
seine Bruder zu finden sind (Apg 1,14). In der Anfangszeit nach Ostern beschränkt sich der Konflikt mit Juden auf die jüdische Obrigkcit (vgl.
Apg 5,13b.14.26), während sich viele Menschen aus dem Volk durch die Predigt der Apostel überzeugen lassen. Selbst Priester und Pharisäer werden
gläubig (Apg 6,7; 15,5).

Bei einem anderen Teil seines Volkes wird Jesus - trotz anfänglicher Aufgeschlossenheit - keinen Glauben finden, sondern Widerspruch, wie ihn der
Prophet nicht das erste Mal seitens des Gottesvolkes erfährt[63]; der von Lukas
pointiert hervorgehobene[64] Widerspruch wird sich an Jesu Selbstanspruch
ebenso entzünden wie an seinem Wirken, das Jesus selbst als Zeichen der
hereinbrechenden Gottesherrschaft deutet (Lk 4,23-30; 11,14-36). Später
wird den christlichen Missionaren sowohl wegen ihrer Christuspredigt als
auch wegen ihrer Verkündigung des Heiles auch für die Heiden widersprochen werden[65], teilweise gewaltsam[66]. Das Heilsangebot an die Heiden wird

---

Belege sind lk-redaktionell. - Doch führt nicht jede Furchtreaktion zum Glauben
(Lk 8,35).

61   Die Bezeichnungen wechseln: ὄχλος πολὺς μαθητῶν αὐτοῦ Lk 6,17, ἅπαν τὸ
     πλῆθος τῶν μαθητῶν Lk 19,37; οἱ σὺν τοῖς ἕνδεκα Lk 24,33; ὄχλος ὀνομάτων
     Apg 1,15. - Lk 19,37 weist auf die nachösterliche Situation (P. Zingg, Wachsen der
     Kirche, 66), der größere Jüngerkreis präformiert »die Gesamtheit der Christus-
     gläubigen« (H. Schürmann, Lukas I, 321; vgl. A. Weiser, Theologie II, 129, F. Bovon,
     Lukas I, 286).

62   Man achte auf die Querverbindungen von Lk 24,21 zu Lk 2,38 in der Begrifflichkeit
     der »Erlösung Israels«.

63   Vgl. Lk 13,34f.; Apg 7,51-53 und dazu E. Haenchen, Judentum und Christentum in der
     Apostelgeschichte, 165. M. Miyoshi, Jesu Darstellung, 88, verweist für ἀντιλεγόμενον
     auf Hos 4,4; Jes 65,2 (hier jeweils λαός als Adressat der Gerichtsprophetie!); Jes 50,5.

64   Lukas hat nach einer Beobachtung von H. Conzelmann, Mitte der Zeit, 104, in seinem
     Evangelium an den Beginn der ersten beiden Phasen des Wirkens Jesu jeweils eine
     Perikope der Abweisung gestellt (Lk 4,16-30; 9,52-56).

65   Auf die Parallelen zwischen Lk 4,22-29 und Apg 13,43-45.50; 22,17-22 verweist
     A. Vanhoye, L'intérêt de Luc pour la prophétie, 1541f.; vgl. schon R. C. Tannehill, The
     Mission of Jesus, 62; J. B. Tyson, The Death of Jesus in Luke-Acts, 148. Dagegen wird

nicht mehr nur als Ausweitung des Israel geltenden Angebotes, sondern als Übergang von Israel weg beschrieben und mit der ablehnenden Haltung »der Juden« begründet.[67] Schließlich wird die Katastrophe Jerusalems als Folge der Ablehnung Jesu hingestellt.[68]

Das bekannte Nebeneinander der positiven Reaktionen des Volkes, schwerpunktmäßig[69] in den erzählenden Texten, und der negativen Reaktionen, vor allem in den besprechenden Texten anzutreffen[70], sollte nicht mit der Verteilung an Tradition und Redaktion oder mit der gewaltsamen Überordnung der einen Aussagelinie über die andere erklärt werden; es gilt, beide Linien festzuhalten. Dieses Nebeneinander ist wohl am ehesten im Sinne des kirchengeschichtlichen Nacheinander zu deuten: die anfangs keineswegs erfolglose Israelmission, verstanden als endzeitliche Sammlung Israels[71], wurde zunehmend von jüdischer Seite aus behindert, und diese Verhärtung der Fronten bewirkt, daß von der lk Gemeinde aus die Bekehrung ganz Israels nicht mehr erwartet und deshalb wohl auch keine planmäßige Israelmission mehr betrieben wird.[72] Das lukanische Doppelwerk wäre der Versuch, die Kontinuität der

---

der Vorwurf, Stephanus und Paulus lehrten und lebten gesetzwidrig, den jüdischen Anklägern in den Mund gelegt und nicht auktorial verwendet: Die Neuregelung der Speisegesetzgebung ist ja göttlicher Offenbarung zu verdanken (Apg 10,15.19f.28). - Man ist versucht, im Rahmen einer breiteren innerjüdischen Diskussion um die Zugehörigkeit von Heiden zum Gottesvolk im lukanischen Doppelwerk drei verschiedene Positionen beschrieben zu finden: Lukas selbst verträte im Rahmen einer Ekklesiologie der Völkerwallfahrt die nicht an die Übernahme der Thora, sondern an Buße und Taufe gebundene Hereinnahme der Heiden in das Gottesvolk, die christlich gewordenen Pharisäer aus Apg 15,5 verträten die Hereinnahme der Heiden unter der Bedingung der Thora-Verpflichtung, während Lukas die Position der nicht an Jesus glaubenden Juden einseitig als die Position der Verweigerung kennzeichnet (zu Unrecht; vgl. die Schrift »Joseph und Aseneth« sowie die Polemik Mt 23,15).

66 Zur Gewaltanwendung jüdischer Menschen vgl. Apg 9,23; 13,50; 14,5.19; 17,5-8.13; 18,12; 21,27-36; 23,12-22; 24,1-8; 25,5; zur Gewaltanwendung heidnischer Menschen vgl. Apg 14,5; 16,19-24; Apg 19,29 (gegen die Mitarbeiter des Paulus).

67 Apg 13,46f.; 18,6; 28,28; vgl. dazu M. Dibelius, Reden der Apostelgeschichte, 129.

68 Lk 19,41-44; 23,27-31. Als innerjüdische Parallele, auf die Niederlage des Herodes Antipas gegen den Araberkönig Aretas bezogen, vgl. Josephus, Ant 18, 116.119.

69 Als Ausnahmen vgl. etwa Lk 1,16 einerseits, Lk 4,16-30; 23,13-25 andererseits.

70 Die besprochenen negativen Volksreaktionen scheinen bei Lukas ebensowenig vorbereitet wie bei Matthäus; ist der Tadel Jesu dort angesichts von Mt 9,33; 12,23 erstaunlich, so hier angesichts von Lk 5,26; 7,16. Immerhin wird in den Scheltreden Jesu wenig anderes als die in Lk 2,35 prophetisch angekündigte »Offenbarung der Gedanken der Vielen« wirklich.

71 Vgl. G. Lohfink, Sammlung, 55.

72 J. C. O'Neill, The Theology of Acts in its Historical Setting, 82; A. George, Israël dans l'oeuvre de Luc, 522; J. B. Tyson, The Jewish Public in Luke-Acts, 582. Anders

Kirche zu Israel angesichts des Scheiterns der Israelmission heilsgeschichtlich zu definieren und so den jetzigen Status der überwiegend aus ehemaligen
Heiden bestehenden Kirche als gottgewollt zu legitimieren.[73] Aus diesem
eigenen Gegenwartserleben läßt sich die Härte der lukanischen israelkritischen Aussagen insgesamt durchaus erklären.

Bei aller Härte lukanischer Aussagen über den ungläubigen Teil Israels ist
jedoch m.E. daran festzuhalten, daß Lukas die Kirche nicht als die das Gottesvolk des Sinaibundes ablösende Alleinerbin der Verheißung versteht. Die
Kontinuität der Kirche mit Israel ist auch auf menschlicher Seite in den bekehrten Israeliten gegeben, und die Sammlung des Gottesvolkes aus Juden
und Heiden hat nicht nur in Jerusalem mit der Sammlung Israels begonnen,
sondern auch in der Diaspora. Das für Lk 4,22-30 passende Erzählschema
»anfängliche Aufgeschlossenheit - spätere Ablehnung« ist bei den Darstel-
lungen in der Apostelgeschichte mehrfach zu präzisieren in das Schema
»Predigt der Apostel - Überzeugung einiger Israeliten - Widerstreben der
ungläubig bleibenden Juden - Vertreibung oder Flucht der Apostel«: in Antiochia in Pisidien Apg 13,13-52, Ikonion Apg 14,1-6, Thessalonich Apg
17,1-9, Beröa Apg 17,10-14, Korinth Apg 18,1-8 und Ephesus Apg 19,8f.[74]

In jeder dieser Städte vollzieht sich also die Sammlung des Gottesvolkes
einschließlich der gläubig werdenden - und bleibenden[75] Israeliten, bevor von
dem Widerstreben des ungläubigen Teiles der jüdischen Bevölkerung die
Rede ist. Das genannte präzisierte Schema ist dann Teil des Zwei-Phasen-
Modelles »Sammlung des gläubigen Israel - Hinzufügen der Gläubigen aus
den Heiden« i.S. von Apg 15,16f.[76], und reales Geschehen ist für Lukas nicht
nur die zweite Phase, sondern auch die erste[77], die keinesfalls ausschließlich

---

begründet J. Jervell, Luke and the people of God, 64, das Ende dieser Mission: Wenn
Paulus in Rom ankommt, haben überall in der Welt Juden das Evangelium gehört. -
Nach J. Roloff, Kirche, 205, kam es gerade darum zur Krise in der lk Gemeinde, weil
deren judenchristlicher Teil die faktische Preisgabe der Israelmission nicht
mitvollziehen wollte.

73   W. Eltester, Israel im lukanischen Werk, 114.

74   Vgl. J. Jervell, Luke and the People of God, 47f. - Die Bekehrung von Israeliten wird
auch für Rom erwähnt (Apg 28,24). Für Athen mag Lukas die Areopagrede wichtiger
gewesen sein. R. S. Ascough, Rejection and Repentance, 349, betont gegen
J. B. Tyson, The Jewish Public in Luke-Acts, 581, zu Recht, daß das für Lk 4,22-30
gültige o.a. Schema in Apg nicht in gleicher Weise wiederkehrt.

75   Vgl. die Erwähnung des Synagogenvorstehers Krispus in Apg 18,8 nach dem Klonflikt
Apg 18,6 und der »Myriaden von Gläubigen« in Apg 21,20 nach Apg 12,4.

76   J. Roloff, Kirche, 203; vgl. schon N. A. Dahl, A People for His Name, 327.

77   J. Roloff, Kirche, 200.

unter dem Blickwinkel einer für Lukas vergangenen Epoche betrachtet oder als nur erbauliches Motiv übergangen werden darf. Die Kirche steht für Lukas nicht an der Stelle Israels in der Heilsgeschichte, sondern ist »das um die Heiden erweiterte gläubige Israel«[78]. So hat Lukas wohl kaum an eine definitive Verwerfung des Judentums gedacht[79]; verworfen werden die ungläubig bleibenden Juden als einzelne[80], sie fallen aus dem Gottesvolk und der Heilsgeschichte heraus und repräsentieren nicht mehr Israel[81]. Doch steht den einzelnen Israeliten der Weg der Buße weiterhin offen.[82] Auch sind die heidenkritischen Texte Apg 16,16-24; 17,18.31; 19,23-40 sowie Lk 21,24[83]; Apg 12,20-23 zu beachten, die freilich durch das pauschal formulierte Apg 28,28 um ihre Wirkung gebracht werden, sehr zum Schaden für die Haltung der Kirche gegenüber Israel.

Zentral für Lukas ist der Gedanke, daß dem Menschen nur einmal das Heil angeboten wird, daß er nur einmal Gelegenheit zur Umkehr bekommt, und daß sich an seiner Stellungnahme in dieser Situation sein eschatologisches Geschick entscheidet. Das gilt für Juden *und* Heiden (Apg 17,30)[84] und ist auch für den Christen eine ernste Mahnung (Lk 14,15-24).

---

78 J. Roloff, Einführung in das Neue Testament, 189.

79 So zu Recht R. L. Brawley, Luke-Acts and the Jews, 74, J. Jervell, Gottes Treue zum untreuen Volk, 21; R. C. Tannehill, Israel in Luke-Acts, 83; D. Juel, Luke-Acts, 31; gegen E. Haenchen, Judentum und Christentum in der Apostelgeschichte, 185; J. T. Sanders, Jews, 84.

80 J. Jervell, Gottes Treue zum untreuen Volk, 25.

81 So schon H. Conzelmann, Mitte der Zeit, 135; W. Eltester, Israel, 121.

82 J. Gnilka, Verstockung, 154 Anm 121; U. Busse, Nazareth-Manifest, 83 Anm 89. - Daß zur lk Gemeinde auch Judenchristen gehört haben, wird von M. Klinghardt, Gesetz und Volk Gottes, passim, sowie von J. Roloff, Kirche, 205, vertreten.

83 Zu dem kritischen Potential dieses Textes vgl. F. Bovon, Israel, die Kirche und die Völker, 406. Nach L. Goppelt, Christentum und Judentum, 231, ist der Untergang Jerusalems nicht ein bedrängendes heilsgeschichtliches Problem, sondern auch für Rom »ein warnendes geschichtliches Beispiel«. Ähnlich verstehe ich Apg 12,20-23.

84 J. C. O'Neill, The Theology of Acts in its Historical Setting, 81, bei ihm auf Israel bezogen. Ähnlich wird Nazareth nach Lk 4,30 nicht mehr erwähnt (L. J. Staley, »With the Power of the Spirit«, 291). Das Unwissenheitsmotiv findet sich nur in Beziehung auf das Verhalten der Juden bei Jesu Tod, später nicht mehr. In der Modell-Predigt in Antiochia schränkt Paulus die Verantwortung für Jesu Tod auf die Jerusalemer Juden ein, und doch soll diese (pauschale!) Aussage die antiochenischen Juden warnen, sich nicht durch die Ablehnung des Paulus ähnlich in Schuld zu begeben, die dann, wie die Verweigerung gegenüber der Apostelpredigt von Apg 3-5, nicht mehr vergeben würde (vgl. H. Conzelmann, Mitte der Zeit, 83). Aber auch von den heidnischen Städten wird jeweils nur einmal von der missionarischen Verkündigung berichtet (Vgl. Apg 14,21f.; 15,36; 18,23; 20,2: Nirgends wird von einer erneuten missionarischen Wendung nach außen gesprochen. Die einzige Ausnahme ist Ephesus, vgl. Apg 18,19f.; Apg 19,2-40).

6.3.1. Ein Vorausblick: Lk 4,16-30

Einigkeit besteht zu Lk 4,16-30 nur darin, der Szene für das Lukasevangelium (zusammen mit der Apostelgeschichte) eine programmatische Bedeutung zuzugestehen[85]; gleichermaßen umstritten ist jedoch die traditionsgeschichtliche Herkunft[86] ebenso wie die theologische Aussage.[87] Es scheinen zwei Themen zu konkurrieren: die Legitimationsfrage und die Frage der Adressaten der göttlichen Heilszuwendung. Außerdem erwecken gerade die Verschiedenartigkeit der Volksreaktionen V. 22.28f. und die Divergenz der Motive in V. 23.24.25-27 den Eindruck einer unausgeglichenen Erzählung. In unserer Analyse konzentrieren wir uns auf den zweiten Teil der Erzählung, Lk 4,22-30.

---

85   Nach R. Brawley, Luke-Acts and the Jews, 6-27, ist an Lk 4,16-30 nur die Porträtierung Jesu als eines geisterfüllten messianischen Propheten programmatisch, nicht die Verwerfung durch seine Heimatstadt, die überdies fälschlich als Symbol für ganz Israel verstanden werde. Berechtigt ist die Warnung, Lukas einseitig eine antijüdische Haltung zuzuschreiben; doch wird man die Exegese dieser Perikope streng auf dem Hintergrund beider Aussage-Reihen, der zur Reaktion Israels positiv wie negativ Stellung nehmenden Texte zu vollziehen haben und der Unterscheidung von historisch orientierter Exegese und sachkritisch wertenden theologischen Auslegung eingedenk bleiben müssen. Vgl. die sehr scharfe Kritik bei M. Rese, »Die Juden« im lukanischen Doppelwerk, 68 Anm 16, dessen einseitige Bezugnahme auf den Terminus »die Juden« dem Bild Israels bei Lukas m.E. jedoch ebenfalls nicht gerecht wird.

86   Für Mk 6,1-6a als Grundlage votieren M. Dibelius, Formgeschichte, 106-108; R. Bultmann, Geschichte der synoptischen Tradition, 31 mit Anm 2; H. Conzelmann, Mitte der Zeit, 25; A. Strobel, Jobeljahr, 38; R. C. Tannehill, Mission of Jesus, 52; W. Eltester, Israel im lukanischen Werk, 135; O. Merk, Das Reich Gottes in den lk Schriften, 205; G. Schneider, Lukas I, 107; W. Wiefel, Lukas, 10; M. Dömer, Heil Gottes, 50-57; G. K.-S. Shin, Ausrufung des Jubeljahres, 331; M. Korn, Geschichte Jesu, 61. Dabei wird auch die Beiziehung von Sondertraditionen erwogen (vgl. R. Bultmann, a.a.O.; M. Korn, a.a.O): U. Busse, Nazareth-Manifest, 66f., und J. Ernst, Lukas, 130, sehen eine Erweiterung der Markusvorlage um Gedanken aus der Logienquelle gegeben; A. Strobel, Jobeljahr, 50, sieht in V. 18f.25-27 eine »von elementaren apokalyptisch-messianischen Zeitdenken« geprägte, 11QMelch 5-20 vergleichbare Tradition überkommen. Eine Sondergutvorlage vermuten T. Schramm, Markus-Stoff, 37; J. Bajard, La structure de la péricope de Nazareth, 165; E. Schweizer, Lukas, 56f.; F. Bovon, Lukas I, 207f., während H. Schürmann, Lukas I, 241-244; G. Lohfink, Sammlung, 45 Anm 96; J. Roloff, Kirche, 196 Anm 13 die These der QLk-Grundlage vertreten.

87   Zur Auslegungsgeschichte vgl. C. J. Schreck, The Nazareth Pericope. Luke 4,16-30 in Recent Study, in: F. Neirynck (éd.), L'Évangile de Luc. The Gospel of Luke, BEThL 32, 2. Aufl. Leuven 1989, 398-471.

Die These der Herkunft von Lk 4,16-30* aus Q oder SoG kann zwar den divergierenden Textbestand gegenüber Mk 6,1-6a plausibel begründen[88], doch ist die Verwendung der Admiration in Lk 4,22 spezifisch lukanisch, und Lk 4,23[89] verlangt nach einem größeren Erzählzusammenhang, der sich aber für die vorlk Ebene nicht stringent nachweisen läßt[90]. Im übrigen läßt sich der divergierende Textbestand zu Mk 6,1-6a auch im einzelnen aus der lk-redaktionellen Absicht des Lukas erklären: Lk 4,16-21 ist redaktionelle Ausweitung des Lehrmotives aus Mk 6,1, Lk 4,22 verwandelt Mk 6,2 in indirekte Rede, paßt in der auktorialen Charakterisierung »Worte der Gnade« die Volksreaktion der Predigt Jesu Lk 4,18f. an und hat hinsichtlich der gezielten Verwendung des Verwunderungsmotives seine nächsten Parallelen in Lk 9,43b; 24,41; Apg 3,12. Die Erwähnung des Joseph statt der Maria erinnert gerade an die nicht hervorgehobene Person der Kindheitsgeschichten[91] und wehrt dem Gedanken, die Nazarener hätten ahnungsweise nach der Gottessohnschaft Jesu gefragt.[92] Das Wort »Amen« ist auch in Lk 23,43 hinzugefügt[93], das Prophetenwort ad vocem δεκτός in V. 19 verändert[94], und der po-

---

88 An Gemeinsamkeiten sind neben ἔρχεσθαι (Mk 6,1/Lk 4,16) und λέγειν (Mk 6,2/ Lk 4,22) nur zu nennen: die Erwähnung der Synagoge und des Sabbats, die Form der Identifikationsfrage, die eine bejahende Antwort erwarten läßt (Mk 6,3/Lk 4,22) und auf Jesu familiäre Herkunft Bezug nimmt, und im Prophetenwort das Stichwort προφήτης und die Wendung ἐν τῇ πατρίδι αὐτοῦ im selben Satz. Auffällig ist das Fehlen der Wörter σκανδαλίζεσθαι und ἀπιστία, die Amenformel und das ὅτι recitativum in V. 24 sowie die gegenüber Mk 6,4 veränderte Gestalt des Prophetenwortes (T. Schramm, Markus-Stoff, 37 mit Anm 2). Für die Herleitung aus QLk hat man auf die Nähe von Lk 4,18f. zu Lk 7,22f., von Lk 4,24 zu Lk 11,49-51 und von Lk 4,25-27 zu Lk 7,1-10 verwiesen.

89 V. 23 für einen lukanischen Einschub zu halten (E. Schweizer, Lukas, 56f.), hat gegen sich, daß sich ein logischer Übergang von V. 22 zu V. 24 kaum gewinnen läßt.

90 H. Schürmann, Der »Bericht vom Anfang«, passim, hat aufgrund dieser Einsicht einen »Bericht vom Anfang« zu rekonstruieren versucht, der im einzelnen enthielt: Täuferpredigt - Taufe Jesu - Versuchung Jesu (nach Lk 4,1-13 par) - Rückkehrnotiz Lk 4,14a - Exorzismus analog Mk 1,21-28 - Ausbreitungsnotiz Lk 4,14b - Suchszene Lk 4,42* - summarische Bemerkung Lk 4,15 - Verwerfung in Nazareth Lk 4,16-30. Auf diese Sonderquelle verweise die Ausbreitungsnotiz Lk 4,14b par Mt 9,26 ebenso wie das αὐτῶν Lk 4,15/Mt 13,54b und der Ortsname Nazara in Lk 4,16/Mt 4,12 (H. Schürmann, Lukas I, 227f.). Fraglich ist aber nicht nur die vorlk Herkunft von Lk 4,14-16a (Vgl. J. Delobel, La rédaction de Lc., IV, 14-16a, 207-218), sondern auch das Motiv, warum Lukas den Exorzismus vor Lk 4,14b entfernt und sich damit das Problem des unbegründeten Lk 4,14b wie des unmotivierten Lk 4,23b eingehandelt haben soll.

91 Die auktorialen Vermerke über das »Glauben«, »Behalten« und »Bedenken« der Worte Jesu (Lk 1,45; 2,19.51) sind nur auf Maria bezogen, nie auf Joseph.

92 U. Busse, Nazareth-Manifest, 37.

93 U. Busse, Nazareth-Manifest, 40 Anm 50.

sitive Vordersatz des Markus ist bei Lukas nicht aufgenommen, weil es ihm auch in V. 25-27[95] nicht um die Reaktion der Heiden geht, sondern um die Ausweitung des Heilsangebotes selbst. Endlich können die Begriffe σκανδαλίζεσθαι und ἀπιστία auch im Anschluß an Lk 4,27 fehlen, weil die aktive Feindseligkeit gegen Leib und Leben in V. 28f. deutlich genug erzählt wird.

Wir votieren also mit Bultmann für Mk 6,1-6a als Vorlage, die Lukas in Lk 4,16-22 überarbeitet und zu der er die traditionellen Stück Lk 4,23a.25-27 und die redaktionell neu gebildeten Stücke Lk 4,23b.28-30 ergänzt. Die Argumente, die zur Herleitung aus QLk geführt haben, können mit U. Busse in der Weise integriert werden, daß Lukas seine Ergänzungen zu Mk 6,1-6a eben aus seiner Kenntnis von Q heraus formuliert.[96]

Die sachliche Kohärenz des Textes scheint vor allem durch den unerwarteten Bruch zwischen Lk 4,22 und Lk 4,23 bzw. innerhalb des Verses Lk 4,22 sowie durch die Verschiebungen zwischen den drei Teilen der Rede Jesu Lk 4,23-27 in Frage gestellt. Leitend für die eigene Interpretation sind die Erkenntnis, daß ein eigentlicher Bruch im Verhalten der Nazarener erst mit V. 28 vorliegt[97], die genaue Beachtung, was jeweils aus der Elia- und Elisa-Tradition in Lk 4,25-27 fruchtbar gemacht wird, und die Beachtung des lukanischen Verständnisses der Admiration.

---

94   J. S. Siker, Luke 4:16-30, 82. - T. Schramm, Markus-Stoff, 37 Anm 2, hat für die Selbständigkeit von Lk 4,24 gegenüber Mk 6,4 auf EvThom 32 verwiesen. Nun zeigt Bultmanns Option, daß die Frage nach dem Verhältnis von EvThom 32 zu Mk 6,4 nicht notwendig das Urteil über Lk 4,24 präjudizieren muß. Die Parallele des Doppellogions in EvThom 32/ P.Oxy I 6 muß keineswegs ursprünglicher wirken als die Aufgliederung in Spruch und Erzählung (so E. Wendling, Entstehung, 54), sondern kann genausogut als Weiterentwicklung gegenüber den ungeschliffenen Formen in Lk 4,23.24 betrachtet werden (so auch E. Schweizer, Lukas, 57). Warum sollte Lukas den Doppelspruch zerschlagen und gar noch durch die Redeeinleitung V. 24 unterbrochen haben?

95   Lukas hat in Lk 4,25-27 wohl traditionelles Material aufgegriffen. Die Verschiedenartigkeit der Gegenüberstellungen V. 23 (Nazareth/Kapernaum) und V. 25-27 (Israel und die Völker) ist schon von R. Bultmann, Geschichte der synoptischen Tradition, 31, beobachtet worden; vgl. R. Brawley, Luke-Acts and the Jews, 17. Zusätzlich kann man auch auf die etwas veränderte Argumentationsrichtung verweisen: Anders als in V. 25-27.28-30 gefolgert, sagen die Nazarener nicht, daß Jesus in Kapernaum überhaupt keine Taten hätte tun dürfen. Daß Lk 4,23.25-27 nicht gemeinsam dem Prophetenwort voraus- oder nachgestellt sind, läßt sich begründen: Als Ausblick auf die nachösterliche Zeit gehört Lk 4,25-27 an das Ende der Jesus-Rede; V. 23 beinhaltet die Forderung, auf die Jesus in V. 24 reagiert, und zusätzlich kommt Lk 2,35 zum Tragen, daß Jesus die Gedanken vieler offenbaren wird, was aber der Beginn der zweiten Jesus-Rede sein muß und nicht erst nach dem Prophetenwort stehen kann.

96   U. Busse, Nazareth-Manifest, 65-67, gefolgt von J. Ernst, Lukas, 130.

97   Vgl. die Anschlußwendung ἀκούοντες ταῦτα.

Lk 4,16-21 stellt betont die Erfüllung des Gnadenjahres in Jesus Christus heraus. Für V. 22 läßt sich eine feindselige Haltung der Nazarener nicht anhand der malo sensu gebrauchten Verben μαρτυρεῖν und θαυμάζειν sichern[98]; die Bezugnahme des μαρτυρεῖν auf die Kenntnis der Vergangenheit Jesu[99] und die Auslegung der Josephssohnfrage i.S. der Einordnung in Bekanntes[100] unterstützen vielmehr die schon genannte spezifisch lukanische

---

98 K. Bornhäuser, Jesus in der Synagoge in Nazareth, 23-31; B. Violet, Lc 4,16-30, 269; J. Jeremias, Jesu Verheißung für die Völker, 38f.; W. Grundmann, Lukas, 121f., wollten μαρτυρεῖν hier als Belastungszeugnis und θαυμάζειν als Ausdruck der Betroffenheit verstehen und somit Lk 4,22 insgesamt als Negativreaktion deuten. Doch ist die vorausgesetzte aramäische Sprachgestalt von V. 22 problematisch. Lukas verbindet μαρτυρεῖν ausschließlich mit Dativus commodi (G. K.-S. Shin, Ausrufung des Jubeljahres, 194; ähnlich F. Bovon, Lukas I, 213; J. S. Siker, Luke 4:16-30, 79f.) und formuliert das Belastungszeugnis in Lk 9,5 mit der Wendung μαρτύριον ἐπ' αὐτούς. Auch würde man die umgekehrte Reihenfolge der beiden Verben erwarten: aus der Betroffenheit heraus wird das Zeugnis gegen Jesus abgelegt. Umgekehrt ist bei θαυμάζειν eine negative Attitude nicht schon durch die Wendung »Worte der Gnade« ausgeschlossen (G. K.-S. Shin, Ausrufung des Jubeljahres, 194); die genannte Wendung ist nicht Zitat, sondern auktoriale Wertung (so zu Recht I. H. Marshall, Luke, 186). Auch sind V. 20.22 im Hinblick auf den Fortgang der Geschichte wohl kaum als Vorausdarstellung der erfolgreichen Heidenmission zu verstehen (H. Anderson, Broadening Horizons, 265). - F. 'O Fearghail, Rejection, 72, sieht in V. 22b den Bruch schon zwischen der Feststellung des Außergewöhnlichen in V. 22a und der mit Kritik gepaarten Verwunderung (vgl. Lk 11,38) gegeben. Doch müßten die Textsignale deutlicher gesetzt sein.

99 F. 'O Fearghail, Rejection, 67, mit Verweis auf Josephus, Ant 12,134.147; G. K.-S. Shin, Ausrufung des Jubeljahres, 196. Μαρτυρεῖν bezieht sich also nicht auf die eben gehörte Predigt, sei es im Sinne des bloßen Beifalls (U. Busse, Nazareth-Manifest, 37 Anm 44; G. Schneider, Lukas I, 108; J. Kremer, Lukas, 55), sei es im Sinne der Bestätigung des Anspruches Jesu (Beda, Lk, CChr.SL 120, 104, 188-192), sei es im Sinne negativer Zeugenschaft, dergemäß die Botschaft Israel nicht unbekannt geblieben sei (W. Eltester, Israel, 138). Μαρτυρεῖν bezieht sich aber auch nicht auf die Erwartungshaltung der Nazarener (E. Klostermann, Lukas, 63), auf die Ausbreitungsnotiz Lk 4,14b (A. Plummer, Luke, 124) oder auf Jesu guten Leumund (H. Strathmann, Art. μάρτυς κτλ, ThWNT 4, 1942, 501), und ist auch nicht unbedingt ein den Rahmen der damaligen Begebenheit durchbrechendes testimonium externum zur Bestätigung für den Christen (J. Nolland, Impressed Unbelievers, 225). Auch ist mit der Verwunderung der Nazarener wohl kaum ihre Empörung gemeint, daß Jesus nur die Worte der Gnade, nicht aber die Worte der Rache (Jes 61,2b) gepredigt habe (J. Jeremias, Theologie I, 200; W. Grundmann, Lukas, 121f.).

100 Daß V. 22c wegen des fehlenden Hinweises auf die Gottessohnschaft unadäquat sei (M. Korn, Geschichte Jesu, 80; F. Bovon, Lukas I, 190), formuliert personbezogen, was wir aufgrund der Gegenüberstellung mit dem Prophetentitel funktionsbezogen deuten: Die Identifizierung Jesu als des Sohnes einer dorfbekannten Familie spricht Jesus eine prophetische Funktion gegenüber seinem Volk gerade ab. Der Hinweis auf die Josephs-Sohnschaft ist nicht bewundernd gemeint (so aber J. S. Siker, Luke 4:16-30,

Verwendung der Admiration als »retardierendes Moment«[101], das ein noch-maliges klärendes oder neue Aspekte einführendes Wort des Protagonisten Jesus nach sich zieht.[102] Das Gnadenjahr muß noch etwas anderes bedeuten, als der Leser (mit den Nazarenern) bisher anzunehmen geneigt war. Korrek-turbedürftigkeit bloßen Admirationsverhaltens wie epiphanietheologische Relevanz des folgenden Jesuswortes sind damit gleichermaßen festgehalten.

Jesus unterstellt in V. 23 den Nazarenern nicht die Forderung nach einem Legitimationsbeweis, die eigene Person betreffend[103]; die Nazareth-Perikope ist nicht christologisch, sondern heilsgeschichtlich zentriert. Jesu Wunder-kraft ist anerkannt, doch soll er sie zum Wohle seiner Heimatstadt einsetzen. Das konkrete Futur ἐρεῖτε[104] ist wie die Vorwegnahme noch nicht erzählter Ereignisse in V. 23b und die erzählerisch verfrühte Entscheidung über das Ausbleiben von Wundern Jesu in Nazareth[105] Hinweis darauf, daß V. 23b die Situation in Nazareth überschreitet und als Hinführung zu den ihrerseits die Situation übersteigenden V. 25-27 konzipiert ist. Lukas wird in der Tat die Gegenüberstellung von Nazareth und Kapernaum als bildliche Vorausdar-stellung von Israel und den Völkern verstanden haben[106]. V. 25-27 formuliert dann die Ursache für die Ablehnung Jesu[107], wie sie in V. 23.24 von Jesus

---

80; J. Fitzmyer, Luke I, 535 - die Kindheitsgeschichten sind nach J. Fitzmyer erst spä-ter vorgeschaltet. Auch H. Anderson, Broadening Horizons, 268, hält eine Deutung der Schlußfrage V. 22 im Sinne einer Verachtung für »by no means sure«, ebenso D. Hill, Rejection of Jesus, 165). - Beda, Lk, CChr.SL 120, 104, 193-195, kommentierte: »Quanta Nazarenorum caecitas, qui eum quem in verbis factisque Christum esse co-gnoscunt, ob generis tantum notitiam contemnunt«. Beda hat die Frage nach der Funk-tion (»Christum«) wie auch die Argumentation vom Bekannten her (»generis ... noti-tiam«) richtig gesehen.

101 C. Burchard, Der dreizehnte Zeuge, 142. Vgl. B. C. Frein, Misunderstanding, 340.

102 H. Schürmann, Lukas I, 235 mit Anm 98, betont unter Verweis auf Lk 2,35 völlig zu Recht, daß der Umschlag von der Verwunderungsreaktion zur ablehnenden Reaktion V. 28f. nicht psychologisch, sondern theologisch begreiflich gemacht werden muß.

103 W. Grundmann, Lukas, 122; B. Reicke, Jesus in Nazareth, 50. Allgemeiner faßt G. Nebe, Prophetische Züge, 70, V. 25-27 als weiterführenden Kommentar zu den Sprichwörtern V. 23f. auf.

104 So H. Conzelmann, Mitte der Zeit, 28. Das Futur ἐρεῖτε ist nicht gnomisch zu deuten (U. Busse, Nazareth-Manifest, 38; H. Schürmann, Lukas I, 237; G. K.-S. Shin, Ausru-fung des Jubeljahres, 207; J. Ernst, Lukas, 132).

105 Darum sind V. 24 und V. 25-27 nicht einfach zwei verschiedene Begründungen dafür, daß Jesus in Nazareth keine Wunder tun will (gegen G. Schneider, Lukas I, 110).

106 J. S. Siker, Luke 4:16-30, 84. V. 25-27 sind nicht bloße Illustration von V. 23 (E. Klostermann, Lukas, 65: ähnlich J. Schmid, Lukas, 113).

107 U. Busse, Nazareth-Manifest, 41. Doch ist V. 24 m.E. nicht heilsgeschichtliche Regel, sondern Erfahrungstatsache.

angekündigt und in V. 28-30 realisiert wird. Jesus geht nicht weg, weil er verworfen wird, sondern wird verworfen, weil er die Hinwendung zu den Heiden als Gottes Willen deklariert.[108] Damit ist auch in aller Deutlichkeit gesagt, daß in V. 25-27 nicht auf die Reaktion des Menschen, sondern auf das Heilshandeln Gottes geblickt wird. Die tragenden Hauptverben in Lk 4,25 thematisieren die göttliche Sendung des Elia und die Hilfeleistung des Elisa; man darf weder das gespannte Verhältnis der Könige Ahab und Horam zu Elia und Elisa (1 Kön 18,18; 2 Kön 3,14) noch die Bekenntnisse der Witwe von Zarpath und des Syrers Naeman (1 Kön 17,24; 2 Kön 5,15) noch einen unterstellten Unglauben der israelitischen Witwen und Aussätzigen[109] als Grund der Zuwendung an die Heiden eintragen und dann dem ablehnenden Israel die gläubige Kirche aus den Völkern gegenüberstellen.[110] Gesagt ist in V. 23b.25-27, daß auch die Heiden am Heil teilhaben sollen, und daß Gott sein Heil nach anderen Maßstäben zuwenden kann, als wir Menschen erwarten. Das angenehme Jahr des Herrn[111] erfüllt sich in der Verkündigung der Gnadenbotschaft[112], daß Heiden einbezogen werden - daran nehmen die Nazarener Anstoß.[113]

---

108 R. Tannehill, Mission of Jesus, 62; G. Schneider, Lukas I, 110; J. Roloff, Kirche, 196.

109 Beda, Lk, CChr.SL 120, 106, 262-270; Erasmus, Paraphrasis in Ev. Lucae, 327 D, zu Lk 4,24; K. Bornhäuser, Jesus in der Synagoge zu Nazareth, 31; W. Grundmann, Lukas, 123; B. Reicke, Jesus in Nazareth, 51; K. Berger, Amen-Worte, 88; J. Kremer, Lukas, 56; J. Ernst, Lukas, 133; W. Wiefel, Lukas, 107; G. K.-S. Shin, Ausrufung des Jubeljahres, 262; H. Räisänen, Redemption of Israel, 104; abgeschwächt auch J. Nolland, Luke I, 201, mit Hinweis auf die Wiederaufnahme der Wendung ἐν τῇ πα-τρίδι V. 24 in der Formel ἐν ᾽Ισραήλ in V. 25.27.

110 Origenes, Homilien zum Lukas-Evangelium, 33,3; Theophylakt, Lk, PG 123, 754 A.

111 J. Bajard hatte δεκτός i.S. von propice auf die Weigerung Jesu bezogen, sich seine Mission auf Nazareth einschränken zu lassen; D. Hill interpretierte das Wort in Analogie zu V. 19 als »angenehm vor Gott«; V. 24 formuliere dann die Ausweitung des Wirkungskreises über die nazarenischen Grenzen hinaus als Bedingung für die Legitimität des prophetischen Dienstes Jesu (J. Bajard, La structure de la péricope de Nazareth, 170; D. Hill, Rejection of Jesus, 169). Beide Deutungen wurden in der Forschung selten rezipiert.

112 So zu Recht M. Dömer, Heil Gottes, 58 Anm 62; U. Busse, Nazareth-Manifest, 37 Anm 44; J. Ernst, Lukas, 132; G. Schneider, Lukas I, 109; M. Korn, Geschichte Jesu, 80, mit Hinweis auf Apg 14,3; 20,24.32. Die »Worte voller Gnade« meinen also nicht die Anmut der Rede Jesu (Th. Zahn, Lukas, 239 mit Anm 37; H. Flender, Heil und Geschichte, 137; W. Eltester, Israel, 138 Anm 131; E. Schweizer, Lukas, 159; J. Kremer, Lukas, 55) oder das Erfülltsein seiner Rede durch die Gnade Gottes (G. K.-S. Shin, Ausrufung des Jubeljahres, 195).

113 J. S. Siker, Luke 4:16-30, 83. Die Nazarener nehmen damit den Protest des ungläubig bleibenden Teiles der antiochenischen Juden (Apg 13,43-45.50; vgl. A. Vanhoye,

Der lukanische Jesus beantwortet die Frage nach seiner prophetischen Legitimation mit dem Hinweis auf den Heilswillen Gottes auch für die Völker, der sich in ihm erfüllt; in eben dieser Heilsgeschichte liegt die Legitimation Jesu schlechthin beschlossen.[114] V. 25-27 zeigen aber mit ihrer Betonung des göttlichen Handelns, nicht der menschlichen Reaktion, daß nicht einfach die normative Kraft des Faktischen, der mehrheitlich heidenchristlichen Kirche, theologisch durch ein Jesuswort überhöht werden soll. Zu ekklesialem Thriumphalismus besteht kein Anlaß, und die Mahnung zur Buße gilt, wie Lukas an anderer Stelle ausführt, auch dem Christen. Eine Verwerfung Israels hat Lukas in Lk 4,16-30 nicht im Auge gehabt.[115]

6.3.2. Die Sammlung Israels - Lk 4,31-6,49

Dieser Abschnitt beschreibt Jesu Bemühen um Israel als den Versuch der Sammlung des gesamten Gottesvolkes. Neben der geograpischen Ausweitung des Dienstes Jesu (Lk 4,44) steht der größer werdende Ausstrahlungsbereich (Lk 5,17; 6,17-19) und die personelle Verstärkung (Lk 5,10b); gleichzeitig werden christologische Aussagen aus den vorhergehenden lk Texten wiederholt, weitergeführt und vertieft.

6.3.2.1. Das Wirken Jesu in Kapernaum - Lk 4,31-44

Der gesamte Abschnitt läßt sich mühelos als lukanische Bearbeitung der mk Vorlage Mk 1,21-39 erklären.[116] Innerhalb von Lk 4,31-37 hat Lukas durch die Stichworte λόγος in Lk 4,32.36 und δύναμις in Lk 4,36 gerade in den

---

L'intérêt de Luc pour la prophétie, 1541f.,) bzw. der Urgemeinde (Apg 11,1; vgl. J. Roloff, Kirche, 196) vorweg.

114 Die Ablehnung des Propheten durch Israel ist Erfahrungstatsache, aber nicht Kriterium rechter Prophetie (gegen R. Brawley, Luke-Acts and the Jews, 23f.).

115 So zu Recht J. S. Siker, Luke 4:16-30, 84. - Zu Lk 4,28f. ist zu beachten, daß ein analoges πάντες in Apg 7,54-60; 13,45; 28,17-31 gerade fehlt, und daß das Schema »anfängliche Aufgeschlossenheit - spätere Ablehnung« für Lk 4,22-30 gültig ist, aber für Apg 13 etc. modifiziert und präzisiert werden muß (s.o. S. 277). Hat Lukas die Schärfe von Lk 4,22-30 in der Apostelgeschichte im Blick auf judenchristliche Gemeindeglieder auch in den paulinischen Gemeinden zurückgenommen?

116 T. Schramm, Markus-Stoff, 90; F. Bovon, Lukas I, 218-220; W. Kirchschläger, Jesu exorzistisches Wirken, 218, gegen H. Schürmann, Bericht, 74-76.

Volksreaktionen seine eigenen Akzente gesetzt. Die genannten Stichworte weisen auf Lk 4,22 bzw. Lk 4,14 zurück und auf Lk 24,19 voraus; λόγος bezeichnet das Wort Jesu als Wort der Gnade, δύναμις charakterisiert es als in der Kraft des Geistes wirkmächtiges Wort. Beides zusammen soll zeigen, daß in Jesus wirklich das Heil für Israel da war; hier wird »die Erfüllung der Schrift nicht nur, wie in Nazaret, verkündigt, sondern auch erlebt«[117]. Der aus Mk 3,11 vorgezogene Gottessohntitel und der von Lukas freihändig eingesetzte Christustitel ergeben eine auffallende Häufung christologischer Titulaturen, die für Lk 4,31-41 den Akzent auf Jesu Person legen, während in den lk Änderungen in Lk 4,42-44 das Werk Jesu im Vordergrund steht. Der Sinn dieser Akoluthie ist, daß der Aufweis der Person das Werk legitimiert. Lk 4,42-44 wird mehrfach mit Lk 4,14-30 verklammert und dadurch aufgewertet[118]: die Stichworte der Evangeliumsverkündigung[119] und der Sendung nehmen Lk 4,18f. auf, und die Begriffe δεῖ und ἀποστέλλομαι zeigen deutlicher als das Verbum ἐξέρχεσθαι Mk 1,38 (vgl. 1,35!), daß es sich bei dem geplanten Wegzug Jesu von Kapernaum um ein von Gott her gesehen notwendiges Geschehen handelt, und bezeichnen diesen Wegzug als heilsgeschichtlichen Vorgang.[120] Daß nun das Volk selbst als Bittsteller bei Jesus erscheint, ist zunächst damit gegeben, daß die Jünger noch nicht berufen sind, kann aber auch dadurch bedingt sein, daß Lukas die grundsätzliche Aussage von Lk 4,43 über Jesu Wirken »vor großer Kulisse ... festgehalten wissen«[121] will. Die Volksreaktion ist einerseits als Gegenbild zu Lk 4,16-30 gestaltet[122]: Jesus wird gebeten, nicht wegzugehen, während er aus Nazareth in der Tat »weggehen« mußte. Andererseits kann die Verwendung des ὄχλος-Begriffes

---

117 F. Bovon, Lukas I, 221.

118 Für F. Bovon, Lukas I, 226, bilden die Episoden in Nazareth und Kapernaum »ein programmatisches Diptychon«.

119 Vgl. dazu insgesamt O. Merk, Das Reich Gottes in den lukanischen Schriften, passim. Das Verbum εὐαγγελίζεσθαι weist auf Lk 3,18 zurück: Jesu Wirken setzt das Wirken des Täufers fort. Andererseits wird nur bei Jesus die Evangeliumsverkündigung auf die ja in seiner Person angebrochenen Gottesherrschaft bezogen.

120 In Lk 4,42f. ist das heilsgeschichtliche Mißverständnis Jesu thematisiert (vgl. U. Busse, Wunder, 106), in Lk 5,15f. das menschliche. Darum ist das Gebetsmotiv zu Recht nach Lk 5,16 versetzt.

121 W. Kirchschläger, Jesu exorzistisches Wirken, 220.

122 I. H. Marshall, Luke, 197. Es läge nahe, die Volksreaktionen in Lk 4,28f. und Lk 4,36.42 unter dem Stichwort der Spaltung Israels i.S. v. Lk 2,34f. zusammenzufassen (vgl U. Busse, Nazareth-Manifest, 21). Doch ist dieses Thema vornehmlich in Lk 7,1-9,50 angesprochen, während Lk 4,43f. das Schwergewicht auf die Sendung Jesu, die Sammlung Israels verlegen.

auf eine zwar aufgeschlossene, gleichwohl korrekturbedürftige Haltung der Leute von Kapernaum hinweisen: bei allem Unterschied zu den Nazarenern[123] stehen doch auch die Leute von Kapernaum in der Gefahr, Jesus für sich selbst behalten zu wollen, damit aber seine Sendung mißzuverstehen und den Plan Gottes zu verkennen[124], der jetzt die Sammlung ganz Israels vorsieht. Doch wird das Volksverhalten in Lk 4,42f. nicht um seiner selbst willen erzählt; es soll vielmehr erzählerisch die grundsätzliche Äußerung Jesu über seine Sendung Lk 4,43 movitieren.

Jesu grundsätzlicher Äußerung Lk 4,43 folgt die Ausführung dieses Auftrages, Jesu Tätigkeit weitet sich nach Lk 4,44 auf »Judäa«[125] aus.' Ἰουδαία bezeichnet hier nicht die römische Provinz Judäa im Unterschied zu Galiläa[126], sondern das ganze Land Israel[127]: Lk 5,1-11; 7,1-9.11-17; 13,31; 17,11 zeigen, daß Jesus nach wie vor auch noch in Galiläa unterwegs ist; Lk 5,17b; 6,17 benennen Zuhörer aus allen Landesteilen Israels, und die Feldrede Lk 6,20-49 ist, obgleich primär an die Jünger gerichtet, die einzige große lk Redekomposition vor dem als erweitertem Zuhörerkreis gedachten Gottesvolk Israel, über dessen Stellung zur Botschaft aber, beachtet man Lk 2,34f.; 4,28f.; 5,26, noch nicht entschieden ist.

6.3.2.2. Die Wirklichkeit des Heiles im Exorzismus Jesu - Lk 5,17-26

Die literarkritische und redaktionskritische Betrachtung zeigt, wie Lukas auch Mk 2,1-12 unter dem Gesichtspunkt der Sammlung Israels neu interpretiert:

---

123 Die Leute von Kapernaum reagieren nicht aggresiv, sondern ängstlich (so zu Recht F. Bovon, Lukas I, 225, gegen U. Busse, Wunder 74 Anm 1; milder U. Busse, 78).

124 Aufgrund dessen hat Lukas möglicherweise auch den Eintrag des Gotteslobes in die Volksreaktion unterlassen (vgl. etwa Lk 5,26 diff Mk 2,12; Lk 18,43b diff Mk 10,52).

125 Textkritisch ist Ἰουδαία lectio difficilior, die Lesart ist auch äußerlich gut bezeugt.

126 Lukas kennt auch diesen Gebrauch; vgl. Lk 2,4; 3,1; 5,17; Apg 9,31. - Auch Josephus kennt Ἰουδαία als Bezeichnung sowohl der römischen Provinz Judäa (Josephus, BJ 1,22; 1,201; 2,252; 3,48) als auch des ganzen Landes Israel (BJ 2,251; 3,1).

127 Für dieses Verständnis von Ἰουδαία vgl. H. Schurmann, Lukas I, 256; W. Grundmann, Lukas, 126; M. Völkel, Anfang, 226; G. Lohfink, Sammlung, 39; U. Busse, Wunder, 91 Anm 1; J. Nolland, Luke I, 198; W. Wiefel, Lukas, 111. Verwiesen wird zumeist auf Lk 1,5; 6,17; 7,17; 23,5; Apg 2,9; 10,37. Nicht alle diese Belege sind wirklich von Belang: Lk 1,5 scheidet aus, weil es in die Zeit des Herodes d. Gr. führt, in der tatsächlich Galiläa und die spätere römische Provinz Judäa in einem Staat vereinigt waren; in Apg 2,7 ist der Hinweis der in Jerusalem versammelten Israeliten auf die

Der Hinweis auf die »Pharisäer und Gesetzeslehrer, die aus jedem Dorf (!!) Galiläas und Judäas und Jerusalem kommen«, fügt sich in das schon Lk 4,44 markierte Thema der Sammlung ganz Israels ein; der Hinweis auf Jesu heilende Kraft in V. 17 soll an Lk 4,14 erinnern; die Umgestaltung der Akklamation in V. 26[128] vor allem durch den Einbezug des an Lk 2,11; 4,21; 19,9 gemahnenden »Heute« kennzeichnet auch diese Tat Jesu als Teil des in seinem Wirken insgesamt präsenten Erfüllungsgeschehens.

Von den drei Gliedern der Admiration ist der Preis Gottes durch die Volksmenge markinisch, das Außersichgeraten die Umformung mk Tradition und die Furchtreaktion lukanischer Zusatz; in der Akklamation ist gegenüber Mk 2,12 nur das Stichwort »sehen« gleich. Für die Interpretation des Wortes παράδοξα[129] ergibt der Hinweis auf Gottes Kraft Lk 5,17 die Einfügung des Gotteslobes durch den Geheilten sowie die Einfügung der epiphanietheologischen Furchtreaktion in V. 26 selbst, daß παράδοξα am ehesten i.S. des von Gott gewirkten Wunders zu verstehen ist, wie es Ps 118,23 Symmachus besingt.[130] Lk 5,17-26 hält also fest, daß in Jesus tatsächlich Gott am Werke war, und daß das Volk ansatzweise das erkannt hat; der Anspruch Jesu ist, wie Lk 5,17b zeigt, vor ganz Israel erhoben und - nach lukanischer Sicht - eingelöst worden.

6.3.3. Die Scheidung innerhalb Israels - Lk 7,1-9,50

Der Leser des Lukasevangeliums hat von dem Verhalten des Volkes bisher den Eindruck gewonnen, daß es im Gegensatz zu seinen Eliten Jesus mehrheitlich freundlich gegenübersteht, er weiß aber aufgrund der Nazareth-Perikope auch um den Widerspruch gegen Jesus, und er weiß aufgrund der zweiten Simeon-Prophetie von der Scheidung innerhalb Israels. Daß Lukas nunmehr dieses zuletzt genannte Thema aufgreift, signalisiert er durch den tradi-

---

galiläische Herkunft der Jünger unnötig, wenn die in Apg 2,9 genannten Judäer die Galiläer als einen Teil ihrer eigenen Bevölkerung ansehen.

128 Lk 5,26 ist »in Anlehnung an Mk neu formuliert, wahrscheinlich von Lk selbst« (T. Schramm, Markus-Stoff, 103).

129 Josephus, Ant 9,182 bezeichnet die Taten Elisas als θαυμαστὰ καὶ παράδοξα; vgl. noch Ant 2,285; 9,14.60; 10,214. Die Stelle Ant 9,182 hat wahrscheinlich den Interpolator des Testimonium Flavianum in Josephus, Ant 18,63 beeinflußt, der Jesus u.a. als Subjekt »paradoxer Taten« ἔργων παραδόξων bezeichnet.

130 Παράδοξον ist in LXX nicht der entscheidende Begriff, um die Wunderwerke Gottes zu benennen. Dafür steht in Ps 98,1 θαυμαστά, in Ps 96,3 θαυμάσια.

tionellen Schluß der Feldrede, wo er vor den fatalen Folgen des Nicht-Hörens warnt, und durch den ebenfalls traditienellen Vers Lk 7,9, der weder innerhalb der Geschichte noch durch das sonstige Lukasevangelium wirklich vorbereitet wird. Ferner zeigt die Anordnung der folgenden Stoffe die kompositorische Absicht, die Scheidung innerhalb Israels darzustellen: Zwar fungiert Lk 7,11-16 auch als ein Exempel der in Lk 7,22 genannten Totenauferwekkungen, doch ist Lk 7,16 auch Gegenstück zu Lk 7,36-50, das um des Prophetentitels Lk 7,39 willen an dieser Stelle im Lukasevangelium seinen Platz fand. So vollzieht sich die Scheidung zwischen denen, die Jesus anerkennen (Lk 7,16), und denen, die zweifeln (Lk 7,18-23) oder ihn gar ablehnen (Lk 7,39); diese Scheidung wird in der Gleichnisrede Lk 8,4-18 thematisiert und bis Lk 9,50 durch die vollständige Explikation der Christologie vor den Jüngern noch vertieft.

6.3.3.1. Die gnädige Heimsuchung Israels - Lk 7,11-17

In der verwirrenden literarkritischen Diskussion zu Lk 7,16f.[131] ist ein Konsens am ehesten über die redaktionelle Herkunft von Lk 7,16fin, der Bemerkung über die Heimsuchung des λαός, zu gewinnen und zu begründen: Argumente dafür sind die Parallele in Lk 1,68; 19,44, das einleitende zweite ὅτι und der Wechsel des Bezuges der Akklamation hin auf Gott. Auch das Motiv des Gotteslobes Lk 7,16aβ kann um dessentwillen redaktionell eingetragen sein. Für V. 17 gilt unbeschadet seiner literarkritischen Herkunft, daß er auf lk-redaktioneller Ebene es dem Leser plausibel erscheinen läßt, daß auch der Täufer von dem Wirken Jesu Kunde bekommt.

---

131 Die literarkritische Diskussion zu Lk 7,16f. zeigt eine nicht zu überbietende Vielfalt an Auffassungen: Beide Verse gelten teilweise als insgesamt traditionell oder insgesamt redaktionell (ersteres W. Grundmann, Lukas, 160f.; F. Schnider, Jesus der Prophet, 108; G. Petzke, Sondergut, 92, letzteres J. Fitzmyer, Luke I, 656; J. Nolland, Luke I, 323, der vermutet, daß bereits die Vorlage einen Chorschluß besaß); Vers 16 gilt als traditionell, V. 17 als redaktionell (E. Klostermann, Lukas, 89; R. Bultmann, Geschichte der synoptischen Tradition, 230; F. Schnider, Jesus der Prophet, 114f.; G. Petzke, Sondergut, 92); V. 17 gilt als redaktionell, während in V. 16 das Furchtmotiv und der Prophetentitel (U. Busse, Wunder, 168f.; H. Klein, Barmherzigkeit, 36, die das Wort μέγας als lk Zusatz erwägen; außerdem F. Bovon, Lukas I, 364) oder das Furchtmotiv und der Lobpreis (J. Ernst, Lukas, 187) oder alle drei genannten Motive (A. Harbarth, Gott hat sein Volk heimgesucht, 177) als traditionell angesehen werden. Die lk-redaktionelle Herkunft von V. 16fin. wird erwogen von G. Schneider, Lukas I, 167; W. Wiefel, Lukas, 146.

Auch die Motiv- und Traditionskritik von Lk 7,16a ist umstritten: Ist Jesus der Prophet i.S. von Dtn 18,15 oder i.S. von Mal 3,1.23f., oder ist nur allgemein von einem Propheten die Rede, der mit den Zügen des »historischen« Elia gezeichnet wird?[132] Gegen die erstere Lösung spricht das Fehlen des Artikels in V. 16; die zweite Deutung wird dadurch erschwert, daß sich die in Lk 7,11-16 und Mal 3,1.23f. genannten Funktionen Elias nicht harmonisieren lassen. Man wird also zumindest für die vorlk Ebene mit einer Zeichnung Jesu i.S. des in 1 Kön 17 porträtierten Elia rechnen, während für Lukas der Prophetentitel noch ganz andere Implikationen hat: Neben das Motiv des Wundertäters Lk 7,16a tritt das Motiv der Kardiognosie in Lk 7,39, der Verkündigung des göttlichen Willens in Lk 4,24 und vor allem der Gerichtsprophetie im Stile Jeremias in Lk 13,34f.; 19,41-44; 23,27-31.

Eine angemessene Bewertung des Verhaltens der Menge muß sich innerhalb der durch Lk 9,19 einerseits, durch Lk 7,16b andererseits gezogenen Linien bewegen: Einerseits ist der Prophetentitel insofern christologisch unpräzise, als er nicht festzuhalten vermag, daß Jesus der letzte Gottesbote ist, nach dem man keine weiteren Gottesboten erwarten darf, andererseits fehlt in Lk 7,16 jede Kritik an der Prophetenbezeichnung[133]; vor allem läßt das anschließende Motiv der gnädigen Heimsuchung keine Verkürzung gegenüber der Aussagen des Zacharias und Jesu in Lk 1,68; 19,44 erkennen.[134] Der Pharisäer von Lk 7,39 wird für den Leser in ein schiefes Licht gerückt, weil er Jesus überhaupt nicht als Propheten anzuerkennen vermag. Ist das Thema der Scheidung innerhalb Israels auch in Lk 4,24; Apg 3,23 mit dem Prophetentitel verknüpft, wird man hier wie zu Mt 21,10f. so formulieren, daß der Prophetentitel zwar nicht das Ganze christologischer Erkenntnis enthält, wohl aber gegenüber Israel eine unaufgebbare Funktion Jesu bezeichnet, also nicht alles, wohl aber Wahres aussagt. Lk 7,16a.b ist für Lukas die größtmögliche Erkenntnis, die das Volk haben kann, und bildet die Folie, auf deren Hinter-

---

132 Auf Dtn 18,15 verweisen K. Bornhäuser, Die Auferweckung des Jünglings von Nain, 61; K. H. Rengstorf, Lukas, 97; F. Hahn, Hoheitstitel, 392f.; auf Mal 3,1.23f. verweisen H. Schürmann, Lukas I, 402; die offensichtlichen Berührungspunkte mit 1 Kön 17,10.16-24 hat F. Gils, Jésus prophète, 26, notiert. Allgemein als Propheten sehen auch O. Cullmann, Christologie, 29f.; G. Nebe, Prophetische Züge, 79; I. H. Marshall, Luke, 287; J. Nolland, Luke I, 323; F. Bovon, Lukas I, 364 (für die vorlk Tradition) Jesus in Lk 7,16a gezeichnet.

133 In Aufnahme beider Aspekte stellt J. Nolland, Luke I, 323, klar: »The confession is Christologically imprecise but attracts no criticism from Luke (cf. at 4:24)«.

134 Zusätzlich schließt der Hinweis auf das Gotteslob der Menge den Gedanken an eine unvollkommene Reaktion aus.

grund der Zweifel des Täufers und das von Jesus in Lk 7,31-35 angesprochene Verhalten »dieser Generation« umso unverständlicher wirken.

6.3.3.2. Jesus, der Täufer und das Volk - Lk 7,18-35

Literarkritisch sind die Herkunft von Lk 7,18f.22f.24-28.31-35 aus Q und die lukanische Herkunft von Lk 7,20f. weithin communis opinio.[135] Für das umstrittene Stück Lk 7,29f.[136] führt der Vergleich mit Mt 21,31f. auf ein Jesuswort, das die Reaktion der »Zöllner (und Huren)« auf das Wirken des Täufers als positives Beispiel der ablehnenden Haltung der Angeredeten entgegenstellt; doch haben Matthäus in Mt 21,32 und Lukas in Lk 7,29f. auf der Grundlage dieses Wortes wohl redaktionell formuliert, wie sprachliche Beobachtungen sowie die jeweiligen Angleichungen an den Kontext vermuten lassen[137]. Wir interpretieren zunächst den Q-Text Lk 7,18f.22f.24-28.31-35, um dann die Rezeption dieses Q-Textes durch Lukas zu erheben.

---

135 Auf die umstrittene Frage der Authentizität einzelner Jesusworte, etwa Lk 7,22f. oder Lk 7,24-26*, Lk 7,28* oder Lk 7,31f.* gehen wir nicht ein; zu ersterem vgl. die Kontroverse zwischen A. Vögtle, Wunder und Wort in urchristlicher Glaubenswerbung, 222-236, und W. G. Kümmel, Jesu Antwort an Johannes den Täufer, 198f.; für Lk 7,24b-26 erwägt D. Lührmann, Redaktion, 27, die Herkunft von Jesus, für Lk 7,24-26* und Lk 7,28* K. Backhaus, Jüngerkreise, 56-62; für Lk 7,31f. wiederum D. Lührmann, a.a.O., 29.

136 Zur Literarkritik von Lk 7,29f. in Kürze: Halten H. Schürmann, Lukas I, 422f.; G. Schneider, Lukas I, 172; K. Backhaus, Jüngerkreise, 66, unsere Stelle für einen Bestandteil von Q (aufgrund der Parallele Mt 21,31f. auch von D. Lührmann, Redaktion, 28, erwogen), so rechnen W. Grundmann, Lukas, 162; W. Wiefel, Lukas, 148; M. Sato, Q und Prophetie, 55, mit der Herkunft aus QLk, während P. Hoffmann, Logienquelle, 194; F. Bovon, Lukas I, 372; J. Nolland, Luke I, 342; J. Ernst, Johannes der Täufer, 103; ders., Lukas (6. Aufl.), 191; ders. Der Spruch von den »frommen« Sündern, 210, für einen lk-redaktionellen Einschub votieren. Für die Herkunft aus Q wird geltend gemacht, daß wohl kaum beide Evangelisten gleichzeitig die Q-Formation Q 7,24-28.31-35 aufgesprengt hätten, daß eher der systematisierende Matthäus hier geändert, und daß Lukas den Stürmerspruch in seiner Vorlage an seiner dortigen Stelle gelesen habe. Auch sei eine »distinguierende Überleitung« (H. Schürmann, a.a.O.) zwischen Lk 7,28 und Lk 7,31 schon in Q notwendig.

137 Für Matthäus vgl. das aus Mk 11,31/Mt 21,25 übernommene Motiv des Glaubens/Nichtglaubens, für Lukas die an Lk 3,15.18 erinnernde Wortwahl λαός, das an Lk 3,12 erinnernde Motiv des Taufbegehrens der Zöllner, das auf Lk 7,35 vorausweisende Stichwort δικαιοῦν; vgl. M. Dömer, Das Heil Gottes, 15-18; J. Ernst, Johannes der Täufer, 103 Anm 79.

Für die Ebene der Q-Redaktion ist das erstaunliche Miteinander der kritischen Täuferanfrage und des positiven Zeugnisses Jesu über den Täufer[138] zumeist i.S. eines geschichtlichen Nacheinander gedeutet worden, sei es, daß die Konkurrenz zwischen Johannes- und Jesusjüngern als traditionell, das gemeinsame Zeugnis des Täufers und Jesu gegenüber Israel als Q-redaktionelles Hauptmotiv galt[139], sei es, daß bei feststehender heilsgeschichtlicher Degradierung des Täufers die entgegenstehenden Worte Jesu um ihrer jesuanischen Herkunft weiter tradiert wurden.[140] Nimmt man statt dessen für das gleichzeitige Nebeneinander täuferkritischer wie täuferfreundlicher Stücke ein aktuelles Interesse an, so besteht die theologische Motivation für die Verbindung der Stücke Lk 7,18-23.24-28.31-35 in der Aussage, daß weder die zweifelnde Anfrage Q 7,19 noch die in Q 7,33f. konstatierte unterschiedliche Lebensweise des Täufers und Jesu dazu berechtigen, den einen gegen den anderen auszuspielen; vielmehr wird in dieser Entscheidung gegen beide der jeweilige καιρός des Gotteshandelns verfehlt![141] Der Täufer behält trotz seiner zweifelnden Anfrage in Q 7,19 im Blick auf Israel die Funktion des Wegbereiters, der mehr ist als ein Prophet (Q 7,26). Q 7,18-35 gehört in die urchristliche Apologetik, die dem angesichts ihrer Parallelordnung des Täufers und Jesu erfolgenden Einwand begegnen mußte, der nicht erfolgte Anschluß der Täuferjünger an die Jesusjünger widerlege den Selbstanspruch der christlichen Gemeinde.[142]

Welchen Sinn hat *Lukas* mit der Einfügung von Lk 7,20f.29f. verbunden?

Die umständliche Wiederholung von V. 19 in V. 20 gewinnt ihren Sinn im Hinblick auf die von Matthäus abweichende Wahl des Tempus in dem Nebensatz ἃ εἴδετε καὶ ἀκούσατε V. 22 fin: Die Verwirklichung des Heiles

---

138 Jesu Zeugnis Lk 7,24-28a ist aufwertende Präzisierung der Volksmeinung (vgl. H. Schürmann, Lukas I, 416; P. Hoffmann, Logienquelle, 217). - Zu der üblichen vorkritischen Behandlung der Täuferanfrage als pädagogischer Demonstration des nicht wirklich zweifelnden Täufers für seine Jünger (so etwa Theophylakt, Lk, PG 123, 785 A) vgl. K. Backhaus, Jüngerkreise, 124.

139 D. Lührmann, Redaktion, 30; P. Hoffmann, Logienquelle, 230.

140 W. Wink, John the Baptist, 25.

141 S. Schulz, Stunde, 381, zu Q 7,31-35.

142 Anders K. Backhaus, Jüngerkreise, 330f.: Ein Nebeneinander zweier Konventikel sei nicht auf Dauer gegeben; die neutestamentliche Forschung habe die Probleme des Christentums mit dem eigenen Ursprung im Umfeld des Täufers zu Unrecht als Konflikte zweier rivalisierender Gruppen aufgefaßt. Die Legatio Baptistae Lk 7,18 sei nicht historisch, sondern Konstrukt des Q-Autors, der vermittels der apokryphen Gefängnis-Szenerie seiner Gemeinde, die teilweise aus ehemaligen Täuferanhängern bestand, unbekannte Herrenworte vermitteln wollte (121f.).

ist in Jesus sichtbar, und die Täuferjünger sollen gegenüber ihrem Meister Zeugen dessen sein. Die in Lk 7,21b summarisch berichteten Blindenheilungen decken den in Lk 7,22 erhobenen Anspruch narrativ ab und zeigen somit, wie es Lukas auf die Übereinstimmung des Handelns Jesu mit der Weissagung der Schrift über die kommende Heilszeit ankommt. Dieses Kongruenzmotiv und das Zeugenmotiv zusammen sollen dem Leser jeden Zweifel an der Verwirklichung des biblisch angekündigten Heiles in Jesus nehmen. Die erste Simeonsprophetie hat sich in Jesus erfüllt.

Lk 7,29f. werden von Lukas wohl als Jesusworte rezipiert[143] und verklammern[144] Lk 7,27 und Lk 7,31-35: Einerseits greift βουλή abstrahierend die in Lk 7,27 konkret benannte Bedeutung des Täufers auf; andererseits bereitet die Spaltung der Reaktion Lk 7,29f. die Spaltung Lk 7,31-34/35 vor[145], ferner weist δικαιοῦν in Lk 7,29 auf ἐδικαιώθη Lk 7,35 voraus. Auch sind Lk 7,29f. und Lk 7,31-35 durch den Gedanken verbunden, daß bereits mit dem Täufer die Heilsentscheidung ansteht.[146] Entsprechend sind die lukanischen Intentionen herauszuarbeiten.

Das schon bei Q feststellbare Miteinander von parallelordnenden und unterordnenden Zügen im Verhältnis zwischen Jesus und dem Täufer bleibt auch bei Lukas bestehen[147]: Nach Gottes heilsgeschichtlichem Ratschluß[148] ist

---

143 Die Frage, ob Lukas die Verse als Worte Jesu oder als seine eigenen Worte verstanden wissen wollte, ist seit alters umstritten; für die vorkritische Auslegung weisen Beda Venerabilis, mitgeteilt bei Catena Aurea, Lk, 103, und Walafrid Strabo, Glossa ordinaria, PL 114, Lukas, 271 A, explizit auf die divergierenden Meinungen hin, vgl. auch die textkritischen Mitteilungen bei Th. Zahn, Lukas, 315 Anm 7. Trotz des Wechsels der grammatischen Person fasse ich die Verse als Jesusworte auf; ausschlaggebend sind für mich das Fehlen der Wiedereinführung Jesu als redendes Subjekt in Lk 7,31 sowie die Anschlußpartikel οὖν in Lk 7,31 (so auch Th. Zahn, Lukas, 314f.; vgl. G. Schneider, Lukas I, 172; anders J. Fitzmyer, Luke I, 670; I. H. Marshall, Luke, 297; F. Bovon, Lukas I, 372. - J. M. Dawsey, Lucan Voice, 76f., exemplifiziert anhand des als Wort des Lukas verstandenen Lk 7,29f. seine Unterscheidung der »Stimme Jesu« von der Stimme des narrator, der wiederum nicht mit dem realen Autor identifiziert werden darf.

144 I. H. Marshall, Luke, 287; K. Backhaus, Jüngerkreise, 66 mit Anm 255, F. Bovon, Lukas I, 378, W. Wiefel, Lukas, 151, ziehen die Verse zum Folgenden; J. Fitzmyer, Luke I, 670; J. Nolland, Luke I, 326, ziehen Lk 7,29f. zum Vorigen; als Überleitung von der positiven zur negativen Reaktion bewerten es H. Schürmann, Lukas I, 422f.; G. Schneider, Lukas I, 173.

145 F. Bovon, Lukas I, 378, überschreibt Lk 7,29-35 zu Recht mit »die Spaltung Israels«.

146 K. Backhaus, Jüngerkreise, 66 Anm 255.

147 Daß in der Parallelisierung der Geburts- und Kindheitsgeschichten Lk 1; 2 auch das Moment der Überbietung gegeben ist, dafür vgl. M. Dömer, Das Heil Gottes, 23-25.

148 Die βουλή Gottes steht über dem Auftreten des Täufers (Lk 7,29) genauso wie über dem Leiden Jesu (Apg 2,23; 4,28).

der Täufer nicht selbst der Christus (Lk 3,15), wohl aber ist seine Verkündigung an den λαός die von Gott in dieser Weise gesetzte »Vorbereitung auf Jesus [scil. als den Christus] hin«[149]. Auch inhaltlich besteht nach Lukas zwischen der Predigt des Täufers und der Verkündigung Jesu Kontinuität: Beide mahnen zur Barmherzigkeit und warnen vor der Selbstsicherheit[150]; beiden werden speziell lukanische Anliegen in den Mund gelegt. Wer die Predigt des Täufers hört und sich seiner Taufe unterzieht, gibt Gott recht und erkennt seine heilsgeschichtlichen Setzungen an[151], wer sich ihm verweigert, verschließt sich dem Anliegen, »viele der Kinder Israels zu Gott ihrem Herrn zu bekehren« (Lk 1,16). Die Abfolge »göttliche Setzung« und »Israels gespaltene Reaktion« findet sich bei Johannes, bei Jesus und bei den Aposteln; in dem Miteinander beider Themen »göttliche Setzung« und »Israels gespaltene Reaktion« in Lk 7 entspricht Lk 7,27 funktional der ersten, Lk 7,29-35 der zweiten Simeonsprophetie. Man kann fragen, ob nicht Lukas in dem Täufer einen Repräsentanten der klassischen Prophetie auch hinsichtlich ethischer Verkündigung und Geschick erblickt hat.

Das erstaunliche Nebeneinander von weitgehend negativer Reaktion auch des Volkes in Lk 7,31-35 und Reaktionskontrastierung in Lk 7,29f. kann man entweder auf Tradition und Redaktion verteilen, so daß V. 29f. das im folgenden beschriebene negative Verhalten auf die Eliten Israels eingrenzt[152], oder man rechtfertigt die Kontrastierung mit Blick auf Lk 19,48, die Pauschalierung mit Blick auf die eigene Gegenwart des Lukas.[153] Dieses Neben-

---

149 Vgl. M. Dörer, Das Heil Gottes, 30. Zu εὐαγγελίζεσθαι s.o. S. 286 Anm 119.

150 Vgl. Lk 3,11/6,37 sowie die schon in Q gegebene Parallele Lk 3,8/6,46 (umso wichtiger ist dies, wenn man mit P. S. Minear, Jesus' Audiences, According to Luke, 105-109, bei der Wendung ὑμῖν τοῖς ἀκούουσιν in Lk 6,27 die Volksmenge für das Folgende als Adressaten einbezieht). Der von Jesus in Lk 19,8b angesprochene Zachäus verhält sich so, wie es der Täufer in Lk 3,13 gefordert hatte. Zur lk Vereinnahmung des Täufers als eines christlichen διδάσκαλος auch F. W. Horn, Glaube und Handeln, 94. M. Dörer, Das Heil Gottes, 30, stellt eine Steigerung von Lk 3,11 hin zu Lk 6,29 fest.

151 Das Stichwort λαός in Lk 7,29 weist auf den λαός von Lk 3,15.18 zurück. Daß dieser den Täufer irrtümlich für den Messias hält, wird in Lk 7,29 nicht kritisiert, weil diese Haltung immer noch angemessener ist als die Verweigerung der in V. 30 Genannten.

152 P. Hoffmann, Logienquelle, 229; G. Schneider, Lukas I, 175; J. Nolland, Luke I, 342. Die Reaktionskontrastierung von Lk 7,29 ist auch für Lk 15,1 kennzeichnend (M. Dörer, Das Heil Gottes, 30). In Lk 3,7 wird die Abwesenheit der Eliten Israels nicht eigens betont. Deren Distanz zum Täufer ist ein Motiv der vorlk Tradition; vgl. Mk 11,27-33 par Lk 20,1-8.

153 Erwägenswert wäre allerdings auch, daß Jesus dem Volk Vorhaltungen darüber macht, daß es ihn nicht akzeptiert, obwohl es sich doch der Bußtaufe des Johannes unterzogen und damit dem Ratschluß Gottes rechtgegeben hatte.

einander positiver und negativer Volksreaktionen wiederholt sich im Reisebericht, dem wir uns nunmehr zuwenden.

6.3.4. Israels Krisis - der Reisebericht als Vorausblick

Für den »Reisebericht« Lk 9,51-19,27[154] gilt hinsichtlich der Volksreaktionen, daß die bis Lk 7,29f. wiederholt thematisierte Unterscheidung des Volkes von seinen Oberen nur in Lk 13,17 erscheint, daß aber das in Lk 10,13-
16; 11,14-36; 12,54-13,9 gezeichnete Bild des Jesus gegenüber pauschal ablehnend eingestellten Volkes für den Jerusalem-Teil Lk 19,28-21,38 wiederum nicht mehr bestimmend ist. Der Gegensatz zwischen Lk 13,17 und Lk
12,54; 13,34f. rührt daher an die bis heute kontrovers diskutierte Grundfrage
nach dem Anliegen des Reiseberichtes.[155] So wenig Lukas an der Historizität

---

154 Literatur s. H. Schürmann, Lukas II/1, 1f.
155 H. Conzelmann eröffnete die neuere Diskussion mit der These, Jesu Leidensbewußt-
     sein werde als Reise gekennzeichnet (H. Conzelmann, Mitte der Zeit, 57). In der Kritik
     an Conzelmann stehen historische, christologische, ekklesiologische und israeltheolo-
     gische Deutungen nebeneinander, sofern man nicht einfach ein quellenbedingtes litera-
     risches Konstrukt ohne leitende theologische Idee vermutet (J. Blinzler, Die literarische
     Eigenart des sogenannten Reiseberichts, 31 mit Anm 41). Als historischer Bericht über
     die letzte Jerusalemreise Jesu gilt der Abschnitt bei G. Ogg, Central Section, 53; A. D.
     Baum, Lukas als Historiker, 260-263 (kritisch dazu schon Ch. C. McCown, Geography
     of Luke's Central Section, 51 [Lit!].64; J. Blinzler, a.a.O., 20-33). Von der Erwartung
     des Propheten wie Mose i.S. v. Dtn 18,15 inspiriert, gilt der Reisebericht nach C. F.
     Evans, Central Section, 50, als »Deuteronomic Sequence«, während er nach D. P.
     Moessner, Lord of the Banquet, 307, »the fulfillment of the promised New Exodus sal-
     vation« präsentiert. P. v. d. Osten-Sacken, Christologie des lukanischen Reiseberichts,
     491, hat den Reisebericht als christologischen Klärungsprozeß i.S. der Messianität Jesu
     als des leidenden Messias gedeutet; der Reisebericht soll den Einwand widerlegen, der
     bisher augenscheinlich nicht wiedergekommene Jesus sei nicht der wahre Messias ge-
     wesen (a.a.O., 492). Vor allem aber wird aufgrund der quantitativ wie qualitativ ge-
     wichtigen Belehrung über die vita christiana (vgl. schon B. Reicke, Instruction and
     Discussion, 209) der Reisebericht als Jüngerbelehrung über das Leben und Handeln
     nach dem Willen Jesu (J. Schneider, Zur Analyse des lukanischen Reiseberichtes, 220;
     F. W. Horn, Glaube und Handeln, 260; W. C. Robinson jr., Interpretationszusammen-
     hang, 132), über die βασιλεία (O. Merk, Reich Gottes in den lukanischen Schriften,
     214) und über die Notwendigkeit des Verzichtens und des Leidens (Ch. C. McCown,
     Geography of Luke's Central Section, 64; D. Gill, Lukan Travel Narrative, 213; G.
     Schneider, Lukas I, 228; B. E. Beck, Christian Character, 95), oder als Testament für
     die Zeit der Kirche bezeichnet (G. Sellin, Der lk Reisebericht, 134, der auf das Vorbild
     der jüdischen Testamentenliteratur verweist; zur berechtigen Kritik dazu vgl. A. D.
     Baum, Lukas als Historiker, 364-367). Zusätzlich erkennt man eine Rückprojektion der
     Zeit der missionierenden Kirche in das Evangelium (W. Wilkens, Die Versuchungsge-

der in Lk 9,51-19,27 wiedergegebenen Ereignisse zweifelt[156], und so sehr
Lukas um den nicht zu nivellierenden Abstand zwischen der Zeit Jesu und
seiner eigenen Zeit weiß[157], so wenig ist dieses Material nur um der historischen Vollständigkeit willen dargeboten. Die lk Quellenbehandlung verrät
mehrfach das Bestreben des Evangelisten, die ihm überkommenen Worte
Jesu auf die Situation seiner Gemeinde hin gesagt sein zu lassen; diese Ak-
tualisierungstendenzen[158] bedingen, daß der Reisebericht, wie schon angedeutet, als Zurüstung der Gemeinde für die nachösterliche Zeit zu lesen ist.[159]

schichte Luk. 4,1-13, 269; M. Miyoshi, Anfang des Reiseberichts, 157; zur Verbindung
mit der Heidenmission vgl. weiter Ch. C. McCown, Geography of Luke's Central
Section, 64; D. Gill, Lukan Travel Narrative, 213; G. Schneider, Lukas I, 228). Nach
H. Schürmann, Lukas II/1, 12, ist der Reisebericht »die Schilderung der heilsgeschichtlichen Entscheidung und Scheidung in Israel«; F. Matera, Jesus' Journey to Jerusalem, 76, sieht die Ursachen des Konfliktes Jesu mit Israel, H. Egelkraut, Jesus'
Mission to Jerusalem, 222, die Ursachen der Verwerfung Israels dargestellt (kritisch
dazu M. Korn, Geschichte Jesu, 91f.; H. Schürmann, Lukas, II/1, 82). Wir integrieren
die israeltheolgoischen Aspekte dahingehend, daß die verschärfte Spannung zwischen
Jesus und dem Volk tatsächlich in die Situation der lukanischen Gemeinde verweist.

156 Festzuhalten ist, daß nach lukanischer Auffassung »echte typologische Bedeutung nur
ein in seinem Sinne historisches Ereignis haben kann« (M. Korn, Geschichte Jesu, 93).
- Auch die Quellenabhängigkeit des Lukas dispensiert nicht von der Frage nach der Intention der lk Komposition, selbst wenn man nicht wie H. L. Egelkraut, Jesus' Mission
to Jerusalem, 134-137, aufgrund der Skepsis gegenüber der Existenz der Logienquelle
jegliche heutige Akoluthie auch der duplex-traditio-Texte auf Lukas zurückführen will.

157 In dieser Weise historisierend sind Lk 10,1.4; 13,17 gestaltet: Die Aussendung der
Zweiundsiebzig ist Intensivierung der Sammlung Israels (s.u. S. 298); Lk 13,17b erinnert an die positive Haltung des ὄχλος gegenüber Jesus angesichts »aller Taten« Jesu.

158 Aktualisierungen erfolgen hinsichtlich des Jesusbildes, der äußeren Situation der Gemeinde und der christlichen Praxis und Ethik. Lk 11,37f.; 14,1 zeigen Jesus unter den
Eliten bei einem Gastmahl und stilisieren das Jesusbild im Hinblick auf die zu gewin-
nende Bildungsschicht. Die gefährdenden (vgl. W. Stegemann, Zwischen Synagoge
und Obrigkeit, 84) Instanzen werden in Lk 12,11 konkret benannt; das Selbstverständnis der Missionare angesichts der Ablehnung kommt in Lk 10,10b.16.20.23f. in den
Blick: wichtig ist, daß sie, und nicht ihre Gegner, auf der Seite Gottes stehen. In
Lk 11,14-36 wird die bisherige Kontrastierung von Volk und Oberen aufgehoben, zudem durch Lk 11,16 der Beelzebulvorwurf und die Zeichenfrage zu einem Generalangriff gegen die Legitimität Jesu zusammengeordnet, der nachösterlich verschärften
Auseinandersetzung zwischen Kirche und Israel entsprechend. Als Ur-Repräsentant
christlicher Frömmigkeit ist Jesus in der lk Einleitung Lk 11,1 gezeichnet, und die Gemeinde weiß um die Erfahrung, daß der Heilige Geist in der Situation das rechte Wort
verleiht (vgl. Lk 12,12 mit Apg 4,8). Exorzismen erfolgen im Namen Jesu (Lk 10,17;
Apg 3,6). Auf die Frage »Was muß ich tun« (Lk 10,25; 18,18; vgl. Lk 3,10.12.14;
Apg 2,37) wird jeweils christlich geantwortet. Im Blick auf innergemeindliche Probleme hat Lukas innerhalb von Lk 11; 12; 14 eingegriffen: Lk 11,1-4.9-13 wird durch
Lk 11,5-8 um das Anliegen des dringlichen Bittens um den Anbruch der Gottesherrschaft (vgl. Lk 18,1-8) erweitert; die Vorschaltung von Lk 12,13-21 vor Lk 12,22-34

Israeltheologisch relevante Volksreaktionen kommen in den Blick historisierend als Rückschau auf das Bemühen Jesu um Israel, aktualisierend als Ätiologie der Zerstörung Jerusalems, begründet in der mangelnden Bußfertigkeit Israels, und als Beschreibung des Verkündigens Jesu unter dem Eindruck der gegenwärtigen Distanz zur Synagoge; die historisierenden Belege für die Reaktion des Volkes werten sein Verhalten positiv, während die aktualisierenden Belege den Leserinnen und Lesern die Distanzierung vom Verhalten des Volkes nahelegen. Die Rückschau auf Jesu Wirken zugunsten Israels ist in Lk 13,17; 18,43b gegeben, die Ätiologie der Katastrophe in Lk 12,54-13,9; Lk 13,31-35; 19,41-44, die Aktualisierung in Lk 11,14-23.29-32; 13,22-30. Möglicherweise kommen in Lk 10,1-24 alle drei genannten Elemente zusammen; deshalb nehmen wir diesen Text voraus, um dann die drei angesprochen Textgruppen in o. a. Reihenfolge abzuhandeln. Daß einige der lk Volksreaktionen im Reisebericht der Zeichnung der vita christiana dienen (Lk 11,27f.33-36; Lk 14,15-24.25-35), wird uns später beschäftigen.

6.3.4.1. Jesu Mission in Israel - Lk 10,1-24

Der hier nur hinsichtlich der Volksreaktionen auszulegende, traditionsgeschichtlich umstrittene[160] Text ist vor allem auf das Verhältnis historisieren-

---

zeigt, welche aktuelle Fehlhaltung an dem von Jesus geforderten Vertrauen auf die Fürsorge Gottes und an der Bereitschaft für die Parusie hindert. Lk 12,33 ist durch Lukas konkretisierend umgeformt. Auf die besondere Verantwortung der Amtsträger zielen Lk 12,41.47f. Als Warnung vor falscher christlicher securitas ist die Integration von Lk 14,16-24 zu betrachten, als Warnung davor, die Konsequenzen der Bekehrung zu verkennen, die Integration von Lk 14,25-35. Nach Klärung dessen kann dann tatsächlich von der Zugehörigkeit der Zöllner und Sünder, soziologisch gesehen von Teilen des ὄχλος, zur Gemeinde geredet werden. Lk 17,22-18,8 und Lk 18,9-30 sind unter dem Gesichtspunkt verknüpft, daß der Verzicht auf jede Selbstgerechtigkeit die Voraussetzung dafür ist, einen der Tage des Menschensohnes zu sehen zu bekommen.

159 Auch der Jesu Himmelfahrt hervorhebende Hinweis auf die »Hinaufnahme« Jesu in Lk 9,51 läßt solche Tendenzen erwarten. In Lk 9,51 konnte Lukas die Aufbruchsnotiz Mk 10,1 verwerten. Lukanisch sind συμπληροῦσθαι, ἀνάλημψις, τὸ πρόσωπον στηρίζειν, πορεύεσθαι (noch Lk 9,52; 13,22; 14,25 u.ö.) und der Name Jerusalem.

160 Umstritten ist u.a., ob die Verse 13-15 ad vocem ἀνεκτότερον an V. 12 als dem ursprünglichen Schluß der Aussendungsrede angeschlossen wurden (so m.E. zu Recht S. Schulz, Q, 409; M. Sato, Q und Prophetie, 132; erst durch V. 12 wird die Tragweite der in V. 11 geschilderten Symbolhandlung der Missionare deutlich) oder ob umgekehrt V. 12 als gegenüber Lk 10,13-15 sekundäre Bildung der Q-Redaktion die Weherufe Lk 10,13-15 mit der Aussendungsrede verklammern soll (D. Lührmann, Redak-

der und aktualisierender Elemente hin zu befragen. Historisierende Elemente sind die Aussendungsregel Lk 10,4[161] und die Beschreibung der Israelmission Lk 10,1f.[162], als aktualisierendes Element ist die Kombination von Lk 10,12. 13-15.16 zu betrachten: die endzeitliche Bedeutung, die nach den Weherufen dem Auftreten Jesu zukommt, wird auch für das Auftreten seiner Boten in Anspruch genommen[163]; Lk 10,16 klärt den Hintergrund dieser Analogie-Auffassung. Auch spiegelt sich »in dem betonten Gegensatz von Hören und 'nicht achten' ... offenbar die Erfahrung der jungen Gemeinde wider«[164]. Lk 10,16.20.23f. zeigen nachösterlich die weitgehend vollzogene Scheidung in Israel auf: Den Ungläubigen, die Jesu und der Jünger Verkündigung verachten, stehen die Jünger gegenüber, die als Zeugen des Heils selig gepriesen

---

tion, 62; P. Hoffmann, Logienquelle, 303; J. Kloppenborg, Formation, 194), des weiteren, ob bereits die Q-Redaktion oder erst Lukas für die Integration der Weherufe in die Aussendungsrede verantwortlich ist (im ersteren Sinne D. Lührmann, Redaktion, 60-63; P. Hoffmann, Logienquelle, 284f.; G. Schneider, Lukas I, 239; W. Wiefel, Lukas, 196.198 mit Anm 23; H. Schürmann, Lukas II/1, 83; im letzteren Sinne T. W. Manson, Sayings, 76f.; W. Grundmann, Lukas, 210; M. Miyoshi, Anfang, 74; I. H. Marshall, Luke, 424; J. Fitzmyer, Luke II, 851). Umstritten ist weiter, ob der neutestamentlich singuläre Ortsname Chorazin sowie das »Verständnis der Wunder als umkehrwirkender Verkündigung« (W. Wiefel, Lukas, 199) in die vorösterliche Logientradition verweisen oder nicht (ersteres vertritt W. Wiefel, a.a.O., letzteres M. Sato, Q und Prophetie, 199, mit Hinweis auf den Gegensatz dessen zu Lk 10,9b; 11,20), und ob Lk 10,13-15 durch die Aussparung Jerusalems als alt zu gelten haben (G. Theißen, Lokalkolorit, 53f.), oder ob die Tatsache, daß die Polemik nicht mehr nur den Pharisäern allein gilt, sondern den drei Städten insgesamt, auf ein traditionsgeschichtlich späteres Stadium schließen läßt (S. Schulz, Q, 362 Anm 261).

161 Vgl. die Aufhebung dieser Regel in Lk 22,35f.

162 Als Vorausblick auf die Heidenmission verstehen die Stelle F. Hahn, Mission, 113; D. Lührmann, Redaktion, 60; B. Reicke, Instruction, 211f.; M. Miyoshi, Anfang, 81; M. Korn, Geschichte Jesu, 117 sowie die bei H. L. Egelkraut, Jesus' Mission to Jerusalem, 144 Anm 2.3 genannten Autoren. Geltend gemacht wurde dafür die Lokalisierung der Aussendung in Samaria, die Anspielung der Zahl 70 auf die Völkerliste Gen 10, das apokalyptische Ernte-Bild und der in Lk 10,13-15 vorliegende Vergleich mit den Heidenvölkern. Doch hat Lukas die Samaria-Fiktion nicht wirklich durchgeführt; das Erntebild begegnet in der Tradition auch auf Israel bezogen (Hos 6,11), die Zahl 70 deutet auf die 70 Ältesten, die Mose unterstützen sollen (Num 11,16f.), und der Vergleich mit den Heidenvölkern dient dazu, »das Unbegreifliche des Verhaltens Israels« (P. Hoffmann, Logienquelle, 293) hervorzuheben. Als Beschreibung der Israelmission verstehen die Stelle auch u.a. J. Schmid, Lukas, 184; J. Gnilka, Verstockung, 131; H. L. Egelkraut, Jesus' Mission to Jerusalem, 144-148; W. Wiefel, Lukas, 195; H. Schürmann, Lukas II/1, 54. Die Zahl der 70 oder 72 Jünger ist textkritisch schwer zu sichern; zur Diskussion vgl. B. M. Metzger, Seventy or Seventy-Two Disciples?, 306, der für die Zahl 72 votiert.

163 So für die Ebene der Q-Redaktion P. Hoffmann, Logienquelle, 303.

164 J. Ernst, Lukas, 254f.

werden, und deren Status vor Gott mit der Erwählungsvorstellung beschrieben wird.

Was leisten nun die Drohworte Lk 10,13-15 im einzelnen?

Auf der Ebene der Endredaktion von Q sind die Drohworte je nach Beschreibung des traditionsgeschichtlichen Werdeganges entweder als Parallelisierung des Anspruchs der Verkündigung Jesu und der Jünger oder als Exemplifizierung des in Lk 10,10f.12 gedrohten Unheils aufzufassen.[165] Für Lukas können sie aufgrund der Erwähnung von Bethsaida in Lk 9,10 und der Erwähnung von Kapernaum in Lk 4,31-43 zum einen rückweisende Funktion haben: Der lukanische Jesus konstatiert das Scheitern seines Wirkens in diesen Städten und wendet sich nun von ihnen ab[166]. Ihre Bewohner haben sich der bereits von dem Täufer geforderten und aufgrund der Taten Jesu zu erwartenden Buße verweigert. Gleichzeitig kann die Gerichtsandrohung als Vorausblick auf die Katastrophe Jerusalems verstanden werden, deren Ätiologie in dem Schuldaufweis der Unbußfertigkeit gegeben wird: Das Motiv der Buße verbindet Lk 10,13-15 mit Lk 12,54-13,9, das dortige Stichwort καιρός Lk 12,54-13,9 mit Lk 19,41-44, und lukanisch begründet sich die Katastrophe Jerusalems nicht einseitig mit dem speziellen Akt der Tötung Jesu, sondern nach Lk 19,41-44 mit der Ablehnung des Wirkens Jesu insgesamt. Zwar ist umstritten, ob Lukas die Zerstörung Jerusalems von den endgeschichtlichen Ereignissen unterschieden hat[167], doch dürfte diese Katastrophe für die lukanische Gemeinde die Drohworte von Lk 10,13-15 durchaus versinnbildlicht und als Warnung an sie selbst aktualisiert haben.[168] Insofern gehört Lk 10,13-15 auch mit Lk 14,16-24 zusammen.

---

165 Ersteres D. Lührmann, Redaktion, 64; letzteres M. Sato, Q und Prophetie, 132.

166 J. Ernst, Lukas, 254.

167 So H. Conzelmann, Mitte der Zeit, 121, mit Hinweis auf die »Erfüllung der Zeiten der Völker«, die einen eigenen Abschnitt im lk Geschichtsbild darstellt; kritisch dazu jedoch H. Flender, Heil und Geschichte, 103f., mit Verweis auf das verbindende καί in Lk 21,25, sowie J. Zmijewski, Eschatologie-Reden, 203f., mit Hinweis auf die Parallelität des ὅταν in Lk 21,9.20. Nach K. Löning, Lukas - Theologe der von Gott geführten Heilsgeschichte, 222.224, besteht zwischen dem Fall Jerusalems und dem Weltende kein zeitlicher, aber ein sachlicher Zusammenhang: die Zerstörung Jerusalems ist warnendes Beispiel an die von der kirchlichen Verkündigung angesprochenen Menschen. M.E. ist die Warnung auch an die christlichen Leser des Lk gerichtet.

168 J. Fitzmyer, Luke II, 853; H. Schürmann, Lukas II/1, 82.

6.3.4.2. Jesu weitergehendes heilvolles Wirken in Israel - Lk 13,10-17

Für Lk 13,10-17 besteht unbeschadet der offenen Diskussion zur Traditionsgeschichte[169] ein Teilkonsens über die lk-redaktionelle Herkunft des unser Thema speziell berührenden Verses Lk 13,17.[170] Unabhängig von der literarkritischen Zuweisung gilt, daß sich der Vers in die lk Grundlinie bruchlos einfügen läßt: Die in den Worten κατησχύνοντο οἱ ἀντικείμενοι liegende Anspielung auf Jes 45,16 LXX identifiziert die »Widerstrebenden« von Lk 13,17 mit den Feinden der Erlösung Israels, die in dem Wort ἔνδοξα liegende Anspielung auf Ex 34,10 LXX soll die Taten Jesu als Taten Gottes und seiner Bundestreue gegenüber Israel[171] begreiflich werden lassen. Lk 13,10-17 bezeugt wie Lk 7,11-16 die gnädige Heimsuchung Gottes für sein Volk. Auch weist die »Freude« der Volksmenge lk-redaktionell auf die in Lk 2,10 dem Gottesvolk verheißene Freude zurück. Die Erwähnung »aller Taten« (die letzte »Tat« Jesu vor Lk 13,10-17 liegt für den Leser immerhin zwei Kapitel zurück; vgl. Lk 11,14) läßt das hier berichtete Geschehen wiederum als ein Beispiel für eine generell heilvolle Tätigkeit Jesu zugunsten Israels erscheinen. So ist in Lk 13,17 wieder die Legitimität Jesu und damit die heilsgeschichtliche Legitimität der sich auf ihn berufenden lukanischen Gemeinde behauptet, während der gegnerische Standpunkt als illegitim deklariert wird.

Die Kontrastierung zwischen dem ὄχλος und den »Widerstrebenden« fügt sich in die lk Darstellung der Zeit Jesu ein und entspricht der gespaltenen

---

169 Ist nach R. Bultmann, Geschichte der synoptischen Tradition, 10, von Lk 13,15 die Bildung des Stückes ausgegangen, so nimmt J. Roloff, Kerygma, 67f., Lk 13,16 als Ausgangspunkt einer Entwicklung an, die zur Assimilation von V. 12 und V. 15 mit Hilfe des Stichwortes λύειν geführt habe. H. Klein, Barmherzigkeit, 19, vermutet aufgrund der Parallelen Mk 1,23-28.29-31 in der Heilungserzählung V. 10-13 den ältesten Kern, während später, unter nachösterlichen Voraussetzungen (die Menge wird in V. 14 angeredet, nicht Jesus selbst), V. 14-16 hinzukommen und Lk 13,17 lk-redaktioneller Abschluß ist. Anders R. F. O'Toole, Lk 13,10-17, 105: »the diptych structure (scil. of the pericope) demonstrates its harmonious arrangement«.

170 Die lk-redaktionelle Herkunft von Lk 13,17 wird erwogen von R. Bultmann, Geschichte der synoptischen Tradition, 10; J. Roloff, Kerygma, 68; W. Wiefel, Lukas, 255 und behauptet von U. Busse, Wunder, 297; G. Schneider, Lukas II, 300; H. Klein, Barmherzigkeit, 22f; J. B. Green, Luke 13,10-17, 647. Doch kann der Gebrauch von ὄχλος statt λαός auf Tradition verweisen.

171 Vgl. D. Hamm, The Freeing of the Bent Woman, 33. Die israelthematische Nuance ist in Lk 13,10-17 traditionell, wie Lk 13,14-16 in der Anrede »Tochter Abrahams« und in der Sabbat-Diskussion zeigen. Nach J. B. Green, Luke 13,10-17, 653f. ist Jesu »missionary activity« incl. der Heilungen »a sign that God's kingdom is beeing established«.

Reaktion i.S. von Lk 2,34f.[172] Daß 13,17a den Widerspruch gegen Jesus von dem einen Synagogenvorsteher auf »alle Widerstrebenden« ausweitet, führt in die Zeit des Lukas, in der den Christen nicht nur von einigen wenigen Eliten widersprochen wird.[173]

6.3.4.3. Gottes Wirken in Jesus zugunsten Israels - Lk 18,43b

Da Lukas bei der Wiedergabe der Bartimäus-Perikope keiner Sondertradition, sondern nur dem ältesten Evangelisten folgt[174], ist die Gestaltung von Lk 18,43b ähnlich wie das Motiv des Lobpreises durch den Geheilten lk-redaktionelle Einfügung. Sie enthält wieder das apologetische Motiv, daß in Jesu Handeln Gott selbst am Werke war, und wandelt das frömmigkeitsmotivierende Wunder Mk 10,46-52 in einen personbezogenen Autoritätsaufweis um. Daß in Lk 18,43b der λαός als Subjekt des Gotteslobes auftritt, ist israeltheologisches Signal: Das Gottesvolk ist Empfänger der durch Jesus gewirkten Heilstaten des Gottes Israels, wie es auch zuvor in seiner Geschichte Empfänger der Zuwendung Gottes war. Diese Heilung ist im Hinblick auf den Einwand Lk 19,39f. wiederum ein Beleg dafür, daß der christlicherseits in Lk 19,37f.[175] behauptete Anspruch der Messianität Jesu zu Recht besteht.

6.3.4.4. Die Dringlichkeit der Umkehr Lk 12,54-13,9

Kontrovers diskutiert wird, ob die Verbindung von Lk 12,54b-56 und Lk 12,58f. einerseits, von Lk 13,1-5 und Lk 13,6-9 andererseits schon durch die jeweiligen Vorlagen (Q bzw. Sondergut) oder erst durch den Evangelisten vollzogen wurde.[176] Lk 12,57 ist m.E. lk-redaktionell, da es sich mit Q 10,21

---

172 D. Hamm, The Freeing of the Bent Woman, 38.

173 J. Zmijewski, Eschatologie-Reden, 172, verweist auf die Parallele für ἀντικείμενοι in Lk 21,15.

174 T. Schramm, Markus-Stoff, 145.

175 Vgl. die Korrespondenz der Verben ὁρᾶν/ἰδεῖν und des Wortfeldes αἰνός in Lk 18,43b; 19,37.

176 Zu Lk 12,54-59 votieren für lk Zusammenfügung (unter Annahme lk-redaktioneller Herkunft von Lk 12,57) R. Bultmann, Geschichte der synoptischen Tradition, 95; G. Klein, Prüfung der Zeit, 382; W. Grundmann, Lukas, 272; S. Schulz, Q, 421; E. Schweizer, Lukas, 143; J. Fitzmyer, Luke II, 998f., für die Herkunft des gesamten Textes abgesehen von Lk 12,54a aus der Logienquelle H. Schürmann, Untersuchungen,

nicht ohne weiteres verträgt; Lk 12,58f. und Lk 13,6-9 ergänzen zu den jeweils vorausgehenden Stücken das Motiv der Dringlichkeit der Umkehr; m.E. hat darum erst Lukas die Verbindung aller vier Texte vollzogen.

Ist Lk 12,54-13,9 primär israeltheologisch auszulegen[177] oder paränetisch[178]? Kompositorisch wie semantisch läßt sich beides begründen.

Kompositionell gesehen legt der Zusammenhang mit Lk 13,10-21 zunächst eine israeltheologische Deutung nahe, in deren Rahmen Lk 12,49-53 die scheidende Wirkung Jesu beschreibt, doch wirkt das Erscheinen dieser Thematik in V. 49 oder V. 54 unmotiviert; umgekehrt forciert der Zusammenhang ab Lk 12,1 oder Lk 12,22 eine paränetische Interpretation, die aber für Lk 13,10-17 nicht greift.[179] Semantisch gesehen sprechen für die Israelthema-

---

116; J. Kremer, Lukas, 143; C.-P. März, Lk 12,54b-56 par Mt 16,2b.3 und die Akoluthie der Redequelle, passim; F. Bovon, Wetterkundliches, 179; K. Scholtissek, Christologie und Kairologie, 201-203, sowie die bei J. Kloppenborg, Formation of Q, 152 Anm 219 genannten Autoren. Die Option von U. Luz, Matthäus II, 443f. zeigt, daß man Lk 12,54-56 auch bei einem negativen textkritischen Urteil über Mt 16,2b.3 zu Q rechnen kann. Dabei bleibt aber auch bei den zuletzt genannten Autoren die lk-redaktionelle Herkunft der Redeeinleitung Lk 12,54a durchaus in der Diskussion (vgl. die Stellungnahme von C.-P. März, Lk 12,54b-56 par Mt 16,2b.3, 33 Anm 5, gegen A. Polag, Umfang, 21; vgl. außerdem K. Scholtissek, Christologie und Kairologie, 199 Anm 28; T.-S. Park, ῎ΟΧΛΟΣ, 161). Umstritten ist weiter, ob die Anrede ὑποκριταί ursprünglich ist oder lk Zusatz (F. Bovon, Wetterkundliches, 182), und ob die Wendung καιρός οὗτος ursprünglich ist (so F. Bovon, Wetterkundliches, 179) oder eine lk Verkürzung der mt Parallele (so K. Scholtissek, Christologie und Kairologie, 203). Zugunsten einer vorlk Verbindung von Lk 13,1-5.6-9 votiert H. Klein, Barmherzigkeit, 80, für die lk Kombination optieren R. Bultmann, Geschichte der synoptischen Tradition, 21; G. Schneider, Lukas II, 297; B. Heininger, Metaphorik, 122; P. v. Gemünden, Vegetationsmetaphorik, 138 Anm 65. Nach W. Wiefel, Lukas, 253, führen inhaltliche Gesichtspunkte zur Annahme vorlukanischer, sprachliche Gesichtspunkte zur Annahme lukanischer Verknüpfung innerhalb Lk 13,1-9; für letzteres verweist er auf Lk 5,36; 6,39; 12,16a; 14,7; 15,3; 18,1.

177 Th. Zahn, Lukas, 517; E. Klostermann, Lukas, 143; W. Grundmann, Lukas, 272-278; G. Schneider, Lukas II, 294-298; W. Wiefel, Lukas, 248-256; F. Matera, Jesus' Journey, 70; für die vorlk Ebene H. Klein, Barmherzigkeit, 80-84; B. Heininger, Metaphorik, 131.

178 H. Conzelmann, Mitte der Zeit, 212 mit Anm 4; J. Kremer, Lukas, 143, F. Bovon, Wetterkundliches, 182; G. Schneider, Jesu überraschende Antworten, 140f.; J.-W. Taeger, Der Mensch und sein Heil, 90-94; G. Petzke, Sondergut, 124. - Schon in der vorkritischen Auslegung stehen beide Deutungen nebeneinander, vgl. Beda, Lk, CChr.SL 120, 265, 1380-1391, zu Lk 13,6-9: »Potest quidem haec arbor fici generis humani designare naturam ... animadvertes eam, et si generaliter omnium, specialiter tamen synagogae typum portare«. Dieses Nebeneinander begegnet innerhalb des Abschnittes Lk 13,1-9 etwa bei Euthymius Zigabenus, Lk, PG 129, 1000 C.

179 Nach C.-P. März, Zum Verständnis und zur Entstehung von Lk 12,49, 30, ist in Lk 12,54 noch die Situationsangabe Lk 12,1 im Blick, in der Redekomposition

tik der καιρός-Begriff, der sich im lukanischen Doppelwerk auf lk-endre-
daktioneller Ebene[180] als heilsgeschichtlicher Begriff nur in israeltheologischen Zusammenhängen findet[181] und die Zeit der Entscheidung in Israel angesichts des Wirkens Jesu und der ersten nachösterlichen Verkündigung der
Apostel bedeutet[182], außerdem die aus Hos 9,10 bekannte israeltheologische
Feigenbaum-Metaphorik in Lk 13,6-9. Argumente für die aktualisierende
Deutung sind die Adressatenangabe Lk 12,54a, die unterschiedslos die Menschen vor der Christusverkündigung bezeichnen kann, sowie die auch ohne
Israelbezug verständlichen Bilder des Loskommen-Wollens von dem Wider-
sacher und des unfruchtbaren Baumes und der offene Begriff πάντες in
Lk 13,3.5, der in der Zeit Jesu auf das Volk Israel, in der Zeit des Lesers aber
ausweitend auf die Hörerschaft des Evangeliums insgesamt bezogen ist[183].
Der καιρός-Begriff wäre dann nicht von Lk 19,44 her zu deuten, sondern
vom unmittelbaren Kontext her eschatologisch oder geschichtstheologisch.

Lukas zieht m.E. sowohl die israeltheologische als auch die paränetische
Linie bewußt aus und verbindet beide Linien dadurch, daß die Zerstörung
Jerusalems für die Christen als warnendes Beispiel fungiert, indem sie die
Realität des zu erwartenden eschatologischen Gerichtshandelns Gottes un-

---

Lk 12,1-13,21 seien »Jüngerbelehrung und missionarische Umkehrpredigt an Israel«
verbunden (C.-P. März, »Laßt eure Lampen brennen ...«, Epilog, 115). Doch fungiert
der ὄχλος in Lk 12,1 als Öffentlichkeit (W. Stegemann, Zwischen Synagoge und Obrigkeit, 45), in Lk 12,13-15 als Negativ-Folie für die vita christiana, in Lk 12,54a historisch als Adressat der damaligen Rede Jesu, aktualisierend als die christliche Gemeinde. Zu unserer Auffassung der Einheit von Lk 12,1-13,21 s.u.

180 Für die Deutung des καιρός-Begriffes ist zwischen der Ebene der Redenquelle und der
Ebene der lk Endredaktion zu unterscheiden. Der Begriff hat in Q möglicherweise die
endzeitliche Stunde bezeichnet (M. Sato, Q und Prophetie, 183; ähnlich
J. Kloppenborg, Formation, 152) oder die in Lk 12,51-53 genannten Bedrängnisse als
Anzeichen der nahen Parusie (C.-P. März, Lk 12,54b-56 par Mt 16,2b.3 und die Akoluthie der Redenquelle, 34; K. Scholtissek, Christologie und Kairologie, 202).
181 Vgl. Lk 1,20; 19,44; Apg 7,20.
182 Th. Zahn, Lukas, 518; W. Grundmann, Lukas, 273; J. Gnilka, Verstockung, 135; G.
Schneider, Lukas II, 294; H. L. Egelkraut, Mission of Jesus', 168; R. Maddox, Purpose,
47; W. Wiefel, Lukas, 250; K. Scholtissek, Christologie und Kairologie, 221. - Der
καιρός-Begriff von Apg 14,17; 17,26 darf nicht geschichtstheologisch i.S. einer qualifizierten Epoche gedeutet werden, sondern benennt schöpfungstheologisch den Wechsel der Jahreszeiten (J. Roloff, Apostelgeschichte, 218.262; ähnlich J.-W. Taeger, Der
Mensch und sein Heil, 95). Dem καιρός-Gedanken im Evangelium kommt, bezogen
auf die Heidenwelt, am ehesten das τὰ νῦν von Apg 17,30 nahe. Anders B. Heininger,
Metaphorik, 122: für die israeltheologische Ebene denkt er an die in Lk 13,1.4 berichteten Ereignisse.
183 H. Flender, Heil und Geschichte, 101; J. Ernst, Lukas, 311; J. Kremer, Lukas, 143.

termauert[184]. An dieser Stelle unserer Arbeit ist zunächst die israeltheologische Linie nachzuzeichnen.

In israeltheologischer Perspektive weist der καιρός-Begriff auf Lk 19,44[185] voraus: Der lukanische Jesus muß dort feststellen, daß seine dringliche Aufforderung von Lk 12,54-59[186] vergeblich gewesen ist, und daß seine Mahnung zur Buße Lk 13,1-9 nicht gefruchtet, das Volk sich vielmehr in gottloser Weise seiner Botschaft verschlossen hat.[187] Die der verläßlichen Wetterregel[188] vergleichbare Selbstevidenz des καιρός besteht dann i. S. v. Lk 7,18-23; 10,13-15; 11,20 vor allem in den Taten Jesu, die ihn als Messias beglaubigen[189], und die das Volk ähnlich wie schon die Verkündigung des Täufers zur Umkehr hin zu seinem Gott hätten führen müssen. Nach Lk 12,57 hätte Israel in dem Wissen um die grundsätzliche Gehorsamsforderung Gottes auch ohne diese Verkündigung und diese Zeichen als Ganzes zur Buße finden sollen.[190] Lk 13,1-5 ist auch auf lk-redaktioneller Ebene nicht eine allgemeine Kritik an der Lehre vom Tun-Ergehen-Zusammenhang; ausgeschlossen werden soll vielmehr die Möglichkeit, sich durch das Nachdenken über das Schicksal anderer der Einsicht in die eigene Sündhaftigkeit zu entziehen. Die Warnung vor einem falschen Vertrauen etwa auf die Abrahamskindschaft wird wieder aufgenommen. Dem dringlichen Bußruf tritt in Lk 13,6-9 der Hinweis auf die entgegen aller Billigkeit angesetzte Gnadenfrist zur Seite; das in V. 8b angekündigte Verhalten des Weingärtners ist ein Bild für die besonderen Bemühungen Jesu um Israel. Das Gleichnis endet offen; allerdings formulieren Lk 13,28f. und Lk 13,31-35 je auf ihre Weise die Reaktion der Mehrheit Israels.

Das in Lk 13,7.9 angesagte, aber noch nicht vollzogene Abschlagen des Baumes ist für Lukas mit der Zerstörung Jerusalems Wirklichkeit geworden, und die durch ihr offenes Ende gekennzeichnete Parabel ist durch Lukas hi-

---

184 Euthymius Zigabenus, Lk, PG 129, 1000 C, legt Lk 13,4 paränetisch, Lk 13,6-9 innertextlich rein israelkritisch aus, verbindet zuvor aber beide Texte mit dem Satz »τίθησι καὶ παραβολὴν ἐμφαίνουσαν, ὦ εἰ μὴ μεταβληθῶσιν, ἀπολοῦνται«.

185 F. W. Danker, Jesus and the new age, 258.

186 J. Gnilka, Verstockung, 135; H. J. Egelkraut, Jesus' Mission to Jerusalem, 168; W. Wiefel, Lukas, 248.250.

187 Zum Begriff ὑπόκρισις vgl. H. Giesen, Art. ὑποκριτής κτλ., EWNT 3, 1983, 965 sowie ders., Christliches Handeln, 151-153.

188 Zum Stichwort »Verläßlichkeit« vgl. W. Wiefel, Lukas, 250.

189 Anders E. Gräßer, Parusieverzögerung, 192: »Dagegen spricht der Zusammenhang«.

190 Th. Zahn, Lukas, 518f.

storisiert.[191] Ist damit gesagt, daß Lukas vom Ergebnis her den Weg beschreibt, so läßt es sich auch ansonsten greifen, daß in Lk 12,54-13,9 Lukas aus nachösterlicher Entfremdungs- und Verweigerungserfahrung formuliert und die Szene gemäß der letzten ihm sichtbaren Phase der Geschichte Israels coram Deo modelliert: Die ὄχλοι als Ganze stehen der Jüngerschar gegenüber, ihre Reaktion wird nicht im Kontrast, sondern in Parallele zu dem Verhalten der Oberen beschrieben[192], die Massenkonversionen von Apg 2,41 etc. sind nicht im Blick. Die Unfähigkeit[193] der ὄχλοι, den καιρός zu deuten, wird nicht mit dem Unwissenheitsmotiv entschuldigt; insofern sind die hier Angeredeten den judischen wie heidnischen Menschen angesichts der nachösterlichen Christusverkündigung gleichgestellt, denen diese Unwissenheit ebenfalls nicht mehr zugestanden wird.

Bei aller israelkritischen Schärfe redet Lukas jedoch nicht einer falschen christlichen securitas das Wort. Die paränetische Aktualisierung des Textes wird uns jedoch an anderer Stelle beschäftigen.

6.3.4.5. Die vorausblickende Klage - Lk 13,31-35

In der Auslegung dieser Doppelperikope konzentrieren wir uns auf die Verse Lk 13.34f. Doch ist die Antwort auf die Frage nach dem lukanischen Gestaltungsprinzip der Doppelperikope abhängig von der Analyse von V. 31-33: Ist V. 33 Abschluß von V. 31-33 auf der letzten vorlk Ebene[194] oder ist Lk 13,31-

---

191 B. Heininger, Metaphorik, 131.

192 Vgl. den Vorwurf der ὑπόκρισις in Lk 12,1; 13,15; 20,20. Euthymius Zigabenus, Lk, PG 129, 997 B, erklärt zu Lk 12,56 kurz: »πρὸς τοὺς γραμματεῖς δὲ ὁ λόγος, εἰ καὶ πρὸς τοὺς ὄχλους ἁπλῶς ἐρρήθη« (Die Rede ist an die Schriftgelehrten gerichtet, wenn auch einfach den Volksmassen gesagt).

193 In Lk 12,56 ist textkritisch an dem zweimaligen εἰδέναι mit P75 ℵ B festzuhalten. Die u.a. von P45 gebotene Lesart πῶς οὐκ δοκιμάζετε vermeidet die schwerfällige Wiederholung und ist deshalb sekundär..

194 Bei der Frage nach dem auslösenden Moment für die lk Verbindung von Lk 13,31-33 und Lk 13,34f. kommt es uns innerhalb dieser Auslegungsrichtung nur auf die vorlk Herkunft der Erwähnung Jerusalems in Lk 13,33 an. Rechnet man mit der vorlk Herkunft der Exposition Lk 13,31.32a (anders M. Dibelius, Formgeschichte, 162f.), kann man V. 32b als Zusatz innerhalb des Traditionsstückes Lk 13,31.32a.33 deklarieren (erwogen von R. Bultmann, Geschichte der synoptischen Tradition, 59) oder die Anfügung von V. 33 an V. 31f. einem vorlk Redaktor zuweisen oder Lukas einen mißverstehenden Eingriff innerhalb V. 33 attestieren (W. Grimm, Eschatologischer Saul, 127f.). J. Jeremias, Drei-Tage-Worte, 222f., hält Lk 13,33 für ein selbständiges Logion, äußert sich aber nicht über den Zeitpunkt der Verbindung mit Lk 13,31f.

33 insgesamt eine lk-redaktionelle Bildung[195], so hat Lukas V. 34f. ad vocem Ἰερουσαλήμ hinzugefügt[196]; hält man V. 33 oder einzelne Teile daraus für die lukanische Verknüpfung beider vorgegebener Teilstücke[197], so wird der Anlaß zu dieser Kombination in dem beiderseits verwendeten Stichwort ἀποκτείνειν liegen, jeweils gegen die Gottesboten gerichtet.[198]

Reses Versuch, Lk 13,31-33 als ganzes dem Evangelisten zuzuschreiben, wird dadurch erschwert, daß die in jedem Falle abschätzige[199] Bezeichnung »Fuchs« bei allem, was Lukas auch von Obrigkeiten an Fehlverhalten mitzuteilen weiß[200], der lukanischen Apologetik widerspricht und das lk Anliegen unterminiert, die Sache Jesu vor hochrangiger Öffentlichkeit zu verhandeln. Von einer ursprünglichen Einheit Lk 13,31.32a.33 kann man ebenfalls kaum ausgehen, da sich V. 32b als Einschub schlecht motivieren läßt, und da es unwahrscheinlich ist, daß Jesus bedingt auf das Ansinnen der Pharisäer eingeht. Umgekehrt kann man die Zufügung von V. 33 begründen: Das ursprüngliche Stück V. 31f. hat seine Pointe darin, daß nicht die Pläne des Herodes, sondern die Pläne Gottes bestimmen, was Jesus tut und wann er umkommt, während V. 33 dieses Motiv mit dem Reisemotiv und dem Ende Jesu in Jerusalem verbindet und sich daher eher lk-redaktioneller als traditioneller Herkunft verdankt.[201] So sind wohl Lk 13,31f. und Lk 13,34f. zwei selbständige Stücke, die Lukas aufgrund der verwandten Thematik des ἀποκτείνειν kombiniert und mit Hilfe der Erwähnung Jerusalems in Lk 13,33 verklammert hat.

Auf Q-Ebene[202] ist die Prägung von Lk 13,34f. durch das alttestamentlich-frühjüdische Motiv vom gewaltsamen Geschick der Propheten[203] längst be-

---

195 A. Denaux, L'hypocrisie des Pharisiens et le dessein de Dieu, 246; M. Rese, Lukas XIII, 31-33, 224, bei unterschiedlicher Beurteilung der theologischen Aussage.
196 R. Bultmann, Geschichte der synoptischen Tradition, 120.
197 So O. H. Steck, Israel, 40-45 (für V. 33a).46f. (für V. 33b).
198 Weitergehende Interpolationshypothesen bleiben hier außer acht.
199 So zu Recht M. Rese, Lukas XII, 31-33, 215 Anm 67.
200 Lk 3,19f.; Apg 12,1-3.10-23; 18,17; 24,26f.; 25,9-12.
201 So O. H. Steck, Israel, 40-47; F. Schnider, Jesus der Prophet, 167-172; R. Schnackenburg, Lk 13,31-33, 237f.; erwogen bereits bei R. Bultmann, Geschichte der synoptischen Tradition, 59.
202 Nach R. Bultmann, Geschichte der synoptischen Tradition, 120, ist die kompositionelle Stellung des in Lk 13,34f. zitierten Q-Logions bei Matthäus besser bewahrt; unser Logion schließt an Mt 23,34-36 an, und die Sprecherin ist auch für Lk 13,34f. par Mt 23,37-39 die Weisheit: Nur auf sie paßt die Klage des »wie oft«, aber nicht auf den irdischen Jesus, und zwar auch dann nicht, wenn er öfters in Jerusalem war, als es die Synoptiker berichten (so aber K. L. Schmidt, Rahmen, 272 Anm 2). W. G. Kümmel,

kannt. Die Ablehnung Jesu durch die meisten seiner Zeitgenossen wird in Q 11,49; 13,34 der Ablehnung der klassischen Propheten parallelisiert. Das Motiv der Steinigung erinnert an 2 Chr 24,21 LXX[204], das Motiv der »Sendung« an 2 Chr 36,15f. - auch hier werden die Propheten gesandt, weil Gott die Katastrophe *verhindern* will -, das Stichwort »wie oft« an den Hinweis auf »alle Propheten« 2 Kön 17,13.23, durch die Gott sein Volk Israel vor dem Abfall bewahren wollte. Das »Nicht Wollen« assoziiert die Weigerung, den Rat der göttlichen Weisheit anzunehmen (Prov 1,30) und den Propheten (und damit Gott selbst) hören zu wollen (Jes 28,12; Ez 3,7).[205] Lk 13,35a ist Gerichtsdrohung, daß Gott die Stadt verläßt[206] und ihr seinen Schutz entzieht; Lk 13,35b bezieht sich wohl auf die soteriologisch folgenlose Begrüßung Jesu als des Weltenrichters bei der Parusie[207]: Die Stadt wird den von ihr abgelehnten Jesus als Richter anerkennen müssen.[208]

Lukas hat sich die Aussagen und Motive dieses Q-Logions zu eigen gemacht; zu jedem dieser Elemente gibt es Parallelen im lukanischen Gesamtwerk, und es lassen sich die redaktionskritischen Beobachtungen von Denaux

---

Verheißung und Erfüllung, 73, hat gegen Bultmann auf die lk Quellenbehandlung verwiesen. Doch gibt es auch bei Lukas Umstellungen, und ein Anschluß von Lk 13,28f. Q zu Lk 13,34f. Q ist schwer denkbar.

203 Vgl. die grundlegende Arbeit von O. H. Steck, Israel und das gewaltsame Geschick der Propheten, passim. Er betrachtet Lk 13,34f. als frühjüdisches Traditionsstück (56).

204 Unsicher bleibt dagegen, ob auch eine Anspielung auf die Tradition der Steinigung Jeremias vorliegt. C. Wolff, Jeremia, 93-95 begründet seine diesbezügliche Skepsis damit, daß der Ort des Martyriums gemäß dieser Tradition (mit Ausnahme des christlichen Schlusses der Paralipomena Jeremiae) stets Ägypten ist, aber nicht Jerusalem. Daß in dem christlichen Zusatz ParJer 9,10-32 die Reaktion des Volkes weitaus bösartiger dargestellt wird als in ParJer 1,1-9,9, dafür vgl. J. Herzer, Paralipomena Jeremiae, 168 Anm 683. Dem Problem kann hier nicht weiter nachgegangen werden.

205 Alttestamentlich ist dieses Verhalten in der Weigerung konkretisiert, aus Dankbarkeit für die Wohltaten Gottes gemäß seiner Weisung zu leben (Ps 78,10), von dem Tun des Bösen Abstand zu nehmen (Jer 5,3; 8,5; 9,6; vgl. Jes 1,19.20; 5,24) und sich vom Götzendienst zu distanzieren (Jer 11,10; Ez 20,8; Hos 11,5). Θέλειν wird in LXX in all diesen Zusammenhängen jedoch nie absolut gebraucht.

206 O. H. Steck, Israel, 228 mit Anm 2-4; für ihn ist Lk 13,34f. ein ursprünglich jüdischer, sachlich mit der in Josephus, BJ 6,299 berichteten nächtlichen Audition und mit dem Auftreten des Jesus ben Ananias nach Josephus, BJ 6,300-309 zusammengehöriger Prophetenspruch eines Anhängers der Friedenspartei (S. 237-239).

207 In jüngster Zeit hat ein positives Verständnis von Lk 13,35b J. Ernst, Lukas, 323, vertreten: Auch für Israel ist Jesus letztendlich der Retter. So gerne man aus israeltheologischen Gründen dieser Deutung Recht gäbe, so muß man doch mit M. Sato, Q und Prophetie, 158, entgegenhalten, daß sie die schmerzvolle Klage und die Gattung »Unheilswort« nicht ernstnimmt.

208 G. Schneider, Lukas II, 311.

und Rese zumindest teilweise als Zugewinn auf lk-redaktioneller Ebene verbuchen.

Jerusalem mit dem Tempel ist Zentrum Israels wie der ersten Christenheit, in der das Gottesvolk sich um den verheißenen Messias schart, aber gerade die heilige Stadt ist auch Zentrum des Widerstandes gegen Gott und gegen die Gemeinde seines Christus. Ein gewisser geographischer Schwerpunkt der versuchten bzw. verwirklichten Tötung von Christen jüdischerseits liegt nach lukanischer Darstellung tatsächlich in Jerusalem, so wenig man den Befund angesichts der auch von Lukas nicht zu übergehenden geschichtlichen Fakten überdeuten darf.[209] Mit der intendierten Tötung Jesu durch Herodes[210] und der realisierten Tötung in der Passion sieht auch Lukas eine Parallele zu dem, was die Gottesboten seitens ihres Volkes seit jeher erlitten haben, und was er in der Apostelgeschichte noch mehrfach zu erzählen hat.[211] Die vergleichbare (traditionelle?) Aussage Apg 7,51f. als Höhe- und Schlußpunkt der Stephanusrede veranlaßt äußerlich betrachtet die Lynchjustiz gegen Stephanus (Apg 7,54-60), stellt jedoch nach ihrem wahren Gehalt den Übergang weg von der Konzentration der Christusverkündigung auf Jerusalem dar. Ist das pauschal formulierte Logion Lk 13,34f. angesichts des bisher Berichteten und angesichts der Massenbekehrungen Apg 2,41.47; 4,4 nicht recht verständlich, so gewinnt es für Lukas seinen Sinn im Hinblick auf die seit dem Stephanus-

---

209 Die Untersuchung der Verben ἀναιρεῖν, ἀποκτεῖναι, λιθάζειν, λιθοβολεῖν, vom gewaltsamen Vorgehen jüdischerseits gegen Christen gebraucht, ergibt, daß außerhalb Jerusalems nur von dem Mordanschlag gegen Paulus in Damaskus (Apg 9,23f.: ἀναιρεῖν) und von dem Versuch seiner Steinigung in Lystra (λιθάζειν) erzählt wird; die sonstigen Belege sind auf Jerusalem konzentriert (ἀποκτεῖναι: Apg 3,15 gegen Jesus; Apg 21,31; 23,12.14 gegen Christen; ἀναιρεῖν Apg 2,23; 13,28 gegen Jesus; Apg 5,33; 9,29; 12,2; 22,20; 23,15.17.21; 26,10 gegen Christen; λιθοβολεῖν gegen Stephanus Apg 7,59). Von jüdischer Gewaltanwendung gegen die christlichen Missionare außerhalb Jerusalems ist in Apg häufig die Rede, ohne daß die genannten Verben verwendet werden; vgl. Apg 13,45.50; 14,2-5; 17,5-8.13; 18,6.12-13. - In Lk 3,1-9,50 werden Bewohner aus Jerusalem erstmals zu Beginn der Folge der galiläischen Streitgespräche erwähnt, nämlich in Lk 5,17 (es sind Pharisäer und Gesetzeslehrer), während die Bemerkung über die positive Reaktion Jerusalemer Bürger in Mk 1,5 bzw. Mt 3,5f. bei Lukas getilgt ist.

210 Lukas hatte in Lk 3,19 Herodes generell mit der lk-redaktionellen Wendung περὶ πάντων ὧν ἐποίησεν πονηρῶν in ein schlechtes Licht gerückt.

211 Das Stichwort ποσάκις erinnert den Leser des Lukasevangeliums an die Erwähnung Jerusalemer Bürger als Teil der Zuhörerschaft in Lk 5,17; 6,17 sowie an die Mahnungen Jesu Lk 7,9.31-35; 11,29-32 und zuletzt 12,54-13,9.10-17; es wird im übrigen durch das ἀεί in Apg 7,51 und die Frage »welchen der Propheten haben eure Väter nicht verfolgt« in Apg 7,52 wieder aufgenommen. Zur Wendung »ihr habt nicht gewollt« vgl. für Lukas das verneinte Verbum θέλειν in Lk 19,14.27 und Apg 7,39.

Martyrium veränderte Haltung der noch-nicht-bekehrten Juden, wie sie in Apg 12,11; 21,27-36; 23,12-15 angesprochen wird; d.h. wieder führt die eigene kirchliche Gegenwart das Wort.[212]

Für Lukas hat sich in der Zerstörung Jerusalems die Ankündigung von Lk 13,34a erfüllt[213]; die Erfüllung von Lk 13,35b dürfte auch Lukas in der soteriologisch folgenlosen Anerkennung Jesu als des Weltenrichters bei der Parusie erblickt haben[214], nicht schon beim Einzug Jesu in Jerusalem[215]: Jesus wird nicht von den Jerusalemern begrüßt, sondern von dem größeren Jüngerkreis gefeiert, während über Jerusalem das Wort der Klage ergeht.

Besteht nun über den Wert des isolierten Textes Lk 13,34f. für Lukas Klarheit, so ist jetzt nach der redaktionellen Gestaltung des näheren Kontextes zu fragen.

Eine Verklammerung von Lk 13,31-35 mit dem rückwärtigen Kontext wurde über die These versucht, Lk 13,22 bilde die Einleitung für Lk 13,31-35, während Lk 13,23 als Exposition für Lk 13,24-30 fungiere[216]. Als den zu

---

212 In Lk 13,34 ist ebenso pauschal negativ über Israel geurteilt wie in Apg 28,28 (»sie werden hören«) pauschal positiv über die Heiden.

213 Anders F. D. Weinert, Luke, the Temple and Jesus' Saying about Jerusalem's Abandoned House, 75f.: Lk 13,35 ist kein Gerichtswort gegen den Tempel oder die Stadt Jerusalem, sondern prophetische Klage gegen die Führungsschicht mit der Feststellung einer bis zur Passion befristeten »'undisturbed' situation« zwischen Jesus und den Hierarchen. Weinerts Argumente in Kürze: Lukas kennt οἶκος nicht nur zur Bezeichung des Tempels (Lk 6,4; 11,51; 19,46; Apg 7,47.49), sondern wie Jer 22,2.6 LXX auch zur Bezeichnung eines personalen Kollektivs (10,5; 11,17; Apg 7,10.20; 10,2; 11,14; 16,15.31; 18,8); der Tempel wird von Lukas als »Haus Gottes« bezeichnet, aber nicht als »euer Haus«; ferner identifiziert Lukas generell den Widerstand gegen Jesus in Israel mit dessen Führern und kontrastiert deren Reaktion zur Reaktion des Volkes. Gegenargumente: 1. Die Benennung der Angeredeten mit »Jerusalem« sowie die pauschalen Vorwürfe Apg 2,23; 3,13f.; 4,27; 13,27 erschweren eine Einengung auf die Oberen; 2. Ist es angesichts von Lk 15,1; 16,14f.; 17,20f. wirklich richtig zu sagen, »Israel's Judean leadership ... will remain undisturbed by the direct challenge of Jesus' personal presence«? 3. Die Unterscheidung des Volkes von seinen Oberen hält Lukas gerade im Reisebericht (mit der Ausnahme von Lk 13,17) nicht durch. 4. »euer Haus« ist scharfe Polemik der Q-Gemeinde, für die sich wohl Parallelen in Qumran finden lassen. 5. Für Jer 22,5 LXX muß offenbleiben, ob hier nicht doch das Gebäude gemeint ist. 6. Daß der Hinweis auf die fortgesetzte Selbstverweigerung Jerusalems nur eine zeitlich befristete »'undisturbed' situation« zwischen Jesus und den Eliten motivieren soll, ist m.E. unwahrscheinlich; die Diskrepanz zwischen Schuldaufweis und Ankündigung wäre in diesem Falle zu groß.

214 G. Schneider, Lukas II, 311; W. Wiefel, Lukas, 265.

215 So aber W. C. Robinson, Weg, 54; M. Rese, Alttestamentliche Motive, 191; E. Schweizer, Lukas, 152; C. H. Giblin, Destruction of Jerusalem, 43.

216 A. Denaux, L'hypocrisie des Pharisiens, 247f.

Recht angemahnten inneren Zusammenhang der Themen »Ablehnung Jesu« und »Rettung« hat M. Rese formuliert, die Rettung erfolge nur über die Anerkennung Jesu[217]; vielleicht werde die Rettung den Pharisäern von Lk 13,31 zuteil, von denen einige in Lk 19,37 als Mitglieder des größeren Jüngerkreises gedacht sind.[218] Doch muß m.E. der Zusammenhang von dem jeweiligen Höhe- und Schlußpunkt Lk 13,28f. und Lk 13,35 her bestimmt werden. Dann erklären Lk 13,31-35 auf lk-redaktioneller Ebene, wie es zu dem Ausschluß des ungläubigen Teiles Israels Lk 13,28 und der Hereinnahme der Heiden Lk 13,29 kam: eben dadurch, daß sich der ungläubig bleibende Teil Israels der Warnung und Mahnung Jesu wie des Täufers und der anderen Gottesboten andauernd widersetzt hat. In diese Linie der Ablehnung gehört auch das Handeln des Herodes gegen Johannes und Jesus hinein. Der genannte Zusammenhang läßt umgekehrt das mit dem Unglauben der Mehrheit begründete Strafgericht über Jerusalem als warnendes Beispiel auch für die christlichen Leser des Lukasevangeliums erscheinen.[219]

6.3.4.6. Die Ankündigung der Katastrophe - Lk 19,41-44

Die Auskünfte über die Entstehung dieses Textes reichen von der Behauptung einer alten Prophetie aufgrund aramäischer Vorlage bis zur Annahme lukanischer Herkunft[220]; ob der Text ein vaticinium ex eventu ist[221] oder eine aufgrund allgemeiner Erfahrung bei der Eroberung antiker Städte[222] oder aufgrund biblischer Redewendungen geformte[223] tatsächliche Prophetie, so wird

---

217 M. Rese, Alttestamentliche Motive, 191, sowie ders., Lk XIII,31-33, 220, dann auch R. Schnakkenburg, Lk 13,31-33, 231.

218 M. Rese, a.a.O. Daß zu dem Jüngerkreis von Lk 19,37 auch Pharisäer gehören, entnimmt M. Rese der Wendung τίνες τῶν φαρισαίων ἀπὸ τοῦ ὄχλου in Lk 19,39.

219 Wir legen Lk 13,23-30 wie P. Hoffmann paränetisch aus, nicht wie F. Mußner heilsgeschichtlich (s.u.).

220 Im ersteren Sinne erwogen von R. Bultmann, Geschichte der synoptischen Tradition, 130, mit Hinweis auf J. Wellhausen, Lukas, 110; im letzteren Sinne C. H. Giblin, Destruction, 48.

221 R. Bultmann, Geschichte der synoptischen Tradition, 59.

222 W. Grundmann, Lukas, 369.

223 Für das Motiv des Weinens vgl. neben 2 Kön 8,11ff. (E. Klostermann, Lukas, 190) vor allem Jer 8,23; für das Stichwort εἰρήνη vgl. Jer 15,5; für die Terminologie der Belagerung vgl. Jes 29,3; für das Motiv der Zerschmetterung der Kinder vgl. Nah 3,10; für die Wendung καιρὸς ἐπισκοπῆς vgl. Jer 6,15 LXX (dort allerdings von der strafenden Heimsuchung).

sie Lukas in jedem Fall von der Zerstörung Jerusalems her neu gelesen (und reformuliert) haben[224]; die kompositionelle Stellung zu Beginn des Jerusalem-Teiles verleiht den Versen Lk 19,41-44 auch im Falle ihrer traditionellen Herkunft auf der Ebene der lk Endredaktion ihr sachliches Gewicht[225], nämlich als funktionale Parallele zu Lk 4,16-30 und Lk 9,52-56[226], die aufgrund der Spannung zu Lk 19,47f.; 21,38f.; Apg 2,41.47; 4,4 in die Gegenwart der lk Gemeinde verweist.[227]

Das Weinen Jesu ist nach Analogie von Jer 8,23 der Schmerz des Propheten darüber, daß das Volk den Zusammenhang zwischen eigenem Fehlverhalten und drohendem Geschick nicht durchschaut[228], und zeigt zugleich, daß der Evangelist mit Trauer, nicht mit Schadenfreude an die Katastrophe von 70 n. Chr. denkt.[229]

Für das Verständnis der Klage selbst ist von der Korrespondenz zwischen Lk 19,42a und Lk 19,44 fin auszugehen[230]; Lk 19,42a hat den aktuell-zeitgeschichtlichen, Lk 19,44 den heilsgeschichtlichen Aspekt des Kommens Jesu im Auge.[231] Lk 19,42 ist vielleicht auch Anspielung auf die volkstümliche Etymologie von Jerusalem als »Schau des Friedens«[232]. Die biblischen Anspielungen vor allem in Lk 19,43.44a deuten wohl die Katastrophe von 70 n. Chr. als Strafhandeln Gottes; die traditionell gegen die Feinde Israels und seines Gottes gewendeten Bilder[233] ordnen in Lk 19,43.44a Jerusalem mit den Feinden Gottes parallel!

---

224 J. Fitzmyer, Luke II, 1255. - M.E. geht es zu weit, wenn B. Reicke, Synoptic Prophecies, 122f., aufgrund der fehlenden Benennung der Römer als der Feinde in Lk 19,43f. das Lukasevangelium in die Zeit vor 66. n. Chr. datiert; prophetisches Reden identifiziert nicht immer alles, worum es sehr wohl weiß.

225 C. H. Giblin, Destruction, 48 Anm 4.

226 H. Conzelmann, Mitte der Zeit, 69 Anm 2; J.-L. Vesco, Jérusalem et son prophète, 82.

227 Schon J. Wellhausen, Lukas, 109, notierte: »vorher und nachher ist die Stimmung ganz anders, keineswegs hoffnungslos«.

228 E. Klostermann, Lukas, 190, weist auf 2 Kön 8,11ff. hin; näher liegt aber der Verweis auf die Klage Jeremias über Jerusalem (W. Wiefel, Lukas, 335).

229 J. Fitzmyer, Lukas II, 1257. Die Spannung zwischen dem Schmerz von Lk 19,41 (und Lk 23,27-31, s.u.) und dem Racheschrei von Lk 18,7f.; 19,27 hängt nach J. Wellhausen, Lukas, 109 »mit dem Unterschied der Zeiten vor und nach der Katastrophe zusammen«.

230 Th. Zahn, Lukas, 637 Anm 46.

231 J. Gnilka, Verstockung, 138; W. Wiefel, Lukas, 335.

232 Vgl. Bill. II, 253. E. Klostermann, Lukas, 191, legt so aus: »Du heißt 'Schauung des Friedens' - wie wenig entspricht dein Verhalten diesem Namen«.

233 Ps 137 (136), 9 richtet sich gegen Babylon, Nah 3,10 gegen Ninive.

Die Begründung für dieses Strafhandeln Gottes wird in Lk 19,42a.44b gegeben. Der Begriff εἰρήνη wird vor allem von Lk 19,38b aus zu füllen sein, für dessen Interpretation mit Nachdruck an den redaktionellen Zusammenhang zu Lk 19,37 und die Parallelordnung beider Satzhälften zu erinnern ist. Auch Lk 19,38b gehört in die Reaktion der Jünger auf das Wirken des irdischen Jesus hinein, deshalb bedeutet die Wendung ἐν οὐρανῷ nicht, daß auf Erden überhaupt noch kein Friede herrscht[234], weil Jesus im allgemeinen oder speziell durch Jerusalem abgelehnt wird[235]. Die Klage über Jerusalem in Lk 19,41-44 wird nicht durch die genannte Wendung vorbereitet, sondern dadurch, daß das Volk zum Einzug Jesu schweigt, und daß einige der Pharisäer vom Volk dieser Akklamation wehren wollen.

Die beiden Satzhälften Lk 19,38bα und Lk 19,38bβ müssen jeweils mit derselben Kopula ergänzt werden; Lk 19,38bα ist nicht Wunschsatz, sondern Aussagesatz: Es ist wohl kaum den Erdenbewohnern als angemessene Antwort auf das Wirken Jesu der Wunsch in den Mund gelegt, nunmehr möge der Friede im Himmel Wirklichkeit werden, sondern der Friede ist bei und durch Gott Wirklichkeit, und darum wird Gott in der Höhe gelobt.[236] Sind unter den δυνάμεις vor allem Krankenheilungen, Austreibungen von Dämonen und Totenerweckungen i.S. von Lk 7,1-10.11-17.21 zu verstehen, so erweisen diese Wunder den Davidssohn Jesus auch während seines Auftretens als den erwarteten Friedenskönig[237], und der Lobpreis der Jünger ist Antwort darauf[238]. In Lk 19,38 ist nichts weniger als der christliche Anspruch der Messianität Jesu formuliert[239]; die in malam partem zu interpretierende Reak-

---

234 Th. Zahn, Lukas, 634; A. Schlatter, Lukas, 409; E. Schweizer, Lukas, 199. Der Zusammenhang mit Lk 2,14 ist also nicht antithetisch.

235 G. Schneider, Lukas II, 386f.; erwogen von J. Kremer, Lukas, 187; I. H. Marshall, Luke, 716. Eine restringierende Funktion wäre auch bei »Friede auf Erden« gegeben, die Abgrenzung von dem nicht an Jesus gläubigen Jerusalem wäre noch schärfer.

236 I. H. Marshall, Luke, 716.

237 Ähnlich wie Q 10,13 betrachtet Lukas in Lk 7; Apg 2,22 Jesu Wunder als Autoritätsaufweis.

238 E. Brandenburger, Grundlinien des Friedensverständnisses, 41 Anm 73; vgl. auch M. Rese, Alttestamentliche Motive, 198.

239 So u.a. mit G. Petzke, Sondergut, 173. Inwieweit dieser Anspruch auch für Nicht-Christen nachvollziehbar ist, und inwieweit die Selbstverweigerung gegenüber diesem Anspruch auch für Nichtchristen plausibel die Katastrophe von 70 n. Chr. begründen kann, darüber reflektiert Lukas nicht. Zur Notwendigkeit der Sachkritik vgl. J. Ernst, Lukas, 402. - Zur innerisraelitischen Diskussion um Verschuldungen innerhalb Israels als die Ursachen der Katastrophe vgl. die von Bill. II, 200f. angegebenen Stellen bJoma 9a und bSchabbat 119b: in bSchabbat 119b werden von verschiedenen Gelehrten die Entheiligung des Sabbat, die Unterlassung der Schema-Rezitation, die

tion der Pharisäer aus dem ὄχλος Lk 19,39[240] zeigt, daß sie die lk-redaktionell hervorgehobene[241] Theozentrik dieses Messiasbekenntnisses nicht erfassen. Der redaktionelle Rückbezug auf Lk 7 läßt sich aber auch israeltheologisch verdichten, indem in Lk 19,37-44 die Scheidung angesichts des Kommens Jesu thematisiert ist[242]: Lk 19,38 ist die Antwort der Jünger auf die Anfrage des Täufers Lk 7,19, während Lk 19,39.41-44 die Antwort des ungläubigen Teiles Israels darstellt und funktional Lk 7,31-35 wieder aufnimmt.[243]
Dabei verweist im lk-redaktionellen Verständnis die Gegnerschaft einiger
Pharisäer aus dem ὄχλος auf die Zeit Jesu, die pauschalierende Klage über
Jerusalem hingegen auf die Zeit nach dem Stephanus-Martyrium. Lk 19,41-
44 führt somit die weithin pauschal negative Beschreibung der Volksreaktionen aus dem Reisebericht weiter.

6.3.5. Jesus und das Volk in Jerusalem

Bezüglich des Volksverhaltens in der letzten Jerusalemer Wirksamkeit Jesu
ist Lukas für die Periode der öffentlichen Lehrtätigkeit Jesu im Tempel die
Kontrastierung zu der Reaktion der Oberen auf Jesus ebenso durch Markus
vorgegeben wie die Verwendung von πᾶς zur Einmütigkeit der Volksmei-

---

Zulassung des Müßigganges der Schulkinder, das Fehlen der Scham voreinander, die
falsche Gleichmacherei zwischen Volk und Priestern, die fehlende Zurechtweisung
untereinander sowie die Verachtung der Gelehrtenschüler als Ursachen der Zerstörung
Jerusalems benannt, in Joma 9a grundloser Haß der Menschen gegeneinander.

240 So u.a. mit G. Petzke, Sondergut, 173. Erwogen wird gelegentlich in bonam partem
(u.a. von J. Ernst, Lukas, 399; I. H. Marshall, Luke, 716), die Pharisäer hätten aus
wohlmeinender Sorge um einen Konflikt mit den Römern interveniert. Auf lk-
redaktioneller Ebene wäre damit ein Gegenstück zu Lk 20,20 gegeben. Doch fehlen in
Lk 19,39 entsprechende Signale. Die Wendung ἀπὸ τοῦ ὄχλου soll die Nähe zwischen
den Pharisäern und dem ὄχλος betonen (F. Matera, Jesus' Journey to Jerusalem, 75
Anm 36), nicht das Volk schonen (so J. Ernst, Lukas, 399).

241 Vgl. den Hinweis auf das Lob Gottes angesichts der Taten Jesu in Lk 7,16b; 13,13;
18,43 u.ö.

242 H. Conzelmann, Mitte der Zeit, 69. Die Scheidung in Israel ist Exempel für die Scheidung innerhalb der Menschheit insgesamt.

243 Zur These der Konfrontation zwischen dem Jubel der Jünger und der fehlenden Erkenntnis Jerusalems in Lk 19,37-44 vgl. auch Th. Zahn, Lukas, 636; C. H. Giblin, Destruction, 55f.; J. Ernst, Lukas, 400; J. Kremer, Lukas, 189; J. Fitzmyer, Luke II, 1253.
- Das Passivum divinum ἐκρύβη (W. Wiefel, Lukas, 335) markiert dann textintern die
zu Ende gegangene Gnadenfrist von Lk 13,6-9, textextern jedoch die Verweigerung
angesichts der nachösterlichen Verkündigung.

nung[244], ferner aus Mk 12,12 das Motiv der Zurückhaltung der Oberen angesichts der Öffentlichkeitswirksamkeit Jesu sowie aus Mk 12,37 das Motiv des Hörens, das Lk 19,48; 20,16.45; 21,38 zusammenbindet. Unsere Aufmerksamkeit verdienen neben den Änderungen im einzelnen der generelle Ersatz des mk ὄχλος durch λαός, die Änderungen der Vollmachtsfrage und des Winzergleichnisses und die lk-redaktionelle Zeichnung der Lehrtätigkeit Jesu im Tempel. Für die Passion Jesu gilt, daß auch Lukas die Mitschuld des Volkes an dem Todesurteil gegen Jesus festhält; dabei ist das Fehlen von Mk 15,10 durchaus zu beachten, wie ein entsprechender Vermerk auch in Apg 7 und Apg 21 nicht erscheint. Andererseits ist auch die Zeichnung des Volksverhaltens in Lk 23,26-31.35.48 in den Blick zu nehmen.

<h3 style="text-align:center">6.3.5.1. Jesus und das Volk im Tempel - Lk 19,47f.; 21,37f.</h3>

Literarkritisch bewegen wir uns bei diesen eine inclusio formenden Texten[245] auf gesichertem Boden: Lk 21,37f. ist lk-redaktionelles Summarium[246], und Lk 19,47f. ist eine Überarbeitung der Vorlage Mk 11,18 unter dem Einfluß der Idee einer längerdauernden Lehrtätigkeit Jesu im Tempel aus Mk 14,49. Diente dieser Gedanke bei Markus nur dazu, das damalige Unvermögen und die jetzige Hinterlist der Oberen zu illustrieren[247], so hat Lukas konsequenter als Markus von dieser Idee aus den Jerusalem-Aufenthalt Jesu gestaltet und ihn zu einer der Periode des Reiseberichtes und der vorausgehenden Zeit der Wirksamkeit Jesu in Israel gleichwertigen Zeitspanne erhoben.[248] Die Jerusalemer Epoche des Wirkens Jesu wird insgesamt als Epoche der Lehrtätigkeit im Tempel beschrieben[249]. Auch ergeht der Todesbeschluß der Oberen nicht mehr im speziellen aufgrund der Tempelaktion Jesu, sondern angesichts sei-

---

244 Vgl. Mk 11,18.32; 12,12.37.
245 W. Wiefel, Lukas, 356.
246 K. L. Schmidt, Rahmen, 287; W. Grundmann, Lukas, 387; W. Wiefel, Lukas, 356.
247 Auch Lk 19,47; Lk 22,53 haben u.a. diese Funktion (E. Klostermann, Lukas, 192).
248 H. Conzelmann, Mitte der Zeit, 70, verweist auf die lk Zufügungen »jeden Tag« in Lk 19,47 und »an einem der Tage« in Lk 20,1.
249 Jedoch ist das Lehrmotiv bei der Davidssohnfrage und der Weherede gegenüber Markus zurückgenommen. Ob hier stilistische oder theologische Gründe den Ausschlag gegeben haben, vermag ich derzeit nicht zu entscheiden.

nes dauernden Wirkens[250], und die in Lk 19,48 geschilderte Anhänglichkeit des Volkes gehört zum Szenenbild der Jerusalemer Wirksamkeit Jesu insgesamt.[251] Dieser zeitlichen wie sachlichen Entschränkung scheint jedoch eine abschwächende Rücknahme der Volksreaktion gegenüber Mk 11,18 zu widersprechen: Was dort als Epiphaniereaktion stilisiert ist, erscheint hier als Ergebnis der nur-menschlichen Ausstrahlung Jesu.[252]

Die in Lk 19,48; 21,38 beschriebene Anhänglichkeit und Hörbereitschaft des Volkes[253] ist nicht Unglaube oder Unzuverlässigkeit[254], vielmehr soll hier ein Bild von gottgewollter Erfüllung und menschlicher Verblendung zugleich gezeichnet werden: Der durch seine Taten als Messias erwiesene eschatologische Friedenskönig lehrt an dem Ort größtmöglicher Öffentlichkeit[255], an heiliger Stelle, von der er zu Recht Besitz ergriffen hat[256], und in der Stätte, die wie keine andere »geradezu 'Raumsymbol' für die Kontinuität des Handelns Gottes«[257] ist. Diesem Raumsymbol tritt das Symbol personaler Kontinuität der menschlichen Adressaten dieses Handelns, der λαός, zur Seite. Jesus ist Verkündiger des Evangeliums wie seinerzeit Johannes der Täufer, und er will das ganze Gottesvolk[258] im Tempel sammeln, wie es nach seiner Himmelfahrt

---

250 Anders als in Mk 11,18 begründet die Furcht vor Jesu Öffentlichkeitswirksamkeit nicht den Todesbeschluß, sondern die momentane Zurückhaltung der Oberen; doch wurde hier lediglich Mk 11,18 (dazu vgl. Lk 22,1f.!) an Mk 12,12 angeglichen.

251 Behoben ist die Unklarheit in Mk 11,18, ob sich das Erschrecken des Volkes speziell auf die Belehrung Mk 11,17 bezieht oder aufgrund der Analogie zu Mk 1,22 auf das Lehren Jesu insgesamt.

252 So G. Bertram, Art. κρεμάννυμι κτλ., ThWNT 3, 1938, 920. ἐκκρεμάννυμι und ἐκκρέμασθαι stehen metaphorisch häufig malo sensu, vgl. Platon, Leges, 732 E; Plutarch, Marius, 12; Philo, De posteritate Caini 61; De Specialibus Legibus 1,319; 3,178; De agricultura, 97; De Confusione Linguarum 106; ein positives Verhalten bezeichnen beide nur bei Platon, Ion, 536 A; Philo, De posteritate Caini 26 (Gott anhangen); De praemiis et poenis 77; De Migratione Abrahami 44. κρέμασθαι wird pejorisierend gebraucht bei Platon, Leges, 831 C.

253 W. Wiefel, Lukas, 356. Das Verbum ὀρθρίζειν heißt in Lk 21,38 nicht »eifrig suchen« wie Ps 77,34, sondern wie Cant 7,11 »früh kommen«. (E. Klostermann, Lukas, 205).

254 Ersteres A. George, Israël dans l'oeuvre de Luc, 501, von Lk 19,41-44 her; letzteres R. C. Tannehill, Unity, 162, im Hinblick auf Lk 23.

255 M. Bachmann, Jerusalem und der Tempel, 278f.283.

256 Für diese Deutung von Lk 19,45f. vgl. H. Conzelmann, Mitte der Zeit, 69.

257 E. Schweizer, Lukas, 200.

258 Die Verbindung πᾶς ὁ λαός oder ὁ λαός ἅπας können da stehen, wo vom Heilswirken Gottes durch Jesus am ganzen λαός die Rede ist (Lk 2,10; 24,19; vgl. Lk 9,13), da, wo der λαός als Zeuge seines Wundertuns (Lk 8,47; vgl. Apg 3,9) und seiner Lehre (Lk 20,45) oder als deren Adressat (Lk 19,47; 21,37, als Adressat der Lehre der Apostel Apg 3,12; 4,2.10; 5,21) benannt wird, schließlich da, wo von der Reaktion auf Verkündigung oder Wunderwirken erzählt wird: Lk 3,21; 7,29f.; 18,43.

die Apostel tun. Daß Lukas den in Mk 11,18 etc. verwendeten ὄχλος-Begriff zwischen Lk 19,47 und Lk 21,38 konsequent meidet, ist Teil seines Wunsches, hier israeltheologisch diese von Gott her intendierte Erfüllung zu zeichnen. Die Reaktion des Volkes konnte Lukas mit Rücksicht auf Lk 23 nicht im gleichen Maße als Erfüllung biblischer Idealvorstellungen[259] beschreiben wie das Lehren Jesu selbst, doch dient die sich in Apg 2-5 wiederholende Unterscheidung des Volkes von seinen Oberen[260] dazu, das Widersinnige ihres Verhaltens umso krasser hervortreten zu lassen. Deren Wunsch, Jesus zu töten, ist durch Lk 19,44 als fehlende Erkenntnis der gnadenvollen Heimsuchung Jerusalems qualifiziert und ist Zeichen ihrer Verblendung, die zum Untergang Jerusalems führt[261]. In Lk 19 - 21 betonen die lukanischen Änderungen gegenüber Markus die menschliche Unhaltbarkeit wie die theologische Illegitimität ihres Standpunktes, wie nun zu zeigen ist.

6.3.5.2. Jesu Vollmacht - Lk 20,1-8

Die lk Fassung der Vollmachtsfrage ist ohne weiteres unter Annahme lk-redaktioneller Bearbeitung zu erklären.[262] Die für uns wichtigsten Änderungen liegen in der Einleitung und in dem Selbstgespräch der Hohenpriester und Schriftgelehrten vor. Gemäß der Einleitung Lk 20,1 erweist die Vollmachtsfrage die Legitimität der Lehr- und Verkündigungstätigkeit Jesu im generellen, nicht nur der Tempelaktion im besonderen. Lk 20,6 will nicht nur die Furcht vor dem Volk angesichts einer inopportunen Stellungnahme zu Johannes dem Täufer veranschaulichen, vielmehr verweist die befürchtete Steinigung für den Leser auf den Tatbestand der Gotteslästerung[263], der gegeben ist, wenn sich die Oberen gegenüber der das Gottesvolk zubereitenden Bußtaufe des Johannes verweigern. Diese Verweigerung gegenüber dem Täufer und der Verkündigung der Jünger (Apg 5,26) zieht als willentliche Mißachtung des Heilshandelns Gottes das Gericht nach sich, wie es auch Lk 20,18 formuliert. Die Hohenpriester und Schriftgelehrten kommen selbst auf diese mögli-

---

259 Vgl. das Ideal von Dtn 4,1; 5,1; 6,3, daß das Volk auf den Gottesboten »hört«, andererseits die Klagen Jes 66,4; Jer 7,13.24.26 u.ö., daß das Volk nicht »hört«.
260 G. Lohfink, Sammlung Israels, 50f.; E. Schweizer, Lukas, 201.
261 Daß man die historische Wirklichkeit auch völlig anders beschreiben kann, zeigt Josephus!
262 So mit T. Schramm, Markus-Stoff, 150.
263 mSanh VII 4a.

che Bewertung ihres Verhaltens zu sprechen, doch ziehen sie aus diesem un-
freiwilligen μαρτύριον εἰς ἑαυτούς nicht die richtigen Konsequenzen.
Darum klärt Jesus selbst im folgenden das Volk über seine Oberen auf.[264]

6.3.5.3. - Die Verschuldung der Hierarchen - Lk 20,9-19

Ausgangspunkt ist hier die literarkritische Erkenntnis, daß wir bei den uns
interessierenden Abweichungen vom Markustext in Lk 20,9a.16b.17a mit lk-
redaktionellen Zügen zu rechnen haben, während in Lk 20,17b.18 möglicherweise eine andere Variante des Winzergleichnisses zu Wort kommt.[265]

Die Adressierung des Gleichnisses an das Volk in Lk 20,9a und die Bemerkung über die Furcht der Oberen vor dem Volk Lk 20,19b ziehen für die
rhetorische Zwischenfrage[266] Lk 20,16b fin. nach sich, daß sie wohl nicht als
ein Widerspruch seitens des Volkes gegen Jesus[267] und als Sympathie mit den
Oberen[268] zu fassen ist, sondern als Übereinstimmung mit Jesus im Urteil[269].
Unklar ist aber, ob sich das Urteil nur auf die zu erwartende Konsequenz des
Gerichtes V. 16a bezieht[270] oder auf das in Lk 20,9b-15 gezeichnete Bild insgesamt.[271] Diese letztere Deutung könnte sich auf die Schlußnotiz sowie auf
die Parallele Jos 24,16 berufen; das in 20,9-15 benannte Verhalten wäre dann
eben das, was in Lk 2,34[272]; 20,18 als »Fall« beschrieben wird, eine Verfehlung der heilsgeschichtlichen Setzungen Gottes. Doch wird dabei die Funk-

---

264   J. Roloff, Kirche, 196.

265   Vgl. T. Schramm, Markus-Stoff, 150f.154.165 mit Anm 3.

266   E. Klostermann, Lukas, 193.

267   Vorkritische Deutung bezieht sich (wohl unter Einfluß der mt Adressatenangaben)
nicht selten darauf, daß die Angeredeten die Unterstellung Jesu abweisen, ihm nach
dem Leben trachteten, z.B. Walafrid Strabo, Glossa ordinaria, Lk, 332 A: Contradicunt
sententiae quam contra perfidiam suam dictam esse cognoscunt. Ähnlich J. A. Bengel,
Gnomon, z.St.

268   K. H. Rengstorf, Lukas, 224; C. F. Evans, Luke, 702, mit Hinweis auf die Adversativ-
partikel δέ in Lk 20,17aα.

269   J. Roloff, Kirche, 196.

270   Theophylakt, Lk, PG 123, 1040 D; Th. Zahn, Lukas, 641; E. Klostermann, Lukas, 193;
W. Grundmann, Lukas, 372; G. Schneider, Lukas II, 399; H. Weder, Gleichnisse, 152;
W. Wiefel, Lukas, 340; J. Kremer, Lukas, 193; J. Fitzmyer, Luke II, 1285; C. F. Evans,
Luke, 702.

271   Walafrid Strabo, Glossa ordinaria, Lk, 332 A; A. Jülicher, Gleichnisreden II, 400;
I. H. Marshall, Luke, 732; J. Roloff, Kirche, 196.

272   Zur Nähe zu Lk 2,34 vgl. J.-L. Vesco, Jérusalem et son prophète, 93; J. Fitzmyer, Luke
II, 1282.

tion der Frage Lk 20,17 und ihrer Beantwortung Lk 20,18 nicht recht klar. Lk 20,17a rekapituliert das Fehlverhalten der Oberen, Lk 20,17b die Reaktion Gottes, die innerhalb dieses Bildwortes zunächst nur auf die Aufwertung des Steines eingeht. In der Antwort Lk 20,18 wird V. 17 als Gericht über den gedeutet, der sich dem Messias Gottes widersetzt. Das generalisierende Wort πᾶς in Lk 20,18 zeigt die Unausweichlichkeit dieses Gerichtes; πίπτειν bezeichnet in Assoziation zur πτῶσις in Lk 2,34 das Zu-Fall-Kommen als schuldhafte Fehlreaktion. Die Fassung von V. 17 als Frage sowie das Verbum ἐμβλέπειν, eine intensive Reaktion Jesu, legen folgende Deutung nahe: Wohl erahnt das Volk das Fehlverhalten seiner Oberen, schätzt aber die Tragweite nicht richtig ein[273], wie schon die Hierarchen in den Augen des Lesers die Brisanz ihrer eigenen hypothetischen Vermutung Lk 20,6 verkannt haben; Jesus betont dagegen in aller Deutlichkeit, daß eine Entscheidung gegen ihn das Gericht nach sich zieht. So ist das an den λαός gerichtete Gleichnis die Fortsetzung der öffentlichen Bußpredigt Jesu Lk 13,1-9[274]. Ebenso ist die synoptische Apokalypse bei Lukas (Lk 21,5-36) um der Thematik von Lk 21,20-24 willen an die Öffentlichkeit gerichtet, ähnlich wie die alttestamentlichen Propheten das Gerichtshandeln Gottes an seinem Volk coram publico verhandelt haben. So hat Lukas die bisher genannten Jerusalemer Streitgespräche als Warnungen Jesu vor der kommenden Katastrophe neu interpretiert.

6.3.5.4. Die Zensusfrage - Lk 20,20-26

Die in Lk 20,20f.26 wohl lk-redaktionellen Abweichungen gegenüber dem Markustext bereiten die lk Fassung des Pilatusprozesses vor: Lk 20,20 motiviert das Vorgehen der Gegner Jesu mit ihrem Wunsch, Jesus dem Pontius Pilatus ausliefern zu können, indem ihm unterstellt werden soll, er rufe zur Steuerverweigerung auf; die Wendung ἐναντίον τοῦ λαοῦ benennt auktorial das Gottesvolk als Zeugen ihrer Niederlage. Die Einleitung Lk 20,20 erweist den Vorwurf von Lk 23,2 als böswillige Verleumdung, die Wendung ἐναντίον τοῦ λαοῦ den Vorwurf von Lk 23,5 als unbegründet. So unterstreicht Lk 20,20-26 »Jesu Schuldlosigkeit«.[275]

---

273 Lk-redaktionell wäre das mit dem Motiv des unwissenden Fehlverhaltens gemäß
     Lk 23,34; Apg 3,17 durchaus vereinbar.
274 Vgl. G. Nebe, Prophetische Züge, 196: Die dialogische Auflockerung mag »auch die
     situativ auf dem Weg zu Apg 28 noch bestehende Offenheit zum Ausdruck bringen«.
275 W. Grundmann, Lukas, 374; W. Wiefel, Lukas, 342.

6.3.6. Das Volksverhalten während der Passion Jesu - Lk 23

Die Spannung zwischen Lk 23,1-25 und Lk 19,47f.; 23.27.48; Apg 2 - 5 in der Zeichnung des Volksverhaltens hat zu einer lebhaften Diskussion um das Ausmaß der Mitbeteiligung der Volksmenge am Prozeß vor Pilatus geführt.

Nach traditionellem Urteil soll die lk Darstellung der von Anfang an mit ihren Oberen konform gehenden Volksmenge das jüdische Volk insgesamt belasten und die Schuld des Pilatus minimieren[276]. Dagegen wird in neuerer Zeit nicht selten die Mitbeteiligung der Volksmenge auf unterschiedlichem Wege eliminiert oder abgeschwächt, sei es durch den Vorschlag, in Lk 23,13 τοὺς ἄρχοντας τοῦ λαῶ zu lesen statt τοὺς ἄρχοντας καὶ τὸν λαόν[277], sei es durch die Theorie zweier verschiedener Volksmengen in Lk 23,1-25 und Lk 23,26ff.[278], oder durch exegetisch-philologische Neuinterpretationen von Lk 23,1-25, denen gemäß nur die Oberen Israels die Anklage erheben[279], oder nur sie in der Pilatusrede V. 14-16 auf ihr Verhalten angesprochen werden und dann auch nur sie die Freilassung des Barabbas fordern[280], oder Pilatus das Volk in der Hoffnung zusammenruft, daß dessen freundliche Gesinnung gegenüber Jesus die Oberen dazu bewege, der Freilassung Jesu zuzustimmen[281]. Umgekehrt hat E. Schweizer erwogen, ob die Erwähnungen des Vol-

---

276 R. Bultmann, Geschichte der synoptischen Tradition, 305; H. Conzelmann, Mitte der Zeit, 80; W. Grundmann, Lukas, 421.

277 P. Winter, Trial, 201 Anm 23; G. Rau, Volk, 48f.; A. George, Israël dans l'oeuvre de Luc, 504. Es handelt sich, wie A. George, a.a.O., und G. Lohfink, Sammlung, 42, mit Textzeugen belegen, nicht um eine Konjektur, sondern um eine textkritische Entscheidung. A. George sucht den Ausgleich zu Apg 2,23f. so, daß Lukas einerseits die Verantwortung ganz Israels für den Tod Jesu betonen möchte, daß er andererseits auch in Jerusalem Israeliten kennt, die sich dem Bußruf nicht verschlossen haben (A. George, Le sens de la mort de Jésus pour Luc, 200f.). Er distanziert sich gleichzeitig von seiner früheren Zuweisung der genannten Stellen aus Apg an die vorlk kerygmatische Tradition (A. George, Israël dans l'oeuvre de Luc, 504).

278 R. Brawley, Luke-Acts and the Jews, 136f; E. J. Via, According to Luke, Who Put Jesus to Death?, 131; umgekehrt schwächt zuvor J. B. Tyson, Death of Jesus, 35, ab: Die Volksmenge von Lk 23,27 ist die Menge der unterstützenden Begleiter Jesu, während »the Jewish public response to Jesus« von der in Lk 23,4f.13f.18.21.23.35 präsenten Volksmenge gegeben wird.

279 P. S. Minear, Jesus' Audiences, According to Luke, 83.

280 W. Hillmann, Aufbau und Deutung der synoptischen Leidensberichte, 249; J. Kodell, Luke's Use of Laos, 332f.; B. Chance, The Jewish People, 52-63. - Apg 2,23f.; 3,14 sind für B. Chance gültig, weil auch der Verzicht des Volkes auf ein Eintreten gegen seine Oberen zugunsten Jesu das Volk schuldig macht (B. Chance, The Jewish People, 77).

281 R. J. Cassidy, Luke's Audiences, 152, der 166 Anm 29 auf A. Plummer verweist.

kes in Lk 23,4.13.35 erst lukanische Einträge in eine ursprünglich nur die Oberen belastende Überlieferung sind[282], und sieht J. Tyson den Umschwung der Volksstimmung gegen Jesus bereits in Lk 22,47 gegeben; hier sei an den Einfluß des Judas zu denken.[283]

Auf die literarkritische Diskussion um einen vermuteten vorlk Passionsbericht und sein Verhältnis zum vormk Passionsbericht kann hier nicht näher eingegangen werden[284]; vermerkt sei nur, daß auch bei den Vertretern einer zusammenhängenden nichtmarkinischen Quelle für den Passionsbericht oder für das ganze Lukasevangelium ein Dissens über die literarkritische Beurteilung der uns interessierenden Verse Lk 23,13-25.26-31.35.48 besteht: Werden diese Verse von V. Taylor, F. Rehkopf und J. Jeremias insgesamt der Sonderquelle zugewiesen[285], so setzen B. Weiß für Lk 23,19.21; P. Feine und J. B. Green für Lk 23,18-25, G. Petzke für Lk 23,18-25.33-38.44-24,11, B. H. Streeter für Lk 23,33-24,10a das Markusevangelium als Hauptquelle voraus[286]. Auf E. Schweizers These der lk-redaktionellen Einträge des Volkes in Lk 23,4.13.35 wurde schon verwiesen.

---

282 E. Schweizer, Zur Frage der Quellenbenutzung durch Lukas, 59; ders., Lukas, 233.
283 J. B. Tyson, Death of Jesus, 38, 120f.
284 Zur älteren Forschung vgl. M. Rese, Forschungsbericht, 2275-2280.2284-2288; V. Taylor, Passion Narrative, 3-30. Die Behauptung einer vorlk Sonderquelle stützt sich vor allem auf die auffallend große Zahl der veränderten Akoluthien und der Divergenz im Wortbestand gegenüber dem mk Passionsbericht sowie auf die Übereinstimmungen mit Johannes, gelegentlich auch mit Matthäus gegen Markus (B. H. Streeter, The Four Gospels, 202; F. Rehkopf, Sonderquelle, 1f.; J. Jeremias, Abendmahlsworte, 92; T. Schramm, Markus-Stoff, 50f.; H. W. Hoehner, Herod Antipas, 224-226; E. Schweizer, Zur Frage der Quellenbenutzung, 83-85; F. Bovon, Lukas I, 21; J. B. Green, Death of Jesus, 102-104). Kritisch gegenüber der Protolukas-These bzw. der These einer vorlk Passionsquelle wird gefragt, ob nicht die schriftstellerische Qualität des Evangelisten unterschätzt wird, und ob nicht doch eher Markus als Protolukas das Gerippe für die lk Darstellung abgibt (M. Dibelius, Rez. B. H. Streeter, 76); sodann lasse sich der Charakter einer zusammenhängenden schriftlichen Quelle nicht wirklich sichern (W. G. Kümmel, Einleitung, 103; G. Schneider, Lukas II, 436; J. Fitzmyer, Luke II, 1366); auch sei der sprachliche Nachweis der behaupteten vorlk Quelle nicht gelungen (U. Schnelle, Einleitung, 293).
285 F. Rehkopf, Sonderquelle, 90; J. Jeremias, Abendmahlsworte, 92; V. Taylor, Passion Narrative, 90.92 (für Lk 23,18-25 bei Taylor, 89, nur als Hypothese).
286 B. Weiß, Quellen, 226f.; P. Feine, Vorkanonische Überlieferung, 70; J. B. Green, Death of Jesus, 328; G. Petzke, Sondergut, 184-193, der die o.a. Texte nicht kommentiert; B. H. Streeter, The Four Gospels, 217.

6.3.6.1. Die Verhandlung vor Pilatus und Herodes - Lk 23,1-25

Die literarkritische Diskussion um Lk 23,1-25 kennt für die vier Teile V. 1-5.6-12.13-16.18-25[287] teilweise je unterschiedliche Optionen. Zugunsten einer nichtmarkinischen vorlk Quelle zu Lk 23,1-25 oder zumindest zu Lk 23,1-16 wird verwiesen auf die Orientierung des Lukas an der Sonderquelle seit Lk 22,14[288], auf den geringen mit Mk 15 gemeinsamen Wortbestand[289], auf die vorgezogene Erwähnung des Volkes in Lk 23,4 und das Fehlen von Mk 15,11[290] sowie für Lk 23,6-12 auf die fehlende Tendenz, die Juden zu belasten: Herodes gelte in Israel nicht als Jude[291]. Ferner könnte die Spannung zwischen V. 11 und V. 15 genannt werden, daß Herodes in V. 11 durch die Verspottung in schlechtes, in V. 15 durch den Bericht des Pilatus in günstiges Licht gerückt wird[292]. Eine Kombination redationskritischer wie formgeschichtlicher Überlegungen ergibt jedoch ein anderes Bild.

Innerhalb Lk 23,1-5 ist die Reihenfolge von Anklage und Königsfrage entgegen Mk 15,1-5 der sachlichen Logik entsprechend angeordnet. Der geringe gemeinsame Wortbestand ist auf das Zurücktreten des Redestoffes zurückzuführen, doch zeigen gerade die wörtlichen Reden in Lk 23,1-5 ein hinreichendes Maß an Übereinstimmung teils mit Mk 15[293], teils mit Parallelen aus der Apostelgeschichte.[294] V. 4 ist retardierendes Moment, das eine erneute Äußerung der jüdischen Oberen provozieren soll, deren Erwähnung Galiläas erzählerisch den Einbezug der Herodes-Szene Lk 23,6-12 ermöglicht. Doch ist gerade diese Szene, wie vor allem G. Schneider herausgestellt hat, für sich genommen kaum selbständig überlieferbar[295]: V. 8 ist deutlich auf Lk 9,7-9

---

287 Lk 23,17 fehlt in gewichtigen Handschriften und ist wohl eine aus Mt 27,15 heraus entwickelte Einführung in die Barabbas-Szene, die man im Urtext vermißt hatte.

288 W. Grundmann, Lukas, 423.

289 H. W. Hoehner, Herod Antipas, 225f.

290 P. Feine, Vorkanonische Überlieferung, 70.

291 H. W. Hoehner, Herod Antipas, 227.

292 W. H. Hoehner, Herod Antipas, 245, bezieht die Unschuldserklärung des Pilatus fälschlich auf die Verspottung statt auf die Zurücksendung: »Pilate interpreted the mockery as a confirmation of Jesus' innocence«. Zu K. Müllers Auslegung s.u.

293 Vgl. Lk 23,3 mit Mk 15,2.

294 Vgl. die Stichworte αἴτιον Lk 23,4.14; θάνατος Lk 23,15 mit der Wendungen αἰτίαν θανάτου in Apg 13,28 sowie das Verbum εὑρίσκειν Lk 23,4, von Pilatus, und Apg 13,28, von den Juden gebraucht; vgl. des weiteren die Verwendung von αἴρειν in Lk 23,18 und Apg 21,36; 22,22, von αἰτεῖν in Lk 23,23; Apg 3,14; 13,28; 25,15.

295 G. Schneider, Lukas II, 474. Doch ist seine Behauptung, keineswegs unwahrscheinlich sei eine historische Reminiszenz an Herodes' Rolle im Prozeß Jesu, nicht im gleichen

bezogen[296], V. 9.10 sind für eine isolierte Überlieferungseinheit zu blaß. Selbst das Verspottungsmotiv in V. 11 kann in dieser Kürze weder den Kern einer selbständigen Tradition bilden noch im Rahmen einer durchlaufenden nichtmarkinischen Passionsquelle (die Lukas in Lk 23,1-5 entgegen seiner sonstigen Gewohnheit zugunsten von Mk 15,1-3 übergangen hätte) eine profilierte Funktion der Erwähnung des Herodes Antipas erkennen lassen. Ist Lk 23,6-12 redaktionell erklärbar, gilt dies auch für Lk 23,13-16. Anders als die Volksmeinung Israel dürfte der Evangelist Herodes Antipas als Juden gezeichnet haben[297]; dann aber weist die Spannung zwischen V. 11 und V. 15[298] auf die Tendenz, die Juden zu belasten: Der Heide Pilatus formuliert die eigentliche richtige Erkenntnis aus dem, was der »Jude« Herodes oberflächlich wahrgenommen und dann falsch gedeutet hatte. Der selben Tendenz entspricht, daß Lukas die Volksmenge analog zu Apg 21[299] von Anfang an als im Einklang mit ihren Oberen handelnd darstellt, weswegen er sich Mk 15,8 ersparen und das Volk in Lk 23,4 erzählerisch unvorbereitet einführen kann und nicht erst in Lk 23,18 erwähnt.

Maße zwingend. Angemessener erscheint eher R. E. Browns Hinweis auf eine frühe, vielleicht durch Erfahrungen mit Herodes Antipas begründete Tradition über die Feindschaft »des Herodes«, die Lukas hier um der markinischen outline des gesamten Pilatusverhörs und um apologetischer Tendenzen willen nur eingeschränkt zum Zuge kommen ließ (R. E. Brown, Death I, 782f.; den Charakter einer Tradition sichert R. E. Brown, Death I, 784f., mit dem Hinweis darauf, daß die drei Namensträger Herodes der Große, Herodes Antipas, Herodes Agrippa I. im Neuen Testament nie mit derlei Beinamen unterschieden werden).

296 Genaueres dazu s. bei K. Müller, Jesus vor Herodes, 119-122. Hervorzuheben sind die Motive der erhofften bzw. verwirklichten Begegnung (Lk 9,9; 23,8) und der Anklage (vgl. Lk 23,2.14), deren Inhalt der Leser in Lk 23,2.5 erfährt. - Die Ankläger werden in Lk 23,10 vor Herodes genauso zu spät eingeführt wie in Mk 15,3 vor Pilatus.

297 H. Conzelmann, Mitte der Zeit, 79 Anm 2; vgl. im übrigen EvPt 1.5. K. Müller, Jesus vor Herodes, 127, beschreibt die Rolle des Herodes Antipas in Lk 23 analog zu der Rolle des Agrippa II. im Prozeß gegen Paulus (Apg 25,23-26,32) als die Rolle des jüdischen Sachverständigen in einem römischen Kapitalprozeß.

298 K. Müller, Jesus vor Herodes, 134f., formuliert: »Jede Auslegung, der es nicht gelingt, mit Lk 23,11 die Bekanntgabe des für Jesus vorteilhaften Ertrages der offiziellen Bemühungen des Herodes in Lk 23,15 sachlich plausibel zu koordinieren, bleibt notwendig unbefriedigend«. Das Prunkgewand von Lk 23,11b ist s.E. nicht Staffage der Verspottung, sondern Ehrung. Der Evangelist habe das Verspottungsmotiv einbezogen, um die schon in Lk 9,7.9; 13,31 gezeigte feindselige Haltung des Herodes Antipas »zunächst« (S. 136) auch in der Szene Lk 23,6-12 wirksam werden zu lassen.

299 Nur in Lk 23 und Apg 21 verzichtet Lukas auf die Differenzierung zwischen λαός und ὄχλος: Der λαός wird als ὄχλος gescholten, als unverständige und sich pöbelhaft benehmende Masse.

Aufgrund der genannten Argumente legen wir Lk 23,1-25 als lk-redaktionelle Überarbeitung von Mk 15,1-15 aus. Damit ist auch gegeben, daß nicht erst Lukas die Erwähnung des Volkes in seine Vorlage eingetragen hat.

Lk 23,1 berichtet in verkürzter Wiedergabe von Mk 15,1 von der Überstellung Jesu an Pilatus, Lk 23,2 formuliert unter Bezugnahme auf zu Lk 20,20 die Anklage gegen Jesus, die - anders als bei Markus - nunmehr die Königsfrage des Pilatus auch wirklich motivieren kann[300], die aber, wie der Leser aus Lk 20,26 weiß, eine falsche Anklage ist. Die Unschuldsbezeugung des Pilatus ist nach der vorangegangenen Königsfrage wohl keine grundsätzliche Aussage, sondern evoziert eine neue Äußerung der Ankläger, die wiederum eine theologisch unangemessene Würdigung des Lehrens und Wirkens Jesu darstellt.[301] Lk 23,6-12 ist wohl kaum durch den Weissagungsbeweis aus Ps 2,1f. motiviert[302], vielmehr will Lukas im Sinne politischer Apologetik die Unschuld Jesu durch zwei Zeugen (Dtn 19,15[303]) von Rang und Namen bestätigen lassen, darum braucht er neben Pilatus auch Herodes. Lukas verbindet dessen Begehren nach einem Zeichen und das aus Mk 15,5 genommene Schweigen Jesu[304], die Anklage durch die Hierarchen und die Verspottung durch Herodes, um Jesus von politischen Ambitionen i.S. der Messiasprätendenten zur Zeit des jüdischen Krieges[305] zu distanzieren: Textintern wird ein Mißverständnis der wahren Bedeutung Jesu seitens des Königs gezeichnet, der belustigt über Jesu vorgebliches Scheitern diesen wieder zu Pilatus schickt; textextern wird in diesem Beieinander von »Zeichenforderung«, Schweigen Jesu, Anklage und Verspottung zusätzlich für den Leser erneut die

---

300 K. Müller, Jesus vor Herodes, 125, sieht in Lk 23,1-5 die von Lukas mit Respekt beobachtete Prozeßregel etabliert, dergemäß »die Ankläger zuallererst daran gehalten (waren), ihre Beschuldigung mit äußerster Sorgfalt und Präzision im Beisein des Angeklagten vorzutragen«.

301 Jesus hat nicht Aufruhr angestiftet, sondern den Weg Gottes in Wahrheit gelehrt (Lk 20,21) und das Volk für die gnädige Zuwendung Gottes vorbereitet (Lk 20,1). Was Jesus »von Galiläa an beginnend« tat, weiß der Leser aus dem Lukasevangelium selbst (vgl. noch Apg 10,37-39).

302 Gegen M. Dibelius, Herodes und Pilatus, 286-292, hat schon W. H. Hoehner, Herod Antipas, 228, eingewandt, daß Lukas dem Leser in Form einer Anspielung auf Ps 2,1f. schon hier (und nicht erst in Apg 4,27) ein Signal hätte setzen müssen; ähnlich R. E. Brown, Death I, 780f.

303 So auch W. Grundmann, Lukas, 424, unter anderen literarkritischen Voraussetzungen.

304 Gegenüber Mk 15,3-5 ist die Reihenfolge Schweigen - Anklagemotiv umgestellt. Das kann durch Lk 23, 8 bedingt sein.

305 Vgl. Josephus, Ant 20,97.168 u.ö.

Verständnislosigkeit ungläubigen Urteilens über Jesus demonstriert.[306] Daß Pilatus aus diesem Verhalten des Herodes einen Unschuldserweis herausliest, vergewissert den christlichen Leser, daß der Aktivität des Gottesfeindes gegen den leidenden Gerechten kein moralisches Recht innewohnt.

V. 13-16 ist der theologisch reflektierte Wendepunkt innerhalb der Passionsgeschichte. Nachdem Jesus wieder zu Pilatus überstellt ist, ruft dieser die Oberen und das Volk zusammen. Der erzählerisch unnötige Vorgang als solcher[307] wie der terminologische Wechsel weg von den ὄχλοι Lk 23,4 zum λαός[308] in Lk 23,13 signalisieren für den Leser die grundsätzliche Bedeutung des nunmehr Geschehenden. In der Rede Lk 23,14-16 werden die Konsequenzen aus der Verhandlung vor Herodes gezogen: Was diesem Anlaß zur Verspottung war, zeigt Pilatus die Unschuld Jesu. Das Christentum ist politisch unverdächtig, wie später zusätzlich die Unschuld des Paulus zeigt.

Doch die Verhandlungspartner des Pilatus entscheiden sich gegen Jesus und damit nach lukanischer Auffassung gegen ihren eigenen Gott. Die Schroffheit der Kontroverse wird in Lk 23,18-25 gegenüber Mk 15,6-15 nochmals verschärft: In lk-redaktionellen Zusätzen wird festgehalten, daß Pilatus nicht das Volk fragt, was er mit Jesus tun wolle, sondern von sich aus weiß, daß er eigentlich Jesus freilassen will (Lk 23,20), und seine Unschuldserklärung wiederholt (Lk 23,22); umgekehrt wird Barabbas nicht nur wie in Mk 15,7 mit einem Mordfall in Verbindung gebracht, sondern selbst des Mordes bezichtigt[309], und mehrfach wird die lautstarke Intensität hervorgehoben, mit der die Hohenpriester und das Volk ihre Forderung vertreten (Lk 23,4.18.23). Der Leser bekommt den Eindruck pöbelhaften Verhaltens. Schließlich ist an den schon längst erkannten Sachverhalt zu erinnern, daß gemäß Lk 23,25b.26.32 gegen alle historische Wirklichkeit die Juden als die eigentlichen Subjekte der Kreuzigung erscheinen. Über die Notwendigkeit der Sachkritik wird man sich einig sein.

---

306 Die Zeichenforderung ist unangemessen (vgl. Lk 11,29-32), die Anklage falsch (Lk 20,20-26). Jesus erlebt, was der leidende Gerechte erlebt (für ἐξουθενεῖν vgl. SapSal 4,18 sowie ἐξουδένημα in Ps 22 (21),7) und was der gottgesandte Prophet erduldet (für ἐμπαίζειν, gegen die von Gott eigentlich zur Abwendung der Katastrophe gesandten Gerichtspropheten angewandt, vgl. 2 Chr 36,16). - Herodes wird schon durch Lk 3,19 mit seinem Zusatz gegenüber Mk 6,17 für den Leser negativ porträtiert.

307 Die jüdischen Verhandlungspartner befinden sich seit V. 1 in der Szene und kehren wohl mit dem wieder an Pilatus überstellten Jesus zurück.

308 Die Lesart τὸν λαόν ist trotz der Vorschläge von P. Winter, Trial, 201 Anm 23, und G. Rau, Volk, 48f., beizubehalten.

309 Lk 23,19; Lukas wiederholt das zusätzlich voller Abscheu in Lk 23,25; vgl. Apg 3,14.

Das Ausmaß der Mitbeteiligung der jüdischen Volksmenge am Pilatusprozeß ist also von Lukas nicht reduziert, sondern verstärkt worden; die Volksmenge ist von Anfang an beteiligt. Philologisch ist mit Nachdruck daran zu erinnern, daß ὄχλος auch »Truppe« bedeutet[310]; von daher ist der ὄχλος von Lk 22,47 weder mit dem ὄχλος von Lk 22,6 noch mit den ὄχλοι von 23,4[311] ineinszusetzen und das Wort in 23,4 auf die nichthohenpriesterlichen Sanhedristen zu beziehen. Daß eine der beiden Anklagen Lk 23,2.5 nur von den Hohenpriestern und nicht auch von den ὄχλοι erhoben wird, ist für den Leser nicht naheliegend. Nicht einmal das Argument ist zwingend, daß die Volksmenge nicht gut den Vorwurf aussprechen könne, Jesus wolle das Volk aufwiegeln. Josephus unterscheidet generell zwischen der Volksmasse und den Aufständischen[312], und das genannte Argument bei Lukas verkennt den der normalen Logik widerstreitenden Charakter solcher Polemik durchaus. Denn unlogisch ist mindestens genauso, daß der Verdacht zelotischer Aktivität bei Jesus die Verurteilung, die real gegebene zelotische Aktivität bei Barabbas die Freilassung bewirken soll. Dem übergeordneten Gedanken der Unschuld Jesu wird im Zweifelsfall auf untergeordneter Ebene durchaus die narrative Logik geopfert, wie wir das in EvPt 22.25.28 besonders kraß beobachten können. Im übrigen erschwert das Wort παμπληθεί in Lk 23,18 die Vorstellung, der λαός von Lk 23,13 sei nur Zeuge, aber nicht Akteur im Geschehen.[313] Nur unter Voraussetzung der Mitbeteiligung des Volkes am Pilatusprozeß sind im übrigen Apg 2,23f.; 3,12-15; 4,27; 13,27 gedeckt. Doch ist angesichts von Apg 2,41.47; 4,4 daran zu erinnern, daß die endgültige πτῶσις vieler Israeliten erst angesichts der nachösterlichen Christusverkündigung erfolgt, aber in Form der nachträglichen Bekehrung durch den einzelnen immer noch revidiert werden kann.

6.3.6.2. Jesu Klage über Jerusalem - Lk 23,27-31

In der literarkritischen Diskussion stehen sich wieder die Zuweisung an eine durchlaufende Passionsquelle, die Zuweisung an eine vorlk Einzeltradition

---

310 So auch R. Meyer, Art. ὄχλος D I 2, ThWNT 5, 1954, 587; vgl. Thukydides 4,126,6; Xenophon, Kyroupädie 6,1,26; Num 20,20.
311 G. Rau, Volk, 48f.; R. S. Ascough, Rejection and Repentance, 353.
312 Josephus, BJ 2,263; 2,345; 2,422; 2,526; 2,538.
313 R. C. Tannehill, Unity, 164.

und die Behauptung lk-redaktioneller Herkunft gegenüber[314]; die Frage nach lk Stilmerkmalen führt zu keinem sicheren Ergebnis.[315] EvThom 79 zeigt, daß Lk 23,29 auch in anderem Zusammenhang tradierbar war, der Übergang von der 2. in die 3. Ps. in V. 29 könnte ebenfalls eine literarische Naht anzeigen. W. Käser hat eine Vorlage in Lk 23,27f. vermutet[316], doch müßte sich eine solche Vorlage auf V. 27 beschränken, weil V. 28 die in V. 29f. beantwortete Frage nach sich zieht, warum denn die Frauen nicht über Jesus, sondern über sich selbst weinen sollen.[317] Nun wird Lukas nicht der erste sein, der das Todesschicksal Jesu mit der Katastrophe Jerusalems verbunden hat, doch hat die Idee, diese Gedankenverbindung als Korrektur zur Beweinung Jesu zu verwenden, ihre nächste Parallele in der lukanischen Fassung des Winzergleichnisses, wo ebenfalls dem Volk die Konsequenzen aus dem Todesgeschick Jesu vor Augen geführt werden, die es selbst nicht durchschaut hatte. Deshalb vermuten wir, daß Lukas neben dem Markusbericht (eine allgemeine Tradition über die Beweinung Jesu und) den Prophetenspruch Lk 23,29f. vor sich hatte und aus der Kombination von Beweinung und Prophetie den heutigen Text Lk 23,27-31 formte. Wir exegesieren den Text daher nun auf lk-redaktioneller Ebene.

Den Zug zur Hinrichtungsstätte begleitet eine große Volksmenge, darunter Frauen[318], mit der Klage über Jesu Todesschicksal auf den Lippen. Die Anrede »Töchter Jerusalems« ist in biblische Sprache gefaßt und ist ähnlich wie die Subjektangabe λαός für den Leser ein Signal für die israeltheologische Bedeutung dessen, was nunmehr gesagt wird. Die Frauen sollen über sich

---

314 Für die Zugehörigkeit zur nichtmarkinischen Passionsquelle votieren u.a. V. Taylor, Passion Narrative, 90; W. Grundmann, Lukas, 428, für eine Einzeltradition plädieren R. Bultmann, Geschichte der synoptischen Tradition, 37; G. Schneider, Lukas II, 480; J. Fitzmyer, Luke II, 1494; J. Kremer, Lukas, 230, für V. 27f. auch W. Käser, Seligpreisung der Kinderlosen, 242, für lk-redaktionelle Herkunft plädieren J. Finegan, Überlieferung, 30f.; F. G. Untergaßmair, Kreuzweg, 143; J. H. Neyrey, The Passion According to Luke, 109; C. H. Giblin, Destruction of Jerusalem, 95. A. Büchele, Tod Jesu, 43 Anm 128, will die Entscheidung offen lassen.

315 Vgl. die unterschiedlichen Stellungnahmen bei J. Fitzmyer, Luke II, 1494 einerseits, A. Büchele, Tod Jesu, 43, andererseits.

316 So W. Käser, Seligpreisung der Kinderlosen, 242.

317 Auch W. Käser, Seligpreisung der Kinderlosen, 241, bemerkt, daß V. 28b kein Motiv für diese Weisung Jesu enthält. Ob der Hinweis auf den volkstümlichen Charakter solcher reflexionslos vorgetragenen Mitteilungen ausreicht?

318 Die Frauen stehen nicht symbolisch für den Jesus ablehnenden Teil Israels (so J. H. Neyrey, The Passion According to Luke, 110), Lukas hat vielmehr an einen realen Vorgang gedacht (so E. Schweizer, Lukas, 237). Ob Lukas sich die Frauen als Klagefrauen vorgestellt hat (so etwa J. Fitzmyer, Luke II, 1495), mag offen bleiben.

selbst weinen angesichts dessen, was über sie noch kommen wird; wie nun das Todesgeschick Jesu Wirklichkeit wird, das man nicht hätte erwarten sollen, so erst recht das Schicksal Jerusalems, das nach der Ablehnung Jesu als des letzten Gottesboten unausweichlich ist.[319] Lk 23,29-31 ist letztmalige Gerichtsankündigung Jesu gegen Jerusalem[320], und mit derselben Klage, mit der Jesus die Stadt betrat, verläßt er sie wieder.[321]

Wie ist nun das Verhalten des Volkes in unserer Perikope zu bewerten?

---

319 Anders F. G. Untergaßmair, Kreuzweg, 31-33: Das Stichwort »Holz« ist Bild für das Gericht an Jerusalem, ταῦτα bezieht sich auf das unmittelbar Vorhergehende. Von daher stehen sich nicht das Geschick Jesu und die Katastrophe Jerusalems gegenüber, sondern die Katastrophe Jerusalems und das Endgericht. Von daher ist in V. 31 in beiden Fällen Gott als Subjekt anzunehmen. - Trotz des Einspruches von F. G. Untergaßmair, Kreuzweg, 131-136, bestehen von Seder Elij R 14 (65) zu Lk 23,31 traditionsgeschichtliche Parallelen: In einem als hypothetische Aussage gefaßten Bildwort wird in einem Schluß a minore ad maius von dem tatsächlich erfolgten Gericht, das man gar nicht zu erwarten hatte, auf das noch weitaus schlimmere Gericht geschlossen, dessen Realität dann erst recht keinen Zweifel leidet. V. 31b bezieht sich dann doch auf das angekündigte Gericht über Jerusalem, also auf V. 29f. zurück, während V. 31a im jetzigen Kontext auf die Verurteilung Jesu geht. Wir schließen uns also der von G. Schneider, Lukas II, 481; I. H. Marshall, Luke, 865; A. Büchele, Tod Jesu, 105, gegebenen Auslegung an.

320 In der formgeschichtlichen Bestimmung von Lk 23,29-31 stehen sich die Deklaration als Drohwort, als Gerichtsankündigung und als Bußruf gegenüber. Als Drohwort deuten das Logion E. Klostermann, Lukas, 227; E. Schweizer, Lukas, 238, als Gerichtsankündigung W. Käser, Seligpreisung der Kinderlosen, 250f.; J. Neyrey, The Passion According to Luke, 109; A. Büchele, Tod Jesu, 104; J. Kremer, Lukas, 230; J. T. Carroll, Luke's Crucifixion Scene, 110, mit Verweis auf Lk 13,34f.; 19,41-44; 21,20-24 als Parallelen, als Bußruf deuten es W. Grundmann, Lukas, 430; W. Wiefel, Lukas, 395; A. Büchele, Tod Jesu, 44; J. Ernst, Lukas, 482; F. G. Untergaßmair, Kreuzweg, 33; F. W. Danker, Jesus and the New Age, 236f.; R. P. Carlson, The Role of the Jewish People, 98 mit Anm 78 (dort weitere Vertreter). Die Interpretation als Bußruf ist insofern unwahrscheinlich, als eine Konzession wie in Lk 13,6-9 ebenso fehlt wie ein Appell mit einer »a fortiori conclusion« wie Lk 13,1-5. Auch stimmt sie nicht mit 19,41-44; 21,20-24 zusammen (C. H. Giblin, Destruction of Jerusalem, 96). Von den beiden zuerst genannten Deutungen verdient die Interpretation als Gerichtsankündigung den Vorzug: In der alttestamentlichen formgeschichtlichen Diskussion ist gerade die Verwendung des Terminus »Drohspruch« (H. W. Wolff, Begründungen der prophetischen Heils- und Unheilssprüche, 13.32) kritisiert worden, weil er die Ankündigung des Gerichtes eo ipso zu einer bedingten Ankündigung werden lasse, was von den Texten her keineswegs durchgehend gerechtfertigt sei. - W. Käser, Seligpreisung der Unfruchtbaren, 246-253 möchte unter Rückgriff auf Jes 54,1-10 auch die Geburt des geistlichen Israel, der Kirche, in Lk 23,29 ausgesagt sein lassen. M. E. ist diese Auslegung schon wegen Lk 23,31 unwahrscheinlich, außerdem wäre der Gedanke bei Lukas ansonsten analogielos.

321 A. Schlatter, Lukas, 444; vgl. E. Schweizer, Lukas, 238.

Man wird einerseits nicht zwischen dem Volk und den Frauen differenzieren dürfen, daß nur die Frauen, nicht aber das Volk als Subjekt des Weinens anzusprechen sei[322]: Der feminine Relativpartikel steht um der Anrede Jesu an die »Töchter Jerusalems« willen, und speziell die Frauen sind angeredet, weil nur auf sie der Pseudomakarismus Lk 23,29 paßt. Daß umgekehrt die Frauen gar die »wicked city« repräsentieren[323], ist nur dann möglich, wenn man das Motiv des Weinens der Frauen nicht auslegt. Auch werden die Frauen nicht selbst als die Verantwortlichen für die Katastrophe angesprochen.[324] Die Frauen und mit ihnen die Volksmenge zeigen Sympathie mit Jesus[325] und sind damit in einem besseren Licht als im Prozeß vor Pilatus. Andererseits wird Lk 23,27-31 nicht um eines möglichen Bußverhaltens der Menge er‑ zählt[326], sondern um der Worte Jesu willen, die seinen Tod mit der kommenden Katastrophe in Verbindung bringen. Das Weinen der Jesus begleitenden Menschen ist sachlich insofern noch unangemessen, als die Menschen die Konsequenzen der mit Jesu Tod für Israel geschaffenen Situation nicht durchschauen[327]. Jesus korrigiert eine ὀχλώδη δόξα, die sein menschliches Schicksal beweint, aber dessen historische Auswirkungen nicht erkennt.

6.3.6.3. Das Volk unter dem Kreuz - Lk 23,35

Zu den literarkritischen Divergenzen[328] tritt in Lk 23,35a die textkritische Problematik, daß viele Textzeugen auch das Volk als Subjekt der Verspot-

---

322 So z.B. J. T. Sanders, Jews, 67.

323 J. H. Neyrey, The Passion According to Luke, 119.

324 Richtig H. Conzelmann, Mitte der Zeit, 125; C. H. Giblin, Destruction of Jerusalem, 102: »Those who are innocent (actually or relatively) suffer because of the guilty«.

325 Nach J. Schmid, Lukas, 346; J. Ernst, Lukas, 482, ist das Verhalten der Frauen Protest gegen die Verurteilung Jesu. Dann wäre aber eine andere Fortsetzung der Perikope oder ein lk-redaktioneller Rückverweis in der Apostelgeschichte zu erwarten.

326 R. P. Carlson, The Role of the Jewish People, 98 mit Anm 75, erkennt in dem Nachfolge-Verhalten dieses Teiles der Volksmenge den Beginn einer von neuem gespalteten Reaktion Israels auf Jesus im Sinne der zweiten Simeonsprophetie.

327 Nur insofern sind die Frauen uneinsichtig (zu F. G. Untergaßmair, Kreuzweg, 195).

328 Der vorlk Sonderquelle wird Lk 23,35 zugewiesen von P. Feine, Vorkanonische Überlieferung, 71; V. Taylor, Passion Narrative, 92; W. Grundmann, Lukas, 431; J. Ernst, Lukas, 1. Aufl. 632f.; W. Wiefel, Lukas, 396-398, einer vorlk Sonderüberlieferung entstammt Lk 23,35a nach J. Fitzmyer, Luke II, 1500, während G. Schneider, Lukas II, 482f.; A. Büchele, Tod Jesu, 47; F. G. Untergaßmair, Kreuzweg, 66f.; J. Kremer, Lukas, 232; J. Ernst, Lukas, 6. Aufl. 484, mit lk Bearbeitung mk Materials rechnen.

tung darstellen, sei es, daß die Subjektangabe weggelassen wird[329], sei es, daß nach der Erwähnung der Oberen die Wendung σὺν αὐτοῖς das Volk mit einbezieht[330]. Doch ist die von P[75] א B gebotene Lesart aufgrund der Qualität dieser Textzeugen beizubehalten.

Inhaltlich ist umstritten, ob die Vorlage Ps 22,8f.18 und die Anschlußverbindung δὲ καί in Lk 23,35b es nahelegen, auch dem Volk eine spottende Haltung zu attestieren[331], ob neugieriges[332] oder unbeteiligtes[333] oder schweigendes Zuschauen[334] gemeint ist, oder ob das Volk von den Oberen unterschieden werden soll, so daß V. 35 das spätere Volksverhalten in Lk 23,48 bzw. Apg 2,41 vorbereitet[335], und ob gar in dem das Geschehen betrachtenden und zur Reue kommenden Volk »die christliche Gemeinde vorgebildet«[336] ist. Die Entscheidung steht zumeist, aber nicht immer, in Verbindung mit der literarkritischen Option: Im Falle nichtmarkinischer Herkunft läßt sich eine pejorative Zeichnung des Volksverhaltens leichter vertreten als im Falle lukanischer Bearbeitung des Markustextes.[337]

Einerseits führt die Wiederaufnahme von θεωρεῖν[338] in V. 48 dazu, das Verhalten des Volkes in V. 35 als zunächst passives Zuschauen zu deuten, nicht pejorativ als neugieriges oder höhnendes Gaffen. Ein Kontrast zum Spott der Oberen und der römischen Soldaten ist damit ebenfalls angezeigt. Die Wendung δὲ καί kann als ein einfaches Stilmittel zum Zweck der Reihung[339] verstanden werden, die Partikel καί auch bei tatsächlich vorhandenem Gegensatz stehen[340]. Auffällig ist jedoch der terminologische Wechsel von λαός in V. 35 zu den ὄχλοι in V. 48, auffällig ist des weiteren, daß in

---

329 So Kodex D.

330 So u.a. A W Θ 1424 f[1.13] und die Koinegruppe.

331 E. Klostermann, Lukas, 226; B. E. Beck, Christian Character, 201 Anm 11; E. Schweizer, Lukas, 239; I. H. Marshall, Luke, 868f.

332 W. Grundmann, Lukas, 433. Eine Parallele dazu bietet 3 Makk 5,24.

333 W. Wiefel, Lukas, 399. Eine Parallele dazu bietet MartJes 5,12.

334 J. Ernst, Lukas, 485: »wohl nicht neugierig, erst recht nicht spottend«.

335 A. Büchele, Tod Jesu, 47; F. G. Untergaßmair, Kreuzweg, 55; J. Fitzmyer, Luke II, 1504; R. S. Ascough, Rejection and repentance, 359, der Parallelen zu dem Verhalten des Petrus zicht.

336 G. Schneider, Lukas II, 484.

337 Für J. Fitzmyer, Luke II, 1500, entstammt Lk 23,35a dem Sondergut, doch legt er den Vers i.S. der Reaktionskontrastierung aus (1504).

338 Der Wortgebrauch von θεωρεῖν im lk Doppelwerk bietet keine Handhabe: Das Verbum bezeichnet die visionären Schau (Lk 10,18; Apg 7,56), die Feststellung eines Sachverhaltes (Apg 17,22), aber auch die spottenden Schadenfreude (Lk 14,29).

339 F. G. Untergaßmair, Kreuzweg, 55.

340 Vgl. F. Blass, A. Debrunner, F. Rehkopf, Grammatik, § 442,1.

den Bußpredigten der Apostelgeschichte auf das in Lk 23,35.48 geschilderte Verhalten niemals Bezug genommen wird.[341] Beides zusammen ergibt, daß die israeltheologische Relevanz der Kreuzigungsszene vor allem für V. 35 gilt[342], nicht in gleichem Maße aber für V. 48, so sehr auch auf der Geschehensebene die Identität der Volksmenge von V. 35 mit der von V. 48 gegeben ist, so sehr es also Glieder Israels sind, die das in V. 48 beschriebene Verhalten zeigen. V. 48 wird an einer späteren Stelle unserer Arbeit daher unter Heranziehung der Märtyrertopik gedeutet werden. Der Sinn der Erwähnung des λαός in V. 35 ist, daß das Gottesvolk am Ort des Sterbens Jesu anwesend ist, daß es um den Vorgang des Todes Jesu weiß und darauf in den Bußpredigten der Apostelgeschichte angesprochen werden kann. Daß es sich allerdings nicht mit an der Verspottung beteiligt, erleichtert dem Leser von Apg 2,41.47 in der Tat die Vorstellung der Massenkonversionen.

6.4. Das Christentum und die πολλοί-Antithese

Ist aller Wahrscheinlichkeit nach das lukanische Doppelwerk nicht für Nichtchristen, sondern für Christen geschrieben, so ist doch ebenso offensichtlich, daß bei Lukas stärker als bei Markus oder Matthäus das Bemühen vorherrscht, die Christen in der Hinsicht zuzurüsten, daß sie ihre Religion auch einem gebildeten Heiden als Anstoß und Alternative empfehlen können. Zu diesem Zweck stellt Lukas Jesus auch als Weisen dar und berichtet von Verhaltensweisen des Volkes, die in ihrer Unzulänglichkeit als Folie für die Darstellung der wahren Eigenart der vita christiana fungieren. Diese Verhaltensweisen finden sich vor allem in dem aus Sondergut stammenden oder von Lukas selbst als Rahmen für ein traditionelles Jesuswort gebildeten Chrien, besonders in dem sog. Reisebericht Lk 9,51-19,27, der - wie schon die markinische Sektion Mk 8,27-10,52[343] - insgesamt gesehen vornehmlich der

---

341 J.-W. Taeger, Der Mensch und sein Heil, 129 Anm 521, sagt zu Recht, »daß eine innere Umkehr, eine Bekehrung, Jerusalemer Juden ... erst Apg 2,37-41 berichtet wird«.

342 A. Büchele, Tod Jesu, 47.

343 Daß bei Lukas die Zäsur nicht schon beim Petrusbekenntnis liegt, sondern nach Mk 9,50, hat wohl zunächst als Grund die äußere Anlehnung an Mk 10,1. Im Abschnitt Lk 9,18-50 zeigen der Zusatz Lk 9,31 sowie die Verklammerung Lk 9,43, daß das Leidenmüssen Jesu Teil seiner in Lk 1,1-9,50 vorgestellten Identität ist.

Zurüstung und Mahnung der Gemeinde für die sich dehnende Zeit nach Jesu irdischem Lebensausgang dient und dabei auch und gerade die für die Zeit des Lukas aktuellen Gemeindeprobleme im Blick hat.

Bekanntlich kann der Elite-Begriff verschieden, etwa im Sinne der sozialen, wirtschaftlichen und geistigen Elite gefüllt werden. Auch für die kaiserzeitliche römische Gesellschaft gilt, daß etwa der Erwerb von Reichtum keineswegs mit einem gesellschaftlichen Aufstieg verbunden sein mußte, und die intellektuelle Elite besaß seit jeher ihre sie von den Werten der sozialen oder politischen Elite abgrenzenden Traditionen. In der lukanischen Darstellung der vita christiana wird naturgemäß am ehesten eine Annäherung an bestimmte Werte der geistigen Elite gesucht[344], wenngleich das Christentum als Offenbarungsreligion bestimmte Werte dieser Elite, etwa den Drang nach einem vor dem Tribunal der eigenen Vernunfterkenntnis verantworteten Leben, nur gar nicht oder nur gebrochen rezipieren kann und wenngleich selbst Lukas nicht über eine philosophische Bildung verfügt, die ihm auch nur von ferne den Anschluß an eine der uns bekannten philosophischen Schulen erlaubt hätte - die gesamte philosophische Terminologie fehlt ebenso wie das hohe Niveau pagan-antiker philosophischer Selbstreflexion.

6.4.1. Jesus als Weiser
6.4.1.1. Leben im Gebet als βίος Jesu - Lk 5,12-16

Daß wir Lk 5,12-16 hier einordnen, ist mit unserem Verständnis des Zusammenhanges der Verse Lk 5,15f. begründet.

Lk 5,12-16 fußt in allen seinen Teilen auf der Markusvorlage[345]; in Lk 5,15f. ist Mk 1,45 zu einem »Sammelbericht«[346] umgeformt.

Mit dem Hinweis auf Jesu Aufenthalt in einer der Städte knüpft Lukas an das in Lk 4,42-44 entwickelte Programm an[347]. Die Heilung selbst belegt die Behauptung Lk 7,22f., in Jesus sei die messianische Heilszeit angebrochen.[348]

---

344 Wirtschaftliche Eliten mahnt der lk Jesus zum Besitzverzicht, soziale Eliten mahnt er in Lk 14,12-14, das Prinzip der Gegenseitigkeit des geselligen Verkehrs zu verlassen.

345 T. Schramm, Markus-Stoff, 93 mit Anm 5. R. Pesch, Jesu ureigene Taten?, 105, erwägt für Lk 5,15f. zusätzlich den Rückgriff auf Mk 2,2, mit Hinweis auf das Motiv des »Hörens« (auf das Wort Gottes).

346 H. Zimmermann, K. Kliesch, Methodenlehre, 248.

347 U. Busse, Wunder, 103f.

348 G. Schneider, Lukas I, 130.

Der Volkszulauf wird nicht durch die Verkündigung des Geheilten, sondern durch die Ausbreitung der Kunde von Jesus begründet[349]; christliche Stilisierung bewirkt, daß bei dem Geheilten die Übertretung des Schweigegebotes, bei Jesus die gefühlsbetonten Momente getilgt werden[350]. Gegenüber Mk 1,45 sind das Rückzugsmotiv und das Motiv des Volkszulaufes umgestellt, das erstgenannte Motiv steht betont am Schluß. Damit ist Mk 1,45 in sein Gegenteil verwandelt, wie Lukas überhaupt die mk steigernde Reihe der Volksreaktionen Mk 1,28.33.37.45 korrigiert: Mk 1,28 ist noch beibehalten, aber Mk 1,33 ist getilgt; Mk 1,37 ist in Lk 4,42 insofern reduziert, als das steigernde πάντες fehlt, und fällt durch die Korrektur Jesu in Lk 4,43 eher unter die inadäquaten Reaktionen. Die Einsicht in den Zweck dieser Korrektur hilft uns nun auch, Lk 5,15f. zu verstehen.

So sehr der Rückzug Jesu als seine bewußte Reaktion[351] auf den Zulauf des Volkes anzusehen ist, so wenig legt die Motivierung dieses Zulaufes, vor allem das »Hören«, eine pejorisierende Wertung des Volksverhaltens seitens des Evangelisten nahe. Darum sind jeweils nur Teilaspekte getroffen, wenn einerseits die lukanische Intention mit dem Wissen Jesu um seine Gemeinschaft mit Gott[352] oder mit dem Empfang von »Vollmacht und Kraft für die ihn suchende Menge«[353] oder angesichts der kommenden Auseinandersetzungen mit der Verwurzelung Jesu im Glauben Israels[354] oder mit dem Hinweis auf das Handeln Jesu in der Vollmacht Gottes[355] umschrieben, und wenn andererseits in Analogie zu Lk 4,42f. vermutet wird, Jesus wolle sich nicht von den Volksmassen vereinnahmen und über sich i.S. v. Lk 4,42 verfügen lassen[356]. Das Rückzugsmotiv ist zusammen mit dem Gebetsmotiv nach außen hin lukanische Stilisierung des Bildes Jesu, der die Wahrheit seiner Botschaft

---

349 Man vgl. die sprachliche Korrespondenz zwischen διέρχεσθαι und συνέρχεσθαι.

350 Schon vor der Heilung hat sich der Aussätzige »korrekt verhalten« (R. Pesch, Jesu ureigene Taten?, 102), indem er die unmittelbare Berührung mit Jesus vermieden hat.

351 »Beschreibt Mk 1,45 das Wirken, so Lk 5,15f. die Wirkung Jesu« (H. Conzelmann, Analyse, 50). Nach U. Busse, Wunder, 104 Anm 2, erzählt Mk 1,45 aus der Perspektive Jesu, Lk 5,15f. aus der Perspektive des Volkes. Für Lk 5,16 ist das richtig; Lk 5,16 wechselt m.E. jedoch wieder in die Perspektive Jesu über. - Das Gebetsmotiv ist in Lk 3,21; 6,12; 9,18.28f. expositionelles Motiv, nur hier steht es am Schluß.

352 J. Ernst, Lukas, 147; J. Fitzmyer, Luke I, 576.

353 W. Grundmann, Lukas, 130; ähnlich W. Wiefel, Lukas, 117.

354 U. Busse, Wunder, 113f.; E. Schweizer, Lukas, 72.

355 So L. Feldkämper, Der betende Jesus, 82.

356 F. Bovon, Lukas I, 241; J. Nolland, Luke I, 228. - Lk 6,17-19; 9,10-17 zeigen, daß Jesus sich nicht generell den Anliegen der Volksmenge verweigern will.

nicht durch den großen Volkszulauf fragwürdig werden lassen will[357], vielmehr als Weiser um die eigentlich maßgebenden Bindungen des Lebens weiß; in diesem Sinne wird nach außen hin Jesus als Repräsentant einer »frommen Kultur« den gebildeten Christen und Noch-nicht-Christen empfohlen.[358] Die pejorative Nuance im Begriff ὄχλος soll nicht speziell das Volksverhalten von Lk 5,15 in Frage stellen, sondern allgemein dazu dienen, Jesus von einem Volkshelden abzusetzen.[359]

6.4.1.2. Das Sterben des Weisen - Lk 23,32-49

Lk 23,32-49 soll in unserer Arbeit nur hinsichtlich der Zeichnung Jesu untersucht werden, andere Fragen wie die der Paradiesesvorstellung etc. bleiben außer Betracht. Da die Vergebungsbitte Lk 23,34a textkritisch nicht zu sichern ist, muß Lk 23,32-49 zunächst ohne sie interpretiert werden, wenngleich sie die vorgenommene Interpretation im nachhinein bestätigen kann.

---

357 Vgl. die Kritik, die sich ein Philosoph zuzieht, wenn er den Beifall der Menge sucht, bei Diogenes Laertios 4,42. - Die nächsten Parallelen für diese Verwendung von ὑποχωρεῖν sind Philo, De ebrietate 86, wo der Zusammenhang zwischen dem Rückzug von den menschlichen Bestrebungen (ἀνθρώπεια σπουδάσματα) und der Verehrung des allein Seienden durch den Weisen expliziert ist, und vor allem Philo, De Abrahamo 22, wo der Rückzug des Weisen vor der Menge thematisiert wird; dieser Rückzug geschieht nicht aus Menschenhaß, sondern aus Abscheu vor der Schlechtigkeit des πολὺς ὄχλος. Nähe und Divergenz zu Lk 5,16 sind offensichtlich; ὄχλος steht hier bei Philo nur in der mit dem Stichwort »Schlechtigkeit« gegebenen Negativwertung.

358 Zum Begriff der »frommen Kultur« vgl. O. Wischmeyer, Die Kultur des Buches Sirach, 291-293. - In der vorkritischen Auslegung wurde Jesu Verhalten zumeist paränetisch ausgedeutet, sei es, daß Jesus uns in dem Miteinander der vita activa und der vita contemplativa Vorbild sei, über der Liebe zum Nächsten die Liebe zu Gott nicht zu vergessen et vice versa (Beda, Lk, CChr.SL 120, 119, 750-754), sei es, daß Jesu Gebet als Zeichen seiner ταπείνωσις galt, dergemäß er Ruhm vermeiden wollte (Theophylakt, Lk, PG 123, 761 CD), sei es, daß unmittelbar die Mahnung gefunden wurde, wir sollten den Ruhm der Menschen fliehen, wenn wir etwas Großes getan haben (Euthymius Zigabenus, Lk, PG 129, 920 C). Richtig ist, daß aus Lk 5,16 keine pejorisierende Wertung des Volkszulaufes Lk 5,15 gefolgt wurde. Daß die apologetische Zeichnung bei Lukas in eine paränetische Auslegung überführt wurde, ist angesichts der Veränderung des Christentums von einer kleinen Minderheit zur herrschenden Religion durchaus begreiflich: Das Fehlverhalten, gegen das der lk Jesus als Vorbild wahrer Religion aufgestellt wurde, gab es nunmehr in den eigenen Reihen.

359 I. H. Marshall, Luke, 210: Jesus wollte nicht »become their popular idol or even their servant«.

Zu Lk 23,39-43 halten wir eine vorlk Sondertradition für möglich; Lk 23,48 ist u.E. lk-redaktionell, wie die in dem Verbum θεωρεῖν gegebene Anknüpfung an den seinerseits lk-redaktionellen Versteil Lk 23.35a zeigt.[360]

Die Verspottungsszene bei Lukas ist, ob quellenmäßig oder lk-redaktionell bedingt, noch stärker als bei Markus auf den an Jesus gerichteten Vorschlag der Selbsthilfe konzentriert, durch die Jesus den jüdischen Lästerern seinen Messiasanspruch, den römischen Lästerern die Rechtmäßigkeit seines Königstitels beweisen soll. Jesus antwortet getreu seiner Maxime Lk 9,24[361] auf seine Weise: Er verzichtet auf diese Selbsthilfe und geht den Weg des Sterbens bewußt, er gibt sein Leben mit den Worten eines Abendgebetes Gott anheim.[362] Die Forderung des ersten Schächers wird von seinem Leidensgenossen mit dem Hinweis auf die Rechtmäßigkeit ihrer Verurteilung abgewehrt; das schon in Mk 15,29 gegebene Stichwort βλασφημεῖν, von Lukas hierher versetzt, bezieht sich auf die Pervertierung des Messiasverständnisses, die in der erstrebten Rechtfertigung der unrechten Tat geschieht. Die zurechtweisende[363] Antwort des zweiten Schächers bezeugt nicht nur ein weiteres Mal die Unschuld Jesu, sie zeichnet ihn vielmehr zusätzlich als einen Menschen, an dessen Sterben dem Menschen die Erkenntnis seiner eigenen Situation aufgeht. Die Paradieseszusage zeigt Jesus als den, der autoritativ über das Angenommensein des zweiten Schächers entscheiden kann, und signalisiert dem gebildeten Leser, daß an Jesus wirklich die Erkenntnis zu gewinnen ist, die - mutatis mutandis - zu einem neuen, dem Guten hingewandten Leben zu führen vermag.

Das Bekenntnis des Hauptmanns in Lk 23,47 wird zumeist auf Jesu Unschuld[364] gedeutet; sofern man fragt, was darüber hinaus angesprochen ist, besteht jedoch kein Konsens: Genannt werden Jesu Messianität[365], Jesu Gerechtigkeit, die sich in seiner Zuwendung auch zu den Sündern erweise[366] und

---

360 Zur vorlk Passionsquelle rechnen den Vers P. Feine, Vorkanonische Überlieferung, 71; A. Schlatter, Lukas, 448, während G. Schneider, Lukas II, 486; J. Ernst, Lukas, 490, mit lk-redaktioneller Einfügung rechnen.

361 Darauf verweist J. T. Carroll, Luke's Crucifixion Scene, 115.

362 Die Belege für die Verwendung von Ps 31,6 als Abendgebet s. bei Bill. II, 269.

363 Ob hier φοβεῖσθαι als Gegensatz zu βλασφημεῖν aufzufassen ist (A. Büchele, Tod Jesu, 49) oder als Furcht vor Gott, der die Macht hat, den Menschen in die Hölle zu werfen (F. G. Untergaßmair, Kreuzweg, 72), kann hier offen bleiben.

364 E. Klostermann, Lukas, 226; G. Schneider, Lukas II, 487; J. T. Carroll, Luke's Crucifixion Scene, 119; I. H. Marshall, Luke, 876; J. Kremer, Lukas, 233; J. Fitzmyer, Luke II, 1515.

365 F. Schütz, Der leidende Christus, 102 mit Anm 483, vergleicht u.a. äthHen 38,2; 47,1.

366 F. G. Untergaßmair, Kreuzweg, 92, mit Hinweis auf Lk 14,13f.

Jesu nunmehr vollendete Gerechtigkeit i.S. der passio iusti[367]. Näher liegt m.E. G. Schrenks Vermutung, δίκαιος bezeichne die Unschuld, aber auch »im landläufigen Sinn einen 'Heiligen'«[368]. Unter Berücksichtigung des Sterbegebetes Jesu und des Gotteslobes durch den Hauptmann[369] ist das Adjektiv δίκαιος am ehesten als Bezeichnung des jüdischen Frommen zu verstehen[370], der durch sein Sterben andere Menschen beeindruckt und zur Einsicht kommen läßt, und das soll als Summe über das ganze Leben Jesu gelten. Die Vergebungsbitte unterstreicht diese moralische Überlegenheit.

Schließt Lk 23,48 mit einem verbindenden καί an Lk 23,47 an, so ist nach der Äußerung des Hauptmanns ein weiterer Hinweis auf den Eindruck des Sterbens Jesu zu erwarten, dem sich, so das Wort πάντες, offenbar niemand entziehen kann. In Lk 23,48 bezeichnet ὑποστρέφειν wohl nur die räumliche Rückkehr der Volksmenge[371]; das Interesse liegt an der Wendung τύπτοντες τὰ στήθη. Angesichts der Diskussion darüber, ob die Wendung nur die starke Empfindung meint[372] oder wirklich einen Akt der Reue oder gar ein Schuldeingeständnis[373], ist mit Hinweis auf den verbindenden Anschluß zu V. 47 daran festzuhalten, daß dem Evangelisten hier nicht an der Kritik eines defizitären Verhaltens gelegen ist, so sehr von einer Buße Israels erst in Apg 2,37-41 berichtet wird. Die Vorstellung von Lk 23,48 ist der Märtyrertopik entnommen[374], und diese Topik dient im Lukasevangelium sowohl der

---

367 A. Büchele, Tod Jesu, 76; W. Wiefel, Lukas, 400; J. Ernst, Lukas, 490; vgl. auch L. Feldkämper, Der betende Jesus, 281 (der Begriff »soteriologisch« bei Feldkämper ist hier m.E. irreführend).

368 G. Schrenk, Art. δίκαιος, ThWNT 2, 1935, 189.

369 F. Schütz, Der leidende Christus, 102 mit Anm 483, bemerkt zu Recht, daß sich dieses Motiv mit der auf die Unschuld Jesu beschränkten Deutung nicht vereinbaren lasse.

370 Vgl. Josephus, Ant 9,33; 10,38; 14,172 (darauf verweist G. Schrenk, Art. δίκαιος, 185, ohne explizit die Belege für die Auslegung von Lk 23,47 fruchtbar zu machen).

371 F. G. Untergaßmair, Kreuzweg, 196 Anm 80; J.-W. Taeger, Der Mensch und sein Heil, 129 Anm 521; 24,52f.; W. Wiefel, Lukas, 400; anders W. Schenk, Passionsbericht nach Markus, 116, für den eine rein geographische Bedeutung des Begriffes ausscheidet, anders auch W. Grundmann, Lukas, 436 Anm 27 und A. Büchele, Tod Jesu, 55 mit Anm 241: Lukas spielt vielleicht bewußt mit der Doppelbedeutung.

372 J.-W. Taeger, Der Mensch und sein Heil, 129 Anm 521.

373 J. Kremer, Lukas, 233.

374 Zur Märtyrertopik in der Lukaspassion vgl. insgesamt H.-W. Surkau, Martyrien, 90-100; C. H. Talbert, Martyrdom and the Lukan Social Ethic, passim. H.-W. Surkau, Martyrien, 75f. führt vornehmlich Beispiele für die Gewinnung der Exekutoren durch die Märtyrer auf, u.a. 4 Makk 17,17.23 die Bewunderung, in bGittin 57b sowie bAboda Zara 18a die Bekehrung des Peinigers. C. H. Talbert, Martyrdom, 105, verweist für die Wirkung des christlichen Martyriums auf Außenstehende auf Justin, Dialog 110,4 (E. J. Goodspeed, 226); Tertullian, Apologeticum, 50,13 (CChr.SL 1, 171, 58-61);

Zurüstung der Christen für das eigene Martyrium als auch der Selbstvergewisserung der moralischen Überlegenheit und menschlichen Ausstrahlungskraft des Herrn der Gemeinde. Martyrium bestätigt die christliche Botschaft und hat evangelistische Wirkung.[375] Ob in Lk 23,48 der pejorative Charakter von ὄχλος in der Weise mitschwingt, daß Jesus selbst diese ansonsten so verachtete Menschengruppe überzeugt, kann man fragen, ist aber nicht wirklich zu sichern - das würde aber gerade auch den Abstand des Evangelisten von der radikal praktizierten πολλοί-Antithese bei manchen antiken Intellektuellen markieren.

6.4.2. Das Verhalten des ὄχλος als Negativbeispiel

Daß die gesellschaftlichen Eliten in der synoptischen Tradition zumeist als Gegner der Jesusbewegung zu stehen kommen, ist soziologisch der Hinweis auf ein Unterschichtenmilieu als Entstehungsort der Jesusbewegung, ein Milieu, das in alter Zeit Anlaß der Kritik gewesen ist.[376] Wenn Lukas sich in seiner Darstellung bemüht, das Wirken Jesu von Nazareth auch einem gebildeten Heiden verständlich zu machen, wird die Frage nach Anpassung und Distanz zu den Werten der Oberschicht akut. Vor allem der Begriff ὄχλος leistet als negative Hintergrundfolie christlichen Verhaltens eine partielle Annäherung, die das Potential des Christentums erweisen soll, eine neue religiöse Elite zu definieren, ohne daß Religion hier nur als Verlängerung der Normen und Werte einer bestimmten Gesellschaftsschicht fungiert. Das ist nun zu zeigen.

6.4.2.1. Unzureichende Reaktionen auf Jesus - Lk 11,14-36

Die nochmalige Einordnung der ὄχλος-Belege in Lk 11,14.27.29 unter die Belege der vita-christiana-Folien bedarf angesichts des speziell jüdischen

---

Diognetbrief, 6,9; 7,7f. (K. Wengst, 322f.326f.). Eine pagane Parallele ist Diogenes Laertios 9,27, eine jüdische Parallele SDtn § 307, die Parallele zu bAboda Zara 18a. - In der Bildungsschicht der paganen Antike begegnet aber auch die Verachtung christlichen Märtyrertums als aus einer unphilosophischen Daseinshaltung entsprungen (Mark Aurel, Selbstbetrachtungen, 11,3,2; Lukian, Peregrinos 13).

375 C. H. Talbert, Martyrdom, 106.
376 Für die Antike vgl. Origenes, Contra Celsum 3,44.

Traditionshintergrundes des Vorwurfes V. 15 und der Zeichenforderung V. 16.29 sowie der daraus resultierenden israeltheologischen Deutungen[377] einer gesonderten Rechtfertigung. Der Konflikt mit dem nicht an Jesus glaubenden Teil Israels begründet zwar das vordringliche Überlieferungsinteresse von Lk 11,14-36, doch gilt es für spätere Generationen[378], für Lukas oder bereits für den Q-Redaktor, bei feststehender Legitimität Jesu[379] die christliche Wirklichkeitserfahrung gegen das mögliche Mißverständnis einer falschen securitas zu sichern.

Lk 11,24-26 - der einzige neutestamentliche Text, der im generellen das weitere Schicksal des von Jesus Geheilten in den Blick nimmt - wechselt gegenüber Lk 11,14-23 die Terminologie, ist seinerseits nicht ohne einen durch das Thema Exorzismus bestimmten Kontext tradierbar[380] und verschiebt das Interesse weg von der Polemik gegen die Jesu Legitimität hinterfragenden Gegner[381] hin zur Gefährdung für den Christen selbst[382]. Der Text

---

377 Vgl. E. Käsemann, Lukas 11,14-28, 242: »Unser Abschnitt eröffnet bei Lukas die Auseinandersetzung Jesu mit dem Judentum ...«; vgl. ders., 247.

378 Den aktuellen Bezug für die zeitgenössischen Leser betonen A. Fuchs, Beelzebulkontroverse, 93; H. Schürmann, Lukas II/1, 224. 298. - D. Lührmann, Redaktion, 34, stellt für Q den Zusammenhang von Beelzebulkontroverse, Rückfallspruch und Zeichenforderung fest, legt den Rückfallspruch jedoch nicht wirklich aus. Für die Q-Redaktion macht er eine starke Frontstellung gegen »dieses Geschlecht« = Israel geltend (42f.).

379 Das ursprüngliche Problem der Legitimität Jesu ist für Lukas und seine Gemeinde kein Problem mehr ad extra; der Vorwurf V. 15 richtet sich durch die ihm selbst inhärente Unlogik sowie durch die eigene erfolgreiche exorzistische Praxis der gegen Jesus auftretenden Ankläger. Lk 11,20 zeigt für Lukas, wie man die Exorzismen Jesu richtig zu beurteilen hat. Doch läßt das grundsätzliche Logion Lk 11,23 für seine Traditionsstufe durchaus »eine tiefergreifende Auseinandersetzung um das μετ' ἐμοῦ und das κατ' ἐμοῦ im Hinblick auf die Person Jesu« erkennen (W. Kirchschläger, Jesu exorzistisches Wirken, 232).

380 Auch bei Matthäus steht die Dämonenaustreibung in relativer Nähe voran (zu W. Wiefel, Lukas, 220).

381 Fungiert das Logion in Mt 12,43-45 als Gleichnis für die nachösterlich verschärfte Verstockung der Mehrheit Israels, so ist das erst durch Mt 12,45 fin bedingt und als eine sekundäre matthäische Bezugnahme auf die Israelthematik zu beurteilen.

382 D. Zeller, Kommentar zur Logienquelle, 60; anders S. Schulz, Q, 479: In Lk 11,24-26 handelt es sich um eine Warnung vor den gängigen judischen Dämonenbannungen, die solange nutzlos sind, so lange nicht die im Endzeitpropheten Jesus und in seinen Sendboten gegenwärtige Basileia auf den Plan tritt (gegen gleichlautende Auslegungen hat aber schon A. Jülicher, Gleichnisreden II, 238, eingewandt: Wer denkt in V. 24 noch an die jüdischen Exorzisten von V. 19?). Anders auch I. H. Marshall, Luke, 471: Lk 11,24-26 »is a warning to those who attempt exorcisms without proclaiming the message of the kingdom«. - Nach R. Meynet, Qui donc est le »plus fort«?, 347-349, ist der Starke in Lk 11,21f. nicht auf den Satan, sondern auf den Jünger zu deuten, der Stärkere aber mit dem von Jesus ehemals vertriebenen Satan zu identifizieren, vor des-

warnt vor unbedachter Selbstsicherheit[383] und entspricht insofern, obgleich vorlukanischer Herkunft, sehr wohl den sonstigen Warnungen des Lukas, die Konsequenzen des Christseins für sich selbst nicht zu durchschauen. Die Frau von Lk 11,27[384] empfindet und bewundert wohl die große Weisheit, die aus Jesus spricht[385]; Jesus mahnt jedoch in V. 28 seine Hörer, nicht bei der bloßen Bewunderung[386] stehen zu bleiben[387], sondern die Worte Lk 11,24-26 als Wort Gottes zu hören und zu bewahren[388], die Warnung vor der securitas als Warnung an sich selbst zu begreifen.[389]

---

sen Rückkehrmöglichkeit im gesamten Abschnitt Lk 11,21-26 gewarnt werde; so sei der Umschlag hin zur Paränese bereits bei Lk 11,21 gegeben. Gegen die herkömmliche Deutung des »Starken« von Lk 11,21 auf den Satan u.a. führt R. Meynet terminologische Bedenken ins Feld: das Stichwort »Friede« wird vom Neuen Testament nie auf die Kräfte des Bösen angewandt, umgekehrt zeigt αἴρειν ein gewaltsames Handeln an, das weniger Jesus als vielmehr dem Teufel zukommt. R. Meynet erfaßt Lk 11,21f.24-26 als ein Lk 13,18-21; 14,28-32 vergleichbares Doppelgleichnis mit dem Deutungsschlüssel Lk 11,23; es handle nicht von der Beziehung zwischen Jesus und dem Satan, sondern »de la position de l'homme face à Jésus et à Satan« (348). Doch ist schon anfechtbar, Lk 11,24-26 als Gleichnis zu verstehen; auch wird der Leser von Lk 11,14-26 auf den Themenwechsel in Lk 11,21 nicht vorbereitet; den terminologischen Bedenken bezüglich der Sprache der Gewalt kann mit Hinweis auf das religionsgeschichtliche Vergleichsmaterial (näheres bei H.-J. Klauck, Allegorie, 180f.; vgl. das Stichwort σκῦλα auch in Jes 49,25 LXX; 53,12 LXX) widersprochen werden; Jesus wird auch in Lk 3,16 als ἰσχυρότερος bezeichnet. Kann Lk 11,23 i.S. des *Lukas* wirklich dem Jünger gelten (der Vers bleibt bei Meynet ohne nähere inhaltliche Kommentierung)?

383 J. Fitzmyer, Luke II, 924.

384 Umstritten ist, ob erst Lukas Lk 11,27f. in den vorliegenden Zusammenhang eingeschoben hat (so H. Zimmermann, Selig, die das Wort hören, 115f.; H. Schürmann, Lukas II/1, 260) oder ob er diesen Zusammenhang schon vorgefunden hat (R. Laufen, Doppelüberlieferung, 441 Anm 119, mit dem Hinweis darauf, die These der lk Einfügung vertrage sich nicht mit dem lk Vers V. 16, mit dem eine enge, aber durch V. 27f. faktisch gelockerte Verklammerung zwischen Beelzebulkontroverse und Zeichenforderung intendiert sei).

385 Die Bewunderung der Mutter gilt in Wahrheit dem Sohn (jüdische Parallelen zum Makarismus Lk 11,27 bei Bill. I, 663f.; II 187f.; R. Bultmann, Geschichte der synoptischen Tradition, 29).

386 Richtig hier m.E. Th. Zahn, Lukas, 466.

387 B. E. Beck, Christian Character, 64, bezeichnet die Äußerung der Frau zu Recht als »an unthinking eulogy«. - Das μενοῦν in Lk 11,28 hat steigernd korrigierende (so J. Fitzmyer, Luke II, 927), aber nicht adversative Bedeutung.

388 Φυλάσσειν wird in Dtn 4,2; 8,1 u.ö.; Ps 119,5.8.9.17 etc. als Verhalten des israelitischen Frommen genannt und ist in Lk 11,28 notwendige Ergänzung zu ἀκούειν, um i.S. des Lukas den christlichen Lebensvollzug als das von Jesus anempfohlene Handeln sicherzustellen. In diesem Sinne kann ἀκούειν bei Lukas nur dann ohne Näherbestimmung stehen, wenn das Subjekt des Hörens zuvor als »Christ« definiert ist (Lk 10,39; vgl. Lk 16,29.31, wo vorausgesetzt ist, daß das Hören der Brüder des Reichen auch das Gehorchen implizieren würde). - Maria, die Mutter Jesu, ist nach Lukas ein Vorbild der

Für Lk 11,29-36 haben wir zu fragen, warum einerseits in V. 29 die Volksmenge als »diese böse Generation« bezeichnet, andererseits dem Hörer Jesu
in V. 35 in direkter Anrede die Möglichkeit des »licht Seins« zugestanden
wird, obwohl sich Jesu Rede weiterhin an die Volksmenge richtet.[390]

Die logische Beziehung von V. 33 zu dem Vorausgehenden wird meist in
der christologischen Deutung des »Lichtes« gesehen, dergemäß Jesus »das
vom Vater selbst auf den Leuchter gestellte Licht ist, das alle sehen können
..., weshalb es keines besonderen Zeichens mehr bedarf, um ihn den Augen
der Juden 'sichtbar', in seinem wahren Wesen erkennbar zu machen«[391]. In

---

Gläubigen, vgl. Lk 1,38.45; 2,19; 2,51 (W. Grundmann, Lukas, 240; H. Zimmermann,
Selig, die das Wort Gottes hören, 118), und vielleicht hat Lukas den Makarismus der
Frau gerade im Hinblick auf Maria modifiziert (F. Mußner, Marienverehrung, 293).
Doch liegt für Lukas in Lk 11,27f. der Hauptton nicht auf der Mariologie (gegen
J. Zmijewski, Mutter des Messias, 131), und auch Maria muß sich »wie alle anderen
Gläubigen ... dem Kriterium der Jüngerschaft stellen« (R. E. Brown u.a. [Hg.], Maria
im Neuen Testament, 138).

389 Der innere Zusammenhang von Lk 11,27f. mit dem vorhergehenden Stück wird unterschiedlich bestimmt: Nach E. Schweizer, Lukas, 128 soll V. 28 zeigen, wie die rechte
Entscheidung fällt, daß der Mensch Haus des Heiligen, nicht des unreinen Geistes ist,
nämlich im Hören auf Jesu Wort. Nach einer anderen Deutung besteht der Zusammenhang darin, daß gegen den Rückfall unter die Herrschaft der Dämonen das Hören und
Bewahren des Wortes Gottes hilft (W. Grundmann, Lukas, 240; G. Schneider, Lukas
II, 269; ähnlich J. Ernst, Lukas, 280). Zu ergänzen wäre dabei: Die Antwort Jesu zeigt,
was dem Christen (als Angebot wie als Aufgabe) bleibt, wenn Jesus selbst nicht mehr
da ist, um eigenhändig die Dämonen zu vertreiben; insofern reflektiert Lk 11,28 die
Differenz zwischen der Zeit Jesu und der Zeit der Kirche, den Abstand des Vergangenen zum Gegenwärtigen. Auch hat Lukas offenbar nicht den nachösterlichen Exorzismus als Problem seiner Gemeinde empfunden (deshalb kann er, auch im Hinblick auf
Apg 3 etc., Mk 9,28f. tilgen), sondern das »Bleiben« im Zustand des Geheiltseins. Die
Anordnung von Lk 11,14-36 innerhalb des Reiseberichtes ist durch Lk 11,24-26 auch
sachlich gerechtfertigt, ob man für Lk 11,14-23 der Deuteromarkushypothese folgt
oder eine Q-Vorlage annimmt (in dem Falle wäre die Anordnung der Perikope um der
Legitimationsthematik willen auch in der Nähe von Lk 7,18-23 möglich gewesen; vgl.
die Einordnung bei Matthäus).

390 Die Frage hat schon A. Jülicher, Gleichnisreden II, 103 gestellt; heute vgl. C. F. Evans,
Luke, 499. Man kann den fehlenden Adressatenwechsel nicht quellenkritisch begründen; auch in Lk 12,22 benennt Lukas lk-redaktionell die Jünger als Adressaten der
Rede Jesu gemäß der traditionellen Vorgabe. Für Lk 11.35 ist die Frage angesichts des
an die Versuchungsgeschichte erinnernden peir!zein umso dringlicher.

391 J. Schmid, Lukas, 208; zur christologischen Deutung vgl. außerdem u.a. F. Hahn,
Worte vom Licht, 132; G. Schneider, Lukas II, 272; J. Fitzmyer, Luke II, 939;
W. Wiefel, Lukas, 225. Nicht durchgedrungen ist A. Jülicher, Gleichnisreden II, 87,
mit seinen Bedenken: »Wenn gegen die Zeichenforderung in solchem Sinne gerichtet,
ist das Gleichnis missraten, die ganze erste Hälfte überflüssig, seine Beweiskraft man-
gelhaft« (87). Jülicher, a.a.O., 88, schlägt vor: »Es gilt Früchte bringen, nicht blos se-

Lk 11,34-36 wird der Blick weg von Jesus hin auf die Hörer seines Wortes
gerichtet; an ihnen selbst liegt es, ob Jesu Wort in ihrem Leben und Handeln
so umfassend wirksam wird, daß sie im Jüngsten Gericht bestehen können.[392]
Die Konstatierung der πονηρία trifft einige der »historischen« Hörer Jesu,
deren Zeichenforderung mit den Versuchungen des Teufels auf eine Stufe zu
stellen ist[393], die Warnung vor der πονηρία[394] und die zugestandene Möglichkeit lauteren Handelns paßt eher zu den Jüngern als zu den Volksmassen von
Lk 11,29[395]. Bleibt nun auch Lk 11,33-36 textintern an die Volksmenge gerichtet, so bezeichnet ὄχλος einmal die »historischen« Volksmassen der damaligen Kontroverse, zugleich aber die Menschen im missionarischen Umfeld des Christentums, die hier zur ethischen Selbstreflexion aufgefordert[396]
und vor einem Verhalten gewarnt werden, mit dem sie sich als Glieder des -
hier nicht nur defizitär urteilenden, sondern regelrecht verstockten ὄχλος
erweisen. A. Jülicher hat zu Recht vermutet, die Einfügung von Lk 11,33-36
nach Lk 11,29-32 sei »ungefähr mit der gleichen Tendenz«[397] vorgenommen
worden wie die Einfügung von Lk 11,27f. nach Lk 11,14-26.[398]

6.4.2.2. Die Warnung vor der falschen Lebenshaltung - Lk 12,13-21

Für diese einprägsam erzählte Perikope erörtern wir nicht im einzelnen die
Stellungnahme des Evangelisten zum Problem »Armut und Reichtum in der

---

hen und hören; wie man die Lampe so placiert, dass sie Allen Licht spendet, so müsst
auch ihr statt heimlicher Ausreden ehrlich Busse thun und andre Menschen werden«.

392 So F. Hahn, Worte vom Licht, 134; anders u.a. G. Nebe, Das ἔσται in Lk 11,36, 113f.

393 Darauf verweist A. Jülicher, Gleichnisreden II, 216.

394 Insofern bemerkt C. F. Evans, Luke, 499, zur logischen Verbindung von V. 29-32 und
     V. 33-36 zu Recht: »The connecting link with what precedes is failure to recognize the
     truth when present«.

395 Vgl. A. Jülicher, Gleichnisreden II, 103; C. F. Evans, Luke, 499. Deshalb ist V. 35
     wohl kaum ein Wort Jesu an die Gegner (so W. Wiefel, Lukas, 225).

396 Th. Zahn, Lukas, 475f.; W. Grundmann, Lukas, 244; G. Nebe, Das ἔσται in Lk 11,36,
     114. Nebes Stichwort »Selbstprüfung« ist zutreffend; daß hier die Abgrenzung von ei-
     ner »falschen Heilssicherheit« eingemahnt werde, ist durch Nebes These bedingt, in
     V. 33 werde die Situation der Bekehrungs-, in V. 34-36 die der Gemeindepredigt the-
     matisiert. Doch würde man analog Lk 12,22 einen Adressatenwechsel erwarten.

397 A. Jülicher, Gleichnisreden II, 104.

398 Das gilt, ob nun der Endredaktor von Q (F. Hahn, Worte vom Licht, 133f.; W. Wiefel,
     Lukas, 223; H. Schürmann, Lukas II, 302f.) oder doch erst Lukas selbst für die Ge-
     samtkomposition von Lk 11,14-36 verantwortlich ist. - Traditionsgeschichtliche Unter-
     suchungen zu Lk 11,33-36 können im Rahmen dieser Arbeit nicht geleistet werden.

Gemeinde«[399], sondern konzentrieren uns auf das Verhältnis zwischen Volksbelehrung Lk 12,13-21 und Jüngerbelehrung Lk 12,22-53.

In unserer literarkritischen Auffassung von Lk 12,13ff. schließen wir uns einem Teilkonsens an, der Lk 12,15 als lk-redaktionell gebildeten Übergangsvers zwischen den Stücken Lk 12,13f. und Lk 12,16-20(21) ansieht[400] und der die Adressierung von Lk 12,13-21 an die Menschen außerhalb des Jüngerkreises, von Lk 12,22ff. an die Jünger für traditionelle Vorgabe hält; inhaltlich führen die Beobachtung der formgeschichtlichen Verzichtbarkeit der Worte ἐκ τοῦ ὄχλου, der Gebrauch von πλεονεξία und die Beobachtung des Adressatenwechsels dazu, daß wir neben der paränetischen Intention von Lk 12,13ff.[401] einen Nebenakzent freilegen, der die Selbstdarstellung des Christentums nach außen betrifft.

Gilt Lk 12,13a nicht selten als lk-redaktioneller Einleitungsvers[402], ist aber vor Lk 12,13b die Einführung des Fragestellers formgeschichtlich unverzichtbar, so wird sich die lk-redaktionelle Tätigkeit i.w. auf die Einführung der Worte ἐκ τοῦ ὄχλου beziehen[403]. Diese Worte können szenische Rückerinnerung an Lk 12,1a sein oder die weite Verbreitung des angesprochenen Problems bzw. die universale Wichtigkeit des in Lk 12,15 Gesagten signalisieren[404]; zusätzlich jedoch ermöglicht die pejorisierende Wertung des ὄχλος-Begriffes, Jesus als einen Weisen im Gegenüber zur unverständigen Volksmenge zu zeichnen: Da, wo ein Mann aus dem ὄχλος das Verhalten der πλεονεξία zeigt, grenzen sich Jesus und die christliche Gemeinde davon ab.

πλεονεξία ist eine in der hellenistischen Welt wie in jüdischer weisheitlicher und prophetischer Tradition[405] wie dann auch im Christentum[406] glei-

---

399 Vgl. den Überblick bei J. R. Donahue, Two Decades of Research on the Rich and the Poor in Luke-Acts, in: D. A. Knight, P. J. Paris (Ed.), Justice and the Holy, FS W. Harrelson, 1989, Atlanta 1989, 129-144 (auf die Arbeit kann nur verwiesen werden).

400 R. Bultmann, Geschichte der synoptischen Tradition, 21; H. Klein, Barmherzigkeit, 84f.; F. W. Horn, Glaube und Handeln, 58; J. Ernst, Lukas, 295; B. Heininger, Metaphorik, 108; anders H.-J. Degenhardt, Lukas - Evangelist der Armen, 74.

401 Vgl. dazu etwa F. W. Horn, Glaube und Handeln, 65.

402 H.-J. Degenhardt, Lukas - Evangelist der Armen, 69; F. W. Horn, Glaube und Handeln, 59; J. Fitzmyer, Luke II, 969.

403 Zur Einführung reicht formgeschichtlich gesehen ein bloßes τις aus (vgl. Lk 13,23).

404 Für ersteres vgl. B. Heininger, Metaphorik, 120, für letzteres D. P. Seccombe, Possessions and the Poor, 139; B. Beck, Christian Character, 94. Lukas benützt des öfteren ein Individuum aus dem Volk, um das Volk als Ganzes anzusprechen, vg. Lk 11,27f.; 14,15; 18,18 (B. E. Beck, Christian Character, 191 Anm 14).

405 Vgl. Menander, ap. Stob. Flor. 10,1; Diodorus Siculus 21,1,4; Dio Chrysostomus, or. 67 [17],6.7; Aelius Aristides 39 p. 733 D einerseits, Ps 119 (118), 36; Hab 2,9; Test-

chermaßen getadelte Haltung. Sie wird gelegentlich seitens der geistigen Elite als Verhalten der Vielen genannt[407], von dem sich der Weise abzusetzen hat[408], und ist dann ein Topos der philosophischen πολλοί-Antithese. Philo konstatiert, daß der ὄχλος u.a. Gefallen an Reichtum habe[409], und nach Plutarch entspringt das Streben nach Reichtum eben dem unvernünftigen und außerhalb des Normal-menschlichen liegenden Wahn, der ὀχλώδη καὶ θυραῖος [sic!] δόξα.[410] Derselben Distanzierung vom ὄχλος dient es, wenn in der Gottesrede Lk 12,20 der reiche Mann als ἄφρων bezeichnet wird: Zu der alttestamentlich geprägten religiösen Bedeutung dieser »Torheit« i.S. der Gottlosigkeit[411] tritt das nächstliegende Verständnis des Begriffes i.S. der Unvernunft[412], mit dessen Hilfe der Evangelist das Christentum von der Lebenshaltung des ὄχλος zu distanzieren und der intellektuellen Elite in ihrer Abgrenzung von den einseitig das Materielle betonenden wirtschaftlichen Eliten anzunähern vermag. Daß Lukas in Lk 12,16-20 das von Sir 11,18f. her geprägte Selbstgespräch als Problemlösungsmonolog im Stile der neueren Komödie gestaltet[413], ergänzt zum Inhalt die passende Art der Darstellung.

Der Adressatenwechsel in Lk 12,22 hin zur Jüngerbelehrung verdeutlicht, daß das Vertrauen auf die Fürsorge Gottes nur auf dem Hintergrund des im Vater Unser aufgezeigten Gottesverhältnisses möglich ist[414] und erst der Christ um die Dringlichkeit der Mahnung Lk 12,35-48 weiß, jederzeit für das Kommen des Menschensohnes bereit zu sein. Aufgrund des bisher Besprochenen fügen wir hinzu, daß die Warnung vor der πλεονεξία zunächst als Abgrenzung von einem entsprechenden Verhalten des ὄχλος erfolgt, und daß der Jünger, der nicht gemäß Lk 12,35-48 lebt, in der Gefahr steht, wieder in das Verhalten des ὄχλος zurückzufallen.[415]

Jud 19,1 sowie von den führenden Schichten Jer 22,17; Ez 22,27; 2 Makk 4,50 andererseits. Der Begriff bezeichnet nach G. Delling, Art. πλεονέκτης κτλ., ThWNT 6, 1959, 266-269, in der paganen Antike nicht nur die materielle Habsucht.

406　Mk 7,22; Röm 1,29; Kol 3,5; 2 Pt 2,3.14; 2 Kor 9,5; Eph 4,19; 5,3.

407　Philo, Quis rerum divinarum heres sit 105; Quod omnis probus 159 i.V. mit 158.

408　Philo, De Specialibus legibus I 173; II 43.

409　Philo, De congressu eruditionis causa 27.

410　Plutarch, Cato maior 18,5.

411　K. Bornhäuser, Das Gleichnis vom reichen Narren, 85.

412　Auch in jüdischer Tradition kann ἄφρων so verwendet werden, vgl. Ps 49 (48), 11 LXX.

413　B. Heininger, Metaphorik, 80; 114.

414　So J. Ernst, Lukas, 299; vgl. aber auch schon Th. Zahn, Lukas, 501.

415　Lukas hat wohl kaum zwischen dem ὄχλος als den Laien und den μαθηταί als den Amtsträgern unterschieden (so H.-J. Degenhardt, Lukas - Evangelist der Armen, 68).

6.4.2.3. Die Dringlichkeit der Umkehr - Lk 12,54-13,9

Im israeltheologischen Teil unserer Lukas-Darstellung hatten wir die Stelle als drängende, aber vergebliche Bußmahnung Jesu an sein Volk ausgelegt; als aktualisierende Momente die Adressatenangabe Lk 12,54a, die Bilder Lk 12,58;13,6[416] sowie den offenen Begriff πάντες benannt. Ferner kann die Abgrenzung Lk 13,3.5 für einen Heidenchristen als Abgrenzung auch gegen die Erinnyen-Vorstellung verständlich bleiben.

Wird sich der christliche Leser zunächst eher in den von Jesus unterwiesenen Jüngern wiederfinden, die ja bereits für das Christentum Partei ergriffen haben[417], so wird ihm hier nach weitverbreiteter Deutung zugemutet, sich mit den ὄχλοι gleichsetzen zu lassen.[418] Inhaltlich läßt sich diese Gleichsetzung durchaus rechtfertigen, sind doch vom Volk wie von den Jüngern das »Tun«[419] und das Erbringen der »Frucht«[420] gefordert, und ist dem Lukasevangelium der Gedanke des Gerichtes auch über den Jünger nicht fremd[421]. Selbst das Stichwort μετανοεῖν, nicht selten von der Hinwendung zum Christentum insgesamt verwendet[422] und darum in einer Jüngerbelehrung nicht ohne weiteres zu erwarten, begegnet in Lk 17,3.4 als angemessene Verhaltensweise des Jüngers in einem Konflikt unter Christen. Warum hat aber Lukas die Mahnung Lk 12,54-13,9 an die ὄχλοι adressiert?

Lukas hat hierbei m.E. die pejorative Nuance des ὄχλος-Begriffes mitberücksichtigt: So selbstverständlich, wie die Leute nach den ihnen bekannten Wetterregeln das Aussehen des Himmels prüfen, sollten sie auch diesen καιρός beurteilen können[423], und ihr Charakter als ὄχλος ist eben damit begründet, daß sie den Schluß von dem meteorologisch Naheliegenden auf das theologisch Naheliegende nicht vollziehen. Diese Unfähigkeit wird nicht mit dem Unwissenheitsmotiv entschuldigt, vielmehr müßten die Menschen von sich aus die überführende Wahrheit des Christentums einsehen. Bekehrung zum Christentum und Bewährung des Christseins ist »Vollzug des eigentlich

---

416 Insofern erfüllt Lk 13,1-9 die Forderung nach einer »allgemein kommunikablen Sprache« (G. Scholz, Gleichnisaussage, 204), die das Evangelium in der Situation des an alle gerichteten Entscheidungsrufes benötige.

417 G. Klein, Die Prüfung der Zeit, 378.

418 H. Flender, Heil und Geschichte, 100.

419 Vgl. Lk 3,8.10-14; 13,9 einerseits, Lk 6,46-49; 8,21; 12,47 andererseits.

420 Vgl. Lk 3,8; 13,6-9 einerseits, Lk 6,43; 8,15 (aus Mk 4,20) andererseits.

421 Lk 6,46-49; 12,35-48; 17,1-4.

422 Apg 5,31; 11,18; 17,30; vgl. dazu J.-W. Taeger, Der Mensch und sein Heil, 131-134.

423 Das zweite οἴδατε ist mit P[75] א B als ursprünglich zu erachten.

Selbstverständlichen«[424] und des dem Menschen »konstitutiv eignenden Vermögen(s) zur rechten Erkenntnis«[425], und sind zugleich Bewährung wahren, reflektierten Menschseins, und der Christ hebt sich in diesem Sinne von der unreflektierten Lebenshaltung des ὄχλος ab. Ergeht die Aufforderung zum »Prüfen« hinsichtlich des Willens Gottes oder auch der eigenen Selbstprüfung im Neuen Testament ansonsten als Aufforderung speziell an die Christen[426], so wird sie in Lk 12,54-59 als allgemein menschliche Fähigkeit ausgegeben, die auch ohne Zugehörigkeit zur intellektuellen Elite zu haben ist. Die sachliche Frage lautet dann: Worin besteht die der verläßlichen Wetterregel vergleichbare Selbstevidenz der Zeit hinsichtlich ihrer Qualifizierung als Entscheidungszeit, die Selbstevidenz Jesu coram hominibus?

Versteht man den καιρός[427] als die nachösterliche, durch Jesu Wirken heraufgeführte Entscheidungssituation, in der unterschiedslos Juden wie Heiden stehen, wird man am ehesten an den Gedanken von Apg 14,17 erinnern, daß Gott sich auch den Heiden nicht unbezeugt gelassen hat, und an die Aussage Apg 17,30, daß Gott »jetzt« die Zeit der Unwissenheit auch für die Heiden beendet und allen Menschen mittels der Verkündigung der christlichen Missionare den Menschen diese von ihnen verkannte Selbstbezeugung Gottes aufdeckt[428] und die Buße gebietet, die vor der Vernichtung im Endgericht bewahrt[429]. Aus Lk 12,57-19; 13,1-9 ist i.S. der individual-eschatologischen

---

424 So zu Recht J.-W. Taeger, Der Mensch und sein Heil, 94.

425 J.-W. Taeger, Der Mensch und sein Heil, 102.

426 Vgl. Röm 12,2 (vgl. Eph 5,10) bzw. 1 Kor 11,28; 2 Kor 13,5; Gal 6,4. Das Verbum bezeichnet aber auch die Prüfung des Menschen durch Gott (1 Th 2,4). - Für das vorlk Verständnis von Lk 12,56 dürfte zutreffen, was W. G. Kümmel, Verheißung und Erfüllung, 16 Anm 7, für Jesus feststellt: »Jesus hat immer vorausgesetzt, daß nur 'Sehende' die Zeichen der Zeit erkennen könnten (Mt 13,16f.; 11,3-6)«.

427 Für den καιρός-Begriff wurden eschatologische und geschichtstheologische Deutungen vorgetragen: der Begriff benenne den endzeitlichen Charakter der Zeit (G. Mink, Lukasevangelium, 123), die auf die Parusie weisenden Zeichen der Geschichte (J. Wellhausen, Lukas, 70; vgl. für die paränetische Ebene auch B. Heininger, Metaphorik, 131), apokalyptisch die gegenwärtige Weltzeit als Entscheidungszeit (F. Bovon, Wetterkundliches, 182f.), den Charakter der Gegenwart als Entscheidungszeit ungeachtet der Parusieverzögerung (H. Conzelmann, Mitte der Zeit, 100; E. Gräßer, Parusieverzögerung, 192), die durch den διαμερισμός geprägte nachösterliche Zeit der Christusverkündigung (F. D. E. Schleiermacher, Ueber die Schriften des Lukas, 139; G. Klein, Prüfung der Zeit, 378; J.-W. Taeger, Der Mensch und sein Heil, 91), die vorlaufende Ankündigung der gegenwärtigen Ereignisse in der Prophetie der Hl. Schrift (O. C. Edwards, Luke's Story of Jesus, 65).

428 So J.-W. Taeger, Der Mensch und sein Heil, 91.

429 E. Gräßer, Parusieverzögerung, 192, erwägt als Skopus die »Mahnung, sich durch die Parusieverzögerung nicht beirren zu lassen und den drohenden Ernst der Entschei-

Interpretation[430] zu ergänzen: Der Mensch muß mit der eigenen Endlichkeit rechnen als mit der Begrenzung der Möglichkeit, sich für den rechten Weg zu entscheiden; wie das Beispiel des ἄφρων aus dem ὄχλος zeigt, kann es zur Abkehr von der falschen Lebenshaltung schnell zu spät sein. Was aber rein menschlich als fehlendes Bewußtsein über die stets gegebene Möglichkeit des persönlichen Todes getadelt wird, ist nur die Kehrseite dessen, was christlicherseits als die stete Bereitschaft für die Parusie in Lk 12,35-48 angemahnt wird und, wie Lk 12,45f. zeigt, auch angemahnt werden mußte. So ist Lk 12,54-13,9 nach innen die Mahnung an die Christen, sich auch in der Tat von dem Lebensvollzug des ὄχλος zu unterscheiden, nach außen die Selbstdarstellung des Christentums als einer Religion, die zum bewußten Nachdenken über die eigene Endlichkeit anleitet.

6.4.2.4. Die Warnung vor falscher Selbstsicherheit - Lk 13,23-30

Die literarkritische Entscheidung über diesen Text[431] ist eng verbunden mit der theologischen Auslegung; unsere Entscheidung für eine lk-redaktionelle Zusammenstellung einzelner unabhängiger Logien aus Q ist das hier vorweggenommene Ergebnis unserer Exegese.

Inhaltlich gesehen wird kontrovers diskutiert, ob der Text heilsgeschichtlich als Begründung des strafenden Urteils über Israel und Legitimierung der Heidenmission gelesen werden soll oder ob Lukas im Gewande einer Mahnung Jesu an seine jüdischen Zeitgenossen eine Mahnung an die eigene heidenchristliche Gemeinde ergehen läßt.[432] Als hervorragende Exponenten sind

---

dungsstunde dennoch zu erfassen«. Doch geht auch dies aus dem Zusammenhang nicht eindeutig hervor.

430 Th. Zahn, Lukas, 519 (als Rede an Israeliten); G. Klein, Prüfung der Zeit, 381.

431 Die Beurteilung ist kontrovers: W. Grundmann, Lukas, 284, rechnet wegen der beträchtlichen Divergenzen zu Matthäus mit einer geschlossenen Übernahme von Lk 13,23-30 aus dem Sondergut. Mit der Übernahme aus Q unter redaktionellen Eingriffen rechnet W. Wiefel, Lukas, 260, mit einer lukanischen Zusammenfassung der Einzelsprüche rechnen R. Bultmann, Geschichte der synoptischen Tradition, 137f.; F. Mußner, Gleichnis vom gestrengen Mahlherrn, 121 (mit Hinweis auf Lk 14,15-24 als Modell für die Komposition unseres Textes); P. Hoffmann, Πάντες ἐργάται ἀδικίας, 205; G. Schneider, Lukas II, 305; D. Gill, Lukan Travel Narrative, 206.

432 Die israeltheologische Auslegung wird favorisiert von F. Mußner, Gleichnis vom gestrengen Mahlherrn, passim; D. Gill, Lukan Travel Narrative, 206, sowie von den bei P. Hoffmann, Πάντες ἐργάται ἀδικίας, 189 Anm 4 genannten Autoren, die paränetische Auslegung wird durchgeführt von P. Hoffmann, Πάντες ἐργάται ἀδικίας,

F. Mußner für die heilsgeschichtliche, P. Hoffmann für die paränetische Deutung zu nennen.

Zugunsten der heilsgeschichtlichen Deutung wurde auf die durch 4 Esr 8,1 gegebene Fragestellung in V. 23 und auf die Zeitgenossenschaft Jesu in 13,26 ebenso verwiesen wie auf die Erwähnung der Heidenmission in Lk 13,28f., zugunsten der paränetischen Deutung auf das Gesamtverständnis des Reiseberichtes als Belehrung über die vita christiana, in V. 22 durch das Stichwort διδάσκειν präsent, auf die Ethisierung durch das in spätneutestamentlicher Paränese häufige Bild des Ringens (V. 24) und die Gerechtigkeit als Norm des Gerichtes (V. 27); weiter könne in der heilsgeschichtlichen Deutung nicht erklärt werden, wann und wie die Heiden in den Festsaal eintreten konnten; auch sei in V. 30 sehr bewußt offen formuliert[433] und keineswegs die unausweichliche eschatologische Umkehrung der Verhältnisse ausgesagt. Zusätzlich kann man darauf verweisen, daß einzelne Teilstücke des Textes bei Justin als innerchristliche bzw. als an alle Menschen geltende Mahnungen verstanden[434], aber nicht antijüdisch gedeutet werden.

M. E. verdient die paränetische Deutung gegenüber der heilsgeschichtlichen Deutung den Vorzug; die von F. Mußner beachteten Elemente sind aktualisierend einzubringen.[435] Der Hinweis der Angeredeten auf ihre Zeitgenossenschaft steht dann nachösterlich für das Hören des Wortes und die Teilnahme an der Eucharistie, die unerwarteten Gäste von Lk 13,29 sind die Gäste, die der christliche Fragesteller seinerseits nicht im Himmel erwarten würde, wer immer das auch sein mag[436].

Die vielleicht i.S. von 4 Esr 8,1 fomulierte Frage wird insofern korrigiert, als sie vom Theoretischen ins Existentielle gewendet wird[437]: Statt sich selbst stillschweigend in die Zahl der Geretteten einzurechnen, gilt es, zu »kämpfen«, d.h. sich so zu verhalten, daß man der Einrechnung in die Zahl

---

passim, und bevorzugt von G. Schneider, Jesu überraschende Antworten, 140f.; beides auch auf lk-redaktioneller Ebene will W. Wiefel, Lukas, 262, vermitteln.

433 Lk 13,30 zieht nicht die Trennungslinie zwischen den verworfenen Juden und den zugelassenen Heiden (G. Schneider, Lukas II, 307).

434 Ersteres bei Justin, Apologie I, 16, 11-12 (PTS 38, 57, 31-35), letzteres bei Justin, Dialog, 76, 4-5 (E. J. Goodspeed, 186).

435 Im Rahmen einer heilsgeschichtlichen Auslegung sollte man den Hinweis von J. Fitzmyer, Luke II, 1023, beachten, daß Lukas zwar in Lk 13,29 vom Herzutritt der Heiden, in V. 25 aber nicht von der Verstockung ganz Israels, sondern von dem Unvermögen »vieler« zum Eintritt in den Festsaal redet.

436 Vgl. Lk 7,50; 15,1-32; 18,14.

437 Zum Umschlag von Theorie zur Frage an einen selbst vgl. G. Schneider, Jesu überraschende Antworten, 138, mit seinem Hinweis auf Lk 10,29.

der Geretteten überhaupt gewürdigt wird. Viele werden den Eintritt in den Festsaal zwar erstreben, aber nicht schaffen - das verneinte ἰσχύειν wird uns in Lk 14,29f. im Gleichnis erneut für das unzureichende ethische Vermögen des Menschen begegnen. V. 25 soll auf lk-redaktioneller Ebene die Szenerie für das nachfolgende Gespräch bereitstellen[438], und die vorausnehmende Dublettierung der Woher-Frage in Lk 13,25 hebt als »retardierendes Element«[439] umso wirkungsvoller heraus, was im folgenden als Gegensatz erscheint: Teilnahme an der Lehre und am Mahl - Tun der Ungerechtigkeit und Ausschluß von der Gottesherrschaft. Lk 13,28f. mögen auf vorlk Ebene die Legitimierung der Heidenmission ausgesagt haben, für Lukas geht es nur um den Gedanken, daß die bloße Partizipation an Lehre und Mahl der Gemeinde nicht schon den Anteil am ewigen Leben sichert. Insgesamt ist Lk 13,23-30 eine Warnung davor, den Anschluß an das Christentum als folgenlos für die eigene Lebensführung zu betrachten.[440] Das in Lk 13,34f. thematisierte Geschick Jerusalems wirkt dann für die christlichen Leser des Lukasevangeliums als Hinweis auf die Realität auch des Endgerichtes.

6.4.2.5. Die Dringlichkeit der Einladung - Lk 14,15-24

Unsere Entscheidung, Lk 14,15-24 nicht schon unter den Texten zur Israelthematik, sondern an dieser Stelle unserer Arbeit zu behandeln, setzt unsere Abgrenzung von einer israeltheologischen Deutung des Gleichnisses voraus, die sich auf die Situationsangaben Lk 14,1.3, auf die traditionsgeschichtliche Variante Mt 22,1-14 und auf die doppelte Einladung von Ersatzgästen stützt. Dieser Deutung gemäß sind die zuerst geladenen Gäste auf die Juden, vornehmlich die Pharisäer und Schriftgelehrten, die ersten Ersatzgäste auf die Armen aus dem Volk Israel und die zweiten Ersatzgäste auf die Heiden zu beziehen.[441] Doch sind in Mt 22,1-14 gerade die heilsgeschichtlich allegorisierenden Züge - die Entsendung weiterer Knechte, deren Tötung

---

438 P. Hoffmann, Πάντες ἐργάται ἀδικίας, 199.
439 Ähnlich fungiert die Admiration Lk 4,22 etc.
440 Eine entsprechende Warnung hatte schon andere Autoren des Neuen Testamentes gerade gegenüber chemals heidnischen Adressaten beschäftigt, vgl. 1 Kor 5,1-6,11. Doch ist damit Lukas nicht als Paulus-Schüler erwiesen.
441 J. Jeremias, Gleichnisse, 64; W. Grundmann, Lukas, 297; H. Weder, Gleichnisse, 192; W. Wiefel, Lukas, 274; J. Fitzmyer, Luke II, 1053; G. Schneider, Lukas II, 317; W. Harnisch, Gleichniserzählungen, 237.

durch die Eingeladenen und die Strafaktion des Hausherren gegen »ihre Stadt« - sämtlich sekundär gegenüber Lk 14 und EvThom 64.[442] Daß das Gastmahl Lk 14,1ff. bei einem Pharisäer stattfindet, ist nur für V. 1-6 von Belang und ist auch da nicht Teil der Israelthematik, sondern Zeichnung des Bildes »Jesu bei den Eliten«, das Jesu argumentative Überlegenheit herausstreichen will: Die Gegner wissen ihm nach 14,6 nicht mehr zu antworten, sodaß er zu Recht in Lk 14,7-14.16-24 als Hauptredner erscheint. Weiter nehmen die Tischregel V. 7-11 und die Gästeregel V. 12-14 auf die Identität des Gastgebers als eines Pharisäers keinen Bezug. Das Verhältnis zwischen der Kirche und Israel wird nicht thematisiert[443]; die Entschuldigungsgründe V. 18-20 sind nicht typisch jüdisch.[444] Lukas hat weder einer heidenchristlichen securitas das Wort geredet noch die Verwerfung Israels gelehrt.

Sind die zuerst eingeladenen Gäste als reich, die Ersatzgäste als arm geschildert, wird nicht selten das Gleichnis als Warnung an die reichen Christen verstanden.[445] Doch legt m.E. die erste Aufforderung des Knechtes Lk 14,17fin. eine Deutung unter o.a. Überschrift nahe. Die Hörer des Gleichnisses sollen sich in der Rolle der Erstgeladenen erkennen[446] und werden gemahnt, die jetzt in Jesus und in dem Ruf der christlichen Missionare[447] ergehende Einladung zum himmlischen Festmahl nicht zu versäumen; die doppelte Einladung von Ersatzgästen soll m.E. auch auf der Ebene der lk Endredaktion »illustrieren, wie dem Hausherrn alles daran liegt, daß auch der allerletzte Platz in seinem Hause besetzt sei«[448]. Die Beschreibung der reichen Erst- und der armen Ersatzgäste läßt sich unserer Deutung integrieren: Gerade der Reichtum führt nicht selten dazu, daß der Mensch am Wesentlichen vorbeilebt. Der Reichtum ist wie schon in Lk 12,13-21 nicht in seinen Auswirkungen auf andere thematisiert, sondern als Gefahr einer verfehlten Lebenshaltung für den Reichen selbst, als ὁ χλώδη δόξα.

---

442 Vgl. Th. Zahn, Lukas, 553 Anm 49, der auf den schon in der vorkritischen Exegese gegebenen Dissens über den Sinn von Lk 14,15-24 verweist.

443 So zu Recht A. Jülicher, Gleichnisreden II, 417.

444 Th. Zahn, Lukas, 553. Lk 14,18-20 ist traditionell, wie die verkürzt summierende Wiedergabe in Mt 22,5 zeigt (F. Hahn, Gleichnis von der Einladung, 55).

445 A. Jülicher, Gleichnisreden II, 417; B. E. Beck, Christian Character, 35. Für F. W. Horn, Glaube und Handeln, 184-186, überlappen sich das traditionell heilsgeschichtliche und das lk-redaktionell paränetische Motiv; auf der Ebene der lk Endredaktion ist das Motiv der Umkehrung von 'Arm und Reich' eine Warnung an die reichen Christen »vor der Möglichkeit einer Analogie ihres Geschickes mit dem der Juden« (185f.).

446 J. Roloff, Kirche, 47.

447 F. Hahn, Gleichnis von der Einladung, 73.

448 So J. Jeremias, Gleichnisse, 61, für die vorlk Quelle, die schon V. 22f. enthalte.

6.4.2.6. Der ὄχλος und die Konsequenzen der Jüngerschaft - Lk 14,25-34

An die Mahlparabel Lk 14,16-24 schließt Lukas eine wohl von ihm erst aus Q-Gut und Sondergutmaterialien zusammengestellte und in einigem redaktionell erweiterte Redekomposition an[449], in der er Jesus vor den Volksmassen die Bedingungen der Jüngerschaft erörtern läßt. Diese Rede steht zur Mahlparabel in einem antithetischen Parallelismus[450]: So unbegrenzt der Heilswille Gottes ist, so wenig ist das Heil voraussetzungslos. Wir gehen im folgenden nicht auf die sehr komplizierte Traditionsgeschichte der einzelnen Bestandteile ein, sondern fragen nach der Beschreibung christlichen Lebensverständnisses auf lk-redaktioneller Ebene.

Die Reisenotiz συμπορεύεσθαι verbindet ähnlich wie das Verbum πορεύεσθαι in Lk 9,57-62 das harte Leben des Jüngers mit dem Leidensweg des Meisters.[451] Entsprechend werden die Einlaßbedingungen in die βασιλεία[452] formuliert: Ihrer teilhaftig wird nur, wer die Bindung an Jesus allen sonstigen Bindungen, selbst der Liebe zum eigenen Leben, und des weiteren der Liebe zum Besitz kompromißlos überzuordnen bereit ist.

Die Thematik der Komposition wird von der Selbstentsagung (V. 26f.) zur Selbstprüfung (V. 28-33) weitergeführt: den ὄχλοι wird ähnlich wie in Lk 12,57 solche Selbsteinschätzung zugetraut und zugemutet, die im Zweifelsfall auch den Verzicht auf die Nachfolge als Konsequenz ergeben kann.[453] V. 30 macht, ins Sachliche gewendet, den (potentiellen) Christen klar, daß sie durchaus auch von außen wahrgenommen werden, auch in ihrem Scheitern, und daß ihr Scheitern die missionarische Tätigkeit des Christentums beein-

---

449 Mit lk-redaktioneller Verbindung der Einzelsprüche rechnen B. Heininger, Metaphorik, 132f. und die Anm 4 genannten Autoren. Mit vorlk Verbindung in Q (Matthäus habe Q 14,28-32 ausgelassen) A. Jülicher, Gleichnisreden II, 209; A. Polag, Umfang, 89f., und als Möglichkeit W. Grundmann, Lukas, 301. Oft gelten V. 25.33 als redaktionell (nach H. Klein, Barmherzigkeit, 89f., ist V. 33a traditionell; nach G. Petzke, Sondergut, 135, kann in V. 33 ein ggfs. überarbeiteter vorlk Abschluß vorliegen), bei B. Heininger, Metaphorik, 133, zusätzlich V. 30.
450 J. Wellhausen, Lukas, 79; J. Fitzmyer, Luke II, 1060.
451 D. Gill, Lukan Travel Narrative, 208.
452 J. Ernst, Lukas, 333.
453 Textextern sind nicht christliche Gemeindeglieder (so H.-J. Klauck, Armut, 177), sondern potentielle Christen angesprochen (B. Heininger, Metaphorik, 139). Zwischen den Volksmassen und den Jüngern wird klar unterschieden (B. Heininger, a.a.O.); auch die Einleitungswendung in V. 16 paßt nur auf Menschen, die nicht schon in der Nachfolge stehen. Auch Epiktet, Diss III, 15,8-12; 22, spricht Menschen an, die über die Folgen ihres Entschlusses zum philosophischen βίος aufgeklärt werden müssen.

trächtigen kann. V. 34f. sind schließlich der Hinweis darauf, daß das Scheitern in der Jüngerschaft für den Menschen nicht ohne Folgen bleibt. Er wird vor Gottes Gericht nicht bestehen[454], ähnlich wie einer, der in seinem Bemühen um den philosophischen βίος gescheitert ist, von den wahren Philosophen nicht anerkannt wird.

Diese Mahnungen und die Aufforderung zur Selbstprüfung sind Motive jüdischer Weisheit ebenso wie griechischer Philosophie[455]; indem Jesus solche Mahnungen in den Mund gelegt werden, wird er selbst als Weiser gezeichnet[456], und wird das Christentum als eine auch für den Gebildeten anziehende Angelegenheit hingestellt, die mit der üblichen Lebenshaltung des ὄχλος nichts zu tun hat.[457]

6.5. Zusammenfassende Auswertung

6.5.1. Die einzelnen Subjektangaben

Für die Wahl der Begriffe λαός bzw. ὄχλος wurde bereits festgestellt: λαός ist israeltheologisches Signal, ὄχλος bezeichnet wie bei den Vorlagen allgemein eine Volksmenge als Erzählfigur, ist aber in den lk-redaktionell geänderten Stellen[458] Hinweis auf eine defizitäre Haltung.[459]

---

454 Schon J. Wellhausen, Lukas, 79, hat auf die sachliche Nähe von Lk 14,25-35 zu Mt 22,11-14 verwiesen, das auch dort auf die eigentliche Mahlparabel folgt.

455 Parallelen für die Mahnung zur Entsagung finden sich in LevR 19,1 und bei Epiktet, Diss III 15, 10f., für die Aufforderung zur Selbstprüfung bei Philo, De Abrahamo, 105 (dort auch ἰσχύειν); Epiktet, Diss III 22; Diss III 15, 8-12 (hier auch πρῶτον und δύνασθαι in äquivalenter Funktion; ἰσχυρός begegnet bei Epiktet, Diss III 12,12 von den starken Versuchungen, denen man sich am Anfang seines Philosophierens nicht aussetzen soll), für die Gefahr öffentlicher Blamage bei Epiktet, Diss III 22,52.

456 Doch ist auf den unterschiedlichen Bezugsrahmen der Aussagen zu achten: Erstrebt der Kyniker die ἐλευθερία und αὐτάρκεια, so führt die Jüngerschaft in die Bindung an die Person Jesu und in die Kreuzesnachfolge (F. W. Horn, Glaube und Handeln, 199).

457 In diesem Sinne richtig Th. Zahn, Lukas, 556f.: »Die Jüngerschaft Jesu ist nicht eine Sache der Massen«. Vgl. zuvor schon F. D. E. Schleiermacher, Ueber die Schriften des Lukas, 146: »Hier ist der Spruch (scil. Lk 14,25-35), indem er hohe Forderungen aufstellt, abrathend an die leichtsinnigere Menge gerichtet«.

458 Lk 4,42f.; 9,18, vielleicht auch Lk 11,27 und Lk 12,13 die Wendung ἐκ τοῦ ὄχλου.

459 Eine wirkliche Ausnahme bildet Lk 13,17. In Lk 7,11-17 wird der ὄχλος mittelbar als Subjekt des Chorschlusses benannt; das Wort λαός kann nicht stehen, weil es im Wortlaut der Akklamation Lk 7,16b erscheint.

Der Gebrauch des substantivierten πολλοί zur expositionellen Bezeichnung einer unbestimmt großen Menge ist bei Lukas gegenüber Markus rück-
läufig: Mk 2,2; 6,31; 14,56; 15,41 sind im Zuge der Straffung getilgt, in
Lk 9,11 steht ὄχλοι. Nur Mk 6,2 hat in den Worten πάντες οἱ ὀφθαλμοί ἐν
τῇ συναγογῇ in Lk 4,20 ein Gegenstück.

Für die Verwendung des substantivierten πάντες ist festzuhalten, daß die
mk Belege für das Versagen der gesamten Jüngerschaft[460] bei Lukas gestrichen sind, wenngleich die Angabe »sie verstanden nichts von diesen Worten
Jesu« in Lk 18,34 die Erinnerung an das Jüngerversagen festhält und die ge-
häufte Unverständnis-Admiration in Lk 24 die Schwierigkeit des Verstehens
auch für die Jünger deutlich macht. Der Wechsel hin zu πάντες vor den Akklamationen Lk 4,36; 5,26; 7,16, den Admirationen Lk 9,43a; 13,17 und dem
Gotteslob-Motiv Lk 18,43b soll ähnlich wie bei Markus die Unwidersteh-
lichkeit der Wirkung der Tat Jesu und die Einmütigkeit des Urteils bezeugen,
wenngleich diese Einmütigkeit im weiteren ab Lk 7,18 erzählerisch nicht
mehr gedeckt ist.

Da, wo eine Menschenmenge durch eine Ortsangabe spezifiziert werden
soll, stehen ὄχλοι (Lk 4,42), ὄχλος (Lk 7,12); πλῆθος (Lk 6,17; 8,37) oder
attributives πάντες mit Lokal- oder Herkunftsbezeichnung (Lk 4,20) oder in
besprechenden Texten die Städtenamen (Lk 10,13.15; 13,34f. Q; 19,42 SoG).

6.5.2. Ergebnisse der formgeschichtlichen Beobachtungen

Begegnen bei Markus drei mk-redaktionelle Admirationen seitens des Volkes
in expositioneller Stellung als epiphanietheologische Reaktionen, so entfallen
bei Lukas zwei der Belege, nämlich Mk 9,15; 10,32, im Zuge der Straffung.

Von den mk finalen Chorschlüssen wird der autoritätsaufweisende Chorschluß Mk 1,27 beibehalten (Lk 4,36), dagegen ist in drei Fällen eine lk-redaktionelle Umwandlung zu einem personenbezogenen Legitimierungswun-
der festzustellen: Lk 5,26 ist die Abwandlung eines ehemals epiphanietheologischen Chorschlusses, Lk 7,16b wandelt den Autoritätsaufweis Lk 7,11-16a,
der Zusatz Lk 18,43b das frömmigkeitsmotivierende Wunder Mk 10,46-52 in
eine personenbezogene Legitimierung um. Da, wo Chorschlüsse in der Tradition fehlen, hat Lukas es teilweise dabei belassen, nämlich in Lk 6,11; 9,17;
neu dagegen sind die Admiration in Lk 9,43a und das Motiv des Gotteslobes

---

460 Mk 14,27.31.50.

in Lk 18,43b, deren Funktion eben schon angedeutet wurde. Von den beiden substituierenden reaktionskontrastierenden Geschichten bei Markus, Mk 3,7-12; 6,53-56, fehlt die zuletzt genannte im Zuge der lukanischen Lücke; die zuerst genannte verliert ihre Funktion; sie wird Szenerie für die Feldrede.

Den künstlich herbeigeführten Chorschluß als Abstimmung mit der Tat Mk 1,45 hat auch Lukas beibehalten, aber mit der finalen Stellung des Rückzugsmotives die Akzente gerade anders als Markus gesetzt. Die Negativreaktion Mk 5,16f. ist bei Lukas unverändert erhalten geblieben, Mk 5,20 ist getilgt, möglicherweise, weil dem dritten Evangelisten eine Heidenmission noch vor dem Tode Jesu als unzutreffend erschien. Bei Lukas ist ähnlich wie bei Markus die Möglichkeit der Admiration und der Akklamation gegenüber dem falschen Objekt nicht in der Erzählung realisiert, die Gattung »Überlegenheitsaufweis der jüdischen oder christlichen Religion gegenüber einem Gottesfeind« ist erst in der Perikope Apg 13,6-12 realisiert, in der die nachösterliche Zeit angesprochen ist. Dem schon bei Markus erkennbaren Legitimierungsbedarf der christlichen Gemeinde gegenüber Israel wird bei Lukas vor allem durch die häufig sekundäre Einfügung des Gotteslobmotives Rechnung getragen; und diese Einfügung bewirkt als formgeschichtliche Besonderheit bei Lukas das Nebeneinander von einzelnem und Volk in der Äußerung des Dankes. Vorbild dieses Nebeneinanders ist der kultische Dank im Heiligtum, »der von einem einzelnen vor der Gemeinde vollzogen wird und in den diese mit einstimmt«[461]. Ist die einstimmende Gemeinde ihrerseits Subjekt einer Beurteilung von Fremderfahrung, so will die Erwähnung der Gemeinde bzw. der Volksmenge textextern auch die am damaligen Geschehen naturgemäß nicht beteiligten Hörer zu solchem Einstimmen motivieren.

Bei Markus und bei Lukas schließt die Akklamation einen Spannungsbogen ab; eine Akklamation fehlt, wenn eine Erzählung für eine Nacharbeit offenbleiben soll[462]. In Mk 10,24.26 findet sich das erzählerische Mittel, daß das Erschrecken der Jünger eine nochmalige Äußerung Jesu aus sich heraussetzt. Lukas tilgt in Lk 18,24-27 das Jüngerunverständnismotiv, doch dient die Admiration bei ihm ansonsten häufig dazu, ein nochmaliges klärendes oder weiterführendes Wort des Protagonisten zu motivieren (Lk 4,22; 9,43b; 24,41; Apg 3,12, jeweils mit θαυμάζειν gebildet). Dabei findet sich in Lk 9,43a.b der synoptisch singuläre Fall von zwei Admirationen hintereinan-

---

461 G. Theißen, Wundergeschichten, 167.
462 Darum muß das Motiv des Gotteslobes in Lk 9,43a durch eine auf die kundgewordene Größe Gottes bezogene Admiration ersetzt werden. Vgl. dagegen Joh 6,14.

der: Die erste schließt als leserorientierten Hinweis auf die Bedeutsamkeit des Geschehens stilgemäß, aber lukanisch geprägt, die Wundergeschichte ab, die zweite leitet die Leidensankündigung ein und zeigt, daß das bloße Erstaunen über die Wundertat Jesu noch nicht eigentlicher Glaube ist, daß der Glaube neben der Heilszusage auch Anforderung bedeutet. In Lk 9,43b ist die Anforderung der Leidensbereitschaft angeknüpft, in Lk 4,23-27 die Zumutung, die Heilszuwendung Gottes auch an andere zu akzeptieren, in Lk 2,33/34f. die Zumutung, Jesus auch als die Krise Israels wahrzunehmen, in Lk 11,27f. die Anforderung, nicht nur die Ausstrahlung Jesu zu bewundern, sondern auch seine Worte zu bewahren. Auffallig ist daneben die Konzentration ungläubig-verwunderten menschlichen Verhaltens auf die Geburts- und Kindheitsge-schichten Lk 1; 2 und die Ostergeschichten Lk 24, die dem Leser die Schwie-rigkeit, das Geschehen zu begreifen, sinnenfällig vor Augen führt.

6.5.3. Ergebnisse der redaktionskritischen Einzelanalysen

Daß heilsgeschichtliche Interessen bei Lukas in der redaktionellen Gestaltung der Einzelszenen die mk epiphanietheologische Motive zurücktreten lassen, ist schon mehrfach betont worden: Das Interesse an der Person Jesu in Lk 4,16-21.31-41[463] ist nur Hinführung zu dem Schwerpunkt der auf Jesu Funktion bezogenen Betrachtung, die Sammlung Israels einzuleiten. Diesem Schwerpunkt entsprechen die lk-redaktionell gesetzten Textsignale εὐαγγελίζεσθαι und ἀποστέλλειν in Lk 4,43, σήμερον und παράδοξα in Lk 5,26 und das Motiv der Heimsuchung in Lk 7,16b sowie das Wort ἔνδοξα in Lk 13,17. Das tatsächlich in Israel verwirklichte Heil betont auch der lk Zusatz Lk 7,20f., und Jesu Lehrtätigkeit an heiliger Stätte gegenüber dem Gottesvolk Lk 19,47 ist ebenfalls von Gott her als Erfüllungsgeschehen inten-diert. Hierher gehört auch das häufig lk-redaktionell eingetragenen Motiv, daß um einer Tat Jesu willen nicht er selbst, sondern Gott im Himmel gelobt wird. Israelkritische Änderungen sind der Lynchversuch Lk 4,28f., der Zusatz Lk 11,16, in dem Lukas die Beelzebulkontroverse und die Zeichenforderung zu einem Generalangriff gegen Jesu Legitimität zusammenschließt. Das in Q

---

463 Jesus wird hier als messianischer Freudenbote, Gottessohn und Christus vorgestellt. Daß das Volk Jesus als den Propheten, aber nicht als den Christus erkennen kann, ist für Lukas ähnlich wie für Matthäus Reflex der Weigerung Israels, die Endgültigkeit der Heilszuwendung Gottes in Jesus an sein Volk anzuerkennen.

gegebene Nebeneinander von Überordnung und Parallelordnung Jesu gegenüber dem Täufer wird auch von Lukas beibehalten; der Fall Jerusalems wird als Konsequenz aus der Ablehnung der Gottesboten verstanden, und um des willen sind nicht nur Lk 13,34f.; 19,41-44, sondern auch das Gerichtswort Lk 23,28-31 von Lukas tradiert. Doch wird in Lk 23,27-31 sowie in Lk 23,35 entgegen den Vorlagen zwischen dem Verhalten des Volkes und dem seiner Oberen differenziert.

Sonstige redaktionelle Änderungen sind häufig als Veränderungen im Personeninventar der einzelnen Szene zu beschreiben und werden darum unter der Überschrift »Ergebnis der narrativen Analyse« verhandelt.[464]

Redaktionelle Änderungen i.S. der πολλοί-Antithese sind die Einfügungen des ὄχλος-Begriffes in Lk 4,42; 11,27; 12,13.54. Jesus soll in Lk 5,15f. sowie in der Szene am Kreuz Lk 32,32-49 mit Hilfe der Schächerperikope und des lk-redaktionell ergänzten V. 48 u.a. als Weiser gekennzeichnet werden, an dem andere Menschen zur Einsicht kommen.

6.5.4. Ergebnisse der kompositionsanalytischen Beobachtungen

Das markinische Gestaltungsmittel der generalisierenden Summierung ist auch von Lukas beibehalten worden[465], während das Mittel der Steigerung der positiven Volksreaktion getilgt ist.[466] Das Prinzip der Kontrastierung zweier Erzählfiguren ist auch von Lukas angewandt und für den Kontrast zwischen Jesus und der ungläubigen Menge durch den Einbezug von Q-Stoffen und Sondergut erheblich verschärft, während die lukanische Lücke bedingt, daß das christologische Jüngerunverständnismotiv bei Lukas zurücktritt und die Kontrastierung zwischen der Menge und den Jüngern zu deren Ungunsten aus Mk 6,45-52.53-56 völlig fehlt.

Die Kontrastierung Jesu und der Menge hat israeltheologische Bezüge, soll aber auch Jesus als Weisheitslehrer zeichnen und den christlichen Glauben

---

464 S.u. S. 357.

465 Vgl. Lk 4,14f.40f.; 6,19 sowie die auktorialen summierenden Wendungen »alle seine Taten« o.ä. in Lk 9,43b; 13,17; 19,37.

466 Die entsprechenden markinischen Reihen Mk 1,28.33.37.45 sowie Mk 12,12.34b.37b sind bei Lukas nicht übernommen: Mk 1,33 wird getilgt, Mk 1,37 wird kritisch-korrigierend beantwortet, Mk 1,45 in sein Gegenteil verwandelt; Mk 12,34b wird von den Gegnern ausgesagt, Mk 12,37b wird getilgt. Die mk Negativreihung Mk 5,17.40; 6,1-6 bleibt in ihren ersten beiden Elementen bestehen, diese verlieren aber ihre Funktion als Vorbereitung für die Nazarethperikope.

den gebildeten Heiden als ernstzunehmende Religion empfehlen. Diesen letzteren Aspekt hat Lukas wie kein anderer der Evangelisten ausgearbeitet.

Durch die gemeinsame Benutzung von Q bedingt, hat bei Matthäus wie bei Lukas die Zeichnung negativen Volksverhaltens i.S. der Ablehnung Jesu ihren Schwerpunkt in besprechenden Texten, die Zeichnung positiven oder wenigstens offenen Verhaltens in erzählenden Texten. Doch unterbleibt im Reisebericht (mit der Ausnahme Lk 13,10-17) und im Pilatusprozeß die aus Mk bekannte Kontrastierung zwischen der Volksmenge und den Oberen. Auch wird das markinische Mittel der kompositionellen Kontrastierung, also der Anordnung von »Volksperikopen« vor oder nach »Gegnerperikopen«, von Lukas nicht beibehalten: Im Zuge der lukanischen Lücke entfällt die Kontrastierung zwischen den Pharisäern Mk 8,11-13 und dem Volk Mk 7,36; zwischen dem Todesbeschluß der Pharisäer und dem Volkszulauf Mk 3,6.7 schiebt Lukas die Berufung der zwölf Apostel aus Mk 3,13-19 ein; die Gegenüberstellung der Schriftgelehrten aus der Beelzebulkontroverse und dem hörbereiten ὄχλος Mk 3,22-35 bricht er auf, indem er die Beelzebulkontroverse an späterer Stelle in seinem Evangelium einbringt und zudem durch den ὄχλος selbst ausgetragen sein läßt, umgekehrt die mißverständliche Behandlung des ὄχλος in Mk 3,32 korrigiert. Statt dessen hat Lukas einen Kontrast im Volksverhalten selbst hergestellt durch die Zusammenordnung von Lk 7,11-17 und Lk 7,18-35.

War der Aufbau in Mk 1,1-8,26 kerygmatisch bedingt und waren hier die einzelnen Stationen Jesu Wirken - Scheidung im Volk - innere Gefährdung durch das christologisch orientierte Jüngerunverständnis i.S. eines Klärungsprozesses für den Christen zum Zwecke der Selbstvergewisserung zu verstehen, so konnte auch Lukas die ersten beiden der genannten Stationen übernehmen, während er das Jüngerunverständnis, wiederum durch Einbezug der Q-Traditionen und der Sondergutstoffe, weitaus stärker als Unverständnis im Ethischen akzentuiert. Die beiden ersten markinischen Blöcke, also das Wirken Jesu im Volk und die Scheidung im Volk, verstand Lukas sowohl als geschichtlichen Prozeß, der keimhaft die Entwicklung hin zur Situation in der Zeit des Lukas erkennen ließ, als auch im Sinne einer aktuellen Mahnung und Warnung an den Christen selbst. Die Ablehnung Jesu durch einen Teil Israels hat nach Lukas zu Jesu Tode geführt und zur Katastrophe Jerusalems, die weitgehende Ablehnung der christlichen Predigt seitens der Mehrheit Israels ist Erfahrung der eigenen Zeit, die Unheilsgeschichte Israels ist aber auch Mahnung an den lukanischen Christen, nicht seinerseits sich gegenüber dem

Anspruch Gottes zu verfehlen. Darum bilden die israelkritischen Partien des lk Reiseberichtes einen integrativen Teil dieser Belehrung über die vita christiana; wir haben deutlich gesehen, wie Lukas in diesen Stücken historisierende, ätiologische, situations-aktualisierende und paränetisch-aktualisierende Tendenzen zugleich festzuhalten weiß.

6.5.5. Ergebnisse der narrativen und pragmatischen Analyse

6.5.5.1. Ergebnisse der narrativen Analyse

Das Volk ist Erzählfigur als Gegenüber zum Täufer[467], als Gegenüber der Lehre Jesu in Summarien[468] und szenischen Eröffnungs- oder Schlußwendungen[469] und in der Adressatenangabe ausgeführter Redekompositionen[470]. Hierher gehört auch, daß einzelne seiner Vertreter in der apophthegmatischen Einleitung erscheinen und Jesus daraufhin das ganze Volk anspricht[471]. Weiterhin ist das Volk an Szenen mit Jesus und seinen Jüngern[472], mit Jesus und Kranken (samt deren Begleitern)[473] oder zu Bekehrenden[474], mit Jesus, Kranken und Gegnern[475] und an Szenen mit Jesus und den Gegnern[476] beteiligt.

---

467 Lk 3,7-14 ὄχλος; 3,15-18 λαός, beides lk-redaktionell (in den folgenden Anmerkungen beziehen sich die Angaben »Lk« für lk-redaktionell und »Mk/Q« nur auf die Erwähnung des Volkes oder die Terminologie, nicht auf die Herkunft der Stelle selbst).

468 In den aus Mk übernommenen Summarien steht entweder 3. Pl. (Lk 4,14f. als lk Dublette zu Lk 4,31f. = Mk 1,22f.), αὐτοί Lk 4,31, oder ὄχλος bzw. ὄχλοι (5,1f.3); in den lk-redaktionellen Summarien im Jerusalem-Teil Lk 19,48; 21,38 steht λαός.

469 Lk 4,20.22 (πάντες, Lk); 4,42f. (Änderungen gegenüber Mk 1,35-38); 6,17; 7,1 (jeweils λαός, Lk oder Q); Lk 8,4 (ὄχλος πολύς; Mk).

470 Lk 7,24-35 (ὄχλοι; Q); 9,23 (πάντες, Mk); 12,54 (ὄχλοι, Lk); 14,25 (ὄχλοι πολλοί, Lk); Lk 19,11; 21,5-36 (Lk); als Adressaten der Predigt seitens der Jünger ist das Volk in Lk 10,4-12.13-16 (Q) genannt.

471 Vgl. Lk 11,27 (γύνη ἐκ τοῦ ὄχλου, SoG/Lk); 12,13 (τίς ἐκ τοῦ ὄχλου, SoG/Lk); 13,23 (τίς, im Folgenden 2. Ps. Pl. V. 23 ist SoG/Lk).

472 Lk 9,10-17; 20,45-47 (Mk); Lk 9,43b; Lk 12,1 (Lk); Lk 19,28-40 (mit Änderungen gegenüber Mk 11,1-11); vgl. ferner Lk 8,10; 9,18-22 (mit Eintrag des ὄχλος-Begriffes durch Lukas).

473 Lk 4,31-37; 5,12-16; 7,1-10; 7,11-16; 8,26-39; 8,40-56; 9,37-43 (die Gegner aus Mk 9,14.16 sind verschwunden); 11,14-36; 18,35-43. In Lk 4,40f. par Mk 1,32-34 fungiert es formgeschichtlich gesehen selbst als Begleiter der Kranken.

474 Lk 19,1-10 (SoG).

475 Lk 5,17-26 (Mk); 13,10-17 (SoG).

476 Lk 20,9-19.20-26 (Lk); Lk 23,1-25.35-38 (Mk); vgl. die Erwähnung in Lk 9,7-9; 20,1-6 (Mk).

Die auffälligsten Veränderungen im Personeninventar gegenüber Markus sind die Umadressierung von Lk 18,24.26; 21,5-36 an das Volk, der gegenüber Mk 15,8 vorgezogene Einbezug des Volkes in Lk 23,4 sowie der unmittelbare Einbezug des Volkes in den Gegnerszenen Lk 20,9-19.20-26 sowie vor allem die Adressierung der Apokalypse Lk 21,5-36 an das Volk[477]; in Lk 18,24.26 will Jesus das Volk ähnlich wie in Lk 12,13-15 vor dem im Kontext geschilderten Fehlverhalten warnen; der unmittelbare Einbezug in Lk 20,9 und die Adressierung Lk 21,5 machen das ganze Volk zum Adressaten der Gerichtsbotschaft über Jerusalem, während der Einbezug in Lk 20,26 das Volk für den Leser zum Zeugen für die Lügenhaftigkeit der in Lk 23,2 vorgebrachten Anschuldigungen werden läßt, und der vorgezogene Einbezug der ὄχλοι in Lk 23,4 dazu dient, die Verantwortung des ganzen Volkes Israel für (Jesu und) Jerusalems Geschick zu betonen.

Die Belehrungen, bei denen das Volk Adressat ist oder mithört, lassen sich thematisch wie folgt zusammenfassen:

1. Das Volk wird zur Erkenntnis des καιρός und zur Buße gemahnt[478], es wird aufgerufen, in Christus die Erfüllung der Verheißung zu erkennen[479], und über die Legitimität des Handelns Jesu belehrt[480]. Es soll sich von der Selbstverweigerung seiner Oberen gegenüber dem Anspruch Jesu distanzieren.[481] Es ist Adressat der Gerichtsboschaft Jesu über Jerusalem.[482] Als Begriffe stehen λαός und ὄχλος.

2. Das Volk wird vor menschlichen Fehlhaltungen gewarnt, vor der Habsucht und der menschlichen Selbstsicherheit ebenso wie vor bloßer Bewunderung Jesu[483]; in der korrigierenden Antwort Jesu wird dem Volk dabei das Christentum durchaus in seiner lukanischen Variante nahegebracht. In dieser Verwendung stehen ausschließlich ὄχλος und τις, nie λαός.

---

477 Die szenisch sekundäre Einführung der Volksmenge ist jeweils mit gleichbleibender Funktion in Mk 8,34/Lk 9,23; Lk 20,6/Mk 11,32 beibehalten, ebenso in Lk 7,9 Q, wo zugleich das neue Thema der Ablehnung Jesu durch einen Teil Israels eingeführt wird. Mk 7,14 hat bei Lukas keine Parallele.

478 Lk 3,7-14 Q; 7,24-35 Q; 12,54-13,9 Lk (jeweils ὄχλος, Lk und Q); Apg 2,38 das ganze Haus Israel; Apg 3,19 (λαός); vgl. auch Lk 8,4-6 (ὄχλος, Mk); 21,5 36 (Lk).

479 Lk 4,16-30. Die nachösterliche transformierende Fortsetzung dessen ist in dem Aufweis gegeben, daß in ihm die Israel geltenden Verheißungen erfüllt sind Apg 2,16-22.39; 3,26; 4,12; 13,32-39, in der Predigt, daß Jesus der Herr (Apg 2,36) und der Richter sei (Apg 10,43).

480 Lk 11,14-23.29-32 (ὄχλοι); vgl Apg 3,1-12 (λαός).

481 Lk 20,9.45 (jeweils lk λαός statt ὄχλος in Mk 12,12.37b).

482 Lk 21,5-36 (τίνες Lk); Lk 23,27-31 (λαός Lk).

483 Lk 11,27f.; 12,13-21 (ὄχλος Lk); 13,1-5 (ὄχλοι aus 12,54, Lk); 13,23-30 (τις).

3. Das Volk wird gemahnt, Gottes Einladung nicht zu versäumen[484], und über die vita christiana belehrt: Barmherzigkeit und Feindesliebe, aber auch die Bedingungen der Jüngerschaft und der Leidensnachfolge sind zentrale Themen.[485] Wieder können ὄχλος und λαός nebeneinander stehen.

4. Das Volk hört nicht mehr mit bei den Belehrungen über das Beten Lk 11,1-13, über die Parusieverzögerung Lk 17,22-27; 18,1-10[486], über die Kinder Lk 18,15-17 und bei den drei Leidensankündigungen.

Hatten wir zu Matthäus eine strikte Unterscheidung zwischen dem zu beobachten, was das Volk prädiziert, und dem, was die ranghöheren Instanzen prädizieren, so gilt einerseits, daß auch im Lukasevangelium Jesus von dem Volk nicht als Gottessohn bekannt wird. In Lk 9,18 werden explizit die ὄχλοι als Vertreter der defizitären Christologie benannt, beim Einzug von Jerusalem Lk 19,37f. wird das Volk von der Akklamation gerade ausgenommen; anders als bei Matthäus wird Jesus im Lukasevangelium nicht vom Volk als Davidssohn angesprochen, und für den Kyriostitel findet sich nur in Lk 13,23 ein von der aus Matthäus bekannten Verteilung abweichender Beleg für die Prädikation durch einen Nicht-Jünger. Die Unterscheidung zwischen Volk und Jüngern hat auch Lukas aus Q übernommen und anhand von Q ähnlich wie Matthäus die undurchsichtige Angabe Mk 4,10 korrigiert. Auch wird nur bei den frommen Verwandten Jesu und bei den Jüngern in Lk 1; 2; 24 von der Überwindung eines ungläubig-verwunderten Verhaltens berichtet, so daß sie die in Gottes Heilsplan und Jesu Wirken liegende Anforderung annehmen. Damit ist die Grenze zwischen den Jüngern und dem sich versagenden Teil Israels gegeben. Doch gibt es auch gegenläufige Tendenzen: So ist das Motiv der Heimsuchung durch Gott dem Volk ebenso zugänglich wie dem Zacharias und wie Jesus selbst[487]; der Hinweis auf die ἐξουσία und die δύναμις, in der Jesus seine Taten vollzieht, ist dem Volk wie dem Evangelisten als aussagenden Subjekten eigen[488]; das Loben Gottes kann sowohl von den Engeln (Lk 2,13) als auch den Jüngern (Lk 19,37) und der christlichen Gemeinde (Apg 11,18), sowohl von dem Geheilten (Apg 3,8f.) als auch von dem Volk (Lk 18,43) sowie von den Hirten als den Zeugen des Geschehens (Lk 2,20)

---

484 Lk 14,16-24.

485 Lk 6,20-49 (der λαός als Mithörer der Feldrede, Lk/Q); Lk 14,25-35 (ὄχλοι; Lk); Lk 9,23 (πάντες; Mk).

486 Umstritten ist, ob in Lk 19,11-27 die Jünger (J. Roloff, Apostolat, 182 Anm 37) oder das Volks als Zuhörer gedacht sind (M. Diefenbach, Komposition, 108).

487 Vgl. Lk 7,16b mit Lk 1,68; 19,44.

488 Vgl. Lk 4,36 mit Lk 4,32 einerseits, mit Lk 4,14; 5,17; 6,19 andererseits.

ausgesagt werden. Ebenso ist der Prophetentitel Aussage des Volkes über Jesus (Lk 7,16a) wie Aussage Jesu über sich selbst (Lk 4,24; 13,34f.).

6.5.5.2. Ergebnisse der pragmatischen Analyse

Als israeltheologisches Signal ist λαός nicht selten Symbol für die göttliche Erfüllung durch Jesus im Volk Israel, vor allem in Verbindung mit den Größen, die gleichfalls Symbol des Heilshandelns Gottes sind, z.B. mit der heiligen Stadt, mit dem Tempel, aber auch mit Jesus als dem Christus Israels. Der ὄχλος steht in der aus Mk 6 übernommenen Speisungsgeschichte Lk 9,10-17 für die christliche Gemeinde; aufgegeben ist in Lk 8,21 jedoch die in Mk 3,31-35 gegebene christologisch orientierte Gleichsetzung des um Jesus herum sitzenden ὄχλος mit denen, die auf Jesus hören und Gottes Willen tun.

An anderen Stellen steht ὄχλος für die Jesus umgebende Volksmenge, die historisierend gesehen im Bereich des Evangeliums als jüdische Volksmenge gezeichnet wird, deren Bild jedoch auch auf heidnische (und in paränetischen Stücken auf heidenchristliche) Volksmengen hin aktualisierbar ist. Hierher gehören die Belege für den ὄχλος als den Adressaten von Mahnung und Warnung[489] und als den unbeteiligten Dritten, dessen Zeugnis als Beurteilung von Fremderfahrung werbende Kraft für die christliche Religion besitzt[490]. An anderen Stellen bezeichnet das Wort den Kreis derer, die sich mit dem Gedanken des Christwerdens tragen und mit den Konsequenzen eines solchen Entschlusses vertraut gemacht werden sollen[491], oder die Öffentlichkeit, deren menschliche Fehlhaltung durch die christliche Predigt eben als unreflektierte Lebensauffassung erwiesen wird[492]; an diesen Stellen ist eine israeltheologische Färbung überhaupt nicht mehr gegeben.

6.5.6. Theologische Konsequenzen

Abschließend ist der theologische Ertrag der lukanischen Aussagen zur Reaktion des Volkes auf Jesus zu formulieren. Wir beginnen bei Lukas mit den

---

489 Lk 3,7.10; 4,42; 5,15; 6,19; 7,24; 12,54.
490 Lk 5,19.26; 7,11; 13,17.
491 Lk 14,25.
492 Lk 12,13.

israeltheologischen Konsequenzen und schließen die christologischen und die ekklesiologischen Konsequenzen an.

Für die lk Israeltheologie ist die überragende Bedeutung der beiden Simeonsprophetien durch das ganze lk Doppelwerk deutlich geworden: Heil ist für Israel und dann auch für die Völker Wirklichkeit geworden, und Israel hat gespalten auf dieses Heil reagiert. Israeltheologisch relevantes Volksverhalten ist einerseits in dem Motiv des Gotteslobes und der in Jesu Wirken Gottes Handeln erkennenden Akklamation, andererseits in der Selbstverweigerung gegenüber dem Bußruf des Täufers und Jesu zu erkennen.

Das häufig lk-redaktionell gesetzte Motiv des Gotteslobes angesichts der Taten Jesu ist nicht im Interesse einer dezidiert subordinatianischen Christologie formuliert, sondern ist ähnlich wie die Akklamationen Lk 5,26; 7,16 und die Admiration Lk 9,43a israeltheologisch motiviert: Dieses Motiv soll betonen, daß Jesu Handeln dem Wirken des Gottes Israels eingeordnet bleibt, und dieser Aufweis des Handelns des Gottes Israels in Jesus (Vgl. Apg 2,22) ist apologetisches Motiv der christlichen Gemeinde, die sich dagegen wehren muß, wenn man ihren Kontinuitätsanspruch hinsichtlich der alttestamentlich begonnenen Heilsgeschichte von außen bestreitet oder von innen in Zweifel zieht. Dieses Motiv des Gotteslobes konvergiert mit der lk Paulusdarstellung, die den Apostel als echten und gläubigen Israeliten zeichnet, des weiteren mit der lukanischen Schriftverwendung, die alles in Jesus Geschehene von den Propheten geweissagt und in der Thora geordnet findet, und der lukanischen Vorstellung der Geschichte des Gottesvolkes als der auch im einzelnen von Gott gewirkten Geschichte[493].

Daneben tritt das Motiv der Selbstverweigerung des Volkes, das für den christlichen Leser die Schuld am Bruch zwischen der Christenheit und dem ungläubig bleibenden Teil Israels thetisch eben dieser Mehrheit »der Juden« zuschiebt, die im falschen Vertrauen auf die Abrahamskindschaft den Bußruf Jesu ebenso ablehnt wie seine prophetische Ansage der Ausweitung des Heilsangebotes auch an die Heiden und seine Mahnung zur Einsicht in den Zusammenhang von eigenem Fehlverhalten und kommender Katastrophe (Lk 4,24; 13,34f.; 19,41-44; 23,27-31). Die Verstockungsaussage sowie die Nazarenerperikope werden nicht wie bei Markus missionstheologisch relevant, sondern israeltheologisch. Doch hat Lukas bei aller Härte der israelkriti-

---

493 Vgl. Apg 7,4.10.15.25; 13,19-23 für die Zeit bis Jesus Christus; Apg 2,22; 10,36-39, für Jesu Tod Apg 3,18, für seine Auferstehung Apg 10,40, für seine Herrschaft über Israel Apg 2,36, über Israel und die Völker Apg 10,42.

schen Aussagen keine endgültige Verwerfung des ungläubig bleibenden Teiles Israels gelehrt, und erzählerisch hält sich gemäß der zweiten Simeonsprophetie nicht nur die überwiegende Ablehnung bis zum Schluß des lk Werkes durch (Apg 28,28), sondern auch die partielle Annahme Jesu und seiner Apostel seitens Israel (vgl. Apg 28,24.30).

Sachkritisch muß man festhalten, daß Lukas nicht darüber reflektiert, inwieweit die Taten Jesu auch von einem Außenstehenden wirklich als Handeln des Gottes Israels zu deuten waren und von daher zu Recht zur Buße und zum Glauben an Jesus als den Messias ermahnen konnten (Lk 10,13-15). Auch ist im Hinblick auf Jes 56,7, JosAs; Mt 23,15 etc. nicht richtig, daß man in Israel außerhalb der christlichen (lukanischen) Gemeinde überhaupt nicht an den Einbezug der Heiden in das Israel gegebene Heil gedacht hätte. Doch bleibt festzuhalten, daß Lukas den Bußruf und den Hinweis auf die Katastrophe Jerusalems immer auch als Mahnung an die Christen begreift, mit der Realität des göttlichen Gerichtshandelns auch ihnen gegenüber zu rechnen. Das war vor allem zu Lukas 13,1-9.23-30.34f. zu beobachten.

Christologisch tritt vor allem die Titulierung Jesu als eines Propheten seitens des Volkes hervor. Mit dieser Bezeichnung im Munde des Volkes ist Richtiges (Lk 7,16a), aber nicht alles ausgesagt (Lk 9,8.19).[494] In den Worten Jesu (Lk 4,24; 13,33.34) und des Petrus (Apg 3,23) bezeichnet der Prophetentitel die Verbindlichkeit dessen, was Gott für sein Volk als kommendes Geschehen und als Forderung ansagt. Jesus identifiziert sich mit dem tritojesajanischen Freudenboten (Lk 4,16-21) und verwirklicht das von den Propheten angekündigte messianische Heil für Israel (Lk 7,18-23), doch warnt er wie Jeremia vor der Selbstsicherheit der Berufung auf die Abrahamskindschaft (Lk 13,8; vgl. Jer 7,4); er warnt wie Jeremia sein Volk vor der kommenden Katastrophe und weint wie Jeremia über die mangelnde Einsicht Jerusalems in den Zusammenhang von eigenem Fehlverhalten und drohendem Geschick (Lk 19,41-44; vgl. Jer 8,23). Im Bußruf an Israel und in der ethischen Forderung predigt Jesus wie der Täufer, deshalb kann man nicht den einen gegen den anderen ausspielen. Schließlich entspricht sein gewaltsames Geschick dem Geschick der Propheten (Lk 13,34f.; Apg 7,52).

Neben den prophetischen Zügen Jesu bei Lukas, die wichtige Partien seines Evangeliums beherrschen, sind auch die Züge eines frommen Weisen an Jesus festzustellen, die Jesus einerseits zum Vorbild für die christliche Ge-

---

494 Der Titel bringt weder den abschließenden Charakter der Heilszuwendung in Christus zum Ausdruck, noch wird die kritische Funktion des Propheten vom Volk thematisiert.

meinde machen, die ihn andererseits auch für einen Menschen der gebildeten Schicht der paganen Antike als ernstzunehmen hinstellen: Jesus ist zwar Lehrer der Menge, aber läßt sich nicht als Volksheld feiern (Lk 5,15f.) und verschweigt dem Volk keineswegs die Härte des christlichen βίος (Lk 14,25-35); er versucht das Volk von der oberflächlichen Bewunderung der eigenen Person hinzuführen zu einer angemessenen Aneignung seiner Worte (Lk 11,27f.) sowie von der Nutzlosigkeit der Habgier (Lk 12,13-21; vgl. Lk 18,24-27) und von der Notwendigkeit der Änderung des Lebenswandels (Lk 12,54-13,9; 13,23-30) zu überzeugen und zur Einsicht in den Zusammenhang zwischen eigenem Fehlverhalten und kommender Katastrophe zu führen. Insofern kann man fragen, ob das lukanische Bild Jesu als des Propheten nicht auch die Züge des reflektierenden Weisen akzentuiert (s.u.). Noch bei seinem Sterben kommen Menschen zur hinreichenden Erkenntnis ihrer Verfehlung (Lk 23,39-43) und seiner Bewährung als eines Frommen Israels (Lk 23,47f.). Die Anklage, er treibe das Volk zum Aufruhr, ist frei erfunden (Lk 23,2.5), seine Ankläger sind es vielmehr, die Sympathie mit den Aufrührern bekunden (Lk 23,18-25).

Versuchen wir, die ekklesiologische Konsequenzen aus unseren Erhebungen zu summieren, werden hier in gewisser Weise die Ergebnisse aus den christologischen und den israeltheologischen Konsequenzen wiederholt.

Bei der Beschreibung der lukanischen Aussagen zum Thema Christsein sind die Motive der Bekehrung, des Besitzverzichtes und des Leidenmüssens schon immer mit Recht aufgefallen und untersucht worden. Diesen wichtigen Motiven fügen wir hinzu, daß Lukas zumindest im Vergleich mit Matthäus und Markus am meisten Gewicht darauf legt, daß der Mensch die eigene Situation zu durchschauen lernt und die Konsequenzen i.S. der Buße und der Bekehrung zieht. Der Christ soll sich gerade darin von dem üblichen Verhalten des ὄχλος unterscheiden, daß er die von Jesus in Form der Mahnung und der Warnung angesprochenen Themen als Gefährdung nicht für die anderen, sondern für sich selbst begreift. Der erste Schritt der Buße ist dabei nicht selten[495] die Erkenntnis des »tua res agitur«. Hierher gehören der Wechsel von der 3. zur 2. grammatischen Person im Übergang von der Frage zur Antwort, explizit in Lk 13,1.23, der Sache nach auch in Lk 14,16-24 gegeben, hierher gehört aber auch der kritische Vorbehalt gegen bloße äußere Bewunderung des Menschen Jesus (Lk 11,27f.) und die Mahnung zur Selbstprüfung

---

495 Wir haben hier keine ausgeführte Systematik eines Buß- und Bekehrungweges in lk Sicht zu entwickeln; vgl. insgesamt J.-W. Taeger, Der Mensch und sein Heil.

Lk 14,25-35, die im Zweifelsfall auch zum Verzicht auf die Jesusnachfolge führen kann, hierher gehört aber auch die Wahrnehmung geschehener Geschichte, die dem einzelnen zur Warnung dienen soll: Die Katastrophe Jerusalems, verursacht durch die Ablehnung Jesu und seiner Apostel, ist auch für den Christen Exempel für die Realität des Endgerichtes, dem er entgegengeht. Auch bei Christen (Lk 13,26) gibt es eine falsche Selbstsicherheit, die den Hiatus zwischen Selbstwahrnehmung und göttlichem Urteil verkennen läßt und nicht mit der Möglichkeit rechnet, daß man als »Täter der Ungerechtigkeit« von der βασιλεία ausgeschlossen bleibt (Lk 13,27). Nach Lukas weiß der rechte Christ um diese Diskrepanz zwischen Sein und Sollen, weil ihn Jesus zur Einsicht in diesen Hiat anleitet; damit wird textextern der Leser einerseits zur eigenen Selbstprüfung gemahnt; andererseits ist dieses Bild auch geeignet, das Christentum einer selbstreflektierenden Oberschicht näher zu bringen[496]; darin wird allgemein ein zentrales Anliegen des Lukas erkannt.

Diesem Anliegen dienen auch andere Momente der lk Darstellung, etwa das Motiv des Gastmahls, wo Jesus bei den Eliten eingeladen ist[497] oder wo er selbst als Gastgeber erscheint[498], die Darstellung des Wirkens Jesu in der »Stadt« etc.[499] und die politische Apologetik[500], in der Jesus vom Vorwurf der Demagogie i.S. der πολλοί-Antithese[501] freigesprochen wird. Vor allem gehören die gelegentliche pejorative Verwendung des ὄχλος-Begriffes und die lk Reserve gegenüber bloß admirativem Verhalten hierher.

Daß sich um Jesus viele Menschen aus dem einfachen Volke scharten, während er bei den Eliten Israels eher auf Ablehnung stieß, leugnet auch Lukas nicht - der Freimut der Apostel gegenüber dem Synhedrion (Apg 4,13f.) will als »Bestätigung für die Macht des vom Geist gewirkten Christuszeugnisses«[502] gewertet sein -, doch will er dem Fehlschluß vorbeugen, der Zustrom des niederen Volkes sei ein Beweis gegen die Wahrheit der Sache

---

496 Vgl. D. G. Miller, Luke 4:22-30, 53: Luke's purpose is »to commend Jesus Christ to intelligent Gentiles«.

497 Lk 7,36-50; 11,37f.; 14,1.

498 Lk 22,14-38.

499 Vgl. U. Busse, Wunder, 70. Daß Kapernaum als galiläische »Stadt« bezeichnet wird, trifft jedoch auch schon für Mk 1,33 zu.

500 Lk 22,51; 23,4.14-16.22.41.47f.

501 Lk 20,20; 23,2.5. - Doch wird διαστρέφειν Lk 23,2 nur hier bei Lukas i.S. der politischen πολλοί-Antithese gebraucht und ist auch sonst recht selten in dieser Funktion verwendet (z.B. Polybios, 5,41,1); zu ἀνασείειν Lk 23,5 vgl. Mk 15,11 sowie Diodorus Siculus, 18,10,1.

502 J. Roloff, Apostelgeschichte, 83.

Jesu.[503] Wohl wendet sich Jesus mit seinem lehrenden und heilenden Wirken an das Volk, doch wird das typische Verhalten der Volksmasse - das Hängen am Äußeren (Lk 4,42; 11,27; 23,27-31), die Habgier (Lk 12,13) - von Jesus gerade nicht bestätigt, und insofern teilt auch der reflektierende Christ ein Stück weit die Selbstabgrenzung der Oberschicht gegen die Volksmasse, indem auch er deren typisches Verhalten als defizitär beurteilt. Jesu Zuwendung zu den Armen und Verachteten der menschlichen Gesellschaft ist für die Gemeinde verpflichtend; Lukas mahnt in Lk 12,13-21 zum Besitzverzicht und in Lk 14,13-14 zur Durchbrechung der gesellschaftlichen Selbstabgrenzung der Oberschicht[504]. Doch sind die Forderungen des Christentums an die potentiellen Jünger, die Forderung nach Besitzverzicht und nach Bereitschaft zur Lebenshingabe, letztlich Forderungen nach Bezähmung des amor sui und damit Forderungen i.S. einer neuen religiösen Elitenbildung, und als Glied des ὄχλος erweist sich gerade der, der diese Konsequenzen seines möglichen Christwerdens nicht zu durchschauen vermag. Der generelle Vorbehalt gegenüber einem bloß admirativen Verhalten, die Mahnung, es nicht bei bloßer Bewunderung bewenden zu lassen (Lk 11,27f.), sowie die Aufforderung zur ethischen Selbstreflexion (Lk 11,34-36) sollen das Christentum von dem Vorwurf der ὀχλώδη δόξα freihalten und die vita christiana als bedenkenswerte Alternative empfehlen.

Inwieweit Lukas zu seiner Zeit erfolgreich war mit dieser Darstellung der christlichen Religion, inwieweit er seinen christlichen Lesern bei der Verwirklichung ihres missionarischen Wollens hilfreich sein konnte, weiß man nicht. Daß auch Lukas keine wirkliche philosophische Höhe erreicht, steht fest; dazu dominiert der Offenbarungsgedanke gegenüber der ethischen Selbstreflexion zu stark. Die Christentumskritik des Philosophen Kelsos zeigt die Grenze des Erreichbaren. Aufgabe für die eigene Selbstwahrnehmung und für die eigene Verkündigung bleibt dieses lukanische Bild Jesu und der Christen allemal.

---

503   Doch wird auch hier nicht wirklich letzte Konsequenz sichtbar. Die Verwendung des Begriffes πιστεύειν (in der Apg steht er nicht selten als Bekehrungsterminus) zeigt, daß der pejorative Sprachgebrauch in der griechischen Bildungstradition nicht gegen das Gewicht der Heiligen Schrift (der LXX) und der kirchlichen Tradition ankam.

504   So auch F. W. Horn, Glaube und Handeln, 100.

7. Abschließende Zusammenfassung

Unsere Untersuchungen zu den synoptischen Evangelien haben gezeigt: Die Synoptiker stehen in der Zeichnung der Volksmenge in ihrem Gegenüber zu Jesus der alttestamentlich-frühjüdischen Tradition näher als dem pagan-antiken Bild der Volksmenge; gemeinsam ist ihnen ferner, daß die Bedeutung der Volksreaktionen nicht in einer historisch plausiblen oder theologisch motivierten Entwicklungslinie zu beschreiben ist, daß die Volksreaktionen vielmehr auf der Ebene des Einzeltextes ihre Bedeutung haben. Quellenbedingt wie theologisch begründet divergiert jedoch die Funktion der Volksreaktionen. Wir entfalten nacheinander die übergreifenden Gesichtspunkte und die Ergebnisse zu den einzelnen Evangelien.

7.1. Übergreifende Gesichtspunkte

Gemäß dem Zeugnis aller drei Synoptiker wendet sich Jesus dem Volk in lehrender und heilender Tätigkeit zu. Die Reaktion des Volkes, u.a. ohne pejorative Wertung ὄχλος genannt, kann nach dem Zeugnis aller drei Synoptiker textintern positiv von der Reaktion der Hierarchen abgehoben, an anderen Stellen hingegen kritisch kommentiert werden, ohne daß ein historischer oder theologischer Ausgleich seitens der Evangelisten versucht wird. Angesichts dieser Beobachtungen zu den Volksreaktionen ist die Frage nach der geistigen Heimat der Evangelisten ebenso gestellt wie die Frage nach dem angemessenen theologischen Verstehen des Volksverhaltens, u.a. im Nebeneinander der positiv scheinenden Chorschlüsse und dem ablehnenden Verhalten während Jesu Passion.

Antikes und nicht nur antikes Denken kennt i.S. der von H.-D. Voigtländer beschriebenen πολλοί-Antithese[1] die Selbstunterscheidung der geistigen Elite von der Volksmasse, der gedankenloses, wankelmütiges und zur Gewalt be-

---

1   H.-D. Voigtländer, Der Philosoph und die Vielen, 6.

reites politisches Handeln ebenso nachgesagt wird wie die fehlende Fähigkeit und der fehlende Wille zu einem philosophischen βίος. In der politischen Theoriebildung muß die Mitwirkung des Volkes an der politischen Willensbildung gegenüber solchen Vorstellungen verteidigt werden; philosophisch bedingt das Menschsein des Menschen, daß er überhaupt auf eine Bindung i.S. des philosophischen βίος angesprochen werden kann. Terminologisch aufschlußreich ist für die politische Diskussion, daß die Begriffe πλῆθος und δῆμος nicht nur die Volksmasse i.S. der πολλοί-Antithese, sondern auch das Volk als potentielles Subjekt politischer Mitverantwortung bezeichnen können, während ὄχλος eindeutig auf den zuerst genannten Gebrauch eingeschränkt ist und nie die neutralen oder gar positiven Konnotationen von πλῆθος oder δῆμος annehmen kann. In der philosophischen Diskussion wird der Adressat popularphilosophischer Belehrung mit dem Wort ἄνθρωπος bezeichnet, ebenfalls nicht mit dem Wort ὄχλος.

Zwar ist auch dem Judentum ein solcher Gegensatz nicht fremd, vor allem in der Weisheitsliteratur, in der Apokalyptik und in der Selbstunterscheidung der Frommen Israels von dem עם הארץ, doch wird die πολλοί-Antithese in Israel umgriffen von der das Volksganze auf die alleinige JHWH-Verehrung verpflichtenden Kraft der israelitischen Religion, letztendlich also von dem Gottesvolkgedanken. Für jüdisches Selbstverständnis wurden das deuteronomistische Leitbild des von JHWH erwählten und zum Thora-Gehorsam verpflichteten Volkes und das chronistische Leitbild der um Tempel und Thora gescharten Gemeinde entscheidend; gerade im letzteren Traditionsbereich kann mehrfach ohne pejorative Wertung von der Anwesenheit des ὄχλος geredet sein, mit dessen Verhalten sich der Leser identifizieren soll.[2]

Vor allem Markus und Matthäus, aber auch Lukas stehen dieser alttestamentlich-jüdischen Sicht der Volksmenge durchaus näher als der pagan-antiken Sicht; daß Jesus sich dem ganzen Volk zuwendet und daß man deshalb auch nach der Reaktion des Volkes fragen kann, ist letztlich im alttestamentlichen Gottesvolk-Gedanken begründet. Legt sich für Matthäus diese Interpretation schon aufgrund seiner deutlichen Verwurzelung im Judenchristen-

---

2   1 Esdr 5,62; 8,88; 2 Esdr 3,12 (ὄχλος), neben 2 Chr 29; 30 (πλῆθος, λαός, ἐκκλησία) sowie 1 Esdr 9,10.47 (πλῆθος). - Bei Josephus hat sich eine Verbindung alttestamentlicher Gottesvolk-Thematik und pagan-antiker pejorativer Verwendung des ὄχλος-Begriffes daran gezeigt, daß die Begriffe στάσις und ὄχλος von der durch zelotische Umtriebe zum Aufruhr verleiteten Masse stehen (Ant 20,97.130.160.167: ὄχλος), aber fast nie (Ausnahme: Josephus, Ant 17,148.167: στάσις oder Derivate)

tum von selbst nahe, so scheint bei Markus das Fehlen jeglicher frühjüdischer Motive der Heilshoffnung eine solche Deutung zu erschweren; unterstützt werden kann diese Deutung allerdings durch Beobachtungen zu anerkanntermaßen mk-redaktionellen Stellen, die ebenfalls auf eine Herkunft des Markus aus Israel schließen lassen können.[3] Nach dem Einfluß der pagan-antiken πολλοί-Antithese kann man bei Markus und Matthäus nur für die Darstellung des Pilatusverhörs fragen, während die πολλοί-Antithese für Lukas auch andernorts feststellbar ist und dort als Mittel der Selbstdarstellung des Christentums fungiert, das vom Geruch einer Pöbel-Religion freigehalten werden soll.[4] Nur bei ihm kann das Wort ὄχλος den aus der paganen Antike bekannten negativen Klang annehmen. Doch auch bei Lukas ist Jesus der Lehrer des Volkes[5], und gerade für Lukas ist der Gottesvolk-Gedanke israeltheologisch von zentraler Bedeutung.

Für die Frage nach dem angemessenen Verständnis der Volksreaktion führte in der bisherigen Exegese das Gegenüber der Jünger als Erzählfigur wie das zur Zustimmung wie Ablehnung gleichermaßen fähige Volksverhalten zumeist auf eine kritische Interpretation der Volksreaktionen, die historisch als Berichte über das tatsächliche Verhalten des Volkes zu dem irdischen Jesus oder theologisch als Negativfolie des Glaubensvollzuges oder bestenfalls als dessen Vorstufe betrachtet wurden. Doch können in diese Deutungen weder die Belege integriert werden, bei denen das Staunen des Volkes mit der Vollmacht Jesu *begründet* wird, also nicht schon an sich als falsches Verhalten Gegenstand des Interesses sein kann, noch der unkommentierte Wechsel zwischen Ablehnung und Zustimmung etwa in Mk 6,31.33 gegenüber Mk 6,6a.[6] Als erste Einsicht ergab sich für uns deshalb, daß narrative Exegese das Volk nicht durch ein ganzes der synoptischen Evangelien hindurch als konstante Erzählfigur behandeln sollte, so sehr sie

---

gebraucht werden, wenn das Volk zur Verteidigung der väterlichen Gesetze ggfs. gewaltsam aktiv wird. Typisch ist Ant 18,55-59 einerseits, Ant 18,60-62 andererseits.

3   Vgl. die Terminologie in Mk 1,27; 2,13; 6,52; 7,19.37; 8,21. Wenn Markus er über jüdische Gebräuche pauschalierend berichtet und theologische Traditionen wie „Bund", „Erwählung", „Gottesvolk" etc. nicht redaktionell fruchtbar macht, kann das ebensogut auf Polemik wie auf seinen theologischen Hintergrund zurückzuführen sein.

4   S. o. S. 330-350. - Die Höhe philosophischer Reflexion wird aber auch von Lukas nicht erreicht.

5   Parallelen zu dem Dictum des Diogenes von Synope: πολὺς μὲν ὁ ὄχλος, ὀλίγοι δ' οἱ ἄνθρωποι (Diogenes Laertios, 6,60) finden sich auch bei Lukas nicht.

6   Bei Lukas wäre ein Hinweis auf das übliche Verhalten des Volkes i.S. der πολλοί-Antithese nicht ausgeschlossen, bei Matthäus eine Klage i.S. von Hos 6,4. Beides fehlt.

auf der Ebene des Einzeltextes die Auslegung bereichert.[7] Wenn ferner das
Außersichgeraten bei den Jüngern nach Mk 6,52 ein Zeichen ihres Unverständnisses ist, bei dem Volk im Chorschluß Mk 1,22.27 für den Evangelisten offenbar eine positive Funktion hat, kann Mk 6,52 nicht als genereller
Deutungsschlüssel für die Volksreaktionen gelten, und wird nicht jede Volksreaktion als Lehrstück über den rechten oder unrechten Glaubensvollzug erzählt.[8] Von daher legten sich die formgeschichtliche Rückfrage nahe, welche
Funktionen solche Chorschluß-Aussagen in biblischer wie paganer Tradition,
vor allem in Wundertexten, überhaupt haben können, und die redaktionskritische Frage, ob nicht diese formgeschichtliche Funktion des Einzeltextes auch
auf der Ebene ihre Bedeutung für textexterne Zwecke hat. Das Ergebnis sei
hier vorausgenommen: Die chorschlußartigen Volksreaktionen thematisieren
nicht den rechten oder unrechten Glaubensvollzug, sondern sind leserorientierte Hinweis auf den Grund des Glaubens.

Ein Vergleich zwischen alttestamentlichen Wundertexten und ihren frühjüdischen Rezeptionen zeigte das Miteinander von Kontinuität in der erzählten
Handlung und Diskontinuität in der jeweiligen Intention des Erzählens; diese
Diskontinuität wurde als Widerspiegelung der politischen wie geistigen Geschichte Israels verständlich[9]; zu ihrer Erfassung war freilich eine Klassifizie-

---

7   Während das Nebeneinander der positiven und negativen Verhaltensweisen der Jünger
    die durch Gnade erwachsene Erkenntnis und das eigene Versagen als Beschreibung
    christlichen Lebens in Begnadung *und zugleich* Gefährdung für den christlichen Leser
    transparent werden lassen, kommt dem Nebeneinander der positiven und der negativen
    Volksreaktionen eine solche einheitlich zu erfassende Funktion nicht zu.

8   Lukas korrigiert u.a. in Lk 11,27f. bei dem ὄχλος eine bloße Bewunderung für Jesus,
    die den Ernst seiner Worte für das eigene Leben nicht erkennt. Doch ist dies spezifisch
    lukanisch und darf auch bei ihm nicht zum Deutungsschlüssel *aller* Volksreaktionen
    erhoben werden.

9   Zu deren Beschreibung hatten wir nach herkömmlicher Art drei Phasen unterschieden:
    In exilischer und frühnachexilischer alttestamentlicher Literatur wird die alleinige
    JHWH-Verehrung in Israel weitgehend durchgesetzt. Erzählt werden u.a. israeladres-
    sierte Gottesaufweiswunder (2 Kön 18,39), in manchen Fällen wohl aus anders moti-
    vierten Geschichten umgeformt (vgl. den Zusatz Ex 14,31). In spätalttestamentlich-
    frühjüdischer Literatur weiß sich Israel in der Konzentration auf die alleinige JHWH-
    Verehrung konsolidiert. Daher kann der israeladressierte Gottesaufweis in nachaltte-
    stamentlicher Zeit zurücktreten; Ex 14,31; 15,25bf. werden in der frühjüdischen Re-
    zeption der zugehörigen Perikopen nicht selten übergangen, 1 Kön 18 durch 1 Kön
    18,39 LXX diff MT als Vergewisserungswunder umgedeutet. Doch gleichzeitig ist Is-
    rael um eben dieser ausschließlichen JHWH-Verehrung inmitten der nicht-israeliti-
    schen Umgebung isoliert und bedroht. Deshalb werden frömmigkeitsmotivierende
    Wunder neu geprägt, die dem frommen, an der Thora trotz Verfolgung festhaltenden
    Israeliten den Beistand Gottes verkündigen (BelDr [=StDan 2] 33-39; vgl. V. 38). In

freilich eine Klassifizierung der Texte nach der jeweiligen Erzählintention, der Pragmatik erforderlich. Erkennbar wurde auch, daß sich Veränderungen in der Pragmatik nicht textinternen, sondern textexternen Gründen verdanken, d.h. der vermuteten Bewußtseinslage der Leser.

Wir haben bei den Chorschlüssen mit G. Theißen zwischen Admirationen als den Reaktionen des Staunenes, Erschreckens, Sich-Fürchtens und Akklamation als den sprachlich explizierten Reaktionen unterschieden[10], ferner nach der Stellung dieser Reaktionen innerhalb einer Perikope und nach dem Subjekt dieses Verhaltens differenziert.

Die Admiration[11] fungiert textextern im paganen wie im alttestamentlich-jüdischen Traditionsbereich als Hinweis auf die Realität des Göttlichen[12]. Dessen Überlegenheit wird gerade darin anerkannt, daß textintern die Reaktion des Menschen seiner eigenen Verfügbarkeit entzogen ist, indem sie eben als Reaktion des Erschreckens und Staunens erzählt wird. Der Gottheit Gottes soll sich der Mensch auch nicht durch sprachliche Bewältigung bemächtigen wollen. Insofern ist auch die Reichweite unserer Erkenntnis begrenzt, und diese Begrenzung ist nicht darum eines Tages durch verbessertes Wissen zu überwinden, sondern ist theologisch im Abstand zwischen Schöpfer und Geschöpf, im ersten Gebot gesetzt und damit prinzipiell nicht überwindbar. Admiratives Verhalten kann jedoch im paganen Bereich der philosophischen Religionskritik unterworfen sein, im Bereich alttestamentlich-frühjüdischer Tradition der mit dem ersten Gebot gesetzten Frage nach seinem auslösenden Grund (SapSal 17). Ferner eignet ihm insofern eine gewisse Ambivalenz, als ihm ja auch Ablehnung folgen kann (Mk 6,2f.).

Philosophisch will das Staunen zum Erkennen, theologisch zum Bekennen weitergeführt werden. Glaube selbst äußert sich in der inhaltlich artikulierten Stellungnahme und im begründeten Handeln. Sofern admiratives Verhalten das nicht zu begründen oder zu leisten vermag, bleibt es ungenügend und ist, wie vor allem Lukas klarstellt, kein adäquater Glaubensvollzug[13]; doch sind

---

rabbinischer Literatur wird unter dem Druck der äußeren Verhältnisse die Tradition i.S. der Durchgestaltung der Frömmigkeit des einzelnen an der Thora interpretiert.

10 G. Theißen, Wundergeschichten, 79f.

11 S. o. S. 84-101.

12 Plutarch, De E apud Delphos 394c; Jer 5,22.

13 Daß sich der Jünger von der Volksmenge dadurch abhebt, daß er statt bloßen admirativen Verhaltens Erkenntnis und Gehorsams des Glaubens zeigt, ist vor allem für Markus und Matthäus mit der Differenz zwischen dem Standpunkt innerhalb und dem Standpunkt außerhalb der Gemeinde begründet, nicht mit der Wertung des ὄχλος i.S. der πολλοί-Antithese, ist also nicht soziologisch, sondern theologisch bedingt.

die meisten alt- und neutestamentlichen Admirationen nicht um dieses Unge-
nügens willen erzählt[14], sondern wollen als Hinweis auf den Glaubensgrund
verstanden werden. Gerade die Admiration seitens nicht unmittelbar betroffener Dritter[15] ist Vergewisserung secundum hominem.

Akklamationen sind im Alten Testament zumeist als Gottesaufweis gestaltet, das Volk Israel ist Adressat, nicht Zeuge des Geschehens (1 Kön
18,39 MT; 2 Kön 15,5), daneben begegnen auch Autoritätsaufweis zugunsten
des Gottesmannes und des Gotteswortes. In frühjüdischer Literatur wird häufiger als bisher der Gottesaufweis als Akklamation einem heidnischen Sprecher in den Mund gelegt; solches Zeugnis aus dem Mund der Heiden hat verstärkte vergewissernde Wirkung für den israelitischen Leser. Im Neuen Testament begegnen Akklamationen als verbalisiertes Staunen über die Kraft
des Wundertäters, als Aufweis der Treue Gottes zu seinem Volk[16], vor allem
aber als Autoritätsaufweis zugunsten Jesu. Das quantitative, im Verlauf der
synoptischen Traditionsbildung sogar noch zunehmende[17] Gewicht dieser
letztgenannten Funktion im Neuen Testament ist bedingt durch die Überzeugung, daß das eschatologische Heilshandeln Gottes gerade im Wirken Jesu
zum Vollzug kommt, und durch die Erfahrung, daß die Gemeinde um eben
dieser Überzeugung willen von außen infragegestellt wird.

So sind die formgeschichtlich für die Chorschlüsse erhobenen Funktionen
auch auf der Ebene der evangeliaren Endredaktion von Bedeutung: Die Admiration fungiert textextern im paganen wie im alttestamentlich-jüdischen
Traditionsbereich als Hinweis auf die Realität des Göttlichen, die Akklamation ist leserorientierte sprachliche Wertung, die zumeist als Autoritätsaufweis zugunsten Jesu ergeht und damit auf den Grund des Glaubens verweist.

---

14   Kaum ausgebildet ist die Vorstellung, daß das Außersichgeraten des Menschen auch
     nach erfolgter Gottesbegegnung auf sein mangelndes Verständnis schließen läßt; als
     Vorbild für Mk 6,52 kommt nur Ps 76,5 LXX diff MT in Frage.

15   Im Alten Testament begegnet die Admiration seitens Dritter zunächst vor allem in
     besprechenden Texten, die von der erwarteten Reaktion der Heiden auf das Heils- oder
     Gerichtshandeln des Gottes Israels handeln (vgl. Ez 26,16.18; 32,10; Sach 9,5; Jes
     23,4f.25,3; 49,7; Mi 7,17), erst später auch in erzählenden Texten (4 Makk 17,13-16).

16   Enthalten die Wundergeschichten der synoptischen Tradition weder das in Ex 8,12-15
     begegnende Wettkampf-Motiv noch einen heiden- oder israeladressierten Gottesauf-
     weis, so ist das in dem Ort ihrer Überlieferung begründet: Für deren Träger wie für de-
     ren Adressaten stand die Glaubensbindung an den Gott Israels gleichermaßen fest.

17   Im Neuen Testament ist mehrfach ein Autoritätenaufweis zugunsten Jesu in anders
     motivierte Geschichten eingefügt worden (Vgl. die legitimierenden Zusätze der mk
     Redaktion in Mt 1,27; 7,37 sowie die Apologetik Lk 18,43 diff Mk 10,52).

Ist somit allen drei Synoptikern eine gewisse, wenn auch abgestufte Nähe zur alttestamentlich-jüdischen Zeichnung der Volksmenge und eine auf den Einzeltext bezogene Funktion der jeweiligen Volksreaktion gemeinsam, so sind nunmehr die Divergenzen in der Verwendung der Volksreaktionen in den Blick zu nehmen. Möglich sind diese Divergenzen, weil der Evangelist in der Zeichnung der Volksmasse eine größere Freiheit hat als bei den Jüngern bzw. den Hierarchen, deren Rollen im Urteil der Evangelisten ekklesiologisch bzw. historisch festliegen; bedingt sind diese Divergenzen literarisch durch den Einbezug der Redenquelle, terminologisch durch die breitere Verwendung des λαός-Begriffes und, damit zusammenhängend, theologisch durch die explizite Ausgestaltung der Israelthematik bei Matthäus und Lukas.

Volksreaktionen haben bei Markus vor allem epiphanietheologische und missionstheologische, bei Matthäus israeltheologische, bei Lukas israeltheologische und missionstheologische Funktion. Hinzu kommt bei Lukas, in der Wahl des ὄχλος-Begriffes teilweise damit verbunden, die Funktion als Negativ-Folie für die vita christiana. Bei Matthäus und Lukas tritt die epiphanietheologische Volksreaktion zurück. Dies gilt es abschließend zu summieren.

7.2. Die Reaktion des Volkes in der Konzeption der einzelnen Evangelien

7.2.1. Die Reaktion des Volkes nach Markus

Das Markusevangelium will mit Hilfe seiner verschiedenen Erzählebenen den Leser einen Erkenntnisweg führen, den auch die Jünger geführt wurden. Der christliche Leser soll die Legitimität und die Existenzform seines Christseins in Jesu Sein, Wirken und Geschick begründet und präformiert begreifen: Das Motiv der dem Leser von Anfang an offenbaren Vollmacht Jesu legitimiert sein Christsein, das Leiden Jesu, ohne das die Vollmacht Jesu durch den Menschen nicht adäquat ausgesagt werden kann, präformiert seine Existenz. Ursache wie Urbild dieses Erkenntnisweges ist die Geschichte Jesu mit seinen Jüngern, darum kann Markus die genannte Thematik in der Form des Evangeliums darstellen. Innerhalb dieser genannten inneren Einheit des Markusevangeliums haben die Volksreaktionen ihre verschiedenen Funktionen: Die epiphanietheologischen Reaktionen sind Hinweise auf die Macht des Göttlichen, die in Jesus sich offenbart, und sind dem Vollmachtsmotiv als

Bestätigung secundum hominem zugeordnet, die missionstheologisch zu interpretierenden Reaktionen veranschaulichen die missionarische Realität von partieller Annahme und Ablehnung der Botschaft Jesu.

Der epiphanietheologischen Bedeutsamkeit der Volksreaktionen bei Markus entspricht formgeschichtlich das häufige Admirationsmotiv, mehrmals auch in expositioneller Stellung (Mk 9,15; 10,32) und in Angaben summarischen Charakters verwirklicht (Mk 1,22; 6,2; 11,18), sowie das Motiv des Volkszulaufs (Mk 3,7-12.20f.; 6,31-33), das in fast naiver Freude die ungeheure Ausstrahlung Jesu zu rühmen weiß. Dem gleichen Zweck dient das kompositionelle Mittel der Steigerung der positiven Volksreaktion in Mk 1,28.33.37.45 und in Mk 12,12.17.28.32.34c.37. In der Umgebung von Gegnerperikopen dienen diese Mittel zugleich dazu, die feindselige Haltung der Oberen Israels als umso unverständlichere wissentliche Selbstverweigerung erscheinen zu lassen.[18] Diese epiphanietheologische Akzentuierung der Volksreaktion hat wie die explizite Übertragung JHWH-bezogener Aussagen auf Jesus in Mk 7,37a; 8,18 vergewissernde Funktion für die Gemeinde, die damit um die Legitimität ihres eigenen Weges weiß.[19] Die Volksreaktionen in Mk 1,45; 7,37 sind daher nicht im Sinne des Jüngerunverständnismotives zu interpretieren; das schon zu irdischen Lebzeiten Jesu offenbarwerdende Wundergeheimnis hat seine selbständige Funktion neben dem offenbarungs- und kreuzestheologisch zu interpretierenden Messiasgeheimnis.[20] Wird in Dtn 13,2-6 vor der Verführung durch Wunder zum Abfall von dem Gott Israels gewarnt, und besteht aufgrund dessen im rabbinischen Judentum eine gehörige Skepsis gegen die selbständige menschliche thaumaturgische Kraft, so wird diese Problematik im Markusevangelium nicht reflektiert, weil die Auferweckung Jesu als seine Bestätigung durch Gott für die Anhänger Jesu die Frage nach einer verführenden Absicht Jesu von vornherein als unangemessen erscheinen läßt.

---

18   Daß Markus und nach ihm die Großevangelisten zwischen der Reaktion des Volkes und der Reaktion der Eliten unterscheiden, ist keineswegs so selbstverständlich, wie es uns aus der Vielzahl der entsprechenden Belege erscheinen mag: Weder Paulus noch Q kennen dieser Differenzierung an den Stellen, wo es um die Reaktion Israels auf Jesus geht. Die Synoptiker dürften historisch zutreffend von einem gewissen Eindruck des vorösterlichen Jesus auf das Volk gesprochen haben, doch gilt es auch für die nachösterliche Zeit, daß keineswegs ganz Israel sich gegen Jesus ausgesprochen hat. Israeltheologisch ist das ebenfalls zu bedenken.
19   Zur legitimatorischen Funktion der mk Jesusdarstellung s. o. S. 115-117.
20   So zu Recht U. Luz, Geheimnismotiv, 226f.

Die gespaltene Reaktion der Umwelt auf die Christusbotschaft wird vor allem in Mk 3,7-6,29 reflektiert.[21] Was in Mk 4 angekündigt wird, verwirklicht sich teilweise in den folgenden Negativ-Reaktionen Mk 5,17.40, vor allem aber in der Verwerfungsszene Mk 6,1-6a. Indem Jesus diese Ablehnung im voraus angekündigt hatte, weiß die Gemeinde von vornherein, womit sie zu rechnen hat.[22] Die Perikope von der Verwerfung Jesu in Nazareth ist bei Markus dabei nicht speziell israeltheologisch, sondern missionstheologisch zu interpretieren, denn Jesus lehrt auch nach der Verwerfung in Nazareth weiterhin in Israel, und Menschen aus Israel hören ihm zu und erfahren seine Hilfe. Es geht also nicht an, Mk 6,1-6a i.S. einer Vorwegnahme der Ablehnung Jesu seitens ganz Israels zu interpretieren. Daß Jesus nach der geschehenen Verwerfung seinem Auftrag treu bleibt, bedeutet auch für die Gemeinde die bleibende Verpflichtung zum Auftrag an allem Volk, trotz missionarischen Mißerfolges. Dabei können selbst inhaltlich defizitäre Volksreaktionen wie die in Mk 6,14-16 angeführten Äußerungen missionstheologisch die unaufhaltsame Macht der Christusbotschaft veranschaulichen, deren Bekämpfung letztlich auf einer Fehlkalkulation beruht. Nimmt das Volk in einigen Wundergeschichten die Beurteilung einer Fremderfahrung vor, so teilen der textexterne Hörer oder Leser dieser Perikope mit der Volksmenge ihren Status in dem Geschehen: Auch sie sollen Stellung nehmen zu einer Erfahrung, die sie nicht unmittelbar selbst betrifft. Textextern hat das Zeugnis des unbeteiligten Dritten für den Rezipienten in gesteigertem Maße vergewissernde Wirkung.

So haben die epiphanietheologischen Volksreaktionen unterstützende Funktion für die Frage der Legitimität des christlichen Weges, während die missionstheologischen Volksreaktionen die Realität von partieller Annahme und Ablehnung veranschaulichen. Die Legitimierung der Gemeinde durch Jesu Wirken und Vorherwissen dient bei Markus dazu, daß die Gemeinde auch den Weg des Leidens und der zum Spott der Welt gewordenen Ohnmacht (Mk 15,29-32) als den von Gott gewollten Weg annimmt. Nicht umsonst steht eine epiphanietheologische Volksreaktion vor der dritten Lei-

---

21   S. o. S. 117f.
22   Jesu Wunderbares Vorherwissen bezieht sich in Mk 4 auf die missionarische Gegenwart, in Mk 13 auf die Zukunft der Gemeinde; dadurch, daß sich die Jesus selbst betreffenden Leidensankündigungen Mk 8,31; 9,31; 10,33f. erfüllt haben, ist der Gemeinde auch die Erfüllung des in Mk 4; 13 Angesagten jenseits der eigenen zumeist enttäuschenden Ohnmachts-Erfahrung gewiß.

densankündigung, als deren Deutungsschlüssel sie für den Leser fungiert. Jesu Leiden als Urbild des Weges der Gemeinde ist gottgewollt.

Daß im erzählerischen Verhältnis zwischen dem Volk und den Jüngern letztere als der engere Kreis um Jesus betrachtet werden, ist natürlich; bemerkenswert ist eher, daß Markus die Grenze zwischen Volk und Jüngern in beiden Richtungen offenhält: Auch bei den Jüngern gibt es das Nichtverstehen der eindeutigen und einzigartigen Herrlichkeit Jesu (Mk 6,30-8,26), und umgekehrt ist der ὄχλος nicht einfach mit den οἱ ἔξω (Mk 4,11) gleichzusetzen. Die Parabeltheorie erklärt für die Zeit des Markus den Unterschied zwischen Glaubenden und Nichtglaubenden, doch ist nicht die Volksmasse als Volksmasse verstockt; ὄχλος bezeichnet mehrfach das missionarische Umfeld der Gemeinde, den Kreis der potentiellen Christen, die darüber aufgeklärt werden müssen, was im Falle ihrer Bekehrung auf sie zukommt (Mk 7,14; 8,34).

7.2.2. Das Matthäusevangelium, das Lukasevangelium und die Logienquelle

In der Logienquelle wird im derzeit erkennbaren Endtext vor allem die Selbstverweigerung großer Teile Israels gegenüber der Botschaft Jesu thematisiert, dabei wird zwischen der Volksmenge und einzelnen Gruppen aus der Führungsschicht hinsichtlich ihrer Stellungnahme zu Jesus meist nicht unterschieden[23]. Einzig in Lk 7,29f. wird das Verhalten der Zöllner und Huren gegenüber dem Täufer dem Verhalten der Angeredeten kontrastierend verglichen, die hier Angeredeten sind aber nicht explizit als „Eliten" benannt. Die pagan-antike πολλοί-Antithese spielt für Q keine Rolle.

Der Vorwurf der Q-Tradenten an die Adressaten ihrer Predigt bezieht sich auf die Selbstverweigerung gegenüber dem Wort der Weisheit (Q 11,31), gegenüber der Forderung der Umkehr (Q 3,7; 10,13) und des Glaubens (Q 7,9). Die pauschale Redeweise von der Unbußfertigkeit dieser Generation ist wohl in dem Anspruch begründet, ganz Israel sammeln zu wollen und sich nicht auf einen Rest zu beschränken.

Die Aufnahme der Logienquelle durch Matthäus wie durch Lukas bewirkt in beiden Großevangelien eine Zunahme der als direkte Rede Jesu überlie-

---

23 Sollte der Begriff ὄχλος in Lk 3,7 auf Q zurückgehen (was ich nicht annehme), ist damit das Volk als Subjekt des Fehlverhaltens benannt, doch fehlt eine positive Kontrastzeichnung der Oberen. In Lk 11,39-52 bezieht sich die Unterscheidung zwischen Pharisäern und Volk nicht auf die Stellungnahme zu Jesus, sondern auf die Frömmigkeitspraxis.

ferten pauschal-kritischen Aussagen zur Volksreaktion. Dabei stehen literarischer und theologischer Befund in Wechselwirkung zueinander: Beide Evangelisten kennen die Differenzierung zwischen der Volksmenge und den Hierarchen als Mittel der Darstellung für die Zeit des irdischen Jesus, während die eigene Zeit unter dem Eindruck einer weitgehenden Ablehnung des ungläubig bleibenden Teiles Israels beschrieben wird. Die Idee ist bei Markus in Mk 4 und in Mk 13,9-13 schon grundgelegt, aber erst von den beiden Großevangelisten extensiv durchgeführt. Matthäus korrigiert in seiner Konzeption der Erzählfiguren im Vergleich zwischen dem Volk und den Jüngern aufgrund der Vorgabe Q 11,27 die Aussagen des Markus nach Q, im Vergleich zwischen Volk und Eliten ergänzt er das durch Q vorgegebene pauschal negative Bild durch die Integration der differenzierenden Markusstoffe. Lukas zeichnet ebenfalls die Unterscheidung zwischen Jüngern und Volk nach Q, führt allerdings die Verteilung der Hoheitstitel auf die prädizierenden Subjekte nicht mit gleicher Strenge durch wie Matthäus. Teilweise aus Q vorgegeben ist beiden Großevangelisten auch ein semantisches Feld, was die von den Jüngern geforderte und von Israel in seiner Mehrheit versagte Bewährung betrifft.

7.2.3. Die Reaktion des Volkes nach Matthäus

Die Reaktion des Volkes nach Matthäus ist materialiter Teil der matthäischen Israeltheologie, enthält aber hinsichtlich der Konzeption der Erzählfiguren auch Implikationen für die matthäische Ekklesiologie. Eine missionstheologische Funktion der Volksreaktionen ist bei Matthäus nicht gegeben.[24] Epiphanietheologische Momente erscheinen selten, aber an kompositionell wichtiger Stelle nach der Bergpredigt und vor der Passion.

Jesus ist im Matthäusevangelium der vollmächtige Verkünder des Willens Gottes und der barmherzige, heilende Davidssohn, in dessen Wirken sich Israels Hoffnung erfüllt. Für die Reaktion des Volkes ist in erzählenden Texten ein Nebeneinander von positiver wie negativer Reaktion kennzeichnend,

---

24 Der ὄχλος-Begriff hat bei Matthäus die missionstheologischen Verwendungsmöglichkeiten an den Begriff ἄνθρωπος abgegeben (vgl. Mt 5,16; 8,27). Die Ausnahme Mt 9,8 erklärt sich neben der Vorlage Mk 2,12 zusätzlich dadurch, daß der Begriff ἄνθρωπος im Akklamationstext erscheint, daher nicht schon in der Rede-Einführung stehen kann.

während in den besprechenden Texten die pauschal als Ablehnung dargestellte Reaktion überwiegt.

Der Schlüssel zur Deutung dieses Befundes liegt in der Einsicht in die
kompositionelle Integration der besprechenden, negativ akuentuierenden
Texte: Jesu Adressaten in Mt 11; 12; 13,53-58 verhalten sich genau so, wie
Jesus selbst es in Mt 10,13b-31 angekündigt und in Mt 13,10-17 begründet
hatte. Damit wird das besprochene Negativverhalten des Volkes Vorausblick
auf die kommende Wirklichkeit der Gemeinde, während das erzählte negative
Verhalten diese gemeindliche Wirklichkeit als schon zur Zeit Jesu grundgelegt erweist. Die fragenden bzw. positiven Volksreaktionen bezeugen, daß
Jesu Heilswirken in und für Israel als solches auch erkennbar war. Redaktionell gesetzt sind der Davidssohn- und der Prophetentitel (Mt 12,23;
21,11.15); ersterer rückt Jesus in die Nähe der klassischen Gerichtspropheten
und bezeichnet den Anspruch Jesu an Israel, letzterer sein heilendes Wirken
zugunsten Israels. Beide Titel sagen zwar nicht alles über Jesus aus, wohl
aber Wahres; sie interpretieren seine Funktion gegenüber Israel.[25] Sie lassen
damit die Ablehnung durch weite Teile Israels zugleich als um so unver-
ständliche Selbstverweigerung erscheinen. So haben die erzählten negativen
Volksreaktionen ätiologische, die positiven Reaktionen apologetische Funktion[26].

Nach Matthäus ist die Übernahme der Schuldverantwortung Mt 27,24f.
und die Leichendiebstahlstheorie die letzte Äußerung des ungläubigen Teiles
Israels. Das Motiv der ἄγνοια Apg 3,17 ist von Mt 27,24f. so weit weg wie
nur möglich; Matthäus hätte, obwohl er faktisch in der Wirklichkeit einer
mehrheitlich judenchristlichen Gemeinde lebt (vgl. Mt 8,19; 13,52; 23,34),
nie i.S. v.. Apg 2,41.47; 4,4 von nachösterlichen Bekehrungen von Israeliten
erzählt. Diese Diastase zwischen eigener Situation und Selbstdarstellung ist
wohl begründet in dem wohl von Jesus selbst übernommenen und weiterge-
tragenen Anspruch, ganz Israel zur βασιλεία zu sammeln und sich nicht auf
einen Teil Israels zu beschränken.

---

25 Daß das Volk zur Erkenntnis Jesu als des Davidssohnes, aber nicht als des Messias
    kommt, ist mit innergemeindlichen Funktionen des Christustitels zu begründen
    (Mt 23,8), zu denen das Volk kraft Mt 11,27; 13,10-17; 16,16f. keinen Zugang hat. (S.
    o. S. 247f.).

26 Spiegelungen eigener Erfahrungen dürfte es freilich sein, wenn Matthäus in den
    reaktionskontrastierenden Erzählungen Mt 9,32-34; 12,22-24 die Hierarchen als Träger
    aktiver Gegenpropaganda zeichnet (vgl. noch Mt 27,62-66; 28,11-15).

Doch rechtfertigt die scharfe und sachkritisch zu würdigende Israelkritik des Matthäus nicht den Schluß, die Kirche sei in beata possessione. Wie kein anderer der Synoptiker stellt Matthäus heraus, daß gerade der Jünger zum Gehorsam in der Nachfolge gefordert ist und das Jüngste Gericht noch vor sich hat. Dort wird er nach den selben Kriterien gerichtet, denen gegenüber Israel nach matthäischer Anschauung in seiner Mehrheit versagt hat.

Wir hatten beschrieben, wie Matthäus in der Wertung des Volkes im Vergleich zu den Jüngern Markus nach Q (Mt 11,27) korrigiert: Nur den Jüngern ist die Erkenntnis der Geheimnisse des Himmelreiches vorbehalten, dem Volk ist sie nicht gegeben (Mt 13,10-17); diejenigen, die Gottes Willen tun, sind nur Jesu Jünger, nicht das Volk (Mt 12,46-49 diff Mk 3,32-35). Diese Korrektur ist ekklesiologisch motiviert: Nur den in der Nachfolge gehorsamen Jüngern ist die Erkenntnis Gottes geschenkt. Die Kontinuität zwischen dem sich bewährenden Gottesvolk und der auf Jesus hörenden Kirche verläuft nicht über die positiven Volksreaktionen, sondern über die Berufung und den Gehorsam der Jünger.

7.2.4. Die Reaktion des Volkes nach Lukas

Bei Lukas hat die Reaktion des Volkes auf Jesus vor allem israeltheologische und missionstheologische Funktion. Hinzu kommt bei Lukas, in der Wahl des ὄχλος-Begriffes teilweise damit verbunden, die Funktion als Negativ-Folie für die vita christiana. Epiphanietheologische Momente treten zurück.

Der jüdischen Traditionen verbundene Heidenchrist Lukas ordnet Jesus in eine in der Heiligen Schrift begründeten[27] Heilsgeschichte[28] der Sammlung des Gottesvolkes ein; die erste Simeonsprophetie beschreibt die Ausweitung des Israel bleibend geltenden Heiles auch für die Heiden, die zweite Simeonsprophetie die gespaltene Reaktion Israels darauf[29]. In Jesus erweist Gott

---

27 Die einzige Ausnahme ist die Deklaration der bisher unreinen Tiere für rein in Apg 10,15.19f. durch die Himmelsstimme im Zuge einer Audition des Petrus.

28 Mit dem Nebeneinander des epiphanietheologischen Christusbildes bei Markus und des israeltheologisch und heilsökonomisch geprägten Christusbildes bei Matthäus und Lukas ist in nuce die Problematik angelegt, die später zur Ausbildung der altkirchlichen Trinitätslehre geführt hat.

29 Zur Deutung von Lk 2,34f. s.o. S. 273f. mit Anm 58.

seinem Volk Israel die Treue, und darum wird angesichts der Taten Jesu *Gott* gelobt.[30]

Israels Reaktion auf Jesus beschreibt Lukas, ausgehend von der zweiten Simeonsprophetie Lk 2,34f., auch nachösterlich bis einschließlich Apg 28 als eine gespaltene Reaktion: Ein Teil Israels verweigert sich Jesus, ein anderer Teil findet jedoch den Weg zu ihm und konstituiert sich so als das endzeitlich gesammelte Israel; die Masssenbekehrungen von Apg 2,41.47; 4,4 sind die Erfüllung der Verheißung Am 9,11 = Apg 15,16. Anders als Matthäus stellt Lukas die unleugbare und auch für uns heute israeltheologisch zu bedenkende Kontinuität zwischen der Kirche und Israel auch auf menschlicher Seite explizit heraus[31], indem er die Sammlung Israels als einen geschichtlichen Prozeß beschreibt.

Dabei ist auch für Lukas das Nebeneinander von pauschaler Ablehnung in besprechenden Texten und teilweise gegebener Zustimmung zu Jesus in erzählenden Texten kennzeichnend, wenngleich der lukanische Reisebericht als Zurüstung der Gemeinde auf die nachösterliche Zeit[32] auch in erzählenden Texten die pauschal ablehnende Reaktion des Volkes kennt[33] und in Lk 23,1-25 und Apg 21-28 die jüdische Volksmenge überwiegend negativ gezeichnet wird. Das Übergewicht der negativen Reaktionen läßt ähnlich wie bei Matthäus auf einen weitgehenden Mißerfolg der Israelmission zur Zeit des Lukas schließen.

Für Lukas gilt wie für Matthäus die Zerstörung Jerusalems als göttliche Strafe für die Ablehnung Jesu durch die Mehrheit Israels (Mt 22,7; Lk 19,41-

---

30   Auch bei Markus und Matthäus begegnet das Motiv gelegentlich, vgl. Mt 9,8 (für das Verbum δοξάζειν vgl. Mk 2,12 trad.); Mt 15,31 (redaktionell), aber nicht mit der selben Häufigkeit wie bei Lukas (Lk 5,26 trad.; 7,16; 18,43; 19,37; vgl. Lk 9,43). Für Lukas ist an diesem Punkte Apologetik kennzeichnend, nicht wie bei Matthäus offensives Vorgehen. Begründet ist diese Differenz möglicherweise in der unterschiedlichen Stellung beider Evangelisten zur Thora: Kann der matthäische Jesus als vollmächtiger Thora-Interpret auch offensiv als der heilende und barmherzige Davidssohn benannt werden, hat bei Lukas das Motiv des Gotteslobes angesichts der Taten Jesu apologetische Funktion für eine Gemeinde, die sich angesichts ihrer weitgehenden Abrogation der Thora gegen die Bestreitung ihrer eigenen Kontinuität zur Heilsgeschichte Israels zur Wehr setzen muß.

31   Die personale Kontinuität zwischen Israel und der Kirche besteht für Lukas zunächst in dem größeren Jüngerkreis von Lk 6,17; 19,37; Apg 1,15-26, sodann in den Bekehrten von Apg 2,41.47; 4,4, bei Matthäus nur in dem Kreis der elf Jünger von Mt 28,16-20.

32   Zu dieser Funktionsbestimmung von Lk 9,51-1927 s.o. S. 295-297.

33   Vgl. Lk 11,14-36. Die Ausnahme Lk 13,17 soll das weitergehende heilvolle Wirken Jesu zugunsten des Volkes Israel bestätigen. Das Wort ὄχλος in Lk 13,17 ist durch seine Verwendung in Lk 13,14 vorgegeben.

44; 23; 27-31). Vor allem bei Lukas wird Jesus in diesem Zusammenhang zum Unheilspropheten stilisiert, der das Volk vor der kommenden Katastrophe warnt. Mehrfach hatten wir bei Lukas einen gegenüber Markus sekundären Einbezug der Volksmenge in den Adressatenkreis der Gerichtsverkündigung Jesu zu beobachten (Lk 20,9-19; 21,5-36), und so ist das im Markusevangelium vornehmlich auf die Oberen Israels bezogene Motiv der wissentlichen Selbstverschuldung (Mk 12,12) bei Lukas auf das ganze Volk ausgeweitet. Doch wird Israel nachösterlich genauso wie die anderen Völker zur Buße gerufen; erst die Selbstverweigerung gegenüber der nachösterlichen Christusverkündigung führt zum Selbstausschluß des ungläubigen Teiles Israels.[34] Ferner ist die Katastrophe Jerusalems bei Lukas zugleich auch die Mahnung an die Christen, mit der ernsthaften Realität göttlichen Gerichtshandelns auch im Falle des eigenen Versagens zu rechnen[35].

Wie im Verlauf unserer Untersuchung zu Lukas deutlich geworden ist, hat Lukas den ὄχλος-Begriff an mehreren Stellen auch i.S. der πολλοί-Antithese eingesetzt, um das Christentum von dem Geruch einer Religion für den Pöbel zu befreien und es auch der gebildeten Oberschicht als vernünftige Alternative glaubhaft zu machen.

In diesem pejorisierenden Sinne gehört jemand zum ὄχλος, wenn er Jesu Worte bewundert, ohne ihren dringlichen Ernst zu erfassen (Lk 11,27f.), wenn ihn die πλεονεξία die Unsicherheit seiner kreatürlichen Existenz vergessen läßt (Lk 12,13-21), wenn er den καιρός nicht erkennt, daß ihm in der Christusverkündigung die Gelegenheit gegeben wird, durch Buße zur Rettung zu gelangen (Lk 12,54-13,9), und wenn er die Konsequenzen einer bewußten Entscheidung für die christliche Religion nicht durchschaut (Lk 14,25-35). Indem der lukanische Christ derlei Fehlhaltungen vermeidet, wird er zum Glied einer neuen religiösen Elite, die in Ernsthaftigkeit und Reflexionsgrad nach lukanischer Einschätzung den Vergleich mit den Gebildeten der Zeit nicht zu scheuen braucht. Neben dieser Verwendung des ὄχλος-Begriffes dient dem genannten Ziel des Lukas die Zeichnung Jesu als eines Menschen,

---

34 Dafür, daß wir aber auch an der lukanischen Israeltheologie Sachkritik zu üben hatten, sei an die durch seine eigene Darstellung nicht gedeckte pauschalierende Aussage Apg 28,28 ebenso erinnert wie daran, daß es historisch nicht richtig ist, daß sich nach Lukas das gesamte nicht-jesus-gläubige Israel gegen die Aufnahme von Heiden in das Gottesvolk ausgesprochen haben soll; vgl Jes 56,7; JosAs; Mt 23,15.

35 Vgl. das Ineinander israeltheologischer und paränetisch aktualisierender Züge in Lk 12,54-13,9 und die Anordnung von Lk 13,31-35 nach Lk 13,22-30.

der nicht den Beifall der Massen sucht (Lk 5,15f.)[36], sondern noch durch sein
Sterben andere Menschen zur Einsicht bringen kann (Lk 23,39-43.47f.), des
weiteren die gegenüber Markus verstärkte Kritik am admirativen Verhalten.
Lukas bietet mehrfach die als retardierendes Moment fungierende Admiration
in Mittelstellung, zumeist mit θαυμάζειν gebildet, und er zeigt damit, daß
bloßes Erstaunen um das Wesentliche noch nicht weiß (Lk 4,22; 9,43). Die
mit den genannten Stilmitteln verwirklichte πολλοί-Antithese entspricht auch
den sonstigen apologetischen Tendenzen des dritten Evangelisten gegenüber
der pagan-antiken Oberschicht.

Trotz dieser Bedeutung der πολλοί-Antithese bleibt aber auch der lukanische Jesus der Lehrer des Volkes; der Gottesvolk-Gedanke ist auch für Lukas
verpflichtend. Die Zuwendung des irdischen Jesus zum ganzen Volk Israel in
Lehre und Heilungstätigkeit haben alle drei Synoptiker sachgerecht bewahrt.

---

36 Die Funktion der Volksreaktionen als testimonium vulgi, als Bestätigung Jesu
    secundum hominem tritt bei Lukas zurück; das kompositorische Mittel der Steigerung
    der positiven Volksreaktion ist bei Lukas gegenüber Markus getilgt.

Literaturverzeichnis

Die Abkürzungen richten sich nach S. Schwertner, Theologische Realenzyklopädie, Abkürzungsverzeichnis, 2. Überarb. u. erw. Aufl. Berlin, New York 1994.

Quellenausgaben:

Altes und Neues Testament:

Biblia Hebraica Stuttgartensia, hg. v. K. Elliger, W. Rudolph, Stuttgart 1977.

Novum Testamentum Graece, hg. v. K. u. B. Aland, 26. Aufl., 11. Druck Stuttgart 1990, 27. Aufl. Stuttgart 1993.

Septuaginta. Id est Vetus Testamentum graece iuxta LXX interpretes ed. A. Rahlfs, 2 Bde., Göttingen 1935 = Stuttgart 1982.

Septuaginta. Vetus Testamentum Graece auctoritate Adacemiae Scientarum Gottingensis editum, Göttingen 1931ff.

Synopsis Quattuor Evangeliorum, ed. K. Aland, 13. Aufl. Stuttgart 1985.

Frühjüdische und rabbinische Literatur:

James, M. R., Apocrypha Anecdota II, Texts and Studies, Contributions to Biblical and Patristical Literature V,1; Cambridge 1897.

Kautzsch, E. (Hg.), Die Apokryphen und Pseudepigraphen des Alten Testaments, 2 Bde., Tübingen 1900.

Rießler, P., Altjüdisches Schrifttum außerhalb der Bibel übersetzt und erläutert, Freiburg, Heidelberg 1928.

Kümmel, W. G. u.a. (Hg.), Jüdische Schriften aus hellenistisch-römischer Zeit, Gütersloh 1973ff.

Lohse, E. (Hg.), Die Texte aus Qumran. Hebräisch und Deutsch, mit masoretischer Punktation, Übersetzung, Einführung und Anmerkungen, 2. Aufl. Darmstadt 1971 = 4. Aufl. 1986.

García Martínez, F., The Dead Sea Scrolls Translated. The Qumran Texts in English, Leiden, New York, Köln 1994.

Maier, J., Die Qumran-Essener: Die Texte vom Toten Meer, Bd. 1, UTB 1862, München, Basel 1995, Bd. 2, UTB 1863, München, Basel 1995.

Der hebräische Pentateuch der Samaritaner, hg. v. A. v. Gall, Gießen 1918.

Vattioni, F., Ecclesiastico. Testo ebraico con apparato critico e versioni greca, latina e siriaca; istituto orientale di Napoli, Napoli 1968.

Newsom, C., Songs of the Sabbat Sacrifice: A Critical Edition, HSS 27, Atlanta 1985.

Puech, É., Notes sur le Manuscrit de XIQMelkisédeq, RdQ 12, 1987, 483-513.

Yadin, Y. (Ed.), The Temple Scroll; Vol. I Introduction, Vol. II Text and Commentary, Jerusalem 1983.

Die Oden Salomos, hg. v. W. Bauer, KlT 64, Berlin 1933.

Apocalypsis Baruchi Graece, hg. v. J.-C. Picard, PVTG II, Leiden 1967.

Lettre d'Aristée a Philocrate. Introduction, Texte Critique, Traduction et Notes, Index Complet des Mots Grecs, par A. Pelletier, SC.TNC 89, Paris 1962.

Joseph et Aséneth. Introduction, texte critique, traduction et notes par M. Philonenko (StPB 13), Leiden 1968.

Siegert, F., Drei jüdisch-hellenistische Predigten. Ps.-Philon, »Über Jona«, »Über Simson« und »Über die Gottesbezeichnung 'wohltätig verzehrendes Feuer'«, Bd. I, Übersetzung aus dem Armenischen und sprachliche Erläuterungen, WUNT 20, Tübingen 1980.

Philo, with an English Translation, in ten Volumes, ed. by F. H. Colson u.a., London, Cambridge 1929 - 1962.

Die Werke Philos von Alexandrien in deutscher Übersetzung, hg. v. L. Cohn u.a., 7 Bde., Breslau, Berlin 1909-1964.

Flavius Josephus, De Bello Judaico. Der jüdische Krieg I-III, hg. v. O. Michel, O. Bauernfeind, Darmstadt 1959-1969.

Josephus, Jewish Antiquities, ed. H. St. J. Thackeray, R. Marcus u.a., LCL, London 1930ff.

Des Flavius Josephus Jüdische Altertümer. Übersetzt und mit Einleitung und Anmerkungen versehen von H. Clementz, Bd. I.II, 8. Aufl. Wiesbaden 1989.

The Targums of Onkelos and Jonathan ben Uzziel on the Pentateuch with the Fragments of the Jerusalem Targum from the Chaldee by J. W. Etheridge, M.A., Vol. I Genesis and Exodus, New York 1862 = 1968 Vol. II Leviticus, Numbers, and Deuteronomy, New York 1865 = 1968.

The Isaiah Targum. Introduction, Translation, Apparatus and Notes, by B. D. Chilton, The Aramaic Bible 11, Edinborgh 1987.

The Targum of Isaiah, edited with a Translation by J. F. Stenning, Oxford 1949.

Der Tosefta-Trakta Sota. Hebräischer Text mit kritischem Apparat, Übersetzung, Kommentar, v. H. Bietenhard, JudChr 9, Bern, Frankfurt (Main), New York 1986.

Freimark, P., W.-F. Krämer, Die Tosefta. Seder I: Zeraim Bd 2:Demai - Schebiit, übersetzt und erklärt, Rabbinische Texte I/I,2, Stuttgart u.a. 1971.

Der babylonische Talmud, hg. v. L. Goldstein, Bd. 1-12, Berlin 1929-1936.

Hengel, M., Schäfer, P. u.a. (Hg.), Übersetzung des Talmud Yerushalmi, Tübingen 1975ff.

Der Midrasch Bereschit Rabba, das ist die haggadische Auslegung der Genesis. Zum ersten Male ins Deutsche übertragen von A. Wünsche, Leipzig 1881.

Der tannaitische Midrasch Sifre Deuteronomium, übers. u. erkl. v. H. Bietenhard, mit einem Beitrag von H. Ljungman, JudChr 8, Bern 1984.

Midrasch Tanhuma B, R. Tanhuma über die Tora, genannt Midrasch Jelammedenu, übers. v. H. Bietenhard, 2 Bde., JudChr 5-6, Bern 1980-1982.

Antike pagane Autoren:

Aeschyli septem quae supersunt tragoediae, ed. G. Murray, SCBO, 2. Auf. Oxford (1955) 1964.

Aischylos, Die Tragödien und Fragmente, auf Grundlage der Übersetzung von Johann Gustav Droysen bearbeitet, eingeleitet und teilweise neu übersezt von F. Stoessl, BAW.GR, Zürich 1952.

Apuleius, Lateinisch und deutsch. Der goldene Esel. Metamorphosen. hg. und übers. v. E. Brandt, München 1958.

Aelii Aristidis Smyrnaei quae supersunt omnia ed. B. Keil, Vol II, Orationes XVII-LIII, 1898 = Berlin 1958.

Aristophanes, Sämtliche Komödien, übertragen von Ludwig Seeger, BAW.GR, Zürich, Stuttgart 1968.

----, Texte établi par V. Coulon, traduit par H. Van Daele, 5 Bde., Paris 1958.

Aristoteles, Ars rhetorica, hg. v. R. Kassel, Berlin 1976.

----, opera ex recensione Immanuelis Bekkeri edidit Academia Regia Borussica, 2. Aufl. Bd. II, hrsg. v. O. Gigon, Berlin 1960.

----, Rhetorik, übersetzt, mit einer Bibliographie, Erläuterungen und einem Nachwort von Franz G. Sieveke, UTB 159, München 3. Aufl. 1989.

----, Historia Animalium I, with an English translation by A. L. Peck, LCL, London, Cambridge (Mass.) 1965.

----, The Nicomachean Ethics, with an English translation by H. Rackham, LCL, London, Cambridge (Mass.) 2. Aufl. 1934 = 1962.

----. Werke in deutscher Übersetzung, hg. v. H. Flashar, Bd. 9/2, Politik, Buch 2, Buch 3, übers. u. erl. v. E. Schütrumpf, Darmstadt 1991, Bd. 10/1, Staat der Athener, übers. u. erl. v. M. Chambers, Darmstadt 1990.

Athenaeus, The Deipnosophists, with an English Translation by Ch. B. Gulick, LCL, Vol. II, Cambridge, London 1928 = 1957, Vol. V, London, Cambridge 1933 = 1963.

Cicero, M. Tullius, Tusculanae Disputationes. Gespräche in Tuskulum, eingel. u übers. v. K. Büchner, BAW.RR, 2. Aufl. Zürich, Stuttgart 1966.

----, Vom Wesen der Götter. Drei Bücher, lateinisch - deutsch, hrsg., übers. u. erl. v. W. Gerlach und K. Bayer, TuBü, 1. Aufl. München 1978.

----, Von den Grenzen im Guten und Bösen, lateinisch und deutsch, eingel. u übertr. v. K. Atzert, BAW.RR, Zürich, Stuttgart 1964.

Demosthenes, Ausgewählte Reden, erkl. v. A. Westermann, Bd. 1, Berlin 1902.

Dio's Roman History, with an English translation by E. Cary on the Basis of the Version of H. B. Forster, in 9 Vol., LCL, Vol 8, London, Cambridge 1925 = 1961.

Diodorus Siculus, Library of History, in twelve Volumes, Vol. XII, LCL 423, Cambridge, London 1967 = 1984.

Diogenes Laertius, Leben und Meinungen berühmter Philosophen, Buch 1-10; PhB 53/54, 2. Aufl. Hamburg 1967.

----, Lives of Eminent Philosophers, with an English Translation by R. D. Hicks, in two Volumes, Vol. I, LCL 184, London 1925 = 1966; Vol. II, London 1965 = 1965.

Dion Chrysostomus, Sämtliche Reden. Eingeleitet, übersetzt und erläutert von W. Elliger, BAW.GR, Zürich, Stuttgart 1967.

Dionis Prusaensis quaem vocant Chrysostomum quae exstant omnia, hrsg. v. J. de Arnim, Bd. I, Berlin 1962.

Dionysios of Halicarnassus, The Roman antiquities, with an English Translation by Earnest Cary, in seven Volumes, Vol. 1, LCL 319, London, Cambridge (Mass.) 1937 = 1968.

Epictetus, The Discourses as Reported by Arrian, the Manual, and Fragments, with an Enlish Translation by W. a. Oldfather, in two Volumes, Vol. I, LCL 131, Cambridge, London 1925 = 1979; Vol. II, LCL 218, 1928 = 1985.

Epicurea, hg. v. H. Usener, 1887 – Stuttgart 1966.

Euripides, Fabulae, ed. G. Murray, SCBO, Oxford 1902-1909 = 1962-1963.

Heraklit, Fragmente, griechisch und deutsch, hrsg. v. Bruno Snell, 7. Aufl. München 1979.

Hermogenes, Progymnasmata, in: Hermogenis opera, ed. H. Rabe, Rhetores Graeci VI, Leipzig 1913, S. 1-27.

Herodiani ab excessu divi Marci libri octo, ed. K. Stavenhagen, Leipzig, Berlin 1922.

Herodot, Historiae, ed. C. Hude, SCBO, Vol I, 3. Aufl. Oxford 1927 = 1957, Vol. II, 3. Aufl. Oxford 1927 = 1954.

----, Historien. Deutsche Gesamtausgabe, übers. v. A. Horneffer, hg. u. erl. von H. W. Haussig, mit einer Einleitung von W. F. Otto, KTA 224, Stuttgart 1955.

Homeri Opera, ed. D. B. Monro, Th. W. Allen, SCBO, Vol I, 3. Aufl. 1920 = 1957, Vol. II, 3. Aufl. 1920 = 1956.

Q. Horatius Flaccus, Satiren und Briefe, lateinisch und deutsch, eingel. und übers. v. R. Helm, BAW.RR, Zürich, Stuttgart 1962.

Jamblichos, Pythagoras. Legende, Lehre, Lebensgestaltung, griechisch und deutsch, hrsg., übers. u. eingel. von M. von Albrecht, BAW.AC, Zürich/Stuttgart 1963.

Titi Livi Ab urbe condita, ed. R. S. Conway, St. K. Johnson, SCBO, Oxford (1914-1935) 1960-1961.

Luciani Samosatensis opera, ed. Dindorf, Leipzig 1858.

----, Sämtliche Werke. Mit Anmerkungen. Nach der Übersetzung von E. M. Wieland bearbeitet und ergänzt von H. Floerke, 3. Bd., (Klassiker des Altertums) München, Leipzig 1911.

----, Hauptwerke, hg. u. übers. v. K. Mras, TuBü, 2. Aufl. München 1980.

Lucreti de Rerum Natura Libri Sex recognovit Brevique Adnotatione Critica Instruxit C. Bailey, SCBO, 2. Aufl. Oxford 1922 = 1962.

Marcus Antoninus Imperator ad se ipsum, ed. I. H. Leopold, SCBO, London o.J.

Mark Aurels Selbstbetrachtungen, übers. v. H. Stich, Halle o. J. (1906).

Menander, The Principal Fragments, with an English translation by F. G. Allinson, LCL, 2. Aufl. London, Cambridge (Mass.), 1930 = 1964.

Menander, Die Komödien und Fragmente, eingel. u übertr. v. G. Goldschmidt, BAW.GR, Zürich 1949.

Pausanias, Graeciae Descriptio, ed. Fr. Spiro, 3 Bde., Stuttgart 1903 = 1959-1964.

----, Beschreibung Griechenlands, übers. u eingel. v. E. Meyer, BAW.GR, 2., erg. Aufl. Zürich, Stuttgart 1967.

Petronius, Satiricon, lateinisch u. deutsch hg. v. C. Hoffmann, TuBü, Zweisprachige antike Taschenausgaben, o.O. 1948.

Philostratos, Das Leben des Apollonios von Tyana. Griechisch-Deutsch. Hrsg., übers. u. erl. v. Vroni Mumprecht. Sammlung Tusculum, München, Zürich 1983.

Platon, Werke in acht Bänden griechisch und deutsch, hg. v. G. Eigler, Darmstadt 1973-1977.

Plutarch's Moralia in fifteen Volumes, ed. F. C. Babitt u.a., LCL, London, Cambridge 1927-1969.

----, Vitae Parallelae, iterum recognovit Carolus Sintenis, Bd. 1, Leipzig 1877.

Polybios, The Histories, with an English translation by W. R. Paton, in six Volumes, LCL, London, Cambridge 1922-1927 = 1960.

----, Geschichte. Gesamtausgabe in zwei Bänden, eingel. u übertr. v. H. Drexler, BAW.GR, Zürich, Stuttgart 1961-1963.

Porphyrius, Vie de Pythagore, traduit par E. Des Places. Series Association Guillaume Bude: Collection des Universites de France, Paris 1982.

Quintilianus, M. Fabius, Ausbildung des Redners: 12 Bücher, hg. u übers. v. H. Rahn, Teil 1, Buch 1-6, TzF 2, 2. Aufl. Darmstadt 1988.

Seneca, Moral Essays, Vol I, ed. R. M. Gummere, LCL, London, Cambridge 1967, Vol II,
    ed. J. W. Basore, LCL, Cambridge, London 1965.
Sextus Empiricus, with an English translation by R. G. Bury, in four Vol. Vol IV, Against
    the Professors, LCL, London, Cambridge (Mass.) 1949 = 1961.
Sophokles, Fabulae, ed. A. C. Pearson, SCBO, 2. Aufl. Oxford 1928 = 1953.
Ioannis Stobaei Anthologium, ed. C. Wachsmuth, O. Hense, 5 Bde., Berlin 1894-1912.
Rhetores Graeci, ed. L. Spengel, 3 Bde., Leipzig 1853-1856.
Strabo's Erdbeschreibung, übers. u. erl. von A. Forbiger, 3 Bde., Stuttgart 1856-1859.
Suetonius, with an English translation by J. C. Rolfe, 2 Bde., LCL, Vol I, 2. Aufl. London,
    Cambridge (Mass.) 1951 = 1960, Vol II, London, Cambridge (Mass.) 1914 = 1959.
Tacitus, Annalen. Lateinisch-deutsch, hg. v. C. Hoffmann, TuBü, München 1954.
----, Historien. Lateinisch-deutsch, hg. v. J. Borst, TuBü, München 1959.
Theophrast, Charaktere, hg. u. erkl. v. P. Steinmetz, Wort der Antike 7, München 1960-
    1962.
----, Περὶ εὐσέβειας. Griechischer Text, hg. übers., und eingel. v. W. Pötscher, PhAnt 11,
    Leiden 1964.
Thukydides, Historiae, ed. H. S. Jones, J. E. Powell, SCBO, Vol I, 2. Aufl. Oxford 1942 =
    1958, Vol II, 2. Aufl. 1902/1942 = 1956.
----, Geschichte des peloponnesischen Krieges, übertr. v. Th. Braun, Leipzig o. J. (1917).
Xenophontis opera omnia, ed. E. C. Marchant, SCBO, Vol. I, Historia Graeca, Oxford 1900
    = 1953, Vol. IV, Institutio Cyri, Oxford 1910 = 1951.

Arnim, J. v. (Hg.), Stoicorum Veterum Fragmenta, Bd. 1, Stuttgart 1905 = 1968; Bd. 2,
    Stuttgart 1903 = 1964, Bd. 3, Stuttgart 1903 = 1964 Bd. 4, Index, hg. v. M. Adler, Stutt-
    gart 1924 = 1968.
Delling, G. (Hg.), Antike Wundertexte, KlT 79, 2. Aufl. Berlin 1960.
Diels, H., Kranz, W., Fragmente der Vorsokratiker griechisch und deutsch, Bd. II, 7. Aufl.
    Berlin 1954.
Dittenberger, W., Sylloge Inscriptionum Graecarum, 3. Aufl. Leipzig 1920 = 4. Aufl. Hil-
    desheim 1960.
Donner, H., Röllig, W., Kanaanäische und aramäische Inschriften, 3. Bde, 2. Aufl. Wiesba-
    den 1966-1969.
Kaibel, G., (Hg.), Inscriptiones Graecae Siciliae et Italiae, Inscriptiones Graecae 14, Berlin
    1890.
The Oxyrhynchus Papyri, ed. with translations and notes by B. Grenfell and A. S. Hunt, Part
    I, London 1898, Part V, London 1908, Part X, London 1914, Part XI, London 1915, Part
    XII, London 1916.
Preisendanz, K. (Hg.), Papyri Graecae Magicae, Die griechischen Zauberpapyri, 2 Bde.,
    Leipzig 1928-1931.
Wilcken, U. (Hg.), Urkunden der Ptolemäerzeit (ältere Funde), Bd. I: Papyri aus Un-
    terägypten, Berlin, Leipzig 1927; Bd. II: Papyri aus Oberägypten, Berlin 1957.

Christliche Autoren vor der Aufklärung:

Athenagoras, Supplique au sujet des Chrétiens et sur la résurrcetion des morts, ed.
    B. Puderon, SC 379, Paris 1982.

Augustinus, Aurelius, Der Gottesstaat. De civitate Dei, in dt. Sprache v. C. J. Perl, Bd. 1;
   Buch 1-14; Bd. 2, Buch 15-22, in: Aurelius Augustinus' Werke, hg. v. C. J. Perl, Paderborn u.a. 1979.

Beda Venerabilis, In Matthaei Evangelium expositio, PL 92, 9-132.

----, In Marci Evangelium expositio, CChr.SL 120, hg. v. D. Hurst, Turnhout 1960, 427-648.

----, In Lucae Evangelium expositio, CChr.SL 120, hg. v. D. Hurst, Turnhout 1960, 1-425.

Dickson, D., A Brief Exposition of the Evangel of Jesus Christ According to Matthew,
   Cornhill 1647 = Edinburgh, Pennsylvania 1981.

Didache (Apostellehre), Barnabasbrief, Zweiter Klemensbrief, Schrift an Diognet, eingel. hg.
   übertr. u. erl. v. K. Wengst, Schriften des Urchristentums II, Darmstadt 1984.

Desiderii Erasmi Roterodami opera omnia, tomus septimus, complectens Paraphrases in N.
   Testamentum, hg. v. J. Clericus, Leiden 1706 = Hildesheim 1962.

Eusebius, Werke, 8. Band, Die Praeparatio Evangelica, 1. Teil: Einleitung, Die Bücher 1-10,
   hrsg. v. K. Mras, GCS 43,1, Berlin 1954, 2. Aufl., hg. v. K. Mras, É. des Places 1970;
   Bd. 2: hg. v. K. Mras, GCS 43,2 Berlin 1956.

----, Kirchengeschichte, hg. u. eingel. v. H. Kraft, 2. Aufl. Darmstadt 1984.

Epistula Apostolorum nach dem äthiopischen und koptischen Texte hrsg. v. H. Duensing,
   KlT 152, Bonn 1925.

Euthymius Zigabenus, Evangelii secundum Matthaeum enarratio, PG 129, 107-766.

----, Interpretatio Evangelii Marci, PG 129, 767-852.

----, Interpretatio Evangelii Lucae, PG 129, 853-1106.

Saint Jérôme, Commentaire sur Saint Matthieu, Texte Latin, traduction, notes et index par
   Émile Bonnard, Tome I (Livres I-II), SC 242, Paris 1977, Tome II (Livres III-IV), SC
   259, Paris 1979.

Hilaire de Poitiers, Sur Matthieu, Tome I. Introduction, texte critique, traduction et notes par
   J. Doignon, SC 254, Paris 1978.

Brox, N., Der Hirt des Hermas übersetzt und erklärt, KAV 7, Göttingen 1991.

Irenäus von Lyon, Adversus Haereses. Gegen die Häresien III, über. u. eingel. von N. Brox,
   FC 8/3, Freiburg u.a. 1995.

----, Contre les Hérésies, Édition critique d'après les versions arménienne et latine par A.
   Rousseau, L. Doutreleau, C. Mercier, Tome II, Texte et Traduction, SC 153, Paris 1969.

Johannes Chrysostomus, Commentarius in sanctum Matthaeum Evangelistam, PG 57/58.
   vgl. BKV I 23.25.26.27.

Ps.-Johannes Chrysostomus, Opus Imperfectum in Matthaeum, PG 56, 611-946.

Iustini Martyris apologiae pro christianis, hg. v. M. Marcovich, PTS 38, Berlin, New York
   1994.

Justinus Martyr. Dialogus, in: E. J. Goodspeed (Hg.), Die ältesten Apologeten. Texte mit
   kurzen Einleitungen, Göttingen 1914.

Luther, Annotationes, WA 38

Lohse, B. (Hrsg.), Die Passa-Homilie des Bischofs Meliton von Sardes, TMUA 24, Leiden
   1958.

Meliton von Sardes, vom Passa. Die älteste christliche Osterpredigt. Übers., eingel. u.
   komm. von J. Blank, Sophia 3, Freiburg 1963.

Das Muratorische Fragment und die monarchianischen Prologe zu den Evangelien, hg. v.
   H. Litzmann, KlT 1, 2. Aufl. Berlin 1933.

Nicolaus von Lyra, Postilla, 1492.

Origène, Commentaire sur l'évangile selon Matthieu, Tome I (Livres X et XI). Introduction,
   traduction et notes par R. Girod, SC 162, Paris 1970.

----, Matthäuserklärung, hg. v. E. Klostermann, 3 Bde, Berlin 1935, 1933, 1941 GCS 10.11.12, 2. Aufl. hg. v. U. Treu, 1968.

----, Der Kommentar zum Evangelium nach Matthäus, eingel., übers. u. m. Anmerkungen versehen von H. J. Vogt, Bd. 1, BGL 18, Sttutgart 1983, Bd. 2, BGL 30, Stuttgart 1990, Bd. 3, BGL 38, Stuttgart 1993.

----, In Lucam Homiliae, Homilien zum Lukasevangelium, übers. u. eingel. von H.-J. Sieben, Bd. 1, FC 4/1, Freiburg u.a. 1991; Bd. 2, FC 4/2, Freiburg u.a. 1992.

----, Werke, Bd. 1, Die Schrift vom Martyrium; Buch I-IV gegen Celsus, hg. v. P. Koetschau, GCS Origenes Bd. 1, Leipzig 1899.

Paschasius Radbertus, Expositio in Matheo, Libri XII, hg. v. B. Paulus, CChr.CM 56, 56 A, 56 B, Turnhout 1984.

Petrus Chrysologus, Collectio Sermonum, Pars I, hg. v. A. Olivar, CC.SL 24, Turnhout 1975.

Rabanus Maurus, Commentariorum in Matthaeum libri VIII, PL 107, 727-1156.

Reuss, J., Matthäuskommentare aus der griechischen Kirche. Aus Katenenhandschriften gesammelt und hg. v. J. Reuss, TU 61, Berlin 1957.

Strabo, Walafrid, Glossa Ordinaria, PL 114, 63-178.

Nicolaus de Lyra, Postilla super totam Bibliam, Straßburg 1492.

Tertullian, Apologeticum, in: Quinti Septimi Florentis Tertulliani opera, Bd. I, hg. v. E. Dekkers, CChr.SL 1, Turnhout 1954, 85-171.

Theophylakt von Bulgarien, Enarratio in Evangelium S. Matthaei, PG 123, 143-487.

----, Enarratio in Evangelium S. Marci, PG 123, 487-682.

----, Enarratio in Evangelium S. Lucae, PG 123, 683-1126.

Thomas von Aquin, Catena aurea in Quatuor Evangelia, I. Expositio in Matthaeum et Marcum, II. Expositio in Lucam et Ioannem, hg. v. P. Angelicus Guarienti, Nova Editio Tauriensis, Turin, Rom 1953.

Lindemann, A., Paulsen, H., Die Apostolischen Väter. Griechisch-deutsche Parallelausgabe auf der Grundlage der Ausgaben von F. X. Funk/K. Bihlmeyer u. M. Whittaker, mit Übersetzungen von M. Dibelius und D.-A. Koch neu übersetzt, Tübingen 1992.

Schneemelcher, W. (Hrsg.), Neutestamentliche Apokryphen in deutscher Übersetzung, Bd. I, Evangelien, 5. Aufl. Tübingen 1987, Bd. II, Apostolisches, Apokalypsen und Verwandtes, 5. Aufl. Tübingen 1989.

Hilfsmittel (Lexika, Konkordanzen)

Ast, F., Lexicon Platonicum sive vocum Platonicarum index, Leipzig 1835-1838 = Bonn 1956.

Bauer, W., Griechisch-deutsches Wörterbuch zu den Schriften des Neuen Testaments und der frühchristlichen Literatur, 6. Aufl., hg. v. K. u. B. Aland, Berlin, New York 1988.

Bonitz, H., Index Aristotelicus, 2. Aufl. Berlin 1870 = Graz 1955.

Charlesworth, J. H. u.a., Graphic Concordance to the Dead Sea Scrolls, Tübingen, Louisville 1991.

Computer-Konkordanz zum Novum Testamentum Graece von Nestle-Aland, 26. Aufl. und zum Greek New Testament, 3rd Edition, hg. v. Institut für neutestamentliche Textforschung und vom Rechenzentrum der Universität Münster, Berlin 1980.

Dalman, G., Aramäisch-neuhebräisches Handwörterbuch zu Targum, Talmud und Midrasch, Göttingen 1938.

Hatch, E., Redpath, H. A., A Concordance to the Septuagint and the other Greek Versions of the Old Testament (Including the Apocryphal Books) I.II, Oxford 1897.

Levy, J., Wörterbuch über die Talmudim und Midraschim, nebst Beiträgen von H. L. Fleischer, 2. Aufl. hg. v. L. Goldschmidt Berlin, Wien 1924.

Oppenheimer, J. F. u.a. (Hg.), Lexikon des Judentums, Gütersloh u.a. 1971.

Rengstorf, K. H., A Complete Concordance to Flavius Josephus, 4 Vol., Leiden 1973-1983.

Stephanus, H., Thesaurus Graecae Linguae, neubearb. v. C. B. Hase u.a., Paris 1831-1865 = Graz 1954.

Thackeray, H. St. J., A Lexicon to Josephus. Publications of the Alexander Kohut Memorial Foundation, Paris 1930.

Mayer, G., Index Philoneus, Berlin, New York 1974.

Denis, A.-M., Concordance de L'Apocalypse Grecque de Baruch, Publications de l'Institut Orientaliste de Louvain 1, Louvain 1970.

Sekundärliteratur

Aberbach, M., Art. Elijah, Encyclopaedia Judaica 6, 1971, 632-638.

Achtemeier, P. J., Mark. Proclamation Commentaries, Philadelphia 1975.

----, Miracles and the Historical Jesus: A Study of Mark 9:14-29, CBQ 37, 1975, 471-491.

----, Towards an Isolation of Pre-Markan Miracle Catenae, JBL 89, 1970, 265-291.

Aichinger, H., Zur Traditionsgeschichte der Epileptiker-Perikope Mk 9,14-29 par Mt 17,14-21 par Lk 9,37-43a, in: Fuchs, A. (Hg.), Probleme der Forschung, SNTU 3, 1978, 114-143.

Albertz, M., Die synoptischen Streitgespräche. Ein Beitrag zur Formengeschichte des Urchristentums, Berlin 1921.

Albertz, R., Der Gott des Daniel. Untersuchungen zu Daniel 4-6 in der Septuagintafassung sowie zu Komposition und Theologie des aramäischen Danielbuches, SBS 131, Stuttgart 1988.

Alexander, L., Luke's Preface in the Context of Greek Preface-Writing, NT 28, 1986, 48-74.

----, The preface to Luke's Gospel. Literary convention and social context in Luke 1.1-4 and Acts 1.1, Ph.D. Cambridge 1993.

Allison, D. C., Matthew: Structure, Biographical Impulse, and the Imitation Christi, in: F. van Segbroeck u.a. (ed.), The Four Gospels 1992, FS F. Neirynck, BEThL 100, Leuven 1992, 1203-1221.

Alonso-Schökel, L., Erzählkunst im Buche der Richter, Bib 42, 1961, 143-172.

Alt, A., Die Stätten des Wirkens Jesu in Galiläa territorialgeschichtlich betrachtet, in: A. Alt, Kleine Schriften zur Geschichte des Volkes Israel, Bd. II, München 1953, 436-455.

----, Das Königtum in den beiden Reichen Israel und Juda, in: ders., Kleinen Schriften zur Geschichte des Volkes Israel II, München 1953, 116-134.

Anderson, H., Broadening Horizons. The Rejection at Nazareth Pericope of Luke 4:16-30 in Light of Recent Critical Trends, Interp. 18, 1964, 259-275.

----, The Gospel of Mark. NCeB, London 1976.

Arnold, G., Mk 1,1 und Eröffnungswendungen in griechischen und lateinischen Schriften, ZNW 68, 1977, 123-127.

Ascough, R., S., Narrative Technique and Generic Designation, JBL 118, 1996, 49-64.

Ascough, R. S., Rejection and Repentance: Peter and the People in Luke's Passion Narrative, Bib 74, 1993, 349-365.

Aune, D. E., The New Testament in its Literary Environment, LEC 8, 1987.

Baarlink, H., Anfängliches Evangelium. Ein Beitrag zur näheren Bestimmung der theologischen Motive im Markusevangelium, Kampen 1977.

----, Zur Frage nach dem Antijudaismus im Markusevangelium, ZNW 70, 1979, 166-193.

Baasland, E., Markus als Volkserzähler, in: H. Gehrke, M. Hebler, H.-W. Stark (Hg.), Wandel und Bestand. Denkanstöße zum 21. Jahrhundert, FS B. Jaspert, Paderborn, Frankfurt (Main) 1995, 15-32.

Bachmann, M., Jerusalem und der Tempel. Die geographisch-theologischen Elemente in der lukanischen Sicht des jüdischen Kultzentrums, BWANT 109, Stuttgart u.a. 1980.

Backhaus, K., Die »Jüngerkreise« des Täufers Johannes. Eine Studie zu den religionsgeschichtlichen Ursprüngen des Christentums, PaThSt 19, Paderborn u.a. 1991.

Bacon, B. W., Die "fünf Bücher" des Matthäus gegen die Juden (1918), in : J. Lange (Hg.), Das Matthäus-Evangelium, WdF 525, Darmstadt 1980, 41-51.

Bailey, K. E., The Fall of Jerusalem and Mark's Account of the Cross, ET 102, 1991, 102-105.

Bajard, J., La structure de la péricope de Nazareth en Lc., IV, 16-30. Propositions pour une lecture plus cohérente, EThL 45, 1969, 165-171.

Baltzer, K., Die Biographie der Propheten, Neukirchen 1975.

Barrett, C. K., The Third Gospel as a Preface to Acts? Some Reflections, in: F. van Segbroeck u.a. (Ed.), The Four Gospels 1992, FS F. Neirynck, BEThL 100, Bd. 2, Leuven 1992, 1451-1466.

Barth, G., Das Gesetzesverständnis des Evangelisten Matthäus, in: G. Bornkamm, G. Barth, H. J. Held, Überlieferung und Auslegung im Matthäusevangelium, WMANT 1, 4. Aufl. Neukirchen 1965, 54-154.

Bartsch, H.-W., Die Bedeutung des Sterbens Jesu nach den Synoptikern, ThZ 20, 1964, 87-102.

----, Feldrede und Bergpredigt. Redaktionsarbeit in Luk. 6, ThZ 16, 1960, 5-18.

Bauer, D. R., The Major Characters of Matthew's Story: Their Function and Significance in the First Gospel, 356-367.

----, The Structure of Matthew's Gospel. A Study in Literary Design, JSNT.SS 31, Sheffield 1988.

Bauer, J. B., Felber, A., Art. Herz, RAC 14, 1988, 1093-1131.

Baum, A. D., Lukas als Historiker der letzten Jesusreise, TVGMS 379, Wuppertal, Zürich 1993.

Baum, G., Die Juden und das Evangelium. Eine Überprüfung des Neuen Testaments. Aus dem Englischen übersetzt von E. Strakosch, Einsiedeln 1963.

Baumgartner, A. I., Miracles and Halakha in Rabbinic Judaism, JQR 73, 1983, 238-253.

Beare, F. W., The Gospel according to Matthew. A Commentary, Oxford 1981.

Beck, B. E., Christian Character in the Gospel of Luke, London 1989.

Becker, H.-J., Auf der Kathedra des Mose. Rabbinisch-theologisches Denken und antirabbinische Polemik in Matthäus 23,1-12, ANTZ 4, Berlin 1990.

Becker, J., Das Evangelium nach Johannes, ÖTK 4, 2 Bde., 3. Aufl. Gütersloh, Würzburg 1991.

----, Johannes der Täufer und Jesus von Nazareth, BSt 63, Neukichen 1972.

----, Untersuchungen zur Entstehungsgeschichte der Testamente der zwölf Patriarchen, AGaJU 8, Leiden 1970.

Begg, C., Josephus' Account of the early devided monarchy (AJ 8,212-420); rewriting the Bible, BEThL 108, Leuven 1993.

Behm, J., Art. καρδία B. καρδία bei den Griechen, C. Septuaginta, hellenistisches und rabbinisches Judentum, D. καρδία im Neuen Testament, ThWNT 3, 1938, 611-616.

Beilner, W., Christus und die Pharisäer. Exegetische Untersuchungen über Grund und Verlauf der Auseinandersetzungen, Wien 1959.

Bengel, J. A., Gnomon Novi Testamenti, in quo ex nativa verborum vi simplicitas, profunditas, concinnitas, sensuum coelestium indicatur, hg. v. M. E. Bengel, Stuttgart 1887.

Berger, K., Die Amen-Worte Jesu. Eine Untersuchung zum Problem der Legitimation in apokalyptischer Rede, BZNW 39, Berlin 1970.

----, Die Auferstehung des Propheten und die Erhöhung des Menschensohnes. Traditionsgeschichtliche Untersuchungen zur Deutung des Geschickes Jesu in frühchristlichen Texten, StUNT 13, Göttingen 1976.

----, Einführung in die Formgeschichte, UTB 1444, Tübingen 1987.

----, Exegese des Neuen Testaments, UTB 658, 2. Aufl. Heidelberg 1984.

----, Formgeschichte des Neuen Testaments, Heidelberg 1984.

----, Hartherzigkeit und Gottes Gesetz, ZNW 61, 1970, 1-47.

----, Die Gesetzesauslegung Jesu. Ihr historischer Hintergrund im Judentum und im Alten Testament. Teil I: Markus und Parallelen, WMANT 40, Neukirchen 1972.

----, Zum traditionsgeschichtlichen Hintergrund christologischer Hoheitstitel, NTS 17, 1970/71, 391-425.

----, Die königlichen Messiastraditionen im Neuen Testament, NTS 20, 1973/74, 1-44.

----, Theologiegeschichte des Urchristentums. Theologie des Neuen Testaments, UTB für Wissenschaft: Große Reihe, Tübingen, Basel 1994.

Bertram, G., Art. θάμβος κτλ., ThWNT 3, 1938, 3-7.

----, Art. κρεμάννυμι κτλ, ThWNT 3, 1938, 915-920.

----, Art. Septuaginta-Frömmigkeit, RGG 3. Aufl. Bd. 5, 1707-1709.

----, Die Leidensgeschichte Jesu und der Christuskult: eine formgeschichtliche Untersuchung, FRLANT 32, Göttingen 1922.

Best, E., Mark's Narrative Technique, JSNT 37, 1989, 43-58.

----, Markus als Bewahrer der Überlieferung, in: R. Pesch (Hg.), Das Markus-Evangelium, WdF 411, Darmstadt 1979, 390-410.

----, Disciples and Discipleship. Studies in the Gospel according to Mark, Edinburgh 1986.

----, Following Jesus. Discipleship in the Gospel of Mark (JSNT.S 4), Sheffield 1981.

----, Mark III.20,21,31-35, in: E. Best, Disciples and Discipleship. Studies in the Gospel According to Mark, Edinburgh 1986, 49-63.

Betz, H. D., Lukian von Samosata und das Neue Testament: Religionsgeschichtliche und paränetische Parallelen. Ein Beitrag zum Corpus Hellenisticum Novi Testamenti, TU 76, Berlin 1961.

Betz, O., The Concept of the So-Called Divine Man in Mark's Christology, in: D.E. Aune (Hrsg.), Studies in New Testament and Early Christian Literature, FS A. Wikgren, NT.S 33, Leiden 1972, 229-240.

----, Die Frage nach dem messianischen Bewußtsein Jesu, NT 6, 1963, 20-48.

----, Das Problem des Wunders bei Flavius Josephus im Vergleich zum Wunderproblem bei den Rabbinen und im Johannesevangelium, in: ders., M. Hengel, K. Haacker (Hrsg.), Josephus-Studien. Untersuchungen zu Josephus, dem antiken Judentum und dem Neuen Testament, FS O. Michel, Göttingen 1974, 23-44.

----, Probleme des Prozesses Jesu, in: W. Haase (Hg.), ANRW II 25,1, Berlin 1982, 565-647.

Betz, O., Grimm, W., Wesen und Wirklichkeit der Wunder Jesu: Heilungen, Rettungen, Zeichen, Aufleuchtungen, ANTI 2, Frankfurt (Main) u.a. 1977.

Beyer, K., Die aramäischen Texte vom Toten Meer samt den Inschriften aus Palästina, dem Testament Levis aus der Kairoer Genisa, der Fastenrolle und den alten talmudischen Zitaten. Aramaistische Einleitung, Text, Übersetzung, Deutung, Grammatik/Wörterbuch, Deutsch-aramäische Wortliste, Register, Göttingen 1984.

----, Semitische Syntax im Neuen Testament, Bd. 1, StUNT 1, Göttingen 1962.

Beyerlin, W., Der 52. Psalm. Studien zu seiner Einordnung, BWANT 111, Stuttgart 1980.

Bieler, L., ΘΕΙΟΣ ΑΝΗΡ. Das BIld des "Göttlichen Menschen" in Spätantike und Frühchristentum, I-II Wien 1935/36 = Darmstadt 1967.

Black, C. C., The Quest of Mark as Redactor, JSNT 33, 1988, 19-39.

----, The Disciples according to Mark. Markan Redaction in current Debate, JSNT.SS 27, Sheffield 1989.

Blackburn, B., Theios Aner and the Markan Miracle Traditions. A Critique of the Theios Anér Concept as an Interpretative Background of the Miracle Traditions Used by Mark, WUNT II 40, Tübingen 1991.

Blank, J., Die Johannespassion. Intention und Hintergründe, in: K. Kertelge (Hg.), Der Prozeß gegen Jesus. Historische Rückfrage und theologische Deutung, QD 112, Freiburg, Basel, Wien 1988, 148-182.

----, Die Sendung des Sohnes. Zur christologischen Bedeutung des Gleichnisses von den bösen Winzern Mk 12,1-12, in: Neues Testament und Kirche, FS R. Schnackenburg, hg. v. J. Gnilka, Freiburg 1974, 11-41.

Blevins, J. L., The Messianic Secret in Markan Research, 1901-1976, Washington 1981.

Blinzler, J., Die literarische Eigenart des sogenannten Reiseberichtes im Lukasevangelium, in: J. Schmid, A. Vögtle (Hg.), Synoptische Studien, FS A. Wikenhauser, München 1953, 20-52.

----, Der Prozeß Jesu, 4. Aufl. Regensburg 1969.

Bloch, E., Hoffen, doppeltes Dunkel an sich, Staunen, zentrales Inkognito, Ding für uns, in: ders., Gesamtausgabe Bd. 10, Philosophische Aufsätze zur objektiven Phantasie, Frankfurt (Main) 1973, 144-158.

----, Das Staunen, in: ders., Gesamtausgabe Bd. 1, Spuren, Neue erweiterte Ausgabe Frankfurt (Main) 1969, 214-216.

Blum, E., Studien zur Komposition des Pentateuch, BZAW 189, Berlin, New York 1990.

Blumenstein, M. J., An exegetical study of Matthew 27:38-54, Phil. Diss. Virginia 1991.

Boecher, O., Das Neue Testament und die dämonischen Mächte, SBS 58, Stuttgart 1972.

Boecker, H. J. u.a., Altes Testament. Neukirchener Arbeitsbücher, Neukirchen 1983.

Bonnard, P., Lévangile selon Saint Matthieu, CNT 2. Sér. 1, 2. Aufl. Genf 1982.

Bornhäuser, K., Die Auferweckung des Jünglings von Nain (7,11-17), in: K. Bornhäuser, Studien zum Sondergut des Lukas, Gütersloh 1934, 52-64.

----, Das Gleichnis vom reichen Narren (12,13-34), in: ders., Studien zum Sondergut des Lukas, Gütersloh 1934, 81-93.

----, Jesus in der Synagoge zu Nazareth (4,16-30), in: K. Bornhäuser, Studien zum Sondergut des Lukas, Gütersloh 1934, 20-33.

Bornkamm, G., Art. μυστήριον κτλ., ThWNT 4, 1942, 809-834.

----, Art. σείω κτλ., ThWNT 7, 1964, 195-199.

----, Die Binde- und Lösegewalt in der Kirche des Matthäus, in: G. Bornkamm, Geschichte und Glaube II, Gesammelte Aufsätze IV, BEvTh 53, München 1971, 37-50.

----, Enderwartung und Kirche im Matthäusevangelium, in: G. Bornkamm, G. Barth, H. J. Held, Überlieferung und Auslegung im Matthäusevangelium, WMANT 1, 4. Aufl. Neukirchen 1965, 13-47.

----, Πνεῦμα ἄλαλον. Eine Studie zum Markus-Evangelium, in: ders., Geschichte und Glaube II, Gesammelte Aufsätze Bd. IV, BEvTh 53, München 1971, 21-36.

----, Die Sturmstillung im Matthäusevangelium, in: G. Bornkamm, G. Barth, H. J. Held, Überlieferung und Auslegung im Matthäusevangelium, WMANT 1, 4. Aufl. Neukirchen 1965, 48-53.

Botterweck, G. J., Clements, R. E., Art. גוי ThWAT I, 1973, 965-973.

Böttger, P., Der König der Juden - das Heil für die Völker. Die Geschichte Jesu Christi im Zeugnis des Markusevangeliums, NStB 13, Neukirchen 1981.

Bousset, W., Greßmann, H., Die Religion des Judentums im späthellenistischen Zeitalter, 3. Aufl. Tübingen 1926 = 4. Aufl. 1966.

Bousset, W., Kyrios Christos. Geschichte des Christusglaubens von den Anfängen des Christentums bis Irenaeus, FRLANT 21, 2. Aufl. Göttingen 1921 = 5. Aufl. 1965.

Bovon, F., Das Evangelium nach Lukas, Bd. 1: Lk 1,1-9,50, EKK 3/1, Neukirchen, Zürich 1989; Bd. 2, Lk 9,51-14,35, Neukirchen, Zürich, Düsseldorf 1996.

----, Israel, die Kirche und die Völker im lukanischen Doppelwerk, ThLZ 108, 1983, 403-414.

----, Wetterkundliches bei den Synoptikern (Lk 12, 4-56 par.), BThZ 10, 1993, 175-186.

Brandenburger, E., Grundlinien des Friedensverständnisses im Neuen Testament, WuD 11, 1971, 21-72.

----, Die Verborgenheit Gottes im Weltgeschehen. Das literarische und theologische Problem des 4. Esrabuches, AThANT 68, Zürich 1981.

Brandon, S. G. F., Jesus and the Zealots, Manchester 1967.

Brawley, R. L., Luke-Acts and the Jews. Conflict, Apology, and Conciliation, SBL.MS 33, Atlanta 1987.

Breytenbach, C., Grundzüge markinischer Gottessohn-Christologie, in: ders., H. Paulsen (Hg.), Anfänge der Christologie. FS F. Hahn, Göttingen 1991, 169-184.

----, Das Markusevangelium als traditionsgebundene Erzählung? Anfragen an die Markusforschung der anchtziger Jahre, in: C. Focant (ed.), The Synoptic Gospels. Source Criticism and the New Literary Criticism, BEThL 90, Leuven 1993, 77-110.

----, Nachfolge und Zukunftserwartung nach Markus. Eine methodenkritische Studie, AThANT 71, Zürich 1984.

----, Das Problem des Übergangs von schriftlicher zu mündlicher Überlieferung, NTSSA 20 (1986), 47-58.

Broadhead, E. K., Form and Function in the Passion Story: The Issue of Genre Reconsidered, JSNT 61, 1996, 3-28.

----, Jesus the Nazarene: Narrative Strategy and Christological Imagery in the Gospel of Mark, JSNT 52, 1993, 3-18.

Broer, I., Art. Antijudaismus, NBL 1, 1988, 113-115.

----, Antijudaismus im Neuen Testament? Versuch einer Annäherung anhand von zwei Texten (1. Thess. 2,14-16 und Mt. 27,24f.)., in: L. Oberlinner, P. Fiedler, (Hg.), Salz der Erde - Licht der Welt, FS A. Vögtle, hrsg. v. Stuttgart 1991, 321-355.

----, Jesus und das Gesetz. Anmerkungen zur Geschichte des Problems und zur Frage der Sündenvergebung durch den historischen Jesus, in: I. Broer (Hg.), Jesus und das jüdische Gesetz, Stuttgart 1992, 61-104.

----, Rez. Klaus Berger, Formgeschichte des Neuen Testaments, ThRev 82, 1986, 195-197.

----, Das Verhältnis zwischen Judentum und Christentum im Matthäusevangelium, FDV 4, Münster 1995.

Bronner, L., The Stories of Elijah and Elisha as Polemics against Baal Worship, Leiden 1968.

Brown, R. E., The Death of the Messiah. From Gethsemane to the Grave. A Commentary on the Passion Narratives in the Four Gospels. The Anchor Bible Reference Library, Vol. I - II, New York 1994.

Brown, R. E. u.a. (Hg.), Maria im Neuen Testament. Eine ökumenische Untersuchung, Stuttgart 1981.

Büchele, A., Der Tod Jesu im Lukasevangelium: Eine redaktionsgeschichtliche Untersuchung zu Lk 23, FTS 26, Frankfurt (Main) 1978.

Bultmann, R., Die Geschichte der synoptischen Tradition, FRLANT 29, 1. Aufl. Göttingen 1921, 3. Aufl. 1957, mit Ergänzungsheft zur 3. Aufl. 1958.

----, Die Frage nach dem messianischen Bewußtsein Jesu und das Petrus-Bekenntnis, ZNW 19, 1919, 165-174.

----, Das Evangelium des Johannes, KEK II, 10. Aufl. Göttingen 1941 = 16. Aufl. 1959.

Burchard, C., Der dreizehnte Zeuge. Traditions- und kompositionsgeschichtliche Untersuchugen zu Lukas' Darstellung der Frühzeit des Paulus, FRLANT 103, Göttingen 1970.

Burger, C., Jesus Taten nach Matthäus 8 und 9, ZThK 70, 1973, 272-287.

----, Jesus als Davidssohn. Eine traditionsgeschichtliche Untersuchung, FRLANT 98, Göttingen 1970.

Burkill, T. A., Anti-Semitism in St. Marks Gospel, NT 3, 1959, 34-53.

----, Mysterious Revelation. An Examination of the Philosphy of St. Mark's Gospel, Ithaca NY 1963.

----, Die Vorstellung vom Wunder mit besonderer Berücksichtigung des Markusevangeliums, in: A. Suhl (Hg.), Der Wunderbegriff im Neuen Testament, WdF 295, Darmstadt 1980, 318-337.

----, Mark 3,7-12 and the Alleged Dualism in the Evangelist's Miracle Material, JBL 87, 1968, 409-417.

Busse, U., Das Nazareth-Manifest Jesu. Eine Einführung in das lukanische Jesusbild nach Lk 4,16-30, SBS 91, Stuttgart 1978.

----, Die Wunder des Propheten Jesus. Die Rezeption, Komposition und Interpretation der Wundertradition im Evangelium des Lukas, fzb 24, Stuttgart 1977.

----, Rez. R. Glöckner, Neutestamentliche Wundergeschichten, ThRev 79, 1983, 401f.

Cabraija, Ilija, Der Gedanke der Umkehr bei den Synoptikern. Eine exegetisch-religionsgeschichtliche Untersuchung, DiTh 10, St. Ottilien 1985.

Cadbury, H. J., Commentary on the Preface of Luke, in: The Beginnings of Christianity, Part I: The Acts of the Apostles, ed. by F. J. Foakes Jackson, K. Lake, Vol. II, London 1922, 489-510.

Campenhausen, H. v., Die Entstehung der christlichen Bibel, BHTh 39, Tübingen 1968.

Cancik, H. (Hg.), Markusphilologie, WUNT 33, Tübingen 1984.

Cancik, H. Die Gattung Evagenlium. Markus im Rahmen der antiken Historiographie, in: H. Canzik (Hg.), Markusphilologie, WUNT 33, Tübingen 1984, 85-113.

Carlson, R. P., The Role of the Jewish People in Luke's Passion Theology, SBL.SP 1991, 82-102.

Carmignac, J., »Ah! Si tu peux! ... Tout est possible en faveur de celui qui croit« (Marc 9:23), in: Weinrich, William C. (Ed.), The New Testament Age, FS B. Reicke, Vol. I, Macon 1984, 83-86.

Carré, H. B., Matthew 5.1 and Related Passages, JBL 42, 1923, 39-48.

Carroll, J. T., Luke's Crucifixion Scene, in: D. D. Sylva (ed.), Reimaging the Death of the Lukan Jesus, BBB 73, Frankfurt (Main) 1990, 108-124.

Carter, W., The Crowds in Matthew's Gospel, CBQ 55, 1993, 54-67.

Cassidy, R. J., Luke' Audience, the Chief Priests, and the Mtoive for Jesus' Death, in: R. J. Cassidy, Ph. J. Scharper (Ed.), Political Issues in Luke-Acts, Maryknoll, New York 1983, 146-167.

Chance, J. B., The Jewish People and the Death of Jesus in Luke-Acs: Some Implications of an Inconsistent Narrative Role, SBL.SP 1991, 50-81.

----, Jerusalem, the Temple, and the New Age in Luke-Acts, Macon 1988.

Childs, B. S, Die Theologie der einen Bibel, Bd, 1, Grundstrukturen, aus dem Englischen übersetzt von C. Oeming, Freiburg 1994.

Citron, B., The Multitude in the Synoptic Gospels, SJTh 7, 1954, 408-418.

Clark, K. W., Die heidenchristliche Tendenz im Matthäusevangelium (1947), in Übersetzung wiederabgedruckt in: J. Lange (Hg.), Das Matthäus-Evangelium, WdF 525, Darmstadt 1980, 103-111.

Collins, A. Y., From Noble Death to Crucified Messiah, NTS 40, 1994, 481-503.

----, The Genre of the Passion Narrative, StTh 47, 1993, 3-28.

Colpe, C., Traditionsüberschreitende Argumentationen zu Aussagen Jesu über sich selbst, in: G. Jeremias, H. W. Kuhn, H. Stegemann (Hg.), Tradition und Glaube. Das frühe Christentum in seiner Umwelt, FS K. G. Kuhn, Göttingen 1971, 230-245.

Conzelmann, H., Auslegung von Mk 4,35-41 par, Markus 8,31-37 par und Römer 1,3f., EE 20, 1968, 249-260.

----, Geschichte des Urchristentums, GNT 5, 3. Aufl. Göttingen 1976.

----, Historie und Theologie in den synoptischen Passionsberichten, in: ders., Theologie als Schriftauslegung. Aufsätze zum Neuen Testament, BEvTH 65, München 1974, 74-90.

----, Literaturbericht zu den synoptischen Evangelien, ThR NF 37, 1972, 220-272; ThR 43, 1978, 3-51, 321-327.

----, Zur Lukas-Analyse, ZThK 49, 1952, 16-33, wiederabgedruckt in: G. Braumann (Hg.), Das Lukas-Evangelium. Die redaktions- und kompositionsgeschichtliche Forschung, WDF 280, Darmstadt 1974, 43-63.

----, Die Mitte der Zeit. Studien zur Theologie des Lukas, BHTh 17, 4. Aufl. Tübingen 1962.

Cook, Mark's Treatment of the Jewish Leaders, NT.S 51, Leiden 1978.

Coutts, J., The Messianic Secret and the Enemies of Jesus, Studia Biblica II, ed. E. A. Livingstone, Sheffield 1980, 37-46.

----, »Those Outside«, in: F. L. Cross (Ed.), Studia Evangelica II, TU 87, Berlin 1964, 155-157.

Cranfield, C. E. B., The Gospel according to Saint Mark. An Introduction and Commentary, CGTC, Cambridge 1959.

Crossan, J. D., Mark and the Relatives of Jesus, NT 15, 1973, 81-113.

----, Open Healing and Open Eating: Jesus as a Jewish Cynic?, BR 36, 1991, 6-18.

Crüsemann, F., Der Widerstand gegen das Königtum. Die antiköniglichen Texte des Alten Testamentes und der Kampf um den frühen israelitischen Staat, WMANT 49, Neukirchen 1978.

Cullmann, O., Die Christologie des Neuen Testaments, Tübingen 1957.

Cunningham, Ph. A., Jesus and the Evangelists: the ministry of Jesus and its portrayal in the synoptic gospels, Lanham 1993.

Dahl, N. A., A People for His Name, NTS 4, 1958, 319-327.

Dahm, C., Israel im Markusevangelium, EHS 23,420, Frankfurt (Main) 1991.

Danker, F. W., Jesus and the New Age. A Commentary on St. Luke's Gospel, 2. Aufl. Philadelphia 1988.

Dautzenberg, G., Elija im Markusevangelium, in: F. Van Segbroeck u.a. (Ed.), The Four Gospels 1992, FS F. Neyrinck, Leuven 1992, BEThL 100, 1077-1094.

----, Über die Eigenart des Konfliktes, der von jüdischer Seite im Prozeß Jesu ausgetragen wurde, in: I. Broer (Hg.), Jesus und das jüdische Gesetz, Stuttgart 1992, 147-172.

----, Markus 4,1-34 als Belehrung über das Reich Gottes. Beobachtungen zum Gleichniskapitel, BZ NF 34, 1990, 38-62.

----, Die Zeit des Evangeliums: Mk 1,1-15 und die Konzeption des Markusevangeliums, BZ NF 21, 1977, 219-234; 22, 1978, 76-91.

----, Zur Stellung des Markusevangeliums in der Geschichte der urchristlichen Theologie, Kairos 18, 1976, 282-291.

Davies, J. H., The Purpose of the Central Section of St. Luke's Gospel, in: F. L. Cross (Ed.), Studia Evangelica II, TU 87, Berlin 1964, 164-169.

Davies, W. D., The Setting of the Sermon on the Mount, Cambridge 1966.

----, Torah in the Messianic Age and/or the Age to Come, JBL.MS 7, Philadelphia 1952.

Dawsey, J. M., The Lucan Voice: Confusion and Irony in the Gospel of Luke, Macon, GA 1986.

Degenhardt, H.-J., Lukas - Evangelist der Armen. Besitz und Besitzverzicht in den lukanischen Schriften. Eine traditions- und redaktionsgeschichtliche Untersuchung, Stuttgart 1965.

Deißmann, A., Licht vom Osten: Das Neue Testament und die neuentdeckten Texte der hellenistisch-römischen Welt, 4. Aufl. Tübingen 1923.

Delling, G., Art. ἄρχω κτλ., ThWNT 1, 1933, 476-488.

----, Art. πλεονέκτης κτλ., ThWNT 6, 1959, 266-269.

----, Art. πλῆθος, πληθύνω κτλ., ThWNT 6, 1959, 274-282.

----, Art. τάσσω κτλ., ThWNT 8, 1969, 27-49.

----, Zur Beurteilung des Wunders durch die Antike, in: ders., Studien zum Neuen Testament und zum hellenistischen Judentum. Gesammelte Aufsätze 1950-1968, hg. v. F. Hahn, T. Holtz, N. Walter, Göttingen 1970, 53-71.

----, Die Bewältigung der Diasporasituation durch das hellenistische Judentum, Göttingen 1987.

----, Einwirkungen der Sprache der Septuaginta in »Joseph und Aseneth«, JSJ 9, 1978, 29-56.

----, Perspektiven der Erforschung des hellenistischen Judentums, HUCA 45, 1974, 133-176.

Delobel, J., La rédaction de Lc., IV, 14-16a et le »Bericht vom Anfang«, in: F. Neirynck (ed.), L'évangile de Luc. Problèmes littéraires et théologiques, Mémorial Lucien Cerfaux, BEThL 32, Gembloux 1973, 203-223.

Delorme, J., Dualité, dissection critique et signification. Mc 9,14-29, in: F. Van Segbroeck u.a. (ed.), The Four Gospels 1992, FS F. Neirynck, Vol. II, BEThL 100, 1992, 1095-1104.

Denaux, A., L'hypocrisie des Pharisiens et le dessein de Dieu. Analyse de Lc., XIII, 31-33, in: F. Neirynck (Ed.), L'Évangile de Luc. Problèmes littéraires et théologiques. Mémorial Lucien Cerfaux, BEThL 32, Gembloux 1973, 241-285.

Deselaers, P., Das Buch Tobit. Studien zu seiner Entstehung, Komposition und Theologie, OBO 43, Göttingen 1982.

Dewey, J., Markan Public Debate. Literary Technique, Concentric Structure and Theology in Mark 2:1-3:6, SBL DS 48, Ann Arbor 1980.

Dibelius, M., Die alttestamentlichen Motive in der Leidensgeschichte des Petrus- und Johannesevangeliums, in: ders., Botschaft und Geschichte, Tübingen, I 1953, 221-247.

----, Die Formgeschichte des Evangeliums, 2. Aufl. Tübingen 1933; 6. Aufl. hrsg. v. G. Iber, 1971.

----, Herodes und Pilatus, in: ders., Botschaft und Geschichte. Gesammelte Aufsätze Bd. 1, Zur Evangelienforschung, hg. v. G. Bornkamm, Tübngen 1953, 278-292.

----, Die Reden der Apostelgeschichte und die antike Geschichtsschreibung, in: ders., Aufsätze zur Apostelgeschichte, hg. v. H. Greeven, 2. Aufl. Göttingen 1953, 120-162.

----, Rez. B. H. Streeter, The Four Gospels, ThLZ 51, 1926, 73-77.

----, Die urchristliche Überlieferung von Johannes dem Täufer, FRLANT 15, Göttingen 1911.

----, Zur Formgeschichte der Evangelien, ThR NF 1,1929, 185-216.

Diefenbach, M., Die Komposition des Lukasevangeliums unter Berücksichtigung antiker Rhetorikelemente, FTS 43, Frankfurt (Main) 1993.

Dihle, A., Die Evangelien und die griechische Biographie, in: P. Stuhlmacher (Hg.), Das Evangelium und die Evangelien. Vorträge vom Tübinger Symposion, WUNT 28, Tübingen 1983, 383-411.

----, Die griechische und lateinische Literatur der Kaiserzeit. Von Augustus bis Justinian, München 1989.

Dinkler, E., Petrusbekenntnis und Satanswort. Das Problem der Messianität Jesu, in: E. Dinkler (Hg.), Zeit und Geschichte. Dankesgabe an R. Bultmann, Tübingen 1964, 127-153.

Dobbeler, S. v., Das Gericht und das Erbarmen Gottes. Die Botschaft Johannes des Täufers und ihre Rezeption bei den Johannesjüngern im Rahmen der Theologiegeschichte des Frühjudentums, BBB 70, Frankfurt (Main) 1988.

Dobschütz, E. v., Zur Erzählerkunst des Markus, ZNW 27, 1928, 193-198.

Dodd, C. H., The Framework of the Gospel Narrative, ET 43, 1931/32, 396-400 = ders., New Testament Studies, Manchester 1953 (zweiter Druck 1954), 1-11.

----, The Parables of the Kingdom, 14. Aufl. London 1956.

Dömer, M., Das Heil Gottes. Studien zur Theologie des lukanischen Doppelwerkes, BBB 51, Köln, Bonn 1978.

Donahue, J. R., Are You the Christ? The Trial Narrative in the Gospel of Mark, SBL.DS 10, Missoula 1973.

----, Temple, Trial, and Royal Christology, in: W. H. Kelber (Ed.), The Passion in Mark, Philadelphia 1976, 61-79.

Donaldson, T. L., Jesus on the Mountain. A Study in Matthean Theology, JSNT.S 8, Sheffield 1985.

Donner, H., Geschichte des Volkes Israel und seiner Nachbarn in Grundzügen, Teil 2: Von der Königszeit bis zu Alexander dem Großen. Mit einem Ausblick auf die Geschichte des Judentums bis Bar Kochba, GAT 4/2, Göttingen 1986.

Dormeyer, D., Die Familie Jesu und der Sohn der Maria im Markusevangelium (3,20f.31-35; 6,3), in: H. Frankemölle, K. Kertelge (Hg.), Vom Urchristentum zu Jesus, FS J. Gnilka, 1989, 109-135.

----, Joh 18.1-14 Par. Mk 14.43-53: Methodologische Überlegungen zur Rekonstruktion einer vorsynoptischen Passionsgeschichte, NTS 41, 1995, 218-239.

----, Das Neue Testament im Rahmen der antiken Literaturgeschichte. Eine Einführung, Die Altertumswissenschaft, Darmstadt 1993.

----, Die Passion Jesu als Verhaltensmodell. Literarische und theologische Analyse der Traditions- und Redaktionsgeschichte der Markuspassion, NTA NF 11, Münster 1974.

Downing, F. G., Christ and the Cynics. Jesus and Other Radical Preachers in First-Century Tradition, JSOT Manuals 4, Sheffield 1988.

Dschulnigg, P., Sprache, Redaktion und Intention des Markus-Evangeliums. Eigentümlichkeiten der Sprache des Markus-Evangeliums und ihre Bedeutung für die Redaktionskritik, SBB 11, 2. Aufl. Stuttgart 1986.

Duff, P. B., The March of the Divine Warrior and the Advent of the Greco-Roman King: Mark's Account of Jesus' Entry into Jerusalem, JBL 111, 1992, 55-71.

Dunn, J. G. D., The partings of the ways: between Christianity and Judaism and their significance for the character of Christianity, London, Philadelphia 1991.

Dwyer, T. R., The Motif of Wonder in the Gospel of Mark, Ph.D. Aberdeen 1990.

Ebeling, H. J., Das Messiasgeheimnis und die Botschaft des Marcus-Evangelisten, BZNW 19, Berlin 1939.

Ebert, Th., Platon - ein Verächter der »Vielen«?, in: J. Mittelstraß, M. Riedel (Hg.), Vernünftiges Denken. Studien zur praktischen Philosophie und Wissenschaftstheorie. Wilhelm Kamlah zum Gedächtnis, Berlin 1978, 124-147.

Edelmann, H., Volksmasse und Einzelpersönlichkeit im Spiegel von Historiographie und Publizistik des 5. und des 4. Jahrhunderts, Klio 56, 1974, 415-444.

Edwards, R. A., Characterization of the Disciples as a Feature of Matthew's Narrative, in: F. Van Segbroeck u.a. (ed.), The Four Gospels 1992, FS F. Neirynck, Vol. II, BEThL 100, 1992, 1305-1323.

----, Matthew's Story of Jesus, Philadelphia 1985.

Edwards, O. C., Luke's Story of Jesus, Philadelphia 1981.

Egelkraut, H. L., Jesus' Mission to Jerusalem: A redaction critical study of the Travel Narrative in the Gospel of Luke, Lk 9:51-19:48, EHS 23,80, Frankfurt (Main), Bern 1976.

Egger, W., Frohbotschaft und Lehre. Die Sammelberichte des Wirkens Jesu im Markusevangelium, FThSt 19, Frankfurt 1976.

----, Methodenlehre zum Neuen Testament. Einführung in linguistische und historisch-kritische Methoden, Freiburg 1987, 2. Aufl. 1990.

----, Die Verborgenheit Jesu in Mk 3,7-12, Bib 50, 1969, 466-490.

Eichholz, G., Auslegung der Bergpredigt, BSt 46, 2. Aufl. Neukirchen 1970.

----, Der Begriff »Volk« im Neuen Testament, in: ders., Tradition und Interpretation. Studien zum Neuen Testament und zur Hermeneutik, TB 29, München 1965, 78-84.

Eisler, R., IHSOUS BASILEUS OU BASILEUSAS, 2 Bde. RWB 9, Heidelberg 1929-30.

Eitrem, S., Some Notes on the Demonology in the New Testament, 2. Aufl. Oslo 1966.

Elliger, K., Deuterojesaja, 1. Teilband, Jesaja 40,1-45,7; BKAT XI/1, Neukirchen 1978.

Elliott, J. K., The Conclusion of the Pericope of the Healing of the Leper and Mark i.45, JThS 22, 1971, 153-157.

Eltester, W., Israel im lukanischen Werk und die Nazareth-Periope: in: ders. (Hg.), Jesus in Nazareth, BZNW 40, Berlin, New York 1972, 76-147.

Erlemann, K., Das Bild Gottes in den synoptischen Gleichnissen, BWANT 126, Stuttgart 1988.

Ernst, J., Das Evangelium nach Lukas übersetzt und erklärt, RNT 3, 1. Aufl. Regensburg 1977, 6. Aufl. Regensburg 1993.

----, Das Evangelium nach Markus übersetzt und erklärt, RNT 2, Regensburg 1981.

----, Johannes der Täufer: Interpretation - Geschichte - Wirkungsgeschichte, BZNW 53, Berlin New York 1989.

----, Matthäus. Ein theologisches Porträt, Düsseldorf 1989.

----, Das sog. Messiasgeheimnis - kein »Hauptschlüssel« zum Markusevangelium, in: Theologie im Werden. Studien zu den theologischen Konzeptionen im Neuen Testament, in Zusammenarbeit mit dem Collegium Biblicum München hg. v. J. Hainz, Paderborn 1992, 21-56.

----, Die Passionserzählung und die Aporien der Forschung, ThGl 70, 1980, 160-180.

----, Der Spruch von den »frommen« Sündern und den »unfrommen« Gerechten (Lk 7,29f). Geschichte der Deutung eines umstrittenen Logions, in: C. Bussmann, W. Radl (Hg.), Der Treue Gottes trauen, FS G. Schneider, Freiburg, Basel, Wien 1991, 197-213.

Evans, C. A., A Note on the Function of Isaiah vi,9-10 in Mark and John, NT 24, 1982, 124-128.

Evans, C. F., The Central Section of St. Luke's Gospel, in: D. E. Nineham (Ed.), Studies in the Gospels. Essays in Memory of R. H. Lightfoot, Oxford 1957, 37-53.

----, Saint Luke. TPI New Testament Commentaries, London, Philadelphia 1990.

Fabry, H.-J., Hossfeld, F.-L., Kindl., E.-M., Art. קהל, ThWAT 6, 1989, 1204-1222.

Farla, P. J., Jezus' Ordeel over Israel. Een form- en redaktionsgeschichtliche Analyse van Mc 10,46-12,40, Kampen 1978.

Farrer, A., St. Matthew and St. Mark, Westminster 1954, 2. Aufl. 1966.

Feine, P., Eine vorkanonische Überlieferung des Lukas, Gotha 1891.

Feldkämper, L., Der betende Jesus als Heilsmittler bei Lukas. VMStA 29, St. Augustin 1978.

Feldmeier, R., Der Gekreuzigte im Gnadenstuhl. Exegetische Überlegungen zu Mk 15,37-39 und deren Bedeutung für die Vorstellung der göttlichen Gegenwart und Herrschaft, in: M. Philonenko (ed.), Le Trône de Dieu, WUNT 69, Tübingen 1993, 213-232.

----, Die Krisis des Gottessohnes, WUNT II 21, Tübingen 1987.

----, Weise hinter »eisernen Mauern«. Tora und jüdisches Selbstverständnis zwischen Akkulturation und Absonderung im Aristeasbrief, in: M. Hengel, A. M. Schwemer, Die Septuaginta zwischen Judentum und Christentum, WUNT 72, Tübingen 1994, 20-37.

Fendler, F., Studien zum Markusevangelium. Zur Gattung, Chronologie, Messiasgeheimnistheorie und Überlieferung des zweiten Evangeliums, GTA 49, Göttingen 1991.

Feneberg, W., Der Markusprolog. Studien zur Formbestimmung des Evangeliums, StANT 36, München 1974.

Fiebig, P., Jesu Bergpredigt. Rabbinische Texte zum Verständnis der Bergpredigt, ins Deutsche übersetzt, in ihren Ursprachen dargeboten und mit Erläuterungen u. Lesarten versehen, Göttingen 1924.

----, Jüdische Wundergeschichten des neutestamentlichen Zeitalters unter besonderer Berücksichtigung ihres Verhältnisses zum Neuen Testament bearbeitet. Ein Beitrag zum Streit um die "Christusmythe", Tübingen 1911.

Fiedler, P., Das Matthäusevangelium und »die Pharisäer«, in: C. Mayer, K. Müller, G. Schmalenberg (Hg.), Nach den Anfängen fragen. FS G. Dautzenberg, Gießen 1994, 199-218.

----, Die Passion des Christus, in: L. Oberlinner, P. Fiedler (Hrsg), Salz der Erde - Licht der Welt. Exegetische Beiträge zum Matthäusevangelium. FS A. Vögtle, Stuttgart 1991, S. 299-319.

Finegan, J., Die Überlieferung der Leidens- und Auferstehungsgeschichte Jesu, BZNW 15, 1934.

Fitzmyer, J. A., The Gospel according to Luke. Introduction, Translation, and Notes, Vol I, Luke I-IX, AncB 28, 2. Aufl. Garden City, New York 1983, Vol II, Luke X-XXIV, AncB 28a, Garden City, New York 1983.

Fitzmyer, J., Qumran: Die Antwort. 101 Fragen zu den Schriftrollen vom Toten Meer, STB 18, Stuttgart 1993.

Flender, H., Heil und Geschichte in der Theologie des Lukas, BEvTh 41, München 1965.

Focant, C., L'incomprehension des disciples dans le deuxième Évangile, RB 82, 1975, 161-185.

Fohrer, G., u.a., Exegese des Alten Testaments. Einführung in die Methodik, UTB 267, 5. Aufl. Heidelberg, Wiesbaden 1989.

Forschner, M., Dialektik und Ethik. Zu Begriff und Methode der praktischen Philosophie bei Aristoteles, in: W. Baumgartner (Hg.), Gewißheit und Gewissen, FS F. Wiedmann, Würzburg 1987, 41-61.

Forschner, M., Amor est causa timoris. Thomas von Aquin über das Gefühl der Angst, in: A. Zumkeller, A. Krümmel (Hg.), Traditio Augustiniana. Studien über Augustinus und seine Rezeption, FS W. Eckermann, Würzburg 1994, 175-191.

Fowler, R. M., Loaves and Fishes. The Function of the Feeding Stories in the Gospel of Mark. SBL.DS 54, Chico 1981.

France, R. T., The Gospel according to Matthew. An Introduction and Commentary, TNTC 1, Leicester, Grand Rapids (Mi) 1985.

Frankemölle, H., Art. λαός, EWNT 2, 1981, Sp. 837-848.

----, Evangelist und Gemeinde. Eine methodenkritische Besinnung (mit Beispielen aus dem Matthäusevangelium), Bib 60, 1979, 153-190.

----, In Gleichnissen Gott erfahren. Biblisches Forum 12, Stuttgart 1977.

----, Hat Jesus sich selbst verkündigt? Christologische Implikationen in den vormarkinischen Parabeln, BiLe 13, 1972, 184-207.

----, Jahwebund und Kirche Christi. Studien zur Form- und Traditionsgeschichte des Evangeliums nach Matthäus, NTA NF 10, 2. Aufl. Münster 1984.

----, Matthäus. Kommentar, Bd. 1, Düsseldorf 1994.

Frein, B. C., The Literary and Theological Significance of Misunderstanding in the Gospel of Luke, Bib 74, 1993, 328-348.

Friedrich, G., Beobachtungen zur messianischen Hohepriestererwartung in den Synoptikern, ZThK 53, 1956, 265-311, = ders., Auf das Wort kommt es an. Gesammelte Aufsätze, hg. v. J. H. Friedrich, Göttingen 1978, 56-102.

----, Art. προφήτης D. Propheten und Prophezeien im Neuen Testament, ThWNT 6, 1959, 829-858.

Frisk, H., Griechisches etymologisches Wörterbuch, Bd. 2, Indogermanische Bibliothek, II. Reihe, Wörterbücher, Heidelberg 1970.

Fuchs, A., Das Elend mit der Zweiquellentheorie, SNTU A 18, 183-243.

----, Die Entwicklung der Beelzebulkontroverse bei den Synoptikern. Traditionsgeschichtliche und redaktionsgeschichtliche Untersuchung von Mk 3,22-27 und Parallelen, verbunden mit der Rückfrage nach Jesus, SNTU B 5, Linz 1980.

----, Intention und Adressaten der Bußpredigt des Täufers bei Mt 3,7-10, in: A. Fuchs (Hg.), Jesus in der Verkündigung der Kirche, SNTU A 1, Linz 1976, 62-75.

----, Die »Seesturmperikope« Mk 4,35-41 parr im Wandel der urchristlichen Verkündigung, SNTU 15, 1990, 101-133.

Funk, R. W., The Poetics of Biblical Narrative. Foundations and Facets: Literary Facets, Sonoma 1988.

Fusco, V., Luke-Acts and the Future of Israel, NT 38, 1996, 1-17.

Gaechter, P., Die literarische Kunst im Matthäus-Evangelium, SBS 7, Stuttgart o. J.

----, Das Matthäus-Evangelium. Ein Kommentar, Innsbruck, Wien, München 1963.

García Martínez, F., Messianische Erwartungen in den Qumranschriften, JBTh 8, 1994, 171-208.

Gemünden, P. v., Vegetationsmetaphorik im Neuen Testament und seiner Umwelt: eine Bildfelduntersuchung, NTOA 18, Freiburg (Schweiz) 1993.

George, A., Israël dans l'oeuvre de Luc, RB 75, 1968, 481-525.

----, Le sens de la mort de Jésus pour Luc, RB 80, 1973, 186-217.

Gerhardsson, B., The Mighty Acts of Jesus according to Matthew, SMHVL 1978/79,5, Lund 1979.

Gerlemann, G., Art. דבר, ThAT I, 4. Aufl. 1984, 433-443.

Giblin, C. H., The Destruction of Jerusalem according to Luke's Gospel: A Historical-Typological Moral, AnBib 107, Rom 1985.

Giesen, H., Art. ὑποκριτής κτλ., EWNT 3, 1983, 965f.

----, Christliches Handeln. Eine redaktionskritische Untersuchung zum δικαιοσύνη-Begriff im Matthäusevangelium, EHS 23,181, Frankfurt (Main), Bern 1982.

----, Jesu Krankenheilungen im Verständnis des Matthäusevangeliums, in: L. Schenke (Hrsg.), Studien zum Matthäusevangelium, FS W. Pesch, Stuttgart 1988, 79-106.

Gill, D., Observations on the Lukan Travel Narrative and Some Related Passages, HThR 63, 1970, 199-221.

Gils, F., Jésus prophète d'après les évangiles synoptiques, OBL 2, Leuven 1957.

Ginzberg, L., Eine unbekannte jüdische Sekte, New York 1922 = Hildesheim 1972.

Glöckner, R., Neutestamentliche Wundergeschichten und das Lob der Wundertaten Gottes in den Psalmen. Studien zur sprachlichen und theologischen Verwandschaft zwischen neutestamentlichen Wundergeschichten und Psalmen, WSAMA.T 13, Mainz 1983.

----, Die Verkündigung des Heils beim Evangelisten Lukas, WSAMA.T 9, Mainz 1976.

Gnilka, J., Das Evangelium nach Markus, 2 Bde., EKK 2, 2. Aufl. Zürich, Einsiedeln, Köln, Neukirchen 1986.

----, Das Matthäusevangelium, HThK 1, 1. Teil, 1,1-13,58, Freiburg Basel Wien 1986; 2. Teil, 14,1-28,20 Freiburg, Basel, Wien 1988.

----, Theologie des Neuen Testaments, HThK.S 5, Freiburg, Basel, Wien 1994.

----, Der Prozeß Jesu nach den Berichten das Markus und Matthäus mit einer Rekonstruktion des historische Verlaufs, in: K. Kertelge (Hg.), Der Prozeß gegen Jesus. Historische Rückfrage und theologische Deutung, QD 112, Freiburg, Basel, Wien 1988, 11-40.

----, Die Verstockung Israels. Isaias 6,9-10 in der Theologie der Synoptiker, StANT 3, München 1961.

Gollinger, H., Heil für die Heiden - Unheil für die Juden? in: M. Marcus, E. W. Stegemann, E. Zenger (Hg.), Israel und Kirche heute. Beiträge zum christlich-jüdischen Dialog. FS E. L. Ehrlich, Freiburg, Basel, Wien 1991, 201-211.

----, »...und diese Lehre verbreitete sich bei den Juden bis heute«, in: L. Oberlinner, P. Fiedler (Hg.), Salz der Erde - Licht der Welt. Exegetische Studien zum Matthäusevangelium, FS A. Vögtle, Stuttgart 1991, 375-400.

Goppelt, L., Christentum und Judentum im ersten und zweiten Jahrhundert. Ein Aufriß der Urgeschichte der Kirche, BFChTh II, 55, Gütersloh 1954.

----, Theologie des Neuen Testaments, hg. v. J. Roloff, UTB 850, 3. Aufl. Göttingen 1981.

Gräßer, E., Jesus in Nazareth (Mk 6,1-6a), in: W. Eltester (Hg.), Jesus in Nazareth, BZNW 40, Berlin, New York 1972, 1-37.

----, Das Problem der Parusieverzögerung in den synoptischen Evangelien und in der Apostelgeschichte, BZNW 22, 3. Aufl. Berlin 1977.

Graupner, A., Auftrag und Geschick des Propheten Jeremia. Literarische Eigenart, Herkunft und Intention vordeuteronomistischer Prosa im Jeremiabuch, BThSt 15, Neukirchen 1991.

Green, J. B., The Death of Jesus. Tradition and Interpretation in the Passion Narrative, WUNT II 33, Tübingen 1988.

----, Jesus and a Daughter of Abraham (Luke 13:10-17): Test Case for a Lucan Perspective on Jesus' Miracles, CBQ 51, 1989, 643-654.

Greeven, H., Die Heilung des Gelähmten nach Mt, WuD 4, 1955, 65-78.

----, Propheten, Lehrer, Vorsteher bei Paulus. Zur Frage der »Ämter« im Urchristentum, ZNW 44, 1952, 1-43.

Grimm, W., Art. Art. ἐπιτάσσω, ἐπιταγή, EWNT 2, 1981, 103f.

----, Art. θαμβέω, EWNT 2, 1981, 317-319.

----, Eschatologischer Saul wider eschatologischen David. Eine Deutung von Lc xiii 31 ff., NT 15, 1973, 114-133.

Grundmann, W., Das Evangelium nach Lukas, ThHK NT 3, 2. Aufl. Berlin 1961.

----, Das Evangelium nach Markus, ThHK NT 2, 7. Aufl. Berlin 1977, 9. Aufl. 1984.

----, Das Evangelium nach Matthäus, ThHK NT 1, 6. Aufl. Berlin 1986.

----, Fragen der Komposition des lukanischen »Reiseberichtes«, ZNW 50, 1959, 252-270.

Guelich, R. A., Mark. Bd. I, Mark 1,1-8,26, WBC 34 A, Dallas 1989.

Güttgemanns, E., Offene Fragen zur Formgeschichte des Evangeliums. Eine methodologische Skizze der Grundlagenproblematik der Form- und Redaktionsgeschichte, BEvTh 54, 2. Aufl. München 1971.

Gundry, R. H., Mark. A Commentary on His Apology for the Cross, Grand Rapids 1993.

----, Matthew. A Commentary on His Literary and Theological Art, 2. Aufl. Grand Rapids 1983.

Gunn, D. M., The »Hardening of Pharaoh's Heart: Plot, Character and Theology in Exodus 1-14; in: D. J. A. Clines, D. M. Gunn, A. J. Hauser (ed.), Art and Meaning: Rhetoric in Biblical Literature, JSOT.SS 19, Sheffield 1982, 72-96.

Gunneweg, A. H. J., Schmithals, W., Herrschaft. Biblische Konfrontationen, Kohlhammer Taschenbücher 1012, Stuttgart 1980.

Gunneweg, A. H. J., Leviten und Priester, FRLANT 89, Göttingen 1965.

----, Nehemia, KAT 19/2, Gütersloh 1987.

----, עם הארץ - A Semantic Revolution, ZAW 95, 1983, 437-440.

Guttmann, A., The Significance of Miracles for Talmudic Judaism, HUCA 20, 1947, 363-404.

Haacker, K., Leistung und Grenzen der Formkritik, ThBeitr 12, 1981, 53-71.

Haenchen, E., Die Apostelgeschichte neu übers. u. erkl., KEK 3, 16. Aufl. Göttingen 1977.

----, Historie und Verkündigung bei Markus und Lukas, wiederabgedruckt in: E. Haenchen, Die Bibel und wir, Gesammelte Aufsätze II, Tübingen 1968, 156-181.

----, Judentum und Christentum in der Apostelgeschichte, wiederabgedruckt in: ders., Die Bibel und wir. Gesammelte Aufsätze Bd. 2, Tübingen 1968, 338-374.

----, Der Weg Jesu. Eine Erklärung des Markusevangeliums und der kanonischen Parallelen, STö II,6, Berlin, 1966.

Hahn, F. (Hg.), Der Erzähler des Evangeliums. Methodische Neuansätze in der Markusforschung, SBS 118/119, Stuttgart 1985.

Hahn, F., Christologische Hoheitstitel. Ihre Geschichte im frühen Christentum, UTB 1873, 5. erw. Aufl. Göttingen 1995.

----, Das Gleichnis von der Einladung zum Festmahl, in: O. Böcher, K. Haacker (Hg.), Verborum Veritas. FS G. Stählin, Wuppertal 1970, 51-82.

----, Das Verständnis des Glaubens im Markusevangelium, in: F. Hahn, H. Klein, Glaube im Neuen Testament, FS H. Binder, BThSt 7, Neukirchen 1982.

----, Das Verständnis der Mission im Neuen Testament, WMANT 13, 2. Aufl. Neukirchen 1965.

----, Die Worte vom Licht Lk 11,33-36, in: Orientierung an Jesus. Zur Theologie der Synoptiker, FS J. Schmid, Freiburg 1973, 107-138.

Halverson, J., Oral and Written Gospel: A Critique of Werner Kelber, NTS 40, 1994, 180-195.

Hamm, D., The Freeing of the Bent Woman and the Restoration of Israel: Luke 13.10-17 as narrative Theology, JSNT 31, 1987, 23-44.

Hampel, V., Menschensohn und historischer Jesus. Ein Rätselwort als Schlüssel zum messianischen Selbstverständnis Jesu, Neukirchen 1990.

Hanhart, R., Die Bedeutung der Septuaginta in neutestamentlicher Zeit, ZThK 81, 1984, 395-416.

----, Fragen um die Entstehung der LXX, VT 12, 1962, 139-163.

Harbarth, A., Gott hat sein Volk heimgesucht. Eine form- und redaktionsgeschichtliche Untersuchung zu Lk 7,11-17: Die Erweckung des Jünglings von Nain«, Diss. Heidelberg 1977.

Harnack, A. v., Die Mission und Ausbreitung des Christentums in den ersten drei Jahrhunderten, 4. Aufl. Leipzig 1924.

Harnisch, W., Die Gleichniserzählungen Jesu. Eine hermeneutische Einführung, UTB 1343, 2. Aufl. Göttingen 1990.

Harrington, W., Mark. NTMes 4, Dublin 1979.

Hauck, F., Das Evangelium des Markus, ThHK NT 2, Leipzig 1931.

Haufe, G., Erwägungen zum Ursprung der sogenannten Parabeltheorie des Markus 4,11-12, EvTh 32, 1972, 413-421.

Hausmann, J., Studien zum Menschenbild der älteren Weisheit (Spr. 10ff.), FAT 7, Tübingen 1995.

Head, P. M., A Text-Critical Study of Mark 1.1, »The Beginning of the Gospel of Jesus Christ«, NTS 37, 1991, 621-629.

Healey, J. P., Art. Am Ha'Arez, Anchor Bible Dictionary I, 1992, 168f.

Hedinger, U., Jesus und die Volksmenge. Kritik der Qualifizierung der αχλοι in der Evangelienauslegung, ThZ 32, 1976, 201-206.

Hegermann, H., Art. Krieg III. Neues Testament, TRE 20, 1990, 25-28.

----, Jesaja 53 in Hexapla, Targum und Peschitta, BFChTh II 56, Gütersloh 1954.

Heininger, B., Metaphorik, Erzählstruktur und szenisch-dramatische Gestaltung in den Sondergutgleichnissen bei Lukas, NTA NF 24, Münster 1991.

Heinrici, D. C. F., Der litterarische Charakter der neutestamentlichen Schriften, Leipzig 1908.

Heitmüller, W., Das Johannes-Evangelium, SNT 4, 3. Aufl. Göttingen 1920, 9-184.

Held, H. J., Matthäus als Interpret der Wundergeschichten, in: G. Bornkamm, G. Barth, H. J. Held, Überlieferung und Auslegung im Matthäusevangelium, WMANT 1, 4. Aufl. Neukirchen 1965, 155-287.

Hengel, M., Entstehungszeit und Situation des Markusevangeliums, in: H. Cancik (Hg.), Markus-Philologie. Historische, literargeschichtliche und stilistische Untersuchungen zum zweiten Evangelium, WUNT 33, Tübingen 1984, 1-45.

----, Jesus, der Messias Israels. Zum Streit über das »messianische Sendungsbewußtsein« Jesu, in: Gruenwald, I., Shaked, S., Stroumsa, G. (Ed.), Messiah and Christos. Studies in the Jewish Origins of Christianity, FS D. Flusser, TSAJ 32, Tübingen 1992, 155-176.

----, Judentum und Hellenismus, 2. Aufl. Tübingen 1976, 3 Aufl. Tübingen 1988.

----, Kerygma oder Geschichte? Zur Problematik einer falschen Alternative in der Synoptikerforschung aufgezeigt an Hand einiger neuer Monographien, ThQ 151, 1971, 323-336.

----, Mc 7,3 πυγμῇ ZNW 60, 1969, 182-198.

----, Probleme des Markusevangeliums, in: P. Stuhlmacher, Das Evangelium und die Evangelien, WUNT 28, Tübingen 1983, S. 221-265.

----, Die Zeloten. Untersuchungen zur jüdischen Freiheitsbewegung in der Zeit von Herodes I. bis 70 n. Chr., AGSU 1, Leiden 1961.

Hentschel, G., 2 Könige NEB AT 11, Würzburg 1985

Herzer, J., Die Paralipomena Jeremiae. Studien zu Tradition und Redaktion einer Haggada des frühen Judentums, TSAJ 43, Tübigen 1994.

Herzog, R., Die Wunderheilungen von Epidauros (Ph.S 22.3) Leipzig 1931.

Hill, D., The Rejection of Jesus at Nazareth (Luke iv 16-30), NT 13, 1971, 161-180.

Hillmann, W., Aufbau und Deutung der synoptischen Leidensberichte. Ein Beitrag zur Kompositionstechnik und Sinndeutung der drei älteren Evangelien, Freiburg 1941.

Hirsch, E., Frühgeschichte des Evangeliums. 1. Das Werden des Markusevangeliums, 2. Aufl. Tübingen 1941.

Hobbs, T. R., 2 Kings, WBC AT 13, Waco 1985.

Hoehner, H. W., Herod Antipas, SNTS.MS 17, Cambridge 1972.

Hoffmann, P., Auslegung der Bergpredigt, BiLe 10, 1969, 57-65.111-122.175-189.264-275; 11 (1970) 89-104.

----, Mk 8,31. Zur Herkunft und Rezeption einer alten Überlieferung, in: ders. (Hg.), Orientierung an Jesus. Zur Theologie der Synoptiker, FS J. Schmid, Freiburg 1973, 170-204.

----, Πάντες ἐργάται ἀδικίας. Redaktion und Tradition in Lc 13,22-30, ZNW 58, 1967, 188-214.

----, Rez. S. Schulz, Q, die Spruchquelle der Evangelisten, BZ NF 19, 1975, 104-115.

----, Studien zur Theologie der Logienquelle, NTA NF 8, 2. Aufl. Münster 1975.

----, Das Zeichen für Israel. Zu einem vernachlässigten Aspekt der matthäischen Ostergeschichte, in: ders. (Hg.), Zur neutestamentlichen Überlieferung von der Auferstehung Jesu, WdF 522, Darmstadt 1988, 416-452.

Hofius, O., Jesu Zuspruch der Sündenvergebung. Exegetische Erwägungen zu Mk 2,5b, JBTh 9, 1994, 125-143.

Holtzmann, H. J., Die Synoptiker, HC 1, 3. Aufl. Tübingen, Leipzig 1901.

Hooker, M. D., The Gospel according to St. Mark, BNTC, 1991.

Horn, F. W., Christentum und Judentum in der Logienquelle, EvTh 51, 1991, 344-364.

----, Glaube und Handeln in der Theologie des Lukas, GTA 26, Göttingen 1983.

Horstmann, M., Studien zur markinischen Christologie, NTA NF 6, Münster 1969.

Howard, V., Das Ego Jesu in den synoptischen Evangelien, MThSt 14, Marburg 1975.

Hubaut, M., La parabole des vignerons homicides, CRB 16, Paris 1976.

Hummel, R., Die Auseinandersetzung zwischen Kirche und Judentum im Matthäusevangelium, BEvTh 33, 2. Aufl. München 1966.

Ihromi, Königinmutter und 'Amm ha'arez, VT 24, 1974, 421-429.

Jeremias, G., Der Lehrer der Gerechtigkeit. StUNT 2, Göttingen 1963.

Jeremias, J., Die Abendmahlsworte Jesu, 4. Aufl. Göttingen 1967.

----, Art. ᾽Ηλ(ε)ίας, ThWNT 2, 1935, 930-943.

----, Art. Μωυσῆς, ThWNT 4, 1942, 852-878.

----, Art. πολλοί, ThWNT 6, 1959, 536-545.

----, Die Drei-Tage-Worte der Evangelien, in: G. Jeremias, H.-W. Kuhn, H. Stegemann (Hg.), Tradition und Glaube. Das frühe Christentum in seiner Umwelt, FS K. G. Kuhn, Göttingen 1971, 221-229.

----, Die Gleichnisse Jesu, 8. Aufl. Göttingen 1970.

----, Jesu Verheißung für die Völker. Franz Delitzsch-Vorlesungen 1953, 2. Aufl. Stuttgart 1959.

----, Jesus als Weltvollender, BFChTh 33/4, Gütersloh 1930.

----, Neutestamentliche Theologie. Bd. 1: Die Verkündigung Jesu, 3. Aufl. Gütersloh 1979.

Jeremias, J., Theophanie. Die Geschichte einer alttestamentlichen Gattung, WMANT 10, Neukirchen 1965, 2. Aufl. 1977.

Jervell, J., Gottes Treue zum untreuen Volk, in: C. Bussmann, W. Radl (Hg.), Der Treue Gottes trauen. Beiträge zum Werk des Lukas, FS G. Schneider, Freiburg, Basel, Wien 1991, 15-27.

----, The Divided People of God. The Restauration of Israel and Salvation for the Gentiles, in: J. Jervell, Luke and the People of God, Minneapolis 1972, 41-74.

----, Das gespaltene Israel und die Heidenvölker, StTheol 19, 1965, 68-96.

----, The Law in Luke-Acts, HThR 64, 1971, 21-36.

----, Luke and the People of God. A New Look at Luke-Acts, Minneapolis 1972.

----, Der Sohn des Volkes, in: C. Breytenbach, H. Paulsen (Hg.), Anfänge der Christologie. FS F. Hahn, Göttingen 1991, 245-254.

Johnson, S. E., A commentary of the gospel according to St. Mark, BNTC, London 1960.

Johnson, L. T., The New Testament's Anti-Jewish Slander and the conventions of ancient Polemic, JBL 108, 1989, 419-441.

Juel, D., Luke-Acts, London 1983.

----, Messiah and Temple. The Trial of Jesus in the Gospel of Mark, SBL.DS 31, Missoula 1977.

Jülicher, A., Die Gleichnisreden Jesu, 2 Bde., 2. Aufl. Tübingen 1910.

Kahl, W., New Testament Miracle Stories in their Religious-Historical Setting. A Religionsgeschichtliche Comparison from a Structural Perspective, FRLANT 163, Göttingen 1994.

Kalimi, I., Zur Geschichtsschreibung des Chronisten. Literarisch-historiographische Abweichungen der Chronik von ihren Paralleltexten in den Samuel- und Königsbüchern, BZAW 226, Berlin, New York 1995.

Kampling, R., Israel unter dem Anspruch des Messias. Studien zur Israelthematik im Markusevangelium, SBB 25, Stuttgart 1992.

----, Rez. Dahm, Israel, ThRev 90, 1994, 291-295.

Karrer, M., Der Gesalbte. Die Grundlagen des Christustitels, FRLANT 151, Göttingen 1990.

Käsemann, E., Lukas 11,14-28, wiederabgedruckt in: ders., Exegetische Versuche und Besinnungen I, Göttingen 1960, 242-248.

----, Das Problem des historischen Jesus, wiederabgedruckt in: E. Käsemann, Exegetische Versuche und Besinnungen I, 6. Aufl. Göttingen 1970, 187-214.

----, Sackgassen im Streit um den historischen Jesus, wiederabgedruckt in: E. Käsemann, Exegetische Versuche und Besinnungen II, 6. Aufl. Göttingen 1970, 31-68.

Käser, W., Exegetische und theologische Erwägungen zur Seligpreisung der Kinderlosen, ZNW 54, 1963, 240-254.

Kato, Z., Die Völkermission im Markusevangelium, EHS 23,252, Frankfurt (Main) 1986.

Katz, P., Art. ὄχλος B. Der at.liche Sprachgebrauch, ThWNT 5, 1954, 583-585.

Kazmierski, C. R., Jesus, the Son of God. A study of the Markan Tradition and its Redaction by the Evangelist, fzb 33, 2. Aufl. Würzburg 1982.

Keck, L. E., The Introduction to Mark's Gospel, NTS 12, 1965/66, 352-370.

----, Keck, Mark 3,7-12 and Mark's Christology, JBL 84, 1965, 341-358.

Kee, H. C., Jesus in History: An appoach to the Study of the Gospels, 2. Aufl. New York 1977.

Kelber, W. H., Conclusion: From Passion Narrative to Gospel, in: The Passion in Mark. Studies on Mark 14-16, ed. by W. H. Kelber, 1976, 153-180.

----, The Oral and the Written Gospel, Philadelphia 1983.

Kertelge, K., Markusevangelium, NEB 2, Würzburg 1994

----, (Hg.), Der Prozeß gegen Jesus. Historische Rückfrage und theologische Deutung, QD 112, Freiburg, Basel, Wien 1988.

----, Die Wunder Jesu im Markusevangelium. Eine redaktionsgeschichtliche Untersuchung, StANT 23, München 1970.

Kiilunen, J., Die Vollmacht im Widerstreit. Untersuchungen zum Werdegang von Mk 2,1-3,6, AASF.DHL 40, Helsinki 1985.

Kilpatrick, G. D., Mark i 45 and the Meaning of λόγος, JThSt 40, 1939, 389-390.

Kingsbury, J. D., The Christology of Mark's Gospel, Philadelphia 1983.

----, Conflict in Luke: Jesus, Authorities, Disciples, Minneapolis 1991.

----, Conflict in Mark. Jesus, Authorities, Disciples, Minneapolis 1989.

----, Matthew as Story, 2. Aufl. Philadelphia 1988.

----, Matthew: Structure, Christology, Kingdom, Philadelphia 1975.

----, Observations on the »Miracle Chapters« of Matthew 8-9, CBQ 40, 1978, 559-573.

----, The Religious Authorities in the Gospel of Mark, NTS 36, 1990, 42-65.

----, The Rhetoric of Comprehension in the Gospel of Matthew, NTS 41, 1995, 358-377.

Kippenberg, H. G., Garizim und Synagoge. Traditionsgeschichtliche Untersuchungen zur samaritanischen Religion der aramäischen Periode, RVV 30, Berin 1971.

Kirchschläger, W., Jesu exorzistisches Wirken aus der Sicht des Lukas. Ein Beitrag zur lukanischen Redaktion, ÖBS 3, Klosterneuburg 1981.

Klamroth, E., Die jüdischen Exulanten in Babylonien, BWAT 10, Leipzig 1912.

Klappert, B., Israel - Messias/Christus - Kirche. Kriterien einer nicht-antijüdischen Christologie, EvTh 55, 1995, 64-88.

Klauck, H.-J., Allegorie und Allegorese in synoptischen Gleichnistexten, NTA NF 13, 2. Aufl. Münster 1986.

----, Die Armut der Jünger in der Sicht des Lukas, in: H.-M. Klauck, Gemeinde - Amt - Sakrament. Neutestamentliche Perspektiven, Würzburg 1989, 160-194.

----, Die erzählerische Rolle der Jünger im Markusevangelium, NT 24, 1982, 1-26.

----, Die Frage der Sündenvergebung in der Perikope von der Heilung des Gelähmten (Mk 2,1-12 parr), wiederabgedruckt in: ders., Gemeinde - Amt - Sakrament. Neutestamentliche Perspektiven, Würzburg 1989, 286-312.

Klauser, Th., Art. Akklamation, RAC 1, 1950, 218-233.

Klausner, J., The Messianic Idea in Israel, New York 1955.

Klein, G., Lukas 1,1-4 als theologisches Programm, wiederabgedruckt in: ders., Rekonstruktion und Interpretation. Gesammelte Aufsätze zum Neuen Testament, BEvTh 50, München 1969, 237-261.

----, Die Prüfung der Zeit (Lukas 12,54-56), ZThK 61, 1964, 373-390.

Klein, H., Barmherzigkeit gegenüber den Elenden und Geächteten. Studien zur Botschaft des lukanischen Sonderguts, BThSt 10, Neukirchen 1987.

----, Das Bekenntnis des Petrus und die Anfänge des Christusglaubens der Urgemeinde, EvTh 47, 1987, 176-192.

Klinghardt, M., Gesetz und Volk Gottes. Das lukanische Verständnis des Gesetzes nach Herkunft, Funktion und seinem Ort in der Geschichte des Urchristentums, WUNT II 32, Tübingen 1988.

Kloppenborg, J. S., The Formation of Q. Trajectories in Ancient Wisdom Collections, Studies in Antiquity and Christianity, Philadelphia 1987.

Klostermann, E., Das Lukasevangelium, HNT 5, 2. Aufl. Tübingen 1929.

----, Das Markusevangelium, HNT 3, 4. Aufl. Tübingen 1950.

----, Das Matthäusevangelium, HNT 4, 4. Aufl. Tübingen 1971.

Knox, W. L., The Sources of the synoptic Gospels, Vol. I, St. Mark, Cambridge 1953.

Koch, D.-A., Die Bedeutung der Wundererzählungen für die Christologie des Markusevangeliums, BZNW 42, Berlin, New York 1975.

----, Inhaltliche Gliederung und geographischer Aufriß im Markusevangelium, NTS 29, 1983, 145-166.

Koch, K., Messias und Sündenvergebung in Jesaja 53 - Targum. Ein Beitrag zu der Praxis der aramäischen Bibelübersetzng, JSJ 3, 1972, 117-148.

Kodell, J., Luke's Use of Laos, »People«, especially in the Jerusalem Narrative, CBQ 31, 1969, 327-343.

Koet, B., Simeons Worte und Israels Geschick, in: F. Van Segbroeck u.a. (Ed.), The Four Gospels 1992, FS F. Neirynck, BEThL 100, Leuven 1992, Vol. II, 1549-1569.

Kohata, F., Jahwist und Priesterschrift in Exodus 3 - 14, BZAW 166, Berlin 1986.

Kollmann, B., Jesu Schweigegebote an die Dämonen, ZNW 82, 1991, 267-273.

----, Jesus und die Christen als Wundertäter. Studien zu Magie, Medizin und Schamanismus in Antike und Christentum, FRLANT 170, Göttingen 1996.

Korn, M., Die Geschichte Jesu in veränderter Zeit. Studien zur bleibenden Bedeutung Jesu im lukanischen Doppelwerk, WUNT II 51, Tübingen 1993.

Koskenniemi, E., Apollonius von Tyana in der neutestamentlichen Exegese. Forschungsbericht und Weiterführung der Diskussion, WUNT II 61, Tübingen 1994.

Köster, H., Art. Formgeschichte/Formenkritik II.Neues Testament, TRE 11, 1983, 286-299.

Krämer, H., Art. μυστήριον, EWNT 2, 1981, 1098-1105.

Kratz, R., Art. σεισμός κτλ, EWNT 3, 1983, 563-566.

----, Rettungswunder. Motiv-, traditions- und formkritische Aufarbeitung einer biblischen Gattung, EHS 23,123, Frankfurt u.a. 1979.

Kraus, H.-J., Psalmen, 1. Teilband Psalmen 1-59, BK XV/1, 5. Aufl. Neukirchen 1978, 2. Teilband Psalmen 60-150, BK XV/2, 5. Aufl. Neukirchen 1978.

Kraus, W., Der Tod Jesu als Heiligtumsweihe. Eine Untersuchung zum Umfeld der Sühnevorstellung in Römer 3,25-26a, WMANT 66, Neukirchen 1991.

Kremer, J., Jesu Antwort auf die Frage nach seiner Vollmacht. Eine Auslegung von Mk 11,27-33, BuL 9, 1968, 128-136.

----, Lukasevangelium, NEB NT 3, Würzburg 1988.

Krieger, K.-S., Geschichtsschreibung als Apologetik bei Flavius Josephus, TANZ 9, Tübingen, Basel 1994.

----, Das Publikum der Bergpredigt (Mt 4,23-25). Ein Beitrag zu der Frage: Wem gilt die Bergpredigt?, Kairos 28, 1986, 98-119.

Kristianpoller, A., Art. Elia, Jüdisches Lexikon Bd. II 1927=1987, Sp. 350-355.

Kuby, A., Zur Konzeption des Markus-Evangeliums, ZNW 49, 1958, 52-64.

Kümmel, W. G., Einleitung in das Neue Testament, 21. Aufl. Heidelberg 1983.

----, Jesu Antwort an Johannes den Täufer. Ein Beispiel zum Methodenproblem in der Jesusforschung, in: W. G. Kümmel, Heilsgeschehen und Geschichte. Gesammelte Aufsätze Bd. 2 1965-1976, hg. v. E. Gräßer und O. Merk, MThSt 16, Marburg 1978, 177-200.

----, Jesus und die Anfänge der Kirche, wiederabgedruckt in: W. G. Kümmel, Heilsgeschehen und Geschichte. Gesammelte Aufsätze 1933-1964, hg. v. E. Gräßer, O. Merk, A. Fritz, MThSt 3, Marburg 1965, 289-309.

----, Die Theologie des Neuen Testaments nach seinen Hauptzeugen, GNT 3, 4. Aufl. Göttingen 1980.

----, Verheißung und Erfüllung. Untersuchungen zur eschatologischen Verkündigung Jesu, AThANT 6, 2. Aufl. Zürich 1956.

----, Die Weherufe über die Schriftgelehrten und Pharisäer (Matthäus 23,13 36), in: W. P. Eckert u.a. (Hg.), Antijudaismus im Neuen Testament? Exegetische und systematische Beiträge, München 1967, 135-147.

Künzel, G., Studien zum Gemeindeverständnis des Matthäus-Evangeliums, CThM A 10, Stuttgart 1978.

Küster, V., Jesus und das Volk im Markusevangelium, BThSt 28, Neukirchen 1996.

Kuhn, P., Offenbarungsstimmen im antiken Judentum. Untersuchungen zur Bat Qol und verwandten Phänomenen, TSAJ 20, Tübingen 1989.

Kuhn, H.-W., Ältere Sammlungen im Markusevangelium, StUNT 8, Göttingen 1971.

----, Neuere Wege in der Synoptiker-Exegese am Beispiel des MArkuisevangeliums, in: F. W. Horn (Hg.), Bilanz und Perspektiven gegenwärtiger Auslegung des Neuen Testaments, FS G. Strecker, BZWN 75, Berlin 1995, 60-90.

----, Zum Problem des Verhältnisses der markinischen Redaktion zur israelitisch-jüdischen Tradition, in: G. Jeremias, H.-W. Kuhn, H. Stegemann (Hg.), Tradition und Glaube. Das frühe Christentum in seiner Umwelt, FS K. G. Kuhn, Göttingen 1971, 299-309.

----, Das Reittier Jesu in der Einzugsgeschichte des Markusevangeliums, ZNW 50, 1959, 82-91.

Kuthirakkattel, S., The Beginning of Jesus' Ministry according to Mark's Gospel (1,14-3,6): A Redaction Critical Study, AnBib 123, Rom 1990.

Lachs, S. T., A Rabbinic Commentary on the New Testament. The Gospels of Matthew, Mark, and Luke, New York 1987.

Lagrange, M.-J., Évangile selon Saint Matthieu, 6. Aufl. Paris 1941.

Lambrecht, J., Redaction et theology in Mk., IV, in: M. Sabbe (ed.), L'Évangile selon Marc. Tradition et rédaction, BEThL 34, Gembloux, Leuven 1974, 269-307.

----, Die Redaktion der Markus-Apokalypse. Literarische Analyse und Strukturuntersuchung, AnBib 28, Rom 1967.

----, The Relatives of Jesus in Mark [3,20-21.31-35], NT 16, 1974, 241-258.

----, Tandis qu'il nous parlait. Introcution aux paraboles, traduit par M. Claes, Paris 1980.

Landman, L., Messianism in the Talmudic era, New York 1979.

Lampe, P., Die markinische Deutung des Gleichnisses vom Sämann Markus 4,10-12, ZNW 65, 1974, 140-150.

Lang, F. G., Kompositionsanalyse des Markusevangeliums, ZThK 74, 1977, 1-24.

----, »Über Sidon mitten ins Gebiet der Dekapolis«: Geographie und Theologie in Markus 7,31, ZDPG 94, 1978, 145-160.

Laufen, R., Die Doppelüberlieferungen der Logienquelle und des Markusevangeliums, BBB 54, Königstein, Bonn 1980.

Lausberg, H., Handbuch der literarischen Rhetorik. Eine Grundlegung der Literaturwissenschaft, 3. Aufl. Stuttgart 1990.

Lee, M. Y.-H., Jesus und die jüdische Autorität. Eine exegetische Untersuchung zu Mk 11,27-12,12, fzb 56, Würzburg 1986.

lee-Linke, Sung-Hee, Jesus und Minjung (Gxlow). Kontextualisierung des Evangeliums in der Minjung-Theologie, JBTh 11, 1996, 15-29.

Lemcio, E. E., The Past of Jesus in the Gospels, SNTS.MS 68, Cambridge u.a. 1991.

Lémonon, J. P., Pilate et le gouvernement de la Judée. Textes et Monuments, EtB, Paris 1981.

Lentzen-Deis, F., Passionsbericht als Handlungsmodell? Überlegungen zu Anstößen aus der »pragmatischen« Sprachwissenschaft für die exegetischen Methoden, in: K. Kertelge (Hg.), Der Prozeß gegen Jesus. Historische Rückfrage und theologische Deutung, QD 112, Freiburg 1988, 191-232.

Levey, S. H., The Messiah: an Aramaic Interpretation. The Messianic Exegesis of the Targum, Monographs of the Hebrew Union College 11, New York 1974.

Levin, C., Der Jahwist, FRLANT 157, Göttingen 1993.

----, Der Sturz der Königin Atalja. Ein Kapitel zur Geschichte Judas im 9. Jahrhundert v. Chr., KBW 105, Stuttgart 1982.

Levine, A.-J., The social and ethnic dimensions of Matthean salvation history, Studies in Bible and early Christianity 14, Lewiston, Queenston 1988.

Lichtenberger, H., Messianische Erwartungen und messianische Gestalten in der Zeit des Zweiten Tempels, in: E. Stegemann (Hg.), Messiasvorstellungen bei Juden und Christen, Stuttgart 1993, 9-20.

Lietzmann, H., Der Prozeß Jesu, in: H. Lietzmann, Kleine Schriften, Bd. 2, Studien zum Neuen Testament, hg. v. K. Aland, TU 68, Berlin 1958, 251-263.

Lightfoot, R. H., The Gospel message of St. Mark, Oxford 1950.

Limbeck, M. (Hg.), Redaktion und Theologie des Passionsberichtes nach den Synoptikern, WdF 481, Darmstadt 1981.

Lindemann, A., Die Erzählung der Machttaten Jesu in Markus 4,35-6,6a. Erwägungen zum formgeschichtlichen und zum hermeneutischen Problem, in: C. Breytenbach, H. Paulsen (Hg.), Anfänge der Christologie. FS F. Hahn, Göttingen 1991, 185-207.

----, Der jüdische Jesus als der Christus der Kirche. Historische Beobachtungen am Neuen Testament, EvTh 55, 1995, 28-49.

----, Literatur zu den Synoptischen Evangelien 1984-1991, ThR 59, 1994, 41-100.113-185.252-284.

----, Literaturbericht zu den Synoptischen Evangelien 1978-1983, ThR NF 49, 1984, 223-276.311-371.

Linnemann, E., Studien zur Passionsgeschichte, FRLANT 102, Göttingen 1970.

Lipínski, E., Art. עם, ThWAT 6, 1989, 177-194.

Lohfink, G., Die Sammlung Israels. Eine Untersuchung zur lukanischen Ekklesiologie, StANT 39, München 1975.

----, Wem gilt die Bergpredigt? Beiträge zu einer christlichen Ethik, Freiburg, Basel, Wien, 1988.

----, Wem gilt die Bergpredigt? Eine redaktionskritische Untersuchung von Mt 4,23-5,2 und 7,28f, ThQ 163, 1983, 264-284.

Lohfink, N., Beobachtungen zur Geschichte des Ausdrucks עם יהוה, in: H. W. Wolff (Hg.), Probleme biblischer Theologie, FS G. v. Rad, München 1971, 275-305.

----, Der Messiaskönig und seine Armen kommen zum Zion. Beobachtungen zu Mt 21,1-17, in: L. Schenke (Hg.), Studien zum Matthäusevangelium, FS W. Pesch, Stuttgart 1988,

Lohmeyer, E., Das Evangelium des Markus übersetzt und erklärt, KEK 2, 11. Aufl. Göttingen 1951.

----, Das Evangelium des Matthäus. Nachgelassene Ausarbeitungen und Entwürfe zur Übersetzung und Erklärung für den Druck erarbeitet und hrsg. v. Werner Schmauch, KEK Sonderband, 4. Aufl. Göttingen 1967.

----, Gottesknecht und Davidssohn, Uppsala 1945.

Lohse, E., Art. υἱὸς θεοῦ, ThWNT 8, 1969, 482-492.

----, Art. ὡσαννά, ThWNT 9, 1973, 682-684.

----, Die Geschichte des Leidens und Sterbens Jesu Christi, 2. Aufl. Gütersloh 1967.

----, Hosianna, NT 6, 1963, 113-119.

----, Glaube und Wunder. Ein Beitrag zur theologia crucis in den synoptischen Evangelien, in: C. Andresen, G. Klein (Hg.), Theologia crucis - Signum crucis. FS E. Dinkler, Tübingen 1979, 335-350.

Löning, K., Lukas - Theologe der von Gott geführten Heilsgeschichte (Lk, Apg), in: J. Schreiner, G. Dautzenberg (Hg.), Gestalt und Anspruch des Neuen Testaments, Würzburg 1969, 200-228.

Luck, U., Das Evangelium nach Matthäus, ZBK NT 1, Zürich 1993.

Lührmann, D., Auslegung des Neuen Testaments, ZGB, Zürich 1984.

----, Biographie des Gerechten als Evangelium, WuD 14, 1977, 25-50.

----, Das Markusevangelium, HNT 3, Tübingen 1987.

----, Das Markusevangelium als Erzählung, EE 41, 1989, 212-222.

----, Die Redaktion der Logienquelle, WMANT 33, Neukirchen 1969.

Luz, U., Der Antijudaismus im Matthäusevangelium als historisches und theologisches Problem. Eine Skizze, EvTh 53, 1993, 310-327.

----, Das Evangelium nach Matthäus, Bd. 1, Mt 1-7, EKK 1/1, 2. Aufl. Zürich, Braunschweig, Neukirchen 1989, Bd. 2, Mt 8-17, Zürich, Braunschweig, Neukirchen 1990.

----, Das Geheimnismotiv und die markinische Christologie, ZNW 56, 1965, 9-30, wiederabgedruckt in: R. Pesch (Hg.), Das Markus-Evangelium, WdF 411, Darmstadt 1979, 211-237.

----, Die Jesusgeschichte des Matthäus, Neukirchen 1993.

----, Die Jünger im Matthäusevangelium, ZNW 61, 1971, wiederabgedruckt in: J. Lange, Das Matthäus-Evangelium. WdF 525, Darmstadt 1980, 377-414.

----, Markusforschung in der Sackgasse?, ThLZ 105, 1980, 641-655.

Maddox, R., The Purpose of Luke-Acts, FRLANT 126, Göttingen 1982.

März, C.-P., »Feuer auf die Erde zu werfen, bin ich gekommen ...« Zum Verständnis und zur Entstehung von Lk 12,49 (1985), in: ders., »... laßt eure Lampen brennen!" Studien zu Q-Vorlage von Lk 12,35-14,24, EThS 20, Leipzig 1991, 9-31.

----, Lk 12,45b-56 par Mt 16,2b.3 und die Akoluthie der Redenquelle (1986), in: ders., »... laßt eure Lampen brennen!" Studien zu Q-Vorlage von Lk 12,35-14,24, EThS 20, Leipzig 1991, 32-43;

----, »Siehe, dein König kommt zu dir ...«. Eine traditionsgeschichtliche Untersuchung zur Einzugsperikope, EThSt 43, Leipzig 1980.

----, Zur Vorgeschichte von Lk 12,49-59 (1987), in: ders., »... laßt eure Lampen brennen!" Studien zu Q-Vorlage von Lk 12,35-14,24, EThS 20, Leipzig 1991, 44-57.

Maier, J., Beobachtungen zum Konfliktpotential in neutestamentlichen Aussagen über den Tempel, in: I. Broer (Hg.), Jesus und das jüdische Gesetz, Suttgart 1992, 173-213.

Maier, J., Die Tempelrolle vom Toten Meer übers. u. erl., UTB 829, München 1978.

Maisch, I., Die Heilung des Gelähmten, SBS 52, Stuttgart 1971.

Malbon, E. S., Disciples/Crowds/Whoever: Marcan Characters and Readers, NT 28, 1986, 104-130.

----, The Jewish Leaders in the Gospel of Mark. A Literary Study of Marcan Characterization, JBL 108, 1989, 259-281.

Manson, T. W., The Sayings of Jesus as Recorded in the Gospels according to St. Matthew and St. Luke Arranged with Introduction and Commentary, London 1937/1949 = Grand Rapids 1979.

Marguerat, D., Juden und Christen im lukanischen Doppelwerk, EvTh 54, 1994, 241-264.

Marín, J.-J., The Christology of Mark. Does Mark's christology support the Chalcedonian formula »truly man and truly God«?, EHS 23, 417, Bern u.a., 1991.

Markert, L., Formen und Gattungskritik, in: G. Fohrer u.a. Exegese des Alten Testaments. Einführung in die Methodik, UTB 267, 5. Aufl. Heidelberg, Wiesbaden 1989, 83-102.

Marshall, Chr. D., Faith as a theme in Mark's narrative, SNTS.MS 64, Cambridge 1989.

Marshall, I. H., The Gospel of Luke. A Commentary on the Greek Text, NIGTC, Exeter 1978.

Marucci, C., Die implizite Christologie der sogenannten Vollmachtsfrage (Mk 11,27-33), ZKTh 108, 1986, 292-300.

Marxsen, W., Der Evangelist Markus. Studien zur Redaktionsgeschichte des Evangeliums, FRLANT 67, Göttingen 1956.

----, Redaktionsgeschichtliche Erklärung der sog. Parabeltheorie des Markus, ZThK 52, 1955, 255-271.

Matera, F. J., The Incomprehension of the Disciples and Peter's Confession (Mark 6,14-8,30), Bib 70, 1989, 153-172.

----, Jesus' Journey to Jerusalem (Luke 9.51-19.46): A Conflict with Israel, JSNT 51, 1993, 57-77.

----, The Plot of Matthew's Gospel, CBQ 49, 1987, 233-253.

Mathew, R., Die Genealogie Matthäus 1,1-17, Diss. theol. Erlangen 1997.

Mayer, B., Überlieferungs- und redaktionsgeschichtliche Überlegungen zu Mk 6,1-6a, BZ 22, 1978, 187-198.

McCown, Ch. C., The Geography of Luke's Central Section, JBL 57, 1938, 51-66.

McKinnis, R., An Analysis of Mark X, 32-34, NT 18, 1976, 81-100.

McVann, M., Baptism, Miracles, and Boundary Jumping in Mark, BTB 21, 1991, 151-157.

Meier-Brügger, M., Zu griechisch ὀχλέω, ὀχλίζω und ὄχλος, Glotta 71, 1993, 28.

Meier, J. P., Nations or Gentiles in Matthew 28.19, CBQ 39, 1977, 94-102.

Merk, O., Das Reich Gottes in den lukanischen Schriften, in: E. E. Ellis, E. Gräßer (Hg.), Jesus und Paulus. FS W. G. Kümmel, Göttingen 1975, 201-220.

Merkel, H., Israel im lukanischen Werk, NTS 1994, 371-398.

Metzger, B. M., Seventy or Seventy-Two Disciples?, NT 5, 1958/59, 299-306.

Meyer, P. W., Matthew 21:1-11, Interp. 40, 1986, 180-185.

Meyer, R., Katz, P., Art. Gxlow, ThWNT 5, 1954, 582-590.

Meyer, R., Der Prophet aus Galiläa. Studie zum Jesusbild der drei ersten Evangelien, Leipzig 1940 = Darmstadt 1970.

Meynet, R., Qui donc est »le plus fort«? Analyse rhétorique de Mc 3,22-30; Mt 12,22-37; Luc 11,14-26, RB 90, 1983, 334-350.

Michaelis, W., Die Gleichnisse Jesu. Eine Einführung, UCB 32, Hamburg 1956.

Milavec, A. A., The Identity of »the Son« and »the Others«: Mark's Parable of the Wicked Husbandmen, BTB 20, 1990, 30-37.

Minear, P. S., Audience Criticism and Marcan Ecclesiology, in: Baltensweiler, H., Reicke, B. (Hg.), Neues Testament und Geschichte. Historisches Geschehen und Deutung im Neuen Testament, FS O. Cullmann, Zürich, Tübingen 1972, 79-90.

----, Jesus' Audiences, According to Luke, NT 16, 1974, 81-109.

----, The Disciples and the Crowds in the Gospel of Matthew, AThR.SS 3, 1974, 28-44.

Minette de Tillesse, G., Le secret messianique dans l'Evangile de Marc, LeDiv 47, Paris 1968.

Mink, G., Lukasevangelium. Im Urtext eingeleitet und kommentiert. Aschendorffs Sammlung lateinischer und griechischer Klassiker, Münster 1986.

Miyoshi, M., Der Anfang des Reiseberichtes Lk 9,51-10,24. Eine redaktionsgeschichtliche Untersuchung, AnBib 60, Rom 1974.

----, Jesu Darstellung oder Reinigung im Tempel unter Berücksichtigung von »Nunc dimittis« Lk II 22-38, AJBL 4, 1978, 85-115.

Moessner, D. P., Lord of the Banquet. The Literary and Theological Significance of the Lukan Travel Narrative, Minneapolis 1989.

Mohr, T. A., Markus- und Johannespassion. Redaktions- und traditionsgeschichtliche Untersuchung der Markinischen und Johanneischen Passionstradition, AThANT 70, Zürich 1982.

Montefiore, C. G., The Synoptic Gospels, ed. with an introduction and a commentary, 2 Bde., 2. Aufl. London 1927.

Mora, V., Le refus D'Israel. Mt 27,25, LeDiv 124, Paris 1986.

Mudiso Mbâ Mundla, J.-G., Jesus und die Führer Israels. Studien zu den sog. Jerusalemer Streitgesprächen, NTA NF 17, Münster 1984.

Muilenburg, J., Form Criticism and Beyond, JBL 88, 1969, 1-18.

Müller, K., Beobachtungen zum Verhältnis von Tora und Halacha in frühjüdischen Quellen, in: I. Broer (Hg.), Jesus und das jüdische Gesetz, Stuttgart 1992, 105-134.

----, Gesetz und Gesetzeserfüllung im Frühjudentum, in: K. Kertelge (Hg.), Das Gesetz im Neuen Testament, QD 108, Freiburg 1986, 11-27.

----, Jesus vor Herodes. Eine redaktionsgeschichtliche Untersuchung zu Lk 23,6-12, in: G. Dautzenberg, H. Merklein, K. Müller (Hg.), Zur Geschichte des Urchristentums, QD 87, Freiburg 1979, 111-141.

----, Möglichkeit und Vollzug jüdischer Kapitalgerichtsbarkeit im Prozeß gegen Jesus von Nazaret, in: K. Kertelge (Hg.), Der Prozeß gegen Jesus. Historische Rückfrage und theologische Deutung, QD 112, Freiburg, Basel, Wien 1988, 41-83.

Mußner, F., Das »Gleichnis« vom gestrengen Mahlherrn (Lk 13,22-30). Ein Beitrag zum Redaktionsverfahren und zur Theologie des Lukas, wiederabgedruckt in: F. Mußner, Praesentia salutis. Gesammelte Studien zu Fragen und Themen des Neuen Testamentes, KBANT, Düsseldorf 1967, 113-124.

----, Lk 1,48f.; 11,27 und die Anfänge der Marienverehrung in der Urkirche, Cath(M) 21, 1967, 287-294.

----, Die Stellung zum Judentum in der »Redenquelle« und in ihrer Verarbeitung bei Matthäus, wiederabgedruckt in: F. Mußner, Dieses Geschlecht wird nicht vergehen. Judentum und Kirche, Freiburg 1991, 87-100.

Muth, R., Einführung in die griechische und römische Religion, Darmstadt 1988.

Myllykoski, M., Die letzten Tage Jesu. Markus und Johannes, ihre Traditionen und die historische Frage. Bd. 1, AASF B 256, Helsinki 1991; Bd. 2, AASF B 272, Helsinki 1994.

Nebe, G., Das ἔσται in Lk 11,36 - ein neuer Deutungsvorschlag, ZNW 83, 1992, 108-114.

----, Prophetische Züge im Bilde Jesu bei Lukas, BWANT 127, Stuttgart, Berlin, Köln 1989.

Neirynck, F.,Duality in Marc. Contributions to the Study of the Markan Redaction, BEThL 31, 2. Aufl. Leuven 1988.

----, ΚΑΙ ΕΛΕΓΟΝ en Mc 6,14, in ETL 65, 1989, 110-118.

Neusner, J., A History of the Mishnaic Law of Purities. Vol. XIX, Tebul Yom and Yadayim, SJLA 6/19, Leiden 1977.

Neusner, J., Green, W. S., Frerichs, e. (Ed.), Judaisms and their Messiahs at the Turn of the Christian Era, Cambridge 1987.

Neyrey, J. H., The Passion According to Luke: a Redaction Study of Luke's Soteriology, New York 1985.

Nickelsburg, G. W. E., The Genre and Function of the Markan Passion Narrative, HThR 73, 1980, 153-184.

Niederwimmer, K., Johannes Markus und die Frage nach dem Verfasser des zweiten Evangeliums, ZNW 58, 1967, 172-188.

Nilsson, M. P., Geschichte der griechischen Religion, 2 Bde, HAW V 2, Bd. 1, 3. Aufl. München 1967, Bd. 2, 2. Aufl. München 1961.

Nineham, D. E., The Gospel of St. Mark, PNTC, repr. Harmondsworth 1986.

----, The Order of Events in St. Mark's Gospel - an Examination of Dr. Dodd's Hypothesis, in: ders. (Hrsg.), Studies in the Gospels, Essays in Memory of R. H. Lightfoot, Oxford 1953 = 1957, 223-239.

Nösgen, C. F., Der schriftstellerische Plan des dritten Evangeliums, ThStKr 49, 1876, 265-292.

Nolland, J., Impressed Unbelievers as Witnesses to Christ (Luke 4:22a), JBL 98, 1979, 219-229.

----, Luke 1-9:20, WBC NT 35 A, Waco 1989.

Norden, E., Agostos Theos. Untersuchungen zur Formengeschichte religiöser Rede, Leipzig 1913.

Nützel, J. M., Jesus als Offenbarer nach den lukanischen Schriften, fzb 39, Würzburg 1980.

O'Fearghail, F., Rejection in Nazareth. Lk 4, 2, ZNW 75, 1984, 60-72.

O'Neill, J. C., The Theology of Acts in its Historical Setting, London 1961.

O'Toole, R. F., Reflections on Luke's Treatment of the Jews in Luke-Acts, Bib 74, 1993, 525-555.

----, Some Exegetical Reflections on Luke 13,10-17, Bib 73, 1992, 84-107.

Oberlinner, L., »...sie zweifelten aber« (Mt 28,17b). Eine Anmerkung zur matthäischen Ekklesiologie, in: L. Oberlinner, P. Fiedler (Hg.), Salz der Erde, Licht der Welt. Exegetische Studien zum Matthäusevangelium, FS A. Vögtle, Stuttgart 1991, 375-400.

----, Todeserwartung und Todesgewißheit Jesu. Zum Problem einer historischen Begründung, SBB 10, Stuttgart 1980.

----, Historische Überlieferung und christologische Aussage. Zur Frage der »Brüder Jesu« in der Synopse, FzB 19, Stuttgart 1975.

Ogg, G., The Central Section of the Gospel according to St. Luke, NTS 18, 1971/72, 39-53.

Oppenheimer, A., The 'Am ha-aretz. A Study in the Social History of Jewish People in the Hellenistic-Roman Period, ALGHJ 8, Leiden 1977.

Oppenheimer, J. F., Art. Elia, in: ders. (Hg.), Lexikon des Judentums, Gütersloh 1967, 181.

Osten-Sacken, P. v. d., Zur Christologie des lukanischen Reisebrichts, EvTh 33, 1973, 476-496.

----, Grundzüge einer Theologie im christlich-jüdischen Gespräch, München 1992.

----, Streitgespräch und Parabel als Formen markinischer Christologie, in: G. Strecker (Hg.), Jesus Christus in Historie und Theologie, FS H. Conzelmann, Tübingen 1975, 375-394.

Oswald, N., Art. Elia II. Judentum, TRE 9, 1982, 502-504.

Oyen, G. van, Intercalation and Irony in the Gospel of Mark, in: F. Van Segbroeck u.a. (ed.), The Four Gospels 1992, FS F. Neirynck, Leuven 1992, BEThL 100, 949-974.

----, De summaria in Marcus en de Compositie van Mc 1,14-8,26. SNTA 12, Leuven 1987.

Park, T.-S., "ΟΧΛΟΣ im Neuen Testament, Diss. theol. Göttingen 1994.

Patsch, H., Der Einzug Jesu in Jerusalem. Ein historischer Versuch, ZThK 68, 1971, 1-26.

Patte, D., The Gospel According to Matthew. A Structural Commentary on Matthew's Faith, Philadelphia 1987.

Patten, P., The Form and Function of Parable in select Apocalyptic Literature and their Significance for Parables in the Gospel of Mark, NTS 29, 1983, 246-258.

Peisker, C. H., Konsekutives ἵνα in Mk 4,12, ZNW 59, 1968, 126f.

Perrin, N., Towards an Interpretation of the Gospel of Mark, in: H. D. Betz (ed.), Christology and a Modern Pilgrimage. A Discussion with Norman Perrin, Claremont, Missolua 1971, 1-78.

Pesch, R., Die Apostelgeschichte, EKK 5/1-2, Zürich, Neukirchen 1986.

----, Jesu ureigene Taten?, Ein Beitrag zur Wunderfrage, QD 52, Freiburg 1970.

----, Das Markusevangelium, 2 Bde., HThK 2, Bd. 1, Freiburg 1976, 5. Aufl. 1989, Bd. 2, Freiburg 1978 4. Aufl. 1991.

---- (Hg.), Das Markus-Evangelium, WdF 411, Darmstadt 1979.

----, Naherwartungen. Tradition und Redaktion in Mk 13, KBANT, Düsseldorf 1968.

----, Ein Tag vollmächtigen Wirkens Jesu in Kapharnaum (Mk 1,21-24.35-39), BiLe 9, 1968, 114-128.177-195.261-277.

----, Die Überlieferung der Passion Jesu, in: K. Kertelge (Hg.), Rückfrage nach Jesus. Zur Methodik und Bedeutung der Frage nach dem historischen Jesus, QD 63, Freiburg 1974, 148-173, wiederabgedruckt in: M. Limbeck (Hg.), Redaktion und Theologie des Passionsberichtes nach den Synoptikern, WdF 481, Darmstadt, 1981, 338-365.

Petersen, N. R., Point of View in Mark's Narrative, Semeia 12, 1978, 97-121 = Die "Perspektive" in der Erzählung des Markusevangeliums, in: F. Hahn (Hg.), Der Erzähler der Evangeliums, Methodische Neuansätze in der Markusforschung, SBS 118/119, Stuttgart 1985, 67-91.

----, Die Zeitebenen im markinischen Erzählwerk. Vorgestellte und dargestellte Zeit (1978), in: F. Hahn (Hg.), Der Erzähler des Evangeliums, Methodische Neuansüätze in der Markusforschung, SBS 118,119, Stuttgart 1985, 93-135.

Peterson, E., ΕΙΣ ΘΕΟΣ. Epigraphische, formgeschichtliche und religionsgeschichtliche Untersuchungen, FRLANT 41, Göttingen 1926.

Petzke, G., Die historische Frage nach den Wundertaten Jesu, dargestellt am Beispiel des Exorzismus Mark. IX 14-29 par, NTS 22, 1976, 180-204.

----, Das Sondergut des Evangeliums nach Lukas. Zürcher Werkkommentare zur Bibel, Zürich 1990.

----, Die Traditionen über Apollonius von Tyana und das Neue Testament, SCHNT 1, Leiden 1970.

Ploch, W., Jesaja-Worte in der synoptischen Evangelientradition, DiTh 64, St. Ottilien 1993.

Plummer, A., A Critical and Exegetical Commentary on the Gospel According to S. Luke, 5. Aufl., repr. Edinburgh 1953.

Pokorný, P., Das Markusevangelium, in: W. Haase (Hg.), ANRW II 25,3, Berlin, New York 1985, 1969-2035.

Polag, A. P., Der Umfang der Logienquelle, Diss. Lic. Trier 1966.

Powell, M. A., The Plot to Kill Jesus from Three Different Perspectives: Point of View in Matthew, in: D. J. Lull (ed.), SBL.SP 1990, 603-613.
----, A Typology of Worship in the Gospel of Matthew, JSNT 57, 1995, 3-17.
----, What is Narrative Criticism?, Minneapolis 1990.
Pratscher, W., Der Herrenbruder Jakobus und die Jakobustradition, FRLANT 139, Göttingen 1987.
Preuschen, E., Das Wort vom verachteten Propheten, ZNW 17, 1916, 33-48.
Preuß, H. D., Theologie des Alten Testaments, B. 1, JHWHs erwählendes und verpflichtendes Handeln, Stuttgart, Berlin, Köln 1991, Bd. 2, Israels Weg mit JHWH, Stuttgart, Berlin, Köln 1992.
----, Verspottung fremder Religionen im Alten Testament, BWANT 92, Stuttgart 1971.

Rabenau, K. v., Die beiden Erzählungen vom Schilfmeerwunder in Exodus 13,17-14,31, ThV 1, 1966, 7-29.
Radke, G., Zur Entwicklung der Gottesvorstellung und der Götterverehrung in Rom, IdF 50, Darmstadt 1987.
Räisänen, H., The 'Messianic Secret' in Mark, translated by Christopher Tuckett. Studies of the New Testament and Its World, Edinburgh 1990.
----, Das "Messiasgeheimnis" im Markusevangelium. Ein redaktionskritischer Versuch, SFEG 28, Helsinki 1976.
----, The Redemption of Israel: A Salvation-Historical Problem in Luke-Acts, in: P. Luomanen (Hg.), Luke-Acts. Scandinavian Perspectives, SESJ 54, Helsinki 1991, 94-114.
Rau, G., Markusevangelium, in: W. Haase (Hg.), ANRW II 25,3, Berlin, New York 1985, 2036-2257.
----, Das Volk in der lukanischen Passionsgeschichte. Eine Konjektur zu Lc 23,13, ZNW 56, 1965, 41-51.
Rehkopf, F., Die lukanische Sonderquelle, WUNT 5, Tübingen 1959.
Reicke, B., Instruction and Discussion in the Travel Narrative, in: Studia Evangelica I, Berlin 1959, 206-216.
----, Jesus in Nazareth - Lk 4,14-30, in: H. Balz, S. Schulz (Hg.), Das Wort und die Wörter, FS G. Friedrich, Stuttgart u.a. 1973, 47-55.
----, Synoptic Prophecies on the Destruction of Jerusalem, in: D. E. Aune (Ed.), Studies in the New Testament and Early Christian Literature, FS A. P. Wikgren, NT.S 33, Leiden 1972, 121-134.
Reinbold, W., Der älteste Bericht über den Tod Jesu. Literarische Analyse und historische Kritik der Passionsdarstellungen der Evangelien, BZNW 69, Berlin u.a. 1994.
Reinhardt, W., Das Wachstum des Gottesvolkes. Biblische Theologie des Gemeindewachstums, Göttingen 1995.
Reinmuth, E., Pseudo-Philo und Lukas. Studien zum Liber Antiquitatum Biblicarum und seiner Bedeutung für die Interpretation des lukanischen Doppelwerks, WUNT 74, Tübingen 1994.
Reiser, M., Der Alexanderroman und das Markusevangelium, in H. Cancik (Hg.), Markus-Philologie. Historische, literargeschichtliche und stilistische Untersuchungen zum zweiten Evangelium, WUNT 33, Tübingen 1984, 131-163.
----, Syntax und Stil des Markusevangeliums im Licht der hellenistischen Volksliteratur, WUNT II 11, Tübingen 1984.
Reitzenstein, R., Hellenistische Wundererzählungen, Leipzig 1906.
Rendtorff, R., Esra und das »Gesetz«, ZAW 96, 1984, 165-184.

Rengstorf, K. H., Art. διδάσκω, ThWNT 2, 1935, 138-150; Art. διδαχή, ThWNT 2, 1935, 166f.

----, Das Evangelium nach Lukas übersetzt und erklärt, NTD 3, 10. Aufl. Göttingen 1965.

Reploh, K. G., Markus, Lehrer der Gemeinde, SBM 9, Stuttgart 1969.

Rese, M., Alttestamentliche Motive in der Christologie des Lukas, SNT 1, Gütersloh 1969.

----, »Die Juden« im lukanischen Doppelwerk. Ein Bericht über eine längst nötige »neuere« Diskussion, in: C. Bussmann, W. Radl (Hg.), Der Treue Gottes trauen. Beiträge zum Werk des Lukas, FS G. Schneider, Freiburg 1991, 61-79.

----, Das Lukas-Evangelium. Ein Forschungsbericht, in: W. Haase (Hg.), ANRW II 25.3, Berlin, New York 1984, 2258-2328.

----, Einige Überlegungen zu Lukas XIII, 31-33, in: J. Dupont (Ed.), Jésus aux origines de la christologie, BEThL 40, Gembloux, Leuven 1975, 201-225.

Rhoads, D., Losing Life for Others in the Face of Death. Mark's Standards of Judgment, Interp. 47, 1993, 358-369.

Richter, G., »Bist du Elias?« (Joh 1,21), BZ 6, 1962, 79-92; 238-256; BZ 7, 1963, 63-80.

Richter, W., Exegese als Literaturwissenschaft. Entwurf einer alttestamentlichen Literaturtheorie und Methodologie, Göttingen 1971.

Riesenfeld, H., The Gospel Tradition and Its Beginnings, in: K. Aland u.a. (Hg.), Studia Evangelica, TU 73, Berlin 1959, 43-65.

Riesner, R., Jesus als Lehrer. Eine Untersuchung zum Ursprung der Evangelien-Überlieferung, WUNT II 7, Tübingen 1981.

Rix, H., Urindogermanisch *gheslo- in den südindogermanischen Ausdrücken für »1000«, in: L. Isebart (ed.), Studia Etymologica Indoeuropaea, Memoriae A. J. Van Windekens dicata, OLA 45, Leuven 1991, 225-231.

Robinson, J. A. T., Elijah, John and Jesus. An Essay in Detection, NTS 4, 1957/58, 263-281.

Robinson, W. C. jr, Der theologische Interpretationszusammenhang des lukanischen Reiseberichts (1960), in: G. Braumann, (Hg.), Das Lukas-Evangelium. Die redaktions- und kompositionsgeschichtliche Forschung, WdF 280, Darmstadt 1974, 115-134.

----, Der Weg des Herrn. Studien zur Geschichte und Eschatologie im Lukas-Evangelium. Ein Gespräch mit Hans Conzelmann, ThF 36, Hamburg-Bergstedt 1964.

Rofé, A., Classes in the Prophetical Stories: Didactic Legende and Parable, VT.S 26, 1974, 143-164.

Rohde, J., Redaktionsgeschichtliche Methode. Einführung und Sichtung des Forschungsstandes, Berlin 1966.

Roloff, J., Die Apostelgeschichte, NTD 5, Göttingen 1981.

----, Apostolat - Verkündigung - Kirche. Ursprung, Inhalt und Funktion des kirchlichen Apostelamtes nach Paulus, Lukas und den Pastoralbriefen, Gütersloh 1965.

----, Einführung in das Neue Testament. Universal-Bibliothek 9413, Stuttgart 1995.

----, Das Kerygma und der irdische Jesus. Historische Motive in den Jesus-Erzählungen der Evangelien, 2. Aufl. Göttingen 1973.

----, Die Kirche im Neuen Testament, GNT 10, Göttingen 1993.

----, Das Markusevangelium als Geschichtsdarstellung, wiederabgedruckt in: R. Pesch (Hg.), Das Markus-Evangelium, WdF 411, Darmstadt 1979, 283-310.

----, Die Paulus-Darstellung des Lukas. Ihre geschichtlichen Voraussetzungen und ihr theologisches Ziel, wiederabgedruckt in: J. Roloff, Exegetische Verantwortung in der Kirche. Aufsätze, hg. v. M. Karrer, Göttingen 1990, 255-278.

Rudolph, W., Micha - Nahum - Habakuk - Zephanja, mit einer Zeittafel von A. Jepsen, KAT 13/3, Gütersloh 1975.

Ruppert, L., Der leidende Gerechte und seine Feinde. Eine Wortfelduntersuchung, fzb 6, Würzburg 1973.

----, Jesus als der leidende Gerechte? Der Weg Jesu im Lichte eines alt- und zwischentestamentlichen Motivs, SBS 59, Stuttgart 1972.

Ryan, T., Matthew 15, 9-31: An Overlooked Summary, Horizons 5, 1978, 31-42.

Saldarini, A., Pharisees, Scribes and Sadducees in Palestinian Society. A Sociological Approach, Wilmington, Delaware 1988.

Salo, Luke's Treatment of the Law. A Redaction-Critical Investigation, AASF.DHL 57, Helsinki 1991.

Sand, A., Das Evangelium nach Matthäus, RNT, Regensburg 1986.

Sanders, J. T., The Jews in Luke-Acts, London 1987.

Sandmel, S., Anti-Semitism in the New Testament?, Philadelphia 1978.

Sariola, H., Markus und das Gesetz. Eine redaktionsgeschichtliche Untersuchung, AASF 56, Helsinki 1990,

Sato, M., Q und Prophetie. Studien zur Gattungs- und Traditionsgeschichte der Quelle Q, WUNT II/29, Tübingen 1988.

Schäfer, P., Die Torah der messianischen Zeit, wiederabgedruckt in: P. Schäfer, Studien zur Geschichte und Theologie des Rabbinischen Judentums, AGJU 15, 1978, 198-213.

Scharbert, J., Exodus, NEB AT 2, Würzburg 1989.

Schelkle, K. H., Israel im Neuen Testament, Darmstadt 1985.

----, Die Passion Jesu in der Verkündigung des Neuen Testaments. Ein Beitrag zur Formgeschichte und zur Theologie des Neuen Testaments, Heidelberg 1949.

----, Die »Selbstverfluchung« Israels nach Matthäus 27,23-25, in: W. P. Eckert, N. P. Levinson, M. Stöhr (Hg.), Antijudaismus im Neuen Testament? Exegetische und systematische Beiträge, ACJD 2, München 1967, 148-156.

Schenk, W., Gefangenschaft und Tod des Täufers. Erwägungen zur Chronologie und ihren Konsequenzen, NTS 29, 1983, 453-483.

----, »Den Menschen« Mt 9,8, ZNW 54, 1963, 272-275.

----, Der Passionsbericht nach Markus. Untersuchungen zur Überlieferungsgeschichte der Passionstraditionen, Gütersloh 1974.

----, Tradition und Redaktion in der Epileptiker-Perikope Mk 9,14-29, ZNW 63, 1972, 76-94.

Schenke, L., Der gekreuzigte Christus. Versuch einer literarkritischen und traditionsgeschichtlichen Bestimmung der vormarkinischen Passionsgeschichte, SBS 69, Stuttgart 1974.

----, Der Aufbau des Markusevangeliums - ein hermeneutischer Schlüssel?, BN 32, 1986, 54-82.

----, Studien zur Passionsgeschichte des Markus. Tradition und Redaktion in Markus 14,1-42, fzb 4, Würzburg 1971.

----, Die Wundererzählungen des Markusevangeliums, SBB 5, Stuttgart 1974.

Schille, G., Die Apostelgeschichte des Lukas, ThHK 5, 2. Aufl. Berlin 1984.

----, Das Leiden des Herrn. Die evangelische Passionstradition und ihr »Sitz im Leben«, in: M. Limbeck (Hg.), Redaktion und Theologie des Passionsberichtes nach den Synoptikern, WdF 481, Darmstadt 1981, 154-204.

----, Offen für alle Menschen. Redaktionsgeschichtliche Beobachtungen zur Theologie des Markus-Evangeliums, AzTh 55, Stuttgart 1974.

----, Die Topographie des Markusevangeliums, ihre Hintergründe und ihre Einordnung, ZDPV 73, 1957, 133-166.

Schlarb, R., Die Suche nach dem Messias: ζητέω als terminus technicus der markinischen Messianlogie, ZNW 1990, 155-170.

Schlatter, A., Der Evangelist Matthäus. Seine Sprache, sein Ziel, seine Selbständigkeit, 2. Aufl. Stuttgart 1933.

----, Das Evangelium des Lukas aus seinen Quellen erklärt, 2. Aufl. Stuttgart 1960.

----, Markus, der Evangelist für die Griechen, Stuttgart 1935.

Schleiermacher, F. D. E., Ueber die Schriften des Lukas, ein kritischer Versuch. Erster Theil 1817, in: F. Schleiermacher's sämmtliche Werke. Erste Abtheilung. Zur Theologie, Bd. II, Berlin 1836.

Schmahl, G., Die Zwölf im Markusevangelium. Eine redaktionsgeschichtliche Untersuchung, TThSt 30, Trier 1974.

Schmeller, Th., Der Erbe des Weinbergs. Zu den Gerichtsgleichnissen Mk 12,1-12 und Jes 5,1-7, MThZ 46, 1995, 183-201.

Schmid, H. H., Wesen und Geschichte der Weisheit. Eine Untersuchung zur altorientalischen und israelitischen Weisheitsliteratur, BZAW 101, Berlin 1966.

Schmid, J., Das Evangelium nach Lukas übersetzt und erklärt, RNT 3, 4. Aufl. Regensburg 1960.

----, Das Evangelium nach Markus übersetzt und erklärt, RNT 2, 5. Aufl. Regensburg 1958.

----, Das Evangelium nach Matthäus übersetzt und erklärt, RNT 1, 5. Aufl. Regensburg 1965.

Schmidt, K. L., Der Rahmen der Geschichte Jesu. Eine literarkritische Untersuchung zur ältesten Jesusüberlieferung, Berlin 1919 = Darmstadt 1964.

----, Die Stellung der Evangelien in der allgemeinen Literaturgeschichte, in: H. Schmidt (Hg.), Eucharisterion. Studien zur Religion und LIteratur des Alten und Neuen Testaments, FS H. Gunkel, Bd. 2, FRLANT 19/2, Göttingen 1923, 50-134.

Schmidt, L., Art. Charisma II. Altes Testament, TRE 7, 1981, 682-685.

----, Art. Königtum II. Altes Testament, TRE 19, 1990, 337-333.

----, Menschlicher Erfolg und Jahwes Initiative. Studien zu Tradition, Interpretation und Historie in Überlieferungen von Gideon, Saul und David, WMANT 38, Neukirchen 1970.

----, Studien zur Priesterschrift, BZAW 214, Berlin, New York 1993.

Schmithals, W., Das Evangelium nach Markus, ÖTK 2/1-2, Gütersloh, Würzburg 1979.

----, Kritik der Formkritik, ZThK 77, 1980, 149-185.

Schmitt, H.-C., Elisa. Traditionsgeschichtliche Untersuchungen zur vorklassischen nordis-raelitischen Prophetie, Gütersloh 1972.

----, »Priesterliches« und »prophetisches« Geschichtsverständnis in der Meerwundererzählung Ex 13,17-14,31, in: A. H. J. Gunneweg, O. Kaiser (Hg.), Textgemäß. Aufsätze und Beiträge zur Hermeneutik des Alten Testaments, FS E. Würthwein, Göttingen 1979 139-155.

Schnackenburg, R., »Das Evangelium« im Verständnis des ältesten Evangelisten, in: P. Hoffmann (Hg.), Orientierung an Jesus. Zur Theologie der Synoptiker, FS J. Schmid, Freiburg 1973, 309-324.

----, Lk 13,31-33. Eine Studie zur lukanischen Redaktion und Theologie, in: C. Bussmann, W. Radl (Hg.), Der Treue Gottes trauen. Beiträge zum Werk des Lukas, FS G. Schneider, Freiburg 1991, 229-341.

----, Das Evangelium nach Markus, GS 2, Bd. 1 Düsseldorf 1966; Bd. 2, Düsseldorf 1970.

----, Matthäusevangelium, Bd. 1, 1,1-16,20, Würzburg 1985, Bd. 2, 16,21-28,20, Würzburg 1987.

----, Die Person Jesu Christi im Spiegel der vier Evangelien, HThK.S 4, Freiburg 1993.

Schneider, C., Kulturgeschichte des Hellenismus, Bd. 2, München 1969.

Schneider, G., Das Evangelium nach Lukas, ÖTK 3/1-2, Gütersloh, Würzburg 1977.

----, Jesu überraschende Antworten, wiederabgedruckt in: G. Schneider, Lukas, Theologe der Heilsgeschichte. Aufsätze zum lukanischen Doppelwerk, BBB 59, Königstein, Bonn 1985, 130-145.

----, Literatur zum lukanischen Doppelwerk. Neuerscheinungen 1990/91, ThRev 88, 1992, 1-18.

----, Neuere Literatur zum dritten Evangelium (1987-1989), ThRev 86, 1990, 353-360.

----, Die Passion nach den drei älteren Evangelien, BHB 11, München 1973.

----, Das Problem einer vorkanonischen Passionserzählung, BZ NF 16, 1972, 222-244.

----, Die Verhaftung Jesu. Traditionsgeschichte von Mk 14,43-52, in: G. Schneider, Jesusüberlieferung und Christologie. Neutestamentliche Aufsätze 1970 - 1990, NT.S 67, Leiden 1992, 236-257.

----, Gab es eine vorsynoptische Szene »Jesus vor dem Synedrium«?, in: ders., Jesusüberlieferung und Christologie. Neutestamentliche Aufsätze 1970 - 1990, NT.S 67, Leiden 1992, 258-275.

Schneider, J., Art. e]rxomai ktl., ThWNT 2, 1935, 662-682.

----, Zur Analyse des lukanischen Reiseberichtes, in: J. Schmid, A. Vögtle (Hg.), Synoptische Studien, FS A. Wikenhauser, München 1953, 207-229.

Schnelle, U., Art. Passionsbericht, EKL 3, 3. Aufl. 1992, 1065f.

----, Einleitung in das Neue Testament, UTB 1830, Göttingen 1994.

----, Johannes und die Synoptiker, in: F. Van Segbroeck u.a. (ed.), The Four Gospels 1992, FS F. Neirynck, BEThL 100, Bd. III, Leuven 1992, 1799-1814.

Schnider, F., Jesus der Prophet, OBO 2, Freiburg (Schweiz), Göttingen 1973.

Schniewind, J., Das Evangelium nach Markus, NTD 1, 10. Aufl. Göttingen 1963.

----, Das Evangelium nach Matthäus, NTD 2, 8. Aufl. Göttingen 1956.

----, Zur Synoptikerexegese, ThR NF 2, 1930, 129-189.

Scholtissek, K., »Könnt ihr die Zeichen der Zeit deuten?« (vgl. Lk 12,56). Christologie und Kairologie im lukanischen Doppelwerk, ThGl 85, 1995, 195-223.

----, Rez. W. Reinbold, Bericht, BZ NF 39, 1995, 127-128.

----, Vollmacht im Alten Testament und Judentum. Begriffs- und motivgeschichtliche Studien zu einem bibeltheologischen Thema, PThS 24, Paderborn 1993.

----, Die Vollmacht Jesu. Traditions- und redaktionsgeschichtliche Analysen zu einem Leitmotiv markinischer Christologie, NTA NF 25, Münster 1992.

Scholz, G., Gleichnisaussage und Existenzstruktur. Das Gleichnis der neueren Hermeneutik unter besonderer Berücksichtigung der christlichen Existenzstruktur in den Gleichnissen des lukanischen Sonderguts, EHS 23,214, Frankfurt (Main), Bern, New York 1983.

Schramm, T., Der Markus-Stoff bei Lukas. Eine literarkritische und redaktionsgeschichtliche Untersuchung, MSSNTS 14, Cambridge 1971.

Schreckenberg, H., Die christlichen Adversus-Judaeos-Texte und ihr literarisches und historisches Umfeld, EHS 23,172, Frankfurt (Main), Bern 1982.

Schreiber, J., Die Christologie des Markusevangeliums. Beobachtungen zur Theologie und Komposition des zweiten Evangeliums, ZThK 58, 1961, 145-183.

----, Der Kreuzigungsbericht des Markusevangeliums: Mk 15,20b-41. Eine traditionsgeschichtliche und methodenkritische Untersuchung nach W. Wrede (1859-1906), BZNW 48, Berlin, New York 1986.

----, Die Markuspassion. Wege zur Erforschung der Leidensgeschichte Jesu, Hamburg 1969.

----, Theologie des Vertrauens. Eine redaktionsgeschichtliche Untersuchung des Markusevangeliums, Hamburg 1967.

Schreiber, S., Paulus als Wundertäter. Redaktionsgeschichtliche Untersuchungen zur Apostelgeschichte und den authentischen Paulusbriefen, BZNW 79, Berlin, New York 1996.

Schrenk, Art. δίκαιος, ThWNT 2, 1935, 184-193.

Schulz, P., Der Autoritätsanspruch des Lehrers der Gerechtigkeit in Qumran, Meisenheim 1974.

Schulz, S., Q, die Spruchquelle der Evangelisten, Zürich 1972.

----, Die Stunde der Botschaft. Einführung in die Theologie der vier Evangelisten, 2. Aufl. Hamburg, Zürich 1970.

Schürmann, H., Der Bericht vom Anfang, in: F. C. Cross, Studia Evangelica II, Papers presented to the Second International Congress on New Testament Studies, Oxford 1961, Part I, TU 87, Berlin 1964, 242-258.

----, Evangelienschrift und kirchliche Unterweisung, wiederabgedruckt in: G. Braumann, Das Lukas-Evangelium, WdF 280, Darmstadt 1974, S. 135-169.

----, Das Lukasevangelium, HThK III/1, Freiburg 3. Aufl. 1984; HThK III/2 Folge 1, Freiburg 1993.

---- Sprachliche Reminiszenzen an abgeänderte oder ausgelassene Bestandteile der Redenquelle im Lukas- und Matthäusevangelium. Traditionsgeschichtliche Untersuchungen zu den synoptischen Evangelien, KBANT, Düsseldorf 1968, 111-125.

----, Die vorösterlichen Anfänge der Logientradition, in: H. Ristow, K. Matthiae (Hg.), Der historische Jesus und der kerygmatische Christus. Beiträge zur Christusverständnis in Forschung und Verkündigung, Berlin 1960, 342-370.

Schütz, F., Der leidende Christus: Die angefochtene Gemeinde und das Christuskerygma der lukanischen Schriften, BWANT 89, Stuttgart 1969.

Schweizer, E., Anmerkungen zur Theologie des Markus, in: E. Schweizer, Neotestamentica. Deutsche und englische Aufsätze 1951-1963, Zürich, Stuttgart 1963, 93-104.

----, Aufnahme und Gestaltung von Q bei Matthäus, in: L. Oberlinner, P. Fiedler (Hg.), Salz der Erde, Licht der Welt. Exegetische Studien zum Matthäusevangelium, FS A. Vögtle, Stuttgart 1991, 111-130.

----, Das Evangelium nach Lukas, NTD 3, Göttingen 1982.

----, Das Evangelium nach Markus, NTD 1, Göttingen 1967 (6. Aufl. 1984).

----, Das Evangelium nach Matthäus, NTD 2, 3. Aufl. Göttingen 1981.

----, Gesetz und Enthusiasmus bei Matthäus, in: ders., Beiträge zur Theologie des Neuen Testaments, Zürich 1970, 49-70.

----, Die theologische Leistung des Markus, EvTh 24, 1964, S. 337-355; wiederabgedruckt in: R. Pesch (Hrsg.), Das Markus-Evangelium, WdF 411, Darmstadt 1979, S. 163-189.

----, Towards a Christology of Mark?, in: J. Jervell, W. A. Meeks (ed.); God's Christ and His People. FS N. A. Dahl, Oslo u.a. 1977, 29-42.

----, Zur Frage der Quellenbenutzung durch Lukas, in: E. Schweizer, Neues Testament und Christologie im Werden. Aufsätze, Göttingen 1982, 33-85.

----, Zur Frage des Messiasgeheimnisses, ZNW 56, 1965, 1-8.

Schweizer, H., Form und Inhalt. Ein Versuch, gegenwärtige methodische Differenzen durchsichtiger und damit überwindbar zu machen. Dargestellt anhand von Ps. 150, BN 3, 1977, 35-47.

Seccombe, D. P., Possessions and the Poor in Luke-Acts, SNTU B 6, Linz 1982.

Seeley, D., Deconstructing the New Testament. Biblical Interpretation Series 5, Leiden, New York, Köln 1994.

Seiler, H. G., Die Masse bei Tacitus, Diss. phil. Erlangen 1936.

Sellin, G., „Gattung" und „Sitz im Leben" auf dem Hintergrund der Problematik von Mündlichkeit und Schriftlichkeit synoptischer Erzählungen, EvTh 50 (1990), 311-331.

----, Einige symbolische und esoterische Züge im Markusevangelium, in: D.-A. Koch, G. Sellin, A. Lindemann (Hg.), Jesu Rede von Gott und ihre Nachgeschichte im frühen Christentum. Beiträge zur Verkündigung Jesu und zum Kerygma der Kirche, FS W. Marxsen, Gütersloh 1989, 74-90.

----, Komposition, Quellen und Funktion des lukanischen Reiseberichtes (Lk ix 51-xix 28), NT 20, 1978, 100-135.

----, Textlinguistische und semiotische Erwägungen zu Mk 4,1-34, NTS 29, 1983, 508-530.

Shae, G. S., The Question on the Authority of Jesus, NT 16, 1974, 1-29.

Shin, G. K.-S., Die Ausrufung des endgültigen Jubeljahres durch Jesus in Nazaret. Eine historisch-kritische Studie zu Lk 4,16-30, EHS 23,378, Bern u.a. 1989.

Siker, J. S., »First to the Gentiles«: A Literary Analysis of Luke 4:16-30, JBL 111, 1992, 73-90.

Sim, D. C., The Gospel of Matthew and the Gentiles, JSNT 57, 1995, 19-48.

Simon, M., Zum Problem des jüdisch-griechischen Synkretismus, Kairos 17, 1975, 89-99.

Sjöberg, E., Der verborgene Menschensohn in den Evangelien. Acta Regiae Societatis Humaniorum Litterarum Lundensis 53, Lund 1955.

Smend, R., Der Ort des Staates im Alten Testament, ZThK 80, 1983, 245-261.

Smith, S. H., The Literary Structure of Mark 11:1-12:40, NT 31, 1989, 104-124.

Snoy, Th., Les miracles dans l'évangile de Marc, RevTL 3, 1972, 449-466; 4, 1973, 58-101.

Soards, M. L., The Question of a PreMarcan Narrative, in: Brown, R. E., The Death of the Messiah. From Gethsemane to the Grave. A Commentary on the Passion Narratives in the Four Gospels. The Anchor Bible Reference Library, Vol. II, New York 1994, 1492-1524.

Söding, Th., Glaube bei Markus. Glaube an das Evangelium, Gebetsglaube und Wunderglaube im Kontext der markinischen Basileiatheologie und Christologie, SBB 12, 2. Aufl. Stuttgart 1987.

----, Die Nachfolgeforderung Jesu im Markusevangelium, TThZ 94, 1985, S. 292-310.

----, Die Tempelaktion Jesu. Redaktionskritik - Überlieferungsgeschichte - Historische Rückfrage (Mk 11,15-19; Mt 21,12-17; Lk 19,45-48; Joh 2,13-22), TThZ 101, 1992, 36-64.

Soggin, J. A., Der judäische 'am-ha'ares und das Königtum in Juda. Ein Beitrag zum Studium der deuteronomistischen Geschichtsschreibung, VT 13, 1963, 187-195.

Sommer, U., Die Passionsgeschichte des Markus-Evangeliums. Überlegungen zur Bedeutung der Geschichte für den Glauben, WUNT II 58, Tübingen 1993.

Sperling, U., Das theophanische Jahwe-Überlegenheitslied, EHS 23, 433, Frankfurt (Main) u.a. 1991.

Stähli, H.-P., Art. ירא, THAT 1, 4. Aufl. 1984, 765-778.

Stählin, G., Art. σκάνδαλον κτλ., ThWNT 7, 1964, 338-358.

Staley, J. L., »With the Power of the Spirit«: Plotting the Program and Parallels of Luke 4:14-37 in Luke-Acts, in: E. H. Lovering (ed.), SBL.SP 32, 1993, 281-302.

Standaert, B., L' évangile selon Matthieu. Composition et genre littéraire, in: F. v. Segbroeck u.a. (ed.), The Four Gospels 1992, FS F. Neirynck, Bd. II, BEThL 100, Leuven 1992, 1223-1250.

Stanton, G. N., The Gospels and Jesus. Oxford Bible Series, Oxford 1989.

----, Matthew, BIBLOS, EYAGGELION, or BIOS?, in: F. v. Segbroeck u.a. (ed.), The Four Gospels 1992, FS F. Neirynck, Bd. II, BEThL 100, Leuven 1992, 1187-1201.

----, Matthew's Christology and the Parting of the Ways, in: J. G. D. Dunn (ed.), Jews and Christians: The Parting of the Ways A. D. 70 to 135. The Second Durham Tübingen Research Symposium on Earliest Christianity and Judaism (Durham, September, 1989), WUNT 66, Tübingen 1992, 99-116.

----, Origin and Purpose of Matthew's Gospel, in: W. Haase (Hg.), ANRW II 25.3, Berlin, New York 1985, 1889-1951.

Starcky, J., Les Quatre Étapes du Messianisme a Qumrân, RB 70, 1963, 481-505.

Stauffer, E., Neue Wege der Jesusforschung. WZ(H).GS 7, 1958, 451-476.

Steck, O. H., Israel und das gewaltsame Geschick der Propheten. Untersuchungen zur Überlieferung des deuteronomistischen Geschichtsbildes im Alten Testament, Spätjudentum und Urchristentum, WMANT 23, Neukirchen 1967.

Stegemann, E., »Ich habe öffentlich zur Welt gesprochen«. Jesus und die Öffentlichkeit, JBTh 11, 1196, 103-121.

Stegemann, H., Die Essener, Qumran, Johannes der Täufer und Jesus. Ein Sachbuch, HerTb 4128, Freiburg 1993.

Stegemann, W., Die Passionsgeschichten der Evangelien, EE 43, 1991, 130-147.

----, Zwischen Synagoge und Obrigkeit. Zur historischen Situation der lukanischen Christen, FRLANT 152, Göttingen 1991.

Steichele, H.-J., Der leidende Sohn Gottes. Eine Untersuchung einiger alttestamentlicher Motive in der Christologie des Markusevangeliums. Zugleich ein Beitrag zur Erhellung des überlieferungsgeschichtlichen Zusammenhangs zwischen Altem und Neuem Testament, BU 14, Regensburg 1980.

Stemberger, G., Einleitung in Talmud und Midrasch, Beck-Studium, 8. Aufl. München 1992.

Stenger, W., »Die Grundlegung des Evangeliums von Jesus Christus«. Zur kompositionellen Struktur des Markusevangeliums, in: ders., Strukturale Beobachtungen zum Neuen Testament, NTTS 12, Leiden 1990, 1-38.

Stock, A., The Method and Message of Mark, Wilmington 1989.

Stock, K., Boten aus dem Mit-Ihm-Sein. Das Verhältnis zwischen Jesus und den Zwölf nach Markus, AnBib 70, Rom 1975.

----, Gliederung und Zusammenhang in Mk 11-12, Bib 59, 1978, 481-515.

----, Theologie der Mission bei Markus, in: K. Kertelge (Hg.), Mission im Neuen Testament, QD 93, Freiburg 1982, 130-144.

Strathmann, H., Meyer, R., Art. λαός, ThWNT 4, 1942, 29-57.

Strathmann, H., Art. μάρτυς κτλ., ThWNT 4, 1942, 477-520.

Strauß, D. F., Das Leben Jesu kritisch bearbeitet, Bd. 2, Tübingen 1836.

Strecker, G., Das Evangelium Jesu Christi, in: G. Strecker (Hg.), Jesus Christus in Historie und Theologie, FS H. Conzelmann, Tübingen 1975, 503-548, wiederabgedruckt in: G. Strecker, Eschaton und Historie. Aufsätze, Göttingen 1979, 183-228.

----, Die Leidens- und Auferstehungsvoraussagen im Markusevangelium (Mk 8,31; 9,31; 10,32-34), in: ders., Eschaton und Historie. Aufsätze, Göttingen 1979, 52-75.

----, Literarkritische Überlegungen zum εὐαγγέλιον-Begriff im Markusevangelium, in: H. Baltensweiler und B. Reicke (Hg.), Neues Testament und Geschichte. Historisches Geschehen und Deutung im Neuen Testament. FS O. Cullmann, Zürich, Tübingen 1972, 91-104.

----, Literaturgeschichte des Neuen Testaments, UTB 1682, Göttingen 1992.

----, Die Passionsgeschichte im Markusevangelium, in: F. W. Horn (Hg.), Bilanz und Perspektiven gegenwärtiger Auslegung des Neuen Testaments, BZNW 75, 1995, 218-247.

----, Redaktionsgeschichte als Aufgabe der Synoptikerexegese, in: ders., Eschaton und Historie. Aufsätze, Göttingen 1979, 9-32.

----, Der Weg der Gerechtigkeit. Untersuchung zur Theologie des Matthäus, FRLANT 82, 2. Aufl. Göttingen 1966.

Streeter, B. H., The Four Gospels. A Study of Origins Treating of the Manuscript Tradition, Sources, Authorship, & Dates, 1. Aufl. London 1924; 7. Aufl. London 1951.

Strobel, A., Die Ausrufung des Jobeljahrs in der Nazarethpredigt Jesu. Zur apokalyptischen Tradition Lc 4,16-30*, in: W. Eltester (Hg.), Jesus in Nazareth, BZNW 40, Berlin, New York 1972, 38-50.

----, Die Stunde der Wahrheit, WUNT 21, Tübingen 1980.

Suhl, A. (Hg.), Der Davidssohn im Matthäus-Evangelium, ZNW 59, 1968, 57-81.

----, Die Funktion der alttestamentlichen Anspielungen und Zitate im Markusevangelium, Gütersloh 1965.

Sullivan, D., New Insights into Matthew 27:24-25, NBl 73, 1992, 453-457.

Sundwall, J., Die Zusammensetzung des Markusevangeliums, Abo 1934.

Surkau, H.-W., Martyrien in jüdischer und frühchristlicher Zeit, FRLANT 54, Göttingen 1938.

Swartz, H. L., Fear and Amazement Responses. A Key to the Concept of Faith in the Gospel of Mark. A Redactional/Literary Study, Diss. Toronto 1988.

Taeger, J.-W., Der Mensch und sein Heil. Studien zum Bild des Menschen und zur Sicht der Bekehrung bei Lukas, StNT 14, Gütersloh 1982.

Tagawa, K., Miracles et Évangile, La pensée personnelle de l'évangéliste Marc, EHPhR 62, Paris 1966.

Talbert, C. H., Martyrdom and the Lukan Social Ethic, in: R. J. Cassidy, Ph. J. Sharper (ed.), Political Issues in Luke-Acts, Maryknoll, New York 1983, 99-110.

Talmon, S., Waiting for the Messiah - The Conceptual Universe of the Qumran Covenanters, in: The World of Qumran from Within. Collected Studies, Jerusalem, Leiden 19898, 273-300.

Tannehill, R. C., Israel in Luke-Acts: A Tragic Story, JBL 104, 1985, 69-85.

----, The Mission of Jesus according to Luke iv 16-30, in: W. Eltester (Hg.), Jesus in Nazareth, BZNW 40, Berlin, New York 1972, 51-75.

----, The Narrative Unity of Luke-Acts. A Literary Interpretation, Vol. 1: The Gospel according to Luke. Foundations and Facets, Philadelphia 1986.

Taylor, V., Behind the Third Gospel. A Study of the Proto-Luke-Hypothesis, Oxford 1926.

----, The Formation of the Gospel Tradition, 3. Aufl. London 1953.

----, The Gospel according to St. Mark. The Greek Text with Introduction, Notes and Indxes, London 1952.

----, The Passion Narrative of St. Luke, ed. by O. E. Evans, SNTS.MS 19, Cambridge 1972.

Tcherikover, V., Jewish Apologetic Literature Reconsidered, in: Symbolae Raphaeli Taubenschlag dedicatae, FS R. Taubenschlag, Bd. 3, Eos 48,3, Wroclaw, Warschau 1957, 169-193.

Theißen, G., Lokalkolorit und Zeitgeschichte in den Evangelien. Ein Beitrag zur Geschichte der synoptischen Tradition, NTOA 8, Freiburg (Schweiz), Göttingen 1989.

----, Urchristliche Wundergeschichten. Ein Beitrag zur formgeschichtlichen Erforschung der synoptischen Evangelien, StNT 8, Gütersloh 1974.

Theobald, M., Der Primat der Synchronie vor der Diachronie als Grundaxiom der Literarkritik. Methodische Erwägungen an Hand von Mk 2,13-17/Mt 9,9-13, BZ 22, 1978, 161-186.

Thissen, W., Erzählung der Befreiung. Eine exegetische Untersuchung zu Mk 2,1-3,6, fzb 21, Würzburg 1976.

Thoma, C., Entwürfe für messianische Gestalten in frühjüdischer Zeit, in: I. Gruenwald, S. Shaked, G. G. Stroumsa (ed.), Messiah and Christos. Studies in the Jewish Origins of Christianity, FS D. Flusser, TSAJ 32, Tübingen 1993, 15-29.

Thompson, W. G., Reflections on the Composition of Mt 8,1-9,34, CBQ 33, 1971, 365-388.

Thraede, K., Art. Exorzismus, RAC 7, 1969, 44-117.

Tisera, G., Universalism according to the Gospel of Matthew, EHS 23,482, Frankfurt (Main) 1993.

Tödt, H. E., Der Menschensohn in der synoptischen Überlieferung, 2. Aufl. Gütersloh 1963.

Tolbert, M. A., How the Gospel of Mark Builds Character, Interp. 47, 1993, 347-357.

Trautmann, M., Handlungen

Trilling, W., Christusverkündigung in den synoptischen Evangelien. Beispiele gattungsgemäßer Auslegung. Biblische Handbibliothek 4, Leipzig 1968.

----, Der Einzug in Jerusalem Mt 21,1-17, in: J. Blinzler, O. Kuss, F. Mußner (Hg.), Neutestamentliche Aufsätze, FS J. Schmid, Regensburg 1963, 303-309.

----, Fragen zur Geschichtlichkeit Jesu, ppb, 2. Aufl. Düsseldorf 1967.

----, Das Evangelium nach Matthäus, 2 Bde., GS 1/1-2, Bd. 1, 6. Aufl. Düsseldorf 1984, Bd. 2, 4. Aufl. Düsseldorf 1984.

----, Das wahre Israel. Studien zur Theologie das Matthäusevangeliums, EThSt 7, Leipzig 1965, 3. Aufl., StANT 10, München 1964.

Trocmé, É., The Passion as Liturgy. A Study in the Origin of the Passion Narratives in the Four Gospels, London 1983.

Trunk, D., Der messianische Heiler. Eine redaktions- und religionsgeschichtliche Studie zu den Exorzismen im Matthäusevangelium, Herders Biblische Studien 3, Freiburg 1994.

Tyson, J. B., The Death of Jesus in Luke-Acts, Columbia (South Carolina) 1986.

----, The Jewish Public in Luke-Acts, NTS 30, 1984, 574-583.

Übelacker, W., Das Verhältnis von Lk/Apg zum Markusev., in: P. Luomanen (Ed.), Luke-Acts. Scandinavian Perspectives, SESJ 54, Helsinki, Göttingen 1991, 157-194.

Untergaßmair, F. G., Kreuzweg und Kreuzigung Jesu. Ein Beitrag zur lukanischen Redaktionsgeschichte und zur Frage der lukanischen »Kreuzestheologie«, PaThSt 10, Paderborn 1980.

Urbach, E. E., The Sages - Their Concepts and Beliefs. Translated from the Hebrew by Israel Abrahams, Publications of the Perry Foundation in the Hebrew University of Jerusalem, Jerusalem 1975.

Van de Sandt, H., Acts 28,28, No Salvation for the People of Israel? An Answer in the Perspective of the LXX, EThL 70, 1994, 341-358.

Van der Horst, P. W., Das Neue Testament und die jüdischen Grabinschriften aus hellenistisch-römischer Zeit, BZ 36, 1992, 161-178.

Van der Woude, A. S., Fünfzehn Jahre Qumranforschung (1974-1988), ThR 55, 1990, 245-307; ThR 57, 1992, 1-57.225-253.

----, Die messianischen Vorstellungen der Gemeinde von Qumran. SSN 3, Assen, Neukirchen 1957.

Van Iersel, B. M. F., Markus: Kommentar, übers. v. A. Suhl, Düsseldorf 1993.

Van Iersel, B. M. F., Schoonenberg, P., Die Theologie über die exegetische Detailarbeit. Ein Exeget und ein Theologe über Markus 1,1-15, Conc 7, 1971, 715-724.

Van Tilborg, S., The Jewish Leaders in Matthew, Leiden 1972.

Van Unnik, W. C., Once more St. Luke's Prologue: Neotestamentica 7, 1973, 7-26.

Vanhoye, A., L'intérêt de Luc pour la Prophétie en Lc 1,76; 4,16-30 et 22,60-65, in: F. Van Segbroeck u.a. (Ed.), The Four Gospels 1992, FS F. Neirynck, BEThL 100, Leuven 1992, Vol. II, 1529-1548.

Verheyden, J., Mark 1,32-34 and 6,53-56: Tradition or Redaction, EThL 64, 1988, 415-428.

Vermes, G., Die Gestalt des Mose an der Wende der beiden Testamente, in: H. Cazelles u.a., Moses in Schrift und Überlieferung, Düsseldorf 1963, 61-93.

----, Jesus der Jude. Ein Historiker liest die Evangelien, übers. v. A. Samely, bearb. v. V. Hampel, Neukirchen 1993.

Verseput, D. J., The Faith of the Reader and the Narrative of Matthew 13.53-16.20, JSNT 46, 1992, 3-24.

Vesco, J.-L., Jérusalem et son prophète. Une lecture de l'Évangile selon saint Luc, Paris 1988.

Via, E. J., According to Luke, Who Put Jesus to Death, in: R. J. Cassidy, Ph. J. Scharper (Ed.), Political Issues in Luke-Acts, Maryknoll, New York 1983, 122-145.

Vielberg, Die religiösen Vorstellungen des Redners Lykurg, RMP (3. Ser.) 134, 1991, 49-68.

Vielhauer, Ph., Geschichte der urchristlichen Literatur. Einleitung in das Neue Testament, die Apokryphen und die Apostolischen Väter, GLB, durchges. Nachdr. Berlin, New York 1985.

Violet, B., Zum rechten Verständnis der Nazareth-Perikope Lc 4,16-30, ZNW 37, 1938, 251-271.

Völkel, M., Der Anfang Jesu in Galiläa. Bemerkungen zum Gebrauch und zur Funktion Galiläas in den lukanischen Schriften, ZNW 64, 1973, 222-232.

Vögtle, A., Das markinische Verständnis der Tempelworte, wiederabgedruckt in: ders., Offenbarungsgeschehen und Wirkungsgeschichte. Neutestamentliche Beiträge, Freiburg, Basel, Wien 1985, 168-188.

----, Wunder und Wort in urchristlicher Glaubenswerbung (Mt 11,2-5/Lk 7,18-23), in: ders., Das Evangelium und die Evangelien. Beiträge zur Evangelienforschung, KBANT, Düssldorf 1971, 219-242.

Voigtländer, H.-D., Der Philosoph und die Vielen. Die Bedeutung des Gegensatzes der unphilosophischen Menge zu den Philosophen (und das Problem des argumentum e consensu omnium) im philosophischen Denken der Griechen bis auf Aristoteles, Wiesbaden 1980.

Vorster, W. S., Markus - Sammler, Redaktor, Autor oder Erzähler?, in: F. Hahn (Hg.), Der Erzähler der Evangeliums, Methodische Neuansätze in der Markusforschung, SBS 118/119, Stuttgart 1985, 11-36.

Von Dobbeler, Stephanie, Das Gericht und das Erbarmen Gottes, BBB 70, Frankfurt (Main) 1988.

Walker, R., Die Heilsgeschichte im ersten Evangelium, FRLANT 91, Göttingen 1967.

Walter, N., »Hellenistische Eschatologie« im Frühjudentum - ein Beitrag zur »Biblischen Theologie«?, ThLZ 110, 1985, 331-348.

----, Jüdisch-hellenistische Literatur vor Philon, in: W. Haase (Hg.), NRW 20,1, Berlin-New York 1987, 67-120.

Wanke, G., Art. φοβέω B. φόβος und φοβέομαι im Alten Testament, ThWNT 9, 1973, 194-201.

----, Sprachliche Analyse, in: G. Fohrer u.a., Exegese des Alten Testaments. Einführung in die Methodik, UTB 267, 5. Aufl. Heidelberg, Wiesbaden 1989, 58-83.

----, Untersuchungen zur sogenannten Baruchschrift, BZAW 122, Berlin 1971.

Watson, F., The social Function of Mark's secrecy Theme, JSNT 24, 1985, 49-69

Weber, R., Christologie und "Messiasgeheimnis": ihr Zusammenhang und Stellenwert in den Darstellungsintentionen des Markus, EvTh 43, 1983, S. 108-125.

Weder, H., »Evangelium Jesu Christi« (Mk 1,1) und »Evangelium Gottes« (Mk 1,14), in: U. Luz, H. Weder (Hg.), Die Mitte des Neuen Testaments. Einheit und Vielfalt neutestamentlicher Theologie, FS E. Schweizer, Göttingen 1983, S. 399-413.

----, Die Gleichnisse Jesu als Metaphern. Traditions- und redaktionsgeschichtliche Analysen und Interpretationen, FRLANT 120, 2. Aufl. Göttingen 1920.

----, Die »Rede der Reden«. Eine Auslegung der Bergpredigt heute, Zürich 1985.

Weeden, Th. J., The Heresy That Necessitated Mark's Gospel, ZNW 59, 1968, 145-158; dass. Die Häresie, die Markus zur Abfassung seines Evangeliums veranlaßt hat, in: R. Pesch (Hg.), Das Markus-Evangelium, WdF 411, Darmstadt 1979, 238-258.

Weinert, F. D., Luke, the Temple and Jesus' Saying about Jerusalem's Abandoned House (Luke 13:34-35), CBQ 44, 1982, 68-76.

Weinreich, O., Antike Heilungswunder. Untersuchungen zum Wunderglauben der Griechen und Römer, RVV 8,1, Gießen 1909 = Berlin 1969.

Weiser, A., Die Apostelgeschichte, ÖTK 5/1-2, Gütersloh, Würzburg 1981-1985.

----, Theologie des Neuen Testaments, Bd. 2, Die Theologie der Evangelien, KStTh 8, Stuttgart 1993.

Weiß, B., Kritisch exegetisches Handbuch über die Evangelien des Markus und Lukas, KEK I/2, 6. Aufl. Göttingen 1878.

----, Die Quellen des Lukasevangeliums, Stuttgart, Berlin 1907.

Weiß, H.-F., Art. διδαχή, EWNT 1, 1979, 769-771.

----, Der Brief an die Hebräer übersetzt und erklärt, KEK 13, Göttingen 1991.

Weiß, J., Das Markus-Evangelium, SNT 1, 3. Aufl. Göttingen 1917, 71-226.

Weiß, K., Art. ἀρχή, EWNT 1, 1979, 388-392.

----, Ekklesiologie, Tradition und Geschichte in der Jüngerunterweisung Mark. 8,27-10,52, in: H. Ristow, K. Matthiae (Hg.), Der historische Jesus und der kerygmatische Christus. Beiträge zum Christusverständnis in Forschung und Verkündigung, Berlin 1960, 414-438.

Weiß, W., »Eine neue Lehre in Vollmacht«. Die Streit- und Schulgespräche des Markus-Evangeliums, BZNW 52, Berlin, New York 1989.

Wellhausen, J., Das Evangelium Lucae, Berlin 1904.

----, Das Evangelium Marci, 2. Aufl. Berlin 1909.

----, Das Evangelium Matthaei, Berlin 1904.

Welwei, K.-W., Demokratie und Masse bei Polybios, Historia 15, 1966, 282-301.

Wendland, P., Σωτήρ. Eine religionsgeschichtliche Untersuchung, ZNW 5, 1904, 335-353.

Wendling, E., Die Entstehung des Markus-Evangeliums. Philologische Untersuchungen, Tübingen 1908.

Werner, E., 'Hosanna' in the Gospels, JBL 65, 1946, 97-122.

Wichelhaus, M., Am ersten Tag der Woche. Mk i 35-39 und die didaktischen Absichten des Markus-Evangelisten, NT 11, 1969, 45-66.

Wiefel, W., Das Evangelium nach Lukas, ThHK NT 3, Berlin 1987.

Wilckens, U., Die Missionsreden der Apostelgeschichte. Form- und traditionsgeschichtliche Untersuchungen, WMANT 5, 3. Aufl. Neukirchen 1974.

Wilkens, W., Die Auslassung von Mark. 6,45-8,26 bei Lukas im Licht der Komposition Luk. 9,1-50, ThZ 32, 1976, 193-200.

----, Die theologische Struktur der Komposition des Lukasevangeliums, TZ 34, 1978, 1-13.

----, Die Versuchungsgeschichte Luk. 4,1-13 und die Komposition des Evangeliums, ThZ 30, 1974, 262-272.

Williams, B. E., Miracle - Mission - competition? Miracle-Working in the Early Christian Mission and Its Cultural Environment, Diss. Erlangen 1989.

Wilms, F.-E., Wunder im Alten Testament, Schlüssel zur Bibel, Regensburg 1979.

Winandy, J., La prophétie de Syméon (Lc, ii,34-25), RB 72, 1965, 321-351.

Windisch, H., Die Verstockungsidee in Mk 4,12 und das kausale ἵνα in der späteren Koine, ZNW 26, 1927, 203-209.

Wink, W., John the Baptist in the Gospel Tradition, MSSNTS 7, Cambridge 1968.

Winter, P., On the Trial of Jesus, SJ 1, 2. Aufl., hg. v. T. A. Burkill, G. Vermes, Berlin, New York 1974.

Wischmeyer, O., Die Kultur des Buches Jesus Sirach, BZNW 77, Berlin, New York 1995.

Wohlenberg, G., Das Evangelium des Markus ausgelegt, KNT 2, 1./2. Aufl. Leipzig 1910.

Wolff, C., Zur Bedeutung Johannes des Täufers im Markusevangelium, ThLZ 102, 1977, 857-865.

----, Jeremia im Frühjudentum und Urchristentum, TU 118, Berlin 1976.

Wolff, H. W., Die Begründungen der prophetischen Heils- und Unheilssprüche, wiederabgedruckt in: ders., Gesammelte Studien zum Alten Testament, TB 22, München 1964, 9-35.

Wolter, Inschriftliche Heilungsberichte und neutestamentliche Wundererzählungen. Überlieferungs- und formgeschichtliche Beobachtungen, in: K. Berger u.a., Studien und Texte zur Formgeschichte, TANZ 7, Tübingen 1992.

Wong, K.-Ch., Interkulturelle Theologie und multikulturelle Gemeinde im Matthäusevangelium. Zum Verhältnis von Juden- und Heidenchristen im ersten Evangelium, NTOA 22, Freiburg (Schweiz), Göttingen 1992.

Wrede, W., Zur Heilung des Gelähmten, ZNW 5, 1904, 354-358.

----, Jesus als Davidssohn, in: W. Wrede, Vorträge und Studien, Tübingen 1907, 147-177.

----, Das Messiasgeheimnis in den Evangelien, 4. Aufl. Göttingen 1969 = 1. Aufl. 1901.

Würthwein, E., Der 'am ha'aretz im Alten Testament, BWANT IV 17, Stuttgart 1936.

----, Die Bücher der Könige. 1. Kön. 1-16 übersetzt und erklärt, ATD 11/1, 2. Aufl. Göttingen 1985.

----, Die Bücher der Könige. 1. Kön. 17 - 2. Kön. 25 übersetzt und erklärt, ATD 11/2, Göttingen 1984.

Zahn, Th., Einleitung in das Neue Testament, Bd. 2, 3. Aufl. Leipzig 1907.

----, Das Evangelium des Lukas, KNT 3, Leipzig 1913.

----, Das Evangelium des Matthäus, KNT 1, Leipzig 1903.

Zeitlin, S., The Am HAAREZ: A Study in the Social and Economic Life of the Jews before and after the Destruction of the Second Temple, JQR 23, 1933, 45-61.

Zeller, D., Die Handlungsstruktur der Markuspassion. Der Ertrag strukturalistischer Literaturwissenschaft für die Exegese, ThQ 159, 1979, 212-227.

----, Kommentar zur Logienquelle, SKK NT 21, Stuttgart 1993.

----, Wunder und Bekenntnis. Zum Sitz im Leben urchristlicher Wundergeschichten, BZ 25, 1981, 204-222.

Zimmerli, W., Planungen für den Wiederaufbau nach der Katastrophe von 587, in: ders., Studien zur alttestamentlichen Theologie und Prophetie. Gesammelte Aufsätze II, TB 51, München 1974, 165-191.

Zimmermann, H., Neutestamentliche Methodenlehre. Darstellung der historisch-kritischen Methode, 7. Aufl., neubearb. v. K. Kliesch, Stuttgart 1982.

----, »Selig, die das Wort Gottes hören und es bewahren«. Eine exegetische Studie zu Lk 11,27f., Cath 29, 1975, 114-119.

Zingg, P., Das Wachsen der Kirche. Beiträge zur Frage der lukanischen Redaktion und Theologie, OBO 3, Freiburg (Schweiz), Göttingen 1974.

Zizemer, O., Das Verhältnis zwischen Jesus und dem Volk im Markusevangelium, Diss. theol. München 1983.

Zmijewski, J., Die Eschatologiereden des Lukas-Evangeliums. Eine traditions- und redaktionsgeschichtliche Untersuchung zu Lk 21,5-36 und Lk 17,20-37, BBB 40, Bonn 1972.

----, Die Mutter des Messias. Maria in der Christusverkündigung des Neuen Testaments. Eine exegetische Studie, Kevelaer 1989.

----, Markinischer 'Prolog' und Täufertradition. Eine Untersuchung zu Mk 1,1-8, SNTU A 18, 41-62.

Zwick, R., Montage im Markusevangelium. Studien zur narrativen Organisation der ältesten Jesuserzählung, SBB 18, Stuttgart 1989.

Stellenregister